Buch-Updates

Registrieren Sie dieses Buch auf unserer Verlagswebsite. Sie erhalten dann Buch-Updates und weitere, exklusive Informationen zum Thema.

Galileo
BUCH UPDATE

Und so geht's
> Einfach www.galileodesign.de aufrufen
<<< Auf das Logo **Buch-Updates** klicken
> Unten genannten **Zugangscode** eingeben

Ihr persönlicher Zugang zu den Buch-Updates: 05GP59210747

Björn Adamski
Christoph Scherer

Apple Motion 2
Grundlagen, Effekte, Integration

Liebe Leserin, lieber Leser!

Als dieses Buch geplant wurde, steckte Motion noch in den Kinderschuhen: Version 1 war gerade erst erschienen und noch niemand hatte mit dem Programm gearbeitet oder konnte berichten, was es kann und wie es eingesetzt wird. Mittlerweile ist Motion 2.0 auf dem Markt und damit ein komplexes und auch mächtiges Programm, das Sie überraschen wird.

Motion bietet einen neuen, fast schon spielerischen Ansatz im Bereich von Motion Graphics. Vor allem die leistungsstarken Animationsmöglichkeiten im Textbereich sowie zahlreiche Partikeleffekte werden das Tool sicher schon bald zu einem unverzichtbaren Baustein im Repertoire von Post Producern und Compositing-Spezialisten machen. Denn auch die Integration mit Final Cut Pro, DVD Studio Pro und den anderen Apple Pro Applications sucht seinesgleichen.

Die beiden Autoren Björn Adamski und Christoph Scherer erklären Ihnen in diesem Buch alles, was Sie für ein professionelles Arbeiten mit Motion wissen müssen. Sie zeigen jedoch auch die Grenzen des Programms auf, denn die Echtzeitfähigkeit von Motion kann schnell in die Knie gezwungen werden, wenn man die Einschränkungen der Software nicht kennt. Probieren Sie Motion aber ruhig ein wenig aus, und nutzen Sie die umfangreichen und detaillierten Erläuterungen der Autoren, wenn Sie Hilfe brauchen. Egal, ob Sie vor der Ausgabe Ihres Projektes stehen, Material importieren wollen oder noch mitten in der Animation stecken – die Autoren lassen Sie an keiner Stelle allein und haben alles in Erfahrung gebracht, was es über Motion zu berichten gibt. Sie werden selbst sehen, wie schnell Sie durch die einfache und intuitive Bedienung des Programms sowie das Hintergrundwissen und die zahlreichen Tipps & Tricks aus diesem Buch zu eindrucksvollen Ergebnissen kommen.

Wenn Sie für die Neuauflage des Buchs Verbesserungsvorschläge oder Wünsche haben, so schreiben Sie mir doch bitte.

Viel Freude beim Lesen!

Ihre Katharina Geißler
Lektorat Galileo Design
katharina.geissler@galileo-press.de

Galileo Press • Rheinwerkallee 4 • 53227 Bonn
www.galileodesign.de

*Für Christian und Jens
Björn Adamski*

Auf einen Blick

1	Schnelleinstieg	15
2	Einleitung	37
3	Videogrundlagen	55
4	Anforderungen	123
5	Motion-Setup	163
6	Das Motion-Interface	207
7	Rohmaterial	313
8	Motion Elements	373
9	Animation	429
10	Partikelsysteme	485
11	Text in Motion	529
12	Replikator	589
13	Showtime: Projekte ausgeben	621
14	Projektübergabe mit den Apple Pro Applications	677
15	Integration	709
16	Projektmanagement	737

Inhalt

1	**Schnelleinstieg**	15
1.1	Ein DVD-Menü erstellen	15

2	**Einleitung**	37
2.1	Geschichte der Animation	37
2.2	Entwicklung der Effekte	39
2.3	Motion Graphics	41
2.4	Begriffsdefinitionen	45
	2.4.1 Animation	45
	2.4.2 Masken und Mattes	48
	2.4.3 Traditionelles Keying	49
	2.4.4 Digitales Keying	49
	2.4.5 Vektorgrafik und Masken	50
	2.4.6 Tracking	51
2.5	Einsatzmöglichkeiten von Motion	53

3	**Videogrundlagen**	55
3.1	Digital Intermediate	56
3.2	Anschlüsse und Signale	59
	3.2.1 YUV	59
	3.2.2 RGB	64
	3.2.3 FBAS (Composite) und Y/C (S-Video)	66
3.3	Farbsampling	68
	3.3.1 4:4:4-Sampling	68
	3.3.2 4:2:2-Sampling	69
	3.3.3 4:2:0-Sampling	74
	3.3.4 4:1:1-Sampling	75
	3.3.5 3:1:0-Sampling	76
	3.3.6 22:11:11-Sampling (High Definition)	77
3.4	Kompressionsalgorithmen	80
	3.4.1 Komprimierungsverfahren	81
	3.4.2 YUV-Codecs (Y, Cb, Cr)	84
	3.4.3 RGB-Codecs	85
3.5	Farbtiefe	86
	3.5.1 8 Bit	86
	3.5.2 10 Bit	88
	3.5.3 16 und 32 Bit	90
	3.5.4 Linear vs. Floating Point	91

3.6	Alphakanal		92
	3.6.1	Premultiplied	94
	3.6.2	Straight	95
	3.6.3	Inverted Alpha	96
3.7	Bildgröße		96
	3.7.1	Web	97
	3.7.2	Multimedia	99
	3.7.3	Präsentationen	99
	3.7.4	Standard Definition	100
	3.7.5	High Definition	103
	3.7.6	Film	104
3.8	Pixel-Seitenverhältnis		106
	3.8.1	Standard Definition	106
	3.8.2	DVCPRO HD	108
	3.8.3	HDV	110
3.9	Title und Action Safe		110
3.10	Bildraten		112
	3.10.1	Halbbilder	112
	3.10.2	Vollbilder	114
	3.10.3	Drop-Frame Timecode	115
3.11	Normwandlung		116
	3.11.1	Bildgröße	117
	3.11.2	Bildraten	118
3.12	Filmtransfer		119
	3.12.1	Motion Blur	120
3.13	Zusammenfassung		122

4	**Anforderungen**		**123**
4.1	$t = g5^x$		123
	4.1.1	RAM	124
	4.1.2	Der Prozessor	126
	4.1.3	Grafikkarte	127
	4.1.4	Festplatte	132
	4.1.5	Monitor	133
4.2	Videohardware		135
	4.2.1	AJA	137
	4.2.2	Aurora Videosystems	139
	4.2.3	Blackmagic Design	139
	4.2.4	Digital Voodoo	140
	4.2.5	Pinnacle	140
	4.2.6	Das Videoskop	141

4.3		Eingabegeräte	142
	4.3.1	Drei-Tasten-Maus	143
	4.3.2	Wacom-Tablett	143
	4.3.3	MIDI-Controller	144
4.4		Mac OS X	145
	4.4.1	QuickTime	145
	4.4.2	OpenGL	147
	4.4.3	Core Image und Core Video	148
	4.4.4	Tipps zu Mac OS X	149
4.5		Motion-Installation	152
	4.5.1	Filter & Erweiterungen	156
	4.5.2	Sprache	158
	4.5.3	Motion-Aktualisierungen	159
	4.5.4	Software-Aktualisierung	161
5		**Motion-Setup**	**163**
5.1		Allgemeine Voreinstellungen	164
	5.1.1	Beim Programmstart	164
	5.1.2	Motiv für Begrüßungsfenster austauschen	166
	5.1.3	Benutzeroberfläche	168
	5.1.4	Dateiübersicht & Bibliothek	169
	5.1.5	Speicher & Cache	171
	5.1.6	LiveFonts	171
	5.1.7	Inhalt der Bibliothek & Vorlagen	172
	5.1.8	Plug-Ins von Drittanbietern	172
5.2		Erscheinungsbild	173
	5.2.1	Schwebepalette	174
	5.2.2	Piktogramm-Vorschau	174
	5.2.3	Timeline	174
	5.2.4	Statusanzeige	175
5.3		Projekt	177
	5.3.1	Standardeinstellungen	178
	5.3.2	Zeitdarstellung	179
	5.3.3	Einzelbilder & Objekte	181
	5.3.4	Wiedergabe-Steuerung	183
	5.3.5	Automatisch sichern	185
5.4		Canvas	186
	5.4.1	Hintergrund	188
	5.4.2	Ausrichtung	188
	5.4.3	Bereichsrahmen	191
	5.4.4	Filmbereich	191
	5.4.5	Einrasten	193

5.5	Ausgabe	193
	5.5.1 Externe Videoanzeige	194
5.6	Voreinstellungen	195
5.7	Zeichen	196
5.8	Piktogramme von Apple	200

6	**Das Motion-Interface**	207
6.1	Dateiübersicht	213
6.2	Bibliothek	219
6.3	Schwebepalette	228
6.4	Informationen	230
6.5	Canvas	233
	6.5.1 Transportsteuerung	244
	6.5.2 Zeitanzeige	245
	6.5.3 Mini-Timeline	246
6.6	Bereich »Zeitverhalten«	246
	6.6.1 Timeline	247
	6.6.2 Keyframe-Editor	264
	6.6.3 Audio-Editor	272
6.7	Bereich »Projekt«	278
	6.7.1 Ebenen	279
	6.7.2 Medien	291
	6.7.3 Audio	296
6.8	Symbolleiste	300
6.9	Werkzeugleiste	303
	6.9.1 Darstellung	303
	6.9.2 Erstellen	309
	6.9.3 Maske	311

7	**Rohmaterial**	313
7.1	Überblick	313
7.2	Bild- und Videomaterial	314
	7.2.1 QuickTime-Filme	314
	7.2.2 Flash	322
	7.2.3 Bildsequenzen	322
	7.2.4 Einzelbilder	326
	7.2.5 Photoshop-Ebenen	330
	7.2.6 PDF	333
	7.2.7 OpenEXR	336
	7.2.8 MPEG-4-Video	338
	7.2.9 Video für Windows – AVI	339
	7.2.10 Windows Media	340

7.3	Audiomaterial		340
	7.3.1	Audioformate	343
	7.3.2	QuickTime Audio	347
7.4	Medieninformationen		351
	7.4.1	Alphakanäle	351
	7.4.2	Pixel-Seitenverhältnis	354
	7.4.3	Halbbilddominanz	361
	7.4.4	Bildrate	364
	7.4.5	Beschneiden	368
	7.4.6	Zeitverhalten	368
	7.4.7	Verknüpfte Objekte	369
	7.4.8	Mediendatei ersetzen	369
	7.4.9	Zusammenfassung	371

8	**Motion Elements**		**373**
8.1	Objekttypen und Elemente		373
	8.1.1	Filter	374
	8.1.2	Bildeinheiten	376
	8.1.3	Partikelsysteme	376
	8.1.4	Generatoren	377
	8.1.5	Texte und Schriftarten	378
8.2	Ebenen und Eigenschaften		379
	8.2.1	Füllmethoden	385
8.3	Formen, Masken und Bildmasken		393
	8.3.1	Vektorformen und -masken	395
	8.3.2	Bildmasken	409
8.4	Filter		419
	8.4.1	Keying-Filter	419

9	**Animation**		**429**
9.1	Arten der Animation		429
9.2	Keyframe-Animation		430
	9.2.1	Bewegungspfade	431
	9.2.2	Keyframe-Editor	433
	9.2.3	Echtzeit-Aufnahme	440
	9.2.4	Keyframes vs. Clips	442
	9.2.5	Masken-Animation	444
	9.2.6	Texte auf Pfaden	445
9.3	Beispielprojekt »Hüpfende Bälle«		446
9.4	Verhalten		456
	9.4.1	In Keyframes konvertieren	458

	9.4.2	Einfache Bewegungen	459
	9.4.3	Parameterverhalten	461
	9.4.4	MIDI-Verhalten	468
	9.4.5	Simulationen	470
	9.4.6	Textanimation	480
	9.4.7	Partikelverhalten	480
9.5	Beispielprojekt »Hüpfende Bälle II«		481

10	**Partikelsysteme**		485
10.1	Kleiner als Pixel		485
	10.1.1	Emitter	486
	10.1.2	Partikelzelle	497
10.2	Arbeiten mit Partikeln		512
	10.2.1	Partikel und die Ebenenhierarchie	512
	10.2.2	Masken, Filter und Eigenschaften	513
	10.2.3	Partikel und Verhalten	515
	10.2.4	Das Partikelverhalten Stetig skalieren	516
	10.2.5	Partikel und die Timeline	518
	10.2.6	Beispielprojekt »Zufällige Bäume erzeugen«	518
	10.2.7	Beispielprojekt »Ein Linienmuster erzeugen«	526

11	**Text in Motion**		529
11.1	Typografie am Computer		529
	11.1.1	Textobjekte in Motion	535
	11.1.2	Format	536
	11.1.3	Stil	546
	11.1.4	Anzeige im Keyframe-Editor	555
	11.1.5	Anordnung	555
11.2	Animation von Texten		562
	11.2.1	Sequenztext-Verhalten	564
	11.2.2	LiveFont-Animationen	574
	11.2.3	Simulationsverhalten	579
11.3	Beispielprojekt »Glücksrad-Animation«		581

12	**Replikator**		589
12.1	Regelmäßige Muster erzeugen		589
	12.1.1	Replikator-Formen	591
	12.1.2	Zellsteuerung und Replikator-Zelle	604

12.2	Sequenz-Replikator-Verhalten		608
12.3	Beispielprojekt »Eine Ziegelwand erzeugen«		611

13   Showtime: Projekte ausgeben … 621

13.1	Export als Datei		621
13.2	Projekteinstellungen		624
	13.2.1	Farbtiefe	624
	13.2.2	Progressiv, Interlaced und Motion Blur	625
	13.2.3	Skalierungsqualität	630
13.3	Exportieren – QuickTime-Film		632
	13.3.1	Exportoptionen für Video und Audio	633
	13.3.2	Erweiterte Video-Codec-Einstellungen	635
	13.3.3	Erweiterte Audio-Codec-Einstellungen	650
	13.3.4	Exportoptionen für die Ausgabe	651
13.4	Exportieren – Bildsequenz		656
	13.4.1	Exportoptionen für Video und Audio	657
13.5	Exportieren – Einzelbild		667
13.6	Eigene Exporteinstellungen erstellen		667
	13.6.1	Exportvoreinstellungen verwalten	668
	13.6.2	Exporteinstellung für TIFF-Bildsequenzen	669
	13.6.3	Exporteinstellung für Avid Meridien	671
	13.6.4	Exporteinstellung für HDV	675

14   Projektübergabe mit den Apple Pro Applications … 677

14.1	Entwicklung		677
14.2	Projektübergabe mit Final Cut Pro		681
	14.2.1	Übergabe ohne Motion-Inhalt	681
	14.2.2	Übergabe mit Motion-Inhalt	684
	14.2.3	Einschränkungen	688
	14.2.4	Rendering	689
	14.2.5	Alphakanal übergeben	690
	14.2.6	Markierungen übergeben	691
14.3	Projektübergabe mit DVD Studio Pro		692
	14.3.1	Audio übergeben	693
	14.3.2	Markierungen übergeben	694
	14.3.3	DVD-Alpha-Übergang	695
14.4	Projektübergabe mit LiveType		701
14.5	Projektübergabe mit Soundtrack Pro		703
14.6	Projektübergabe mit Compressor		705

| 14.7 | Projektübergabe mit dem QuickTime Player | 706 |
| 14.8 | Projektübergabe mit Shake | 706 |

15 Integration ... 709

	15.1.1	Entwicklung von Desktop Publishing und Desktop Video	709
	15.1.2	Überblick über den heutigen Markt	712
15.2	Adobe After Effects		712
	15.2.1	Projektaustausch mit After Effects	713
15.3	Adobe Illustrator		717
15.4	Adobe Photoshop		719
15.5	Avid		723
15.6	Discreet		727
15.7	Macromedia Director		728
15.8	Macromedia Flash		729
15.9	Macromedia FreeHand		731
15.10	Vorschau		733
15.11	Quantel		733
15.12	Zusammenfassung		735

16 Projektmanagement ... 737

16.1	Verzeichnisse		737
	16.1.1	Privat-Verzeichnis	738
	16.1.2	System-Library	740
	16.1.3	Für alle Benutzer	741
16.2	Projektvoreinstellungen		742
	16.2.1	Projektvoreinstellungen anpassen	743
	16.2.2	Interlaced	748
	16.2.3	Progressiv	749
	16.2.4	Eigene Projektvoreinstellung für PAL (upper)	750
	16.2.5	Standardvorgaben von Motion	752
	16.2.6	Eigene Projektvoreinstellung für anamorphotisches 16:9	758
16.3	Projekteinstellungen		760
16.4	Vorlagen		763
16.5	Abspann		767

17 Die DVD zum Buch ... 768

Index ... 769

1 Schnelleinstieg

Mit Motion kann man sehr viel mehr machen, als in diesem Tutorial beschrieben. Hier geht es darum, das Interface und die grundsätzliche Bedienung etwas kennen zu lernen.

1.1 Ein DVD-Menü erstellen

Wir haben uns lange überlegt, mit welchem praktischen Beispiel man dieses Buch beginnen lassen könnte. Ein relativ einfaches DVD-Menü mit vielen Ebenen schien uns ideal, zumal bisher auch für solche Aufgaben mit niedrigem Schwierigkeitsgrad Programme wie After Effects verwendet werden mussten.

1 *Dateien kopieren*
Kopieren Sie den Ordner TUTORIAL CONTENT mit den benötigten Dateien von der Buch-DVD auf die Festplatte, am besten auf den Schreibtisch.

2 *Motion starten*
Starten Sie Motion, woraufhin sich standardmäßig das Begrüßungsfenster öffnet. Klicken Sie hier auf die unterste Taste, um ein neues Projekt zu erstellen.

◄ **Abbildung 1.1**
Sollte sich das Begrüßungsfenster nicht öffnen, legen Sie über ABLAGE • NEU ein neues Projekt an.

3 Projektvoreinstellung auswählen

Daraufhin öffnet sich das Fenster PROJEKTVOREINSTELLUNG AUSWÄHLEN.

Wählen Sie in dem Popup-Menü VOREINSTELLUNG die Apple-Vorgabe PAL DV BROADCAST SD und klicken Sie auf die Taste OK.

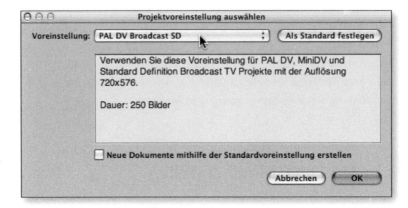

Abbildung 1.2 ▶
Im diesem Fenster haben Sie Zugriff auf Standard-Vorgaben von Apple.

4 Projektlänge definieren

Das Projekt muss eine Länge von 462 Bildern bzw. 18 Sekunden und 12 Bildern haben. Je nachdem, in welchem Zeitmodus Sie sich befinden, tragen Sie den Wert ganz unten rechts in das Feld für die Projektdauer ❶ ein.

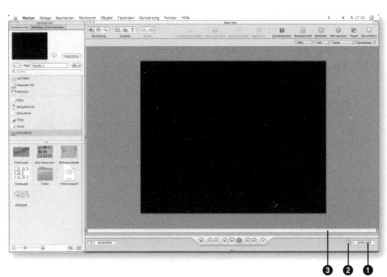

Abbildung 1.3 ▶
Die Standard-Ansicht von Motion

Um zwischen den Zeitmodi zu wechseln, klicken Sie auf das Ziffern-Symbol ❷.

◄ **Abbildung 1.4**
Verschiedene Zeitmodi

5 Mini-Timeline

Stellen Sie bei jedem unserer beschriebenen Schritte sicher, dass die Zeitmarke am Anfang der Mini-Timeline ❸ steht.

◄ **Abbildung 1.5**
Mini-Timeline

6 Dateiübersicht aufrufen

Standardmäßig befindet sich ganz links das Fenster DATEIÜBERSICHT. Wählen Sie in diesem Dateibrowser den Ordner TUTORIAL CONTENT aus, den Sie sich von der Buch-DVD auf die Festplatte ❹ kopiert hatten. Dazu klicken Sie am besten im mittleren Fensterabschnitt auf das Symbol Ihrer Festplatte und wühlen sich bis zum Speicherpfad durch. Haben Sie den Tutorial-Ordner auf den Schreibtisch kopiert, dann klicken Sie diesen an ❺ und wählen dann im unteren Fensterabschnitt den Ordner aus.

Arbeiten Sie lieber mit einer Listenansicht der Dateien und Ordner, klicken Sie auf das Symbol ❻, um die Anzeige zu ändern.

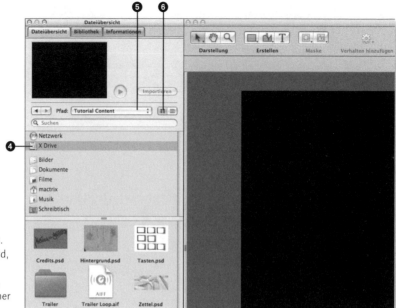

Abbildung 1.6 ▶
Sie sehen hier die vier Dateien Credits.psd, Hintergrund.psd, Tasten.psd, Trailer Loop.aif und Zettel.psd sowie den Ordner TRAILER.

7 Hintergrund im Canvas platzieren

Ziehen Sie nun die Datei Hintergrund.psd in den schwarzen Anzeigebereich nach rechts – das Canvas-Fenster. Achten Sie darauf, dass sie zentriert platziert wird. Motion unterstützt Sie dabei mit gelben, magnetischen Hilfslinien.

Ist die Funktion EINRASTEN deaktiviert, kann sie im Menü DARSTELLUNG oder mit der Taste [N] ein- oder ausgeschaltet werden.

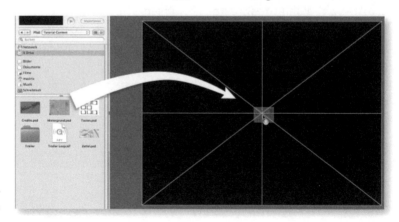

Abbildung 1.7 ▶
Per Drap & Drop werden dem Projekt Medien aus der Dateiübersicht hinzugefügt.

8 Filme für das DVD-Menü

Wechseln Sie nun im Dateibrowser in den Ordner TRAILER. Wählen Sie alle QuickTime-Filme in diesem Ordner an, indem Sie diese entweder mit gedrückter ⌘- oder ⇧-Taste nacheinander markieren oder den bekannten Befehl ⌘+A verwenden.

Ziehen Sie nun alle angewählten Dateien wieder in das Canvas-Fenster und platzieren Sie diese auf gleiche Weise wie zuvor den Hintergrund.

Wenn Sie die Maus losgelassen haben, klicken Sie danach nirgendwo anders hin. Das ist wichtig für den nächsten Schritt, denn derzeit sind noch alle Objekte angewählt.

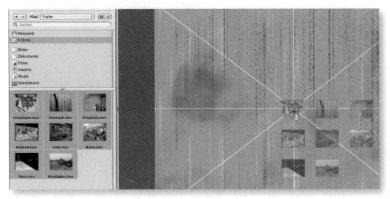

◄ **Abbildung 1.8**
Auch mehrere Objekte lassen sich gruppiert in das Canvas-Fenster ziehen.

9 Filme verkleinern

Öffnen Sie nun das Fenster INFORMATIONEN, um dort die EIGENSCHAFTEN zu den noch ausgewählten Objekten aufzurufen. In das Fenster INFORMATIONEN wechseln Sie mit dem Tastaturbefehl ⌘+3, die Eigenschaften können auch direkt mit F1 aufgerufen werden, wodurch natürlich automatisch auch in das Informationen-Fenster gewechselt wird.

Ändern Sie den Wert des Parameters SKALIEREN von 100% auf 22%, entweder durch Bewegen des Reglers oder direkte Eingabe in das Feld rechts neben dem Regler.

Wie Sie sehen, wurden alle zuletzt importierten und noch angewählten Filme in einem Durchgang skaliert.

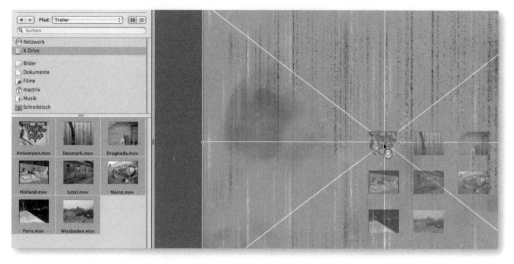

▲ Abbildung 1.9
Alle Filme werden gleichzeitig verkleinert.

10 *Positionieren der Objekte*

Nachdem die Objekte skaliert sind, müssen sie positioniert werden.

Zur besseren Orientierung schalten Sie sich am besten den so genannten Title und Picture Safe in Motion ein. Wählen Sie dazu im Menü DARSTELLUNG in der Rubrik ÜBERLAGERUNGEN den Eintrag BEREICHSRAHMEN aus. Sollte der türkise Rahmen nicht erscheinen, dann müssen Sie noch die Überlagerungen im gleichen Menü unter dem Eintrag ÜBERLAGERUNGEN ANZEIGEN (⌘ + ⇧ + 7) aktivieren.

Platzieren Sie die Filme innerhalb des inneren türkisfarbenen Rahmens. Klicken Sie dafür zunächst in den grauen Bereich des Canvas-Fensters, um die gruppierte Auswahl zu lösen. Klicken Sie dann auf den obersten sichtbaren QuickTime-Film und verschieben Sie ihn mit der Maus an eine andere Stelle.

Wiederholen Sie diesen Vorgang mit allen weiteren QuickTime-Filmen, bis Sie ein regelmäßiges Raster, wie in der Abbildung gut zu erkennen ist, erzeugt haben.

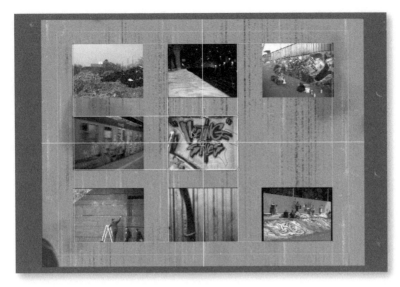

◄ **Abbildung 1.10**
Die verkleinerten Filme sollen später im DVD-Menü eine Vorschau bieten.

11   Weitere Objekte hinzufügen

Wechseln Sie nun zurück in das Verzeichnis TUTORIAL CONTENT. Dazu rufen Sie wieder das Fenster DATEIÜBERSICHT auf und klicken am besten in das Popup-Menü PFAD unterhalb der Vorschau.

◄ **Abbildung 1.11**
Der PFAD zeigt, wo die Dateien liegen.

12   Ein Rahmen für die Filme

Wählen Sie nun die Datei Tasten.psd aus und ziehen Sie diese auf gleiche Weise in das Canvas-Fenster wie die bisherigen Dateien. Achten Sie wieder genau auf die Zentrierung mithilfe der gelben Hilfslinien.

Ist die Datei richtig positioniert, halten Sie die Maustaste gedrückt, bis die so genannte Drop-Palette von Motion erscheint.

▲ **Abbildung 1.12**
Magnetische Hilfslinien helfen beim exakten Positionieren

13 Drop-Palette

Die Drop-Palette erscheint nach kurzer Zeit, während Sie mit der Maus über der gewünschten Position verweilen. Wählen Sie in der Drop-Palette den Eintrag ALLE EBENEN IMPORTIEREN. So werden alle Ebenen der Photoshop-Datei einzeln in das Projekt importiert.

Abbildung 1.13 ▶
Die Drop-Palette bietet mehrere Optionen für den Import der Datei.

14 Finetuning

Natürlich werden die Rahmen noch nicht genau auf die darunter liegenden Filme passen, sodass wir nun etwas Finetuning machen müssen.

Blenden Sie sich dazu die Ebenenansicht des Projektbereichs ein, indem Sie die Tastenkombination ⌘+4 verwenden. Von der linken Seite kommt nun das Fenster EBENEN ins Bild gefahren, es sei denn, Sie haben bereits mit Motion gtearbeitet und die Anordnung zwischen Projektbereich und Canvas-Fenster vertauscht – dann würde das Fenster von der rechten Seite erscheinen.

Sie sehen nun, dass die Photoshop-Ebenen alle in einer eigenen Unterebene in Motion angelegt wurden. Die Unterebenen haben die gleiche Bezeichnung wie in der Photoshop-Datei.

Klappen Sie die Ebene TASTEN zu, indem Sie auf das kleine Dreieck ❼ vor der Ebene klicken.

◄ Abbildung 1.14
Bei Ebenen in Motion handelt es sich um so genannte Container, in denen sich weitere Objekte befinden können.

15 Neue Ebene anlegen

Wir wollen nun etwas mehr Ordnung in die Ebenen-Struktur bringen und legen für die Filme eine neue Ebene an. Markieren Sie dazu das unterste Objekt HINTERGRUND ❽ und klicken Sie anschließend auf das Plus-Symbol ❾ ganz oben links im Ebenen-Fenster.

◄ Abbildung 1.15
Über das Plus-Symbol können neue Ebenen hinzugefügt werden.

16 Filme verschieben

Wählen Sie alle Filme an, indem Sie auf das Objekt ANTWERPEN klicken, die ⌂-Taste gedrückt halten und auf das Objekt WIESBADEN klicken. Nun sind alle Filme angewählt und können mit der Maus in die neu angelegte Ebene verschoben werden.

Ein DVD-Menü erstellen **23**

Abbildung 1.16 ▶
Ein schwarzer Rahmen zeigt an, wohin die Filme verschoben werden.

17 Position nachjustieren

Wählen Sie nun jeden Film jeweils einzeln in der Ebenen-Ansicht an, um ihn mit der Maus im Canvas-Fenster genau unter den jeweiligen Rahmen zu platzieren. Nun kann die automatische Positionierungsunterstützung mit den magnetischen Hilfslinien störend sein, sodass man sie mit der Taste N bequem aus- und wieder einschalten kann.

Sie können auch die Rahmen einzeln platzieren, da sich ja in der Ebene TASTEN alle Objekte einzeln befinden. Platzieren Sie alle Objekte so, wie es Ihnen gestalterisch zusagt.

18 Deinterlacing-Filter hinzufügen

Viele der Bilder verfügen durch die Skalierung über unschöne Halbbild-Artefakte, also Störungen im Bild, die über den Filter DEINTERLACING entfernt werden müssen. Da dies alle QuickTime-Filme betrifft, markieren Sie wieder alle Filme in der Ebene.

Sie können nun den Filter DEINTERLACING aus dem Popup-Symbol FILTER HINZUFÜGEN ❿ in der Symbolleiste aus der Rubrik VIDEO auswählen. Der Filter wird daraufhin auf alle markierten Objekte angewendet – und das Regenbogenrad erscheint für einen Augenblick.

Würden Sie den Filter aus der BIBLIOTHEK (⌘+2) per Drag & Drop auf die Objekte ziehen, würde er nur auf das zugewiesene

Objekt angewendet werden. Leider genügt es in diesem Fall nicht, den Filter auf den Ebenen-Container anzuwenden, da dies zu anderen Ergebnissen führt.

▲ Abbildung 1.17
Über die Symbolleiste haben Sie schnellen Zugriff auf alle Filter.

Wenn Sie übrigens gehört haben, dass Motion so schnell in der Berechnung sei, so trifft dies auf vieles zu, aber nicht auf unser Beispiel. Drücken Sie daher nicht die Leertaste zum Abspielen – Motion wird sehr lange zum Berechnen eines Bildes brauchen.

19 Fisheye-Filter hinzufügen

Bringen wir Motion noch ein wenig mehr ins Schwitzen. Wählen Sie nun den QuickTime-Film WIESBADEN an. Wenden Sie diesmal den Filter FISHEYE aus der Rubrik FILTER • VERZERRUNG auf das Objekt an. Diesmal können Sie dazu auch die BIBLIOTHEK verwenden. Blenden Sie sich die SCHWEBEPALETTE über [F7] ein und stellen Sie sicher, dass der Filter in der Ebenenansicht immer noch markiert ist.

Ein DVD-Menü erstellen   25

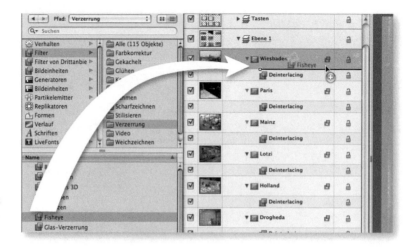

Abbildung 1.18 ▶
Filter können auch per Drag & Drop aus der Bibliothek zugewiesen werden.

20 Filter einstellen

Für den Look einer weitwinkligen Überwachungskamera wollen wir die Wirkung des Fischauge-Filters etwas verändern.

Stellen Sie den RADIUS in der SCHWEBEPALETTE auf einen Wert von »1,00«. Stellen Sie die STÄRKE auf »3«. Vergleichen Sie das Ergebnis zu vorher, indem Sie in der Ebenenansicht die Checkbox des Filters in der Spalte EIN ⓫ deaktivieren und wieder aktivieren.

Abbildung 1.19 ▶ ⓫
In der Schwebepalette können die Parameter des Filters verändert werden.

21 Filter kopieren und übertragen

Sind Sie zufrieden mit der Einstellung, dann markieren Sie den Filter und kopieren Sie ihn mit dem klassischen Kurzbefehl ⌘+C in die Zwischenablage. Sie finden den Befehl KOPIEREN natürlich auch im Menü BEARBEITEN.

Wählen Sie nun den QuickTime-Film PARIS an und anschließend bei gedrückter ⌘-Taste alle übrigen Filme – ohne den Film WIESBADEN. Es ist wichtig, dass Sie die ⌘-Taste verwenden und nicht die ⇧-Taste, da sonst alle Objekte, auch die Deinterlacing-Filter, angewählt werden würden.

Sind die QuickTime-Filme korrekt markiert, dann verwenden Sie den Befehl EINSETZEN (⌘ + V), woraufhin allen markierten Objekten der Filter mit den gleichen Einstellungen hinzugefügt wird.

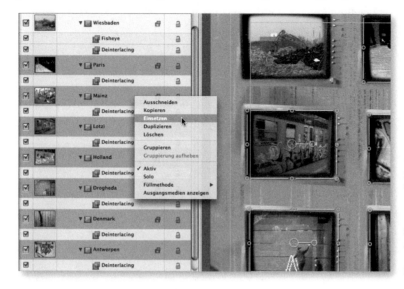

◄ **Abbildung 1.20**
Sie finden die Befehle KOPIEREN und EINSETZEN auch im Kontextmenü, das sich über die rechte Maustaste bzw. einen Ctrl -Klick aufrufen lässt.

22 Färbung der Filme verändern

Nun möchten wir noch einen weiteren Filter auf alle QuickTime-Filme anwenden, um einen anderen Farblook zu erhalten.

Wählen Sie den Filter FÄRBUNG aus der Rubrik FARBKORREKTUR in der BIBLIOTHEK an und ziehen Sie ihn per Drag & Drop auf die komplette Ebene, in der sich die QuickTime-Filme befinden. Der Filter wird nun auf alle Objekte der Ebene angewendet.

◄ **Abbildung 1.21**
Der Filter FÄRBUNG kann direkt auf die Ebene mit den Filmen gezogen werden.

Ein DVD-Menü erstellen **27**

23 Farbe des Filters einstellen

Verwenden Sie wieder die Schwebepalette, um den Filter einzustellen. Klicken Sie in das Feld FARBE, um über die Farbauswahl von Mac OS X eine Farbe für die Einfärbung der QuickTime-Filme auszuwählen.

Wir haben einen sehr schwach gesättigten und hellen Grünton verwendet, um den verwaschenen Look einer alten Überwachungskamera nachzuempfinden, der auch zum Hintergrund passt. Mit dem Parameter INTENSITÄT können Sie die Deckkraft der Färbung einstellen. Wir haben einen Wert von »0,45« gewählt.

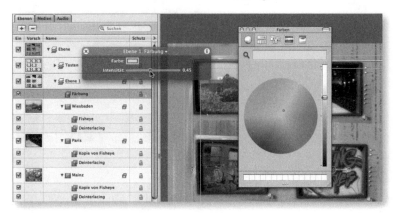

Abbildung 1.22 ▶
Grünstich des Kamerabildes nachahmen

24 Bildstörung hinzufügen

Wählen Sie nun den Filter FARBPRÄGUNG aus der Rubrik STILISIEREN und wenden Sie ihn wieder auf die Ebene an. Der Filter erzeugt einen Relief-Effekt, den wir als Bildstörung verwenden wollen.

Zum genauen Einstellen des Effektes verwenden Sie diesmal nicht die Schwebepalette, sondern wechseln Sie in das Fenster INFORMATIONEN ([⌘]+[3]). Der Tab FILTER sollte schon vorausgewählt sein. Falls nicht, verwenden Sie den Tastaturbefehl [F3].

Stellen Sie den Parameter RELIEF auf einen Wert von z. B. »6,5«, indem Sie diesen Wert direkt in das entsprechende Feld eingeben.

Wir möchten auch, dass sich die Bildstörung zufällig verändert, daher weisen wir dem Parameter RELIEF ein so genanntes Parameterverhalten zu. Klicken Sie dazu mit der rechten Maustaste auf den Parameternamen und wählen Sie im Kontextmenü den Eintrag ZUFALLSMODUS.

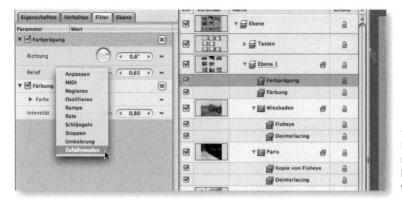

◄ Abbildung 1.23
Per Rechtsklick können Parametern Verhalten zugewiesen werden.

25 Parameterverhalten einstellen

Es wird automatisch das Tab VERHALTEN ausgewählt, falls nicht, verwenden Sie den Tastaturbefehl [F2].

Stellen Sie den ersten Parameter STÄRKE auf »1,00«. Im Popup-Menü MODUS ANWENDEN wählen Sie ADDIEREN UND SUBTRAHIEREN. Die FREQUENZ stellen wir auf »100,00«. Alle anderen Parameter belassen wir so.

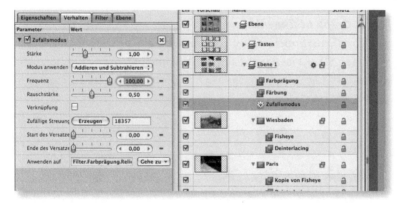

◄ Abbildung 1.24
Im Tab VERHALTEN wird das Parameterverhalten eingestellt.

Das einzige Problem ist jetzt, dass der Filter gleichmäßig auf alle Objekte in der Ebene wirkt. Eigentlich wurde in unserer Originalvariante jedem QuickTime-Film ein eigener Filter mit eigenem Parameterverhalten zugewiesen, jeweils mit einem anderen Wert für die ZUFÄLLIGE STREUUNG – doch das würde in diesem Kapitel zu weit gehen.

Sie können dem Parameter RICHTUNG des Filters FARBPRÄGUNG ebenfalls noch ein Parameterverhalten anwenden, um das Bild etwas springen zu lassen, doch weiter möchten wir an dieser Stelle nicht gehen.

26 Letzter Bestandteil des DVD-Menüs

Schließen Sie alle Ebenen über die kleinen Dreiecke in der Ebenenansicht, um den Überblick zu behalten.

Wechseln Sie dann wieder in die DATEIÜBERSICHT. Wählen Sie die Datei Zettel.psd und ziehen Sie diese in die oberste Ebene.

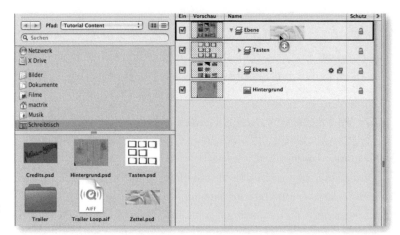

Abbildung 1.25 ▶
Das Plus-Symbol und der schwarze Rahmen zeigen Ihnen, in welche Ebene das Objekt eingefügt wird.

27 Grafik beschneiden

Die Grafik liegt noch relativ groß im Canvas-Fenster, doch für den nächsten Schritt ist das gut so. Wählen Sie oben in der Symbolleiste das Werkzeug BÉZIER-MASKE ([Alt]+[B]) in der rechten Taste der Rubrik MASKE.

Abbildung 1.26 ▶
Die eingefügte Grafik in Originalgröße

28 Eine Maske erstellen

Setzen Sie mit dem Masken-Werkzeug mehrere Punkte auf die Grafik, um die geraden Ränder etwas unregelmäßiger erscheinen zu lassen. Beim erneuten Klick auf den ersten Punkt schließt sich die Maske automatisch und die Grafik wird beschnitten.

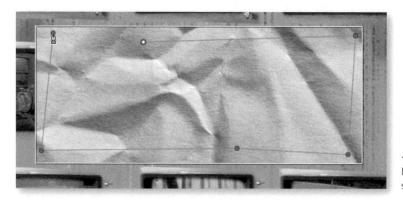

◄ **Abbildung 1.27**
Der letzte Klick beschneidet die Maske.

29 Werkzeug wählen

Wählen Sie nun in der Symbolleiste über die ganz linke Taste der Rubrik DARSTELLUNG wieder das WERKZEUG ZUM AUSWÄHLEN/ TRANSFORMIEREN (⇧ + S).

◄ **Abbildung 1.28**
Werkzeug zum Auswählen und Transformieren

30 Den Zettel verkleinern

Wählen Sie nun das Objekt ZETTEL in der Ebenenansicht an und skalieren Sie es im Canvas-Fenster, indem Sie die Eckpunkte mit der Maus verziehen. Die Eckpunkte, auch als Hebel bezeichnet, sind nur verfügbar, wenn Sie die Überlagerungen anzeigen lassen (⌘ + ⇧ + 7) und der Eintrag HEBEL im Menü DARSTELLUNG • ÜBERLAGERUNG aktiviert ist. Sie können die Größe des Objekts natürlich auch im Informationen-Fenster im Tab EIGENSCHAFTEN mit dem Parameter SKALIEREN anpassen.

Ein DVD-Menü erstellen **31**

Platzieren Sie das Objekt an einer der Monitor-Abbildungen.

Abbildung 1.29 ▶
Auf dem Zettel soll später der Name des Films stehen.

31 Zettel einfärben

Wenden Sie erneut den Filter FÄRBUNG an, diesmal auf das Objekt ZETTEL. Wählen Sie die Einstellungen im Filter so, dass der Eindruck eines Post-it-Zettels erweckt wird.

Abbildung 1.30 ▶
In der Schwebepalette können Farbe und Intensität des Filters eingestellt werden.

32 Text-Werkzeug auswählen

Wählen Sie anschließend das TEXT-WERKZEUG in der Symbolleiste aus, indem Sie auf das T-Symbol ganz rechts in der Rubrik ERSTELLEN klicken.

Abbildung 1.31 ▶
TEXT-WERKZEUG

33 Namen für die Filme

Klicken Sie mit dem TEXT-WERKZEUG in das Canvas-Fenster und tippen Sie den Städtenamen ein, z. B. WIESBADEN. Nach der Eingabe betätigen Sie die [Esc]-Taste, um den Textmodus zu verlassen.

Das Textobjekt ist noch angewählt. Rufen Sie wieder die SCHWEBEPALETTE auf und wählen Sie eine passende Schrift, z. B. die IMPACT, und stellen Sie die Schriftgröße auf 23 Punkt ein. Klicken Sie in das Farbfeld, um im Farbwähler von Mac OS X eine dunklere Farbe oder Schwarz zu wählen, sodass die Schrift auf dem gelben Zettel gut lesbar ist.

◄ **Abbildung 1.32**
Schriftart und -größe ändern

Sie können Zettel- und Textobjekt in der Ebenenansicht wieder kopieren und als neue Objekte einfügen, um für jedes Motiv einen eigenen Zettel mit Schrift anzulegen. Über einen Doppelklick auf die Textobjekte im Canvas-Fenster lässt sich der Text editieren. Wir gehen an dieser Stelle nicht so weit, sondern belassen es bei dem einen Beispiel.

34 Audio hinzufügen

Fügen wir abschließend noch Audio hinzu. Wechseln Sie dazu in das Fenster AUDIO ([⌘]+[6]). Klicken Sie auf das Plus-Symbol im Audiofenster und wählen Sie im Öffnen-Dialog die Audiodatei Trailer Loop.aif. Alternativ können Sie die Datei auch aus der DATEIÜBERSICHT per Drag & Drop in das Audiofenster ziehen.

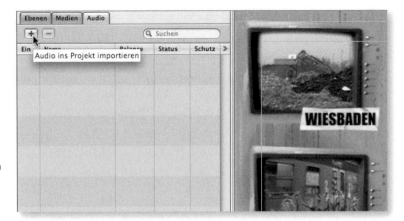

Abbildung 1.33 ▶
Im Tab AUDIO werden über das Plus-Symbol neue Medien importiert.

35 Stereomix importieren

Wir benötigen einen normalen Stereomix, daher wählen Sie im Popup-Menü AUDIO des Öffnen-Dialogs den Eintrag IN STEREO MISCHEN.

Wenn Sie hingegen die Datei per Drag & Drop aus der DATEI-ÜBERSICHT hinüberziehen und einen Augenblick über dem Audiofenster mit gedrückter Maustaste verweilen, erscheint wieder die Drop-Palette. Auch dort können Sie den Eintrag IN STEREO MISCHEN wählen.

Abbildung 1.34 ▶
Importdialog der Audiodatei

36 Pegel einstellen

Im Audiofenster können Sie nicht viel machen, außer den Pegel, also die Lautstärke, einzustellen. Dazu verwenden Sie den Regler unterhalb der Objektbezeichnung.

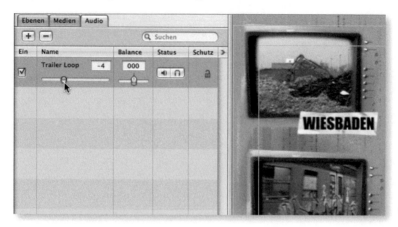

◄ Abbildung 1.35
Direkt im Audio-Tab kann die Lautstärke verändert werden.

37 Projekt exportieren

Sie könnten nun einen QuickTime-Film für DVD Studio Pro exportieren, am besten direkt als MPEG-2 über ABLAGE • MIT COMPRESSOR EXPORTIEREN. DVD Studio Pro kann das Motion-Projekt auch direkt öffnen, allerdings würde bei diesem Projekt die Bearbeitungsgeschwindigkeit extrem einbrechen.

Alternativ nutzen Sie ABLAGE • EXPORTIEREN und wählen unter ART den Eintrag QUICKTIME-FILM und als EXPORTVOREINSTELLUNG die Vorgabe DV PAL FILM.

Ein Musterbeispiel für Echtzeit-Geschwindigkeit ist das Projekt ganz und gar nicht. Die zahlreichen Grafik- und Film-Ebenen und Effekte führen zu hohen Renderzeiten, aber das ist bei jedem System und aufwändiger Bearbeitung so, ganz gleich welcher Preisklasse. Um die Berechnung noch etwas zu verlängern, kann man in den Projekteinstellungen (⌘+J) im Tab RENDER-EINSTELLUNGEN die beste METHODE FÜR GLÄTTEN (Anti-Aliasing) wählen. Die skalierten QuickTime-Filme werden dadurch etwas weicher.

Machen Sie eine RAM-Vorschau (⌘+R), um das Ergebnis in Echtzeit zu betrachten.

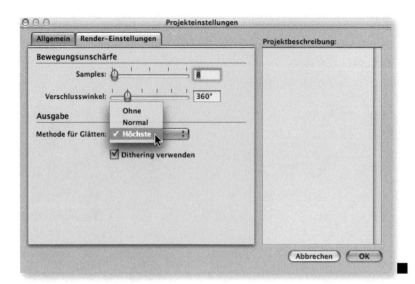

Abbildung 1.36
Projekteinstellungen

2 Einleitung

Motion ist zwar ein neues Animationswerkzeug im Portfolio des digitalen Bildgestalters, doch es ist keinesfalls das Erste. Wie wurden früher aufwändige Vorspänne ohne Computer erzeugt und mit welchen etablierten Anwendungen konkurriert Apples Animationswerkzeug heute?

2.1 Geschichte der Animation

Nach Jahrhunderten der Höhlenmalerei, Zeichnung und Bildkunst, in denen es vereinzelt auch schon zu realistischen Abbildungen von Objekten gekommen war, ersann der arabische Gelehrte Ibn al-Haithan im Jahr 1083 n. Chr. das Prinzip der Lochkamera: Ein kleines Loch in einem Kasten verhält sich wie eine Linse und bildet die Umwelt seitenverkehrt an der Innenwand ab. Doch erst im Jahr 1837 gelang es Louis Jacques Mandé Daguerre, erstmals ein solches Abbild einer Lochkamera chemisch festzuhalten. Von da an war die Entwicklung des Films nicht mehr aufzuhalten. 1868 entdeckte John Barnes Linnett das Prinzip der stroboskopischen Täuschung, mit der sich eine Bewegung in Einzelbilder auflösen ließ. 1893 definierte Thomas Alva Edison den perforierten 35-mm-Film, der 1895 die ersten Kameras und Projektoren mit sauberem Bildstand ermöglichte und dessen mechanisches Prinzip bis heute verwendet wird.

Film | Film arbeitet mit einer Reihe von lichtempfindlichen Schichten, die durch zwischengelagerte Filter, welche nur bestimmte Frequenzbereiche des Lichts durchlassen, voneinander getrennt sind. Bei Lichteinfall wird in diesen Schichten eine chemische Reaktion in Gang gesetzt, die später durch eine Entwicklerflüssigkeit abgeschlossen wird. Dabei werden die Bereiche entweder geschwärzt (Negativfilm) oder ausgewaschen (Positivfilm). Das Filmmaterial selbst wird immer noch weiterentwickelt, um durch neue Materialien, Chemikalien oder die Anordnung der Filterschichten immer bessere Bildqualität, sicherere Handhabung oder gar andere Frequenzbereiche (z. B. Infrarot) zu erschließen.

Film wird gewöhnlich mit 24 Bildern in der Sekunde aufgenommen, wobei der Film nur maximal eine 48stel Sekunde lang wirklich belichtet wird. Dann schließt sich die so genannte Umlaufblende und verhindert die Belichtung, während das Filmmaterial stoßweise ein Bild weitertransportiert wird (siehe auch Bewegungsunschärfe auf Seite 120).

Übertragung elektronischer Videosignale | Das elektronische Videosignal hat ähnliche Probleme. Während die Aufzeichnung relativ unproblematisch war, musste das aufgenommene Bild auch jenseits der Kinoprojektionen übertragen und ergonomisch vertretbar wiedergegeben werden können. Röhrenmonitore und Fernseher arbeiten mit einem Elektronenstrahl, der in einer Vakuumröhre von einem Magnetfeld über die Mattscheibe gelenkt und verändert wird, um möglichst schnell das gesamte Bild mit unterschiedlichen Farb- und Helligkeitsinformationen zu zeichnen. In der Frühzeit des Fernsehens war dies allerdings nur bedingt in einer akzeptablen Auflösung möglich, sodass man dazu überging, nur jede zweite Zeile zu zeichnen, diese allerdings mit der doppelten Frequenz (siehe auch Zeilensprungverfahren auf Seite 112).

Standards | Bei ungefähr gleicher Bandbreite bildeten sich unterschiedliche Standards heraus:
- NTSC
- PAL
- SECAM

NTSC bietet mit ungefähr 60 Halbbildern je Sekunde eine höhere zeitliche Auflösung bei geringerer Zeilenanzahl als PAL, das 50 Halbbilder pro Sekunde darstellt (s. »Videogrundlagen« ab Seite 112).

Moderne Monitore und Geräte ermöglichen heute eine noch schnellere Projektion der Bilder, wobei Computermonitore normalerweise keine Halbbilder darstellen. TFT-Monitore flimmern überhaupt nicht mehr, da jeder Bildpunkt die Helligkeit bis zum nächsten Farbwechsel konstant halten kann.

Progressive Aufnahme | Auf der Aufnahmeseite der Videotechnik ist man mittlerweile dazu übergegangen, sich dem klassischen Film anzunähern und die Bilder progressiv aufzuzeichnen, d. h. als Vollbild im Vergleich zu verwobenen (engl. »interlaced«) Halbbildern. Die Bandbreite reicht sogar aus, um mit Spezialkameras hohe Bildraten bis zu 1000 Hz aufnehmen zu können. Die Wandler hinter den optischen Chips können heute bis zu 4096 Abstufungen und mehr pro Kanal unterscheiden (12- bis 14-Bit). Bis diese Vorzüge allerdings auch das normale Endkunden-Fernsehen erreichen, ist es wohl noch ein weiter Weg. Zwar gibt es etliche Standards für hoch aufgelöstes Fernsehen (HDTV), man ist aber noch weit von einer übersichtlichen Formatvielfalt entfernt. In der Postproduktion dagegen werden die unterschiedlichen HD-Formate gerne genutzt, um ein hochwertiges Arbeitsformat zu Grunde zu legen, von dem aus dann entweder auf Film oder ein TV-Format ausgegeben werden kann.

2.2 Entwicklung der Effekte

Das Compositing, also die Zusammenführung separat aufgenommener Bildelemente, ist fast so alt wie der Film selbst. Grundlage war bis zur digitalen Revolution in den 80ern der perforierte 35-mm-Film.

Mehrfachbelichtung | Die erste Mehrfachbelichtung wird Georges Méliès zugeschrieben, der angeblich 1896 bei Aufnahmen in Paris den Film falsch spulte und so einen Bus in einen Leichenwagen blendete. In den folgenden Jahren setzte er diesen Effekt in vielen fantastischen Kurzfilmen ein und erarbeitete so die Grundlagen der wichtigsten Filmtricks. Doch schon in einem Kurzfilm, in dem Méliès ein ganzes Orchester allein spielt, zeigte sich auch der enorme Qualitätsverlust, der mit der steigenden Anzahl der Bildelemente einhergeht.

Bei Mehrfachbelichtung desselben Films addiert sich das Lichtvolumen selbst in dunklen Bereichen so stark, dass am Ende ein überbelichtetes Bild entsteht. Wenn man dagegen jeweils zwei separate Filmaufnahmen auf einen neuen Film kopiert, entsteht ein klassischer **Generationenverlust**, da die unterschiedliche Körnung des Materials addiert wird und durch die Dicke der Filmstreifen eine gewisse Unschärfe entsteht.

Abbildung 2.1 ▶
Ein einfacher Filmeffekt vom Pionier Georges Méliès, realisiert durch Mehrfachbelichtung.

Bildbereiche maskieren | Um das Überblenden von übereinander liegenden Bildelementen zu verhindern, muss man bei der Belichtung des einen Bildes die Bereiche ausmaskieren, die im anderen genutzt werden. Dieser **Maskierungseffekt** wurde z. B. bei »Raumschiff Enterprise« (1968) umgangen, indem man ein weißes Schiff vor weißen Sternen zeigte und hoffte, dass die Überblendungen nicht auffallen würden.

Bei gemalten Ergänzungen wie der Freiheitsstatue in »Planet der Affen« konnte man diesen Effekt natürlich nicht zulassen. Dazu wurde der aufgenommene Film mit einer so genannten Maske oder Matte auf einen neuen Träger kopiert, der an den gewünschten Stellen geschwärzt war und so die Belichtung verhinderte. Im zweiten Kopiervorgang konnte dann mit einer umgekehrten Maske das abgefilmte Gemälde dazukopiert werden.

Optischer Printer | 1976 präsentierte George Lucas mit »Star Wars« Effekt-Kino auf vollkommen neuem Niveau: Die komplexen Raumschlachten wurden neben der computergesteuerten Motion Control-Kamera vor allem durch den so genannten optischen Printer ermöglicht. Diese neue Kopiermaschine kombinierte die Bildebenen nicht direkt durch Übereinanderlegen der Filmstreifen, sondern indem die Bilder durch einen optischen Aufbau aus Linsen und Prismen auf einen neuen Film projiziert wurden. Die Matte-Informationen wurden auf separaten Filmen eingespeist, den so genannten Travelling Mattes.

◄ **Abbildung 2.2**
Der optische Printer war vor der digitalen Bearbeitung die qualitativ einzig sinnvolle Möglichkeit, um Filmbilder miteinander zu kombinieren.

Digitales Compositing | Im Jahre 1987 – also fünf Jahre nach Disneys »Tron«, der Zeichentricktechnik einsetzte, um computergenerierte und aufgenommene Bilder zu kombinieren – kam dann in Steven Spielbergs »Im Reich der Sonne« erstmals, wenn auch unscheinbar, digitales Compositing zum Einsatz. Eine Formation von Bombern am Himmel wurde als digitalisiertes und vervielfältigtes Bild realisiert und in das ebenfalls digitalisierte Filmbild integriert. In den 90ern wurde dann das digitale Compositing gang und gäbe – und Fortschritte bei Filmscannern und Belichtern sowie HD-Kameras ermöglichen heute eine vollständige Digitalisierung der Postproduktion.

2.3 Motion Graphics

Während das Compositing zum Tätigkeitsfeld der Filmtricks gehört, hat sich Motion Graphics aus dem Trickfilm parallel dazu weiterentwickelt. Anstatt einen Spezialeffekt möglichst unauffällig in ein Filmbild zu integrieren, ist Motion Graphics eine eigenständige Ausdrucksform. Es handelt sich dabei meist um klare, ausdrucksstarke Formen, die durch Farbe und Bewegung das Auge lenken, zum Beispiel auf die Texte in einem Filmvorspann oder den Namen und Charakter einer Produktion vorwegnehmen, wie die Weltkugel-Elemente zu Beginn der »Tagesschau«. Man könnte das Verhältnis von

Compositing und Motion Graphics ungefähr mit dem von Fotografie und Grafik vergleichen.

Zeichentrickfilme bestehen aus vielen handgezeichneten animierten und gefüllten Linien, die in ihrer einzelbildweisen Abfolge bewegte Formen darstellen. Die erste Motion Graphic im Sinne von kunstvoll kombinierten grafischen Elementen war der Film »Fantasmagorie«, in dem Emil Cohl 1908 etwa 700 einzelne Zeichnungen aneinander reihte, um den Eindruck einer Bewegung zu erzeugen. Zwei Jahre später stellte Winsor McCay »Little Nemo« vor, 1914 dann »Gertie the Dinosaur«, der die erste Realfilm-Zeichentrick-Kombination darstellte. In den 20er-Jahren nutzten viele Künstler die Möglichkeiten des Films, um ihre Werke zu animieren, in den 30er-Jahren auch im Zusammenspiel mit Musikstücken.

Verbreitung über das Fernsehen | Zu dieser Zeit wurden auch elektronische Wiedergabemöglichkeiten erfunden, deren Krönung das Fernsehen war. Davor gab es bereits einfache Oszilloskope, mit denen ebenfalls viel experimentiert und abstrakte Grafik in Echtzeit generiert wurde – sozusagen die frühen Vorläufer der iTunes-Visualisierungen.

Erste Fernsehsender

Die BBC war 1936 der erste Fernsehsender, der einen geregelten Sendebetrieb aufnahm. Erst 1951 wurde der Konkurrenzdruck im Fernsehmarkt so stark, dass man das Konzept der Senderidentifikation, kurz Station-ID, ersann. William Golden entwarf das CBS-Logo, ein Auge, dessen Design aus den schwarzweißen Anfängen auch nach einem halben Jahrhundert immer noch erkennbar ist (siehe Abbildung 2.3).

Abbildung 2.3 ▶ Mit dem geregelten Sendebetrieb erhielt auch die Station-ID einen wichtigen Stellenwert. Hier das CBS-Logo im Wandel der Zeit.

Vorspänne mit Motion Graphics | 1956 entwarf Saul Bass den Vorspann zu »Der Mann mit dem goldenen Arm« und gestaltete auch durch die Plakate einen einheitlichen Auftritt von der Kinokasse über die Credits bis zum eigentlichen Film. 1962 etablierte Maurice Binder mit dem Vorspann zu »Dr. No«, dem ersten der James Bond-Filme, eine Bildsprache, die immer noch einzigartig ist und hohen Wiedererkennungswert besitzt.

1969 hielt die Titelgestaltung auch im Fernsehen Einzug: Die BBC schaffte den ersten elektronischen Titelgenerator an, der aufgrund seiner Einschränkungen allerdings kaum verwendet wurde; stattdessen zog man aufwändiger produzierte Titel (z. B. mit abgefilmten Papier-Grafiken) weiterhin vor.

Digitale Bearbeitung | 1981 war ein weiteres Schlüsseljahr für Motion Graphics: Quantel (als Abkürzung für Quantized Television) stellte ein System zur digitalen Einzelbild-Manipulation vor. Diese Paintbox war ein Schrank von Prozessormodulen und Festplatten, die es erlaubten, in Videobildern zu malen, Inhalte auszuschneiden und Texte zu erstellen. Mit der Paintbox wurde auch das Grafiktablett eingeführt, allerdings war der Komfort, drei Jahre vor Einführung von Macintosh und Maus, noch vergleichsweise gering. Dennoch sollten die Paintbox und ihre Nachfolger noch über zehn Jahre die Fernsehgrafik dominieren.

Quantel-Systeme

Die Quantel-Systeme findet man heute vor allem noch bei Fernsehsendern, bei denen Effekte und Senderkennungen in Echtzeit integriert werden müssen. In Agenturen und Postproduktionshäusern werden solche Highend-Compositing-Systeme, mittels derer die Bilder direkt mit dem Kunden schnell erarbeitet werden können, ebenfalls noch gerne eingesetzt. Die nötige Vorarbeit wie das Erstellen von Masken und Korrekturen wird auch auf preiswertere Desktop-Systeme ausgelagert. Gerade in letzter Zeit beobachten wir sowohl bei Fernsehsendern wie auch Produktionsfirmen einen deutlichen Trend hin zu kompletter Bearbeitung auf Desktop-Systemen – der Kosten-Nutzen-Faktor macht sich einfach immer stärker bemerkbar.

Ebenfalls 1981 wurde MTV gegründet und revolutionierte die Sehgewohnheiten wie auch den Innovationsdruck im Fernsehmarkt.

Motion Graphics am Desktop PC | Wegen der zu Grunde liegenden Videoströme und der Menge der zu manipulierenden Pixel war Compositing lange Zeit eine Domäne der Highend-Systeme, doch die Revolution kündigte sich 1993 an: Discreet stellte den flame* vor und Adobe präsentierte After Effects für Macintosh. Beide waren eine Abkehr vom reinen Hardware-Compositing-System: **flame*** war eine Software, die speziell auf die mit ihr ausgelieferte Hardware, eine für Videobearbeitung ausgerichtete 64-Bit-Workstation von Silicon Graphics, ausgerichtet war. **After Effects** dagegen war ein unabhängiges Softwarepaket, das in Anlehnung an Adobes Photoshop entwickelt wurde und auf jedem Macintosh-Rechner lief. Beide Lösungen ermöglichten auch mittelgroßen und kleineren Unternehmen die Bearbeitung von Videos.

Mit den enormen Leistungszuwächsen der Personalcomputer hatten die Highend-Systeme Mitte der 90er-Jahre immer weniger Spielraum, ihre Performance-Vorteile auszuspielen. Vor allem die Verfügbarkeit von preisgünstigen RAID-Systemen (Redundant Array of Independent Disks, erstmals 1987 umgesetzt) und breitere Datenkanäle innerhalb der Rechner erlaubten es den reinen Software-Lösungen zum Compositing, den ausschließlichen Hardware- oder Hybrid-Lösungen Marktanteile abzuringen.

Macromedia Flash | Nur vier Jahre nach den mächtigen Desktop-Werkzeugen flame* und After Effects stellte Macromedia 1997 Flash vor, ein vektorbasiertes Dateiformat für Echtzeit-2D-Animationen. Obwohl primär für den Einsatz im Internet gedacht und auf geringe Datenraten ausgelegt, fand die Industrie bald weitere Einsatzmöglichkeiten. Heute wird Flash ebenso als preiswertes Tool für Zeichentrickserien wie für Internetanimation und Motion Graphics eingesetzt.

Echtzeit-Grafik | Vor allem durch die Entwicklung preiswerter Hochleistungsgrafikkarten, vorangetrieben durch die Computerspiele-Industrie, wurde Echtzeit-Grafik allgegenwärtig, ob 3D oder 2D. Im professionellen Bereich wurde aber aufgrund der qualitativ überlegenen Software-Renderer weiterhin auf die rohe Rechenleistung der Hauptprozessoren gesetzt, meistens in so genannten Rendering-Farmen (Netzwerke von Rechnern), in einigen Fällen aber auch mit speziellen Steckkarten, die mehrere Prozessoren (DSP) enthielten und bestimmte Operationen beschleunigten (z. B. die inzwischen eingestellten Ice-Boards für After Effects).

Vor diesem Hintergrund war es nur eine Frage der Zeit, bis sich auch professionelle Software am Beispiel der Computerspiele orientierten. Nachdem einige Schnittstellen (z. B. OpenGL für 3D-Anwendungen) bereits die flexiblen Recheneinheiten auf den Grafikkarten für die Arbeit erschlossen hatten, war es im Herbst 2004 endlich so weit. Apple brachte mit Motion ein Programm heraus, das mit der Grafikkarte nicht nur die Darstellung beschleunigt, sondern alle Operationen bis zum abschließenden Rendering, also der Erzeugung und Sicherung der Bilddaten. Ein Vorteil, der sicherlich einige Einschränkungen und ungewohnte Arbeitsweisen mit sich brachte; doch dafür entfielen die ärgerlichen Wartezeiten, die den Arbeitsfluss unterbrachen, wenn »mal schnell« eine Vorschau betrachtet werden sollte.

2.4 Begriffsdefinitionen

Es ist bestimmt aufgefallen, dass einige Begriffe in der Effektgeschichte immer wieder auftauchen. Da die dort erwähnten Techniken unabhängig von der Technologie auch heute noch verwendet werden, folgt nach der historischen Einordnung nun ein Überblick über die Bezeichnungen und Verfahren, wie sie auch in Motion anzutreffen sind.

2.4.1 Animation

Die heutige Computeranimation basiert auf dem Prinzip der stroboskopischen Täuschung: Eine Bewegung lässt sich als Abfolge von Einzelbildern darstellen. Bei der Animation kann man generell in drei Arten, unabhängig von der verwendeten Software, unterscheiden:
- Keyframe-Animation,
- Bildsequenzen und
- simulierte bzw. programmierte Bewegungen, die sich unter dem Begriff »Prozedurale Animation« zusammenfassen lassen.

> **Stroboskopische Täuschung**
>
> Eine sehr schnell ausgewechselte Folge von Einzelbildern erscheint dem menschlichen Auge als fließende Bewegung. Auf der Tatsache, dass sich die Wahrnehmung auf diese Weise täuschen lässt, basiert die gesamte Entwicklung des Films. Ein bekannter Nebeneffekt ist, dass sich schnell drehende Räder von Autos oder Kutschen scheinbar umgekehrt drehen, da das Auge mangels Anhaltspunkten die Abfolge der Einzelbilder falsch als Bewegung interpretiert.

Keyframe-Animation | Keyframe-Animation ist der übliche Weg, eine Bewegung zu beschreiben: Man definiert die Parameter eines Objekts, z.B. die Position, zu bestimmten Zeitpunkten. Zwischen diesen klar definierten Schlüsselpositionen kann man dann **interpolieren**, also die Positionen zu jedem Zeitpunkt zwischen den Schlüsselbildern errechnen.

Diese Technik wird seit den Anfängen des Zeichentricks verwendet, unter anderem, um die Arbeit besser aufteilen zu können: Die Animatoren zeichnen nur noch mit groben Linien und wenigen Phasen, andere Zeichner erzeugen die fehlenden Zwischenbilder und wieder andere zeichnen die endgültigen reinen Zeichnungen, die dann als Bildsequenz abgefilmt werden.

Abbildung 2.4 ▶ In diesem Beispiel wurden nur Anfangs- und Endposition der Kugel bestimmt, die Positionen dazwischen (hier übereinander geblendet) wurden vom Computer ermittelt.

Fertige Bildsequenzen | Fertige Bildsequenzen werden auch in der Computergrafik häufig eingesetzt, schließlich gibt es immer wieder Phänomene oder Formen, die sich nur bedingt animieren lassen. Vor allem für Effekte wie Feuer, Luftblasen oder Ähnliches gibt es eine Vielzahl von Aufnahmen, die als Bildsequenzen hinterlegt sind. Solches so genanntes **Stock Footage** kann man bei speziellen Anbietern meist über das Internet kaufen. Die Firma Artbeats beispielsweise setzt mit den Reel Explosions – aufwändig abgefilmten Explosionen vor schwarzem Hintergrund – Maßstäbe.

Das Problem bei Bildsequenzen ist ihre Endgültigkeit: Sie sind in ihrer bildlichen und zeitlichen Auflösung klar durch die Aufnahme beschränkt. Zwischen den einzelnen Bildern, z.B. einer Explosion, kann man zum Beispiel bei einem **Time Stretch** (Geschwindigkeitsveränderung) keine »echten« neuen Bilder erhalten. Mittlerweile gibt es zwar intelligente Interpolationstechniken, um fehlende Bilder zu synthetisieren, doch perfekte Ergebnisse sind auch damit nur schwer zu erreichen und stark von den Bewegungen im Bild abhängig. So lange muss man sich mit einfachen Wiederholungen von Bildern (Pull-Up) oder Überblendungen von Einzelbildern (Frame Blending) begnügen.

◄ **Abbildung 2.5**
So genanntes Stock Footage kann man von verschiedenen Firmen wie Getty Images oder Artbeats kaufen. Auf der Motion Content-DVD sind einige solcher Bildsequenzen enthalten.

QuickTime VR | Es gibt auch einige Dateiformate, die Bildsequenzen nutzen, diese allerdings nicht einfach aneinander reihen. Zum Beispiel sind QuickTime VR-Objekte einfache Bildfolgen, die man in zwei Richtungen statt nur entlang einer Zeitachse durchwandern kann und so eine Betrachterbewegung um ein Objekt herum imitiert wird. In Motion ist es uns ohne Probleme gelungen, einen QuickTime VR-Film zu importieren und in die Timeline einzubinden.

◄ **Abbildung 2.6**
QuickTime VR-Objekte sind interaktive Bildsequenzen, die sich dynamisch im QuickTime Player steuern lassen.

Prozedurale Animation | Die komplizierteste Art einer Animation ist die Prozedurale Animation. Dabei handelt es sich um mathematische Bedingungen und Formeln, die mit bestimmten Parametern einen bestimmten Effekt animieren können. Als einfaches Beispiel sei hier eine Sinus-kurve angeführt, die, wenn sie mit der Variable Zeit gefüttert wird, eine schöne Pendelbewegung ergibt. In Motion entspricht das dem »Verhalten« OSZILLIEREN, das, wenn in Keyframes konvertiert, eine Kurvenform beschreibt, wie es in Abbildung 2.7 zu sehen ist.

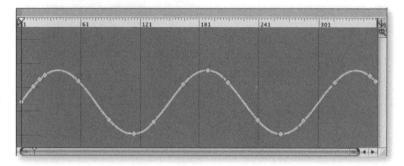

Abbildung 2.7 ▶
Eine einfache Sinuskurve, die zwischen den Werten +1 und –1 pendelt, wird erzeugt, indem das Verhalten Oszillieren in Keyframes konvertiert wird.

Verhalten | Motion sieht hauptsächlich Prozedurale Animation vor. Apple nennt diese Prozeduren Behaviors bzw. Verhalten in der deutschen Version. Doch man sollte sich nicht von diesem Namen verführen lassen: Motion Behaviors haben nichts mit dem zu tun, was man gemeinhin als Behavioral Animation bezeichnet, nämlich jener Animation durch eine künstliche Intelligenz, die aus einem Fundus an Verhaltensmustern (und Animationssequenzen) auswählt, um auf ihre Umgebung zu reagieren und ihre Ziele zu erreichen. Stattdessen erlauben Verhalten in Motion eine Arbeitsweise, die eher dem Filmschnitt entspricht.

Animation mit Verhalten ist nur abstrakt zeitabhängig und wird oft als die **Geschwindigkeit einer Wertänderung** definiert. Man kann diese Geschwindigkeit und andere Eigenschaften des Verhaltens natürlich wiederum mit Keyframes animieren, doch in jedem Fall ist das Verhalten eine unabhängige Fernsteuerung für das betroffene Objekt, deren Wirkungszeitraum sich in der Timeline wie die Sichtbarkeit eines Filmclips einschränken lässt.

2.4.2 Masken und Mattes

Wie in dem filmgeschichtlichen Exkurs angedeutet, basiert der klassische Filmtrick auf Masken, mit denen Bildelemente separiert werden können. Während man mit dem Begriff Masken normalerweise Vektormasken, also mit Linien oder Flächen verbundene Punkte, bezeichnet, wird der Begriff Mattes häufig nur als Abkürzung für Travelling Mattes verwendet. Es handelt sich dabei nicht um Vektorformen, sondern um Graustufenbilder, die im Zusammenspiel mit je einem Filmbild bestimmte Inhalte maskieren.

Mattes im Filmtrick | Mattes sind seit der Frühzeit des Filmtricks bekannt. Um die üblichen Überblendungen bei Mehrfachbelichtungen zu verhindern, malte man auf einen neuen Film schwarz bzw. belichtete Papiermasken möglichst kontrastreich aus. Dieser Film wurde dann direkt auf den Originalfilm gelegt und auf einen dritten Filmstreifen ausbelichtet, um dort die geschwärzten Bereiche unbelichtet für die nächsten Elemente zu erhalten. Durch einen ähnlichen Kopiervorgang, allerdings ohne Originalfilm, konnte man auch einfach die Masken invertieren.

2.4.3 Traditionelles Keying

Das manuelle Erstellen von Maskeninformationen war natürlich sehr aufwändig und dabei vergleichsweise ungenau, weshalb man früh nach **Automatisierungen** suchte. Mit dem Aufkommen des Farbfilms, der aus drei unterschiedlichen Gelatineschichten mit zwischengeschalteten Rot-, Grün- und Blaufiltern besteht, konnte man erstmals die Hauttöne der Darsteller von der Umgebung trennen. Dazu wurde der Film durch Farbfilter umkopiert, sodass zum Beispiel nur die blauen Farbanteile belichteten.

Diese Kopie konnte dann durch spezielle Entwicklungszusätze so in ihrem Helligkeits- und Kontrastumfang angepasst werden, dass recht saubere Travelling Mattes entstanden. Blaue Leinwände, so genannte Blue Screens, wurden Bestandteil vieler Filmstudios, und das Aufschlüsseln der Farbkanäle – das Keying – eine weit verbreitete Technik.

◀ **Abbildung 2.8**
Eine Blue Screen-Aufnahme und die durch Keying gewonnene Matte.

2.4.4 Digitales Keying

Die elektronischen Aufzeichnungsverfahren arbeiten ähnlich wie der Film, indem die Helligkeitsverteilung nach vorgeschalteten Filtern gemessen und dann getrennt aufgezeichnet wird. Allerdings wurde das Signal, aus Rücksicht auf die vorherrschenden Schwarzweiß-geräte, in YUV umgewandelt (Seite 59). Die Farbwerte ließen sich elektronisch flexibel erfassen, sodass Keyer-Komponenten schnell Einzug an Schnittplätze und in TV-Studios fanden.

8 Bit pro Farbkanal | Digitale Technik in Computersystemen arbeitet nicht mit analogen Kurven, sondern mit gerasterten Annäherungen. Das gilt auch für die Farbwerte, die üblicherweise mit 8 Bit, also 256 Abstufungen, gespeichert werden. Bei drei Kanälen Rot, Grün und Blau sind das zusammen 24 Bit, die real auf den heutigen Monitoren darstellbar sind und ca. 16,7 Millionen Farben entsprechen.

Transparenzinformationen aus den Farbkanälen | Für das digitale Keying bedeutet dies, dass man zwar ziemlich genaue Transparenzinformationen aus den Farbkanälen extrahieren kann, doch oft noch einiges an Feinjustierungen benötigt, bis der Key sitzt, da in gefilmten Bildern die Farbwerte normalerweise über die Zeit variieren. Neben Rauschen oder Lichtänderungen bei der Aufnahme kommen noch Farbraumkompression und digitale Kompression durch einen Codec als erschwerende Faktoren für einen Key hinzu (siehe Kapitel »Motion Elements« ab Seite 419).

2.4.5 Vektorgrafik und Masken

Da Pixeldarstellung ziemlich speicheraufwändig ist (pro Pixel kann man 4 bis 8 Byte veranschlagen), suchte man bald andere Möglichkeiten, um Formen auf dem Bildschirm zu beschreiben. Die Lösung lag darin, Formen nur über die Eckpunkte zu definieren, die mit geraden Linien verbunden und gegebenenfalls ausgefüllt wurden. Vor allem für die Darstellung dreidimensionaler Inhalte bot sich diese Art der Flächenbeschreibung an, da man nur Eckpunkte in die richtige Anordnung bringen und diese dann einfach nacheinander verbinden und füllen musste.

Die Vektorgrafik wurde in ihrer zweidimensionalen Variante bald um unterschiedliche Interpolationsmöglichkeiten erweitert, die aus den linear verbundenen Punkten echte Kurven erzeugen konnten:

- **Bézier-Kurven** gehen auf den Renault-Ingenieur Pierre Bézier zurück und erlauben die Ein- und Ausgangswinkel der Kurve eines Punktes getrennt zu bestimmen und über tangentiale Hebel die Kurve nach Belieben auszulenken.

▸ **B-Splines** sind eine Vereinfachung der Bézier-Kurven und werten die Punkte als Magneten aus, welche die Kurve auslenken.

Diese Interpolationen sind auf alle Arten von Kurven anwendbar, allerdings oft nur auf die Gesamtkurve, sodass man nicht in der gleichen Form unterschiedliche Algorithmen verwenden kann. In Motion stehen Bézier und B-Splines für Formen zur Verfügung, die in Kapitel »Motion Elements« ab Seite 395 beschrieben werden. Im Keyframe-Editor von Motion können lediglich Bézier-Kurven angewendet werden, doch diese mit einigen Ergänzungen (Seite 264).

◂ **Abbildung 2.9**
Von links nach rechts: die gleiche gefüllte Kurve mit Linearer, Bézier- und B-Spline-Interpolation.

Rotoscoping | Vektormasken werden häufig eingesetzt, um Bildinhalte freizustellen, die nicht einfach zu keyen sind. Diesen Vorgang nennt man auch Rotoskopie-Verfahren (engl. Rotoscoping). Der Begriff stammt aus dem Zeichentrick und bedeutet so viel wie **abpausen** oder durchzeichnen. So wurde in Disneys »Schneewittchen« (1937) für aufwändige Szenen eine Darstellerin gefilmt, bei der die Aufnahme von unten auf den Zeichentisch projiziert wurde, um den Faltenwurf der Kleidung nachzuzeichnen.

Ein anderes Beispiel für Rotoscoping ist »Predator« (1987), bei dem der Hintergrund mit immer größer werdender Verzerrung und immer kleiner werdenden rotoskopierten Masken übereinander gelegt wurde, um den Tarnkappeneffekt des Aliens zu realisieren. Heute benutzt man den Begriff für jede händische Animation auf Grundlage von Videomaterial, egal, ob es sich um Vektormasken oder gemalte Maskenkanäle handelt.

2.4.6 Tracking

Da das manuelle Verfolgen von abgefilmten Formen eine Zeit raubende Angelegenheit ist, entwickelte man Algorithmen zur **automatisierten Bildanalyse**. Diese vergleichen die aufeinander folgenden Bilder und versuchen Formen wieder zu erkennen, um die Positionsveränderung der Pixelmuster zu bestimmen. Je nach Anwendung ist das so genannte **Tracking** unterschiedlich implementiert.

Tracking-Sucher | In Compositing-Anwendungen muss man gewöhnlich einzelne Bildbereiche mit einem Tracking-Sucher verknüpfen und dann die **Musterverfolgung** starten, überwachen und gegebenenfalls nachjustieren.

In Adobe After Effects kann man durch das Tracking eines einzelnen Musters lediglich Positionswerte bestimmen. Erst durch Definition eines zweiten Punkts kann man auch zusätzliche Rotationswerte ermitteln. Die Ergebnisse sind auf beliebige Parameter, nicht aber einzelne Maskenpunkte anwendbar.

Discreets Combustion dagegen erlaubt das Tracking einzelner Maskenpunkte, was unter Umständen eine erhebliche Erleichterung beim Rotoscoping bedeutet. Dabei ist die Qualität des Trackings natürlich direkt von dem zu bearbeitenden Bildmaterial abhängig, sodass man in den meisten Fällen leider per Hand nacharbeiten muss.

Pixel-Tracker | Einen anderen Ansatz verfolgen so genannte Pixel-Tracker, die versuchen, den gesamten Bildinhalt zu erfassen, zu vergleichen und so zusätzliche Informationen zu gewinnen. Diese Technik wurde für den Film »The Grinch« entwickelt, ursprünglich zur besseren Geschwindigkeitsveränderung von Filmmaterial, doch bald ergaben sich viele neue Einsatzgebiete: Denn wenn man die Beziehungen der Pixel in aufeinander folgenden Bildern erfolgreich ermittelt hat, kann man fast alles mit diesen Informationen machen. So ist nicht nur die vollständige Synthese neuer Zwischenbilder (und damit eine Verlangsamung des Films) möglich, sondern auch eine verbesserte Anpassung auf unterschiedliche Videostandards (wie die Konvertierung von 30 auf 25 Bilder pro Sekunde). Daneben wird die Postproduktion durch optimierte synthetische Bewegungsunschärfe für digitale Videosequenzen und neue Ansätze zur Trennung von Vorder- und Hintergrundelementen an vielen Stellen erheblich erleichtert.

Tracking-Software

Diese Technologie steckt bisher in Plugins wie ReelSmart Motion Blur oder Re-Timer, die für kompatible Anwendungen verfügbar sind. Eine eigenständige, spezialisierte Rotoscoping- und Tracking-Software ist MoKey.

Matchmoving | Die dritte Art von Tracking verfolgt – meist als eine Kombination der genannten Ansätze – die Bewegungen im Bild und versucht daraus die Bewegung der Kamera zu ermitteln. Dazu wird von mindestens drei der ermittelten 2D-Positionen angenommen, dass die abgebildeten Punkte im dreidimensionalen Raum immer die gleiche Position zueinander hatten. Dieses Angleichen einer neuen Kamerabewegung an eine bereits gefilmte nennt man Matchmoving.

Spezialisierte Anwendungen für 3D-Tracking sind RealViz Matchmover und 2D3 Boujou. Obwohl beide für Compositing und Motion Graphics nur wenig Bedeutung haben, werden sie an dieser Stelle erwähnt, da beide Firmen ihre Technologie zunehmend auch in 2D-Anwendungen zum Rotoscoping und zur Bildstabilisierung umsetzen.

2.5 Einsatzmöglichkeiten von Motion

Motion hat seinen Schwerpunkt derzeit eindeutig bei Motion Graphics. Aufwändiges Compositing wird von Apple mit Shake bereits abgedeckt.

Shake bietet 8-, 16- und 32-Bit-Rendering für einzelne Nodes, was Renderzeit spart. Außerdem werden für die Filmproduktion die Cineon- und DPX-Formate unterstützt, es sind umfangreiche Maskierungswerkzeuge, professionelle Keyer und Tracker enthalten sowie komplexe Farbkorrekturen und Paint-Funktionen – und nicht zuletzt sorgt die leistungsstarke Script-Funktion dafür, dass man sich seine Effekte quasi selbst programmieren kann.

Combustion als näherer Verwandter des flame* versucht wie After Effects in Motion Graphics und im Compositing präsent zu sein. Combustion verfügt über gute Keyer und Tracker und neigt eher zum Compositing-Bereich. Die an flame* angelehnte und sehr aufgeräumte Oberfläche ist allerdings für Einsteiger nicht ganz zugänglich.

After Effects sehen wir eher bei Motion Graphics, kann aber in der Pro-Version mit vielen zusätzlichen Compositing-Features aufwarten. Die mitgelieferten Filter sind in After Effects bereits sehr umfangreich und durch zahlreiche Plug-Ins von Drittanbietern bietet sich eine große Erweiterbarkeit. Das Interface von After Effects hat sich über die Jahre kaum verändert und besitzt gegenüber Shake,

Combustion und Motion den Nachteil, dass sich ständig überlappende Fenster im Weg sind. After Effects und Combustion verfügen über recht umfangreiche 3D-Raum-Funktionen, die Motion nicht hat und die bei Shake in Version 4 enthalten sind.

So gesehen ist Motion auch als Ergänzung zu den bereits bestehenden Anwendungen anzusehen. Motion bietet vor allem sehr leistungsstarke Animationsmöglichkeiten im Textbereich. Die Partikeleffekte sind ebenfalls sehr komplex und nicht zuletzt zeichnet sich Motion durch eine einfache und zugängliche Bedienung aus. Ideale Einsatzgebiete für Motion sind:

- kurze Vorspänne
- Textanimationen
- Maskierungen
- Visualisierungen
- Partikelanimationen
- DVD-Menüs

Die Integration mit den anderen Apple-Produkten sucht seinesgleichen und so hat man vor allem mit dem Gesamtpaket äußerst leistungsstarke Bearbeitungsmöglichkeiten zu einem sehr guten Preis-Leistungs-Verhältnis.

3 Videogrundlagen

Die Geschichte des bewegten Bildes wurde schon in den ersten Kapiteln behandelt. Wie es nun mit den nicht eben einfachen technischen Hintergründen bei Video aussieht, soll in diesem Kapitel besprochen werden.

Wir sagen vorweg, dass Sie dieses Kapitel überspringen können, wenn Sie sich lieber gleich mit der Animation Ihrer Videos in Motion beschäftigen wollen. Dieses Kapitel widmet sich den teilweise recht komplizierten Zusammenhängen und Hintergründen von digitalem Video, mit denen man sich früher oder später konfrontiert sieht. Sie können davon ausgehen, dass auch ein nicht geringer Teil der »professionellen« Anwender die technische Konfrontation scheut und viel »Fachwissen« eher auf Erfahrungen und aufgeschnappten Informationen beruht. Die wenigen zielstrebigen Ausbildungswege, die es gibt, tun sich überdies schwer, die komplexen Zusammenhänge für die Kreativberufe einfach zu vermitteln. Kreativität und Technik – das will irgendwie nicht recht zusammenpassen.

Egal, ob Sie als Motion-Anwender ganz frisch in die Materie einsteigen oder schon seit Jahren dabei sind – wir haben in diesem Kapitel zusammengefasst, wovon wir glauben, dass man es zumindest schon einmal gehört haben sollte. Und die Dinge, von denen man vielleicht schon mal etwas gehört hat, sich aber nicht genauer nachzufragen traute, wollten wir bis zu einem erträglichen Maß vertiefen und einfach veranschaulichen. Videotechnik kann schnell zu einem riesengroßen Ballon heißer Luft ausarten und die Begrifflichkeiten alleine sind schon so hochtrabend, dass die geschickte Aneinanderreihung wie eine undurchdringliche Mauer aus beeindruckendem Fachwissen wirkt. Der Knall ist aber meist umso größer, wenn der Ballon einmal platzt.

Wir möchten daher mit diesem Kapitel helfen, den digitalen Workflow zu verbessern, Auflösungen, Signale und Kompressionen richtig einzuschätzen, optimal einzusetzen und zu beurteilen.

3.1 Digital Intermediate

Wie Sie im vorherigen Kapitel lesen konnten, verliert Film bei der klassischen Effektbearbeitung durch zahlreiche Kopiervorgänge deutlich an Qualität. Der optische Printer war in den 70er-Jahren schon eine große Verbesserung, doch erst der konsequente Workflow in einem hochwertigen **digitalen Zwischenformat** ermöglicht verlustfreie Kopiervorgänge und eine intensive Nachbearbeitung. Bei Film bezeichnet man diesen Vorgang des digitalen Speicherns und Bearbeitens als Digital Intermediate.

Kompression | Digitale Videoformate komprimieren in eigentlich allen Fällen das Signal, da Bandkassetten, aber auch optische Speicher und Speicherkarten nicht über genügend Bandbreite verfügen, um das pure Signal hinter dem CCD-Chip (Charged Coupled Device) der Kamera ohne Kompression abzuspeichern. Nur ein Live-Signal, das abgegriffen und auf schnelle und große Festplattensysteme gespeichert wird, kann ohne Kompression aufgenommen werden.

Native Bearbeitung | Aufnahmen, die von digitalen Videokameras auf Band oder Speichermedien vorliegen, können hingegen auch **nativ** bearbeitet werden, z. B. wenn ein DV-Datenstrom über FireWire in den Rechner »kopiert« wird. Eine Wandlung in Zwischenformate ist aber auch hier möglich, z. B. wenn man für aufwändige Effektbearbeitung in einen anderen Codec wechselt oder wenn Aufnahmen von DigiBeta unkomprimiert eingespielt werden (den DigiBeta Codec gibt es nicht als Software-Komponente für native Bearbeitung).

Digitaler Workflow | Wir leben zwar im digitalen Zeitalter, doch analoge Technologien begleiten uns noch tagtäglich, auch im Bereich Video. Von einem reinen digitalen Workflow kann man erst sprechen, wenn nur noch digitale Kameras das einfallende Licht nach dem Auftreffen auf den CCD-Chip in einen digitalen Datenstrom verwandeln und dieser digital in Pixeln abgespeichert, über eine digitale Verbindung auf den Rechner übertragen und bearbeitet, auf ein digitales Medium abgespeichert, digital weiter übertragen, digital empfangen und digital auf einem Flachbildschirm oder Beamer abgebildet wird. Das eingefangene Licht war natürlich trotzdem ursprünglich einmal »analog«, oder vielmehr Teil der wirklichen Welt. Genauso verhält es sich auch mit dem Licht, das von den Pixeln eines Flachbildschirms in unsere Augen wieder zurückstrahlt. Die ganze Zwischenbearbeitung und Übertragung ist im Idealfall jedoch digital, was gegenüber elektronischer Analogtechnik erhebliche Vorteile bringt, oder zumindest bringen kann. Erklärtes Ziel ist stets eine möglichst hochwertige Bearbeitung und Übertragung, wobei jedoch aufgrund begrenzter Bandbreiten meist trotzdem nicht auf Kompressionen verzichtet werden kann.

Dennoch wird der klassische Film, der in über hundert Jahren eine kaum noch zu überbietende Perfektion erreicht hat, sowohl ästhetisch als auch technisch die digitale Konkurrenz noch nicht ganz zu fürchten haben, unter anderem da das Spektrum von Farbtiefe und Auflösung digitalen Videokameras (eine digitale Filmkamera gibt es an sich nicht) in den meisten Fällen immer noch überlegen ist. Natürlich ist man aber auch hier bestrebt, durch digitale Aufnahmen die Arbeitsprozesse für die Postproduktion zu erleichtern, aber noch wird oftmals auf Film gedreht, der dann für eine digitale Bearbeitung erst aufwändig eingescannt werden muss.

Übertragungsqualität | Analoges Video hingegen wird seine Daseinsberechtigung schon bald verlieren, denn die digitale Technologie ist hier in fast jeder Hinsicht überlegen. Ein wichtiger Schritt dahin ist auch die komplette Umstellung auf das digitale Fernsehen. Allerdings bedeutet »digital« nicht automatisch auch Qualität. Einmal abgesehen vom inhaltlichen Aspekt, spielt die **Bandbreite** eine große Rolle, weshalb die Daten stark komprimiert werden müssen. Die digitalen Signale, die uns derzeit noch als MPEG-2-basierter Transport-Stream erreichen, sind abhängig von der zur Verfügung stehenden Bandbreite, dem Encoder und von der Qualität des Ausgangssignals.

Diese Kriterien lassen sich auf alle **Distributionsverfahren** übertragen: so gibt es große Unterschiede bei Signalen im digitalen Fernsehen, bei DVD-Produktionen oder auch Webfilmen, selbst wenn diese mit der gleichen Datenrate erzeugt wurden. Neben der Qualität des Encoders und der Qualität der Quelle spielt auch die Fähigkeit des Operators, mit einem geeigneten Werkzeug optimale Ergebnisse zu erzielen, eine wichtige Rolle. All diese Faktoren sind Voraussetzung für eine gute digitale Signalqualität.

Ausgabe auf verschiedenen Endgeräten | Bei der Betrachtung von Videosignalen spielt der Anschluss der Endgeräte eine wichtige Rolle.

Digitale Panels, Projektoren und AV-Verstärker sollten über digitale Anschlussmöglichkeiten wie DVI (zukünftig HDMI), SDI oder FireWire verfügen, denn in einem digitalen Workflow noch analoge Wandlungen durchzuführen, würde die Qualität nur unnötig mindern sowie die Geräte – bei hochwertigen Wandlern – sehr teuer machen.

Apple-Displays als Fernseher | Auch die geringe und eingeschränkte Standard Definition-Auflösung des Fernsehbildes macht sich auf einem hochauflösenden Display nicht sonderlich gut. Oft werden wir gefragt, ob man die Apple-Displays nicht als Fernseher benutzen könnte, doch eignen sich diese durch die hohe Auflösung eher für Software-Anwendungen mit vielen Interface-Elementen. Auf dem 30-Zoll-Cinema-Display von Apple vollflächig klassisches Fernsehen zu schauen (z. B. mit den Fernsehempfängern von Elgato), würde bedeuten, das Fernsehbild mit einer Höhe von 576 Pixeln auf 1600 Pixel hochzuskalieren, was zu starker Artefaktbildung führen würde. Hinzu kommen die durch MPEG-2 ohnehin schon starken Kompressionen sowie das Zeilensprungverfahren, das auf Seite 112 beschrieben wird.

Abbildung 3.1 ▶
Mit der gewaltigen Auflösung des 30-Zoll-Cinema-Displays von Apple gerät klassisches Fernsehen zum Mäusekino (weißer Kasten). High Definition würde sich hier schon besser machen.

Im HiFi-Bereich gibt es hochwertige Scaler und Deinterlacer, um für Beamer und Flachbildschirme bessere Darstellungsergebnisse zu erzielen, doch sind diese meist sehr teuer. Auch im professionellen Broadcast-Bereich verfügen Geräte über verschiedene Konvertierungsmöglichkeiten. Doch gerade in Bezug auf neue, hochauflösende Projektionstechniken müssen viele Faktoren beachtet werden, denn Fehler und Qualitätsminderungen von Signalen werden dort stärker sichtbar und das Verschlucken von Fehlern wird erschwert.

3.2 Anschlüsse und Signale

Die Qualität einer Videoquelle erkennt man schon an den verschiedenen Anschlussarten und Bezeichnungen zur Signalübertragung. Im analogen Bereich findet man die beiden Komponentenübertragungen YUV und RGB vor sowie die reduzierten Composite- und S-Video-Signale. YUV und RGB finden sich genauso auch bei der digitalen Übertragung, wo eine weitere Reduzierung nur noch durch Kompressionsalgorithmen stattfindet.

3.2.1 YUV

Aus Gründen der Abwärtskompatibilität zum Schwarzweißfernsehen wird Video in den meisten Fällen nicht im RGB-Farbraum übertragen und abgespeichert, sondern als YUV-Signal. Bei dieser Übertragung wird gewährleistet, dass auch Schwarzweißgeräte das Signal empfangen und darstellen können, da der Y-Kanal ein komplettes Schwarzweißbild überträgt.

Die Komponente **Y** steht somit für die Helligkeitsinformation des Bildes, auch **Luminanz** genannt. **U** und **V** sind Farbdifferenzsignale und entsprechen der Differenz des roten bzw. des blauen Kanals zum Y-Kanal. Sie werden als Chrominanzanteil, oder einfach nur als **Chrominanz** bezeichnet.

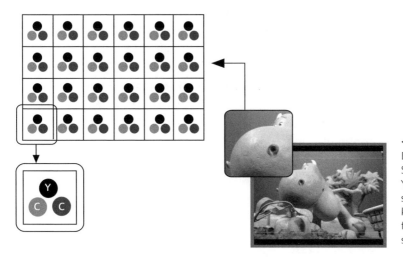

◄ **Abbildung 3.2**
Das digitalisierte YUV-Signal wird auch als YCC bezeichnet. Y steht für die Helligkeitsinformation, CC für die beiden digitalisierten Farbanteile.

Menschliches Sehverhalten | Da das menschliche Auge die drei Grundfarben bei gleicher Sättigungsintensivität unterschiedlich hell wahrnimmt, wird eine spezielle Umrechungsmatrix angewendet, die diese Charakteristik durch eine Anpassung der Gewichtung im Y-Kanal berücksichtigt. Gleiches findet statt, wenn ein Bild von RGB in Graustufen umgewandelt wird, zum Beispiel in Adobe Photoshop. Bildbearbeitungsfilter zum Entsättigen hingegen werden in vielen Fällen linear angewendet und führen zu anderen Ergebnissen. In diesen Fällen erscheinen vor allem Grün, aber auch Rot zu dunkel.

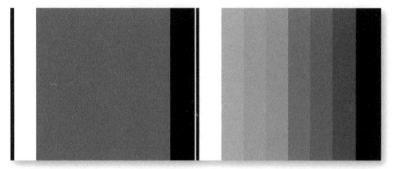

▲ **Abbildung 3.3**
Der Befehl SÄTTIGUNG VERRINGERN in Photoshop wandelt den Farbbalken linear in Graustufen um (links), während beim Umwandeln in den Graustufen-Modus eine Gewichtung angewendet wird (rechts), die unserem natürlichen Sehverhalten entspricht. Motion berücksichtigt die Gewichtung ebenfalls in den Filtern ENTSÄTTIGEN und SÄTTIGEN.

Grün wird vom menschlichen Auge also am hellsten wahrgenommen und bietet den höchsten Dynamikumfang. Y beinhaltet alle Helligkeitsabstufungen der RGB-Werte und damit den höchsten Grünanteil. Zum Wiederherstellen der Farbinformation wird der Grünanteil aus dem Y-Kanal mit den beiden Farbdifferenzsignalen errechnet. Y und U liefern somit die Grün-Rot-Information, Y und V die Gelb-Blau-Information.

YUV nur für die Produktion | Im analogen Fernsehen wird allerdings nie ein YUV-Komponentensignal an den Endverbraucher ausgesendet, sondern nur in der Produktion eingesetzt. Daraus wird ein schwarzweiß-kompatibles Signal (FBAS) ausgestrahlt, das weniger Bandbreite benötigt. Im digitalen Fernsehen wird YUV hingegen auch in der Distribution bewahrt.

> **Komponentensignal**
> Bei der YUV-Übertragung wird auch von einem Komponentensignal gesprochen, wobei man bedenken muss, dass RGB ebenfalls aus den Komponenten Rot, Grün und Blau besteht und dementsprechend genauso bezeichnet werden könnte. Um also sicher zu sein, dass man über die gleiche Sache spricht, sollte man auch die Bezeichnungen YUV-Signal oder YUV-Anschluss mit einbeziehen.

Datenreduktion oder Subsampling | Es ist üblich, den Farbraum des YUV-Signals in der Chrominanz zu reduzieren, also U und V im Vergleich zum Y-Kanal geringer aufzulösen. Damit trägt man dem menschlichen Sehverhalten Rechnung, denn in der Netzhaut überwiegt die Anzahl der Stäbchen, die für die Wahrnehmung von Kontrasten wichtig sind, gegenüber der Anzahl der Zäpfchen, die weniger lichtempfindlich sind und drei Arten von Farbrezeptoren umfassen.

Diese Reduzierung des Farbraums verringert die Bandbreite des Signals und entspricht bei der digitalen Speicherung somit schon einer Datenreduktion bzw. Kompression. Man spricht hierbei von **Subsampling** – ein Verfahren, das wir noch genau erläutern werden.

Durch die sehr effektiven Möglichkeiten beim Subsampling bildet das YUV-Format die Grundlage vieler digitaler Video-Kompressionsformate. Schon bei analogen Signalen wurde der Chrominanzanteil des YUV-Signals nicht voll aufgelöst. Die Notwendigkeit der Reduzierung ist sowohl bei analoger wie digitaler Übertragung in den begrenzten Bandbreiten begründet. Bei analoger Technik betrifft es Frequenzen von Funk- und Kabelverbindungen, in digitalen Prozessen ist es die Speicherkapazität.

Transparentes Signal | Im digitalen Bereich spricht man von einem verlustfreien oder auch transparenten YUV-Signal, wenn dieses ohne Kompression durch einen Codec übertragen wird.

Leider gilt dies nur für die Übertragung, sodass es sich durchaus um ein zuvor komprimiertes Signal handeln kann – Kompressionen und damit Qualitätseinbußen lassen sich selten wieder rückgängig machen. Meist ist der Farbraum bei einem transparenten YUV-Signal schon reduziert und damit auch die Bandbreite des Signals insgesamt. Auch die hochwertige digitale SDI-Schnittstelle überträgt ein transparentes Signal, im reduzierten 4:2:2-Farbsystem. Später können davon stark komprimierte Formate wie DV oder MPEG-2 erzeugt werden. Auch in digitalen Videokameras liegt nach der Analog-Digital-Wandlung zunächst ein transparentes Signal vor, das dann durch den Hardware-Codec in der Kamera und das Subsampling-Verfahren weiter komprimiert wird.

Im analogen Bereich kann aus einem YUV-Signal ein schwächeres Signal wie z. B. Y/C (S-Video) oder FBAS (Composite) erzeugt werden.

> **Transparent vs. Nativ**
>
> Sie müssen grundsätzlich davon ausgehen, dass ein aufgenommenes Signal in einer bestimmten Ausgangsqualität vorliegt. Wandlungen und Kompressionen in eine schlechtere Signal- oder Bildqualität können nicht mehr rückgängig gemacht werden. So wird die Bildqualität eines DV-Signals bei der transparenten SDI-Übertragung nicht besser als durch die native Übertragung mit FireWire. Erst mit Verfahren wie Chroma-Upsampling oder Rausch- und Kompressionsunterdrückung in den einzelnen Kanälen kann man versuchen, die Bildqualität zu »restaurieren«.

Analoge YUV-Übertragung | YUV, zunächst in der analogen Übertragung betrachtet, sieht drei Signalleiter vor, die in der professionellen Produktionsumgebung als gut abgeschirmte Kupferleitungen mit BNC-Steckerverbindungen eingesetzt werden. Die robusten BNC-Stecker bieten durch ihren Drehmechanismus einen sicheren Halt und lassen sich somit nicht einfach durch Ziehen des Kabels lösen. Im Consumer-Bereich, z. B. bei DVD-Playern oder Beamern, sind dies oft gängige RCA-Anschlüsse (im HiFi-Jargon auch Cinch genannt).

Die Anschlüsse sind meist folgendermaßen gekennzeichnet: Y für die Luminanz sowie **Pr** oder auch **Cr** für U und **Pb** oder **Cb** für V. Manche Anschlüsse unterstützen parallel auch RGB, sodass zusätzlich auch R, G und B für die jeweilige Farbkomponente aufgeführt sein kann. In diesem Fall bilden Y/G sowie Pb/Cb/B und Pr/Cr/R je einen Stecker. Bei Consumer-Geräten und konfektionierten Kabeln sind die Stecker oft mit den Farben Grün (Y), Rot (U) und Blau (V) gekennzeichnet.

> **Synchronisierung**
>
> Analoge RGB- und YUV-Verkabelungen haben den Nachteil, dass sie oft noch einen weiteren Signalleiter für die Synchronisierung benötigen. Dieser so genannte Sync kann aber bei manchen Geräten auch im Y-Leiter bzw. dem Grün-Kanal mitgeführt werden. In seltenen

Fällen hat man bei RGB auch einen H- und V-Sync (horizontal, vertikal), also zwei weitere Kabel.

Digitale Signale müssen zwar ebenfalls synchronisiert werden, jedoch bedarf dies meist keiner zusätzlichen Verkabelung durch den Anwender, da sich die Geräte bei Eins-zu-Eins-Verbindungen auch automatisch aufeinander takten können. In komplexen Umgebungen mit vielen verschiedenen Geräten und Systemen wird durch einen Taktgenerator ein so genannter Studiotakt erzeugt. Arbeitet man mit unterschiedlichen Normen, was mit High Definition immer wahrscheinlicher wird, müssen Geräte eventuell aus der Umgebung herausgenommen und direkt, ohne externen Takt, verbunden werden.

▲ **Abbildung 3.5**
Im professionellen Bereich verwendet man stabile BNC-Stecker, wie hier bei der AJA Io. Das gilt für die analoge YUV-Übertragung (bei der AJA Io auch mit RGB kombiniert) wie auch für FBAS (Composite) und SDI. Nur der S-Video-Stecker ist im Profi- und Consumer-Bereich meistens gleich.

Digitale YUV-Übertragung | Auch bei der digitalen Übertragung spielt YUV eine Rolle. Digitale YUV-Signale werden von praktisch allen digitalen Videoformaten übertragen, zum Beispiel folgenden:
- DigiBeta
- DV-Formate
- Video-DVD
- Digitalfernsehen

Die digitale Übertragung sieht meistens nur die Notwendigkeit für einen Anschluss vor. Bei der professionellen Produktion ist das die SDI-Schnittstelle, die ebenfalls den BNC-Stecker als Anschlussart verwendet. FireWire als Transportprotokoll mit standardisiertem Stecker ist sehr flexibel und überträgt die DV-Formate oder auch unkomprimierte Signale, z. B. mit der AJA Io (Seite 137).

Dass es bei der digitalen Übertragung mit Einsen und Nullen schwer fällt, noch von einem Signal zu sprechen, wo es sich doch um einen Datenstrom handelt, sollte jedem bewusst sein. Letztlich muss die digitale Schnittstelle nur die notwendige Bandbreite für die Datenpakete zur Verfügung stellen können. Dennoch wird hier auf bewährte Bezeichnungen nicht verzichtet, also ist Signal durchaus noch ein gängiger Begriff. Wie YUV in den verschiedenen Formaten im digitalen Datenstrom aufgelöst wird, erfahren Sie später in diesem Kapitel.

> **FireWire, IEEE1394, iLink, DV**
>
> Von Apple wurde bereits Mitte der 80er-Jahre die FireWire-Technologie entwickelt. FireWire ist ein flexibles Transportprotokoll mit standardisiertem Stecker und einer Bandbreite von 400 Mbit pro Sekunde. Als Industriestandard wurde es mit der Normbezeichnung IEEE1394 versehen. Sony ergänzte die sechspolige FireWire-Schnittstelle, die auch Strom mitführen konnte, durch eine zierlichere vierpolige Steckerverbindung und nannte diese iLink. Mit der VX1000 brachte Sony die erste DV-Kamera auf den Markt. Da andere Hersteller von DV-Geräten ebenfalls die vierpolige Schnittstellen einbauten, diese aber weder iLink noch FireWire nennen wollten, findet man oft auch die Bezeichnung DV oder IEEE1394 vor (bei DVCPRO- und HDV-Geräten entsprechend genauso).

YUV als Transportformat | YUV sollte in erster Linie als Transportformat angesehen werden, obwohl es als Farbsystem einen eigenen Farbraum besitzt. Im Idealfall verfügt eine Kamera über je einen CCD-Chip für die Grundfarben Rot, Grün und Blau. Das Signal wird dann für die videokonforme Übertragung in den YUV-Farbraum konvertiert. Da das YUV-Signal auf dem Monitor in RGB dargestellt wird, muss es danach wieder zurückkonvertiert werden. YUV ist also kein Darstellungssystem.

3.2.2 RGB

Die RGB-Übertragung spielt bei Video nach wie vor eine untergeordnete bis gar keine Rolle. Auch wenn die Schwarzweiß-Kompatibilität mangels verfügbarer Geräte kaum noch relevant ist, so stellt YUV doch den Standard dar, nach dem sich die meisten Videoformate richten.

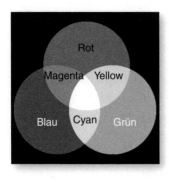

◄ Abbildung 3.6
Die Farbdarstellung auf Computer-Monitoren erfolgt im RGB-Modus. Die Farbe eines Bildpunktes wird durch additive Mischung der drei Farben Rot, Grün und Blau erzeugt.

RGB als Farbraum | Animationsprogramme wie After Effects oder Motion arbeiten allerdings ausschließlich im RGB-Farbraum, während Editing-Systeme wie Avid oder Final Cut Pro primär YUV-basierte Codecs verwenden und auch in YUV rendern können. Dies ist notwendig, um beim Editing Farbverschiebungen zu vermeiden, die bei der Konvertierung von YUV nach RGB und wieder zurück entstehen.

Grafische Animationsprogramme hingegen sind nicht ausschließlich nur für die Arbeit mit YUV gedacht, sondern auch für RGB-basierte Multimediaprojekte oder Film (Filmabtastungen finden auch in RGB statt). Auch lassen sich in RGB unter Umständen bessere Ergebnisse im Rendering erzielen, selbst wenn man in einem YUV-basierten Codec abspeichert. So ist es auch in Final Cut Pro möglich, wahlweise in RGB oder YUV rendern zu lassen, was zwar Farbverschiebungen zur Folge haben kann, aber eventuell insgesamt zu einem besseren Ergebnis führt.

Farbverschiebungen | Farbverschiebungen lassen sich bei Video also durch die Konvertierung zwischen den beiden Farbräumen meistens nicht vermeiden, weshalb man nach Möglichkeit in der Postproduktion die Anzahl der Wandlungen gering halten sollte.

RGB-Übertragung | Um RGB im Computerbereich analog zu übertragen, verwendet man die von Grafikkarten bekannte VGA-Schnittstelle mit D-Sub-Stecker. Die digitale RGB-Übertragung findet über den DVI-Anschluss (Digital Video Interface) statt, den Apple zeitweise auch als ADC (Apple Display Connector, Seite 134) verbaut hat.

Da im Streaming-Bereich für Video keine speziellen Anschlüsse mehr vonnöten sind, können auch Schnittstellen wie Ethernet, USB oder FireWire sowie Funknetzwerkverbindungen die Datenpakete der Videoströme übertragen, sofern die Bandbreite dafür ausreichend ist.

Die analoge, videokonforme Übertragung im HiFi-Bereich findet auch oft mit dem SCART-Stecker (Syndicat des Constructeurs d'Appareils Radiorécepteurs et Téléviseurs) statt, zum Beispiel zwischen einer dbox, einem DVD-Player und dem Fernsehgerät. Der Stecker selbst ist aber kein Garant für reine RGB-Übertragung, da er je nach Pin-Belegung und Gerät praktisch alle Signale unterstützt, also Composite, S-Video, RGB und selten auch YUV. Im digitalen HiFi-Bereich werden dagegen meist YUV-Signale von DVD oder anderen Quellen übertragen, jedoch lassen digitale Schnittstellen wie DVI-D oder HDMI auch RGB zu.

3.2.3 FBAS (Composite) und Y/C (S-Video)

Da ein analoges YUV-Signal mit seinen drei unabhängigen Komponenten für eine Ausstrahlung über Funk nicht infrage kam, musste man durch Konvertierung ein Signal schaffen, das wesentlich weniger Bandbreite benötigt, über weite Strecken übertragen werden kann, ebenfalls schwarzweiß-kompatibel ist und neben dem Farbbild auch noch den Ton beinhaltet. Was beim Endverbraucher von der Dachantenne, einer analogen Satellitenanlage oder aus der Kabelfernsehen-Dose ankommt, ist ein so genanntes **F**arb**b**ild-**A**ustast-**S**ynchron-Signal, kurz **FBAS-Signal** – und damit die schlechteste Signalqualität, die analoges Video überhaupt zu bieten hat. Bild und Ton können damit über ein einziges Kabel übertragen werden. Dieses Signal wird von einer YUV-basierten Quelle (bzw. YIQ-basiert bei NTSC) in die PAL-, SECAM- oder NTSC-Farbsysteme konvertiert, die alle technisch etwas anders aufgebaut sind. Bei PAL, NTSC und SECAM handelt es sich nach klassischer Definition daher in erster Linie um Farbsysteme, auch wenn gerade bei PAL und NTSC die Unterschiede noch zusätzlich in Bildrate und Auflösung bestehen – dann auch auf YUV bezogen.

FBAS-Anschlüsse | Für das FBAS-Signal, auch als Composite bezeichnet, bieten sich mehrere Anschlussmöglichkeiten: Antennenkabel, BNC-Stecker, RCA-Stecker (meistens gelb markiert), SCART sowie Miniklinke (meistens bei DV-Kameras, wo wenig Platz ist).

> **FBAS-Signal in der Produktion vermeiden**
>
> So wie das Licht mit den Farben Rot, Grün und Blau von den Chips der Kameras erfasst wurde, so wird es am Ende auch wieder in RGB dargestellt. In der analogen Übertragung leidet die Qualität durch die Konvertierungen nach YUV und dann zum FBAS-Signal erheblich, wird aber vom Konsumenten seit Jahrzehnten so akzeptiert. Man muss bedenken, dass die bisherige Sehgewohnheit von einem kleinen Flimmerkasten namens Fernseher geprägt war. Dieser stand einige Meter vom Betrachter entfernt, sodass die geringe Auflösung weniger auffiel. Betrachtet man hingegen Fernsehsignale in 30 cm Abstand auf einem Powerbook, dann lassen sich Signalschwächen bei dieser Betrachtung nicht mehr gut verbergen.

Y/C-Signal oder S-Video-Anschluss | Qualitativ zwischen FBAS und YUV liegt noch das Y/C-Signal, das auch als S-Video-Anschluss über einen rundlichen Mini-DIN-Stecker bekannt ist. Es besitzt eine bessere Auflösung und weniger Farbflimmern als FBAS, da Helligkeit und Farbe in zwei Komponenten separat übertragen werden. Im Gegensatz zu Composite kann S-Video keinen Ton mitübertragen. Neben S-VHS Geräten zeichnet auch Hi8 ein Y/C-Signal auf.

Analoge Ein- und Ausgänge | Composite- und S-Video-Anschlüsse finden sich vorwiegend bei Geräten im Consumer-Bereich, die über analoge Ein- und Ausgänge verfügen. Die hochwertigeren Komponentenanschlüsse für ein YUV-Signal finden sich eher selten, aber es gibt auch schon günstige DVD-Player, die damit ausgestattet sind. Die Ein- und Ausgabequalität hängt sehr stark von den verwendeten Wandlern ab, die von digital nach analog (DAC) oder andersherum (ADC) konvertieren. Eine der besten Möglichkeiten, analoge Signale am Mac hochwertig mit Final Cut Pro zu konvertieren, bietet sich mit der AJA Io (Abbildung 3.5 auf Seite 63).

Abschließend sei noch darauf hingewiesen, dass HiFi-Kriterien wie vergoldete Stecker und so genannte Highend-Kabel in erster Linie nett anzusehen sind, für die Signalübertragung aber keine Bedeutung spielen. Die Qualität von Wandlern und Signalprozessoren ist das eigentlich Entscheidende.

3.3 Farbsampling

Vor der digitalen Kompression mithilfe eines Encoders (Codec) bietet auch die Komprimierung des Farbraums geeignete Reduzierungsmöglichkeiten der Datenmenge – und auch hier kommen wir wieder auf YUV zu sprechen.

3.3.1 4:4:4-Sampling

Die beiden Signale YUV und RGB bestehen aus drei Komponenten:
- Bei YUV also Y für die Helligkeit sowie die beiden Farbdifferenzsignale U und V.
- Bei RGB entsprechend Rot, Grün und Blau.

Der RGB-Farbraum hat den Nachteil, dass er sich nicht unserem Sehverhalten entsprechend komprimieren lässt. Jeder Wert für die drei Kanäle Rot, Grün und Blau muss vollständig in einem Pixel abgespeichert werden, um daraus den gesamten Farbton durch additive Mischung zu erzeugen. Daher spricht man von 4:4:4-Farbsampling. Es wird also jede Komponente komplett in jedem Pixel des jeweiligen Kanals abgespeichert.

Bei YUV kann dagegen eine Reduzierung der Farbinformationen vorgenommen werden, um dabei Schwächen im menschlichen Sehverhalten zu nutzen.

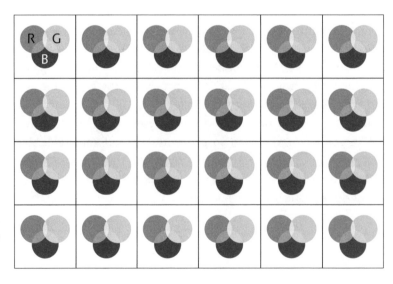

Abbildung 3.7 ▶
Im RGB-Farbraum werden die drei Komponenten Rot, Grün und Blau in jedem Pixel vollständig abgespeichert. So wie die Komponenten gespeichert sind, werden sie durch additive Mischung auch dargestellt.

Farbkanäle mit Graustufeninformationen | Betrachtet man die drei Farbkanäle eines RGB-Bildes einzeln, dann sieht man, dass dort jeweils ein Graustufenbild abgelegt ist, das den Grad der Sättigung von Rot, Grün bzw. Blau beschreibt. Schwarz stellt 100 % Sättigung dar, Weiß entspricht einer Sättigung von 0 %. Ein weiterer, vierter Graustufenkanal beschreibt den so genannten **Alphakanal**, also die transparenten und deckenden Bereiche eines Bildes. Der Alphakanal wird auf Seite 92 noch genauer erläutert.

RGB-basierte Animationen | In Motion und vielen anderen Videoprogrammen erzeugte Animationen werden intern immer in 4:4:4 (RGB) berechnet und können höchstens beim Abspeichern in einem YUV-Codec in ein anderes Schema gebracht werden. Wenn noch eine Bildmaske mit abgespeichert werden soll, handelt es sich um eine weitere Helligkeitsinformation, die entsprechend voll aufgelöst als Alphakanal abgelegt wird. Man spricht dann von 4:4:4:4 oder RGBA (siehe Abbildung 3.8 unten).

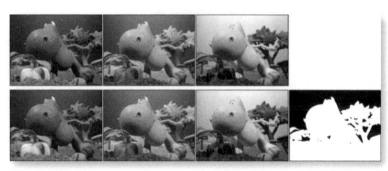

◂ **Abbildung 3.8**
Bei RGB sind die drei Komponenten Rot, Grün und Blau in jedem Kanal vollständig als Graustufenbild abgespeichert. Man spricht hierbei von einem 4:4:4-Schema (oben). Ist zusätzlich ein Alphakanal für die Transparenzinformation enthalten, dann spricht man von 4:4:4:4 (unten).

3.3.2 4:2:2-Sampling

Bei RGB ist eine Kompression des Farbraums also nicht möglich, jedoch bei YUV. Man könnte zwar auch die drei Komponenten des YUV-Signals komplett in jedem Pixel abspeichern, jedoch wäre dies eine Verschwendung von Bandbreite, denn außer der Schwarzweiß-Kompatibilität hätte man dann keinen Vorteil gegenüber RGB. In fast allen Fällen ist für YUV daher eine Reduzierung der Farbübermittlung (U, V) vorgesehen, denn das Auge des Menschen reagiert auf Farbinformationen weniger sensibel als auf Helligkeitsinformationen (Y). Wie bereits erwähnt, wird diese Reduzierung grundsätzlich als **Subsampling** bezeichnet.

Mit dieser Methode kann man die Datenmenge einer Videoübertragung mit einem vertretbaren Qualitätsverlust reduzieren. Auf einem hochaufgelösten Computerbildschirm oder einem Referenzmonitor sieht man bei genauer Betrachtung den Unterschied zwischen den reduzierten U- und V-Komponenten und voll aufgelöstem RGB vor allem an den Kanten zwischen stark gesättigten Farbbereichen.

Abbildung 3.9 ▶
Unkomprimiertes YUV in 4:2:2 leidet schon gegenüber RGB in der Qualität. Oben: Animation-Codec in RGB. Mitte: Apple FCP 4:2:2-Codec (unkomprimiert). Unten: Apple 4:2:0 DV-Codec.

Upsampling für die Darstellung | Manche YUV-Codecs führen für die Darstellung schon wieder ein Upsampling beim Decoding durch. Dadurch erscheinen die Kanten weicher und sauber. Allerdings entspricht dies zum einen nicht dem tatsächlichen Ergebnis des 4:2:2-Standards und zum anderen lässt sich solch ein Upsampling durch Filter meist kontrollierter durchführen.

> **Nicht verwirren lassen**
>
> Die Profis unterscheiden nicht nur zwischen YUV und RGB, sondern verwenden bei einem digitalen YUV-Signal oder Codec auch die korrekten Bezeichnungen Y, Cb, Cr. Bei einem analogen YUV-Signal oder Anschluss spricht man hingegen je nach Norm von Y, Pb, Pr oder E'_Y, E'_{CB} und E'_{CR}. Auch gibt es Unterscheidungen zwischen der PAL- und NTSC-Welt. Da wir nicht mehr Verwirrung als nötig bei Ihnen auslösen möchten, machen wir diese feine Unterscheidung nicht, sondern verwenden nur den Begriff YUV. Solange man nicht mit einem Ingenieur aus dem Videobereich spricht, weiß eigentlich auch jeder, was gemeint ist.

Broadcast-Standard | YUV in 4:2:2 gilt als verlustfrei und ist Broadcast-Standard in der Videoproduktion. Das Signal ist schwarzweiß-kompatibel und lässt sich im Gegensatz zu RGB schon im Farbraum komprimieren. Man hat sich also bei der Standardisierung für ein verlustfreies (transparentes) YUV-Signal in Studioumgebungen mit der Norm ITU-R-601 darauf geeinigt, die Farbdifferenzsignale weniger fein aufzulösen. Ihre Ursprünge haben die Sampling-Muster in der Digitalisierung für analoge Signale. Luma, also die Helligkeit Y, wird laut ITU-R-601 bei Standard Definition mit 13,5 MHz abgetastet, was ungefähr dem vierfachen Wert der Farbträgerfrequenzen für die PAL- und NTSC-Farbmodulation entspricht. Die führende 4 als höchster Sampling-Wert entstammt diesem historischen Zusammenhang und wird traditionell fortgeführt (siehe Abbildung 3.10). Eine Abtastung mit dem Wert 2 entspricht 6,75 MHz, was für die beiden Farbdifferenzsignale ebenfalls in der Norm ITU-R-601 festgeschrieben ist.

Ziffern des Sampling-Musters | Die Bedeutung der Ziffern des Sampling-Musters ist nicht auf Anhieb ersichtlich. Wir mussten lange suchen, bis wir eine gute Erläuterung gefunden hatten. Die Illustration aus Abbildung 3.10 entstammt einer englischen Vorlage aus »Digital Video and HDTV Algorithms and Interfaces« von Charles Poynton (San Francisco: Morgan Kaufmann, 2003), http://www.poynton.com und wurde uns für eine Übersetzung zur Verfügung gestellt.

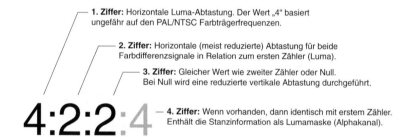

◀ **Abbildung 3.10**
Erläuterung des Sampling-Musters

Vollständige Abtastung der Luma-Information | Es findet sich bei Standard Definition (mit Ausnahme des Long-Play-Modus bei DV) als führende Ziffer also immer eine 4 vor. Das bedeutet, dass bei Standard Definition Luma immer vollständig abgetastet wird. Die Luma-Information wird in jedem Pixel horizontal und vertikal abgelegt.

Man könnte zur Veranschaulichung die 4 auch gegen die horizontale Bildbreite von 720 Pixeln bei Standard Definition austauschen. Die beiden Farbdifferenzsignale werden bei 4:2:2 horizontal nur halb so fein aufgelöst. Man könnte daher statt den Werten mit 2 auch die halbe horizontale Bildbreite einsetzen, also 360 Pixel. 4:2:2 entspricht also 720 ÷ 360 ÷ 360 bei einer vollen Bildhöhe von 576 Pixeln, was auch in Abbildung 3.11 dargestellt wird.

Alphakanal bei 4:2:2 | Ist ein Alphakanal vorhanden, spricht man von 4:2:2:4, also 720 ÷ 360 ÷ 360 ÷ 720. Bei RGB oder YUV in 4:4:4 könnte man auch von 720 ÷ 720 ÷ 720 sprechen. Üblich ist dies jedoch nicht, aber es hilft, wie Sie noch sehen werden, das Verhältnis der tatsächlich vorhandenen Informationen etwas besser einzuschätzen. Da diese Art der Dokumentation von Herstellerseite so gut wie nie vorzufinden ist, muss man sich schon etwas auskennen und die Rechnungen – wie wir – selber durchführen.

Farbdifferenzsignale nur in jedem zweiten Pixel | Wenn beim 4:2:2-Sampling die Helligkeitsinformation (Y) in jedem Pixel abgelegt wird, während die beiden Farbdifferenzsignale (U und V) horizontal nur in jedem zweiten Pixel gespeichert sind, dann fehlt für U und V also die halbe Auflösung, wie auch Abbildung 3.11 veranschaulicht. In dieser Abbildung ist auch die deutliche Datenreduzierung gegenüber dem RGB-Signal aus Abbildung 3.8 gut erkennbar. Ein unkomprimiertes RGB-Bild hat in 8 Bit ungefähr eine Größe von 1,24 Megabyte, während ein YUV-Bild in 4:2:2 mit ca. 830 Bytes auskommt. Für eine Sekunde mit 25 Bildern macht dies schon ca. 30 gegenüber 20 Megabytes aus, also rund ein Drittel weniger Speicherplatz für YUV.

Abbildung 3.11 ▶
Beim 4:2:2-Sampling ist in jedem Pixel die Helligkeitsinformation abgelegt (links), aber nur in jedem zweiten Pixel sind die beiden Farbdifferenzsignale gespeichert (rechts).

Darstellung am Monitor

Machen Sie sich nicht die Mühe, an Ihrem Computer in ein Videobild auf Pixelgröße zu zoomen, um sich das 4:2:2-Schema in den Pixeln anzuschauen. Ihr Monitor bzw. jedes Abbildungsverfahren arbeitet RGB-basiert, sodass natürlich die Bildpunkte, die wir sehen, wieder additiv aus den Grundfarben zusammengesetzt sind. Die visuellen Darstellungen der Farbdifferenzsignale in unseren Abbildungen wurden in Shake erzeugt. Shake ist ein professionelles Highend-Compositing-Programm von Apple. Das Shake-Script dafür befindet sich auf der Buch-DVD.

Was Sie an Ihrem Bearbeitungssystem sehen können, sind Artefakte, hervorgerufen durch Interpolation. Wenn Sie ein Bild auf halbe Auflösung herunterskalieren und es dann wieder auf seine Ursprungsgröße hochskalieren, müssen die fehlenden Informationen interpoliert, also ergänzt werden, wodurch die Artefakte entstehen. Ein ähnliches Prinzip werden Sie noch bei den rechteckigen und quadratischen Pixeln später in diesem Kapitel kennen lernen.

Aufnahme im reduzierten YUV-Farbraum | Es ist wichtig zu verstehen, dass bislang jedes Bandaufzeichnungssystem im Standard Definition-Bereich bereits mit dem reduzierten YUV-Farbraum arbeitet. Im High Definition-Bereich sind jetzt auch PCI-Karten erhältlich, die ein so genanntes 4:4:4 HD-SDI Dual-Link-Signal in RGB oder YUV aufzeichnen können. Damit möchte man die Qualität zumindest in der Produktion erhöhen und auch beim Farbraum noch näher in Richtung Film vorstoßen (wir hatten das höhere Spektrum bei Film bereits erwähnt). Da ein 4:4:4-Signal in YUV gegenüber RGB nicht weniger Bandbreite benötigt, wird meistens direkt RGB verwendet, da Schwarzweiß-Kompatibilität in so einem hochwertigen Workflow kein Thema mehr ist.

HD-Aufzeichnung

Um das RGB-Spektrum voll nutzbar zu machen, sollte auch schon die Aufzeichnung mit einem entsprechenden Aufnahmesystem diese Qualität bieten. Auch wenn es für High Definition mit HDCAM SR von Sony mittlerweile ein Format gibt, das in 4:4:4 auf Band aufzeichnen kann, so findet immer noch eine Videokompression mittels Codec statt – in diesem Fall durch MPEG-4 SP (Studio Profile). Als Erweiterung zu HD-D5 von Panasonic soll ebenfalls noch eine 4:4:4-Aufzeichnung erscheinen, die mit H.264 komprimiert. Für eine gänzlich unkomprimierte 4:4:4-Aufzeichnung müsste man also mit einer geeigneten Kamera direkt auf Festplatte aufzeichnen. Da hier die

> Bandbreite einer einzigen SDI-Leitung für High Definition nicht mehr ausreicht, braucht man eben zwei Leitungen, auch Dual Link genannt. Zum Thema HD werden wir aber gleich noch mehr berichten.

3.3.3 4:2:0-Sampling

Im Standard Definition-Bereich spielt 4:4:4-Aufzeichnung keine Rolle, denn die Technologie bietet keinen Anreiz mehr für Verbesserungen. Im Gegenteil wird zum Beispiel bei den DV-Formaten die Farbraumkompression noch stärker durchgeführt. Mini-DV, auch DV25 genannt, sowie DVCAM verwenden für PAL ein 4:2:0-Schema, bei dem sogar nur eine der beiden Farbdifferenzinformationen in jedem zweiten Pixel, dafür aber in jeder zweiten Zeile abwechselnd, abgespeichert wird, wie in Abbildung 3.12 zu sehen ist.

Abbildung 3.12 ▶
Wenn die dritte Ziffer eine 0 ist, dann wird eine zusätzliche vertikale Reduzierung bei der Abtastung durchgeführt. Die Luma-Information ist bei 4:2:0 voll enthalten, die Farbdifferenzsignale dagegen nur in jedem vierten Pixel. Die Farbinformation wird gegenüber 4:2:2 um die Hälfte reduziert.

> **DV PAL**
>
> Das 4:2:0-Schema wird auch bei der Video-DVD eingesetzt, und zwar für PAL und NTSC. Damit ist DV PAL auch gut für DVD-Produktionen geeignet, da die Farbinformation nicht noch zusätzlich konvertiert werden muss. Bedenken Sie vielleicht noch, dass am Computer generierte Grafiken (CG) bei DV deutlich in ihrer Qualität einbrechen, da der DV Codec und das Subsampling eher für Realaufnahmen optimiert sind. Da Motion eben überwiegend für Motion Graphics, also auch CG, genutzt wird, ist DV als Zwischenformat für die DVD nicht unbedingt geeignet. Einzelbildsequenzen oder der Animation-Codec in QuickTime bieten sich da eher an.

Horizontale und vertikale Datenreduktion | Bei einem Sampling-Muster, bei dem die letzte Ziffer eine 0 ist, findet neben dem horizontalen Subsampling auch eine vertikale Reduzierung der Farbinformationen statt. Bei 4:2:0 werden die Farbdifferenzsignale also nicht nur horizontal geringer abgetastet, sondern auch vertikal, wie in Abbildung 3.12 zu sehen ist. Daher muss man die vertikale Reduzierung in der Auflösung zusätzlich mit ausweisen, also 720 ÷ 360/288 ÷ 360/288. Die volle Bildhöhe von 576 gilt hier also nur noch für den Luma-Anteil. Für die Chrominanz-Anteile beträgt die vertikale Auflösung 288 Pixel. Bei 4:1:1, wo nur eine horizontale Reduzierung stattfindet, reicht hingegen 720 ÷ 180 ÷ 180.

3.3.4 4:1:1-Sampling

Bei DV NTSC, DVCAM NTSC und DVCPRO25 wird ein 4:1:1-Schema angewendet, bei dem in jedem vierten Pixel die beiden Farbkomponenten abgelegt werden. Ein vertikales Subsampling wie bei 4:2:2 findet nicht statt.

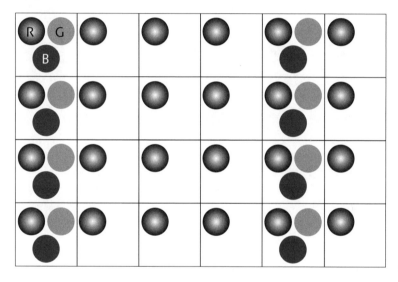

◀ **Abbildung 3.13**
DV NTSC, DVCAM NTSC und DVCPRO25 verwenden ein 4:1:1-Muster. Die Farbinformationen werden nur noch in jedem vierten Pixel abgespeichert, sodass dieses Schema nicht optimal als Vorlage für die Video-DVD und auch nicht für digitales, MPEG-2-basiertes Fernsehen geeignet ist.

Nachteile des 4:1:1-Schemas | Im Gegensatz zu 4:2:2 und 4:2:0 hat das 4:1:1-Schema den Nachteil, dass es für die DVD-Produktion und digitales Fernsehen (MPEG-2) nicht optimal geeignet ist. Das Schema ist schon älter und eignet sich für analoge FBAS-Ausstrahlung in PAL und NTSC besser als 4:2:0, aber mit MPEG-2 kehrte sich dieser Vorteil leider um: MPEG-2 verwendet meistens ein 4:2:0-Profil, sodass durch die Konvertierung von 4:1:1 nach 4:2:0 zusätzlich Farbinformationen verloren gehen. Daher gibt es Filter für Final Cut Pro, wie den G Nice von Graeme Nattress (http://www.nattress.com), der ein Upsampling für 4:1:1 vornimmt und damit verspricht, an die Qualität von 4:2:2 heranzureichen. Inwieweit diese Unterschiede wirklich deutlich sichtbar sind, muss man in Einzelfällen testen und den Aufwand abwägen.

Anzahl der gespeicherten Farbinformationen | Die Farbinformationen, die in tatsächlichen Pixeln abgespeichert sind, unterscheiden sich zwischen 4:2:0 und 4:1:1 in ihrer Anzahl nicht: Im PAL-Format ergibt 360 × 288 = 103 680 exakt den gleichen Wert wie 180 × 576 = 103 680 bei 4:1:1. Bei NTSC sind es 360 × 240 = 86 400 bei 4:2:0 und 180 × 480 = 86 400 bei 4:1:1.

Abbildung 3.14 ▶
Bei 4:1:1 findet wie bei 4:2:2 nur ein horizontales Subsampling statt, allerdings doppelt so stark, wie man im Vergleich mit Abbildung 3.11 auf Seite 72 sieht.

DV vs. DVCPRO25

DVCPRO25 wurde für analoge TV-Austrahlung optimiert, ist aber für die digitale MPEG-2-Distribution nicht wirklich interessant. Im Gegensatz zu DV PAL mit 4:2:0-Sampling liefert DVCPRO25 ein 4:1:1-Sampling, genau wie DV NTSC, weshalb der Codec dort auch der gleiche ist. Ansonsten ändert sich am Signal und der Qualität nichts. Die Kassetten und Geräte sind zwar robuster und bieten vor allem eine geringere Drop-Frame-Wahrscheinlichkeit, aber für PAL-Produktionen empfiehlt sich wegen des besseren Zusammenspiels bei der MPEG-2-Konvertierung für DVDs oder digitales Fernsehen eher DVCAM von Sony. NTSC-Anwender sollten hingegen lieber mit 4:2:2-Formaten wie DVCPRO50 oder DigiBeta arbeiten, sie können sich aber auch mit diversen Upsampling-Filtern behelfen.

3.3.5 3:1:0-Sampling

Eine Reduzierung der Helligkeitsinformation findet bei Standard Definition eigentlich nie statt. Der bereits angesprochene **Long-Play-Modus** bei DV wendet allerdings eine ziemlich heftige Reduzierung der Luma- und Chrominanz-Anteile an, weshalb man diese Aufnahmemethode unbedingt vermeiden sollte.

▲ **Abbildung 3.15**
Der Long-Play-Modus von DV speichert in einem 3:1:0-Muster, d. h. hier wird auch die Helligkeitsinformation nicht voll abgetastet. Die Farbdifferenzsignale sind sogar auf ein Achtel der vollen Auflösung reduziert.

Bei High Definition findet man eine Reduzierung der Helligkeitsinformation recht häufig vor und das, obwohl manche Formate mit 4:2:2 oder 4:2:0 ausgewiesen sind. Wenn Sie das Thema Subsampling bis hierhin ganz gut verstanden haben, dann raten wir Ihnen jetzt, das Buch einmal wegzulegen, um einen Spaziergang an der frischen Luft zu machen. Bei High Definition wird alles etwas komplizierter.

3.3.6 22:11:11-Sampling (High Definition)

Für Standard Definition gelten ausschließlich die bisher vorgestellten Farbsampling-Muster. Eigentlich sind diese im 4:2:0(HDV)- und 4:2:2(DVCPRO HD, HD-D5, HDCAM SR)-Schema auch auf High Definition übertragbar. Einige Festplattenrekorder und HDCAM SR liefern auch 4:4:4. Der Vollständigkeit halber sei noch darauf verwiesen, dass zum Beispiel beim HDCAM-Format (also ohne die Erweiterung SR) nach klassischer Definition ein 3:1:1-Sampling angewendet wird.

Sie dürfen jedoch das bis eben Gelernte nicht einfach auf HD anwenden. Der Faktor 4 gibt bei HD nicht unbedingt gesichert darüber Auskunft, ob die Helligkeitsinformationen in jedem Pixel abgespeichert werden. Weder HDCAM noch DVCPRO HD und HDV machen ein vollständiges Luma-Sampling. Bei all diesen Formaten findet bereits bei der Helligkeitsinformation ein Subsampling statt.

Abbildung 3.16 ▶
Das 4:2:2-Muster, wie hier zu sehen, besagt bei Standard Definition, dass die Helligkeitsinformation in jedem Pixel gespeichert wird, während die Farbinformationen in jedem zweiten Pixel abgelegt werden.
Für HD gilt dies zwar auch, aber es wird das Verhältnis zwischen Luma- und Chrominanz-Subsampling beschrieben.

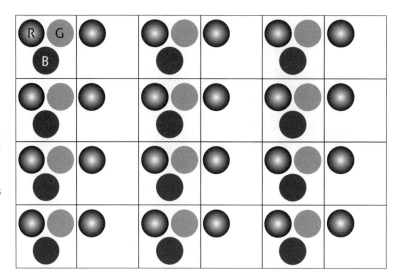

Man könnte zwar zunächst annehmen, dass beim 3:1:1-Schema des HDCAM-Formats die Qualität schlechter ist als beim 4:2:2-Schema. Doch trifft dies bei HD, im Gegensatz zu SD, nicht zu: Laut ITU-R-601-Norm wird die Helligkeit mit 13,5 MHz abgetastet. Für HD gelten jedoch andere Regeln: Laut dem ATSC (Advanced Television Systems Committee) gilt für HD aufgrund der höheren Bildgröße (bis zu 1920 × 1080), eine Abtastung mit 74,25 MHz.

Sampling-Berechnung für HD

Wie bereits erwähnt, basiert die führende 4 (auch 4fsc genannt – four times the frequency of the subcarrier) ungefähr auf der Frequenz der Farbträgersignale. Diese beträgt bei NTSC 3,58 MHz und bei PAL 4,43361875 MHz. Mit dem Faktor 4 multipliziert, ergäbe dies 14,32 MHz für NTSC und 17,734475 MHz für PAL. Die ITU-R-601-Norm gibt für diesen Wert allerdings 13,75 MHz vor, was wiederum im Umkehrschluss 3,375 MHz für den Wert 1 ergibt. Multipliziert man diesen Ausgangswert 3,375 MHz nun mit 22, ergibt das die Abtastung von 74,25 MHz, die durch das ATSC festgelegt wurde.

4:2:2 bei HD würde 1920 ÷ 960 ÷ 960 entsprechen, oder aber laut ATSC-Schema 22:11:11. Trotzdem werden für HD in den meisten technischen Dokumentationen und Herstellerangaben die üblichen Bezeichnungen beibehalten. Die ATSC-Norm 22:11:11 konnte sich also nicht durchsetzen und so werden die klassischen Muster herangezogen. Hier repräsentiert allerdings die 4 nicht mehr die volle Luma-Information, sondern es geht lediglich um das Verhältnis zwischen Luminanz- und Chrominanz-Anteilen.

Bezogen auf HDCAM, das eine Luma-Sampling-Rate von 55,68 MHz verwendet, ergibt dies 1440 ÷ 480 ÷ 480 bzw. 17:6:6.

◄ **Abbildung 3.17**
Sony HDCAM reduziert die Helligkeitsinformation von 1920 auf 1440 Pixel herunter. Die Farbinformationen werden auf 480 Pixel reduziert. Das Verhältnis zwischen Luminanz- und Chrominanz-Anteil beträgt 3:1:1. Bezogen auf die volle Bildbreite von 1920 Pixeln beträgt das Verhältnis 17:6:6.

Auch wenn Ihnen angesichts dieses Zahlenschwalls gleich schlecht werden dürfte, ist es gut möglich, dass Sie schon bald mit HD konfrontiert werden, sich vielleicht sogar überlegen eine HDV-Kamera zu kaufen oder ein Kunde für eine HD-Präsentation an Sie herantritt. Bezogen auf HDV der Sony-Z1E-Kamera hilft die reine 4:2:0-Angabe beispielsweise überhaupt nicht weiter. Die Chips der Kamera liefern nur eine Größe von 960 × 1080 Pixel. Das Bild wird dann auf 1440 × 1080 hoch interpoliert (anamorphotisches 16:9) und in der späteren Ausgabe erneut auf 1920 × 1080. Wie dabei Luminanz und Chrominanz anteilsmäßig ausfallen, war selbst uns zu mühsam rauszusuchen.

Sie sehen also, dass es bei HD ziemlich schwierig werden kann, sich nur auf gewohnte Angaben zu verlassen. Die Problematik dabei ist auch, dass es zwei HD-Bildgrößen gibt – eine davon auch noch mit, die andere ohne Halbbilder. Die verschiedenen Bildraten sind an dieser Stelle nicht relevant. Unser Tipp: Erfragen Sie bei Herstellern von HD-Aufzeichnungssystemen die Angaben für Luminanz und die beiden Farbkomponenten oder recherchieren Sie in den diversen, meist US-amerikanischen Foren.

◄ **Abbildung 3.18**
Die Varicam von Panasonic zeichnet DVCPRO HD laut Herstellerangaben in 4:2:2 auf. Bezogen auf das Verhältnis zwischen Luminanz- und Chrominanz-Anteilen stimmt dies auch: Luma wird von 1280 auf 960 Pixel reduziert, die beiden Farbdifferenzsignale von 1280 auf 480.

Keying von DV und HDV | Die Erstellung von grafischen Animationen in HD mit Motion ist kein Problem und findet in 4:4:4 statt. Hier müssen Sie sich qualitativ also keine Sorgen machen, aber bei der Ein- und Ausgabe kann Ihnen diese Thematik schnell Kopfzerbrechen bereiten. So passiert es zum Beispiel immer wieder, dass Anwender vor der schwierigen Aufgabe stehen, DV-Aufnahmen vor einem Blue oder Green Screen freistellen zu müssen. Diese schon stark im Farbraum reduzierten Signale sind dafür denkbar ungeeignet und auch mit stark komprimierten HD-Formaten, allen voran HDV, ist dies bei kritischen Motiven praktisch gar nicht möglich oder zumindest äußerst schwierig und unbefriedigend. Schauen Sie sich die Chrominanz-Anteile bei den hochwertigen Formaten in unseren Abbildungen an und vielleicht wird dann klar, warum so mancher Digital-Filmer in der Postproduktion einen Dämpfer bekam. Es empfiehlt sich also ungemein, Kenntnisse über die verschiedenen Aufzeichnungsformate zu haben, damit man später nicht vor einem Scherbenhaufen sitzt und Nächte lang einen Satz zu hassen lernt: We fix it in the post.

Green Screen | Ein Tipp sei noch erwähnt: Wir haben bereits beschrieben, dass Grün im Luminanz-Anteil am höchsten aufgelöst ist und mit den beiden Differenzsignalen wieder ein vollständiges Bild nach RGB erzeugt wird. Luma – und damit auch der Grünanteil – wird immer höher abgetastet als die beiden Differenzsignale U und V. Somit eignet sich Grün grundsätzlich besser als Blau als Freistellungsfarbe. Wenn Sie die Möglichkeit haben und bei Ihrer Aufnahme keine grünlichen Objekte im Vordergrund stehen, drehen Sie also vor grünem Hintergrund, nicht vor blauem.

3.4 Kompressionsalgorithmen

Der Begriff **Codec** ist nun schon des Öfteren gefallen und Sie fragen sich sicher, was es damit auf sich hat. Ein Codec stellt eine Komponente dar, die alle nötigen Operationen zum Codieren eines Videosignals enthält. Einen Codec benötigt man nicht nur, um Videosignale in einem Dateiformat abzulegen (**Encoding**), sondern auch, um Filme überhaupt lesen, also öffnen, zu können (**Decoding**). Die Umwandlung von einem Format in ein anderes, also das Decodieren und erneutes Encodieren, wird auch als **Transcoding** bezeichnet.

Codecs in QuickTime | In QuickTime sind bereits viele Codecs enthalten – und ihre Anzahl lässt sich durch weitere Installationen noch erheblich steigern. QuickTime selbst ist dabei viel mehr als nur das MOV-Format: Es kann zahlreiche andere Formate öffnen und konvertieren (siehe Kapitel »Rohmaterial« auf Seite 313).

Codec erweitern | Die Vielfalt der Codecs und Formate lässt sich durch so genannte **Komponenten** erweitern. Mit Komponenten sind hier Erweiterungen gemeint, die teils frei, teils durch käuflichen Erwerb hinzugefügt werden können. Meistens handelt es sich hierbei um Codecs, die dann im QuickTime-Format (.mov) selbst zur Verfügung stehen. Es können jedoch auch Formaterweiterungen installiert werden. DVD Studio Pro installiert z. B. Komponenten für das MPEG-2-Format (.m2v), damit solche Dateien in QuickTime gelesen und erzeugt werden können. Seit Version 4 wird allerdings nur noch eine Decoding-Komponente installiert, da das MPEG-2-Encoding nur noch in Compressor stattfinden soll. Genauso gibt es Komponenten, um Windows Media-Dateien (.wmv) in QuickTime ein- und auslesen zu können, zum Beispiel von den Herstellern Flip4Mac (Telestream) und Popwire.

3.4.1 Komprimierungsverfahren

Es gibt mittlerweile ziemlich ausgeklügelte Muster, nach denen in den verschiedenen Komprimierungsverfahren Pixelbereiche zusammengefasst werden. Man sollte grundsätzlich unterscheiden zwischen

- **Interframe**, also Einzelbildkompression (z. B. LZW, Foto-JPEG-) und
- **Intraframe**, der Kompression ganzer Bildgruppen, den so genannten GOPs – Groups of Pictures (z. B. MPEG).

Oft wird in der Dokumentation zu Videocodecs oder -systemen die Stärke der Kompression angegeben, z. B. 2:1 bei DigiBeta oder 5:1 bei DV. Solche Codecs arbeiten mit einer festen Kompressionsrate, während es auch Codecs gibt, die mit variabler Stärke komprimieren.

Basis-Verfahren aller Komprimierungsarten | Bei praktisch allen Komprimierungsarten findet zuvor das DCT-Verfahren (**Diskrete Cosinus Transformation**) Anwendung, mit dem ein Bild zunächst in

Blöcke aufgeteilt wird. Diese Blöcke haben, je nach Format, unterschiedliche Größen, meist 16 × 16 Pixel. Auch werden bei einigen YUV-Formaten die Luminanz- und Chrominanz-Anteile in unterschiedlich große Makroblöcke aufgeteilt, z. B. 8 × 8 für Luma und 16 × 16 bei den Chroma-Anteilen. Auch 32 × 8 ist z. B. bei 4:1:1 und der DVC-Kompression für DV-Formate üblich. Bei starker Kompression oder in der Nachbearbeitung sind es neben den Subsampling-Artefakten genau diese Blockmuster, die als so genannte **Kompressionsartefakte** sichtbar werden.

Wichtige Codecs | Die DV-Formate sind beispielsweise dem Foto-JPEG-Verfahren ähnlich, während der Animation-Codec bei höchster Qualitätseinstellung ein verlustfreies Verfahren anwendet und nur absolut identische Pixelbereiche zusammenfasst. Ähnlich macht es auch die LZW-Kompression (Lempel-Ziv-Welch), die man vom TIFF-Format her kennt. Sehr interessant ist auch der 2:1 DigiBeta Codec von Sony, den es aber leider nicht als Softwarekomponente gibt, sondern ein gut gehütetes Geheimnis des japanischen Herstellers bleibt. Das ist sehr schade, denn dieser uralte Codec ist beeindruckend gut und wäre als Software-OEM-Version ein echter Leckerbissen. Das modernere IMX-Format von Sony ist übrigens qualitativ sogar ein Rückschritt.

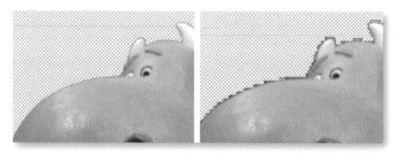

Abbildung 3.19 ▶
Kompressionen mögen für das Auge zunächst nicht unmittelbar sichtbar sein, doch in der weiteren Effektbearbeitung, z. B. beim Keying, treten sie dann besonders hervor (links: RGB unkomprimiert, rechts: 5:1 DV bei 4:2:0).

Reversible Verfahren | Die Kompressionsverfahren bei **Animation**, **LZW** und laut Herstellerangaben auch **DigiBeta** haben den Vorteil, dass sie reversibel sind. Die Komprimierung kann also rückgängig gemacht werden, was für die Weiterverarbeitung mit Effekten oder eine verlustfreie Übertragung günstig ist. Bei Foto-JPEG werden hingegen Pixelbereiche mit einer festen Kompression belegt, die nicht mehr rückgängig gemacht werden kann. Je nach Stärke können sich dann Artefakte in Form von Blöcken bilden, in die das Bild bei der Komprimierung unterteilt wurde.

Datenraten | Intelligentere Verfahren können auch bestimmte Bereiche im Bild differenziert komprimieren, so auch DV, wo z. B. die äußeren Bildbereiche stärker komprimiert sind als die Bildmitten. Da die DV-Formate mit einer festen Datenrate **(CBR – Constant Bitrate)** arbeiten, komprimieren sie allerdings immer gleich stark, sodass man keine Dosierung vornehmen kann, wie es mit einer variablen Datenrate **(VBR – Variable Bitrate)** möglich wäre.

Group of Pictures | Die **MPEG-Formate** verwenden meist die Intraframe-Kompression, also ein Verfahren, bei dem eine ganze Gruppe von Bildern (Group of Pictures) encodiert wird.

MPEG als Distributionsformat | Zum Editieren oder für die Weiterverarbeitung bieten sich die meisten MPEG-Formate nicht an, da die Einzelbilder innerhalb dieser Bildgruppen in Abhängigkeit zueinander stehen. MPEG-Filme gelten daher überwiegend als Distributionsformat und sollten mit einem geeigneten Codec (z. B. DV oder unkomprimiert) in das QuickTime-Format gewandelt und erst dann weiterverarbeitet werden.

MPEG als Aufzeichnungsformate | Da MPEG-2 und vor allem MPEG-4 sehr flexibel sind, werden sie nun auch verstärkt als Aufzeichnungsformate eingesetzt, z. B. bei IMX von Sony, bei HDV (beide MPEG-2), bei HDCAM SR (MPEG-4 SP) und als Option für HD-D5 (H.264). Wenn Sie mehr über die MPEG-Formate und die Theorie hinter GOPs und Intraframe-Codierung erfahren möchten, sei Ihnen Uli Planks Buch »DVD Studio Pro 3« ans Herz gelegt, das ebenfalls bei Galileo Press erschienen ist.

> **Neue Formate in Final Cut Pro 5**
>
> Während z. B. HDCAM SR unkomprimiert über HD-SDI mit speziellen Videokarten in den Mac übertragen werden muss, verwendet IMX auch die Ethernet-Schnittstelle. HDV nutzt die bewährte FireWire-Technologie, wie man es auch von den DV-Formaten her kennt. Apple hatte bereits im September 2004 auf der europäischen Broadcast-Messe IBC in Amsterdam eine Unterstützung von IMX und HDV in Final Cut Pro angekündigt.

HDV und IMX bearbeiten | Während Final Cut Express HD und iMovie HD einen so genannten **Intermediate Codec** verwenden, kann Final Cut Pro 5 auch **natives HDV** mit langen Bildgruppen editieren sowie IMX verarbeiten. Da IMX schon ein I-Frame-only-Format darstellt und damit keine Bildgruppen (GOPs) verwendet, kann es direkt auf jedes Bild geschnitten werden. Bei HDV ist das schwieriger, da hier ein langes GOP-Muster mit unselbstständigen Bildern (P- und B-Frames) zum Einsatz kommt. Auf diese Bilder kann man nicht ohne Weiteres schneiden, sodass die nicht selbstständigen Bilder der GOPs bei Final Cut Express HD und iMovie HD mit dem Intermediate Codec in selbstständige Bilder umgewandelt werden. Final Cut Pro 5 kann die nicht selbstständigen Bilder von nativem HDV ohne Zwischenformat in Echtzeit verarbeiten.

> **IMX und HDV in Motion**
>
> Da IMX in Final Cut Pro 5 über ein Import-Plugin eingelesen wird, das die Videodaten vom MXF- in den QuickTime-Container transferiert, können diese IMX-QuickTime-Filme auch in Motion 2 verarbeitet werden. Auch der MPEG-2-Transportstream bei HDV wird von Final Cut Pro 5 in den QuickTime-Container übertragen, sodass sich nur solche .mov-Dateien in Motion lesen lassen (siehe Kapitel »Rohmaterial« auf Seite 316).

Kommen wir wieder auf RGB und YUV zu sprechen, denn es gibt für beide Farbsysteme auch entsprechende Codecs. Wir werden nicht auf jeden Codec einzeln eingehen können, aber die wichtigsten kurz vorstellen.

3.4.2 YUV-Codecs (Y, Cb, Cr)

YUV-Codecs sind:
- DV
- DVCPRO
- DVCPRO50
- DVCPRO HD
- Foto-JPEG (bei exakt 75 % Qualität)
- HDV
- der Intermediate Codec für HDV
- MPEG IMX
- die beiden unkomprimierten 8- und 10-Bit-Codecs von Final Cut Pro

Sollten Sie Motion auch für Animationen verwenden, die an einem Avid-System eingespielt werden sollen oder erhalten Sie Daten von einem Avid-System, dann empfiehlt sich neben der Einzelbildsequenz auch ein QuickTime-Film mit Avid-Codec als Austauschformat. Ein interessanter, aber auch kostenpflichtiger 8- und 10-Bit-Codec ist SheerVideo von der Firma BitJazz, der verlustfreie Kompression mit Alphakanal wahlweise in YUV (4:2:2:4) oder RGB (4:4:4:4) bietet. Außer SheerVideo unterstützen aber auch die Meridien-Codecs von Avid einen Alphakanal (siehe auch Kapitel »Projekte ausgeben«, auf Seite 671).

Die MPEG-Formate sind bis auf MPEG-4 alle ausschließlich YUV-basiert. MPEG-1 verwendet ein 4:2:0-Schema, ebenso wie MPEG-2 für die Video-DVD. Für den Broadcast-Bereich können bestimmte MPEG-2-Verfahren jedoch auch ein 4:2:2-Schema verwenden, was allerdings beim internen Transfer mit niedrigen Bitraten vermieden wird. Bei 4:2:2 hätte man zwar einen höheren Chrominanz-Anteil, dafür wird die Komprimierung des MPEG-2 Codecs stärker sichtbar, da man eine höhere Datenmenge als bei 4:2:0 auf die gleiche Bitrate reduzieren muss. Da IMX eine hohe Bitrate von 50 MBit verwendet, kommt hier wie bei DVCPRO50 ein 4:2:2-Schema zum Einsatz. Nach unseren Informationen sollte MPEG-4 sowohl YUV wie auch RGB unterstützen, wobei der derzeitig in Apple integrierte Codec scheinbar rein RGB-basiert ist. Das adaptierte Verfahren H.264/AVC, das auch von Apple in Mac OS X 10.4 Tiger unterstützt wird, sieht in einer Erweiterung zum Standard auch YUV in 4:2:2 und 4:4:4 vor. Hier muss man aber noch etwas abwarten, was sich genau tun wird.

3.4.3 RGB-Codecs

Die meisten anderen Codecs dürften ausschließlich RGB-basiert, also 4:4:4, arbeiten. Die für die Videobearbeitung interessanten Codecs sind:
- Animation
- Foto-JPEG

Ausgabe in 8 und 16 Bit | Animation wird häufig verwendet, da er bei einer Qualität von 100% verlustfrei ist und einen Alphakanal beinhalten kann (RGBA, 4:4:4:4). Da der Animation-Codec auf 8-Bit-Farbtiefe beschränkt ist, gibt es als kostenpflichtige Alternative auch den Microcosm Codec von Digital Anarchy, der in 16-Bit-RGBA verlustfrei komprimieren kann. Für Motion-Anwender wäre dies die einzige Möglichkeit, 16-Bit-Projekte in einem QuickTime-Film auch auszugeben, aber derzeit ist die Ausgabe als Datei in Motion noch auf 8 Bit beschränkt. Das bereits erwähnte SheerVideo kann neben YUV auch in 8- und 10-Bit-RGBA komprimieren und ist dabei schneller und effektiver als Animation. 32-Bit-Projekte lassen sich hingegen nicht als QuickTime-Film abspeichern. Die Grenze liegt bei QuickTime allerdings ohnehin bei 24 Bit pro Kanal.

3.5 Farbtiefe

Die Gesamtauflösung eines Bildes ergibt sich aus vielen Faktoren. Oft wird als Auflösung der Wert in Bildpunkten bezeichnet, z. B. 640 × 480. Das ist aber nur ein Aspekt. Die eigentliche Auflösung ergibt sich schlicht aus der Fähigkeit, feine Details im Bild darzustellen. Neben den Bildpunkten spielen auch Farbtiefe, Bandbreite, Bildrate und auch die Analog-Digital-Wandlung eine Rolle. In der klassischen Messtechnik wird Auflösung auch in Linien angegeben, deren Wert eine Schärfetafel zu Grunde liegt.

Von den vielen relevanten Faktoren, die die Auflösung eines Bildes bestimmen, befassen wir uns in diesem Abschnitt mit der Farbtiefe, also den Abstufungen der Pixelwerte in einem Bild.

3.5.1 8 Bit

Auch bei der Farbtiefe richtet man sich wieder nach dem Sehverhalten des Menschen, das besagt, dass man **256 Abstufungen eines Farbwerts** als gleichmäßigen Verlauf wahrnimmt. Für die RGB-Darstellung entspricht dies für jeden Kanal 256 Abstufungen und 8 Bit. Insgesamt handelt es sich also um ein 24-Bit-Bild. Bei digitalem Video wird die Farbtiefe pro Kanal angegeben.

Derzeitiger Standard | Meist sind 8 Bit bei Standard Definition auch ausreichend. Nur das DigiBeta-Format, das den bisherigen Produktionsstandard in der Postproduktion darstellt, kann laut Herstellerangaben in 10 Bit auflösen. Unabhängig davon ist die komplette digitale Distribution über Digitalfernsehen und Video-DVD nur 8-Bit-basiert. Selbst die Grafikkarten unserer Computersysteme bieten derzeit nicht mehr als 16,7 Millionen Farben (256 × 256 × 256), was genau diesen 8 Bit pro Kanal entspricht. Bei den Projektionssystemen, also Monitoren, Displays und Beamern, wird es noch kritischer, denn diese können den 8-Bit-RGB-Farbraum nicht komplett darstellen. Systeme, die das können, kosten derzeit noch sehr viel Geld und sind also keine Massenware. Wozu also mehr, wenn die Systeme gar nicht mehr darstellen können?

Mehr als 8 Bit | Es kann in der Effektbearbeitung von Vorteil sein, in höheren Abstufungen als 8 Bit zu arbeiten. So hat man bei Farbkorrekturen mehr Umfang und auch ein Key kann besser werden. Voraussetzung dafür ist allerdings, dass auch das Quellmaterial schon einen höheren Umfang hat. Auf Standard Definition bezogen relativiert sich das Ganze recht schnell: Da das Signal, bis auf DigiBeta von Sony, beim Ausspielen auf jeden Fall wieder auf 8 Bit heruntergerechnet wird und auch neuere Formate wie IMX oder DVCPRO50 keinesfalls besser sind, fällt spätestens hier der vorher gewonnene Qualitätsvorteil weg. Was danach noch bei den Sendern mit dem Band passiert (D/A-Wandlung, Transcoding), kann nur noch zur Verschlechterung beitragen – und nicht umsonst sagt man: »Das versendet sich.«

Oft arbeitet man aber nicht nur an einem System, sondern an vielen verschiedenen, sodass gleich mehrfach ausgespielt und wieder eingeladen wird. In der Vergangenheit wurde in der Postproduktion gerne das D1-Format verwendet, da es unkomprimiert arbeitet, allerdings auch nur mit einer Auflösung von 8 Bit. Die 10-Bit-Auflösung von DigiBeta bietet dagegen mehr Umfang für die Postproduktion. DigiBeta ist zwar 2:1-komprimiert, doch diese Kompression ist sehr moderat und gilt auch als reversibel (wenn man es nicht ganz genau nimmt).

Die 10 Bit von DigiBeta

Laut Herstellerangaben kann DigiBeta 10 Bit auflösen. Ob es sich dabei auch um »echte« 10 Bit handelt, ist mangels klarer Dokumentation schwer herauszufinden – und Meinungen dazu gibt es viele. Unsere eigenen Tests haben ergeben, dass bei der Chrominanz ein größerer Umfang als mit 8 Bit übergeben werden kann, während die Luminanz keinen Unterschied zu 8 Bit aufzeigte. Wer ganz sichergehen will, verzichtet auf Bandaufzeichnungssysteme und verwendet stattdessen den Datei-Transfer.

Will und braucht man wirklich mehr als 8 Bit, z. B. bei Filmmaterial, das auf DigiBeta, HD-D5, HDCAM SR oder gar Bildsequenzen abgetastet wurde, dann muss unbedingt überlegt werden, wie das Ganze im Workflow weiterverarbeitet werden soll und wo es wieder ausgespielt wird.

10-Bit-Codecs | Anders liegt der Fall, wenn man analoge Zuspieler wie BetaSP verwendet. Hier kann man das Signal mit hochwertigen Wandlern in 10 Bit **quantisieren** und die Qualität durch das Ablegen in einem 10-Bit-Codec auch für die Postproduktion bewahren. Möglich ist das zum Beispiel mit der AJA Io. Bei Standard Definition sind 10-Bit-Wandler mittlerweile Standard, bei High Definition geht man gar bis 14 Bit. Ein konkretes Beispiel wäre die Z1E-HDV-Kamera von Sony, die über analoge HD-Komponentenausgänge verfügt. Ein Live-Bild dieser Kamera hat zwar schon Digital-Analog-Wandlungen hinter sich, jedoch liegt noch nicht die starke MPEG-2-Kompression vor.

▲ **Abbildung 3.20**
Die Z1E-HDV-Kamera von Sony

Über die analogen HD-Komponenteneingänge einer AJA Kona 2 (12 Bit) oder Blackmagic-Design Multibridge (14 Bit) kann man dieses Signal wieder möglichst hoch quantisieren und in einem 10-Bit-Codec ablegen.

3.5.2 10 Bit

Bei einer Auflösung von 10 Bit stehen nunmehr satte 1 024 Abstufungen pro Kanal anstatt 256 bei 8 Bit zur Verfügung. Für Final Cut Pro gibt es schon seit langer Zeit Hardware-Erweiterungen zahlreicher

Hersteller, die eine Eingabe und Ausgabe auch in 10 Bit ermöglichen (siehe Seite 136). Wenn Sie 10-Bit-Daten von Final Cut Pro erhalten, können Sie diese Farbtiefe mit Motion 2 voll bewahren, allerdings wird hierfür im RGB-Farbraum gerendert.

8 Bit-Darstellung am Monitor | Bedenken Sie aber, dass zum Beispiel bei einem horizontalen Farbverlauf, der in einer Bildauflösung von 720 × 576 Pixel angewendet wird, 1024 Abstufungen nicht ganz »untergebracht« werden können. Auch wenn 1024 zunächst besser klingt als 256, werden Ihr Computermonitor, Ihre Grafikkarte und Ihr Betriebssystem keine 1024 Abstufungen darstellen können. Sie werden auch oftmals feststellen, dass schon ein normaler Graustufenverlauf sowohl in 8 wie auch in 10 Bit mit deutlich sichtbaren Stufen erscheint und sich dies selbst in 16 Bit nicht bessert (siehe Seite 90). Das liegt daran, dass es Ihre Darstellungssysteme, also Computer- wie auch Videomonitore, nicht einmal schaffen, den 8-Bit-Farbraum vollständig abzubilden.

Vorteile von 10 Bit-Material | So lange also die Darstellungssysteme nicht mehr als 8 Bit darstellen können, wird mit dem höheren Umfang von 10 Bit wirklich nur bei bestimmter Effektbearbeitung und beim Transfer von und zu Film ein Vorteil erzielt. Wir selber haben zum Beispiel einmal von einer High Definition-Kamera direkt mit Final Cut Pro auf das Apple Xserve RAID unkomprimiert in 10 Bit aufgezeichnet, um mit dem Material eine gute Grundlage für einen Difference Key zu haben. Dies war möglich, weil die Panasonic Varicam direkt hinter den CCDs am HD-SDI-Ausgang ein transparentes und kompressionsfreies 10-Bit-Signal in 4:2:2 (1280 ÷ 640 ÷ 640) liefert. Für High Definition machen 10 Bit auch eher Sinn, da man Abstufungen in Verläufen in der hohen Auflösung effektiver unterbringen kann. Die Aufzeichnung auf Band hingegen ist limitiert, da immer digital komprimiert und oft in 8 Bit abgespeichert wird. Die Bandaufzeichnungsformate HD-D5 von Panasonic und Sony HDCAM SR bieten hier zumindest 10 Bit bei relativ moderater Kompression.

10 Bit-Material bekommen Sie also nur als Dateiformat angeliefert. Für internes Rendering gibt es nur je eine Verdoppelung der Farbtiefe, also 16 oder 32 Bit.

3.5.3 16 und 32 Bit

Wenn schon 10 Bit in der Praxis etwas abwegig scheinen, was ist dann erst mit 12 oder gar 16 und 32 Bit? Nun, mit 12 Bit erhält man 4096 Abstufungen, was insgesamt 68 Milliarden Farben entspricht. Derzeit gibt es allerdings noch keine Videocodecs, die 12 Bit in Echtzeit aufzeichnen können, denn theoretisch gibt es schon Videokarten für Final Cut Pro, die diese Qualität liefern (Stand: August 2005).

Internes Rendering | Für die Effektbearbeitung reicht es in den meisten Fällen, intern höher als 8 Bit zu rechnen und dann wieder in 8 Bit abzuspeichern. Diesen Workflow beherrschen Programme wie After Effects (RGB, 8 und 16 Bit Linear), Shake (RGB, 8 und 16 Bit Linear sowie 32 Bit Floating Point) oder Final Cut Pro (8 Bit Linear in RGB oder YUV sowie 32 Bit Floating Point in YUV) auch schon. Motion bietet in Version 1 nur 8 Bit Linear in RGB und seit Version 2 auch 16 und 32 Bit Floating Point.

Mit 16- oder 32-Bit-Rendering verhindert man das so genannte **Banding**, wie es schnell bei 8-Bit-Rendering in Verläufen auftritt (siehe Abbildung 3.21). Bei Banding-Artefakten handelt es sich um eine Umwandlung von fließenden Verläufen in deutliche Abstufungen. Meist wird es durch eine wiederholte Addition gleicher Bildinhalte (z. B. bei Transparenzen) oder einfacher Verrechnung identischer Faktoren (z. B. bei Erhöhung der Sättigung oder Anwendung einer Tonwertkorrektur) hervorgerufen.

▲ Abbildung 3.21
8- vs. 16-Bit-Rendering: So genannte Banding-Artefakte können sehr leicht entstehen, wenn man mehrere weiche Verläufe in Motion mit leichter Deckkraft übereinander legt. In 8 Bit werden deutliche Abstufungen sichtbar (links), während das 16- und 32-Bit-Rendering weiche Übergänge erzeugt, auch wenn man bei der Ausgabe als Datei nur in 8 Bit abspeichert. Das Projekt finden Sie auf der Buch-DVD.

Banding-Artekakte verhindern | Das interne 16- und 32-Bit-Rendering mindert die hässlichen Abstufungen, auch wenn man bei der Ausgabe als Datei nur einen 8-Bit-Codec verwendet. Möchte man auch mehr als 8 Bit als Datei ausgeben, bieten sich diverse Codecs an, wie z. B. Microcosm oder SheerVideo sowie Bildsequenzen (siehe Seite 656). Wenn das Banding nach dem Umstellen auf 16-Bit-Rendering nicht verschwindet oder deutlich geringer ausfällt, dann liegt es eher an der Darstellung Ihres Computer- oder Videomonitors. Auch können einzelne Filter auf 8-Bit-Rendering beschränkt sein oder grundsätzlich schlechte Ergebnisse liefern.

Ausgabe in 8-Bit | In den meisten Fällen wird man bei der Arbeit mit Video irgendwann wieder auf eine 8-Bit-Auflösung herunter müssen. Einzig für die **Ausgabe auf Film** macht es Sinn, die höheren Farbräume im Cineon- oder DPX-Format zu speichern, wofür Programme wie After Effects und vor allem Apples Highend-Compositing-Software Shake infrage kommen. Mit Motion 2 ließen sich auch TIFF-Bildsequenzen in 16 Bit ausgeben, doch die Ausgabe als Datei ist immer noch auf 8 Bit beschränkt. Die Verwendung von logarithmischen Farbräumen, in denen eine Gewichtung auf bestimmte Bereiche gelegt werden kann, bleibt ebenfalls Shake vorbehalten.

3.5.4 Linear vs. Floating Point

Es gibt für Zahlen zwei grundsätzliche Beschreibungsformen: Integer, also Ganzzahlen, und Fließkommazahlen. Ganze Zahlen wie 0, 1, 2 usw. reichen für die meisten Belange aus, allerdings wird für eine Zahl wie 60 000 bereits ein 16-Bit-Integer-Wert benötigt. Als Fließkommazahl würde sich der gleiche Wert als $6*10^5$ leicht als 8-Bit-Fließkommazahl speichern lassen.

Fließkommazahlen können das Komma an einer beliebigen Stelle einer Zahlenreihe ablegen. Ein 32-Bit-Wert setzt sich zusammen aus einem Vorzeichen (1 Bit), dem Exponenten, der das Komma verschiebt (8 Bit) und der Mantisse, die den dezimalen Zahlenwert beschreibt (23 Bit). Damit kann man also einen Wertebereich von der 256sten Nachkommastelle bis zu einer Zahl mit 256 Vorkommastellen speichern.

In Bildformaten wie HDR wird der Exponent, dann gleichbedeutend mit der Helligkeit, als eigener 8-Bit-Kanal abgelegt. Ein 32-Bit-Fließkomma-Bild setzt sich also aus vier 8-Bit-Kanälen zusammen.

Traditionell war die Verarbeitung von Integer-Zahlen immer schneller, daher wurde für die rechenintensive Arbeit einer Grafikkarte zunächst mit einem Bit (schwarzweiß), dann mit 2 Bit (CGA) und 4 Bit (EGA) Integers gearbeitet, bis man mit 8 Bit pro Kanal und 255 Abstufungen eine für fast alle Belange ausreichende Farbauflösung erreicht hatte. In den letzten Jahren wurden aber noch feiner aufgelöste Farbsysteme in der professionellen Bildverarbeitung eingeführt, z. B. eine Auflösung von 16 Bit pro Kanal und Fließkommazahlen. Der Unterschied zwischen Ganz- und Fließkomma ist dabei eigentlich unwesentlich, doch Fließkomma-Werte werden meist mit 32 Bit pro Kanal abgespeichert und sind entsprechend robust in der Tonwertkorrektur. Im direkten Performance-Vergleich sind sich die Zahlentypen ebenbürtig, doch ein Wechsel von 8 Bit auf 32 Bit schlägt sich auf den gesamten Arbeitsprozess nieder, sodass man beim Software-Rendering viermal mehr Speicher und Rechenleistung braucht. Auf Grafikkarten sind die meisten Register allerdings so angelegt, dass dieser Schritt ohne allzu große Leistungseinbußen möglich ist.

Für die reine Darstellung wird es jedoch wohl noch einige Zeit bei 8 Bit pro Kanal bleiben.

3.6 Alphakanal

Freigestellte Bereiche in Bildern, Grafiken oder Elementen, die sich vor einem transparenten Hintergrund befinden sollen, müssen einen Alphakanal haben, damit Motion und andere Programme den Vordergrund vom Hintergrund trennen können.

Rohmaterial in RGB | Digitale Bilder, geschossen mit einer Digitalkamera oder eingelesen über einen Scanner, liegen in RGB vor. Das Bild besteht aus den drei Farbkanälen Rot, Grün und Blau. Die einzelnen R-, G- und B-Kanäle sind selber nur Graustufenbilder, welche die Intensität der jeweiligen Farbe beschreiben. Der Alphakanal ist ein zusätzlicher vierter Kanal, der die **Transparenz** eines Bildes beinhaltet.

Farbtiefe der einzelnen Kanäle | Sowohl Rot als auch Blau und Grün können bei 8 Bit jeweils 256 Werte haben, was zusammengerechnet ca. 16,7 Millionen Farben entspricht. Der Alphakanal hat bei 8 Bit ebenfalls 256 Graustufen. Aus der Schwarzweißmaske des Alphakanals wird dann der Hintergrund ausgestanzt. QuickTime bezeichnet den Alphakanal nicht eigenständig, sondern beschreibt ihn mit der Angabe »Über 16,7 Millionen«. Auch die Bezeichnungen »16,7+ Millionen«, »Millions of Colors+« oder »RGBA« findet man recht oft vor.

◄ **Abbildung 3.22**
Ein Alphakanal ist in Photoshop besonders gut zu verdeutlichen. Während die RGB-Kanäle die Intensität der Farben beschreiben, markiert der Alphakanal die transparenten Bereiche eines Bildes. Die Bezeichnung ÜBER 16,7 MILL. FARBEN gibt in Motion den Hinweis auf einen angelegten Alphakanal.

Grafikformate mit Alphakanal | Nur wenige Grafikformate sind in der Lage, einen zusätzlichen Alphakanal zu speichern. Die häufigste Anwendung fällt sicherlich auf die Formate TIFF und TGA. Speichern Sie also ein Bild in einem dieser Formate, wenn Sie einen eventuell vorhandenen oder von Ihnen eigens erstellten Alphakanal nicht verlieren möchten.

Videoformate mit Alphakanal | Bei Videoformaten sind ebenfalls nur wenige Codecs in der Lage, einen Alphakanal mitzuexportieren. Das QuickTime-Format alleine ist also kein Garant dafür, dass auch ein Alphakanal mit abgespeichert wurde.

Eine Möglichkeit bietet der **Animation-Codec.** Er ist eine gute Wahl und seit Jahren in QuickTime enthalten, sodass es keine Kompatibilitätsprobleme gibt. Der Codec speichert bei höchster Qualitätseinstellung verlustfrei in 8 Bit und mit Alphakanal. Auch Programme wie Apple LiveType verwenden den Animation-Codec zur Übergabe der Transparenzen – und auch After Effects verwendet ihn in den Exportvoreinstellungen. DV, Motion JPEG, MPEG oder Foto-JPEG-Codecs können keinen Alphakanal integrieren und verwerfen beim Abspeichern die Transparenzinformation. Für mehr als 8 Bit kommen auch hier wieder Microcosm oder SheerVideo infrage. Microcosm ist der einzige 16-Bit-RGBA-Codec für QuickTime, SheerVideo der einzige 8- und 10-Bit-YUV-Codec, der einen Alphakanal beinhalten kann.

3.6.1 Premultiplied

Alphakanäle stanzen den Hintergrund aus einem Vordergrund aus. Bis auf Photoshop-Dateien verfügen Bilder und Filme aber nur über eine Ebene, ohne getrennten Vorder- und Hintergrund. Der Alphakanal muss für das Ausstanzen also alle Bildanteile heranziehen.

Unsauberes Ausstanzen durch Antialiasing | Hat das Bild einen blauen Hintergrund und z. B. eine weiße Schrift, die über den Alphakanal freigestellt werden soll, dann kann es passieren, dass die Schrift nach dem Ausstanzen einen leichten blauen Rand aufweist. Das liegt daran, dass die Schrift nicht ganz hart vor dem blauen Hintergrund steht, sondern weiche Übergänge hat – hervorgerufen durch das Antialiasing. Der Alphakanal, der aus dieser Schrift erstellt wurde, verfügt an jenen Stellen über graue Zwischentöne. In diesen Bereichen stanzt der Alphakanal also nicht mit voller Wucht aus, sondern nur entsprechend den Grauabstufungen mehr oder weniger stark. Die weichen Übergänge der Schrift von ihrem weißen Rand zum blauen Hintergrund erscheinen daher auch im ausgestanzten Bild. Ist ein Alphakanal auf diese Art und Weise in eine Grafik eingebunden, spricht man auch von einem **integrierten Alphakanal** – dem Premultiplied-Modus.

Importieren Sie die linke Grafik aus Abbildung 3.23 von der Buch-DVD einmal in Motion, um das Problem zu erkennen.

Abbildung 3.23 ▶
Ohne einfarbigen Hintergrund ist es schwierig, ein sauberes Stanzsignal zu erzeugen. In der Vergrößerung sieht man die Ränder deutlich (rechts).

Randbereiche überzeichnen | Die Lösung dieses Problems ist in diesem Fall ganz einfach: Da die Schrift komplett weiß sein soll, muss einfach der blaue Hintergrund auch weiß sein, während die eigentliche Schrift nur im Alphakanal definiert sein muss. Die Randbereiche sind jetzt überzeichnet (Straight-Modus) und die Schrift wird sauber ausgestanzt.

Jetzt gibt es aber durchaus auch Motive, bei denen halbtransparente Bereiche im Alphakanal nicht so einfach freizustellen sind, da man die Überzeichnungen nicht manuell erstellen kann, beispielsweise bei den Partikeleffekten in Motion. Da eine Füllung im Premultiplied-Modus eigentlich immer eine feste Hintergrundfarbe besitzt, sind einige Programme in der Lage, diese Farbe herauszufiltern, so auch Motion oder After Effects. Final Cut Pro gelingt das leider nur mit Schwarz und Weiß. Dieser Filter erreicht annähernd das gleiche Ergebnis wie bei überzeichneten Füllungen im Straight-Modus. Lesen Sie dazu auch die Hinweise zur Final Cut Pro-Integration auf Seite 681, zur Integration mit After Effects auf Seite 712, zum Dateiimport auf Seite 351 und zur Ausgabe auf Seite 650.

3.6.2 Straight

Der Unterschied des so genannten **direkten Alphakanals** zum oben beschrieben Premultiplied-Modus ist, dass die Farbkanalinformationen des Bildes (also R, G und B bzw. Y, U und V) an der Rändern zur Transparenz überzeichnet werden, sodass der Alphakanal die Füllung sauber ausstanzen kann.

Motion-Anwender können sich bei Bildern das Erstellen eines Alphakanals sparen, indem direkt freigestellte Photoshop-Ebenen importiert werden (siehe Kapitel »Integration« auf Seite 719). Bei Filmen klappt das nicht, da diese nur über eine Ebene verfügen. Wird Ihnen ein Film mit Alphakanal angeliefert, können Sie nichts mehr ändern. Motion kann jedoch beim Export eine Füllung im so genannten Straight-Modus erstellen, bei dem die Überzeichnungen in den RGB-Kanälen dazuberechnet werden. Das sieht zwar im RGB-Modus ziemlich kaputt aus, aber durch das Ausstanzen mit dem Alphakanal erhält man einen ganz sauber freigestellten Vordergrund. Der Nachteil bei diesem Verfahren ist, dass so ein Bild oder Film nur mit Alphakanal verwendet werden kann, da die Überzeichnungen im RGB-Modus eher wie Bildfehler aussehen.

Alphakanal als separate Datei | Wenn Alphakanal und Füllung (Key und Fill) als separate Dateien oder auf Band angeliefert werden, sollte es sich immer um eine überzeichnete Füllung, also den Straight-Modus, handeln.

Abbildung 3.24 ▶
Eine Füllung im Straight-Modus sieht durch die Überzeichnung zwar kaputt aus (links), aber durch das Ausstanzen mit dem Alphakanal wird das Ergebnis perfekt (rechts).

3.6.3 Inverted Alpha

Schön, dass es Standards gibt ... und sich niemand daran hält. Beim Alphakanal besteht der einzige Standard darin, dass er bei 8 Bit aus 256 Graustufen besteht. Ob jetzt Weiß oder Schwarz den transparenten Teil des Bildes bestimmt, daraus macht sich jeder so seinen eigenen Reim. Es kann also durchaus passieren, dass man in einem Bild einen Alphakanal erhält, der falsch herum – oder besser gesagt anderesherum – ist, als man es haben möchte. Man könnte das Bild jetzt schnell in Photoshop öffnen und den Kanal umkehren, aber bei einem Film oder einer Bildsequenz geht das schon nicht mehr so einfach.

In Motion bietet sich, wie in anderen Programmen auch, die Möglichkeit, den Alphakanal der importierten Datei zu **invertieren** oder auch zu **ignorieren**, was auf Seite 351 noch genauer erläutert wird.

3.7 Bildgröße

Nachdem wir ausführlich die Auflösung der Farbkanäle dargelegt haben, widmen wir uns nun den gängigen Bildgrößen, also der Anzahl an Pixeln selber. Motion unterstützt standardmäßig eine **maximale Auflösung** von 2048 Pixeln in Höhe und Breite. Nur mit der Grafikkarte Nvidia 6800 wird auch die so genannte **4k-Auflösung** mit 4096 Pixeln in der Breite unterstützt. Mehr würde derzeit auch aufgrund der Echtzeit-Unterstützung keinen Sinn machen, da es sich hier eher um eine Beschränkung der Grafikkartenleistung handelt, die zur Effektberechnung herangezogen wird.

QuickTime unterstützt als Basistechnologie Bildgrößen bis 32767 Pixel in Höhe und Breite, was enorm viel ist. Da so viel Auflösung oftmals aber gar keinen Sinn macht, liegt die Limitierung bei den Sequenzen in Final Cut Pro bei ebenfalls 4000 Pixeln. Die Grenze bei importierbaren Grafiken, zum Beispiel aus Photoshop, liegt wesentlich höher, eben auch bei 32767 Pixel. Da Mac OS X bei zu großen Bildern jedoch ganz gerne das Regenbogenrad kreisen lässt, macht es auch durchaus Sinn, dass Motion ein praxistaugliches Limit setzt.

Motion mag es also nicht besonders, wenn Dateien mit größeren Abmessungen als 2048 bzw. 4096 Pixel importiert werden und quittiert dies mit einer Meldung. Bei 2048 Pixel handelt es sich um die horizontale Breite des gängigen, so genannten **2k-Kinoformats** (2048 × 1536 Pixel). Mit solch hohen Auflösungen liegt man auf jeden Fall weit über gängigen Standard Definition-Videoauflösungen und sogar noch etwas über der großen High Definition-Auflösung. Bevor wir gleich einzeln auf die verschiedenen Auflösungen eingehen, sollte man zunächst eine Kategorisierung in verschiedene Anwendungszwecke vornehmen. Wir haben dafür Web, Multimedia, Präsentation, Standard Definition, High Definition und Kino ausgewählt.

3.7.1 Web

Web-Filme sind traditionell etwas kleiner, um die Datenraten zu reduzieren, aber auch weil sie oft nur in einem bestimmten Bereich einer Webseite mit Text und Bildern kombiniert gezeigt werden und meist nur wenig Platz beanspruchen dürfen. Im Prinzip kann man bei QuickTime-Filmen für das Web individuelle Auflösungen erzeugen (siehe Seite 624 und 641). Andere Formate wie zum Beispiel Divx oder die MPEG-Formate können auch feste Auflösungen voraussetzen. Wichtig ist auch das Seitenverhältnis, das genauso individuell sein kann, aber bei videokonformen Formatvorgaben eben 4:3 oder 16:9 beträgt. Web-Filme könnten folgende Bildgrößen haben:

- ▶ 160 × 120 (4:3), 160 × 90 (16:9) entspricht einem Viertel der NTSC-Auflösung
- ▶ 192 × 144 (4:3), 192 × 108 (16:9) entspricht einem Viertel der PAL-Auflösung

- 240 × 180 (4:3), 240 × 135 (16:9)
- 320 × 240 (4:3), 320 × 180 (16:9) entspricht der halben NTSC-Auflösung
- 384 × 288 (4:3), 384 × 216 (16:9) entspricht der halben PAL-Auflösung
- 400 × 300 (4:3), 400 × 225 (16:9)
- 480 × 360 (4:3), 480 × 270 (16:9)
- 640 × 480 (4:3), 640 × 360 (16:9) entspricht der vollen NTSC-Auflösung (Fullscreen)

Ausgangsmaterial, das im Halbbildmodus vorliegt, erzeugt bei Skalierungen unter Umständen hässliche Artefakte, sodass man vorher einen Deinterlace Filter (siehe Kapitel »Motion Elements« auf Seite 362 und Seite 374) anwenden sollte. Optional kann man auch die halbe oder viertel Bildhöhe verwenden, da so die abwechselnden Halbbilder ausgelöscht werden.

Die volle PAL-Auflösung von 768 × 576 (4:3) bzw. 768 × 432 (16:9) ist für den Einsatz im Web nicht gebräuchlich, sodass die NTSC-Bildgröße auch hier als Fullscreen-Modus verwendet werden kann. Für PAL und NTSC kann hier auch 720 × 405 verwendet werden. Wir möchten an dieser Stelle schon einmal darauf hinweisen, dass PAL und NTSC im ursprünglichen Sinne Farbsysteme sind und keine Formate. Da man damit aber verschiedene Bildgrößen und Bildraten verbindet, möchten wir dennoch diese Begrifflichkeit adaptieren, so wie es in der Praxis auch üblich ist. Da es weltweit auch Mischformen oder Mutationen der nordamerikanischen und europäischen Normen gibt, erheben unsere Bezeichnungen also keinen Anspruch, allgemein gültig zu sein.

> **Bildgröße beachten**
>
> Viele Kompressionsalgorithmen verlangen bei der Bildgröße einen durch 16 teilbaren Wert, damit das DCT-Verfahren korrekt angewendet werden kann (siehe Seite 81). Wenn Sie also einen Codec einsetzen, der bestimmte Makroblockgrößen verwendet, dann müssen Sie den Taschenrechner bemühen und sowohl für die Bildbreite als auch für die Höhe einen passenden Wert finden.

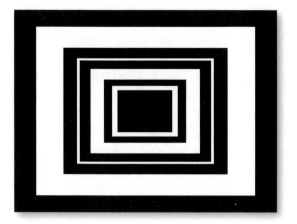

◄ **Abbildung 3.25**
Die verschiedenen Multimedia-Auflösungen im Vergleich: Der äußerste schwarze Rahmen ist die PAL-Auflösung mit 768 × 576 Pixeln, danach folgen die 4:3-Auflösungen aus der Liste.

3.7.2 Multimedia

Der Multimediabereich sieht in der Regel etwas mehr Bandbreite vor, allerdings schmilzt der Abstand zum Web durch schnellere Übertragungsmöglichkeiten zunehmend. Neben den bekannten Multimedia-CD-ROMs können mittlerweile auch Mobiltelefone multimediale Inhalte, darunter Filme, abspielen. Allerdings erlauben derzeit noch knappe Speicher und kleine Displays einen nur sehr beschränkten Einsatz und auch mit UMTS wird sich das Ganze zunächst weiterhin auf die kleinen Bildgrößen des Webbereichs beschränken. Spezielle mobile Multimedia-Player, die dem iPod-Prinzip folgen, sind aber längst erhältlich und können neben Bildern und Musik auch relativ große Filme abspielen. Je nach verfügbarer Übertragungsrate haben Multimediafilme meist Bildgrößen zwischen 320 × 240 und 640 × 480 Pixeln.

3.7.3 Präsentationen

Mit Keynote bietet Apple ein eigenes kreatives Präsentationsprogramm, um zumindest auf der Mac-Plattform eine interessante Alternative zu PowerPoint von Microsoft zu bieten. Die Präsentationsvorgaben sehen bei Keynote die Auflösungen 800 × 600 und 1024 × 768 Pixel vor, doch können diese auch verändert werden, je nachdem, welche Präsentationsgröße vorgesehen ist. In Präsentationen können auch QuickTime-Filme eingebunden werden. Besonders die 800 × 600-Einstellung bietet sich für PAL-Filme in Standard Definition an, da man zum Beispiel einen DV-Film ohne großen Skalierungsverlust vollflächig abspielen lassen kann.

Die PowerBooks von Apple sind dafür hervorragend geeignet, weil sie DV-, Pixlet- und DVCPRO HD-Filme in hoher Qualität ohne Probleme abspielen können. Insofern eignen sich vor allem Pixlet und DVCPRO HD – zwei hervorragende Codecs, die es nur für QuickTime auf dem Mac gibt – auch für hochaufgelöste Präsentationen an Beamern und Flachbildschirmen. Ein Powerbook, über DVI angeschlossen, ist somit einem DVD-Player vorzuziehen. Im Falle schwächerer PC-Rechner bietet sich auch das MPEG-1-Format an, das sich mit dem Programm Compressor erstellen lässt und neben einer hohen Abspielkompatibilität auch wenig Ressourcen benötigt. Im Fullscreen-Modus sieht das dann aber im Vergleich zu den anderen Formaten nicht mehr so gut aus.

3.7.4 Standard Definition

Bei Video gibt es feste Standards, da die Vergabe der Frequenzen für die Ausstrahlung von Fernsehprogrammen Staatshoheit ist und dementsprechend reguliert wird (in Deutschland über die RegTP, d. h. Regulierungsbehörde für Telekommunikation und Post). Neben Regierungen und deren Behörden sowie den Programmgestaltern, Erzeugern und Herstellern selbst gibt es noch verschiedene Institutionen und Interessenvertretungen, die sich um neue Formate und Regelungen bemühen. Dazu gehört z. B. die ITU (International Television Union) mit Sitz in Genf. Die ITU (früher CCIR – Consultative Committee for International Radio) ist auch in das Netzwerk der Vereinten Nationen eingegliedert, sodass praktisch jeder Staat vertreten ist. Das Bundesministerium für Wirtschaft und Arbeit und die RegTP zählen neben ZDF und NDR sowie einigen Unternehmen zu den deutschen Mitgliedern. Neben der ITU gibt es noch verschiedene weitere Organisationen. Einige davon sind:

- AES (Audio Engineering Society): http://www.aes.org
- ATSC (Advanced Television Systems Committee): http://www.atsc.org
- DVB (Digital Video Broadcasting Project): http://www.dvb.org
- EBU (European Broadcasting Union): http://www.ebu.ch
- IEEE (Electrical and Electronics Engineers): http://www.ieee.org
- MPEG (Moving Picture Experts Group) ist eine Arbeitsgruppe innerhalb der ISO (International Organisation for Standardization): http://www.iso.org und http://www.chiariglione.org/mpeg
- SMPTE (Society of Motion Picture and Television Engineers): http://www.smpte.org

Abbildung 3.26 ▲
Normen und Standards werden von verschiedenen Organisationen und Institutionen, wie z. B. der ITU, beschlossen.

Letztlich entspringen also die Normen und Standards den Beschlüssen von Gremien dieser Organisationen. Bis alle Interessen befriedigt sind, kann es daher auch schon mal etwas länger dauern, bis technische Innovationen den Endverbraucher erreichen (wie z. B. bei High Definition). So sind Aufzeichnungssysteme, Anschlussarten und Signale um diese Normen herum entstanden – und auch wenn mittlerweile digitale Verfahren sowie neue Formate wie 16:9 Verbreitung gefunden haben, so ging dies doch aus Gründen der Abwärtskompatibilität nicht ohne eine gewisse Abhängigkeit zu den Ursprüngen der Videotechnik. Wir verzichten an dieser Stelle aber darauf, bis hin zur Olympia-Ausstrahlung von 1936 (der ersten großen – leider zweckentfremdeten – öffentlichen Fernsehübertragung) zurückzublicken, sondern konzentrieren uns auf das digitale Zeitalter.

Pixel statt Zeilen | Die Bildgröße im derzeit noch gängigen Standard Definition-Bereich beträgt:
- bei PAL 768 × 576 Pixel,
- bei NTSC 648 × 486 Pixel.

Dies sind die Werte in Pixeln, die von dem eigentlichen Bild eines analogen Signals adaptiert wurden. Das tatsächliche analoge Signal besteht natürlich nicht aus Pixeln, sondern aus Zeilen, durch die bei Röhrengeräten ein Kathodenstrahl hindurchrauscht, um das Bild Zeile für Zeile aufzubauen (siehe auch Zeilensprungverfahren und Halbbilder auf Seite 112). Da der Kathodenstrahl auch wieder vom Ende des Bildes an den Anfang zurückgeführt werden musste, gab es dafür eine so genannte Austastlücke. Diese besteht aus 50 Zeilen (bei PAL), sodass das ursprüngliche Signal sogar 625 Zeilen hoch ist (siehe Abbildung 3.27).

Für die digitale Bearbeitung ist jedoch nur noch das tatsächliche Bild interessant, sodass diese 50 Zeilen rausfallen und nur 576 übrig bleiben. Moment, das wären aber doch nur 575!? Ja, aber wie Sie später bei der Erklärung zu den Halbbildern noch erfahren werden, gibt es immer zwei Zeilen, eine gerade und eine ungerade. 576 kann man in zwei Zeilen aufteilen, was für 575 nicht gilt, denn es gibt keine halben Zeilen. Über das 4:3-Verhältnis ergibt sich dann noch ganz einfach die korrekte Breite in Pixeln, nämlich 576 Pixel × 4 ÷ 3 = 768 Pixel.

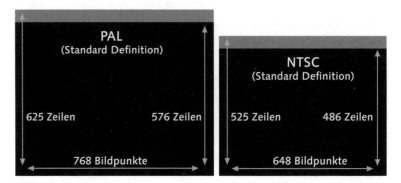

Abbildung 3.27 ▶
Über die Anzahl der Zeilen im analogen Bild wurde die Auflösung in Pixeln definiert. Für die digitale Bearbeitung ist dabei nur der sichtbare Teil (schwarz) von Bedeutung.

Bildgrößen bei Standard Definition | So weit, so gut. Wie man aber in Motion, Final Cut Pro oder Programmen wie After Effects sehen kann, werden andere Bildgrößen angegeben:
- 720 × 576 Pixel für PAL (D1/DV)
- 720 × 486 Pixel (D1) für NTSC
- 720 × 480 Pixel (DV) für NTSC

Die beiden unterschiedlichen Auflösungen für D1 und DV bei NTSC ergeben sich aus folgendem Grund: Viele Kompressionsalgorithmen wie DV benötigen eine durch 16 teilbare Bildgröße, sodass man beim DV-Format für NTSC die Bildgröße um sechs Pixel in der Höhe reduziert hat. So wird von diverser D1-Videohardware die Auflösung von 720 × 486 Pixeln verwendet, um z. B. Zuspieler wie DigiBeta anzuschließen. Die DV-Formate wie auch die DVD haben hingegen eine Auflösung von 720 × 480 Pixeln und auch bei 16:9 bleibt es dabei.

Wir sind nicht nur wegen dieses Umstandes froh, in der PAL-Welt zu leben und sowohl bei D1 wie auch DV eine einheitliche Auflösung von 720 × 576 zu verwenden. Die DVD hat bei uns also ebenfalls diese Bildgröße und auch bei 16:9 ändert sich das nicht.

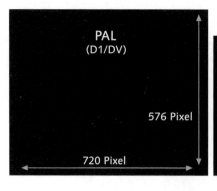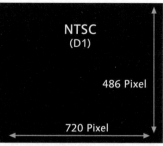

◀ **Abbildung 3.28**
PAL und NTSC verfügen in der digitalen Verarbeitung über die gleiche Anzahl horizontaler Pixel, nämlich 720. Bei PAL sind D1- und DV-Auflösung identisch, während bei NTSC für DV in der Vertikalen sechs Pixel abgezogen werden (480 statt 486). Gleiches gilt für die Video-DVD.

3.7.5 High Definition

Die Abkürzung HD ist in diesem Kapitel schon oft gefallen – doch was ist High Definition eigentlich? Da Standard Definition mit seiner relativ geringen Bildgröße nicht mehr mit hochauflösenden Projektionstechniken wie Flachbildschirmen oder Beamern mithalten konnte, machte man sich Gedanken über ein neues Videoformat. Tatsächlich war der ursprüngliche Gedanke, ein weltweit einheitliches Format zu schaffen, das die Zöpfe der veralteten Videotechnologie abschneidet und auch PAL und NTSC vereint. Natürlich wurde dieser Ansatz in dieser Form nicht umgesetzt, obwohl es so abwegig gar nicht gewesen wäre, denn PAL und NTSC unterscheiden sich in allen Belangen wie Farbsystem, Bildgröße und Bildrate.

High Definition weltweit?

Da man mit High Definition sowieso alles neu aufbauen muss, von Kamerasystemen und Ü-Wagen bis hin zum Abspielgerät, hätte man also auch gleich einen einheitlichen Standard schaffen können. Dies hätten vor allem die Europäer und Amerikaner gemeinsam beschließen müssen, aber warum sollte ausgerechnet bei Video etwas gelingen, was sonst in anderen Bereichen auch nicht klappt? Wenigstens gibt es aber bei dem wichtigsten Faktor, der Bildgröße, eine Übereinstimmung, sodass ein Transfer (Normwandlung) längst nicht mehr so kompliziert ist wie bei Standard Definition.

Bildgrößen bei High Definition | Es existieren zwei Bildgrößen bei High Definition:
- 1280 × 720 Pixel
- 1920 × 1080 Pixel

Warum das nötig ist, lässt sich wieder mit der verfügbaren Bandbreite erklären: Für die hohe Auflösung hat man sich entschieden, um einfach mehr Fläche abbilden zu können, fast so viel wie bei der 2k-Kinoauflösung. Die kleine Auflösung kann dafür höhere Bildraten wiedergeben – und das mit Vollbildern, wohingegen für die große Auflösung derzeit nur Halbbilder vorgesehen sind. Was es mit den Voll- und Halbbildern genau auf sich hat, erfahren Sie ein paar Absätze später im Abschnitt »3.10 Bildraten«.

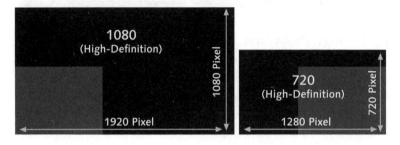

Abbildung 3.29 ▶
Bei High Definition gibt es für PAL und NTSC keine Unterschiede in der Bildgröße mehr. Allerdings gibt es generell eine große (1080) und eine kleine (720) Auflösung. Der dunkelgrau markierte Bereich zeigt den immensen Unterschied zur PAL-Standard Definition-Auflösung.

3.7.6 Film

Film bietet sehr viele Bildgrößen, die man zunächst als Bilddiagonale in Millimetern angibt (8, 16, 35, 70 mm). Da direkt auf diese Filmflächen belichtet wird, ist das Pendant dazu bei Video der Chip der Kamera, auch CCD (Charged Coupled Device) genannt. Die Bildfeldgröße eines normalen 35-mm-Films beträgt 22 × 16 mm, was einer exakten Diagonale von 27,2 mm entspricht. Ein 16:9-CCD in 2/3 Zoll Größe kommt auf eine Diagonale von 11 mm.

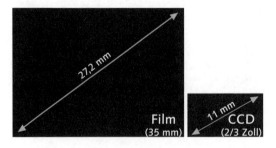

Abbildung 3.30 ▶
Auch wenn die Auflösungen bei Video immer höher werden und die Informationsdichte der Chips steigt, so ist die Bildfeldgröße eines 35-mm-Films gegenüber einem 2/3 Zoll-CCD wesentlich größer. CMOS-Chips bieten hier mittlerweile größere Flächen und Auflösungen.

Man kann also schon gut erkennen, wie viel größer die Bildfläche von klassischem Filmmaterial ist. Die Chips erhöhen im Gegenzug die Informationsdichte immer mehr, wie man es auch aus der Digitalfotografie kennt. Auch wenn es eine Boombranche ist: Über hundert Jahre Vorsprung von analogem Film müssen erst einmal aufgeholt werden, nicht nur in technischer, sondern auch in ästhetischer Hinsicht. Digitale Kameras, die es mit 35-mm-Film aufnehmen sollen, sind z. B. die Arriflex D-20, die Dalsa Origin, die Kinetta oder die Viper von Thomson Grass Valley. Die Qualitätseinschränkungen durch YUV und Subsampling sollten hier über Festplattenrekorder umgangen werden, die in RGB aufzeichnen können.

Da analoger Film nicht über Bildpunkte verfügt, musste man sich Auflösungen überlegen, die der Informationsdichte von Film nahe kommen, natürlich immer angesichts der technischen Möglichkeiten. Als digitale Formate kristallisierten sich dabei die **2k- und 4k-Auflösungen** heraus. Je nach Scanner und Filmformat sind das z. B. Bildgrößen wie 2048 × 1556 Pixel, 2048 × 1156 Pixel oder 2048 × 1536 Pixel bei 2k sowie 4096 × 3112 Pixel bei 4k. Auch wenn die 4k-Auflösung rund doppelt so groß erscheint wie 2k, so vervierfacht sich tatsächlich die Anzahl der Pixel und damit die Datenmenge, was eine erhebliche Belastung für digitale Bearbeitungssysteme mit sich bringt. Filmabtastungen für die Digital Intermediate-Bearbeitung werden daher nicht unbedingt durchgängig in 2k oder 4k durchgeführt, sondern sind abhängig vom Detailreichtum einer Szene, den es zu bewahren gilt.

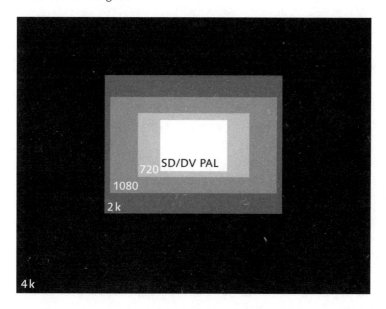

◀ **Abbildung 3.31**
4k stellt die ultimative digitale Filmauflösung dar. Selbst die großen High Definition- und 2k-Filmauflösungen wirken dagegen recht kompakt.

Verschiedene Formate und Seitenverhältnisse | Bei Film konkurrieren auch verschiedene Formate und Seitenverhältnisse miteinander, wie z. B. CinemaScope, Panavision oder VistaVision. Die bekanntesten Seitenverhältnisse sind 1,85:1 und 2,35:1. Da 35-mm-Film selber ein 4:3-Seitenverhältnis hat und man so breit gar nicht abbilden kann, bedient man sich auch so genannter anamorphotischer Vorsatzlinsen, die das Bild verzerrt auf dem Film abbilden. Das Bild wird auch später bei der Filmvorführung mit einer umgekehrten Linse als Widescreen-Version dargestellt. Solche Verfahren findet man auch bei Video, nur dass dort rechteckige Pixel Verwendung finden, die auch gestaucht oder verzerrt werden müssen.

3.8 Pixel-Seitenverhältnis

Die Erde ist keine Kugel, sondern leicht ovalförmig. Genauso ist es auch bei den Pixeln im Videobereich, denn diese sind nach der Definition gerne mal rechteckig und nicht quadratisch, wie man sie sonst beispielsweise aus Bildbearbeitungsprogrammen kennt.

3.8.1 Standard Definition

Bei PAL gilt die Auflösung 768 × 576 Pixel bei NTSC sind es 640 × 486 Pixel oder 640 × 480 Pixel. Die NTSC- und PAL-Formate wurden für die Digitalisierung angeglichen, sodass beide trotz unterschiedlicher Bildraten und Auflösungen auf ähnliche Datenraten kommen, vermutlich um Hard- und Software für die Entwicklung zusammenzufassen. Daraus hat sich für PAL die Auflösung 720 × 576 Pixel sowie für NTSC 720 × 486 Pixel (D1) bzw. 720 × 480 Pixel (DV) ergeben.

Rechteckige Pixel | Nun ergibt sich daraus aber kein 4:3-Seitenverhältnis mehr, sondern **5:4 bei PAL** und **3:2 (DV) bzw. 40:27 (D1) bei NTSC**. Um bei der Ausgabe trotzdem wieder bei 4:3 zu landen, hat man das Seitenverhältnis der Pixel geändert. Daraus ergibt sich, dass man nicht mit quadratischen Pixeln arbeitet, sondern mit rechteckigen Pixeln, die oft auch **Non-Square** bzw. nicht-quadratische Pixel genannt werden. Diese Bilder wirken verzerrt, wenn die Pixel nicht rechteckig dargestellt werden können. Bei der Ausgabe über Geräte und Programme, die mit den rechteckigen Pixeln umgehen können, erscheint das Bild hingegen normal, so auch bei der Video-DVD, deren MPEG-2-Signal ebenfalls eine Auflösung von 720 × 576 Pixel bzw. 720 × 480 Pixel besitzt.

Veränderte Seitenverhältnisse | Bei einer Auflösung von 720 × 576 Pixeln (PAL) beträgt das Pixel-Seitenverhältnis ca. »1,07«. Bei einem Seitenverhältnis von 16:9 ist das Pixel-Seitenverhältnis mit ca. »1,42« sogar noch extremer. Bei Spielfilmen werden die Seitenverhältnisse oft mit 1,85:1 oder 2,35:1 angegeben. Das heißt allerdings nur, dass auf dem 16:9-Bild noch zusätzlich oben und unten schwarze Balken vorhanden sind.

Aufgrund der Abwärtskompatibilität mit bestehenden Fernsehstandards nutzt also auch ein so genanntes **anamorphotisches** 16:9-Bild die volle 4:3-Auflösung. Bei der Darstellung auf einem 4:3-Gerät wird das Bild dann entsprechend gestaucht, sodass oben und unten die schwarzen Balken erscheinen (**Letterbox**).

Im richtigen Verhältnis hat ein 16:9-PAL-Bild eine Größe von 1024 × 576 Pixeln. Diese müssen jedoch in 720 × 576 Pixeln abgespeichert werden, damit die Kompatibilität zu bisherigen Standards gewährleistet ist. Es findet also eine unproportionale Skalierung statt, die man mit den nicht-quadratischen Pixel-Seitenverhältnissen erklärt. Für die entzerrte 16:9-Darstellung wird das Bild natürlich wieder auf 1024 × 576 Pixel zurückgedehnt. Das Ablegen in 720 Pixel und das spätere Ausdehnen auf 1024 quadratische Pixel sind zwar nicht gerade die feine videophile Art, aber das Auge fällt nun mal drauf rein – und das ist, was zählt. Bei einer 16:9-Video-DVD passiert ebenfalls genau das. Gehen Sie einfach mal in Photoshop und legen Sie eine Grafik in 1024 × 576 Pixeln an. Skalieren Sie diese auf 720 × 576 Pixel und anschließend wieder zurück. Die Qualität sieht immer noch gut aus, wobei Photoshop auch besonders gut skalieren kann.

◄ **Abbildung 3.32**
Oben: 768 × 576 in 4:3 und rechts daneben die D1/DV-Auflösung mit der gleichen Bildinformation auf 720 × 576 gestaucht. Unten: echtes 16:9 mit 1024 × 576 und rechts davon anamorphotisches 16:9 auch auf 720 × 576 gestaucht.

Videoprogramme wie Motion und Final Cut Pro können direkt in anamorphotischen Projekten arbeiten und aus den Auflösungen von Medien das richtige Pixel-Seitenverhältnis interpretieren. Zum Anlegen von Grafiken ist es aus qualitativen und organisatorischen Gründen oftmals ratsamer, in quadratischen Pixeln zu arbeiten.

Pixel-Seitenverhältnis bei der Aufzeichnung | Wenn man mit einer echten 16:9-Kamera (mit 16:9-CCD) aufzeichnet, profitiert man von der hohen Auflösung der Chips gegenüber einer 4:3-Kamera. Natürlich kann man mit einer 16:9-Kamera auch in 4:3 aufzeichnen, denn dafür wird der nicht benötigte Bereich auf den Chips rechts und links einfach weggelassen. Andersherum können reine 4:3-Kameras ein 16:9-Bild nur im Letterbox-Format erzeugen oder vom 4:3-Chip nur einen 16:9-Ausschnitt nutzen. In diesem Fall verwendet man besser spezielle Vorsatzlinsen und bildet ein verzerrtes Bild auf dem vollen 4:3-Chip ab.

Anlegen von Grafiken für 4:3 | Wenn Sie Material am Rechner erzeugen (z. B. mit Photoshop), raten wir dazu, möglichst in quadratischen Pixeln zu arbeiten. Dadurch hat man bei der Bearbeitung eine bessere Kontrolle. Für das Anlegen von Grafiken mit quadratischen Pixeln nehmen Sie sich folgende Vorgaben zu Hilfe, um in den richtigen Proportionen zu bleiben:

- 720 × 540 Pixel für D1 NTSC
- 720 × 534 Pixel für DV NTSC
- 768 × 576 Pixel für D1 und DV PAL

Anlegen von Grafiken für anamorphotisches 16:9 | Die Bildgrößen für 16:9 mit quadratischen Pixeln lauten wie folgt:

- 864 × 480 Pixel für DV NTSC Widescreen
- 864 × 486 Pixel für D1 NTSC Widescreen
- 1024 × 576 Pixel für PAL Widescreen

3.8.2 DVCPRO HD

Das von Apple und Panasonic erstmals in Final Cut Pro HD integrierte Format DVCPRO HD hat ein eigenes Pixel-Seitenverhältnis, da es sich um ein relativ stark komprimiertes Format handelt und sich auch auf diese Weise Bandbreite sparen lässt. Hier werden bei der großen Auflösung **1280 × 1080 Pixel** (1080i60/NTSC) und **1440**

× **1080** (1080i50/PAL) statt der sonst bei HD üblichen 1920 × 1080 Pixel verwendet. Bei der kleinen Bildgröße sind es **960 × 720 Pixel** (720p) statt 1280 × 720 Pixel.

> **Fehlende Unterstützung für 720/50p**
>
> Zur optimalen Ausnutzung der Bandbreite gibt es bei 1080i wieder eine Unterscheidung zwischen PAL (50i) und NTSC (60i). Bei 720p/50 für die kleine Bildgröße wurde der europäische Standard von Apple noch nicht wahrgenommen, sodass man sehen muss, wie der Hersteller reagieren wird. Was genau es mit i und p auf sich hat, erfahren Sie auf Seite 115.

DVCPRO HD verhält sich aber nur in den Projekteinstellungen anders als unkomprimiertes High Definition, das quadratische Pixel verwendet. Die über Final Cut Pro eingespielten Clips mit dem DVCPRO HD-Codec werden von QuickTime etwas anders interpretiert, als innerhalb des Final Cut Pro-Projektes. Im QuickTime Player und Motion erscheinen die Clips mit quadratischen Pixeln. Trotzdem finden sich in Motion angepasste Projekteinstellungen, um eine Ausgabe für Final Cut Pro und einer speziellen DVCPRO HD MAZ (Panasonic AJ- HD1200), die über FireWire angeschlossen wird, zu ermöglichen.

Wenn Sie nicht mit diesem Gerät arbeiten (und derzeit gibt es nur dieses eine mit einer FireWire-Verbindung), dann besteht auch kein Anlass, die DVCPRO HD-spezifischen Bildgrößen zu verwenden. Sie können stattdessen genauso in »normalen« HD-Einstellungen mit quadratischen Pixeln arbeiten.

◄ **Abbildung 3.33**
Die rechteckigen Pixelformate bei DVCPRO HD werden nur für die Übertragung per FireWire benötigt. Der bis dato einzige Zuspieler mit FireWire ist Panasonics AJ-HD1200 (Stand: August 2005). Beim größeren AJ-HD1700 müssen die Daten unkomprimiert via HD-SDI überspielt werden – dann mit quadratischen Pixeln.

3.8.3 HDV

Ähnlich wie bei DVCPRO HD stellt sich die Thematik bei HDV dar. Auch hier wird die Bildgröße von 1920 × 1080 Pixel auf 1440 × 1080 Pixel gestaucht, diesmal für PAL und NTSC. Dies entspricht einer exakten anamorphotischen Darstellung, da auch hier ein 16:9-Bild in 4:3 abgebildet wird (1080 × 4 ÷ 3 = 1440). Die kleine Auflösung von 1280 × 720 Pixel bleibt hingegen in nativer Bildgröße bestehen, sodass man sich hier keine weiteren Gedanken machen muss.

High Definition ist sonst von Natur aus ein echtes 16:9-Format mit quadratischen Pixeln. Die Auflösungen sind bei PAL und NTSC gleich, was die Arbeit mit 16:9 vereinfacht.

Anlegen von Grafiken für HD | Für das Anlegen von Grafiken mit quadratischen Pixeln sollten Sie also folgende Größen wählen:

- 1280 × 720 für 720p (16:9)
- 1920 × 1080 für 1080i und 1080p (16:9)

> **Quadratisch oder nicht-quadratisch**
>
> Man sollte bei der Thematik der quadratischen und nicht-quadratischen Pixel bedenken, dass diese Bezeichnung so nicht ganz zutreffend ist. Ein Pixel an sich ist dimensionsfrei. Letztlich ist das Ganze nur eine Hilfe, mit welchem Faktor Bilder skaliert werden müssen, wenn sie mit quadratischen Pixeln auf einem Darstellungssystem abgebildet werden sollen.

3.9 Title und Action Safe

Sie werden sich bestimmt schon einmal gewundert haben, warum zum Beispiel ein Senderlogo oder auch Ihre Grafiken und Texte auf manchen Fernsehern beschnitten wurden. Dies liegt an einer konstruktionsbedingten Einschränkung von Röhrenfernsehern, bei denen im Gegensatz zu Flachbildschirmen, Beamern oder Computersystemen nicht der ganze Bildbereich abgebildet werden kann. Von den 768 × 576 Bildpunkten fehlt also an den Seiten ein nicht unerheblicher Bereich.

Es wird Sie sicher freuen zu erfahren, dass dieser Bereich natürlich nicht immer gleich ist, sondern von Fernseher zu Fernseher variiert. Daher orientiert man sich am kleinstmöglichen Nenner, sodass es einen Titel- und einen Bildbereichsrahmen gibt, auch Title und Action Safe genannt, die für alle Geräte sicher sein sollen. Die Bereichsrahmen kennzeichnen sichere Bildbereiche, die auch von Röhrengeräten dargestellt werden können. Der innere **Titelbereichsrahmen** (Title Safe) gilt für Bereiche, die lesbar sein müssen. Der **Bildbereichsrahmen** (Action Safe) wird noch von vielen Geräten angezeigt, garantiert allerdings nicht die komplette Abbildung.

Vor allem bei sehr kleinen Bildröhren kann es aber immer noch zu einem Beschnitt von Elementen führen, auch wenn diese innerhalb des Action Safe platziert wurden. Der Title Safe gilt daher auch für Texte, Logos oder wichtige Grafiken, die auf keinen Fall beschnitten werden sollen. Mit Ausnahme weniger Geräte berücksichtigt man hierbei auch noch einen kleinen ästhetischen Abstand, denn es sieht nicht unbedingt schön aus, wenn wichtige Elemente direkt am Bildschirmrand kleben. Der Bereichsrahmen wird in Prozent angegeben und kann in Programmen wie Motion oder After Effects auch verstellt werden (siehe Seite 191). Mit Photoshop CS gibt es für den Videobereich nun auch bessere Vorgaben, denn Adobe hat die Bereichsrahmen gleich als vordefinierte Hilfslinien integriert.

◄ **Abbildung 3.34**
Der innere Bereichsrahmen (Title Safe) gilt für Bereiche, die lesbar sein müssen. Der äußere Rahmen ist der Bildbereichsrahmen (Action Safe).

Auf Kontrollmonitor ausgeben | Wenn Sie einen professionellen Referenzmonitor verwenden, kann dort im so genannten **Under-Scan-Modus** zwischen voller und beschnittener Anzeige umgeschaltet werden. Die Bereichsrahmen sind so großzügig (ca. 30–60

Pixel), dass es schon etwas merkwürdig aussieht, wenn man korrekt angelegte Videos auf dem Computerbildschirm oder modernen Flachbildschirmen bzw. Beamern betrachtet. Benötigt werden die Bereichsrahmen also nur bei Röhrengeräten und in diesem Maße auch nur für die Standard Definition-Auflösung. Bei High Definition sollte man davon ausgehen, dass Inhalte auch auf Beamern oder Flachbildschirmen abgebildet werden, allerdings sollte die Abwärtskompatibilität beim Down-Converting für Standard Definition berücksichtigt werden.

3.10 Bildraten

Im Gegensatz zu Film, wo immer 24 Bilder pro Sekunde abgespielt werden, gibt es bei Video unterschiedliche Bildraten. Zum einen muss man wieder zwischen PAL mit 25 Bildern pro Sekunde und NTSC mit 30 Bildern pro Sekunde unterscheiden, zum anderen teilt sich bei Video die Bildrate auch in Voll- und Halbbilder auf.

3.10.1 Halbbilder

Was uns auch in Zukunft nicht ganz erspart bleibt, sind die Halbbilder. Wir haben ja schon darüber geschrieben, dass bei analogen Röhrengeräten ein Kathodenstrahl durch die Zeilen huscht und dass es gerade und ungerade Zeilen gibt. Als die ersten Röhrengeräte entstanden sind, richtete sich die **Bildwiederholrate** nach der Frequenz im Stromnetz, die in unseren Breiten 50 Hz betrug. Daraus aber eine Wiederholrate von 50 Vollbildern pro Sekunde abzuleiten, wäre pure Bandbreitenverschwendung und technisch wahrscheinlich kaum umsetzbar gewesen.

Man entschied sich daher für 25 Vollbilder, was gleichzeitig auch sehr nah an der Bildrate von Film lag. Allerdings würde ein 25-Hz-Signal auf einer Bildröhre derartig flackern, dass man den Anblick kaum ertragen könnte. Daher werden die 25 Vollbilder als 50 Halbbilder über die Flimmerkiste geschickt. Im gängigen **Zeilensprungverfahren** (Interlaced Mode) werden dazu je nach Norm zunächst die geraden oder ungeraden Zeilen geschrieben. Die so genannte Halbbilddominanz beschreibt dabei, welches Halbbild zuerst geschrieben wird. Danach folgt die Austastlücke und der Kathodenstrahl springt zurück nach oben, um die anderen Zeilen zu schreiben. Aufgrund der Nachleuchtdauer von Bildschirmen bleibt der Bildaufbau vom menschlichen Auge unbemerkt.

Auch hier gibt es leider wieder keine Standardisierung zwischen NTSC und PAL – und mit DV und MPEG-2 ist es etwas komplizierter geworden.

▲ **Abbildung 3.35**
Videos mit Halbbildern (links) sehen auf dem Computermonitor nicht schön aus. Auf einem Röhrengerät sorgen sie jedoch wegen der hohen Bildrate mit 50 Hz (PAL) für flüssige Bewegungen. Bei anderen Projektionssystemen empfehlen sich hingegen Vollbilder (rechts).

Oberes und unteres Halbbild | Eigentlich konnte man bislang schlicht behaupten, dass für NTSC das untere (gerade, lower, even) Halbbild zuerst gesendet wird, während dies bei PAL für das obere (ungerade, upper, odd) Halbbild gilt. Bei den DV-Formaten sowie MPEG-2 für die DVD wird aber nun auch in der PAL-Welt das untere (gerade) Halbbild zuerst gesendet. In der Bearbeitung bedeutet dies zunächst keine Einschränkung. Man muss nur wissen, dass auf den korrekten Halbbildwechsel zu achten ist, wenn man DV mit unkomprimiertem PAL-Material (z. B. von DigiBeta) mischen will.

Vertauschte Halbbilder | Vertauschte Halbbilder erkennt man sehr gut am starken Flackern in den Bewegungen, allerdings nur auf einem Röhrengerät. Final Cut Pro nimmt Halbbildwechsel eigentlich mittlerweile automatisch vor, weshalb man keine Probleme damit haben sollte. Im Fall von Fehlinterpretationen sollte man bei importierten Clips in den Objekteinstellungen die Halbbilddominanz erneut einstellen oder den Filter FELDER VERTAUSCHEN verwenden. In Motion kann man ebenfalls mit Halbbildern rendern (siehe Seite 239) und importiertes Material deinterlacen (siehe Seite 362) sowie Halbbilder vertauschen (Seite 362).

3.10.2 Vollbilder

Wir denken, dass es wichtig ist zu verstehen, dass die allgemeine Tendenz klar zu progressiven Bildinhalten, also Vollbildern, geht. Klassische 4:3-Röhrenfernsehgeräte werden schon bald nicht mehr im Handel erhältlich sein und damit werden die Inhalte von High Definition mehr und mehr auf die neuen Flachbildschirme und Beamer angepasst. Auch auf Messen mit entsprechenden Projektionen sollte man von vornherein auf progressive Bearbeitung setzen. Ein späteres **Deinterlacing** (Seite 362), also ein Entfernen der Halbbilder, bedeutet meistens Qualitätsverlust, auch wenn es mittlerweile eingebaute Chipsätze gibt, die das sehr gut machen.

Aufzeichnen mit 50 Halbbildern | Eine progressive Wiedergabe bedeutet allerdings nicht, dass so auch aufgezeichnet werden muss. Digitale Videokameras neigen bei niedrigen Bildraten wie 24 oder 25p (p = progressiv) zu starkem Shuttern, also Ruckeln, da sie keine so deutliche Bewegungsunschärfe erzeugen wie Filmkameras. Mit 50 Halbbildern erzeugt man dagegen eine höhere Bewegungsauflösung. Durch Shutter-Einstellungen sowie bestimmte Deinterlace-Verfahren lassen sich die Halbbilder ähnlich der Bewegungsunschärfe ineinander blenden, was den Eindruck des Ruckelns verringern kann.

Fehlerfreie Darstellung

Auch wenn Flachbildschirme oder Beamer ein flimmerfreies Bild liefern, sollten sie für eine perfekte Wiedergabe mit der gleichen Bildwiederholfrequenz wie das Quellmaterial bzw. mit einem Multiplikator davon (z. B. 24 Bilder mit 48 Hz) betrieben werden. Ansonsten kommt es zu dem so genannten Tearing-Effekt – ausreißenden Bildteilen. Außerdem benötigen die Geräte einen Framebuffer für die jeweiligen Bildraten (48, 50, 60, 75 Hz), um weitere unangenehme Ruckler zu unterbinden. Hier sind wir noch am Anfang der Entwicklung, sodass man sich die einzelnen Geräte genau anschauen muss.

Halbbilder bei High Definition | Halbbilder werden uns auch bei der hohen High Definition-Bildgröße von 1920 × 1080 Pixel noch etwas begleiten, da sich, wie bereits beschrieben, so hohe Bildraten nur mit 50 und 60 Halbbildern realisieren lassen. Besonders schnelle Bewegungen können dadurch besser dargestellt werden, z. B. beim Sport. Ein guter Deinterlacer könnte dann auch für eine gute Wiedergabe an Flachbildschirmen oder Beamern sorgen. Trotzdem sind echte Vollbilder, wie sie nur mit der kleineren High Definition-Bildgröße (1280 × 720) möglich sind, die bessere Variante, wie auch Untersuchungen bei Zuschauern ergeben haben.

In diesem Zusammenhang spricht man auch immer von **Interlaced** und **Progressiv**, sodass die kleine Auflösung meistens als 720**p** und die große als 1080**i** bezeichnet wird.

PsF-Verfahren | Da man auch progressive Bildinhalte auf einem interlaced Format abbilden kann, z. B. Film mit 24p in einem 1080i-Format, spricht man in diesem Fall auch von **PsF** (Progressive segmented Frame), also z. B. 1080/24PsF. Da viele Formate wie DV, DigiBeta und auch HD-Formate im Interlaced-Verfahren arbeiten, bezieht sich »echte« progressive Erstellung auf die Kamera-Aufnahme oder Bearbeitungssysteme. Wenn in Motion also Vollbilder ausgegeben und auf DV PAL überspielt werden, dann handelt es sich um 576/25psf. Rein optisch stellt das jedoch keinen Unterschied zu 25p dar.

Ruckler vermeiden | Sollte man Filme für das Web oder Multimedia-Anwendungen erstellen und dabei aufgrund der Bandbreite die Bildrate verringern wollen, so sollte man möglichst genau die Hälfte oder einen anderen teilbaren Wert verwenden. Es ist also nicht empfehlenswert, von einer PAL-Bildrate mit 25 FPS auf 15 FPS (Frames per Second) zu konvertieren, da es dadurch zu unregelmäßigen Rucklern kommen kann. Stattdessen sollte man 12,5 FPS verwenden, denn dann wird exakt jedes zweite Bild ausgelassen. Leider sind alle Vorgaben für den Export mit QuickTime Pro auf NTSC-Bildraten optimiert, sodass man für PAL immer eigene Einstellungen wählen sollte. Mit dem Programm Compressor liegt den Apple Pro-Applikationen Motion, Final Cut Pro und DVD Studio Pro ein leistungsfähiges Konvertierungswerkzeug bei. Hier haben die Apple-Entwickler auch an die PAL-Welt gedacht und bieten entsprechende Vorgaben bzw. ermöglichen es, auch eigene Einstellungen abzuspeichern (Seite 750).

3.10.3 Drop-Frame Timecode

Bei NTSC haben wir bisher von einer Bildrate von 30 Voll- bzw. 60 Halbbildern gesprochen. Dies ist jedoch nicht ganz korrekt: Wählen Sie in Motion eine NTSC-Projektvoreinstellung, erscheint dort als Bildrate **29,97 Bilder pro Sekunde**. Es ist tatsächlich so, dass die

Bildrate seit dem Wechsel vom Schwarzweißfernsehen in das NTSC-Farbsystem nicht ganz rund ist. Das ist zunächst nicht so schlimm, denn es werden einfach 29,97 bzw. 59,94 Bilder pro Sekunde abgespielt. Man könnte auch sagen, die 30 Bilder brauchen einen Tick länger als eine Sekunde.

NTSC-Bildrate richtig mitzählen | Schwierig ist es jedoch, einen Timecode exakt mitzählen zu lassen, denn der Timecode kann nur ganze Bilder in Sekunden-, Minuten- und Stunden-Abschnitten zählen. Das würde bedeuten, dass bei einer Bildrate von 29,97 Bildern pro Sekunde die tatsächliche Anzahl der Bilder von der Timecode-Anzeige mit 30 Bildern pro Sekunde immer stärker abweichen würde. Dafür gibt es den Drop-Frame-Modus, der nach einer Minute von 00:00:59:29 auf 00:01:00:02 umspringt. Motion legt den Drop-Frame-Modus automatisch an, wundern Sie sich also nicht, wenn die Anzeige an besagter Stelle springt. Alle zehn Minuten wird dieser Sprung dann ausgelassen, denn die Bildrate ist wirklich sehr krumm: 29,970029970029970. Nur mit diesem Schema kann man den Timecode exakt mit der Bildrate koppeln. Bei PAL gibt es dieses Problem zum Glück nicht.

▲ **Abbildung 3.36**
Beim Drop-Frame-Modus springt der Timecode von 59 Sekunden und 29 Frames auf 1 Minute und 2 Frames um.

3.11 Normwandlung

Oft wird die Frage gestellt, wie man PAL- und NTSC-Formate konvertieren kann und was dabei zu beachten ist. Bei Standard Definition erweist sich eine so genannte Normwandlung als sehr schwierig, denn die Unterschiede zwischen den beiden Formaten sind sehr groß. Bei High Definition gibt es weniger Probleme, da die Auflösungen dort für PAL und NTSC gleich sind.

3.11.1 Bildgröße

Arbeitet man mit Standard Definition, beträgt die horizontale Auflösung bei beiden Formaten 720 Pixel. Auch mit den Proportionen bekommt man bei der Konvertierung kein Problem, da letztendlich beide Formate in 4:3 ausgegeben werden. Da aber unterschiedliche Bildgrößen und Pixel-Seitenverhältnisse zugrunde liegen, wird man skalieren müssen, wollte man bei NTSC zu PAL keinen schwarzen Rand oder andersherum keinen Beschnitt im PAL-Material durchführen (siehe Abbildung 3.37). Bei der Skalierung müssten dann die Halbbilder entfernt werden (Deinterlacing), was zu einem Qualitätsverlust führen würde. Progressives Material ohne Halbbilder ist deshalb für eine Normwandlung grundsätzlich besser geeignet.

Es gibt Möglichkeiten, durch Filter und manuelle, recht komplexe Verschachtelungen von Sequenzen in Final Cut Pro oder Kompositionen in After Effects recht gute Ergebnisse für eine Normwandlung auf Software-Ebene zu erzielen. Mittlerweile gibt es auch das Plugin G Convert von Graeme Nattress für Final Cut Pro, das ein gute Alternative darstellt (http://www.nattress.com). Auch Apple hat sich der Thematik angenommen und sein Konvertierungsprogramm Compressor in der Version 2, das auch Motion 2 beiliegt, mit der Möglichkeit versehen, eine Normwandlung durchzuführen.

◄ **Abbildung 3.37**
Bei Standard Definition ist eine Angleichung zwischen PAL und NTSC schwierig, da die Bildgrößen sehr unterschiedlich sind und eine Skalierung nötig wäre.

HD-Konvertierung zwischen PAL und NTSC | Da mit HD neue Normen hinzugekommen sind, fällt es schwer, nur noch von Normwandlungen zwischen PAL und NTSC zu sprechen. Man muss eventuell in alle verschiedenen Normen wandeln. Da die High Definition-Auflösungen bei PAL und NTSC gleich sind, fällt eine Skalierung weg und die Konvertierung von PAL zu NTSC und umgekehrt erfolgt ohne große Probleme. Natürlich sind die Bildraten noch unterschiedlich und diese in guter Qualität auch mit Halbbildern zu konvertieren, ist eine rechenintensive Aufgabe, die ohnehin nur von wenigen Programmen oder Filtern befriedigend gelöst werden kann.

Konvertierung zwischen kleiner und größer HD-Auflösung | Weiterhin kann es vorkommen, dass man von der kleinen in die große HD-Auflösung konvertieren will, je nachdem, welches Aufzeichnungssystem gewählt wurde und welches Abgabeformat man einhalten muss. Bei einigen Aufzeichnungsformaten wird sogar intern interpoliert, z. B. bei der Varicam von Panasonic, die in 720p – also der kleinen Auflösung – aufzeichnet, während die hohe Auflösung von 1920 × 1080 Pixel auch über einen Videospieler wie den HD-AJ1200 oder 1700 ausgegeben werden kann.

Up- und Down-Converting | Genauso gibt es spezielle Hardware und auch Erweiterungskarten für Final Cut Pro HD (z. B. AJA Kona 2), die ein so genanntes Up-Converting durchführen können, also von Standard Definition auf High Definition oder auch andersherum (Down-Converting). Man muss dazu sagen, dass solche Realtime Up- und Down-Konverter zwar ungemein praktisch sind, aber je nach Preis nicht ganz die Qualität erzielen, wie es mit einer Skalierung per Software möglich wäre. Hier ist Geschwindigkeit nicht alles – und auch bei Software gibt es Unterschiede in der Skalierungsqualität und dem Antialiasing.

3.11.2 Bildraten

Bei den Bildraten ist es so, dass bei der Konvertierung von PAL (25 FPS) auf NTSC (29,97 FPS) zusätzliche Bilder hinzuinterpoliert werden müssen, was je nach Anwendungsart mehr oder weniger gut aussehen kann. Bilder wegzulassen, wie es bei der Konvertierung von NTSC auf PAL notwendig ist, ist dagegen schon einfacher, aber auch hier können unregelmäßige Werte zu kurzen Rucklern oder Sprüngen führen. In beiden Fällen kommt es sehr auf das verwendete Verfahren an und darauf, wie gut die Zwischenbilder über das so genannte **Frameblending** verrechnet werden. Grundsätzlich kann man hier mit Software sehr gute Ergebnisse erzielen und Apple hat mit Compressor 2 in dieser Richtung viel unternommen. Schade nur, dass es diese Möglichkeiten nicht auch direkt innerhalb von Motion oder Final Cut Pro gibt, sondern ansonsten standardmäßig nur in Shake 4 und mit Compressor 2.

3.12 Filmtransfer

Neben der Normwandlung von einem Videoformat in das andere stellt sich noch die Frage, wie man Videomaterial auf Film bekommt und umgekehrt. Hier erweist sich das PAL-Format als vorteilhaft, denn die Bildrate liegt mit 25 Bildern pro Sekunde schon sehr nah an der von Film, der mit 24 Bildern pro Sekunde aufgezeichnet wird. Entsprechend plump ist auch die Vorgehensweise, indem nämlich einfach nur die Abspielgeschwindigkeit verändert wird. Das hat zur Folge, dass eine Videoausspielung auf Film ca. 4 % länger wird und andersherum ein Film auf Video um den gleichen Faktor kürzer. Das ist auch der Grund dafür, warum – abgesehen von Zensuren hinsichtlich des Jugendschutzes – Kinofilme im Fernsehen nie die gleiche Länge haben wie im Kino. Die Geschwindigkeitsveränderung liegt jenseits der optischen Erkennbarkeit, jedoch würde man den Unterschied hören, denn die Tonverschiebung liegt mit ca. einer halben Tonhöhe im Bereich des Wahrnehmbaren. Beim Ton muss man daher auch einen Time Stretch vornehmen, ohne dabei aber die Tonhöhe zu verschieben.

Transfer mit PAL-Material | Für den Offline-Schnitt von Filmprojekten bieten sich verschiedene Verfahren an, die man in Final Cut Pro mit den beiliegenden Cinema Tools nutzen kann. In Motion hingegen würde man mit nativer Filmbildrate und möglichst auch in Kinoauflösung (max. 2k) arbeiten, um das Projekt als Einzelbildsequenz auszugeben. Später wird dann alles auf Film gefazt, d. h. ausgegeben. Mittlerweile sind die meisten Kinos (zumindest in Deutschland) in der Lage, auch 25 Bilder pro Sekunde abzuspielen, sodass ein Transfer von Video auf Film bei PAL einfacher ist.

Transfer mit NTSC-Material | Mit NTSC ist es wieder einmal komplizierter, da die Bildrate mit 29,97 FPS sehr weit von Film entfernt ist. Um Video auf Film zu transferieren, entscheidet man sich in der Praxis daher meist schon im Vorfeld für PAL-Kameras, wobei es mittlerweile auch Videokameras gibt, die direkt 24p aufzeichnen. Der entgegengesetzte Weg, also eine Übertragung von Film auf Video, kommt aber weitaus häufiger vor. Dabei wird das so genannte **Telecine-Verfahren** – auch **3:2-Pull-Down** genannt – angewendet, das die 24 Vollbilder von Film geschickt auf die benötigten Halbbilder verteilt.

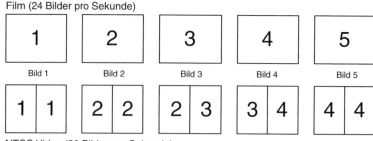

Abbildung 3.38 ▶
Beim 3:2-Pull-Down oder Telecine-Verfahren werden die Filmbilder (oben) auf die Halbbilder des NTSC-Videos (unten) verteilt.

Diese Umwandlung kann auch wieder rückgängig gemacht werden (Reverse-Telecine) – und leider geschieht dies auch oft, um daraus z. B. eine PAL-DVD zu erstellen. Das ist qualitativ nicht optimal, sodass man immer auf einer Original-Filmausspielung auf PAL-Video mit 25 Bildern bestehen sollte. Viele kommerzielle Video-DVDs im PAL-Format bieten deswegen auch nicht die Bildqualität, die eigentlich möglich wäre.

3.12.1 Motion Blur

Da wir gerade bei Film angelangt sind und auch das Thema mit den Halbbildern behandelt haben, abschließend noch ein kleiner Absatz zum Motion Blur, der Bewegungsunschärfe. Die **Bewegungsunschärfe** entsteht bei Filmaufnahmen, wenn sich ein Objekt bei offener Blende, also während der Belichtung, bewegt und dadurch jede seiner Positionen während der Belichtungsdauer im selben Filmbild abgebildet wird. Da es sich um einen fotografischen Prozess handelt, hängt das Ausmaß einer solchen Unschärfe auch von der Helligkeit der Objekte ab. Je heller ein Objekt, desto deutlicher bildet es sich ab und desto klarer ist es auch bei schneller Bewegung zu erkennen, während dunkle Objekte nur schwer auszumachen sind.

Film als Vorbild | Im Videobereich wird gern versucht, das Verhalten von Film nachzubilden. Für Aufnahmen mit Videokameras ist es dafür allerdings zu spät, denn die Bewegungsunschärfe lässt sich nicht nachträglich in die Aufnahmen einfügen. Es gibt zwar auch dafür Filter, doch sollten Sie erst einmal grundsätzlich davon ausgehen, dass dies nicht ohne erheblichen Aufwand möglich ist. Vielmehr ist der Motion Blur als Berechnung für künstlich erstellte Motion Graphics gedacht, die auf Filmaufnahmen angepasst werden sollen. Auch versucht man dadurch das harte, scharf gezeichnete Bild etwas natürlicher und damit auch filmischer erscheinen zu lassen. Da Motion Blur aber ein so klangschöner Begriff ist, der sich sehr nach Hollywood anhört, wird er auch gerne mal auf alles angewendet, was sich bewegt. Für Videoanimationen etwa empfiehlt er sich aber nur bedingt, da die Bewegungsunschärfe auch Objekte wie z. B. ein hineinfliegendes Logo sehr schnell unscharf erscheinen lässt und diese fast »zumatscht«.

◄ **Abbildung 3.39**
In diesem Bild nutzt Goro Fujita die Tatsache, dass sich während einer Belichtung helle Stellen deutlicher abbilden als dunkle, um mit einer Taschenlampe schnelle Lichtbilder in die Luft zu malen (siehe www.area-56.de).

Da die Bewegungsauflösung bei Video mit 50 Halbbildern sehr hoch ist und somit grafische Elemente scharf und ohne Ruckeln abgebildet werden können, gibt es keinen technischen Grund für die Anwendung eines künstlichen Motion Blur. Bei niedrigeren Bildraten wie Film mit 24 Bildern pro Sekunde hilft die Bewegungsunschärfe hingegen, den Eindruck einer stroboskopartigen Bewegung zu verringern. Sollten Sie mit 25 Vollbildern (25p oder 25psf) arbeiten, könnte ein Motion Blur für eingesetzte Grafiken durchaus sinnvoll sein, allerdings sollten Sie je nach Qualitätseinstellung mit langen Renderzeiten rechnen. Das Programm Shake von Apple ist übrigens dafür bekannt, einen besonders realistischen Motion Blur abbilden zu können. Die Qualität in Motion und Final Cut Pro lässt sich einstellen, erreicht aber nicht das Niveau von Shake, was für das Einsatzgebiet jedoch auch nicht nötig wäre.

3.13 Zusammenfassung

Dieses Kapitel ist schwere Kost, vor allem wenn man gerade erst mit Video anfängt. Sie wollten doch nur bunte Bilder machen und plötzlich ist alles so kompliziert. Videotechnik ist nun einmal eine Ingenieurskunst, die aus der Not entstanden ist, nie genügend Bandbreite zu haben. Die Bearbeitung am Computer hat da schon vieles einfacher gemacht und Motion ist entstanden, weil Apple dieses komplexe Thema mehr Anwendern zugänglich machen möchte. Spezifisches Fachwissen ist also gar nicht mehr vonnöten, doch in Kombination mit unserem hoffentlich noch vergleichsweise leicht und verständlich aufgebauten Kapitel ersparen wir Ihnen sicher die eine oder andere frustrierende Erfahrung.

4 Anforderungen

Motion verspricht grafische Animationen in Echtzeit. Welche Hardware diesem Anspruch gerecht wird, wollen wir in diesem Kapitel durchleuchten sowie Tipps zu Installation und Erweiterungen geben.

4.1 t = g5^x

Motion stellte schon in Version 1.0 hohe Ansprüche an den Mac. Die Mindestanforderungen bei Motion 2 gehen von einem G4-Prozessor mit mindestens 867 MHz und bestimmten Modellen von Grafikkarten aus. Auch ältere G4-Power Macs könnten entsprechend nachgerüstet werden, doch große Sprünge sollten hier nicht mehr erwartet werden.

Empfehlungen von Apple | Apple selber gibt eine ganz deutliche Empfehlung für die schnellsten G5-Maschinen. Das kommt nicht von ungefähr, denn Motion zieht so viel an freien Ressourcen wie möglich an sich, d. h. RAM-, Prozessor- und vor allem Grafikkartenleistung. Das sollte aber niemanden entmutigen, auch sein älteres PowerBook mit Motion zu bespielen. Wir haben schon grafische Animationen an der ersten PPC-Generation mit 80 MHz-Prozessoren machen dürfen. Unsere damaligen Chefs konnten noch von After Effects 1.5 an einem Mac II fx berichten, wofür wir nur noch ein müdes Lächeln übrig hatten. Man musste z. B. in einem Viertel der PAL-Auflösung arbeiten und in mehreren Rendertests an einem Avid-System das Ergebnis überprüfen. Dagegen kann man die derzeitigen Möglichkeiten nur als traumhaft bezeichnen. Das Tempo hat in letzter Zeit noch einmal deutlich angezogen und beschert umfangreiche Bearbeitungsmöglichkeiten – von DV bis unkomprimiertes High Definition. Dieses Buch werden wir in wenigen Jahren mit einem Schmunzeln aus dem Regal ziehen, so wie wir heute in nostalgischer Erinnerung an die ersten PPC-Rechner zurückdenken. Doch bis dahin gibt es noch viel Neues zu entdecken und bei einer neuen Version ist das immer am spannendsten.

▲ **Abbildung 4.1**
Der G5 bietet nicht nur die meiste Rechenleistung, sondern auch die besten Erweiterungsmöglichkeiten für Grafikkarte, Arbeitsspeicher und Festplatten.

4.1.1 RAM

Im Gegensatz zu Final Cut Pro verwendet Motion keine Codec-basierte Timeline, sondern es wird wie in Shake oder After Effects alles unkomprimiert im RAM bearbeitet. Die Daten werden beim ersten Abspielvorgang noch von Festplatte gelesen und dann in den freien Arbeitsspeicher geladen. Nur Segmente, die nicht in den RAM passen oder zwischenzeitlich aus dem RAM gelöscht wurden, müssen von Festplatte nachgeladen werden. Der erste Durchgang kann daher immer etwas ruckeln. Die Länge des Bereichs, der von Motion in den RAM geladen wird, hängt vom verfügbaren freien Speicher ab. Die Mindestanforderung von 512 MB ist eher ein Zugeständnis an dürftig ausgestattete PowerBooks. Die Empfehlung spricht hier mit 2 GB oder mehr deutlichere Worte.

PowerBooks und G5-iMacs | PowerBooks sollten also besser mit mindestens 1 GB ausgestattet werden. Die G5-iMacs verfügen über dieselbe Anzahl an Steckplätzen – intensive Motion-Anwender sollten hier daher gleich auf 2 GB gehen. G4- und vor allem G5-Power Macs können über die zahlreich vorhandenen Steckplätze weitaus mehr Module aufnehmen. Maximale RAM-Erweiterung erzielt man mit einzelnen 1-GB-Bausteinen, die allerdings noch recht teuer sind. Wenn Sie beispielsweise ein Einzelbild in entsprechenden Videoauflösungen in Photoshop anlegen, merken Sie, dass ohne Kompression solch ein Bild bereits ca. 1,3 MB für Standard Definition belegt. Je nach Bildrate kommt da also ein ordentliches Sümmchen zusammen. Mit hohen HD-Auflösungen und mehreren Ebenen wächst der Bedarf weiter.

Parallele Prozesse | Achten Sie auf parallel laufende Programme und Prozesse. Sie alle beanspruchen Ressourcen im System, auch wenn Mac OS X diese sehr dynamisch verwalten und angleichen kann. Vor allem wenn Programme wie Final Cut Pro und Photoshop parallel geöffnet sind, kann schon mal recht viel Arbeitsspeicher belegt sein. Diese Programme verfügen in den Voreinstellungen selber noch über eine **Speicherverwaltung**, sodass auch bei Bedarf möglichst viel Arbeitsspeicher zugewiesen werden kann.

Speicherzuweisung bei der Projektübergabe | Gerade bei Final Cut Pro macht es jedoch durch die Projektübergabe an Motion und zurück Sinn, dass beide Programme parallel geöffnet sind. Jedes geöffnete Fenster, jede offene Sequenz, die Piktogramme, Waveform-Anzeigen und Undo-Schritte kosten RAM. Die Speicherzuteilung innerhalb von Final Cut Pro steht standardmäßig auf 100 %, was bei guter Ausstattung etwas übertrieben sein kann. Je nach Projekt sind auch 500 bis 800 MB ausreichend, nur bei großen Projekten und High Definition kann mehr nötig sein. Final Cut Pro holt sich den zugewiesenen Speicher jedoch auch nur bei Bedarf, daher reduzieren Sie belegten Speicher vor allem durch das Schließen nicht benötigter Sequenzen.

$t = g5^x$

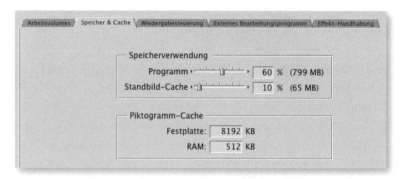

Abbildung 4.2 ▶
In Final Cut Pro kann man die maximale Speicherzuteilung reduzieren, was sich für den Parallelbetrieb mit Motion empfiehlt. Photoshop und After Effects verfügen auch über solch eine Einstellung.

Bei Photoshop und After Effects gibt es zusätzlich eine Funktion, Speicher, der durch Undo-Schritte, Protokolle und die Zwischenablage belegt ist, wieder freizugeben. Dazu wählt man z. B. in Photoshop CS im Menü BEARBEITEN unter ENTLEEREN • ALLE aus.

4.1.2 Der Prozessor

Auch wenn Apple sich längerfristig von den PPC-Prozessoren abwendet und zukünftig auf Intel setzt, so braucht man sich mit den heutigen G5-Rechnern – und auch einigen späteren Weiterentwicklungen – nicht zu verstecken. Mit der G5-Generation konnte Apple in Sachen Rechengeschwindigkeit Maßstäbe setzen – und die Mac-User dürfen sich sogar in den iMacs über diesen Prozessor freuen. Die noch in PowerBooks verbauten G4-Prozessoren sind nicht unbedingt von schlechten Eltern, auch wenn Motion darauf nicht den gleichen Fun-Faktor erzielt. Gleiches gilt für die G4-iMacs und ältere Power Mac-Modelle. Hier sollte der Prozessor schon über 1 Gigahertz verfügen, um wenigstens bei einfachen Animationen so etwas wie Echtzeit zu verspüren. An dieser Stelle kommt vielleicht die Frage auf, wie man denn in den vergangenen Jahren überhaupt Videoanimation und Compositing an Desktop-Systemen machen konnte. Wir machen das immerhin schon seit ca. acht Jahren und sehen daher die Geschwindigkeit und versprochene Echtzeitfunktionen in Motion etwas gelassener.

Echtzeit und RAM-Vorschau | Niemals wäre jemand von uns auf die Idee gekommen, eine Play-Taste zu drücken oder während des Abspielens Keyframes und Parameter zu setzen. Man hat bisher Veränderungen immer nur im Standbild durchgeführt und sich die Berechnung zwischen den Keyframes in einer RAM-Vorschau betrachtet, anschließend gegebenenfalls nachgebessert. Etwas Gefühl für Zeit und Raum gehörte natürlich dazu. So lässt sich übrigens auch in Motion arbeiten, denn nicht immer kann man alles während des Abspielens durchführen. Das Drücken der Play-Taste gibt allerdings einen schnellen Eindruck darüber, ob das, was man fabriziert hat, ungefähr in die richtige Richtung läuft. Durch die Kombination mit Prozessor, RAM und Grafikkarte erhält man dafür eine bisher nie da gewesene Geschwindigkeit – und je nach System eine gute Echtzeitvorschau oder sogar wirkliche Echtzeitperformance.

Aktive Prozesse | Im Ordner DIENSTPROGRAMME auf Ihrer Festplatte befindet sich die **Aktivitäts-Anzeige**, mit der Sie die Auslastung Ihres Systems beobachten können. Hier ist gut zu sehen, welche Prozesse aktiv sind und welche Systemressourcen von welchen Programmen oder Diensten beansprucht werden.

◀ **Abbildung 4.3**
Die Aktivitäts-Anzeige von Mac OS X zeigt den Ressourcenverbrauch geöffneter Applikationen und Prozesse an.

4.1.3 Grafikkarte

Wie die beiden »großen« Animationswerkzeuge After Effects und Combustion nutzt auch Motion die Leistung der Grafikkarte für die Echtzeit-Effektberechnung. Motion tut dies aber wesentlich intensiver und ist deshalb nur mit bestimmten Grafikkarten kompatibel. Die derzeitigen iBooks und eMacs (Stand Mai 2005) mit ihrer ATI Radeon 9200 werden schon nicht mehr von Motion unterstützt, der aktuelle G5-iMac verfügt jedoch mit der GeForce 5200 über eine geeignete Onboard-Grafik. Diese ist als Grafikkarte auch in vielen

G5-Modellen verbaut. Der neue Mac mini verfügt wie die iBooks und der eMac über die zu schwache ATI Radeon 9200 und ist daher nicht kompatibel.

> **OpenGL**
>
> OpenGL ist direkt auf Systemebene in Mac OS X integriert und sorgt bei 3D-Spielen für entsprechende Hardwarebeschleunigung durch den Grafikprozessor (GPU). Auch die Schatten- und Transparenzeffekte in der Systemoberfläche Aqua werden mit Quartz Extreme über OpenGL auf der Grafikkarte berechnet.

Grafikkarte nachrüsten | Bei PowerBooks und den iMacs muss mit dem vorlieb genommen werden, was fest auf der Platine als Grafikkarte verbaut ist. Nur bei den G4- und G5-Power Macs lässt sich die AGP-Grafikkarte nachrüsten, was bei Motion sehr viel Geschwindigkeitszuwachs bringt: Wir konnten beobachten, dass ein Dual 2 GHz-G5 mit der standardmäßig eingebauten GeForce 5200-Grafikkarte massiv langsamer ist als ein Demogerät mit der sehr schnellen GeForce 6800 Ultra. Dabei konnten wir über die Aktivitäts-Anzeige beobachten, dass der Prozessor z. B. beim reinen Abspielen eines DVCPRO HD-Clips auf einem Dual 2,5 GHz nicht mal zur Hälfte ausgelastet war. Das Decoding geschah also zum Großteil über die Grafikkarte.

Die beiden einzigen Hersteller, die in Zusammenarbeit mit Apple Grafikkarten für den Mac anbieten, sind die Kontrahenten **NVIDIA** und **ATI**. Die Firma Village Tronic bietet zwar auch noch Lösungen für den Mac an, aber in Motion werden diese nicht unterstützt. Als Motion in Version 1.0 erschien, waren die beiden mächtigsten Grafikkarten die ATI Radeon 9800 XT und die NVIDIA GeForce 6800 Ultra, wobei es bei letzterer anfangs noch mit der Verfügbarkeit haperte. Doch auch andere Grafikkarten werden unterstützt und mittlerweile ist auch ein neues Flagschiff von ATI hinzugekommen.

Unterstützte Grafikkarten | Die von Motion unterstützten Grafikkarten haben fast alle einen bestimmten Chipsatznamen. Den Chipsatznamen Ihrer eingebauten Grafikkarte können Sie im **System Profiler** von Mac OS X abrufen. Wir haben ihn in unseren folgenden Erläuterungen mit aufgenommen, sofern dieser von Apple dokumentiert wurde.

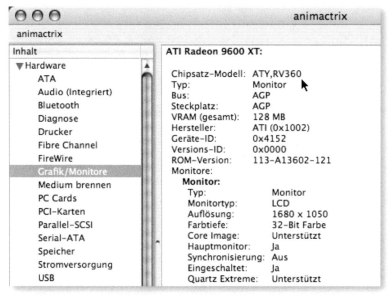

◄ **Abbildung 4.4**
Der System Profiler, ein Dienstprogramm von Mac OS X, zeigt unter der Rubrik GRAFIK/MONITORE alle Informationen zur eingebauten Grafikkarte. An der Bezeichnung zum CHIPSATZ-MODELL erkennen Sie, ob die Karte kompatibel zu Motion ist.

▶ **ATI Radeon 9800:** Die Karte gibt es in zwei Varianten. Die ATI Radeon 9800 Pro (Mac Special Edition, R350) für den Power Mac G5 verfügt über 256 MB Speicher und setzt einen 8x AGP-Slot voraus, den nur der G5 bietet. Die ATI Radeon 9800 Pro (Mac Edition, R360) besitzt 128 MB Speicher und läuft in einem 2x und 4x AGP-Slot des Power Mac G4 sowie im G5. Apple bietet diese Karte als ATI 9800 XT auch als BTO-Option (build-to-order) für den Power Mac G5 an, leider aber nicht die große Version mit 256 MB VRAM.

▶ **ATI Radeon 9700:** Eine weitere Aufrüstmöglichkeit für G4 Power Macs stellt die ATI Radeon 9700 Pro (Mac Edition, R300) dar, ebenfalls mit 128 MB Speicher. Die Karte würde auch in einem G5 laufen, allerdings macht das wenig Sinn, denn für den breiteren AGP-Bus stellt die ATI 9600 die bessere Wahl dar, die dort trotz der niedrigeren Nummerierung schneller läuft.

In der zweiten Serie der G4 PowerBooks mit Aluminium-Gehäuse, die im Februar 2005 erschien, ist die Mobility-Variante der 9700 (RVM11) verbaut, die ebenfalls mit Motion kompatibel ist. Hierbei ist die Version mit 128 MB Speicher natürlich besser für Motion geeignet.

▶ **ATI Radeon 9600:** Die auch als ATI Radeon 9600 Pro Power Mac G5 Edition (RV350) bekannte Karte ist auf der ATI Webseite mit 64 MB Speicher ausgewiesen. Die von Apple für den Power Mac

G5 angebotene ATI 9600 XT (RV360) bietet hingegen 128 MB VRAM.

In der ersten Serie der G4 PowerBooks mit Aluminium-Gehäuse ist die Mobility-Variante der 9600 (RVM100) verbaut, die auch schon mit Motion kompatibel war.

- **ATI Radeon 9650:** Apple hat einige G5-Rechner noch mal mit einer leicht modifizierten Grafikversion der 9600 ausgestattet, mit der auch das 30-Zoll-Cinema-Display angesteuert werden kann. Der Grafikprozessor ist demnach auch der gleiche, nur der Videospeicher liegt mit 256 MB doppelt so hoch wie bei der 9600. Damit ändert sich an der Rechengeschwindigkeit in Motion nicht viel.
- **ATI Radeon X800:** Ganz neu im Februar 2005 wurde die ATI Radeon X800 XT Mac Edition (R420) vorgestellt. Dieses kleine Biest verfügt nicht nur über 256 MB Speicher, sondern ist – den von uns recherchierten Tests zufolge (noch unter Mac OS X 10.3 mit Motion 1.0) – auch kaum langsamer als die Nvidia GeForce 6800 Ultra, die wiederum etwas schneller als die Radeon 9800 XT ist. Der wesentliche Vorteil liegt aber darin, dass die Karte nicht den PCI-Schacht blockiert, der über dem AGP-Slot liegt. Sowohl die GeForce 6800 wie auch die Radeon 9800 verfügen über solche Ausmaße, dass leider ein PCI-Steckplatz weniger zur Verfügung steht. Die ATI Radeon X800 wird laut Datenblatt erst in Motion 2 unterstützt, aber im Apple-Motion-Forum wurde von Anwendern auch die Kompatibilität zu Version 1.0 bestätigt.

> **Blockierter PCI-X Steckplatz**
>
> Sowohl die Nvidia GeForce 6800 Ultra als auch die ATI Radeon 9800 XT blockieren aufgrund ihrer Ausmaße einen PCI- bzw. PCI-X Steckplatz. Bei den großen Power Mac G5-Modellen mit PCI-X Steckplätzen gab es immer wieder Diskussionen, welcher Steckplatz denn verloren geht. Hierzu eine kleine Aufkärung: Über dem AGP-Steckplatz der Grafikkarte befinden sich zwei 100 MHz schnelle PCI-X Steckplätze. Nur der oberste PCI-X-Steckplatz verfügt über 133 MHz und wird nicht von der Grafikkarte blockiert. Damit können auch HD-Karten oder die Apple FibreChannel-Karte für das Xserve RAID mit voller 133-MHz-Geschwindigkeit im obersten Slot angesprochen werden. Um gar keinen Steckplatz zu verlieren, eignet sich indes die ATI Radeon X800 XT.

◀ **Abbildung 4.5**
Die Nvidia 6800 Ultra, die ATI Radeon 9800 und die hier abgebildete ATI X800 XT sind die derzeitigen Flaggschiffe in Sachen Performance für den Mac.

- **NVIDIA GeForce 6800:** Wenn Apple selber Produktvorführungen von Motion macht, dann ist die dort gezeigte beeindruckende Echtzeitgeschwindigkeit nicht etwa geschummelt, sondern kommt vor allem Dank der GeForce 6800 Ultra DDL zu Stande (neben einem Dual G5 und 4 bis 6 GB RAM). Diese von den Abmessungen her größte Karte verfügt ebenfalls über 256 MB Speicher. Da die GeForce 6800 Ultra DDL (NV40) anfangs nicht ausreichend verfügbar war, wurde noch eine etwas abgespecktere, dafür aber auch preisgünstigere Variante nachgeschoben. Die GeForce 6800 GT DDL ist im Prinzip zur 6800 Ultra identisch, nur die GPU, also der Prozessor der Grafikkarte, ist etwas weniger leistungsstark. Wie schon bei der ATI Radeon 9800 XT sind auf den Karten düsentriebartige Lüfter verbaut, die nicht nur für ordentlichen Durchzug sorgen, sondern auch für eine entsprechende Lärmentwicklung.
- **NVIDIA GeForce FX 5200 Ultra:** Bei dieser Karte (NV34) handelt es sich um das standardmäßig verbaute Modell in den meisten Power Mac G5-Modellen. Die Karte bietet auch die geringste GPU-Leistung und verfügt nur über 64 MB Speicher. Diese Karte sollte man auf jeden Fall gegen einen geringen Aufpreis durch die ATI Radeon 9600 XT ersetzen oder sogar über die ATI X800 XT nachdenken.
- **NVIDIA GeForce Go5200:** Die mobile Variante der GeForce 5200 (NV34M) ist im 12-Zoll-PowerBook verbaut und stellt das unterste Ende der Leistungsanforderungen dar.

Im Internet ist kurz nach der Veröffentlichung von Motion 1.0 schon ein Patch aufgetaucht, der eine Installation und Benutzung auch auf Systemen ermöglicht, die nicht über eine zertifizierte Grafikkarte verfügen. Hier treten beim Rendering jedoch Bildfehler auf, was darauf schließen lässt, dass einige Operationen ausschließlich über den Prozessor der Grafikkarte berechnet werden. Während bei der Echtzeitdarstellung Bildfehler noch vertretbar wären, sollte die Berechnung als Datei aber korrekt sein, da hier nur noch der Hauptprozessor für das Rendering verantwortlich ist – so zumindest kennt man es von Programmen wie After Effects. Anders ist es aber bei Motion, wo die Grafikkarte auch beim End-Rendering mithilft, was bedeutet, dass die Fehler auch in der Datei vorhanden sind. Apple scheint hier alle verfügbaren Systemleistungen für die Berechnung heranzuziehen, was wiederum heißt, dass wirklich nur die angegebenen Grafikkarten und Systeme verwendet werden können.

4.1.4 Festplatte

Motion versucht im ersten Abspielvorgang die Daten komplett in den Arbeitsspeicher zu laden. Schnelle Festplatten oder gar RAID-Systeme bewirken daher keine ganz so drastische Geschwindigkeitssteigerung im Arbeitsprozess. Es ist jedenfalls nicht so wie bei Final Cut Pro, wo bestimmte feste Datenraten für das Arbeiten ohne Bildunterbrechungen (Drop-Frames) gewährleistet werden müssen. Motion ruckelt und stottert sowieso zwischendurch immer einmal wieder und ist auch nicht primär für das akkurate Ausspielen eines Signals über Videohardware gedacht. Die flüssigste Form der Wiedergabe erzielen Sie mit der RAM-Vorschau.

Abbildung 4.6 ▶
Beim normalen Abspielen zuckelt die Leserate der Festplatte schon mal nach oben (links). In der RAM-Vorschau sinkt die Leserate gegen null (rechts). Gelegentliche unmotivierte Ausreißer können natürlich auch von anderen Prozessen herrühren.

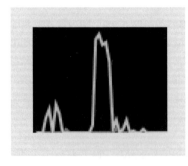 

Die Geschwindigkeit der Festplatte bestimmt hier also nur, wie schnell die Daten in den Speicher geladen werden. Bei schnellen Platten und RAID-Systemen ist dies durchaus angenehm, denn es verkürzt die Wartezeit beim ersten Durchgang und bei Aktualisierungen.

Festplattengröße | Optimal wäre es natürlich, für die großen Videodaten immer eigene Storages zu benutzen, aber vor allem bei PowerBooks ist das unterwegs etwas schwierig. Allerdings wird man es auch hier nicht vermeiden können, große externe FireWire-Festplatten mitzuschleppen, denn selbst eine interne 80-GB-PowerBook-Festplatte ist sehr schnell voll.

Motion und auch die anderen Apple Pro Applications werden mit mehreren DVDs ausgeliefert, die mit Vorlagen und Mediendaten voll gestopft sind (bei Final Cut Studio sind es 41 Gigabyte). Inwiefern alle diese Vorlagen sinnvoll sind und wie viel Speicherplatz dafür verbraucht werden soll, muss jeder für sich selber entscheiden. Zum Üben, Anschauen und für private Projekte mögen Sie brauchbar sein, für ernsthafte Produktionen sollte man abwägen, ob man dem Prinzip »Malen nach Zahlen« folgt oder doch lieber etwas Eigenständiges generiert.

4.1.5 Monitor

Motion setzt eine Display-Auflösung von mindestens 1024 × 768 Pixeln voraus, doch selbst die eingebauten Displays der großen PowerBook-Modelle laufen mit höheren Auflösungen, ebenso die G4- und G5-iMacs. Die Auflösungen der G4- und G5-Power Macs sind abhängig von den angeschlossenen Displays, doch die meisten Anwender mit grafischen Programmen werden mindestens 19-Zoll-Monitore verwenden. Die Flachbildschirme erzielen schon bei einer Display-Größe von 17 Zoll eine vergleichbare Auflösung wie ein 19-Zoll-Röhrengerät.

Flachbildschirme | Grundsätzlich sind Flachbildschirme schärfer, brillanter und kontrastreicher und bieten auf weniger Fläche mehr Auflösung als Röhrengeräte. Weitere Vorteile sind ein niedriger Stromverbrauch, ein flimmerfreies Bild, geringere elektromagnetische Strahlung und viel weniger Platzbedarf. Die Bildpunkte werden bei Flachbildschirmen digital angesteuert, weshalb diese Geräte auch digital angeschlossen werden sollten. Eine Übertragung über VGA bedeutet eine Digital-Analog-Digital-Wandlung, was zu einem unschärferen Bild führt, denn jede Wandlung bedeutet einen Qualitätsverlust. Die Apple-Displays bieten dafür DVI- und ADC-Anschlüsse.

ADC-Anschluss | Der ADC-Anschluss von Apple war eigentlich von vornherein eine Totgeburt, hielt sich aber erstaunlich lange in den Produkten. Der Vorteil dieses Anschlusses bestand sicherlich darin, dass Strom, USB- und DVI-Signal in einem Kabel übertragen werden konnten, doch dafür mussten Grafikkarte und Hauptplatine modifiziert werden. Anwender von grafischen Programmen verwenden aber gerne zwei oder auch mehr Displays und der einfache Betrieb war lange Zeit auch ein wesentlicher Vorteil der Mac-Plattform. Genügend Strom für ein zweites Apple-Display mit ADC-Anschluss war jedoch nicht vorhanden, sodass man mit einer Adapterlösung – was mit Mehrkosten verbunden ist – den zunächst umgangenen Kabelsalat wieder aufgehoben hat. Gleiches galt beim Anschluss an ein PowerBook. Man wollte der PC-Gemeinde wohl einfach keine Möglichkeit liefern, die begehrten Apple-Displays an einen schnöden Standard-PC anzuschließen.

Dual-Link-Signal | In der kalifornischen Trotzburg hat man schließlich doch ein Einsehen gehabt und diese Entscheidung mit der letzten Serie und dem gigantischen 30-Zoll-Cinema-Display revidieren müssen. Die Stromversorgung wäre über ADC nicht mehr möglich gewesen und das 30-Zoll-Cinema-Display sprengt mit seiner hohen Auflösung von 2560 × 1600 Pixel sogar die DVI-Spezifikation. Daher wird ein so genanntes Dual-Link-Signal verwendet, um diese Auflösung zu verwenden. Das bieten wiederum nur einige Karten wie die Nvidia GeForce 6800 oder die ATI 9800, 9650 und x800. Das 30-Zoll-Cinema-Display setzt zudem einen Power Mac G5 voraus und bei neueren PowerBooks (ab Februar 2005) die 128-MB-Grafikkartenversion. Die beiden anderen 20-Zoll- und 23-Zoll-Displays entsprechen den Standard-DVI-Spezifikationen und können ohne diese Voraussetzungen eingesetzt werden.

Abbildung 4.7 ▶
Die Apple Cinema-Displays machen sich immer gut. Hier sehen Sie, wie sich die gängigen Videoauflösungen bei Standard und High Definition abbilden lassen. Das 30-Zoll-Display bietet auch bei der größten HD-Auflösung noch Raum für Paletten.

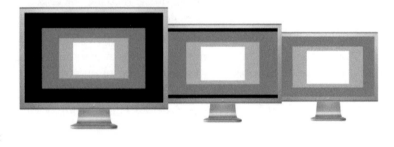

Dual Monitor-Karten sind in den Power Mac-Modellen auch schon länger standardmäßig verbaut und auch die PowerBooks bieten die Möglichkeit, ein zweites Display anzuschließen. Dadurch sinkt natürlich der freie verfügbare Videospeicher und auch der Grafikprozessor muss etwas mehr leisten, was sich auf die Performance auswirken kann. In Foren berichteten einige Anwender zunächst von Schwierigkeiten und Geschwindigkeitseinbußen im Dual Monitor-Betrieb, doch wir konnten das bei einem Test mit der X800-Grafikkarte nicht nachvollziehen, solange man das zweite Display nur für die Paletten verwendet. Mit aktivierter Cinema Desktop Preview (siehe Seite 194) bricht die Performance hingegen deutlich ein. Das gilt auch für die Ausgabe auf Videohardware.

4.2 Videohardware

Da Motion auch die Ausgabe über Videoschnittstellen unterstützt, bieten sich hier verschiedene Lösungen an. Standardmäßig findet sich in jedem Mac schon seit längerem die FireWire-Schnittstelle, wie sie auch für die Übertragung der DV-Formate geeignet ist. Dafür muss per FireWire ein DV-Gerät verbunden werden, an dessen Ausgängen wiederum ein Videomonitor angeschlossen wird. Das Signal wird nun durchgeschliffen, wie es so schön heißt. In Motion müssen die Projekteinstellungen mit den unterstützten Formateinstellungen der verwendeten Videohardware übereinstimmen, sonst wird nur ein Ausschnitt des Bildes bzw. ein schwarzer Rahmen um das Bild angezeigt.

Kontrollmonitor einsetzen | Auf einem Videokontrollmonitor hat man die Möglichkeit, eine verbindliche Beurteilung des Videosignals abgeben zu können. In Motion hat das keine Priorität; doch die Möglichkeit, sein Material auf einem videokonformen Endgerät zu betrachten, wird von professionellen Anwendern gerne genutzt. Durch die gute Projektintegration mit Final Cut Pro kann man die Kontrolle auch dort durchführen und zu Gunsten der Performance die Ausgabe in Motion deaktivieren. Vor allem Probleme mit Halbbildern lassen sich auf den guten alten Röhrengeräten noch am ehesten erkennen. Der Trend zu Flachbildschirmen kommt hier bislang noch nicht ganz so zum Tragen, da immer noch Fernsehsignale im Zeilensprungverfahren (Interlaced Mode) ausgestrahlt werden.

Für progressive Inhalte – also Vollbilder – sollte das PowerBook- oder Cinema-Display ausreichend sein, wobei es für PAL-Bildraten ideal wäre, in 50 Hz zu arbeiten, statt in den nicht umschaltbaren 60 Hz der amerikanischen Apple-Produkte. »Designed in California« und »Made in Taiwan for California« ist allerdings kein Apple-typisches Problem. Kombinierte 48-, 50- und 60-Hz-Geräte mit der notwendigen Genauigkeit findet man bisher äußerst selten und das, obwohl über **70 %** der Weltbevölkerung mit 50 Hz PAL versorgt werden – neben Europa z. B. auch China.

Abbildung 4.8 ▶
Referenzmonitore sehen zwar nicht so schick aus, bieten aber mit hochwertigen Anschlüssen und Bildröhren eine viel bessere Kontrolle als ein normaler Fernseher.

Hardware-Erweiterungen | Die verfügbare Hardware für Final Cut Pro-Systeme bietet sich auch für die Ausgabe in Motion an. Neben den DV-Geräten in Form von Kameras, Rekordern oder Konvertern gibt es auch speziellere Hardware-Erweiterungen für den professionellen Bereich. Der große Unterschied zu DV sind die hochwertigen Signale im so genannten Broadcast-Bereich. Die Monitore, die sich daran anschließen lassen, bieten zwar nicht so hohe Auflösungen wie Computer-Displays (mit Ausnahme von High Definition), aber jeder handelsübliche Fernseher sieht dagegen ziemlich alt aus. Hier gibt es noch verschiedene Klassen von Geräten, die sich in Qualität und natürlich auch Preis stark unterscheiden.

Das Spektrum der Geräte umfasst verschiedene Größen, angefangen bei einfachen Industriemonitoren bis hin zu hochwertigen Multiformatgeräten mit digitalen Eingängen für Standard und High Definition-Auflösungen. Final Cut Pro-Anwender kennen die verschiedenen Hardwarelösungen zum Anschluss von Monitoren und Aufnahmegeräten zur Genüge, aber auch dem Motion-Anwender möchten wir die Hersteller nicht vorenthalten.

4.2.1 AJA

Die Firma AJA taucht hier unter anderem als Erste auf, weil wir die Firmen alphabetisch sortiert haben. AJA kann sich aber damit brüsten, zusammen mit Apple die AJA Io entwickelt zu haben. Dieses Gerät ist im Gegensatz zu allen Konkurrenzprodukten keine PCI-Karte, sondern eine **FireWire-Box**.

Das Gerät verfügt über fast alle analogen und digitalen Anschlussmöglichkeiten, die bei Standard Definition-Video üblich sind. So sind auch die bei Video in Consumer-Geräten verwendeten Composite- und S-Video-Anschlüsse vorhanden, für analoges Video werden hochwertige 10-Bit-Wandler verwendet. Das Gerät ist demnach nicht etwa ein DV-Wandler, sondern bietet für Video eine große Auswahl an unterstützten Codecs, bis hin zu unkomprimiertem YUV – alles über FireWire. Da Motion, im Gegensatz zu Final Cut Pro, nicht Codec-basiert arbeitet, wird ein unkomprimiertes Signal ausgegeben, wahlweise in YUV oder RGB.

Sogar der Betrieb am PowerBook ist möglich, wobei man beachten muss, dass die AJA Io so viel Bandbreite am FireWire-Bus benötigt, dass man an diesem keine weitere Festplatte anschließen kann. Für eine externe FireWire-Festplatte muss man daher eine eigene FireWire-Karte im PC-Card Slot betreiben. Es gibt auch zwei kleine Varianten der AJA Io, jeweils für den digitalen oder analogen Betrieb.

◀ **Abbildung 4.9**
Die kleine AJA Io LA bietet alle analogen Anschlüsse für SD-Video. Eine digitale Version existiert ebenfalls sowie die große AJA Io.

> **Apples Liebling**
>
> Man sollte vielleicht erwähnen, dass der Hersteller, zumindest bei der Entwicklung der AJA Io, der Liebling von Apple war und seinen Firmensitz ebenfalls in Kalifornien hat, wo auch die Apple-Hauptzentrale sitzt. In den technischen Spezifikationen von Motion 2 wird die Kompatibilität zur AJA Io auf der Apple-Webseite extra erwähnt, was aber nicht heißt, dass es nur in dieser Konstellation funktioniert. Da AJA eigentlich Konverter herstellt, kann man zudem darauf vertrauen, dass die eingebauten Wandler von guter Qualität sind. Der Ruf von AJA ist auch generell sehr gut.

PCI-Karten für SD- und HD-Bearbeitung | Von AJA gibt es weiterhin auch zwei PCI-Karten für die SD- und HD-Bearbeitung:
- Kona 2 für HD und SD
- Kona LS für SD (Stand: August 2005)

Beide Karten quantisieren analoges Video mit 12 Bit etwas höher als die AJA Io. Für SD macht dies eigentlich keinen Unterschied mehr, wohl aber bei HD. Beide Karten sind mit optionalen Breakout-Boxen verfügbar, die in etwa die Anschlussmöglichkeiten der AJA Io bieten sollen. Der Teufel steckt wie immer im Detail und obwohl man bei Video wunschlos glücklich ist, gibt es, wie bei den meisten PCI-Karten, bei den Audioanschlüssen einige Einschränkungen. Im Gegensatz zur AJA Io gibt es bei den Karten zumindest Core Audio-Treiber, was einen Einsatz mit Audioapplikationen denkbar macht. Laut AJA sind die PCI-Karten mit der AJA Io parallel in einem System kombinierbar.

> **Breakout-Boxen**
>
> Für Videoanwendungen benötigt man eine Vielzahl von Anschlüssen, wenn man die zahlreichen Formate ein- und ausgeben möchte. Vor allem bei analogen Anschlüssen und Audio reicht eine Kabelpeitsche, die aus der PCI-Karte ausgeführt wird, meistens nicht mehr aus oder die nicht verwendeten Anschlüsse liegen frei hinter dem Rechner herum. Eine saubere Lösung sind so genannte Breakout-Boxen, die mit der PCI-Karte verbunden sind und die Anschlüsse zur Verfügung stellen. Die AJA Io ist eine besondere Form einer Breakout-Box, da sie nur über FireWire mit dem Rechner verbunden wird. Die K-Box von AJA und die Multibridges von Blackmagic-Design werden hingegen mit PCI-Karten verbunden.

4.2.2 Aurora Videosystems

Von Aurora kommen die Igniter-Karten und die neuere Pipe-Serie. In Deutschland findet man die Karten selten, aber einige Tonstudios haben ältere Modelle unter ProTools laufen, da diese zu Mac OS 9-Zeiten von Digidesign zertifiziert waren. In Amerika sind die Aurora-Karten jedoch weiter verbreitet und haben viele Fürsprecher, hauptsächlich wegen der Filmoption für den 3:2-Pull-Down bei NTSC (Seite 119). So hat z. B. die Editing-Legende Walter Murch den Kinofilm »Cold Mountain« mit einer Aurora-Karte an Final Cut Pro 3 geschnitten, was dem Hersteller eine nachhaltig gute PR gebracht hat. Den 3:2 Pulldown beherrschen mittlerweile aber auch die meisten Produkte anderer Hersteller.

Die Karten haben gängige 10- und 12-Bit-Wandler für Video. Ein Upgrade-Pfad soll die Igniter-Serie interessant machen, die man mit Erweiterungen bis hin zu einer umfangreichen Breakout-Box ausstatten kann.

4.2.3 Blackmagic Design

Der populäre australische Hersteller, bei dem auch ehemalige Mitarbeiter von Digital Voodoo ein neues Zuhause gefunden haben, hatte zwischenzeitlich auch die Treiber für die erste Kona-Karte von AJA geschrieben. Kurz darauf hat man eigene Hardwarekarten auf den Markt gebracht, später auch günstige Einstiegslösungen für unkomprimiertes High Definition. Die Palette der Karten fängt sehr günstig an und steigert sich bis zu vollwertigen Profilösungen. Obwohl Videohardware für den Mac trotz hoher Qualität schon immer vergleichsweise günstig war, wurden die Preise durch BMD nochmals kräftig nach unten gedrückt, vor allem auch im HD-Bereich.

Bei HD versucht man sich auch qualitativ mit 14-Bit-Wandlern von der Konkurrenz hervorzuheben, aber auch Multiformatunterstützung, Zusatzprogramme und sogar Photoshop-Plugins machen die Produkte äußerst attraktiv. Wie AJA bietet BMD auch Breakout-Boxen für die Karten an. Die kleinsten Decklink-Karten für HD und SD sind deswegen so günstig, weil man nur noch auf digitale Schnittstellen setzt und sich die kostspieligen Wandler spart. Die Multibridge Breakout-Boxen wurden kürzlich um eine PCI-Express-Variante erweitert, die keine Wünsche mehr offen lässt.

4.2.4 Digital Voodoo

Diese Firma war einst ein leuchtender Star und Pionier. Schon zu blau-weißen G3-Zeiten bot der Hersteller die erste SDI Realtime-Videokarte mit eigenem unkomprimierten 10-Bit-Codec für den Mac an. Aber nur einige G4-Generationen später machte die Firma in einem heillosen Durcheinander den guten Markennamen kaputt. Exakt während der Mac OS X-Umstellung schienen interne Querelen einige Mitarbeiter zum Verlassen der Firma zu bewegen und nach allem, was man so hörte, hat der ehemalige Gründer dann die Firma Blackmagic Design ins Leben gerufen. Dann wurde das Forum auf der Website geschlossen und die Unterstützung für die Mac-Plattform eingestellt. Wenig später revidierte man die Entscheidung und mittlerweile gibt es auch wieder neue Treiber und eine neue Karte.

4.2.5 Pinnacle

Avid hat im April 2005 eine Übernahme von Pinnacle vereinbart. Nur der Form halber wird die Pinnacle CinéWave von uns noch erwähnt, denn das Produkt wurde eingestellt. Die Firma Pinnacle stellte bisher sehr viel PC-Hardware her und positioniert sich mit eigenen Lösungen auch als Konkurrent zu Apple und Avid. Durch die Übernahme von Avid wird man sehen, wie sich die Marke weiterentwickelt. Es ist anzunehmen, dass sich Avid keine eigene Konkurrenz schafft, sondern die hochwertigen Produkte bei Avid aufgehen und Pinnacle eine Consumer-Abteilung wird.

> **Truevision**
>
> Grundlage der CinéWave und anderer Pinnacle-Produkte bilden die Targa-Karten. Die Firma Truevision entwickelte einst die Targa-Hardware und das TGA-Format. Auch nach der Übernahme durch Pinnacle wurden OEM-Produkte vertrieben, sodass man Targa-Boards noch in vielen Umgebungen findet.

Die CinéWave für Final Cut Pro fand kaum Verbreitung im deutschsprachigen Raum, während es in den USA ganz anders aussah. Das mag an dem hohen Preis einer voll ausgebauten CinéWave-Workstation gelegen haben, der den noch verbleibenden Abstand zu einem Avid-System schnell gering ausfallen ließ. Die Karte bot laut Datenblatt die meisten Funktionen, Echtzeiteffekte und Erweiterungen. Die CinéWave-Karten wurden mit der Version 1.0.1 von Motion noch unterstützt.

> **Videohardware-Empfehlungen**
>
> BMD gehört neben AJA zur engeren Auswahl für unsere Neuanschaffungen, sodass wir bei der derzeitigen Lage bezüglich Treiber und Support für beide Hersteller eine Empfehlung aussprechen können (Stand August 2005). Die hier vorgestellten Herstellerbeschreibungen können natürlich für zukünftige Produkte nicht mehr uneingeschränkt gelten. Die Branche ist stark in Bewegung und so wird es alljährlich zur NAB im April und zur IBC im September neue Bewertungen geben müssen. Da Apple auf der NAB auch stets seine neuen Programmversionen vorstellt, wird eine ständige Aktualisierung nötig sein. Aktuelle Informationen von Anwendern erhält man in den Foren von www.finalcutpro.de. Beachten Sie im Kapitel »Motion-Setup« auch noch einige Hinweise zu den Modi der Ausgabe über die Videohardware.

4.2.6 Das Videoskop

Häufiger an Schnittsystemen als an Grafikarbeitsplätzen genutzt, möchten wir auch das Videoskop kurz vorstellen, denn auch dort befinden sich viele Motion-Installationen. Neben dem Kontrollmonitor kann man mit diesem **Videomessgerät** das Bild beurteilen. Dabei sind zwei Darstellungsformen zu unterscheiden, nämlich jene für die Helligkeit, die so genannte **Waveform-Anzeige**, und jene für die Farbinformation, das **Vektorskop**. Ältere Geräte konnten oft sogar nur eine der beiden Darstellungen anzeigen, sodass man dann zwei verschiedene Geräte benutzen musste.

Signale kontrollieren | In professionellen Produktionsumgebungen gehört so ein Gerät immer dazu. Wenn für das Fernsehen produziert wird, müssen die legalen Pegel eingehalten werden. Illegale Pegel können bei analogen FBAS-Signalen zu Bild- und Tonstörungen führen. Bei jedem Sender erfolgt daher eine technische Abnahme durch Mitarbeiter, die nichts anderes machen, als sich das Videobild messtechnisch anzuschauen. Dabei sind Ästhetik und Inhalt absolut unbedeutend. Fliegt das Werk durch die technische Abnahme, wird es in der Regel nicht gesendet.

Man muss natürlich dazusagen, dass es auch hier Änderungen geben wird. Im digitalen Fernsehen (also kein FBAS) hält sich der

Sender Premiere z. B. nicht an die legalen Pegel, um sein Bild etwas knackiger zu machen. Trotzdem ist es immer nützlich, ein Messgerät zu haben, denn wenn man erst einmal gelernt hat, die Anzeige zu lesen (was keine Kunst ist), dann weiß man durchaus mehr, als einem das bloße Videobild verrät. Außerdem macht es natürlich auch einen sehr intelligenten Eindruck, wenn man die Matrix lesen kann.

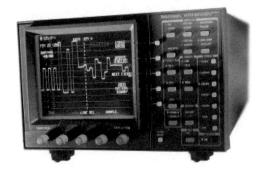

Abbildung 4.10 ▶
Messinstrumente findet man an jedem professionellen Schnittplatz.

Farbkalibrierung

Sie können sich den Einsatz von hochwertigen Referenzmonitoren und Messinstrumenten sparen, wenn Sie keine Farbkalibrierung Ihrer Systeme vornehmen. Die besten Geräte sind nur so gut, wie derjenige, der sie eingemessen hat und gerade hier wird oft am falschen Ende gespart. Der große Aha-Effekt tritt meistens erst ein, wenn man ein unkalibriertes System mit einem kalibrierten vergleicht. Danach möchte und kann man eigentlich nicht mehr ohne arbeiten. Gerade die Apple-Displays verfügen über hervorragende Farbeigenschaften und die in Mac OS X integrierte ColorSync-Technolgie schafft gute Voraussetzungen für die Farbkalibrierung. Unser Kollege Jan Maas ist hierfür ein geeigneter Ansprechpartner: www.colorpro.de.

4.3 Eingabegeräte

Der Aufbau moderner, vor allem grafischer Applikationen sieht mittlerweile so viele Funktionen vor, dass eine Bedienung mit den gewohnten Mitteln nicht mehr sehr effizient ist. Die Ein-Tasten-Maus von Apple mag vom schlichten Design her ein Augenschmaus sein und kann ebenso von einer tattrigen Großmutter wie von einem

Kleinkind bedient werden, doch dem Profi-Anwender fehlt es da an gewisser Funktionalität.

4.3.1 Drei-Tasten-Maus

Dass sich in der Videobearbeitung eine Drei-Tasten-Maus empfiehlt, ist kein Geheimnis. Viele Funktionen lassen sich komfortabler in den Kontextmenüs ausführen, die beim Klick mit der rechten Maustaste erscheinen. Mit der originalen Ein-Tasten-Maus von Apple muss dazu umständlich die Ctrl-Taste beim Klicken gedrückt werden. Wir werden im Laufe dieses Buches bei Funktionen, die sich hinter einem Klick mit der rechten Maustaste verbergen, nicht mehr spezifisch auf den Ctrl-Klick bei einer standardmäßigen Ein-Tasten-Maus von Apple hinweisen, sondern bewusst vom Klick mit der rechten Maustaste schreiben.

4.3.2 Wacom-Tablett

Motion bietet explizit auch Unterstützung für Grafiktabletts. Die praktisch einzige Firma, die dafür infrage kommt, ist Wacom. Der Hersteller besitzt einige wichtige Patente dieser Technologie und so findet sich bei den kabellosen Stiftwerkzeugen keine Konkurrenz, auf der Mac-Plattform ohnehin nicht. Die Geräte gibt es in zahlreichen Größen und Versionen. Die Graphire-Serie ist günstiger, dafür bieten die Geräte nicht ganz so genaue Abstufungen wie die hochwertigeren Intuos-Modelle. Auch der Abstand der Stiftspitze zum Tablett darf bei den Intuos-Geräten etwas größer ausfallen. Für die Videobearbeitung sind die Graphire-Tabletts schon gut geeignet, da die Auflösungen lange nicht so hoch sind wie bei grafischen DTP- oder CAD-Anwendungen. Für die Intuos-Serie sprechen die höhere Genauigkeit und der größere Abstand zwischen Stiftspitze und Tablettoberfläche, was die Bedienung etwas erleichtert.

Neue Funktionen | Die ganz neue Intuos3-Serie bietet auch zusätzliche Scrollbereiche und Funktionstasten, die frei belegt werden können – und das auch noch für jedes Programm individuell. Zusätzlich können in ein eigenes Kontextmenü verschiedene Funktionen zur Auswahl gelegt werden, was vor allem in Motion ungemein praktisch ist, um schnell zwischen den Werkzeugen zu wechseln. Auch der neue, schwere und griffigere Stift macht das Arbeiten angenehmer.

Wenn man einmal mit dem Intuos3 gearbeitet hat, möchte man diesen Komfort nicht mehr missen, auch nicht außerhalb von Motion. Das setzt natürlich voraus, dass man die Stiftsteuerung grundsätzlich mag. Es gibt durchaus Anwender, die damit gar nicht klarkommen.

Davon unabhängig verwendet Motion so genannte »Gestures« (Zeichen), um Funktionen mit bestimmten Bewegungen des Zeichenstifts ausführen zu lassen. Diese Bewegungen werden im Kapitel »Motion-Setup« erläutert.

Abbildung 4.11 ▶
Ein Wacom-Tablett gehört bei vielen Grafikarbeitsplätzen zur Standardausrüstung. Motion unterstützt mit bestimmten Stiftbewegungen das Ausführen von Funktionen.

4.3.3 MIDI-Controller

Neu in Motion 2 ist die Unterstützung für MIDI-Befehle. Das **M**usic **I**nstrument **D**igital **I**nterface ist seit 1983 ein beliebtes Protokoll, das es erlaubt, Steuersignale zwischen kompatiblen Geräten auszutauschen. Damit war es z. B. möglich, über eine Keyboard-Tastatur einen Synthesizer zu steuern und lange Musikstücke in kompakter Form abzuspeichern. Die Steuerdaten enthalten Informationen wie die Kanal-Identifikation, Note an/aus, Andruckgeschwindigkeit, Verzerrung und anderes. Die Zuordnung der Kanäle zu den zu spielenden Instrumenten geschieht über eine MIDI-Tabelle, sodass identische MIDI-Sequenzen sich mit unterschiedlichen Synthesizern auch unterschiedlich anhören, z. B. können Geigen mit Trommeln vertauscht werden. Mittlerweile verwendet man daher Software, z. B. den Quicktime Music Synthesizer.

Abbildung 4.12 ▶
Ein über USB angeschlossenes MIDI-Keyboard wird von Motion 2 für die Steuerung einzelner Parameter unterstützt.

In Motion wird ein angeschlossenes MIDI-Gerät erkannt und Anschlagstärke sowie die Kanal-Identifikation ausgewertet. Damit lassen sich einzelne Parameter durch MIDI-Befehle steuern (siehe Seite 468).

4.4 Mac OS X

In Mac OS X stecken bereits eine Menge Extras, die im Anschaffungspreis inbegriffen sind. Dabei handelt es sich zum einen um Apple-eigene Entwicklungen wie QuickTime, aber auch Technologien von anderen Unternehmen wie PDF und OpenGL.

4.4.1 QuickTime

Apple gibt Ihnen mit QuickTime eine eigene Technologie mit auf den Weg, die Ihnen schon von Systemseite her hervorragende Bearbeitungsmöglichkeiten bietet. QuickTime wird oft unterschätzt, denn sichtbar ist davon immer nur der kleine QuickTime Player. Das ist jedoch nur die Spitze eines Eisberges, die aus dem Wasser ragt. Passenderweise nennt sich die Benutzeroberfläche von Mac OS X »Aqua« und unter dieser Oberfläche verbirgt sich eine sehr mächtige **Multimedia-Architektur**.

In QuickTime selbst sind zahlreiche Formate für Bild und Ton integriert, die QuickTime-basierte Anwendungen wie Motion importieren können. Für die Ausgabe bieten sich auch zahlreiche Konvertierungsmöglichkeiten an. Diese Funktionalitäten werden im Abschnitt zum Dateimanagement auf Seite 314 und im Kapitel »Projekte ausgeben« auf Seite 632 genau erläutert.

Neben den Formaten spielen die **Komponenten** in QuickTime eine wichtige Rolle. Diese Komponenten kann man in Soft- und Hardware aufteilen. Bei Software spricht man von so genannten Codecs, die bestimmen, wie die Bildinformationen in einem Video abgelegt werden; das kann z. B. unkomprimiert oder auch im DV-Codec der Fall sein. Da Motion-Projekte von Final Cut Pro, DVD Studio Pro, Shake und After Effects direkt als Clip interpretiert werden können, gibt es eine Komponente für Motion, die sich im Ordner QUICKTIME in der LIBRARY befindet.

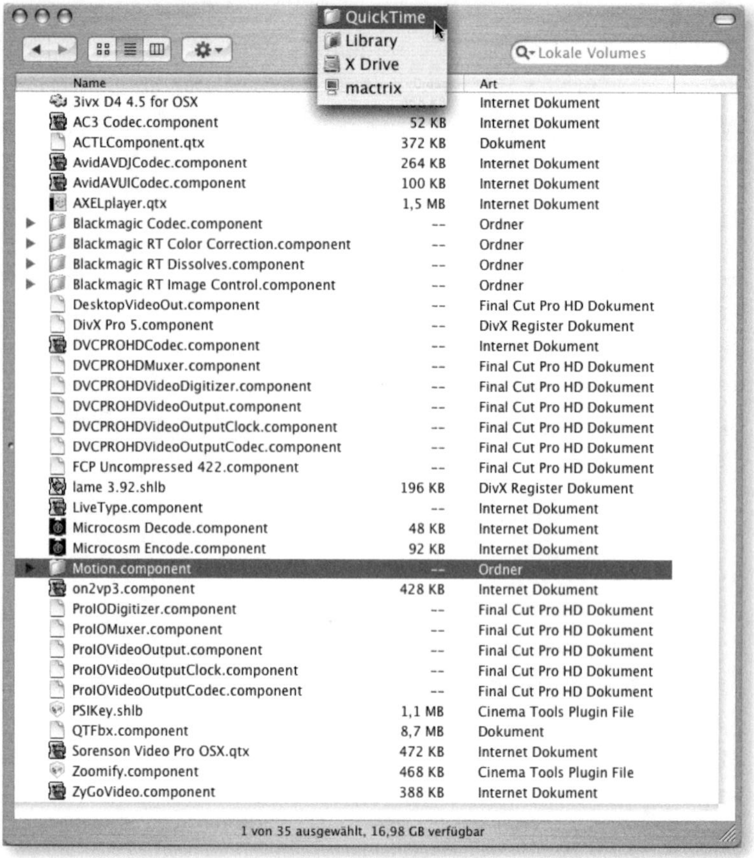

Abbildung 4.13 ▶
Bei den QuickTime-Komponenten handelt es sich meist um Codecs, aber auch Motion hat eine eigene Komponente, über die der Austausch mit den anderen Apple Pro Applications sowie After Effects stattfindet.

Die Hardware-Komponente besteht aus den bereits vorgestellten PCI-Karten oder FireWire-Geräten für die Ein- und Ausgabe und wird von Drittherstellern angeboten. Motion kann solche Hardware nutzen, wie in Kapitel »Motion-Setup« erläutert wird (siehe Seite 194).

Motion 2 benötigt die neue **QuickTime-Version 7**, die auch bei Mac OS X 10.4 Tiger integriert ist.

Abbildung 4.14 ▶
Die QuickTime-Pyramide: Die mächtige Multimedia-Architektur bietet eine immense Erweiterbarkeit durch Formate, Zusatztechnologien und Komponenten. Sichtbar ragt davon nur der kleine QuickTime Player aus der Oberfläche.

Motion verwendet QuickTime auch nur für den Import und Export als Datei. Die Darstellung selbst findet über Quartz und OpenGL statt, beides ebenfalls Technologien in Mac OS X zur 2D- und 3D-Darstellung, doch richtig schnell wird es mit Core Image und Core Video.

4.4.2 OpenGL

Silicon Graphics stellte 1992 mit OpenGL (Open Graphics Library) eine plattformunabhängige Grafikbibliothek vor, also eine Sammlung von Softwarefunktionen, mit denen Programmierer einfache Formen auf den Bildschirm zeichnen konnten. Diese Bibliothek enthielt vor allem Funktionen für perspektivische Transformationen und Projektionen, die auf 3D-Grafiken ausgelegt waren, doch natürlich auch 2D-Befehle zum Zeichnen von Linien, Flächen und Texten. Während OpenGL damals ein reiner Software-Renderer war, der ausschließlich über die CPU berechnet wurde, so ist die Bibliothek mit den Jahren deutlich erweitert worden, um auch Hardwarebeschleuniger zur Berechnung einiger Funktionen zu verwenden. Da auch die Leistung der Prozessoren auf Grafikkarten (GPU) immer mehr zunahm, boten sich diese als Hardwarebeschleuniger vor allem für 3D-Spiele und -Anwendungen an. Fast jede Plattform bietet heute OpenGL-Unterstützung an.

Mac OS 8 verfügte bereits über OpenGL-Systemerweiterungen und in Mac OS X hat Apple schließlich OpenGL zur Standard-3D-Schnittstelle erkoren. Leider besitzt OpenGL als reine Rendering-Schnittstelle kein integriertes Dateiformat, das eine einfache Verwendung von 3D-Objekten in allen Applikationen ermöglichen würde.

OpenGL vs. QuickDraw3D

Apple hatte Mitte der 90er-Jahre einen eigenen 3D-Grafikstandard entwickelt, der in QuickTime integriert wurde: QuickDraw3D. Aufgrund der fehlenden Hard- und Softwareanbindung fristet das Format leider bis heute ein Nischendasein als Austauschformat, denn QuickDraw3D-Dateien enthielten neben der Geometrie auch Texturen und Informationen wie Bones und Light, die man mit dem QuickTime Player betrachten und nutzen konnte. Vor allem durch seine Einfachheit ist es bei manchen Programmierern nach wie vor beliebt, auch wenn Apple das Format (wie QuickTime VR) nicht mehr weiter pflegt und auf OpenGL setzt.

4.4.3 Core Image und Core Video

In Mac OS X 10.4 Tiger ist alles, was Sie auf Ihrem Bildschirm sehen, OpenGL. Durch die Festlegung dieser Bibliothek von Softwarekomponenten wurde es erst möglich, immer mehr der definierten Funktionen in Hardware auszuführen, ohne sich auf einen Grafikkartenhersteller festzulegen. Soll eine Funktion nicht durch die Hardware beschleunigt werden, dann kann OpenGL die Berechnungen auch in Software durchführen. Neben **Quartz**, das Schriften und andere Elemente des Mac OS Aqua-Interfaces und anderer Programme auf PDF-Basis darstellt, gibt es einige weitere Komponenten, die unter der Bezeichnung »Quartz Extreme« zusammengefasst werden. Diese setzen alle Grafikoperationen in OpenGL-Befehle um und können dadurch von den hochgezüchteten Grafikkarten unserer Zeit profitieren. Exklusiver Zugriff auf Bildbereiche, z. B. durch Videodarstellung, ist ein Ding der Vergangenheit. Selbst QuickTime-Filme werden quasi als Textur auf einem Rechteck angewendet, das sich dadurch auch einfach in der Größe verändern oder (beim Ablegen im Dock) verzerren lässt.

Kerntechnologien | Die verantwortlichen Komponenten bezeichnet Apple treffend als **Core Technologies** – Kerntechnologien –, die jeder Anwendung zur Verfügung stehen. Die Komponenten sind:

- Core Data
- Core Audio
- Core Graphics
- Core Video
- Core Image

Während Core Audio sämtliche Audio-Operationen von vorhandener Hardware abstrahiert und Core Data die Erstellung und den Zugriff auf Dateien erleichtert (öffnen, lesen, schreiben), kümmert sich Core Graphics um eine direktere Verwendung der Grafikkarte.

Core Video | Core Video dagegen erleichtert den Zugriff auf Einzelbilder eines Films, indem es diese intelligent puffert und mit den anderen Elementen des Videostroms (z. B. Ton) synchronisiert. So kann man über Core Video die Einzelbilder eines QuickTime-Films direkt ansteuern, ohne sich um Aspekte wie Videocodecs, Datenraten, Abspielgeschwindigkeit oder Bildgröße kümmern zu müssen. Diese Technologie ermöglicht es, QuickTime-Filme problemlos in

Motion-Projekte einzubinden, in HD-Filmen schnell zu navigieren und die Einzelbilder an Core Image zu übergeben.

Core Image | Core Image stellt eine flexible Schnittstelle für zweidimensionale Bildbearbeitung zur Verfügung. Filtereffekte, die in Photoshop noch in der CPU oder Motion 1.0 über speziellen Hardwarezugriff gerendert wurden, lassen sich nun als Core Image-Komponenten realisieren, die im günstigsten Fall komplett in der Grafikkarte berechenbar sind. Sollte das nicht möglich sein, dann nimmt Core Image die Berechnungen natürlich in der Software vor, also über die CPU.

Image Units | Core Image-Effekte (Image Units) werden, wie es sich für Echtzeit-Effekte gehört, immer zur Laufzeit berechnet, wenn sie angefordert werden. Diesen Ansatz nennen die Apple-Entwickler »lazy evaluation«, also »faule Auswertung«, was unter anderem darauf hinweist, dass der Bildbearbeitungsprozess vom Endergebnis her angegangen wird: So werden nur die Pixel berechnet, die auch wirklich im Endeffekt zu sehen sind, da der letzte Befehl einer Bildbearbeitung üblicherweise die Bestimmung der Ausgabegröße ist. Umgekehrt bedeutet dies, dass die Performance bei größer werdenden Bildschirmen (oder Ausgabefenstern in Motion) langsamer wird, doch dies ist ein Zusammenhang, der sowieso immer bestehen wird.

Motion 2 kann die über 100 in Mac OS X 10.4 Tiger integrierten **Image Units** (siehe Seite 223) über die Core Image-Technologien nutzen. Mit Mac OS X 10.4 wurde auch die OpenGL-Geschwindigkeit verbessert, was einen weiteren Grund darstellt, Motion 2 nicht mehr unter Mac OS X 10.3.9 zu verwenden.

4.4.4 Tipps zu Mac OS X

Motion 1.0 verlangte mindestens nach einer Mac OS X-Version 10.3.5, während Motion 2 – wie bereits erwähnt – mindestens die letzte Panther-Version, also 10.3.9, besser jedoch 10.4 Tiger benötigt. Ein paar generelle Tipps zu Mac OS X sind an dieser Stelle vielleicht gut platziert.

Unix als Basis | Mac OS X ist ein Unix-basiertes System und auch wenn jetzt die wahren Unix-Kenner unter Ihnen schon eine

Beschwerde-Mail tippen wollen, um uns zu erklären, was denn alles zu welchem Teil Unix-basiert ist, so sei gesagt, dass wir in erster Linie ein Buch über Motion schreiben. Für Unix-Details gibt es andere Bücher. Jedenfalls ist Mac OS X so weit komplett über eine grafische Benutzeroberfläche zu bedienen, weshalb es manche Kommandozeilen-Nerds nicht für Unix-würdig halten. Was unter der Haube passiert, ist uns Anwendern, die hauptsächlich bunte Bilder machen wollen, zwar erst einmal egal, trotzdem erweisen sich ein paar rudimentäre Unix-Kenntnisse als nützlich.

Unix-Systeme werden meistens als Server eingesetzt. Die werkeln da so Tag und Nacht vor sich hin und bearbeiten ohne Pause zahlreiche parallele Anfragen gleichzeitig. So weit, so gut. Parallele Anfragen verarbeitet übrigens auch Mac OS X sehr ordentlich: Die zahlreichen Dienste in Mac OS X, wie FileSharing, Airport, Bluetooth, Druckerdienste etc., sind ein Beispiel für die systemeigenen Aktivitäten, die oft im Hintergrund parallel mitlaufen.

Den Mac warten | Mac OS X würde auch gerne ernst genommen werden und als erwachsenes Betriebssystem nachts mal aufbleiben dürfen. Gönnen Sie ihm daher ab und zu ruhig eine durchzechte Nacht, was bei Videoproduktionen ja kein Problem sein dürfte. Zwischen zwei Uhr nachts und sechs Uhr morgens macht Mac OS X nämlich seine Aufräumarbeiten und putzt täglich, wöchentlich und monatlich einmal kräftig durch.

Für diese immer wiederkehrenden Arbeiten gelten bei Mac OS X 10.4 Tiger folgende Zeiten: 3:15 Uhr täglich, 3:15 Uhr wöchentlich (jeweils samstags) und 5:30 Uhr monatlich (jeweils am 1. des Monats). Die tägliche Wartung ist dabei nicht ganz so wichtig, aber immer zum Anfang des Monats sollten Sie die Kiste nachts einmal durchlaufen lassen. Um Strom zu sparen, können Sie natürlich auch die Uhr umstellen oder kleine Helferlein verwenden, z. B. das beliebte Programm Cocktail.

Auch über das Terminal lassen sich diese Befehle aktivieren. Wenn Sie mit dem Terminal in Mac OS X etwas vertraut sind, geben Sie folgenden Befehl ein: `sudo periodic daily weekly monthly` – anschließend werden Sie aufgefordert, Ihr Passwort einzugeben und dann heißt es nur noch warten – bis nach einiger Zeit die Aufräumarbeiten abgeschlossen sind. Sie bekommen keinen Status angezeigt, weshalb Sie eine Warnung erhalten, sollten Sie das Terminal beenden wollen, während der Prozess noch stattfindet. Der abgeschlossene Prozess wird signalisiert, wenn unter der Zeile PASSWORD: wieder Ihr Benutzername erscheint.

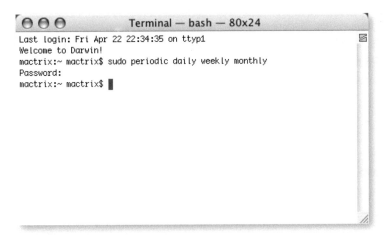

◄ **Abbildung 4.15**
Über das Terminal von Mac OS X können nächtliche Aufräumarbeiten manuell ausgeführt werden.

PowerBooks nicht ausschalten | Was sich vor allem PowerBook-Anwender komplett abgewöhnen sollten, ist das Ausschalten des Geräts. Unix-Systeme lieben es, immer aktiv zu sein und der Ruhezustand von Mac OS X ist durch das Schließen der Klappen auch sofort aktiviert; genauso schnell wacht der Kleine auch wieder auf.

Rechte-Reparatur | Was Ihnen leider nie ganz erspart bleiben wird, ist die so genannte Rechte-Reparatur unter Mac OS X.

Bei Ihrer Systeminstallation werden Sie nach einem Passwort gefragt. Dieses Passwort benötigen Sie immer wieder, wenn Sie z. B. Programminstallationen oder Software-Updates durchführen. Damit identifizieren Sie sich gegenüber dem System als **Administrator**. Wenn Sie aber glauben, Sie seien alleine auf Ihrem System, haben Sie sich getäuscht. Mac OS X ist ein Mehrbenutzersystem und auch wenn Sie keine weiteren Benutzer angelegt haben, so gibt es einige Kollegen, die immer mit von der Partie sind, auch wenn Sie diese eigentlich nie zu Gesicht bekommen. Dadurch ist in Unix-Systemen mittels der so genannten Rechtevergabe genau definiert, wer was darf und wer nicht. Das hat sich nicht Apple so ausgedacht, sondern das ist einfach so.

Apple macht die Sache mit den Rechten auch so weit ordentlich, doch insbesondere nach Treiberinstallationen werden die Rechte oftmals nicht korrekt gesetzt. Das macht aber nicht Mac OS X, sondern das jeweilige Installationsprogramm. Nach einiger Zeit kann es dann also schon einmal zu einem Durcheinander bei den Rechten kommen. Besonders heftig kann sich das bei Hardwaretreibern äußern, sodass es zu einer Kernel-Panik kommt und Sie aufgefordert werden, den Rechner neu zu starten. Sie sollten sich daher angewöhnen, zur Sicherheit regelmäßig die Rechte zu reparieren, vor allem nach Installationen. Im **Festplatten-Dienstprogramm** finden Sie über den Button VOLUME-ZUGRIFFSRECHTE REPARIEREN die Möglichkeit zur Rechte-Reparatur.

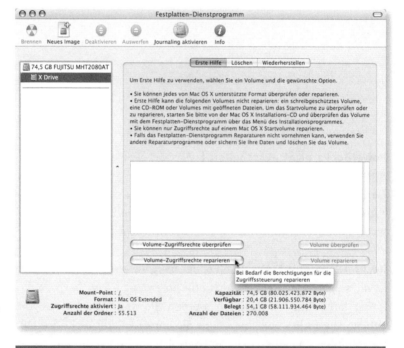

Abbildung 4.16 ▶
Mit dem Festplatten-Dienstprogramm von Apple lassen sich die Zugriffsrechte reparieren, was sich vor allem nach Installationen empfiehlt.

Tipps zu Mac OS X

Weitere nützliche Mac OS X-Tipps finden Sie auch auf der Website unseres Kollegen André Aulich: www.andre-aulich.de

4.5 Motion-Installation

Je nachdem, ob Sie Motion 2 als Bestandteil von Final Cut Studio oder einzeln erworben haben, stehen Ihnen unterschiedliche Installationsmodelle zur Verfügung.

Apple hat das Programm selber zusammen mit dem so genannten Motion Content auf eine DVD gepackt. Bei Final Cut Studio ist diese DVD Bestandteil von insgesamt sieben Installations-DVDs. Davon sind alleine zwei DVDs für die LiveType-Schriften vorgesehen. Das Programm Compressor liegt Motion ebenfalls bei und bei Final Cut Studio bzw. DVD Studio Pro 4 ist als Ergänzung zu Compressor der Apple QMaster enthalten, mit dem verteiltes Rendering (Clustering) auf mehreren Maschinen möglich wird.

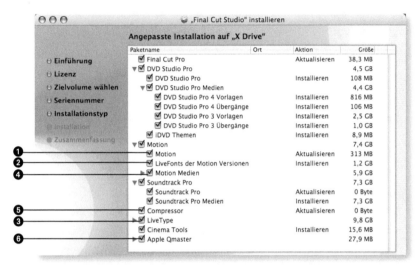

◄ **Abbildung 4.17**
Über 40 GB werden für das gesamte Final Cut Studio fällig. Motion selbst schlägt mit ca. 7,5 GB zu Buche.

Um einige Bestandteile nicht mitzuinstallieren, müssen Sie die ANGEPASSTE INSTALLATION auswählen. Dort können Sie dann einfach die Häkchen in den entsprechenden Checkboxen deaktivieren.

▶ MOTION ❶: Wenn nur das Motion-Programm installiert werden soll, so sind alle Filter und die Medien für die Bilbliothek enthalten. Das Programm lässt sich somit im vollen Umfang nutzen und benötigt mindestens 1,5 GB, da man die MOTION-BIBLIOTHEK nicht abwählen kann (siehe Abbildung 4.20).

▶ LIVEFONTS DER MOTION-VERSIONEN ❷: Die LiveFonts wurden mit dem Programm LiveType eingeführt, das schon bei Final Cut Pro 4 dabei war. Die großen Datenmengen geben einen Hinweis darauf, dass es sich hier nicht mehr um rein vektorbasierte Schriften handeln kann. Apple verweist darauf, dass sich die LiveFonts ohne Qualitätsverlust auch für HD-Auflösungen einsetzen lassen. Wir können das genau so bestätigen. Tatsächlich lassen sich die Schriftgrößen derartig vergrößern, ohne dass auffällige Verluste in Form von Artefakten oder Unschärfe entstehen.

Da es sich bei den LiveFonts um animierte Pixelschriften handelt, benötigen sie trotz Foto-JPEG-Kompression sehr viel Speicherplatz auf der Festplatte. In den neuen Dokumentationen zu den

Motion-Installation **153**

LiveFonts finden sich aber auch Hinweise, wie man mit den Vektorformaten PDF und EPS die Datenmenge reduzieren kann. Dem Einsatz mit LiveFonts wenden wir uns ab Seite 574 zu.

Abbildung 4.18 ▶
Die Qualität der LiveFonts lässt auch bei HD-Auflösung kaum nach.

▶ LIVETYPE: Neben der teilweise bescheidenen gestalterischen Qualität sind die Dateigrößen von bis zu mehreren hundert Megabyte pro Schrift ein Argument für den Verzicht auf die großen LiveFonts-Pakete. Wenn Sie das komplette LiveType-Paket ❸ des Final Cut Studio mitinstallieren, dann werden fast zehn Gigabyte für die Installation benötigt.

Ein nachträgliches manuelles Löschen der LiveFonts auf Finder-Ebene ist durch die neue Datei- und Ordnerstruktur aber ziemlich einfach geworden. Alle nötigen Informationen zu einem LiveFont liegen als Paket in je einer Datei im Verzeichnis LIBRARY/APPLICATION SUPPORT/LIVETYPE/LIVEFONTS/. Die LiveFonts mit der Dateiendung .ltlf haben bei englischer Spracheinstellung denselben Namen wie in der Bibliothek in Motion, weshalb sie einfach zuzuordnen sind.

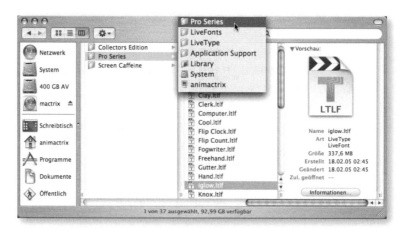

Abbildung 4.19 ▶
Die LiveFonts liegen im Verzeichnis LIVETYPE, auch wenn das Programm LiveType selber nicht installiert wurde.

Mit LiveType lassen sich die großen Schriften-Daten auch deinstallieren, wodurch man nicht die niedrigaufgelöste Vorschau verliert und somit entfernte Schriften wieder nachinstallieren kann. Auch Dritthersteller bieten LiveFonts an, die in das entsprechende

Verzeichnis installiert werden müssen. Durch die Änderungen in der Verwaltung ließen sich Schriften, die noch für LiveType und Motion 1.x erstellt wurden, nicht ohne Weiteres installieren.

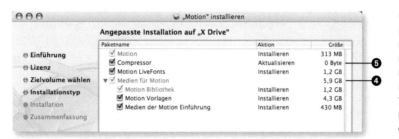

◄ Abbildung 4.20
Bei den MOTION VORLAGEN, den MEDIEN DER MOTION EINFÜHRUNG sowie den LIVEFONTS DER MOTION VERSIONEN kann man Speicherplatz einsparen, wenn man diese für die Installation abwählt. Die MOTION BIBLIOTHEK muss hingegen installiert werden.

▶ MOTION-MEDIEN bzw. MEDIEN FÜR MOTION ❹: In dieser Rubrik finden sich noch weitere Optionen zum An- oder Abwählen. Die bereits erwähnte MOTION-BIBLIOTHEK lässt sich nicht abwählen, da hier z. B. wichtige Medien für Partikeleffekte enthalten sind. Abwählbar sind hingegen die MOTION VORLAGEN sowie die MEDIEN DER MOTION EINFÜHRUNG. Hierbei handelt es sich um Beispieldateien für die Apple-Tutorials und Projektvorlagen. Gerade für Einsteiger empfiehlt sich die Installation und das spätere Durcharbeiten mit dem Apple-Handbuch. Danach kann man sie auch manuell von der Festplatte löschen.

◄ Abbildung 4.21
Die Tutorials und weitere Motion-spezifische Daten werden nicht im sonst üblichen Application Support-Verzeichnis abgelegt.

▶ COMPRESSOR ❺: Der Compressor ist für die Ausgabe interessant und sollte auf jeden Fall installiert werden. Mit ihm wird die Ausgabe und Konvertierung von zahlreichen Formaten möglich.
▶ APPLE QMASTER ❻: Als neuer Bestandteil von DVD Studio Pro 4 – und damit auch Final Cut Studio – ist der Apple QMaster hinzugekommen. So neu ist die Erweiterung allerdings nicht, nur war sie bisher unter dem Namen Shake QMaster bekannt und lag ent-

sprechend dem Programm Shake bei. Mit dem QMaster war es möglich, Shake- und Maya-Projekte über mehrere Rechner verteilt berechnen zu lassen (Clustering). Der Apple QMaster wurde nun um die Möglichkeit ergänzt, auch Compressor-Prozesse über einen Cluster berechnen zu lassen und damit auch Motion-Projekte.

4.5.1 Filter & Erweiterungen

Motion ist, wie Final Cut Pro auch, kompatibel zu After Effects-Filtern von Drittherstellern. Die vielen Filter, die bereits bei Adobe After Effects dabei sind, lassen sich jedoch in Motion nicht nutzen, da sie zum einen von Adobe geschützt werden, zum anderen aber auch direkt auf den Quellcode von After Effects zurückgreifen. Wie bei Final Cut Pro ist auch bei Motion davon auszugehen, dass nicht alle Filter von Drittherstellern unterstützt werden. Dies gilt im Speziellen für Plugins, die ebenfalls auf den Quellcode von After Effects zurückgreifen bzw. auf bestimmte Funktionen, die nur in After Effects vorhanden sind. Für Final Cut Pro-Anwender haben die meisten Hersteller bereits auf den Webseiten entsprechende Hinweise platziert, sodass dies bald auch für Motion der Fall werden dürfte.

Plugins installieren | Für die Installation der After Effects-Plugins hat sich Apple eine besondere Methode ausgedacht. Man muss die Plugins nicht wie sonst üblich in einen bestimmten Ordner installieren. Die Filter lassen sich im Informationen-Fenster des Programms hinzufügen. Dazu wird das Programm-Icon von Motion angewählt und mit dem Kurzbefehl ⌘+I ruft man das Informationen-Fenster auf. Optional kann man über einen Klick mit der rechten Maustaste das Informationen-Fenster auch aus dem Kontextmenü auswählen (Abbildung 4.22, links). In der Rubrik mit der passenden Bezeichnung PLUG-INS findet man den Button HINZUFÜGEN (Abbildung 4.22, rechts), über den man die Filter über ein Dialogfenster auswählen kann. Anschließend erscheinen die Plugins in der Liste im Informationen-Fenster und stehen im Programm zur Verfügung. Das Praktische an dieser Vorgehensweise ist, dass die Filter auch durch einfaches An- und Ausschalten der Checkboxen aktiviert oder deaktiviert werden können – wie in einem einfachen Plugin-Manager.

◀ **Abbildung 4.22**
Filter von Drittherstellern können über das Informationen-Fenster des Programms im Finder hinzugefügt werden.

Eine weitere Möglichkeit, Plugins einzubinden, bietet sich in den Voreinstellungen zu Motion, wo man einen Pfad definieren kann. Wir gehen darauf im Kapitel »Motion-Setup« auf Seite 172 ein.

Plugins von Drittherstellern | Neu in Motion 2 ist eine eigene Plug-in-Schnittstelle namens **FxPlug**, die für Dritthersteller geschaffen wurde. Der Vorteil gegenüber den After Effects-Filtern ist die Hardware-Beschleunigung, die mit den FxPlugins erzeugt wird. FxPlugins werden vermutlich nicht wie in der zuvor beschriebenen Methode installiert, sondern verfügen über eigene Installationsprogramme.

- Von **Boris FX** wurde die beliebte Serie Continuum Complete für Motion 2 angekündigt. Eine Lizenz für Final Cut Pro gehört ebenfalls zum Lieferumfang dazu: www.borisfx.com
- **dvGarage** hat ebenfalls Unterstützung angekündigt und verspricht mit DVMatte einen Echtzeit-Key: www.dvgarage.com
- Von **Zaxwerks** sollen ebenfalls Filter erscheinen: www.zaxwerks.com
- **Ampede** bietet ein erweitertes Illustrator- und PDF-Import Plugin an: www.ampede.com
- Der Partikel-Spezialist **wondertouch** (www.wondertouch.com) bietet jetzt schon Partikelvorlagen für Motion an. Es gibt eine kleine Sammlung mit 65 Emittern sowie eine mittlere mit 200 und eine große Sammlung mit 337 Emittern. Einige Beispiele liegen auf der Buch-DVD.
- **LiveFonts** für Motion und LiveType gibt es unter: www.livetype-central.com, www.optimistik.com und www.screencaffeine.com.

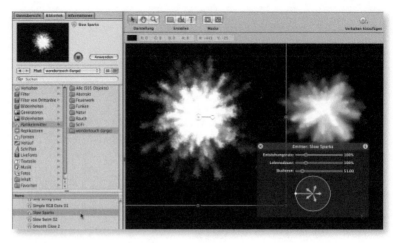

▲ **Abbildung 4.23**
Die Partikelsammlungen von wondertouch erweitern Motion 2 um bis zu 337 Emitter.

4.5.2 Sprache

Motion ist, wie viele andere Programme auch, multilingual, also mehrsprachig. Um die Sprache zu wechseln, muss man einfach in den Systemeinstellungen von Mac OS X die Landeseinstellungen umstellen, den aktuellen Benutzer abmelden und wieder anmelden. Dann ist allerdings das ganze System in der neuen Sprache. Viele Anwender möchten jedoch nur einzelne Programme, speziell im Videobereich, z. B. auf Englisch benutzen. Sie müssen dazu wieder das Programmsymbol von Motion im Finder auswählen und das Informationen-Fenster aufrufen. In der Rubrik SPRACHE lassen sich die einzelnen Sprachen an- und abwählen (siehe Abbildung 4.24). In Mac OS X 10.4 Tiger lässt sich aber z. B. Deutsch nicht mehr abwählen, wenn man in den Systemeinstellungen die Landeseinstellungen auch auf Deutsch stehen hat. Daher muss man erst die Landeseinstellungen auf Englisch wechseln, sich abmelden und wieder anmelden. Erst dann kann man im Informationen-Fenster die deutsche Sprache abwählen. Danach stellen Sie die Landeseinstellungen wieder auf Deutsch um, melden sich ab und wieder an. Voilà – ein englisches Motion auf einem deutschen Mac OS X!

◄ **Abbildung 4.24**
Auf einem Mac OS X 10.4 Tiger mit deutschen Spracheinstellungen kann man die deutsche Sprache für Motion nicht abwählen. Erst unter englischen Spracheinstellungen ist dies möglich.

Sprache manuell ändern

Es gibt auch noch eine weitere manuelle Möglichkeit, die Sprache zu wechseln, ohne den doch recht umständlichen Weg über die Landeseinstellungen: Im Programm-Paket zu Motion findet man unter CONTENT die beiden Ordner RESOURCES und RESOURCES DISABLED. Die zu deaktivierenden Sprachpakete kann man einfach aus dem Ordner RESOURCES in den Ordner RESOURCES DISABLED legen. Umgekehrt geht das natürlich auch. Sie erreichen das Programm-Paket, indem Sie mit der rechten Maustaste auf das Motion-Programmsymbol klicken und PAKETINHALT ZEIGEN wählen, aber Vorsicht: Gehen Sie behutsam vor, wenn Sie in den Paketinhalten von Programmen Änderungen vornehmen. Sie können dadurch Ihr Programm beschädigen! Das ist also keine offiziell empfohlene Methode!

4.5.3 Motion-Aktualisierungen

Wie andere Hersteller auch möchte Apple, dass Sie Ihre Anwendung im Internet registrieren. Ein Anreiz dazu könnten weitere Aktualisierungen wie Tutorials, Generatoren und Filter sein, die man nach der Registrierung von der Apple-Webseite herunterladen kann. Die Registrierung findet man unter folgender URL: http://www.apple.com/finalcutstudio/motion/download/

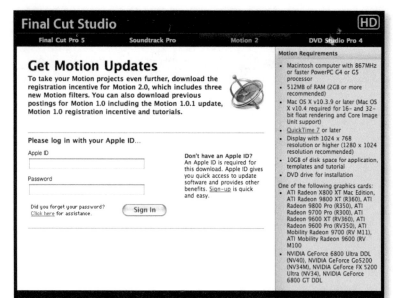

Abbildung 4.25 ▶
Weitere Aktualisierungen sind nach der Registrierung über die Apple-Webseite verfügbar. Dazu wird eine Apple ID und die Seriennummer von Motion benötigt.

Dort muss zunächst eine Apple ID eingetragen werden. Entweder haben Sie die Apple ID bereits bei der Installation von Mac OS X erstellt oder Sie können sie an dieser Stelle anlegen. Die Apple ID dient dazu, Produkte zu registrieren, im iTunes Musikstore und im Apple Online Store einzukaufen oder den Support über Apple Care in Anspruch zu nehmen. Für Apple bedeutet dies natürlich einen zentralen Zugriff auf Ihre Daten, mit dem Vorteil der leichteren Kundenpflege und dem Nachteil der übermäßigen Transparenz bis hin zur möglichen Analyse Ihres Kaufverhaltens. Nähere Informationen zur Apple ID und zum Datenschutz findet man in englischer Sprache unter: http://www.info.apple.com/support/howtoid.html

Nach Eingabe der Apple ID verlangt Apple nach der Seriennummer von Motion. Erst wenn diese eingetragen wurde, gelangt man in den Download-Bereich, wo man die Aktualisierungen findet. Die geladenen Dateien liegen dann im Speicherort des verwendeten Browsers, z. B. auf dem Schreibtisch. Durch Doppelklick auf die .dmg-Dateien erscheinen diese so genannten Images als virtuelle Laufwerke auf dem Schreibtisch. Von diesen können dann die Mac OS X-typischen Installationspakete gestartet werden. Nach der Installation stehen die Aktualisierungen innerhalb von Motion zur Verfügung.

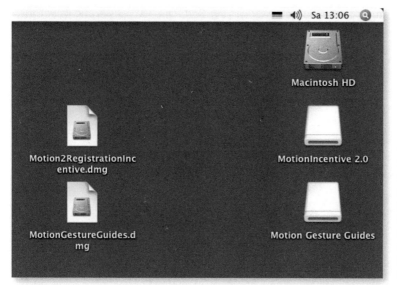

◄ Abbildung 4.26
Die geladenen .dmg-Images erscheinen nach einem Doppelklick auf dem Schreibtisch als virtuelle Laufwerke, von wo aus die Installation durchgeführt wird.

4.5.4 Software-Aktualisierung

Ohne Internet geht heutzutage nichts mehr – und so ist es auch mit den zahlreichen Updates für Mac OS X. Dafür gibt es die Software-Aktualisierung, die Sie direkt über das Apfel-Menü im Finder erreichen. Diese Aktualisierung schaut auf einem Apple-Server nach, ob neue Updates vorhanden sind. Das gilt sowohl für das System selbst als auch für Apple-Programme wie z. B. die iLife-Produkte, aber natürlich auch die Pro Applications, zu denen auch Motion zählt. Schmeißen Sie also ab und zu einmal die Software-Aktualisierung an oder aktivieren Sie sogar die automatische Suche, z. B. einmal die Woche. Sie sollten hierbei beachten, dass sich die Apple-Programme dazu im direkten Programmverzeichnis befinden müssen und nicht in weiteren Unterordnern.

Partitionen und Unterordner

Am besten gewöhnen Sie sich die unter Mac OS 9 beliebte Zwischensortierung in Unterordner ganz schnell ab. Einige Anwender verspüren auch den Drang, gleich eine eigene Programmpartition auf der Festplatte anzulegen, wovon wir nur dringend abraten können. Viele Aktualisierungsprogramme haben damit Probleme und suchen immer nur im obersten Programmverzeichnis – also besser nur eine dicke Platte für das System und die Programme.

Informieren Sie sich aber vor der Software-Aktualisierung über mögliche Inkompatibilitäten oder Probleme. Vor allem wenn man gerade an einem Projekt sitzt, sollte man den Finger vom Update-Abzug nehmen. Es dauert meistens nicht lange und in einschlägigen Foren tauchen Erfahrungsberichte von ungeduldigen Installateuren auf.

Abbildung 4.27 ▶
Die Software-Aktualisierung von Mac OS X informiert Sie, wenn Updates verfügbar sind. Dabei wird auch nach Aktualisierungen für die Apple-eigenen Programme wie Motion (hier noch für Version 1.0) gesucht.

5   Motion-Setup

Machen Sie es sich gemütlich ... In Motion kann man sehr schnell viel bewegen. Doch ohne die richtigen Einstellungen zu kennen, gerät das Ganze genauso schnell zum funktionalen Stillstand. In diesem Kapitel zeigen wir Ihnen alle Einstellungen, auch wenn sich einige gut versteckt haben.

In diesem Kapitel dreht sich alles um die Einstellungen, egal, ob sie für das Programm global oder für einzelne Elemente innerhalb des Projektes gelten. Auch die Projekteinstellungen selber sind sehr wichtig, entscheiden sie doch darüber, wie hinterher die Ausgabe und korrekte Wiedergabe stattfindet. Widmen wir uns zunächst den Programmeinstellungen. Dazu rufen Sie im Menü MOTION oder über den Befehl ⌘+, den Eintrag EINSTELLUNGEN auf.

Hier finden Sie zunächst sieben verschiedene Kategorien, die über eine Symbolleiste anwählbar sind. Wir beginnen ganz links.

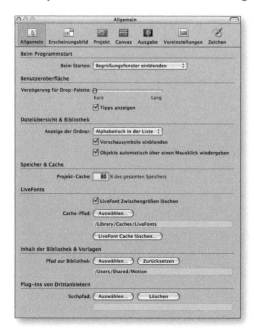

◄ **Abbildung 5.1**
Die Einstellungen zu Motion sind in einer Symbolleiste in sieben Kategorien unterteilt. Innerhalb der Kategorien gibt es weitere Unterteilungen.

5.1 Allgemeine Voreinstellungen

Die allgemeinen Einstellungen sind in sieben Unterrubriken aufgeteilt. Wir gehen sämtliche Einstellungen von oben nach unten durch.

5.1.1 Beim Programmstart

Im obersten Eintrag BEIM PROGRAMMSTART stellen Sie ein, was Motion nach dem Start tun soll, indem die gewünschte Funktion aus dem Popup-Menü ausgewählt wird.

▶ ZULETZT BENUTZTE PROJEKTE ÖFFNEN: Alle Projekte, die bei der letzten Beendigung des Programms noch geöffnet waren, werden wieder geladen.

▶ NEUES PROJEKT ERSTELLEN: Ein neues Projekt wird erstellt. Dabei öffnet sich ein Fenster, in dem Sie die **Projektvoreinstellungen** auswählen können. Aus dem Popup-Menü VOREINSTELLUNG ❶ lässt sich die gewünschte Projekteinstellung wählen oder man wählt den Eintrag EIGENE, um sich seine Einstellungen selbst zusammenzustellen.

▲ Abbildung 5.2
Wählen Sie NEUES PROJEKT ERSTELLEN als Startdialog, dann erscheint dieses Fenster, in dem Sie eine Projektvoreinstellung auswählen können.

Sollten Sie die Option NEUE DOKUMENTE MITHILFE DER STANDARDVOREINSTELLUNG ERSTELLEN ❷ aktiviert haben, erscheint das Fenster mit den Projektvoreinstellungen nicht mehr, sondern es wird immer ein neues Projekt mit den Standardeinstellungen angelegt. Wie Sie im Kapitel 16 auf Seite 747 noch genauer erfahren werden, raten wir davon ab, die Option zu aktivieren.

Hingegen ist der Button ALS STANDARD FESTLEGEN sehr praktisch, denn so können Sie eine Voreinstellung, die Sie häufig verwenden, immer als Vorauswahl angewählt haben.

▶ BEGRÜSSUNGSFENSTER EINBLENDEN: Als weitere Startaktion bietet sich die Anzeige des Begrüßungsfensters an. Gerade für den Anfang erweist sich das als praktisch, hat man doch über das Begrüßungsfenster eine Auswahl an Möglichkeiten, um Motion besser kennen zu lernen. Natürlich lässt sich von dort auch ein neues Projekt erstellen.

▲ **Abbildung 5.3**
Vom Begrüßungsfenster aus lassen sich Einführungen und Vorlagen öffnen oder auch ein neues Projekt erstellen.

▶ VORLAGEN DURCHSUCHEN: Als letzte Möglichkeit für die Startaktion bietet sich das Öffnen von Vorlagen an.

Ist dieser Eintrag aus dem Popup-Menü gewählt, so wechselt Motion in den Vorlagenbrowser. Aus diesem kann man die von Apple als »professionell entworfen« beschriebenen Vorlagen öffnen, um sie mit eigenen Inhalten zu füllen. Vor allem für einen schnellen Einstieg in Motion kann man sich über die Vorlagen einen guten Überblick verschaffen, wie Projekte aufgebaut sein könnten.

Die Vorlagen kann man auch aus dem Begrüßungsfenster heraus aufrufen.

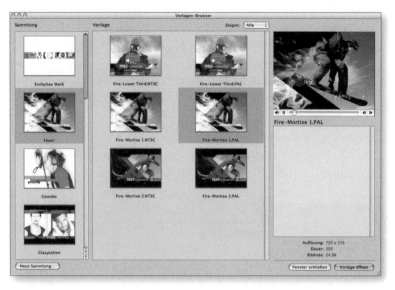

▲ Abbildung 5.4
Der Vorlagenbrowser beinhaltet zahlreiche Beispiele für die Projektgestaltung.

5.1.2 Motiv für Begrüßungsfenster austauschen

Ein kleiner Exkurs, wie man das Motiv im Begrüßungsfenster austauschen kann: Das Augenmerk richtet sich auf den linken Bereich, in dem eine Animation abläuft. Hierbei handelt es sich um einen QuickTime-Movie, den Apple auch in einer .mov-Datei abgelegt hat. Wenn man nur lange genug wühlt, findet man ihn und natürlich lässt er sich durch ein eigenes Motiv austauschen. Allerdings sei darauf hingewiesen, dass wir es zwar ausprobiert haben, aber keinerlei Garantie für das Vorgehen geben können. Das unsachgemäße Rumfuhrwerken im Paketinhalt eines Programms kann zu Funktionsfehlern führen, daher folgen Sie uns bitte nur auf eigene Gefahr.

Klicken Sie mit der rechten Maustaste auf das Programmsymbol von Motion und wählen Sie PAKETINHALT ZEIGEN aus dem Kontextmenü. Ein neues Finder-Fenster öffnet sich, in dem der Ordner CONTENTS zu finden ist. Wechseln Sie in diesen Ordner und gehen Sie weiter zu FRAMEWORKS und OZONE.FRAMEWORK. In diesem Verzeichnis finden Sie einen QuickTime-Film mit dem Namen WELCOME.MOV, der sich auch im QuickTime Player betrachten lässt.

◄ **Abbildung 5.5**
Im Programmpaket von Motion ist das Motiv für das Begrüßungsfenster versteckt.

Im Informationen-Fenster des QuickTime Player (⌘+I) sieht man nun auch die Daten zu dem Film, die da wären: Motion-JPEG A Codec mit einer Bildgröße von 219 × 407 Pixeln bei 16,7 Millionen Farben und einer Bildrate von 30 Bildern pro Sekunde. Um das Motiv zu ersetzen, muss ein Film mit den gleichen Einstellungen erzeugt werden, wobei es relativ egal zu sein scheint, welchen Codec man später dafür verwendet. Zur Sicherheit raten wir aber dazu, ebenfalls den Motion JPEG A-Codec zu verwenden. Motion selber bietet sich natürlich hervorragend dafür an. Erstellen Sie einfach ein neues Projekt mit eigenen Einstellungen und geben Sie die entsprechenden Werte ein (siehe Abbildung 5.6). Die Länge (Dauer) bleibt Ihnen überlassen. In dem Apple-Film beträgt die Länge 30 Sekunden. Der Loop wird von Motion durchgeführt.

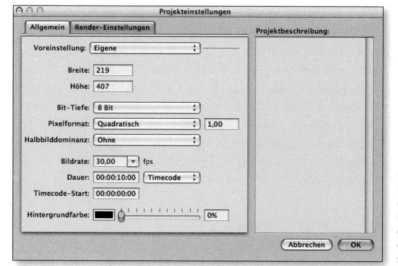

◄ **Abbildung 5.6**
Die Einstellungen für einen neuen Begrüßungsfilm müssen denen der Originaldatei von Apple entsprechen.

Da Sie hier noch nicht lernen, wie man mit Motion auch animiert, gehen wir auf das Thema nicht weiter ein und verweisen an dieser Stelle auf das Kapitel »Animation«. Der Film muss anschließend nach dem Export als QuickTime-Movie mit gleicher Bezeichnung (Welcome.mov) in den Ordner gelegt werden. Bitte beachten Sie dabei genau die Groß- und Kleinschreibung. Der ursprüngliche Film von Apple sollte vorher an sicherer Stelle als Backup aufbewahrt werden. Wenn gar kein Film vorliegt oder etwas mit dem Film nicht stimmt, zeigt Motion ein weißes Feld im Begrüßungsfenster.

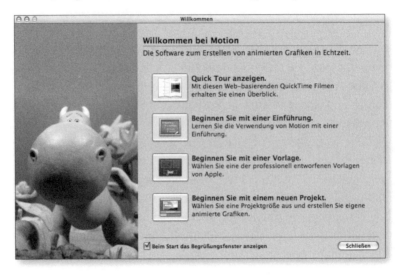

Abbildung 5.7 ▶
Wurde der Willkommensfilm mit den richtigen Einstellungen ausgetauscht, erscheint nun das neue Motiv.

5.1.3 Benutzeroberfläche

Im zweiten Abschnitt der Kategorie ALLGEMEIN finden Sie den Regler VERZÖGERUNG FÜR DROP-PALETTE. Er bezieht sich auf das Importieren per Drag & Drop von Dateien in das Canvas-Fenster, die Timeline oder das Ebenen-Fenster. Wenn man einen Augenblick ein Objekt mit gedrückter Maustaste z. B. über dem Canvas-Fenster hält, erscheinen in einem Kontextmenü, einer so genannten Drop-Palette, weitere Optionen z. B. für den Import. Der Regler für die Verzögerung bestimmt, wie lange es dauern soll, bis dieses Kontextmenü erscheint.

Abbildung 5.8 ▶
Verschiedene Dateiformate, wie Bildsequenzen oder Photoshop-Dateien, bieten beim Import per Drag & Drop über ein Kontextmenü weitere Optionen an.

Tipps anzeigen bestimmt, ob eine Kontexthilfe, auch Popup-Hilfe genannt, erscheint, wenn man mit der Maus z. B. über einem Werkzeug verharrt. Nach kurzer Verzögerung erscheint dann ein Hilfetext, der die Funktion des Werkzeugs erklärt und nach Möglichkeit auch den dazugehörigen Kurzbefehl mitteilt. Es bietet sich also gerade zu Anfang an, diese Hilfe aktiviert zu lassen, vor allem um die Kurzbefehle zu erlernen. Mittlerweile bieten eigentlich alle Programme diese Funktion.

▲ **Abbildung 5.9**
Lassen Sie die Maus einen kurzen Moment über einem Werkzeug oder anderen Funktionen verweilen, so erscheint eine Popup-Hilfe.

5.1.4 Dateiübersicht & Bibliothek

Hier können Sie über das Popup-Menü Anzeige der Ordner bestimmen, ob Ordner in der Dateiübersicht und Bibliothek in alphabetischer Reihenfolge gleichwertig mit allen anderen Dateien erscheinen oder am Ende der Liste angezeigt werden. Zur Auswahl stehen folgende Einträge:

- Unten in der Liste
- Alphabetisch in der Liste

Wir finden die erste Variante praktischer, da man eine Vorsortierung vornimmt und immer weiß, dass die Ordner ganz unten sind, was bei einer Maus mit Scrollrad eine effektivere Bedienung ermöglicht.

Um in der großen Symbolansicht des Dateibrowsers nicht nur das Datei-Icon zu sehen, sollte man die Checkbox für Vorschausymbole einblenden aktiviert lassen. Es kann bei vielen Objekten auch mal einen Moment dauern, bis alle Vorschausymbole erstellt wurden, aber dafür sieht man eben eine Miniaturansicht (Thumbnail) des Bildinhalts. Dabei wird bei QuickTime-Filmen oder Einzelbildsequenzen meistens das erste Bild angezeigt, das oft leider auch schwarz sein kann.

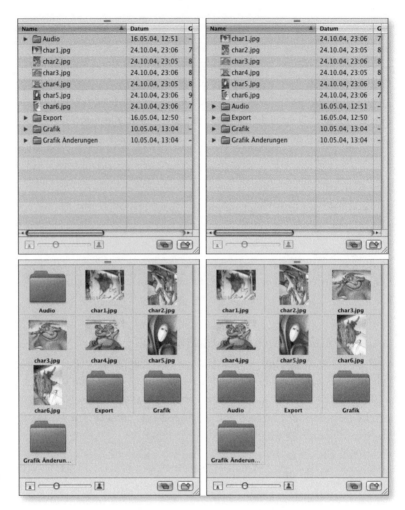

Abbildung 5.10 ▶
Die beiden Sortierungsmöglichkeiten für die Anzeige der Ordner im Vergleich: Links alphabetisch, rechts alle Ordner am unteren Ende der Liste.

Die Dateiübersicht verfügt ganz oben praktischerweise über eine Vorschau, im Prinzip ein eingebauter QuickTime Player. Mit der Option OBJEKTE AUTOMATISCH ÜBER EINEN MAUSKLICK WIEDERGEBEN werden Filme sofort in diesem Wiedergabefenster abgespielt. Das kann auf Dauer recht nervig sein, denn die Wiedergabe findet sofort statt – also nicht nur dann, wenn man ein Objekt mit der Maus anklickt, sondern auch wenn man mit den Cursor-Tasten des Keyboards durch Listen mit Elementen durchscrollen möchte. Besonders störend dabei ist aber die Tatsache, dass auch der Ton mit abgespielt wird und nicht separat deaktiviert werden kann. Daher ist diese Funktion bei uns komplett ausgeschaltet, denn über die große Play-Taste im Vorschaufenster kann man Clips auch manuell abspielen lassen. Auch kann man den Abspielvorgang nicht über einen Tastaturbefehl stoppen oder weiterlaufen lassen und bei großen Videodaten bekommt man auch noch Performance-Probleme, wenn die Festplatte die Datenraten nicht schafft. Wir empfehlen Ihnen daher, diese Option immer zu deaktivieren.

5.1.5 Speicher & Cache

Nur über eine Prozenteingabe kann im Feld PROJEKT-CACHE dem Programm ein Anteil des gesamten Speichers zugewiesen werden. Da Motion bekanntlich äußerst speicherhungrig ist, können Sie davon ausgehen, dass der eingetragene Wert auch komplett aufgefressen wird. Selbst eines unserer PowerBooks wurde auf die von Apple empfohlene Größe von 2 GB aufgerüstet, um das Letzte rauszuholen, aber auch parallel noch weitere Programme bequem öffnen zu können.

Programme wie After Effects, Final Cut Pro oder Photoshop bieten in ihren Voreinstellungen ebenfalls solche Regler, die standardmäßig auch ganz schön aufgedreht sind (After Effects: 120 %, Final Cut Pro: 100 %, Photoshop: 100 %). Trotzdem lassen sich die Programme parallel öffnen und auch verwenden, da Mac OS X den Speicher dynamisch zuweist. Man sollte es nur vermeiden, in allen Applikationen gleichzeitig größere Berechnungen durchführen zu lassen, was zu einem enormen Anwachsen des virtuellen Arbeitsspeichers führen würde – und das System zwingt ständig den echten Speicher, auf die aktive Applikation umzuverteilen, was der Gesamtperformance nicht gerade dienlich ist.

5.1.6 LiveFonts

Der Button LIVEFONTS ZWISCHENGRÖSSEN LÖSCHEN ist leider etwas falsch übersetzt worden. Hier soll eingestellt werden, ob die Zwischengrößen in einen Cache geladen werden, was also genau das Gegenteil bedeutet.

CACHE-PFAD: Die Einstellung für den Pfad bestimmt, wo die Cache-Dateien gespeichert werden. Den Pfad muss man nicht verändern, es sei denn, man verwendet für Cache-Dateien ein anderes Speichermedium als die interne Festplatte.

Da der Cache mit der Zeit bis auf mehrere Gigabyte anwachsen kann, besteht die Möglichkeit, diesen über den Button LIVEFONT CACHE LÖSCHEN zu entleeren. Ob der Cache regelmäßig nach Beenden von Projekten oder des Programms gelöscht wird, konnten wir nicht ermitteln. Eigentlich wäre es ein Unding, wenn dieser Cache nur manuell in Motion gelöscht werden kann.

5.1.7 Inhalt der Bibliothek & Vorlagen

Neu in Motion 2 ist das Setzen eines Pfades für die Library von Motion über PFAD ZUR BIBLIOTHEK. Diese liegt standardmäßig im Pfad USERS/SHARED/MOTION. Lassen Sie sich nicht verunsichern, Motion zeigt hier nur die englische Originalbezeichnung für den Pfad an, wie es z. B. auch das Terminal-Programm von Mac OS X tut – Unix eben. Die deutsche Bezeichnung lautet BENUTZER/FÜR ALLE BENUTZER/MOTION.

▲ **Abbildung 5.11**
In diesem Pfad liegen die Mediendateien von Motion. Sie können die Daten auf ein anderes Medium kopieren und in den Voreinstellungen von Motion zu dem neuen Pfad verlinken.

5.1.8 Plug-Ins von Drittanbietern

Im Kapitel »Anforderungen« auf Seite 156 haben Sie bereits eine Möglichkeit gezeigt bekommen, wie man Plugins von Drittherstellern installieren kann.

Über den SUCHPFAD kann man ein Verzeichnis, in dem sich die Filter befinden (z. B. der Plugin-Pfad von After Effects), auswählen. Wir finden allerdings die auf Seite 156 beschriebene Möglichkeit besser, da man Filter, die nicht funktionieren, auch bequem wieder löschen bzw. deaktivieren kann.

▲ **Abbildung 5.12**
Eine Verlinkung in den Einstellungen von Motion zu dem Pfad, in dem man seine After Effects-Filter von Drittherstellern installiert hat, kann Sinn machen. Allerdings werden nicht alle Filter unterstützt, sodass man besser ein eigenes Verzeichnis anlegt.

5.2 Erscheinungsbild

Kommen wir nun zu der zweiten Kategorie in der Symbolleiste. In den Einstellungen zum ERSCHEINUNGSBILD finden sich einige Einträge für die Darstellung der Benutzeroberfläche.

▲ **Abbildung 5.13**
Die Einstellungen zum Erscheinungsbild sind in vier Unterrubriken aufgeteilt.

5.2.1 Schwebepalette

Mit dem Regler DECKKRAFT DES FENSTERS lässt sich die Deckkraft der SCHWEBEPALETTE einstellen, eines der sicher am häufigsten verwendeten Fenster. Wir sahen keine Notwendigkeit, die Vorgabe von 75 % Deckkraft zu ändern, aber versuchen Sie es ruhig einmal. Die Veränderungen werden dabei dynamisch durchgeführt, sodass man das Einstellungsfenster nicht schließen muss, um den Unterschied zu betrachten.

Abbildung 5.14 ▶
Die Schwebepalette (engl. Dashboard) kommt in Motion oft zum Einsatz.

5.2.2 Piktogramm-Vorschau

Für die Darstellung von transparenten Bereichen bei Objekten und Ebenen in der Ebenenansicht und Medienablage kann man im Popup-Menü HINTERGRUND zwei Möglichkeiten definieren:

▶ SCHACHBRETTMUSTER
▶ FARBE

Abbildung 5.15 ▶
Das Schachbrettmuster links zeigt am deutlichsten die transparenten Bereiche von Objekten und Ebenen. Eine Farbe, hier Schwarz, kann leicht mit einem integrierten Hintergrund verwechselt werden (rechts).

5.2.3 Timeline

Auch im Popup-Menü DARSTELLUNG DER ZEITLEISTE finden sich Einstellungsmöglichkeiten bezüglich einer Piktogramm-Anzeige.

- NAME: Diese Darstellungsform ist sicher die schlichteste Variante und lenkt nicht unnötig ab. Eine gute Benennung vorausgesetzt, behält man auch damit den Überblick in der Timeline.
- NAME UND PIKTOGRAMM: Bei dieser Darstellungsform, die standardmäßig vordefiniert ist, wird je zu Anfang eines Elements ein Startbild dargestellt. Das gilt natürlich nicht für Filter oder Verhalten, sondern nur für importierte Medien sowie in Motion erzeugte Formen, Texte und Partikel. Da diese Darstellung allerdings nur den Status des importierten bzw. erzeugten Objekts wiedergibt und daher für durchgeführte Veränderungen nicht verbindlich ist, lässt sich nur erahnen, ob man das gerade gesuchte Element auch gefunden hat.
- FILMSTREIFEN: Etwas unübersichtlich kann diese Darstellung bei vielen Elementen wirken (siehe Abbildung 5.16). Für das Erkennen von Bildwechseln bei importierten Filmen kann sie hingegen sehr nützlich sein. Ansonsten schlägt diese Darstellungsform auch auf die Performance und sollte daher eher vermieden werden.

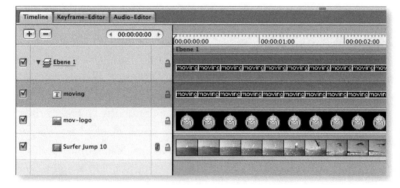

◄ **Abbildung 5.16**
Die Ansicht als Filmstreifen kostet viel Performance.

5.2.4 Statusanzeige

Sehr nützlich sind Möglichkeiten, sich Farbwerte, Positionskoordinaten und die Abspielgeschwindigkeit in der Symbolleiste anzeigen zu lassen.

- FARBE: Befindet sich der Mauszeiger über dem Bildbereich, wird der aktuelle Farbwert mitgeführt und nummerisch in der Symbolleiste dargestellt.
- KOORDINATEN: Mit dieser Anzeige werden die x/y-Positionskoordinaten des Mauszeigers mitgeführt.

▶ Bildrate (nur während der Wiedergabe): Standardmäßig ist nur diese Checkbox aktiviert. Sie bewirkt, dass die Abspielgeschwindigkeit in Bildern pro Sekunde (FPS) eingeblendet wird. Damit lässt sich wissenschaftlich genau erkennen, ob Motion Ihre Erwartungen in puncto Echtzeitfähigkeit erfüllt oder doch nur vor sich herstottert.

> **Echtzeitwiedergabe**
>
> Als Echtzeitwiedergabe würde man streng genommen das bezeichnen, was der Bildrate Ihres Projekts entspricht. Bei einem PAL-Projekt in Standard Definition-Auflösung entspricht dies 25 Bildern pro Sekunde. Da es Motion mit wirklicher Echtzeit-Geschwindigkeit nicht so genau nimmt, bricht die Aufnahme nicht etwa ab, wenn die 25 Bilder nicht erreicht werden, sondern die so genannte Framerate wird einfach verringert, z. B. auf 12 Bilder pro Sekunde. Es gibt viele Faktoren, die Einfluss auf die Echtzeitwiedergabe haben, und wir sind an einigen Stellen auch näher auf das Thema eingegangen (Seite 126, Seite 131).

Im untersten Popup-Menü Farben Anzeigen als stehen verschiedene Darstellungsarten für die Anzeige der Farben zur Verfügung.

▶ RGB: Wird für das Motion-Projekt 8-Bit-Farbtiefe verwendet, dann werden die Farbwerte für Rot, Grün und Blau sowie der Alphakanal in 256 Abstufungen von 0 bis 255 aufgeführt. Verwendet man hingegen das 16- und 32-Bit-Rendering, dann werden aufgrund der Fließkommaberechnung keine Ganzzahlen dargestellt ❶, sondern der Wert 0 bis 1 mit drei Nachkommastellen. Leider ist es schwierig, die Werte mit dem Mac OS X-Farbregler abzugleichen, da dieser immer 8 Bit-Werte wiedergibt ❷.

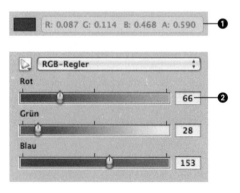

Abbildung 5.17 ▶
Die Farbauswahl von Mac OS stellt RGB-Werte in Ganzzahlen von 0 bis 255 dar (unten), sodass sich diese nicht auf Fließkommawerte bei 16- oder 32-Bit-Rendering übertragen lassen (oben).

- RGB (Prozent): Die Prozentangabe hat den Vorteil, dass man die Anteile der Farbverteilung besser einschätzen kann. Bei der nummerischen Angabe muss man das quasi im Kopf mitrechnen. Man erreicht in der nummerischen Angabe aber eine höhere Genauigkeit, da sich die 100 Stufen bei Prozent nicht exakt in den 256 Stufen abbilden lassen. Bei 16 und 32 Bit wird hingegen wieder das Komma aufgeführt, aber auch hier erreicht die eine Stelle hinter dem Komma bei der Prozentangabe nicht die Genauigkeit der drei Nachkommastellen bei Floating Point.
- HSV: Als letzter Eintrag steht noch HSV (Hue, Saturation, Value/Brightness – auch HSB genannt) zur Auswahl. Dabei wird Hue als 0–360°-Angabe dargestellt, während Saturation und Brightness von 0 % bis 100 % reichen. Auch hier hat man bei den beiden Prozentangaben eine geringere Genauigkeit als bei nummerischen RGB-Angaben, aber die Sättigung wird mit 360 Stufen sogar genauer angegeben, zumindest bei 8 Bit. In 16- und 32-Bit-Farbtiefe ändert sich an der HSV-Darstellung nichts und einen HSB-Farbwähler gibt es auch in der Farbauswahl von Mac OS X.

Die verschiedenen Anzeigen lassen sich auch im laufenden Projekt durch einen Klick mit der rechten Maustaste in die Statusanzeige umschalten.

◀ **Abbildung 5.18**
Über einen Klick mit der rechten Maustaste kann man die Statusanzeige auch im laufenden Projekt ändern.

5.3 Projekt

In der dritten Kategorie finden sich die Einstellungen zum Projekt selbst. Die Einträge, die man hier verändert, wirken sich am stärksten auf das Arbeiten mit Motion aus.

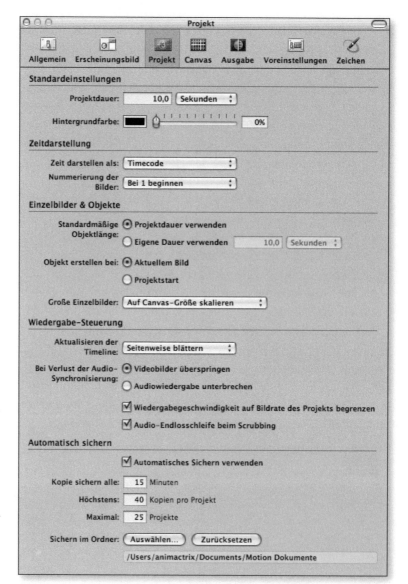

Abbildung 5.19 ▶
Die Einstellungen zum Projekt teilen sich in fünf Unterrubriken auf, deren Einträge großen Einfluss auf die Bearbeitung haben.

5.3.1 Standardeinstellungen

Die PROJEKTDAUER für neu angelegte Projekte ist standardmäßig mit 10 Sekunden vorgegeben. Im Popup-Menü können Sie wählen zwischen

▶ SEKUNDEN für die Projektlänge in Sekunden und
▶ BILDER für die Projektlänge in Einzelbildern.

Für die Projektlänge ist der Wert in Sekunden etwas einfacher abzuschätzen, da die tatsächliche Projektlänge fest definiert wird, unabhängig von der Bildrate (Bilder pro Sekunde). Für die Projektlänge mit der Gesamtanzahl an Bildern muss man mit der Bildrate des Projekts etwas rechnen. Die Bildrate ist in den Projektvorgaben von Motion definiert und beträgt z. B. bei PAL in Standard Definition 25 (Voll-)Bilder pro Sekunde. Eine Projektlänge mit 500 Bildern würde bei dieser Bildrate also 20 Sekunden entsprechen. Bei 50 Bildern pro Sekunde würde die Projektlänge nur noch 10 Sekunden betragen.

Die maximale Projektdauer beträgt 14 400 Sekunden oder 432 000 Einzelbilder.

Die HINTERGRUNDFARBE und ihre Deckkraft können in dem Eintrag darunter für alle Projekte definiert werden. Standardmäßig ist diese auf Schwarz mit 0 % Deckkraft vorgegeben. Möchten Sie eine andere Hintergrundfarbe verwenden, so klicken Sie auf die schwarze Farbfläche und wählen in der Mac OS X-Farbauswahl eine neue Farbe. Die nun ausgewählte Farbe erscheint als Hintergrund im Canvas-Fenster, wenn FARBE im Popup-Menü zu den Kanälen in der Symbolleiste ausgewählt wurde. Falls die Deckkraft verändert wurde, z. B. auf 50 %, dann wird das Schachbrettmuster bei der Darstellung als TRANSPARENZ entsprechend überdeckt.

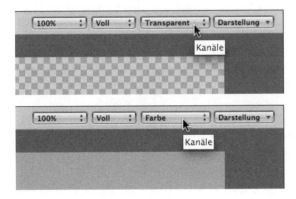

◀ **Abbildung 5.20**
Wurde eine andere Hintergrundfarbe definiert, erscheint sie bei der Kanaldarstellung für Farbe (unten). Wurde auch die Deckkraft z. B. auf 50 % gesetzt, scheint diese auch im Schachbrettmuster durch (oben).

5.3.2 Zeitdarstellung

Diese Rubrik bezieht sich auf die Zählweise der Timeline. Unter ZEIT DARSTELLEN ALS stehen zwei Modi zur Auswahl:

▶ TIMECODE stellt die Projektdauer und die aktuelle Cursor-Position im Timecode-Format des Projektes dar. Für Videoformate ist der Timecode eine gängige Zählweise, bei der Einzelbilder die kleinste Einheit darstellen und mit Stunden, Minuten und Sekunden hoch-

Projekt **179**

gezählt werden. Bei PAL mit 25 Bildern pro Sekunde stellt sich das folgendermaßen dar: Die Einzelbilder zählen immer von 0 bis 24 und beginnen beim fünfundzwanzigsten Bild eine neue Sekunde. Sind 59 Sekunden und 24 Bilder (Frames) erreicht, wird beim folgenden Bild die erste Minute gezählt. Nach 60 Minuten, 59 Sekunden und 24 Frames zählt man die erste Stunde. Die Werte sind durch Doppelpunkte voneinander getrennt, sodass ein Timecode für eine Stunde, 45 Minuten, 30 Sekunden und 15 Frames folgendermaßen erscheint: 01:45:30:15.

▶ BILDER stellt die Projektdauer und die aktuelle Cursor-Position in Einzelbild-Zählweise dar. Dabei wird in der Timeline einfach nur fortlaufend hochgezählt. Der Timecode mit einer Länge von 01:45:30:15 würde 158265 Einzelbildern entsprechen.

Wir verwenden meistens die Timecode-Anzeige, da Einzelbilder hauptsächlich im Filmbereich verwendet werden. Es kann allerdings vorkommen, dass man gewisse rhythmische Animationen erstellen möchte, z.B. alle 22 Bilder eine bestimmte Bewegung. Dann ist es praktischer, die Zählweise als Einzelbilder zu verwenden, da man damit einfacher rechnen kann.

Zwischen Timecode- und Einzelbild-Zählweise kann man mit nur einem Mausklick im laufenden Projekt wechseln, sodass die hier vorgenommene Einstellung nur für die erste Darstellung in einem neu angelegten Projekt gilt.

Abbildung 5.21 ▶
Mit nur einem Mausklick auf das Ziffernsymbol kann man im laufenden Projekt zwischen Timecode- und Einzelbild-Zählweise umschalten.

 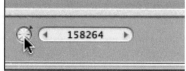

Haben Sie sich in den Voreinstellungen für die Zählweise mit Einzelbildern entschieden, so kann in dem Popup-Menü NUMMERIERUNG DER BILDER noch definiert werden, wie das erste Bild gezählt werden soll.

▶ BEI 0 BEGINNEN: In dieser Einstellung wird das erste Bild immer als 0 gezählt und alle weiteren Bilder entsprechend fortlaufend. Die Zählweise mit 0 beginnen zu lassen, mag auf der einen Seite logisch erscheinen, allerdings stimmt diese Methode nicht mit der tatsächlichen Anzahl an Bildern überein, sodass man gedanklich immer ein Bild dazuzählen müsste.

- Bei 1 beginnen: In der Standardeinstellung von Motion wird das erste Bild immer als 1 gezählt und alle weiteren Bilder entsprechend fortlaufend. In After Effects ist es z. B. andersherum, sodass Anwender vielleicht lieber Motion an After Effects anpassen als andersherum. Shake beginnt standardmäßig auch wie Motion mit 1 zu zählen.

Um noch mal das Rechenbeispiel von eben aufzurufen: Das Projekt mit einer Länge von einer Stunde, 45 Minuten, 30 Sekunden und 15 Frames (01:45:30:15) hätte als letztes Bild den Timecode 01:45:30:14, da der Timecode immer bei 0 zu zählen anfängt. Bezogen auf Einzelbilder wäre das die bereits errechnete Anzahl von 158265. Würde die Nummerierung der Bilder mit 0 beginnen, dann würde das letzte Bild auf den Wert 158264 lauten. Beginnt die Nummerierung hingegen mit 1, dann sind Dauer und Position gleich.

5.3.3 Einzelbilder & Objekte

Der nächste Eintrag bezieht sich auf die Einzelbilder und Objekte, die in die Timeline eingefügt werden.

Standardmässige Objektlänge: Einzelbilder, die Sie importieren und Objekte wie Formen oder Masken, die Sie erstellen, bekommen beim Einfügen in die Timeline eine bestimmte Objektlänge zugewiesen.

- Projektdauer verwenden: Soll diese Dauer der Länge des gesamten Projekts entsprechen, dann wählen Sie diese Option. An dieser Einstellung gibt es im Prinzip nichts auszusetzen, denn in Motion können jegliche Elemente in der Timeline sehr schnell auf die gewünschte Länge getrimmt werden (Seite 225).
- Eigene Dauer verwenden: Möchte man aber z. B. viele einzelne Bilder importieren, die alle in einer bestimmten Länge aneinander gereiht werden sollen, dann wäre es schlau, vor dem Export genau diese gewünschte Länge hinter der aktivierten Checkbox einzutragen. Für die Dauer stehen in einem Popup-Menü wieder die beiden Zeitwerte Sekunden und Bilder zur Verfügung.

Importierte Bilder oder auch erzeugte Formen und Masken müssen in der Zeitachse an einer bestimmten Stelle eingefügt werden. Der Eintrag Objekte erstellen bei bietet zwei Optionen:

- AKTUELLEM BILD: Die Standardeinstellung sieht vor, dass die Elemente an der aktuellen Position der Zeitmarke eingefügt werden.
- PROJEKTSTART: Wählen Sie diese Option für das Einfügen am Anfang des Projektes.

GROSSE EINZELBILDER: Neu in Version 2 hinzugekommen sind die automatischen Anpassungsmöglichkeiten für das Einfügen großer Einzelbilder. Drei Varianten stehen zur Auswahl:

- KEINE AKTION: Motion importiert große Bilder, ohne eine Veränderung der Bildgröße vorzunehmen. Die Bilder werden durch den Bildausschnitt des Projektes beschnitten. Bildgrößen über 2048 Pixel werden zwar importiert, aber Motion bringt eine Fehlermeldung, sofern man nicht die Geforce 6800-Grafikkarte verwendet, deren Grenze erst bei der 4k-Auflösung liegt (siehe Seite 131).
- AUF CANVAS-GRÖSSE SKALIEREN: Motion importiert große Bilder und skaliert sie auf Projektgröße. Die Anpassung findet über den Skalierungs-Parameter in den allgemeinen Eigenschaften statt. Bei zu großen Abmessungen bringt Motion ebenfalls eine Fehlermeldung hervor.

Abbildung 5.22 ▶ Werden große Bilder beim Einfügen in die Timeline auf Canvas-Größe skaliert, dann wird die Originalgröße in den Medieneinstellungen beibehalten (links). Die Anpassung findet über den Skalierungs-Parameter statt (rechts).

- AUF CANVAS-GRÖSSE REDUZIEREN: Motion importiert große Bilder und passt die Bildgröße in den Medieneinstellungen an. Dadurch wird bei zu großen Abmessungen keine Fehlermeldung hervorgebracht.

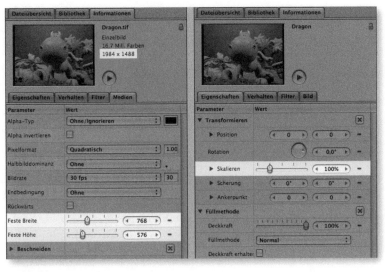

▲ **Abbildung 5.23**
Werden große Bilder beim Einfügen in die Timeline auf Canvas-Größe reduziert, dann wird die Originalgröße in den Medieneinstellungen angepasst (links). Die Skalierung in den Eigenschaften bleibt unangetastet (rechts).

5.3.4 Wiedergabe-Steuerung

Das Popup-Menü AKTUALISIEREN DER TIMELINE bestimmt, wie der Laufzeitbewegung des Timeline-Zeitmarkers gefolgt werden soll. Drei verschiedene Funktionsweisen stehen zur Auswahl:

- NICHT AKTUALISIEREN: Die Zeitmarke fährt rechts aus dem Ansichtsbereich raus. Diese Funktion benötigt die geringste Performance auf dem System.
- SEITENWEISE BLÄTTERN: Immer wenn die Zeitmarke das rechte Ende des Fensters erreicht hat, springt der Ansichtsbereich so weit nach vorne, dass die Zeitmarke wieder ganz links am Anfang steht und weiterläuft.
- KONTINUIERLICH BLÄTTERN: Diese Variante ist sicher am elegantesten. Hierbei scrollt der Inhalt des Ansichtsbereichs mittig zur Zeitmarke mit. Warum das Lokalisierungsteam ausgerechnet den Begriff »Blättern« gewählt hat, ist uns nicht ganz klar. Eine Timeline, die aus Seiten besteht, ist uns jedenfalls noch nicht untergekommen und »Scrollen« kann man auch im Deutschen verwenden, aber zu dem Thema gibt es noch etwas sehr Amüsantes auf Seite 203 zu berichten.

Motion bietet auch **Audiowiedergabe** an, jedoch handelt es sich eben nicht um ein Editing-Programm wie Final Cut Pro, bei dem Video- und Audiosynchronisation höchstes Gebot sind. Motion muss während des Abspielens viele Berechnungen durchführen, sodass es zu Aussetzern in der Wiedergabe kommen kann. Dabei kann auch die Synchronisation zwischen Video und Audio verloren gehen und im Eintrag BEI VERLUST DER AUDIOSYNCHRONISIERUNG gibt es zwei Auswahlmöglichkeiten, wie damit umgegangen werden soll:

- VIDEOBILDER ÜBERSPRINGEN: Die Audiowiedergabe genießt die höhere Priorität, sodass Videobilder ausgelassen bzw. übersprungen werden (Drop Frames).
- AUDIOWIEDERGABE UNTERBRECHEN: Video genießt die höhere Priorität, sodass Audio angehalten und neu angesetzt wird.

WIEDERGABEGESCHWINDIGKEIT AUF BILDRATE DES PROJEKTES BEGRENZEN: Diese Option sollte aktiviert sein, da es wenig Sinn macht, mehr Bilder pro Sekunde berechnen zu lassen, als in den Projekteinstellungen vorgegeben sind. Für PAL würde beispielsweise so die abgespielte Bildrate bei 25 Bildern pro Sekunde begrenzt bleiben, auch wenn das System vielleicht eine höhere Bildrate schaffen könnte. Man kann damit natürlich seine Performance etwas testen und Motion praktisch als Benchmark-Tool heranziehen, aber derzeit ist es wohl noch eher so, dass man schon froh ist, wenn die Echtzeitgeschwindigkeit einigermaßen erreicht wird.

AUDIO-ENDLOSSCHLEIFE BEIM SCRUBBING: Möchte man bei gedrückter Maustaste an gehaltener Zeitmarke das Audio-Scrubbing als Endlosschleife hören, dann sollte diese Einstellung aktiviert werden.

Audio-Scrubbing

Wird die Zeitmarke im Audio-Editor mit gedrückter Maustaste nach rechts und links verschoben, dann versteht man das bei Audio als Scrubbing. Bei Video kann man es auch als Shutteln bezeichnen. Während man bei Video das jeweilige Bild zur Position der Zeitmarke sieht, hört man bei Audio den entsprechenden Ton dazu. In Motion hört man den Ton beim Scrubbing erst mal nur im Audio-Editor. Um das Scrubbing auch in der Timeline zu hören, muss die Alt -Taste gedrückt werden. Wir finden, das ist zeitweise etwas nervig, auch wenn es dienlich sein kann, markante Stellen im Audiomaterial genau anzufahren. Das Scrubbing kann zum Glück auch komplett deaktiviert werden (siehe Abbildung 5.24).

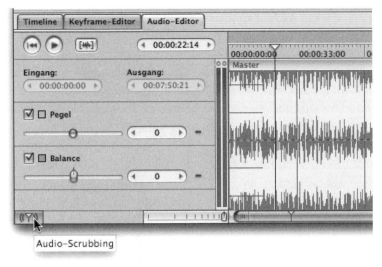

▲ **Abbildung 5.24**
Unten links in der Timeline lässt sich im Audio-Editor das Scrubbing deaktivieren.

5.3.5 Automatisch sichern

Wie in Final Cut Pro gibt es in Motion 2 nun auch eine Autosave-Funktion, um Projekte in regelmäßigen Abständen automatisch abspeichern zu lassen.

Aktivieren Sie die Checkbox AUTOMATISCHES SICHERN VERWENDEN, wenn Sie die Autosave-Funktion nutzen möchten. Wurde die Option aktiviert, stehen verschiedene Einstellungsmöglichkeiten zur Verfügung:

- KOPIE SICHERN ALLE: Tragen Sie hier ein, in welchem Abstand eine Sicherungskopie erstellt werden soll. Standardmäßig sind Abstände von 15 MINUTEN vorgesehen. Maximal kann jede Minute gesichert werden.
- HÖCHSTENS: Tragen Sie hier ein, wie viele Kopien eines Projektes höchstens gespeichert werden sollen. Standardmäßig werden bis zu 40 KOPIEN PRO PROJEKT gespeichert. Maximal können 100 Kopien gespeichert werden.
- MAXIMAL: Tragen Sie hier ein, von wie vielen verschiedenen Projekten maximal eine Sicherungskopie erstellt werden soll. Ältere Sicherungskopien werden so mit der Zeit automatisch gelöscht. Standardmäßig werden Sicherungskopien für 25 Projekte aufgehoben. Maximal können Sicherungskopien für 100 Projekte aufbewahrt werden.

Bei höchstens 40 Kopien pro Projekt und maximal 25 Projekten sind so also 1000 Sicherungskopien möglich. Maximal könnten 10 000 Sicherungskopien verwaltet werden.

SICHERN IM ORDNER: Wählen Sie einen individuellen Speicherpfad für die Sicherungskopien Ihrer Projekte, indem Sie auf den Button AUSWÄHLEN klicken. Hier macht es Sinn, ein separates Volume wie eine zweite Festplatte, ein RAID-System oder einen FileServer zu wählen, wenn man sich gegen Festplatten-Abstürze schützen will. Über den Button ZURÜCKSETZEN wird wieder der Standardpfad von Motion gesetzt. In der Zeile darunter wird der aktuelle Pfad immer angezeigt, auch hier wieder in englischer Unix-Schreibweise.

Um eine Sicherungskopie aufzurufen, wählen Sie im Menü ABLAGE • PROJEKT WIEDERHERSTELLEN. Dazu muss das wiederherzustellende Projekt geöffnet sein. Ein neues Fenster öffnet sich, in dem Sie die verschiedenen Sicherungsstände auswählen können.

Abbildung 5.25 ▶
Um in einem geöffneten Projekt zu einem früheren Stadium einer Sicherungskopie zurückzukehren, kann man ein Projekt wiederherstellen lassen.

Wollen Sie ein Projekt wiederherstellen, von dem Sie die Referenz nicht öffnen können, dann müssen Sie manuell im Speicherpfad nach einer Sicherungskopie suchen. Die Bezeichnung findet nach folgendem Schema statt: Projektname_Jahr_Monat_Tag_StundenMinuten.motn.

5.4 Canvas

Mit der vierten Kategorie sind wir nun in der Mitte angekommen – holen Sie sich also ruhig eine Erfrischung. In den Einstellungen, die hier vorgenommen werden, geht es hauptsächlich um die Darstellung im Canvas-Fenster. Das Canvas ist die visuelle Darstellung der Timeline, also das eigentliche Projekt. Im Canvas finden auch viele Arbeitsschritte statt, die überwiegend mit der Maus durchgeführt werden.

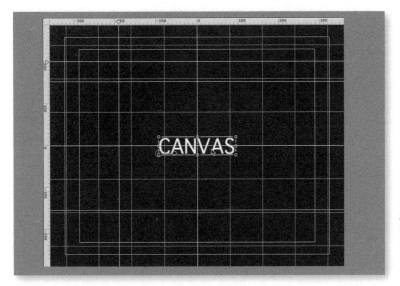

◄ **Abbildung 5.26**
Die Canvas-Anzeige ist standardmäßig erst mal nur schwarz auf grauem Grund. Mit eingeblendeten Hilfslinien, Gittern und Bereichsrahmen wird das Ganze bunter.

Wir möchten an dieser Stelle noch einmal darauf hinweisen, dass Sie in der vorherigen Kategorie zum Projekt bereits die schwarze Hintergrundfarbe des Canvas ändern konnten. Genauso kann man statt der Farbe auch das Schachbrettmuster anzeigen lassen. In dieser Kategorie geht es hauptsächlich um die Farben der in Abbildung 5.26 dargestellten Linien, aber auch die Positionen der Bereichsrahmen sowie das Einrastverhalten von Objekten.

◄ **Abbildung 5.27**
In der Kategorie für das Canvas lassen sich Farben für Hilfslinien und Rahmen festlegen, aber auch Positionen und wie sich Objekte beim Einrasten verhalten.

5.4.1 Hintergrund

Die CANVAS-FARBE sieht nur ein Farbfeld vor. Durch einen Klick in das Farbfeld kann man im Mac OS X-Farbwähler einen neuen Farbton für den standardmäßig grauen Bereich rund um das Bild einstellen.

Ein Problem bei dieser und jeder anderen Änderung der Farbwerte in den Einstellungen von Motion ist das Zurücksetzen auf die Standardwerte. Während schwarze Farbwerte relativ einfach wiederherzustellen sind, gestaltet sich das in dieser Kategorie etwas schwieriger. Ohne die Voreinstellungsdatei zu löschen, kann man die Originaleinstellungen kaum wiederherstellen, es sei denn, man schreibt sich die Farbwerte auf. Bis Apple dies vielleicht ausbessert und einen Reset-Button einbaut, sind wir so freundlich und schreiben die Farbwerte für Sie nieder. Im Fall der Canvas-Farbe sind das die Werte 79 für Rot, 86 für Grün und 99 für Blau (alles natürlich in 8 Bit auf einer Werteskala von 0 bis 255). Bei Motion 1.0.x war der Farbton übrigens heller (98, 105, 117), falls Sie das schöner fanden.

5.4.2 Ausrichtung

In Motion können Sie sich ein Hilfsgitter einblenden lassen, um Objekte z. B. genauer anordnen zu können. Der Regler für den GITTERABSTAND bestimmt das Raster des Gitters. Obwohl sich der Regler nur bis 300 Pixel ziehen lässt, können Sie in das Feld daneben eine Abstandsgröße von bis zu 1000 Pixel eintragen.

Das Gitter ist eigentlich ein quadratisches Raster, mit dessen Hilfe Objekte leicht positioniert werden können. »Eigentlich« heißt in diesem Zusammenhang, dass es nur quadratisch ist, wenn man auch mit einem quadratischen Pixelformat arbeitet.

Falls Sie ein Neuling in Sachen digitales Video sind, so müssen wir zunächst auf das Kapitel »Videogrundlagen« verweisen, wo dieser Wahnsinn erläutert wird. Ansonsten sei darauf hingewiesen, dass in D1-, DV-, DVCPRO HD- und HDV-Projekten in der Regel nicht-quadratische Pixel verwendet werden. Wenn Sie nun eine quadratische oder kreisrunde Form in Motion erstellen, dann stimmt diese nicht mit den Proportionen des an sich quadratischen Gittermusters überein. Machen Sie sich keine Sorgen, denn die Formen stimmen, nur das Gitter ist falsch. Das wird Apple sicher noch glatt bügeln. Verwenden Sie z. B. in einem Multimedia-Projekt quadratische Pixel, dann stimmt das Raster mit den erzeugten Formen überein. Wie gesagt, es ist nur ein Darstellungsproblem des Gitters. Die Formen selbst sind korrekt.

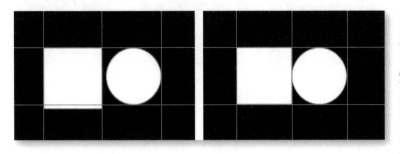

◄ **Abbildung 5.28**
Eine quadratische oder kreisrunde Form passt nicht ganz in das quadratische Raster, wenn ein DV-Projekt mit nicht-quadratischen Pixeln angelegt wurde (links). Bei Projekten mit quadratischen Pixeln stimmt es (rechts).

GITTERFARBE: Die Farbe für das Gitter kann im dazugehörigen Farbfeld ebenfalls geändert werden. Diese steht standardmäßig auf 50 % Grau, was bei allen drei RGB-Werten dem Wert 127 entspricht.

Sie können das Gitter ein- und ausblenden, indem Sie im Menü DARSTELLUNG • ÜBERLAGERUNG • GITTER wählen. Der Tastaturbefehl dazu ist ⌘+⇧+#.

FARBE FÜR HILFSLINIEN: Damit Sie die Auswirkungen der Farbänderungen für die Hilfslinien sehen können, müssen erst mal welche angezeigt werden. Das funktioniert am besten, indem man die Hilfslinien per Drag & Drop aus dem Lineal herauszieht. Allerdings muss dazu auch das Lineal über das Menü DARSTELLUNG oder den Tastaturbefehl ⌘+⇧+R eingeblendet sein. Um Hilfslinien wieder zu entfernen, werden sie einfach nach oben und unten oder rechts und links aus dem Canvas herausgezogen und losgelassen (siehe Abbildung 5.29).

Hat man das Lineal nicht eingeblendet, kann man die Linien auch aus dem Menü hinzufügen. Dazu wählt man im Menü DARSTELLUNG • HILFSLINIEN • VERTIKALE HILFSLINIE HINZUFÜGEN oder HORIZONTALE HILFSLINIE HINZUFÜGEN. Die Linien erscheinen immer mittig ausgerichtet und können nachträglich mit der Maus justiert werden. Damit man Hilfslinien nicht während der Bearbeitung verschiebt, kann man diese auch schützen. Den Befehl findet man im gleichen Menüeintrag. Genauso findet man dort auch die Befehle, um Hilfslinien freizugeben bzw. alle auf einen Schlag zu entfernen.

Die Standardfarbwerte für die Hilfslinien sind 255 für Rot, 255 für Grün und 0 für Blau. Der Tastaturbefehl lautet ⌘+⇧+,.

Abbildung 5.29 ▶
Die Hilfslinien können einfach aus dem Lineal herausgezogen werden (links). Genauso zieht man sie wieder aus dem Bereich heraus (Mitte) und lässt die Maus los, was die Linie verpuffen lässt (rechts).

Farbe für dynamische Hilfslinien: Auch die dynamischen Hilfslinien sind in einem neuen Projekt erst mal nicht zu sehen. Die dynamischen Hilfslinien lassen sich nicht individuell einstellen, sondern werden automatisch von Motion erzeugt. Die beiden ersten dynamischen Hilfslinien, die es immer gibt, dienen der Zentrierung zur vertikalen und horizontalen Mitte (siehe Abbildung 5.30, links). Werden weitere Elemente im Canvas platziert, dann können sie anhand der dynamischen Hilfslinien aufeinander ausgerichtet werden. Dieses Prinzip kennt man auch schon aus den Programmen DVD Studio Pro und Keynote. Schneller und praktischer kann man Objekte nicht ausrichten und die Funktion ist wirklich sehr nützlich. Um die dynamischen Hilfslinien ein- und auszublenden, wählt man sie im Menü Darstellung • Überlagerung aus oder nutzt den Tastaturbefehl ⌘+⇧+.. Wichtig dabei ist auch, dass im Menü Darstellung das Einrasten (Kurzbefehl: N) aktiv ist, sonst würden die dynamischen Hilfslinien ja keinen Sinn machen.

Die Standardfarbwerte für die dynamischen Hilfslinien lauten ebenfalls 255 für Rot, 255 für Grün und 0 für Blau.

Abbildung 5.30 ▶
Dynamische Hilfslinien gibt es in zwei Varianten: einmal als Zentrierung zum Canvas (links) und zum zweiten, um Elemente untereinander auszurichten (rechts).

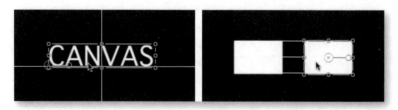

Position des Lineals: Das Lineal hatten wir ja eben schon erwähnt und es spricht eigentlich nichts dagegen, es permanent eingeblendet zu haben. Im Popup-Menü lässt sich bestimmen, wo der Null-Schnittpunkt der beiden X- und Y-Achsen platziert sein soll. Zur Auswahl stehen:

▶ Unten links: Der Nullpunkt wird in die untere, linke Ecke gelegt.

- Oben links: Der Nullpunkt wird in die obere, linke Ecke gelegt (Standard).
- Oben rechts: Der Nullpunkt wird in die obere, rechte Ecke gelegt.
- Unten rechts: Der Nullpunkt wird in die untere, rechte Ecke gelegt.

5.4.3 Bereichsrahmen

Der Bereichsrahmen wurde im Kapitel »Videogrundlagen« auf Seite 110 schon erklärt. Es handelt sich hierbei um die auch als Title Safe und Action Safe bezeichneten Bereiche. Konstruktionsbedingt kann zumindest der Title Safe von gängigen Röhrenfernsehsystemen nicht dargestellt werden.

Sichtbarer Bereich: Der Regler legt den Abstand des Action Safe zum Bildrand fest. Hier geht es wirklich um den auf Röhrenfernsehern technisch nicht mehr darstellbaren Bereich. Die Standardeinstellung mit 90 % kann als verbindlich angesehen werden und entspricht neben zahlreichen Dokumentationen auch den Vorgaben in Final Cut Pro und After Effects.

Titelbereich: Der Regler legt den Abstand des Title Safe zum Bildrand fest. Hier geht es eher um einen ästhetischen Abstand zum noch darstellbaren Bildrand. Die Standardeinstellung mit 80 % kann ebenfalls als verbindlich angesehen werden.

Wie bereits im Kapitel »Videogrundlagen« beschrieben, gibt es in Zeiten von Flachbildschirmen und Beamern kaum noch einen klar definierten Bereichsrahmen. Wenn Sie auf Nummer sicher gehen wollen, dann halten Sie sich an die vordefinierten Bereichsrahmen.

Farbe des Rahmens: Eine Farbe können Sie dafür natürlich auch festlegen. Die Originalfarbe hat die Werte 0 für Rot, 192 für Grün und 255 für Blau.

Sie finden den Bereichsrahmen ebenfalls im Menü Darstellung unter Überlagerung oder über den Kurzbefehl ⇧+#.

5.4.4 Filmbereich

Einen vergleichbaren Bereichsrahmen für Film gibt es in der Form nicht, doch Motion bietet eine Anzeige für Filmbereiche. Hierbei handelt es sich um Hilfslinien, die z. B. in einem 4:3-Projekt einen 16:9-Bereich anzeigen können (siehe Abbildung 5.31). Aus den Vorgaben des Popup-Menüs SEITENVERHÄLTNIS können auch andere Filmformate gewählt werden oder man gibt einen individuellen Wert ein:

- HIGH DEFINITION 16:9: Zeigt den Cache im Verhältnis 16:9. Das Verhältnis zwischen Höhe und Breite beträgt 1,78 zu 1.
- ACADEMY STANDARD 4:3: Zeigt den Cache im Verhältnis 4:3. Das Verhältnis zwischen Höhe und Breite beträgt 1,33 zu 1.
- ACADEMY FLAT 1,85:1: Zeigt den Cache dieses Wide Screen-Formats im Verhältnis 1,85 zu 1.
- ANAMORPHIC SCOPE 2,35:1: Zeigt den Cache des Cinemascope-Formats im Verhältnis 2,35 zu 1.
- EIGENE: Hier können in das nebenliegende Feld eigene Werte eingetragen werden. Der Wert steht immer im Verhältnis zu eins, also für europäische Filmformate beispielsweise 1,67 zu 1.

FARBE DES FILMBEREICHS: Auch hier kann eine eigene Farbe definiert werden. Die Standardfarbwerte sind 255 für Rot, 127 für Grün und 0 für Blau.

Diese Funktion in Motion kann in vielerlei Hinsicht nützlich sein, aber auch hier haben wir beim Hilfsgitter feststellen müssen, dass der Filmbereich nur korrekt dargestellt wird, wenn man in Projekten mit quadratischen Pixeln arbeitet. Der Filmbereich findet sich im Menü DARSTELLUNG ebenfalls bei den ÜBERLAGERUNGEN und kann auch mit dem Tastaturbefehl ⇧+2 ein- und ausgeblendet werden.

Abbildung 5.31 ▶
Die Linien für den Filmbereich helfen, die Lage von Formaten mit anderen Seitenverhältnissen abzuschätzen. Hier wurde das 2k-Motiv in einem 4:3-Projekt mit 16:9-Filmbereich verwendet.

5.4.5 Einrasten

Die letzte Rubrik in dieser Kategorie betrifft das Einrasten von Objekten z. B. an Hilfslinien. Wir haben bereits erwähnt, dass das Einrasten mit der Taste [N] aktiviert und deaktiviert werden kann.

Im Popup-Menü OBJEKTE EINRASTEN BEI stehen drei Vorgaben zur Auswahl:

- MITTEN ❶: Objekte werden nur an ihrem Mittelpunkt ausgerichtet.
- KANTEN ❷: Objekte werden nur an ihren Kanten ausgerichtet.
- MITTEN UND KANTEN ❸: Objekte werden an ihrem Mittelpunkt und ihren Kanten ausgerichtet.

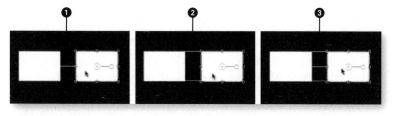

▲ Abbildung 5.32
Die verschiedenen Optionen für das Einrasten von Objekten

5.5 Ausgabe

Kommen wir zur Kategorie für die Ausgabe. Hier gibt es nur noch eine Rubrik. Die Glätten-Einstellung aus Version 1.0.x, mit der man die Qualität für Skalierungen bestimmen konnte, ist in Motion 2 zu den Render-Einstellungen der Projekteinstelllungen abgewandert, die auf Seite 630 erklärt werden.

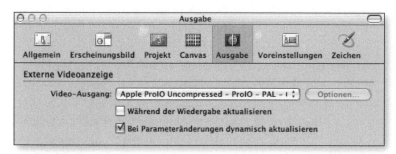

▲ Abbildung 5.33
In der Einstellung für die externe Videoanzeige kann Videohardware für die Ausgabe des Motion-Projektes genutzt werden.

5.5.1 Externe Videoanzeige

Im Popup-Menü Video-Ausgang kann eine installierte Videohardware oder ein zweiter Computermonitor für die Videoausgabe des Motion-Projektes genutzt werden. Zur Auswahl stehen die DV-Formate, sobald über FireWire ein Gerät angeschlossen wurde. Parallel dazu wird Final Cut Pro-kompatible Videohardware von Drittherstellern unterstützt, wie z. B. die AJA Io oder PCI-Karten von Blackmagic Design. Wenn Sie einen zweiten Computermonitor angeschlossen haben, dann steht auch die so genannte Digital Cinema Desktop Preview zur Verfügung. Hierbei handelt es sich um die günstigste Videoausgabe, vor allem auch für HD-Formate. Bei der Cinema Desktop Preview stehen folgende Modi zur Verfügung:

- Digital Cinema Desktop Preview: Das Motion-Projekt wird ohne Skalierung, jedoch mit einem Ausgleich für das korrekte Seitenverhältnis ausgegeben. Ist die Bildgröße des Projektes kleiner als die verwendete Auflösung des Ausgabemonitors, wird um das Bild herum ein schwarzer Rand gezeigt. Ist die Bildgröße des Projektes größer als die Auflösung des Monitors, wird das Bild an die Monitorauflösung angepasst, also kleiner skaliert.
- Digital Cinema Desktop Preview – Vollbild: Die Ausgabe des Projektes wird auf dem Ausgabemonitor so skaliert, dass es Bildschirm füllend ist. Stimmen die Seitenverhältnisse des Projektes nicht mit denen des Ausgabemonitors überein, so entstehen entweder oben und unten oder links und rechts schwarze Balken.
- Digital Cinema Desktop Preview – Raw: Es findet überhaupt keine Skalierung und kein Ausgleich statt. Projekte mit nicht-quadratischen Pixeln erscheinen mit falschen Proportionen. Ist die Bildgröße eines Projektes größer als die Auflösung des Ausgabemonitors, wird nur ein Ausschnitt angezeigt. Bei diesem Modus wird also jeder einzelne Pixel des Projektes auf einem Bildpunkt des Monitors abgebildet, ohne Skalierung, ohne Interpolation.

Wenn Sie Videohardware verwenden, dann müssen die Projekteinstellungen mit den Formateinstellungen der verwendeten Videohardware übereinstimmen. Für DV, DVCPRO und DVCPRO50 bei PAL muss beispielsweise auch ein PAL-Projekt in Standard Definition angelegt sein, um zumindest beim Abspielen ausgegeben zu werden. Bei High Definition-Projekten oder zu großen, nicht videokonformen Bildgrößen wird z. B. nur ein Ausschnitt über Standard Definition-Videohardware ausgegeben. Andersherum, bei zu kleinen Bildgrößen werden schwarze Ränder um das Bild herum gezeigt. Motion macht also kein Up- oder Downscaling.

WÄHREND DER WIEDERGABE AKTUALISIEREN: Sie können hier bestimmen, ob die Videoausgabe auch während des Abspielvorgangs stattfinden werden soll. Gerade hier macht sich aber auch der Einfluss auf die Geschwindigkeit bemerkbar. Die Echtzeit-Performance sinkt rapide ab. Möchten Sie lieber einige Bilder pro Sekunde mehr aus dem System herauskitzeln, dann lassen Sie diese Option am besten deaktiviert. Schafft der Rechner die Ausgabe in der vollen Bildrate, so erhält man eine verbindliche Wiedergabe, wie das tatsächliche Ergebnis aussehen wird. Eine RAM-Vorschau empfiehlt sich in diesem Fall auch eher, da bei dieser Wiedergabe versucht wird, den Abspielbereich, eine Auswahl oder das Projekt komplett in den Arbeitsspeicher zu laden, was dazu führt, dass gar keine Zugriffe mehr auf die langsamere Festplatte stattfinden. Für die Darstellung mit Halbbildern gilt, dass dies zu einer erneuten Performanceeinbuße führt, da nun 50 Halbbilder berechnet werden müssen.

BEI PARAMETERÄNDERUNGEN DYNAMISCH AKTUALISIEREN: Diese Option haben wir immer aktiviert, wenn wir die Videoausgabe verwenden. Werden Veränderungen im Canvas-Fenster durchgeführt, z. B. das Vergrößern oder Verschieben von Objekten mit der Maus, dann werden die Veränderungen direkt auf die Videoausgabe übertragen. Bleibt diese Option deaktiviert, so werden die Änderungen nur aktualisiert, wenn die Maus oder der Regler losgelassen bzw. eine nummerische Einstellung mit der ⏎-Taste bestätigt wird.

5.6 Voreinstellungen

Bei diesen Voreinstellungen, in der englischen Version als »Presets« bezeichnet, handelt es sich um die **Projekt- sowie Exportvorgaben**, die man auswählen kann. Diese werden von Motion mitgeliefert und basieren auf Standardwerten für verschiedene Formate. Auch so etwas findet man mittlerweile bei vielen Programmen vor, sodass die Einstellungen innerhalb der Vorgaben bei geübten Anwendern schon bekannt sein sollten. Wir werden natürlich auf die einzelnen Einträge eingehen und alles genau erläutern.

Motion bietet diesbezüglich sehr genaue und umfangreiche Einstellungen, aber in diesem Kapitel werden wir Sie noch verschonen.

Im Kapitel »Projektmanagement« auf Seite 742 erfahren Sie stattdessen alles zu den Projektvoreinstellungen. Die Exporteinstellungen werden wir im Kapitel »Projekte ausgeben« auf Seite 667 behandeln.

5.7 Zeichen

Wie bereits im Kapitel »Anforderungen« erwähnt wurde, unterstützt Motion Wacom-Tabletts, um bestimmte Funktionen direkt mit dem Stiftwerkzeug ausführen zu lassen. Die Aktivierungsmöglichkeit und einige Einstellungen finden sich in der letzten Kategorie.

Um überhaupt die ZEICHEN, also Befehle per Stiftbewegung, nutzen zu können, muss dazu die Schrifterkennung in den Systemeinstellungen eingeschaltet sein. Dazu klicken Sie einfach auf den Button SYSTEMEINSTELLUNG »INK« ÖFFNEN oder rufen die entsprechende Systemeinstellung direkt auf. Sollte die Systemeinstellung »Ink« nicht verfügbar sein, dann ist wahrscheinlich der Treiber für das Wacom-Tablett nicht installiert oder die Verbindung über USB konnte nicht hergestellt werden.

▲ **Abbildung 5.34**
Um die Zeichen in Motion benutzen zu können, muss die Schrifterkennung im System aktiviert sein. Die entsprechende Systemeinstellung kann direkt aus Motion gestartet werden.

In der Systemeinstellung INK muss die Handschrifterkennung aktiviert werden. Klicken Sie bei ERKENNUNG DER HANDSCHRIFT IST: auf den Button EIN. Nun können Sie direkt zu Motion zurückkehren oder zunächst die Schrifterkennung testen.

Wenn die Option IN JEDEM PROGRAMM INK AKTIVIEREN (Mac OS X 10.4) angewählt ist, können Sie direkt anfangen mit dem Stift zu schreiben. Dabei öffnet sich automatisch ein gelbes Notizfenster, auf dem Ihre Schreibbewegung in Schrift umgesetzt wird. In Textverarbeitungsprogrammen wie Word oder Pages wird Ihre Schrift dann sogar in Text umgewandelt. In Motion hingegen benötigen Sie die Option nicht und können sie daher deaktiviert lassen.

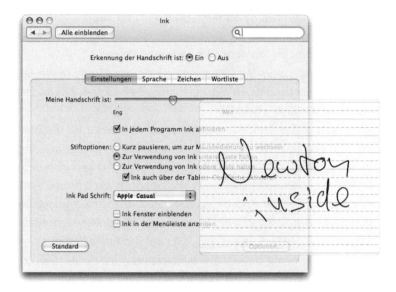

◄ **Abbildung 5.35**
Schalten Sie die Handschrifterkennung ein und üben Sie gleich mal ein wenig Ihre Handschrift mit dem Wacom-Tablett.

Klicken Sie in der Systemeinstellung INK den Reiter ZEICHEN. Hier sehen Sie die »Zeichensprache« für das System, also Befehle, die mit dem Stift ausgeführt werden, z. B. für das Löschen oder auch für ein Leerzeichen beim Schreiben von Text. Diese Zeichen geben einen Hinweis, wie die Befehle in Motion aussehen könnten. Motion ignoriert allerdings diese System-Zeichen und verwendet eine eigene »Zeichensprache« auch für Befehle wie Kopieren, Löschen oder Widerrufen. Wie diese aussieht, erfahren Sie in diesem Kapitel ab Seite 200.

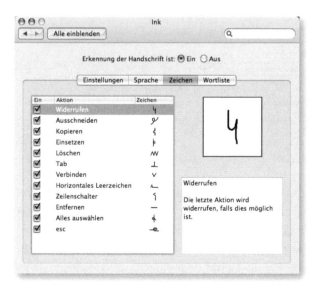

◄ **Abbildung 5.36**
Die im System integrierten Zeichen unterscheiden sich von denen in Motion und gelten daher für andere Programme.

Schließen wir nun die Systemeinstellungen und kehren zurück zu Motion. Nun können Sie die Zeichen auch in den Voreinstellungen aktivieren, indem Sie ZEICHEN SIND: EIN auswählen.

EINGABE: Im Popup-Menü TRIGGER bestimmen Sie, wie die Befehlseingabe durch Zeichen aktiviert wird. Der Trigger ist also der Auslöser für die Zeicheneingabe.

▶ STIFTTASTE 1: Die Stifttaste 1 des Wacom-Stifts wird für die Aktivierung der Zeicheneingabe verwendet. Die Stifttastenbelegung in der Wacom-Software wird hierbei nach Möglichkeit ignoriert.

▶ STIFTTASTE 2: Die Stifttaste 2 des Wacom-Stifts wird für die Aktivierung der Zeicheneingabe verwendet. Die Stifttastenbelegung in der Wacom-Software wird hierbei nach Möglichkeit ignoriert.

▶ SONDERTASTE (CTRL): Die [Ctrl]-Taste auf der Apple-Tastatur wird für die Aktivierung der Zeicheneingabe verwendet. Die Stifttastenbelegungen in der Wacom-Software sind somit für andere Befehle verfügbar.

ZEICHEN IN DER LUFT ERMÖGLICHEN: Mit dieser Option müssen Sie den Stift nicht zwangsläufig auf dem Tablett aufsetzen, um die Befehle durchzuführen. Gerade bei den Intuos-Modellen, die einen recht hohen Abstand zur Tablettoberfläche unterstützen, ist das komfortabel.

Abbildung 5.37 ▶
Ist die Handschrifterkennung im System aktiviert, lassen sich auch die Zeichen für Motion einschalten.

Bei unseren Versuchen ist uns aufgefallen, dass Motion die Belegungen der beiden Stifttasten in der Wacom-Software ignoriert, wenn diese als Trigger aktiviert wurde. Es gab jedoch einige Ausnahmen, bei denen die Wacom-Software dominanter war als Motion, wie z. B. das Aufrufen eines Popup-Menüs oder eines Tastenanschlags. Überprüfen Sie gegebenenfalls die Stifttastenbelegung in der Wacom-Software und ändern Sie diese. Apple verweist im Handbuch auch darauf, dass bei der Option Zeichen in der Luft ermöglichen die Stifttastenbelegung in der Wacom-Software deaktiviert sein muss. Allerdings klappte es mit unseren beiden Wacom-Tabletts überhaupt nicht, in der Luft zu zeichnen, was durch ein Update vielleicht noch behoben werden muss.

Vor allem mit den Wacom-Tabletts der Intuos-Serie und den sehr umfangreichen Einstellungsmöglichkeiten ist ein Bedienungskomfort möglich, der Maus und Tastatur weit hinter sich lässt. Die neuen Intuos3-Tabletts haben zudem weitere Tasten, auf denen sich noch mehr Befehle ablegen lassen. Besonders sympathisch ist uns das Popup-Menü, in dem man für jede Anwendung eigene Tastaturbefehle ablegen kann. Bei der Vielzahl von Programmen und Tastaturbefehlen ist es sehr hilfreich, einige wichtige Befehle in diesem Popup-Menü unterzubringen. So muss man z. B. das Auswahl-Werkzeug nicht immer über verschiedene Tastaturbefehle (⇧+S in Motion, A in Final Cut Pro, V in After Effects) aufrufen, sondern hat es immer über das Popup-Menü in jedem Programm zugänglich.

Jetzt möchten Sie wahrscheinlich auch erfahren, welche Zeichenbewegungen welchen Befehl ausführen. Das Motion-Handbuch schweigt sich darüber aus, nicht jedoch die über tausend Seiten starke PDF-Hilfe, die über das Menü Hilfe aus Motion heraus aufgerufen werden kann. Dort sind alle Bewegungen aufgezählt, aber wir führen sie Ihnen hier auch noch mal vor. Als letzter Hinweis für Tablett-Anwender sei noch ein Besuch im Motion-Download-Bereich nahe gelegt. Dort stehen Tablett-Unterlagen aus Abbildung 5.38 mit allen abgebildeten Zeichen zur Verfügung. Da diese derzeit nur mit englischen Bezeichnungen versehen sind, haben wir sie in Zusammenarbeit mit Apple übersetzt. Sie finden unsere deutschen PDF-Dokumente daher auch exklusiv auf der DVD zum Buch.

Abbildung 5.38 ▶
Mit dieser Unterlage haben Sie alle Zeichen immer fest im Blick.

5.8 Piktogramme von Apple

Auch wenn Sie nicht mit einem Zeichentablett arbeiten und dies auch nicht vorhaben, so ist dieser Abschnitt nützlich, um einige Funktionen kennen zu lernen, zu denen wir auch Tastaturbefehle und alternative Maussteuerungen vorstellen.

Die von Apple verwendeten Piktogramme sind im Prinzip selbst erklärend, aber in der praktischen Umsetzung verhält es sich doch manchmal etwas anders. Der grüne Punkt gibt den Startpunkt der Bewegung an. Die schwarze Linie zeigt den Pfad der Bewegung auf, den Sie nachzeichnen müssen. Das violette Dreieck gibt die Richtung an, was unserem Schwarzweiß-Buch sehr zugute kommt, denn sonst könnten Sie den roten Endpunkt nicht vom grünen Startpunkt auseinander halten. Öffnen Sie parallel vielleicht die PDF-Hilfe oder drucken Sie unsere Tablettunterlagen aus. Wir orientieren uns in der Reihenfolge an den Tablettunterlagen, nicht der PDF-Hilfe.

- EIN BILD ZURÜCK: Mit dieser Bewegung gehen Sie ein Einzelbild zurück. Der Strich muss relativ gerade gezeichnet werden, sonst wird der Befehl nicht erkannt. Der Befehl bleibt außerdem inaktiv, wenn Sie sich ganz am Anfang des Projektes befinden, also bei Bild 0. Betätigen Sie zusätzlich die ⟨⇧⟩-Taste, um zehn Bilder zurückzuspringen. Der Tastaturbefehl liegt auf ⟨←⟩.

Wiedergabe vorwärts in Normalgeschwindigkeit: Dieses Zeichen entspricht einem »>«-Symbol und sorgt dafür, dass Ihr Projekt in normaler Geschwindigkeit abgespielt wird. Wenn parallel die ⎡Alt⎤-Taste gedrückt wird, aktiviert oder deaktiviert dies die Endlosschleife für das Abspielen. In diesem Fall spielt der Film noch nicht, sodass der Befehl ein zweites Mal ohne gedrückte ⎡Alt⎤-Taste durchgeführt werden muss. Andersherum kann während der Wiedergabe die Endlosschleife umgeschaltet werden. Auf der Tastatur betätigt man für das Abspielen einfach die Leertaste, während man für die Endlosschleife ⎡⇧⎤+⎡L⎤ drücken muss.

Ein Bild vorwärts: Mit dieser Bewegung gehen Sie ein Einzelbild nach vorne. Der Befehl bleibt inaktiv, wenn Sie sich am Ende des Projektes befinden. Betätigen Sie zusätzlich die ⎡⇧⎤-Taste, um zehn Bilder vorzuspringen. Als Kurzbefehl dient ⎡→⎤, ebenfalls in Kombination mit ⎡⇧⎤ einsetzbar.

Stoppen oder Anhalten der Wiedergabe: Ein simpler Strich von oben nach unten stoppt die Wiedergabe, wobei uns nicht ganz klar ist, was der Unterschied zwischen Stoppen und Anhalten sein soll. In der englischen Version wird zwischen Stopp und Pause unterschieden, aber im Prinzip ist es das Gleiche. Auf der Tastatur drückt man die Leertaste. Wir fragen uns, warum es zwei verschiedene Zeichen für die Wiedergabe und das Stoppen der Wiedergabe gibt. Der einfache Strich würde sicher für beide Funktionen ausreichen, so wie man ja auch nur die Leertaste verwendet.

Setzen eines lokalen In-Punkts für das gegenwärtig ausgewählte Objekt: Hört sich komplizierter an, als es ist. Mit den In- und Out-Punkten eines Objektes sind dessen Anfangs- und End-Punkte gemeint. Das gilt nicht nur für Objekte, sondern auch für Filter und Verhalten. Wenn diese Elemente angewählt sind, setzt man mit dem Zeichen deren In-Punkt. Der Kurzbefehl ist die Taste ⎡I⎤. Das Zeichen für den Befehl ist dem Zeichen für das Ein- und Ausblenden der Bibliothek ziemlich ähnlich, sodass man die dreieckige Form besonders betonen muss.

Setzen eines lokalen Out-Punkts für das gegenwärtig ausgewählte Objekt: Die gleiche Funktion für den Out-Punkt, wie eben für den In-Punkt beschrieben. Der Kurzbefehl ist ⎡O⎤.

Setzen des Startpunkts für den Wiedergabebereich: Im Prinzip handelt es sich um den In-Punkt für den Wiedergabebereich, der bei Motion als Startpunkt bezeichnet wird. Der Tastaturbefehl ist ⌘+Alt+I.

Setzen des Endpunkts für den Wiedergabebereich: Die gleiche Funktion für den End-Punkt, wie eben für den Startpunkt des Wiedergabebereichs beschrieben. Der Tastaturbefehl ist ⌘+Alt+O.

Gehe zum Anfang des Wiedergabebereichs: Schnelle Navigation ist alles und mit diesem Befehl springen Sie an den Startpunkt des Wiedergabebereichs. Tastaturbefehl: ⇧+Home.

Gehe zum Ende des Wiedergabebereichs: Springt zum Endpunkt des Wiedergabebereichs. Tastaturbefehl: ⇧+Ende.

Gehe zum Anfang des gegenwärtig ausgewählten Objekts: Springt zum In-Punkt des ausgewählten Objekts.

Gehe zum Ende des gegenwärtig ausgewählten Objekts: Springt zum Endpunkt des ausgewählten Objekts.

Gehe zum Anfang des Projekts: Springt zum Anfang des Projektes. Tastaturbefehl: Home.

Gehe zum Ende des Projekts: Springt zum Ende des Projektes. Tastaturbefehl: Ende.

Ein- oder Ausblenden des Bereichs »Zeitverhalten«: Der Fensterbereich Zeitverhalten beinhaltet die drei Darstellungsbereiche Timeline, Keyframe-Editor und Audio-Editor. Der Bereich kann mit dem Tastaturbefehl F6 eingeblendet werden.

Die einzelnen Darstellungsbereiche Timeline, Keyframe-Editor und Audio-Editor können mit den Tastaturbefehlen ⌘+7, ⌘+8 und ⌘+9 eingeblendet werden. Wenn Sie den Stiftbefehl als Zeichen verwenden, dann wird immer der komplette Fensterbereich mit dem zuletzt verwendeten Darstellungsbereich ein oder ausgeblendet. Zwischen den Darstellungsbereichen wechselt man sehr schnell mit dem Stift durch einfaches Antippen der Tabs.

EIN- ODER AUSBLENDEN DES BEREICHS »PROJEKT«: Der Projektbereich beinhaltet die drei Darstellungsbereiche EBENEN, MEDIEN und AUDIO und kann mit dem Tastaturbefehl [F5] eingeblendet werden. Die einzelnen Darstellungsbereiche EBENEN, MEDIEN und AUDIO können mit den Tastaturbefehlen [⌘]+[4], [⌘]+[5] und [⌘]+[6] eingeblendet werden.

AUSWÄHLEN DES AUSWAHLWERKZEUGS: Mit diesem Werkzeug, das die Form eines normalen Mauszeigers hat, wählt man Objekte aus und kann sie verschieben, positionieren, rotieren oder skalieren. Der Tastaturbefehl ist [⇧]+[S]. Da das Auswahlwerkzeug besonders häufig benötigt wird, ist dies sicher eines der wichtigsten Zeichen.

AUSWÄHLEN DES ZOOM-WERKZEUGS: Dieser Befehl zoomt nicht ein oder aus, sondern stellt nur das Zoom-Werkzeug, also die Lupe, bereit. Wenn Sie dann mit dem Stift auf das Tablett tippen, wird hineingezoomt, wenn dabei die [Alt]-Taste gedrückt wird, zoomt man wieder aus. Zum eleganten, stufenlosen Ein- und Auszoomen bietet es sich an, mit aufgesetztem Stift nach links oder rechts zu schwenken. Der Tastaturbefehl für das Zoom-Werkzeug lautet [Z].

AUSWÄHLEN DES BALANCE-WERKZEUGS: Bei Balance denkt man zwangsläufig an Audio. Hier hat sich aber ein lustiger Lokalisierungs-Bug eingeschlichen. Im Englischen hat man sich beim Motion-Team für die Bezeichnung PAN-TOOL entschieden. Es ist ein Werkzeug, mit dem man den Fensterinhalt verschiebt. Man kennt es z. B. aus Photoshop unter der Bezeichnung Hand-Werkzeug und so ähnlich heißt es auch in Final Cut Pro. Es gibt einen einfachen Grund, warum man es in Motion anders benannt hat: In Combustion heißt es auch so. Der Tastaturbefehl lautet aber wie bei den anderen Programmen [H]. Wir nennen es in der Tablett-Unterlage Scrollen-Werkzeug.

EIN- ODER AUSBLENDEN DES BEREICHS »BIBLIOTHEK«: Der Darstellungsbereich BIBLIOTHEK lässt sich mit diesem Befehl ein- und ausblenden. Tastaturbefehl: [⌘]+[2].

EIN- ODER AUSBLENDEN DES BEREICHS »INFORMATIONEN«: Der Darstellungsbereich INFORMATIONEN lässt sich mit diesem Befehl ein- und ausblenden. Tastaturbefehl: [⌘]+[3].

EIN- ODER AUSBLENDEN DES BEREICHS »DATEIÜBERSICHT«: Der Darstellungsbereich DATEIÜBERSICHT lässt sich mit diesem Befehl ein- und ausblenden. Tastaturbefehl: ⌘+1.

GRUPPIERUNG AUFHEBEN: Eine bekannte Funktion in Grafikprogrammen ist die Möglichkeit, einzelne Objekte zu einer Gruppe zusammenzufassen, um sie z. B. gemeinsam zu verschieben. Mit diesem Befehl heben Sie die Gruppierung wieder auf. Tastaturbefehl: ⌘+Alt+G.

GRUPPIEREN: Der Befehl zum Erstellen einer Gruppierung einzelner Objekte. Tastaturbefehl: ⌘+⇧+G. Motion erstellt beim Gruppieren neue Unterebenen, in denen die Objekte zusammengefasst werden. Objekte, die in unterschiedlichen Ebenen liegen, lassen sich nicht gruppieren.

VERGRÖSSERN IM CANVAS-BEREICH: Mit diesem Befehl können Sie direkt in das Bild hineinzoomen. Es wird dabei im gleichen Faktor gezoomt wie über den Tastaturbefehl ⌘+=: In 100%-Schritten ab der Originalgröße von 100% bis 100 000%. Die niedrigste Zoomstufe ist 1/50%. Von dort benötigt man 50 Schritte bis 1% Vergrößerung. In sehr feinen Schritten geht es weiter bis 12% und ab dann 14%, 16%, 20%, 25%, 33%, 50% und 66%. Wird die ⇧-Taste gedrückt gehalten, dann kann mit dem Stiftbefehl auf einen bestimmten Bereich gezoomt werden. Dabei wird die Größe des gezeichneten Stiftbefehls berücksichtigt und nach Möglichkeit nur innerhalb dieses Bereichs gezoomt. Um mit der Maus in einen bestimmten Bereich zu zoomen, muss man bei ausgewähltem Zoom-Werkzeug die Tasten ⌘+⇧ gedrückt halten und einen Rahmen aufziehen. Mit der Maus kann grundsätzlich bei gedrückter linker Maustaste und angewähltem Zoom-Werkzeug stufenlos gezoomt werden, indem die Maus nach rechts und links bewegt wird. Dabei zoomt die Maus immer auf den Punkt, der beim Klick mit der linken Maustaste anvisiert wurde. Mit dem Stiftwerkzeug funktioniert das bei angewähltem Zoom-Werkzeug genauso, nur dass man mit dem Stift gerade nach links oder rechts zeichnen muss. Wir zoomen gar nicht mehr anders.

VERKLEINERN IM CANVAS-BEREICH: Mit diesem Befehl können Sie direkt aus dem Bild hinauszoomen. Es wird dabei im gleichen Faktor gezoomt wie über den Tastaturbefehl ⌘+−: In 100 %-Schritten bis zur Originalgröße von 100 %, darunter auf die Stufen 66 %, 50 %, 33 %, 25 %, 20 %, 16 %, 14 %, 12 % und dann immer feiner bis 1 % und maximal weitere 50 Schritte bis 1⁄50 %.

SETZEN DES CANVAS-BEREICHS AUF STANDARDGRÖSSE (100 PROZENT): Zoomt das Bild auf die Originalgröße mit 100 %. Tastaturbefehl: Alt+Z.

EINPASSEN DES CANVAS-BEREICHS IN DAS FENSTER: Das Bild wird automatisch an den zur Verfügung stehenden Raum im Canvas-Bereich angepasst (an Fenstergröße anpassen, Kurzbefehl: ⇧+Z). Wird beim Zeichnen des Stiftbefehls die ⇧-Taste gedrückt, dann wechselt man in den Vollbildmodus. Tastaturbefehl: F8.

WIDERRUFEN: Der Tastaturbefehl ⌘+Z für Widerrufen oder Rückgängig dürfte jedem Computeranwender wohl bekannt sein.

WIEDERHOLEN: Der Wiederholen- oder Wiederherstellen-Befehl führt die Aktion erneut aus, nachdem man sie zuvor widerrufen hat. Tastaturbefehl: ⌘+⇧+Z.

LÖSCHEN DES AUSGEWÄHLTEN OBJEKTS: Löscht ein oder mehrere ausgewählte Objekte. Tastaturbefehl: Entf oder ←.

EIN-/ AUSBLENDEN DER SCHWEBEPALETTE: Die Schwebepalette lässt sich über den Tastaturbefehl D ein-, jedoch nicht ausblenden. Verwenden Sie lieber F7 zum Ein- und Ausblenden sowie den hier gezeigten Stiftbefehl.

DAS AUSGEWÄHLTE OBJEKT IM STAPEL NACH VORNE HOLEN: Verwenden Sie diesen Stiftbefehl, um ausgewählte Objekte in der Ebenenreihenfolge einen Schritt nach vorne zu holen. Um Objekte ganz nach vorne zu bringen, halten Sie die ⇧-Taste gedrückt. Wichtig: Der Befehl kann Objekte nur innerhalb eines Stapels bewegen. Mit Stapel ist in Motion die Ansammlung an Objekten innerhalb einer Ebene gemeint. Das ist vielleicht etwas verwirrend, denn ein Objekt erzeugt doch auch schon eine eigene Ebene. Die in Motion als Ebenen bezeichneten Container sind im Prinzip das Gleiche wie die Ebenen in Illustrator oder Ebenen-Sets in Photoshop. Der Kurzbefehl lautet: ⌘+Ö für schrittweises nach Nach-vorne-Holen und ⌘+⇧+Ö, um Objekte ganz nach vorne zu holen.

 DAS AUSGEWÄHLTE OBJEKT IM STAPEL NACH HINTEN STELLEN: Ausgewählte Objekte werden einen Schritt nach hinten gestellt. Um sie ganz nach hinten zu stellen, drücken Sie wieder die ⇧-Taste. Der Kurzbefehl lautet: ⌘+Ä für schrittweises Nach-hinten-Stellen und ⌘+⇧+Ä, um Objekte ganz nach hinten zu stellen.

 HINZUFÜGEN EINER OBJEKTMARKIERUNG: Mit diesem Stiftbefehl werden in Motion Objektmarkierungen für ein ausgewähltes Objekt gesetzt. Zum Bearbeiten einer Objektmarkierung wiederholen Sie das Zeichen bei gedrückter ⇧-Taste. Dazu muss sich der Cursor natürlich genau auf der Markierung befinden. Zum Löschen einer Objektmarkierung drücken Sie während des Stiftbefehls die Alt-Taste. Der Tastaturbefehl liegt auf M, mit ⌘+Alt+M erscheint die Bearbeitungsfunktion.

 HINZUFÜGEN EINER PROJEKTMARKIERUNG: Mit diesem Stiftbefehl werden in Motion Projektmarkierungen gesetzt. Für die Bearbeitung und das Löschen von Projektmarkierungen gilt das Gleiche wie für Objektmarkierungen. Die Kurzbefehle sind für beide Markierungsarten gleich. Objektmarkierungen setzen immer ein ausgewähltes Objekt voraus. Projektmarkierungen werden gesetzt, wenn nichts ausgewählt wurde.

 KOPIEREN: Mit diesem Befehl kopieren Sie Objekte in die Zwischenablage ⌘+C.

 EINSETZEN: Mit diesem Befehl fügen Sie Objekte aus der Zwischenablage ⌘+V ein.

6 Das Motion-Interface

Mit Motion hat Apple ganz neue Ansätze in der grafischen Benutzeroberfläche eingeführt. Statt überlappender Fenster und Paletten gibt es eine intelligente und dynamische Raumaufteilung.

Widmen wir uns der eigentlichen grafischen Benutzeroberfläche. Motion besitzt in der Standard-Fensteranordnung erst einmal nur drei selbstständige Fenster, in denen es wiederum weitere Aufteilungen gibt.

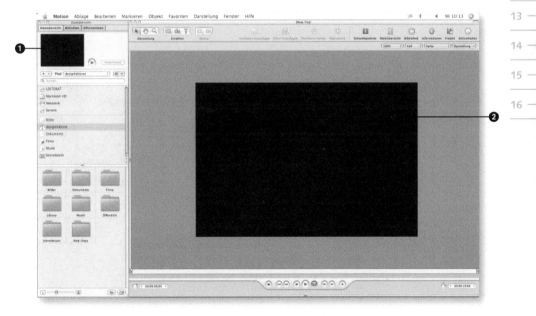

▲ Abbildung 6.1
Motion-Oberfläche beim ersten Programmstart

Fensteranordnung zurücksetzen

Falls Sie Ihre Fensteranordnung geändert haben, dann können Sie diese im Menü FENSTER • ANORDNUNGEN • STANDARD wieder zurücksetzen (Kurzbefehl: (Ctrl)+(U)).

Dateiübersicht | Das erste Fenster ❶ befindet sich ganz links und beinhaltet die drei Unterteilungen DATEIÜBERSICHT, BIBLIOTHEK und INFORMATIONEN. Diese Trennung wird durch so genannte Tabs dargestellt, die man mittlerweile in zahlreichen Programmen vorfinden kann. Sie können zwischen den drei Tab-Fenstern mit den Kurzbefehlen ⌘+1, ⌘+2 und ⌘+3 wechseln oder natürlich einfach mit der Maus auf den gewünschten Tab klicken. Alle drei Tab-Fenster beinhalten das kleine Vorschaufenster, das unter den Tabs platziert ist.

Abbildung 6.2 ▶
In allen drei Tabs DATEIÜBERSICHT, BIBLIOTHEK und INFORMATIONEN ist das Vorschaufenster vorhanden.

Die drei Fenster lassen sich durch Ziehen des jeweiligen Tabs mit der Maus herauslösen und als eigenständige Fenster ablegen. Gerade wenn Sie über ein großes Display verfügen oder mit zwei Displays arbeiten, bieten sich großzügige Fensteranordnungen an.

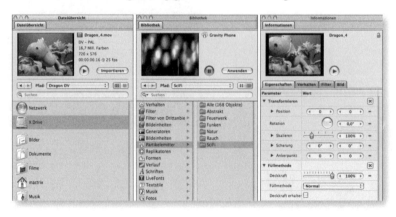

Abbildung 6.3 ▶
Die drei Tab-Bereiche können auch herausgelöst und individuell angeordnet werden, sodass man drei unabhängige Fenster erhält.

Projektfenster | Das Projektfenster selbst nimmt den meisten Platz ein und beinhaltet die Canvas-Anzeige, die immer sichtbar ist. Zunächst scheint es sogar so, also gäbe es ausschließlich die Canvas-Anzeige ❷, also die visuelle Wiedergabe der Inhalte in einer zeitlichen Abfolge.

Es gibt in Motion innerhalb des Projektfensters aber auch einen Projektbereich (PROJEKT) und einen Zeitbereich (ZEITDARSTELLUNG). In diesem Zeitbereich ist auch die Timeline untergebracht.

Timeline im Zeitbereich | Verwenden Sie den Kurzbefehl ⌘+7, um die TIMELINE ❸ einzublenden. Sie sehen nun, dass die Timeline auch in einem Tab untergebracht ist, das sich hineingeschoben hat. Mit demselben Befehl kann sie auch wieder herausgefahren werden.

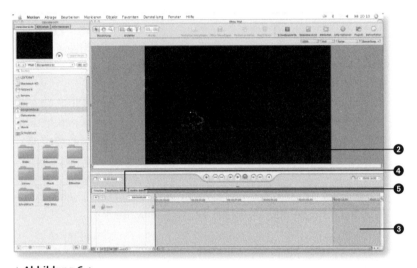

▲ **Abbildung 6.4**
Motion-Oberfläche mit eingeblendeter Timeline

Timeline in anderen Programmen

In Programmen wie Final Cut Pro oder auch After Effects ist die Timeline ein eigenes, sehr prominentes Fenster. Apple hat in Motion ein ziemlich kompaktes Timeline-Konzept eingesetzt, das nur bei Bedarf die volle Funktionalität zugänglich macht. Das ist sehr praktisch, spart es doch enorm viel Platz und macht das Öffnen weiterer, sich überlappender Fenster überflüssig.

Möchten Sie die Timeline lieber mit der Maus verschieben oder die Größe ändern, so verwenden Sie dazu den kleinen Anfasser am mittleren unteren Ende der Timeline.

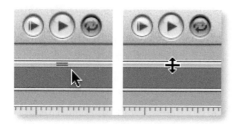

Abbildung 6.5 ▶
Mit dem kleinen Anfasser kann die Darstellung der Timeline ein- und ausgeblendet sowie die Größe verändert werden.

Audio- und Keyframe-Editor im Zeitbereich | Statt der Timeline können auch der Keyframe-Editor ❹ und der Audio-Editor ❺ eingeblendet werden. Beide befinden sich unter den gleichnamigen Tabs und können per Mausklick oder mit den Kurzbefehlen ⌘+8 und ⌘+9 angezeigt werden. Ein wiederholtes Betätigen desselben Kurzbefehls schiebt die Fenster wieder heraus, man kann dafür aber auch F6 verwenden.

Kurzbefehl für den Zeitbereich | F6 bezieht sich auf den gesamten so genannten Zeitbereich. Im Zeitbereich sind Timeline, Keyframe-Editor und Audio-Editor zusammengefasst untergebracht. Wenn man F6 zum Einblenden verwendet, wird immer das zuletzt verwendete Tab-Fenster hineingeschoben. Auch hier lassen sich die Tabs herauslösen und als eigene Fenster verwalten.

Projektbereich | Parallel zur Timeline gibt es in Motion aber zunächst eine zusätzliche Ebenenansicht ❻, wie man sie aus Photoshop kennt. Mit dem Tastaturbefehl ⌘+4 wird diese Ebenenansicht eingeblendet. In diesem Bereich befinden sich neben dem Tab für die Ebenen noch zwei weitere Tabs: einmal die Medienablage (Medien ❼) und ein weiterer Tab für Audio ❽. Die Medienablage wird mit ⌘+5 aufgerufen, der Audiobereich mit ⌘+6.

> **Projektbrowser**
>
> Eigentlich alle Programme für Motion Graphics und Video bieten einen Projektbrowser oder eine Dateiablage. So kann man in Final Cut Pro oder After Effects seine Medien in Ordnern sortieren und verwalten. Die Ordnungswut geht in Motion zwar nicht ganz so weit, aber auch hier gibt es eine Medienablage.

Kurzbefehl für den Projektbereich | Wie bei dem Bereich Zeitdarstellung gibt es auch hier einen Kurzbefehl für den zusammengefassten Bereich aus Ebenen, Medien und Audio: Der Bereich Projekt wird mit dem Kurzbefehl [F5] ein- und ausgeblendet, auch hier wieder bezogen auf die zuletzt angezeigte Darstellung.

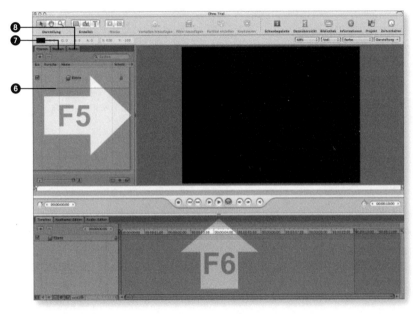

◄ **Abbildung 6.6**
Mit den Tastaturbefehlen F5 und F6 oder durch Ziehen mit der Maus fahren elegant zusätzliche Darstellungsbereiche ins Bild.

Den kleinen Anfasser, um das Fenster mit der Maus auf- und zuzuziehen, gibt es ebenfalls. Diesmal ist er logischerweise in der Mitte links angebracht, was ja auch der Schiebebewegung entspricht, mit der das Fenster auf- und zugezogen wird.

Projektbereich und Canvas vertauschen | Wenn Sie den Bereich Projekt nicht links vom Canvas-Fenster, sondern auf der rechten Seite haben wollen, können Sie die beiden Bereiche auch vertauschen. Dazu wählen Sie im Menü unter FENSTER • ANORDNUNGEN • BEREICH »PROJEKT« UND »CANVAS« VERTAUSCHEN aus. Nun ist der Projektbereich links zu finden.

◄ **Abbildung 6.7**
TIMELINE, KEYFRAME- und AUDIO-EDITOR im Zeitbereich, EBENEN, MEDIEN und AUDIO im Projektbereich.

Auch diese Tab-Bereiche lassen sich als eigene Fenster herauslösen, sodass man je nach Auflösung des Displays oder bei zwei Displays sehr großzügige Fensteranordnungen verwenden kann. Die meisten Fenster in Mac OS X bieten unten rechts einen Anfasser, um die Größe mit der Maus zu verändern. Damit steht einer individuellen Anpassung nichts mehr im Wege.

▲ **Abbildung 6.8**
Die Tabs der einzelnen Fensterbereiche lassen sich frei herauslösen und individuell anordnen. Hier eine Anordnung auf zwei 20-Zoll-Cinema-Displays.

Fensteranordnungen verwalten | Die einzelnen Fensteranordnungen lassen sich auch abspeichern und verwalten. Um eine Fensteranordnung abzuspeichern, wählen Sie im Menü FENSTER den Eintrag AKTUELLE ANORDNUNG SICHERN. Ein neues Fenster öffnet sich, in dem Sie aufgefordert werden, einen Namen für die Anordnung zu vergeben.

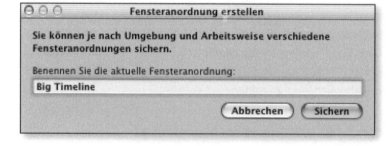

Abbildung 6.9 ▶
Fensteranordnungen können unter eigenem Namen abgespeichert werden.

Nachdem die Anordnung gesichert wurde, steht sie im Menü FENSTER • ANORDNUNGEN zur Auswahl. Dort stehen auch die Vorgaben STANDARD, ALTERNATIV und CINEMA zur Verfügung, Letztere jedoch nur dann, wenn ein Apple Cinema-Display verwendet wird.

> **Andere Displays**
>
> Ob auch andere Displays mit ähnlichen oder gleichen Auflösungen unterstützt werden, konnten wir nicht ausprobieren, da wir selber nur Apple Cinema-Displays haben.

Möchten Sie Anordnungen löschen oder umbenennen, dann wählen Sie im Menü FENSTER • ANORDNUNGEN VERWALTEN. Es erscheint wieder ein Fenster, in dem alle Anordnungen aufgelistet sind. Mit dem Plus- und Minus-Symbol lassen sich Anordnungen hinzufügen und löschen.

◄ **Abbildung 6.10**
Anordnungen lassen sich in einem Verwaltungsfenster auch löschen und umbenennen.

Machen Sie einen Doppelklick in eine der Anordnungen, um die Bezeichnung zu editieren. Klicken Sie auf ANWENDEN oder FERTIG, um die Änderungen zu aktualisieren.

Nachdem wir Ihnen einen kleinen Überblick verschafft haben, tauchen wir nun in die Details der Benutzeroberfläche und Bedienung ein.

6.1 Dateiübersicht

Die DATEIÜBERSICHT benötigen Sie, um Medien von der Festplatte in das Motion-Projekt zu importieren.

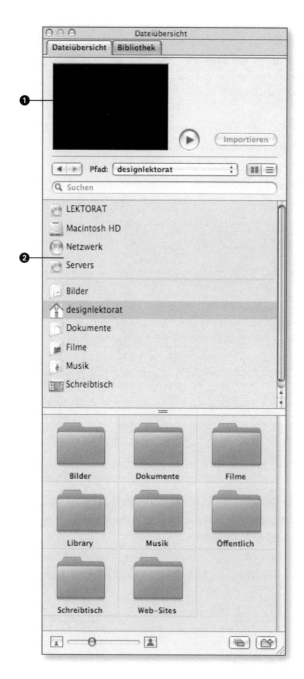

Abbildung 6.11 ▶
Die Dateiübersicht
blenden Sie über
Apfel + 1 ein.

Ganz oben ist ein kleines Vorschaufenster ❶ für Mediendaten untergebracht. Hierbei handelt es sich praktisch um einen QuickTime Player, der auch entsprechend interpretierbare Formate abspielen kann. Das sind bei QuickTime recht viele, sind doch neben dem eigenen .mov-Format auch zahlreiche Interpreten vorhanden, z. B.

für MPEG, Flash, Bilder oder PDF. Nun ist es jedoch so, dass Motion zwar über die QuickTime-Schnittstelle Mediendaten erkennen kann, aber z. B. nicht in der Lage ist, MPEG-1-, MPEG-2- oder Flash-Filme zu importieren. Gerade bei den Flash-Filmen ist das besonders schade, zeigt sich doch sogar Final Cut Pro dazu in der Lage. MPEG-2- und MPEG-1-Filme werden gar nicht erst angezeigt. Nur MPEG-4 wird angezeigt und kann sogar importiert werden.

◄ **Abbildung 6.12**
Die Vorschau zeigt alle QuickTime-kompatiblen Dateiformate an, so auch z. B. MPEG-4- und Flash-Filme.

Dateien auffinden | Um Dateien überhaupt ausfindig zu machen, bietet sich der darunter liegende Browser ❷ an, der zunächst an die Darstellung eines Finder-Fensters oder Öffnen- bzw. Sichern-Dialogs erinnert. Dies ist nicht ganz so komfortabel, wie wir finden, denn die Symbolleiste im Finder-Fenster lässt sich selber zusammenstellen und wird so auch im Öffnen-, Sichern- oder Import-Dialog übernommen. Der Browser in Motion hingegen zeigt in der Symbolansicht nur die Ordner des Privat-Verzeichnisses und ignoriert die eigenen Einstellungen.

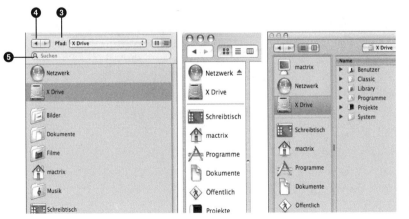

◄ **Abbildung 6.13**
Links: der Dateibrowser in Motion. Mitte: das Finder-Fenster mit individueller Symbolleiste. Rechts: der Öffnen/Importieren-Dialog von Motion übernimmt die individuelle Symbolleiste des Finders.

Darstellung im Browser | Dateien und Ordner werden im Browser von Motion in einer Listen- oder Symbolansicht dargestellt. Zwischen den Darstellungen kann man wechseln, indem man rechts neben dem Popup-Menü für den PFAD ❸ auf einen der beiden Buttons klickt.

Um im Pfad vor- und zurück zu navigieren, sind beide Pfeiltasten ❹ links neben dem Popup-Menü nützlich. Hier navigiert man aber nur in der eigenen Historie, also nur in den Verzeichnissen, die man schon besucht hat. Darunter findet man auch eine Suche ❺, die hier als Filter für die Dateien und Unterordner des aktuellen Verzeichnisses gilt. Sollten Sie mal keine Dateien angezeigt bekommen, überprüfen Sie, ob nicht aus Versehen in der dynamischen Suche etwas eingetragen ist, z. B. ein Leerzeichen!

Dateien importieren | Im unteren Drittel der Dateiübersicht findet sich die eigentliche Datei- und Ordnerdarstellung. Über den Importieren-Button im Vorschaufenster oder per Drag & Drop aus dem Browser lassen sich Dateien direkt in das Projekt einfügen.

Ein Doppelklick auf eine Datei öffnet diese in einem separaten Fenster, dem VIEWER. Auch hier handelt es sich im Prinzip um einen integrierten QuickTime Player.

Abbildung 6.14 ▶
Der Viewer verfügt auch über eine eigene Abspielsteuerung.

Durch einen Klick mit der rechten Maustaste auf Dateien oder Ordner öffnet sich ein Kontextmenü, über das diverse Befehle ausgeführt werden können. Die ersten beiden Befehle IM VIEWER ÖFFNEN und IM QUICKTIME PLAYER ÖFFNEN erscheinen nur bei Dateien, nicht bei Ordnern.

Der Befehl IM FINDER ZEIGEN ist durchaus praktisch und öffnet ein Finder-Fenster, in dem sich die Datei befindet. Die darunter liegenden Befehle UMBENENNEN und IN DEN PAPIERKORB VERSCHIEBEN erscheinen uns etwas gefährlich. Solche Vorgänge sollte man lieber nur auf Finder-Ebene durchführen können. Auch kann man Dateien durch einen zweiten Klick (kein Doppelklick) im Browser umbenennen, was ebenfalls schnell zum unbeabsichtigten Ausführen dieser Funktion führen kann.

◄ **Abbildung 6.15**
Je nachdem, wo man im Browser mit der rechten Maustaste hinklickt, erscheint ein anderes Kontextmenü.

Klickt man mit der rechten Maustaste in einen leeren Bereich unterhalb der Dateien, dann öffnet sich ein anderes Kontextmenü mit den Befehlen NEUER ORDNER und ALLE BILDER ZU EINER BILDSEQUENZ EINKLAPPEN. Das Kontextmenü ist allerdings nur verfügbar, wenn auch nach unten hin noch ein leerer Bereich für den Mausklick frei ist, sprich die Dateiliste nicht über den unteren Fensterrand hinausgeht.

◄ **Abbildung 6.16**
Das Kontextmenü erscheint, wenn man in der Dateiübersicht auf eine leere Stelle klickt.

Man kann den Bereich für die Dateiliste auch vergrößern und verkleinern, indem man die Trennlinie zur Symbolleiste in der Mitte bei gedrückter Maustaste verschiebt.

Abbildung 6.17 ▶
Die Symbolansicht verschwindet, wenn man die Trennlinie zur Dateianzeige mit der Maus ganz nach oben zieht.

Bildsequenzen in der Dateiübersicht | Die Kontextmenü-Befehle NEUER ORDNER und ALLE BILDER ZU EINER BILDSEQUENZ EINKLAPPEN gibt es auch noch mal als Tasten, ganz unten rechts im Dateiübersicht-Fenster. Die Taste zum Hinzufügen eines neuen Ordners ❶ erklärt sich von selbst, jedoch ist wahrscheinlich nicht ganz klar, was es mit den Bildsequenzen ❷ auf sich hat.

▶ ALLE BILDER DER BILDSEQUENZ EINBLENDEN: Alle Bilder aus einer Einzelbildsequenz werden angezeigt und lassen sich einzeln importieren.

▶ ALLE BILDER DER BILDSEQUENZ EINKLAPPEN: Alle Bilder aus einer Einzelbildsequenz werden als ein Film zusammengefasst und lassen sich wie ein Film importieren.

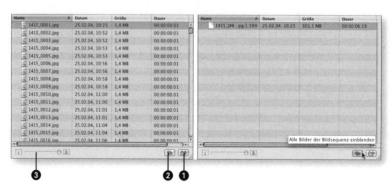

Abbildung 6.18 ▶
Einzelbildsequenzen lassen sich als einzelne Bilder (links) oder als ein zusammengefasster Film (rechts) anzeigen.

Ganz unten links finden Sie einen Schieberegler ❸ für die Icon-Größe der Symboldarstellung. Wir verwenden eigentlich nur die Listendarstellung, da sie übersichtlicher ist und mehr Objekte darstellen kann.

6.2 Bibliothek

Rechts neben der Dateiübersicht findet sich die BIBLIOTHEK. Diese sehr praktische Verwaltung hilft Ihnen bei der Auswahl der integrierten Effekte, Partikel und Vorgaben. Hier gibt es eine dreigeteilte Darstellung, in der man sich von der einfachen Übersicht bis zu den einzelnen Funktionen durchbrowsen kann.

◄ **Abbildung 6.19**
In der Bibliothek finden sich die integrierten Elemente und Effekte von Motion. Durch eigene Rubriken lässt sich die Bibliothek sehr individuell einrichten.

Statt einer Listendarstellung kann man sich für den unteren Fensterbereich auch Symbole anzeigen lassen. Hierfür sind die gleichen Tasten wie in der Dateiübersicht zuständig. Genauso gelten hier auch das Popup-Menü für den Pfad, die Pfeilsymbole zum Vor- und Zurücknavigieren sowie die Suche.

> **Listendarstellung**
>
> Auch hier verwenden wir meistens die Listendarstellung. Es wäre allerdings schön, nicht nur für alle, sondern auch für einzelne Rubriken die große Symbolansicht einstellen zu können, denn bei den Schriften und den LiveFonts erhält man dann schon eine aussagekräftige Vorschau im unteren Fensterbereich.

Vorschaufenster | Spätestens aber bei der Anwahl durch die Maus erscheint im Vorschaufenster ganz oben eine noch größere Ansicht. Während wir es in der Dateiübersicht als störend empfinden, wenn angewählte Filme sofort im Vorschaufenster losspielen, so ist es bei der Bibliothek sehr nützlich, kann man sich doch im Vorfeld einen visuellen Eindruck machen. Wenn Sie in den Einstellungen die automatische Wiedergabe deaktiviert haben, so müssen Sie hier leider immer erst auf die Play-Taste klicken. Es macht also in manchen Fällen doch Sinn, in den Voreinstellungen das automatische Abspielen von Objekten aktiviert zu lassen (siehe Seite 170).

Verhalten | Ganz oben in der Bibliothek stehen die VERHALTEN, also die von Apple vorgefertigten Parametervariablen für Animationen ohne Keyframes. Wir werden die Verhalten in einem eigenen Kapitel ab Seite 456 genau erläutern. Wählen Sie den Eintrag in der Bibliothek aus, dann aktualisiert sich automatisch die Darstellung rechts daneben und darunter.

Rechts sieht man eine weitere Kategorisierung in Form von Ordnern. In diesem Fall erscheinen dort die Kategorien ALLE (183 OBJEKTE), EINFACHE BEWEGUNG, PARAMETER, PARTIKEL, REPLIKATOR, SIMULATIONEN, TEXTANIMATION und TEXTSEQUENZ. Je nachdem, welcher Ordner angewählt ist, wird auch die untere Darstellung automatisch aktualisiert. Dort erscheinen meistens die einzelnen Elemente oder Funktionen, bei den Verhalten für die TEXTSEQUENZ gibt es aber auch dort noch weitere Unterordner, da es einfach sehr viele sind.

Bei den Verhalten gibt es drei verschiedene Symbole:
- ein Zahnrad ❶
- ein Zahnrad mit einem »T« ❷
- ein Zahnrad mit einem Trichter ❸

In der Sortierung mit allen 183 Verhalten hilft Ihnen diese Symboldarstellung, die Text- und Parameterverhalten von den restlichen Verhalten zu unterscheiden.

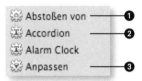

◀ **Abbildung 6.20**
Unterschiedliche Symbole helfen bei der Einordnung der Verhalten.

Ordner anlegen | Vielleicht fragen Sie sich, ob es nicht auch möglich sei, eigene Ordner, also Unterrubriken, zu erstellen. Das geht tatsächlich und ganz unten rechts im Fenster findet man dafür auch den entsprechenden Button ❹, der schon in der Dateiübersicht neue Ordner auf Finder-Ebene hinzufügen konnte.

Genauso findet sich der Befehl im Kontextmenü wieder, allerdings nur für den unteren Fensterbereich und wieder nur dann, wenn man in den leeren grauen Bereich unterhalb der Objekte klickt. Es können aber auch Ordner im rechten oberen Fensterbereich erstellt werden, indem man den Button Neuen Ordner hinzufügen verwendet. Dazu muss man aber die Rubrik Alle (183 Objekte) mit der Maus bereits angewählt haben. Hat man eine andere Rubrik angewählt, dann erscheint der neue Ordner dort als Unterrubrik. Das liegt daran, dass man die Rubrik mit allen Objekten nicht verändern kann, weil sich diese aus den übrigen Verhalten, ohne Untersortierung, zusammensetzt.

◀ **Abbildung 6.21**
Um eigene Rubriken zu erstellen, kann man den Button Neuen Ordner hinzufügen ganz unten rechts in der Bibliothek verwenden.

Sie werden im Kapitel »Animation« auch sehen, dass man eigene Einstellungen von Verhalten abspeichern kann. Diese lassen sich also in eigenen Ordnern verwalten. Dabei aktualisiert sich die Rubrik mit allen Objekten automatisch, sodass die hier angegebene Anzahl mit 183 Objekten variiert. Sowohl die selbst erzeugten Verhalten wie auch die Rubriken haben zusätzlich ein Benutzer-Symbol, um sie von den anderen Verhalten und Rubriken zu unterscheiden.

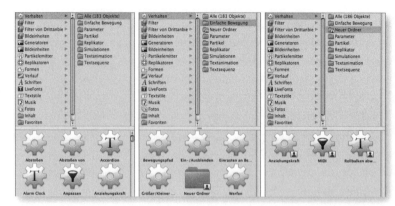

Abbildung 6.22 ▶
Die Verhalten sind je nach Anwendungsart unterschiedlich symbolisiert (links). Innerhalb der Rubriken kann man Unterordner anlegen (Mitte) und in diesen eigene Verhalten ablegen (rechts).

Ordner löschen | Löschen kann man die eigenen Ordner und Verhalten im unteren Fensterbereich über das Kontextmenü, das bekanntlich durch einen Klick mit der rechten Maustaste erscheint. Natürlich funktioniert auch der Eintrag LÖSCHEN im Menü BEARBEITEN oder der dazugehörige Tastaturbefehl ⌘+←. Der Kurzbefehl ist also nicht der gleiche wie bei der Bearbeitung im Canvas-Fenster, sondern benötigt zusätzlich das Drücken der ⌘-Taste. Für eigene Rubriken im rechten oberen Fensterbereich stellt dies auch die einzige Möglichkeit dar, diese zu entfernen, da das Kontextmenü hier nicht funktioniert.

Filter | Auch die FILTER sind in zahlreiche Rubriken unterteilt, wie z. B. FARBKORREKTUR, GLÜHEN oder MASKE. Bei den Filtern gibt es keine Unterscheidung in den Symbolen, aber auch wird wieder im Vorschaufenster eine mögliche Auswirkung des Effekts anhand eines Beispielbildes gezeigt. Auch bei den Filtern können Sie Ordner als Unterrubriken erzeugen und dort individuelle Filtereinstellungen ablegen.

Filter von Drittanbietern | Haben Sie zusätzlich After Effects-kompatible Filter von Drittherstellern installiert, die Motion verwenden kann, dann tauchen diese in der Rubrik FILTER VON DRITTANBIETERN auf. Das Erstellen eigener Unterrubriken wird ebenfalls unterstützt.

Bildeinheiten | Die Lokalisierung bringt wieder Stilblüten hervor. Image Units haben wir Ihnen auf Seite 149 als Bestandteil der Core Image-Technologie vorgestellt. Auch in der deutschen Mac OS X-Version und auf der deutschen Apple-Webseite ist nicht von einer Kernbild-Technologie oder Bildeinheiten die Rede.

Die Image Units in dieser Rubrik sind Grafikfilter, die bereits in Mac OS X 10.4 integriert sind und Programmen wie Motion zur Verfügung stehen. Neben Motion- und After Effects-Filtern wäre es denkbar, dass auch Image Units von Drittherstellern angeboten werden. Wie die After Effects-Filter bieten die Image Units in unseren Versuchen nicht annähernd die schnelle Performance wie die Motion-eigenen Filter (FxPlug, Seite 157). Das Erstellen eigener Unterrubriken wird ebenfalls unterstützt.

Generatoren | Die GENERATOREN sind vordefinierte Flächen, die sich über Parameter verändern lassen. Sie sind nicht weiter in Rubriken unterteilt, aber natürlich lassen sich eigene Ordner anlegen, um dort veränderte Einstellungen abzulegen. Mehr zu den Generatoren auf Seite 377.

Bildeinheiten | Und noch mal Image Units, diesmal nicht als Filter, sondern ebenfalls als Generatoren. Ansonsten unterscheidet sich die Handhabung nicht von den Motion-Generatoren.

Partikelemitter | Die Partikeleffekte in Motion sind ziemlich umfangreich und die komplexen Einstellungsmöglichkeiten verändern diese so stark, dass die ursprüngliche Herkunft kaum auszumachen ist. Daher macht es hier besonders viel Sinn, eigene Rubriken mit abgespeicherten Partikeleffekten anzulegen. Die Partikel werden ab Seite 485 beschrieben.

Replikator | Neu in Motion 2 ist der REPLIKATOR. Er wurde tatsächlich von Replicator korrekt übersetzt. Wiederholer hätte aber auch toll geklungen.

Mit dem Replikator können Objekte vervielfältigt und mit umfangreichen Einstellungsmöglichkeiten angeordnet werden. Eigene Replikator-Einstellungen können in Rubriken gespeichert werden. Den Replikator lernen Sie ab Seite 589 näher kennen.

Formen | Es lassen sich nicht nur bestehende Formen nachbearbeiten und neu abspeichern, sondern man kann auch komplett eigene Formen mit den Werkzeugen erstellen (Seite 309) und diese mit eigenen Einstellungen in Rubriken ablegen. Die Formen werden im Kapitel »Motion Elements« auf Seite 393 behandelt, wo Sie auch nähere Informationen zu Filtern, Generatoren und Verläufen finden.

Verlauf | Die Verläufe sind keine Objekte oder Generatoren, sondern werden auf bestehende Formen oder Texte angewendet. Sie sind im Gegensatz zu Objekten nicht als Spuren sichtbar. Damit lassen sie sich auch nicht per Drag & Drop aus dem Projektfenster in eigene Rubriken ziehen. Verläufe müssen aus den Einstellungen zur Füllung von Objekten heraus abgespeichert werden und tauchen dann auch in der Rubrik Alle (14 Objekte) auf, wobei es dann schon keine 14 Objekte mehr sind. Sie müssen also im Nachhinein neue Rubriken anlegen und die eigenen Verläufe per Drag & Drop aus der Rubrik Alle (14 Objekte) in die neue Rubrik ziehen.

Abbildung 6.23 ▶
Verläufe müssen aus den objektspezifischen Einstellungen von Formen oder Texten abgespeichert werden.

Schriften | Die Sortierung der Schriften richtet sich nach der Schriftenverwaltung von Mac OS X. Das Programm dazu heißt Schriftsammlung und liegt direkt im Programme-Ordner. Dementsprechend können in Motion an dieser Stelle keine Rubriken angelegt werden. Es wird nur die Sortierung der Schriftsammlung unterstützt und nicht etwa eine vergleichbare Lösung wie Extensis Suitcase.

Sehr schön und praktisch ist die Anzeige der Schrift als Symbolansicht. Verwendet man die Listenanzeige, dann erscheint nach Aktivierung mit der Maus auch im Vorschaufenster eine Anzeige.

◀ **Abbildung 6.24**
Die Schriften werden in der Bibliothek so kategorisiert, wie es in der Schriftverwaltung von Mac OS X definiert wurde.

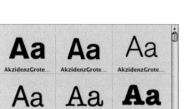 

◀ **Abbildung 6.25**
Die Anzeige der Schriften in der Symbolvorschau (links) und im Vorschaufenster (rechts).

LiveFonts | Auch die LiveFonts unterstützen keine eigenen Rubriken innerhalb von Motion. Es erscheint dort, neben der üblichen Rubrik für alle Objekte, nur die Pro Serie, in die zehn LiveFonts von Motion installiert werden.

Wurde auch das Programm LiveType mit den dazugehörigen Live-Fonts installiert, dann sind in der Pro Serie wesentlich mehr Schriften vorhanden. LiveType 2 als Bestandteil von Final Cut Pro 5 und Final Cut Studio legt zusätzlich die Rubrik Sammler-Edition mit 15 LiveFonts an. Mittlerweile kann man auch Zeichensätze nachkaufen, die in eigenen Rubriken auftauchen können.

Die animierten LiveFonts werden im Vorschaufenster angezeigt und auch die Symbolansicht ist sehr praktisch, da man hier schon das Erscheinungsbild vieler LiveFonts erkennen kann. In der Listenansicht wird hingegen nur ein Standard-Icon angezeigt. Mehr zu LiveFonts gibt es im Kapitel »Text in Motion«.

Textstile | Die Textstil-Vorgaben sind für Texte in den objektspezifischen Einstellungen verfügbar, und dort müssen auch die eigenen Vorgaben für die Bibliothek abgespeichert werden. In der Bibliothek können dann wieder eigene Rubriken angelegt werden und die Vorgaben lassen sich per Drag & Drop auf Texte anwenden. Anwendbar sind sie genau wie die LiveFonts nur auf bereits bestehende Textebenen. Mehr Informationen zu Schriften, LiveFonts und Textstilen gibt im Textkapitel ab Seite 529.

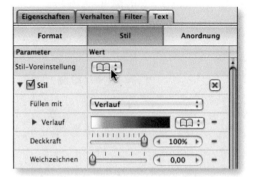

Abbildung 6.26 ▶
Eigene Textstile können über STIL-VOREINSTELLUNG in der Bibliothek gespeichert werden.

Musik | Apple lässt es sich natürlich nicht nehmen, einen Zugriff auf die Musikbibliothek von iTunes zu gewähren und somit kommen Sie aus Motion direkt an Ihre Wiedergabelisten. Gekaufte Musikstücke aus dem iTunes Music Store können zwar im Vorschaufenster angehört werden, lassen sich aber nicht in das Motion-Projekt importieren. Mehr zu Audio in Motion finden Sie im Kapitel »Rohmaterial« auf Seite 340.

Ein Doppelklick auf die Musikstücke in der Bibliothek öffnet diese zunächst im Viewer, wo Sie an beliebige Stellen springen und die Lautstärke für das Abhören regeln können.

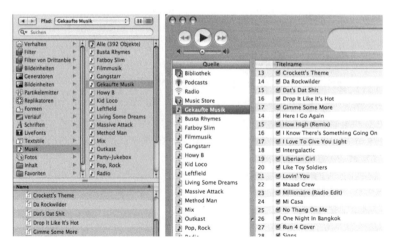

Abbildung 6.27 ▶
Gekaufte Musik aus dem iTunes Music Store kann wegen des Kopierschutzes nicht in Motion importiert werden.

Fotos | Auch zu iPhoto gibt es in Motion 2 eine Anbindung. Über die Rubrik Fotos erhalten Sie Zugriff auf Ihre digitalen Fotoalben. Bedenken Sie, dass viele Bilder von digitalen Fotokameras weitaus größer als 2000 oder 4000 Pixel sind und damit zu groß für Motion. Beachten Sie hierzu die Einstellung, die Sie im Umgang mit großen Bildern vornehmen können (siehe Seite 182).

Ein Doppelklick auf die Fotos der Bibliothek öffnet diese zunächst im Viewer, wo sie in hoher Auflösung betrachtet werden können.

Inhalt | Der Nutzen der Rubrik Inhalt mag auf den ersten Blick nicht ersichtlich sein: lauter abstrakte Grafiken und Filme ohne klare Bezeichnung.

Die Unterrubrik Partikelbilder gibt einen Hinweis darauf, dass es sich um Objekte handeln könnte, die als Partikelquellen für die Partikeleffekte in Verwendung sind. Andere Unterrubriken wie Feuer, Himmel oder Rauch beherbergen Bildsequenzen aus so genannten Stock Footage-Sammlungen.

Auch hier lassen sich Rubriken erstellen, um eigene Mediendateien dauerhaft in Motion verfügbar zu machen. Aus der Medienablage oder Timeline kann man eigene Dateien per Drag & Drop in die eigene Rubrik ziehen (siehe Abbildung 6.28). Die Möglichkeiten, damit ganz eigene grafische Gestaltungsvorgaben zu schaffen, sind immens.

Ein Doppelklick auf die Mediendateien in der Bibliothek öffnet diese zunächst im Viewer. Mehr Informationen zu importierbaren Dateiformaten erhalten Sie im Kapitel »Rohmaterial«.

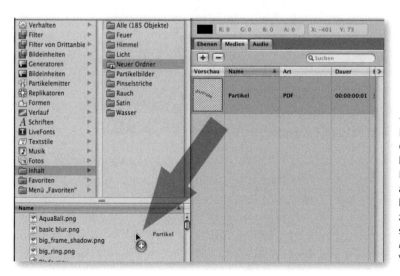

◄ **Abbildung 6.28**
Eigene Grafiken oder QuickTime-Filme können per Drag & Drop aus der Medienablage in die Rubriken für Inhalt gezogen werden und stehen dann in allen Motion-Projekten zur Verfügung.

Favoriten | Damit man auf die bevorzugten Vorgaben einen direkten und schnellen Zugriff hat, gibt es die Rubrik FAVORITEN. Hier lassen sich alle Elemente und Effekte ablegen, die es in der Bibliothek und natürlich in eigenen Rubriken gibt. Sehr nützlich ist die dadurch geschaffene Möglichkeit, z. B. für verschiedene Kunden ganze Sets anzulegen.

Menü »Favoriten« | Die Rubrik MENÜ »FAVORITEN« rundet das Ganze nochmals ab. Die hier abgelegten Elemente und Effekte erscheinen im Eintrag FAVORITEN in der Menüzeile von Motion. Die angelegten Rubriken tauchen dort als Untermenüeinträge auf, was im Projekt-Workflow bei immer wiederkehrenden Einstellungen immens hilft.

Abbildung 6.29 ▸
Die Rubrik MENÜ »FAVORITEN« legt im Hauptmenü von Motion unter dem Eintrag FAVORITEN die eigenen Vorgaben ab. Eigene Unterrubriken werden als Untermenüs übernommen.

6.3 Schwebepalette

Bevor wir nach der Dateiübersicht und Bibliothek zur dritten Tab-Darstellung mit dem Fenster INFORMATIONEN kommen, widmen wir uns zunächst erst der SCHWEBEPALETTE, da sie das Informationen-Fenster ergänzt.

Abbildung 6.30 ▸
Die Schwebepalette zeigt Informationen zum ausgewählten Objekt.

Es gibt unter Mac OS X 10.4 Tiger die neue Funktion namens Dashboard. Diese Bezeichnung wurde in der deutschen Mac OS X-Version beibehalten, aber das Dashboard von Motion heißt im Deutschen anders. Dashboard kann auch mit Armaturenbrett oder Instrumententafel übersetzt werden, doch weil das Dashboard von Motion, wie das von Mac OS X, immer über allem schwebt, hat man sich wohl für die Bezeichnung SCHWEBEPALETTE entschieden. Funktional ist die Schwebepalette eher eine Instrumententafel, auf der die wichtigsten Einstellungen von ausgewählten Elementen zur Verfügung stehen.

Der Tastaturbefehl für das Ein- und Ausblenden der Schwebepalette ist F7. Ein Mausklick auf das kleine x-Symbol oben links schließt die Schwebepalette ebenfalls.

Die Schwebepalette ist in ihrem Darstellungsumfang begrenzt und so zeigt sie nur einen Auszug sämtlicher Parameter. Besonders deutlich wird dies bei den Partikeleffekten, die im Informationen-Fenster über sehr komplexe Einstellungsmöglichkeiten verfügen. Für viele Einstellungen reicht die Schwebepalette jedoch aus, so z. B. bei Textobjekten.

◄ **Abbildung 6.31**
Die Schwebepalette zeigt bei Partikeleffekten nur einen Ausschnitt aller Parameter: Links abgedunkelt die Parameter, die nicht in der Schwebepalette erscheinen.

Sie können zwischen einzelnen Filtern, Verhalten und den Objekteinstellungen wechseln, indem Sie in der Schwebepalette oben in der Leistenmitte in das kleine Dreieck neben der Bezeichnung ❶ klicken. Für diese Funktion gibt es auch praktische Kurzbefehle: D wandert nach unten, ⇧+D wandert nach oben durch die Einstellungen.

Im praktischen Vollbildmodus von Motion, der sich unter dem Tastaturbefehl F8 verbirgt (oder Menü DARSTELLUNG • GESAMTER BILDSCHIRM), bietet die Schwebepalette eine übersichtliche Möglichkeit, um Parameter zu ändern. Alle Einstellungen, die darüber hinausgehen, finden sich unter dem Tab INFORMATIONEN, das wir nun etwas genauer betrachten werden und das in folgenden Kapiteln sehr wichtig sein wird.

Abbildung 6.32 ▶
Im Popup-Menü kann man zwischen den Einstellungen für Filter, Verhalten und Objekten wechseln.

Um von der Schwebepalette schnell in das Informationen-Fenster zu wechseln, klicken Sie in der Schwebepalette ganz oben links in das i-Symbol ❷.

Abbildung 6.33 ▶
Die Schwebepalette ist im Vollbildmodus sehr nützlich. Ein Klick auf das i-Symbol ❷ öffnet gleichzeitig das Informationen-Fenster.

6.4 Informationen

Ganz oben rechts neben Dateiübersicht und Bibliothek findet sich das Tab INFORMATIONEN. Dieses Fenster ist in weitere Rubriken unterteilt, je nachdem, welche Elemente ausgewählt wurden.

Im Informationen-Fenster werden ausschließlich Einstellungen zu Eigenschaften von Objekten, Einstellungen zu Verhalten, Filtereinstellungen sowie objektspezifische Einstellungen durchgeführt.

Eigenschaften | Schauen wir uns zunächst die Tabs unterhalb der Vorschau an. Die ersten drei Bereiche sind immer sichtbar und lauten EIGENSCHAFTEN, VERHALTEN und FILTER.

Im Tab EIGENSCHAFTEN finden sich die Grundeinstellungen zu Objekten, die bereits im Canvas, also dem Projekt, eingebunden sind. In Final Cut Pro wären das im Prinzip die Bewegungseinstellungen, also z. B. Position, Skalierung, Rotation oder Deckkraft. Wird der Inhalt aus einem Final Cut Pro-Projekt an Motion übergeben, dann werden viele dieser Werte hier übernommen.

Bei mehreren ausgewählten Objekten wirken sich die Einstellungen der Eigenschaften auch auf alle diese Objekt aus. Die Eigenschaften verbergen sich hinter dem Kurzbefehl [F1].

> **Verhalten und Filter**
>
> ▶ VERHALTEN: Die Parameter zu Verhalten werden ab Seite 456 erklärt. Der Kurzbefehl ist [F2].
> ▶ FILTER: Die Parameter zu Filtern werden ab Seite 374 beschrieben. Der Kurzbefehl ist [F3].

Objekt | Der vierte und letzte Tab lautet OBJEKT, wenn nichts angewählt ist oder mehrere unterschiedliche Objekttypen gleichzeitig markiert wurden bzw. keine eindeutige Zuweisung stattfinden kann. Dieser Tab mit den verschiedenen Objekttypen kann über den Kurzbefehl [F4] aufgerufen werden.

◀ **Abbildung 6.34**
OBJEKT ist die allgemeine Bezeichnung des vierten Tabs.

Die Bezeichnung dieses Tabs ändert sich jedoch, je nachdem, welche Elemente angewählt werden.

▶ MEDIEN: Wählt man Objekte in der Medienablage aus, dann lassen sich hier Einstellungen zur Interpretation dieser Medien durchführen. Die Einstellungen werden im Kapitel »Rohmaterial« ab Seite 351 erläutert.

◀ **Abbildung 6.35**
Das Tab ändert seine Bezeichnung zu MEDIEN.

▶ AUDIO: Wird eine Audiodatei oder ein Film, der Audio enthält, in die Timeline eingefügt, dann lässt sich die Audiospur anwählen. Dazu muss in der Timeline Audio eingeblendet sein oder man wechselt über [⌘]+[6] in den Audiobereich.

Abbildung 6.36 ▶
Wird eine Audiospur ausgewählt, ändert sich die Bezeichnung entsprechend.

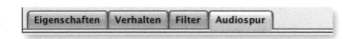

- MASTER: Wenn Sie den Audiobereich eingeblendet haben, dann erscheint dort auch eine Einstellung für die Master-Audiospur. Nur hier können Sie die Master-Audiospur auswählen. Da Sie hier alle nötigen Einstellungen durchführen können, wäre es unnötig, zusätzlich das Tab MASTER im Informationen-Fenster aufzurufen, wo nur Pegel- und Balance-Einstellungen vorgenommen werden können.
- EBENE: Wenn eine ganze Ebene im Ebenenfenster oder der Timeline angewählt wurde, wechselt die Bezeichnung von OBJEKT zu EBENE. Hier können Sie einstellen, ob eine Ebene über eine feste Auflösung verfügen soll oder sich die Ebenengröße den Objekten anpasst.
- GRUPPIEREN: Objekte, die gruppiert wurden, erscheinen hier als Gruppierung. Obwohl eine Gruppierung nichts weiter ist als eine Unterebene, in der die Objekte zusammengefasst sind, merkt sich Motion gruppierte Objekte und kann diese Gruppierung auch wieder aufheben. Es können nur Objekte einer Ebene gruppiert werden. Da eine Gruppierung eine Unterebene ist, stehen auch die gleichen Einstellungen wie bei einer Ebene zur Verfügung.
- FORM: Formen, die man in Motion selber erstellen kann, besitzen spezifische Einstellungsmöglichkeiten (siehe Seite 397).
- TEXT: Textobjekte sind in Motion mit umfangreichen Einstellungsmöglichkeiten versehen. Da diese in einem Tab nicht unterzubekommen sind, gibt es die drei Unterrubriken FORMAT, STIL und ANORDNUNG (siehe Seite 536).
- MASKE: Masken, die mit den Masken-Werkzeugen erstellt wurden, verfügen hier über spezifische Einstellungen (siehe Seite 395).
- BILDMASKE: Hier finden Sie die Einstellungen für Objekte, denen eine Bildmaske hinzugefügt wurde (siehe Seite 409).
- EMITTER: Wie bereits die Abbildung 6.31 vermuten lässt, sind die Einstellungsmöglichkeiten für Partikel sehr umfangreich. Die Einstellungen zu den Emittern (Seite 487) stellen dabei nur eine von zwei Einstellungen zu Partikeln dar.
- PARTIKELZELLE: Die zweite Einstellungsmöglichkeit von Partikeln finden Sie in den spezifischen Einstellungen der Partikelzelle. Die Partikel werden in einem eigenen Kapitel ab Seite 497 erläutert.

- REPLIKATOR: Hier sind die spezifischen Einstellungen zum Replikator zusammengefasst. Ähnlich den Partikeln gibt es auch hier noch weitere Einstellungen zur Replikator-Zelle.
- REPLIKATOR-ZELLE: Die spezifischen Einstellungen zur Replikator-Zelle. Der Replikator selbst wird auf Seite 604 erläutert.

Zu den unzähligen Einstellungsmöglichkeiten im Informationen-Fenster werden wir, wie bereits erwähnt, noch oft zu sprechen kommen, aber an dieser Stelle soll es das zunächst gewesen sein.

Informationen-Fenster sperren | Da sich der Inhalt des Informationen-Fensters immer ändert, wenn etwas angewählt wird, kann man es auch sperren. Wenn Sie oben rechts in das kleine graue Schloss klicken, ändert sich der Inhalt des Informationen-Fensters nicht mehr, bis Sie das Schloss wieder lösen.

◀ **Abbildung 6.37**
Ist das Informationen-Fenster gesperrt, können Sie z. B. in Ruhe ein Objekt für die Bildmaske auswählen, ohne dass sich beim Anwählen des Objektes das Fenster ändert.

6.5 Canvas

Der Canvas-Bereich nimmt offensichtlich den meisten Platz ein. Hier findet die eigentliche Show statt, denn das Canvas-Fenster ist die visuelle Darstellung der Timeline. Wenn Sie Ihr Projekt abspielen, fungiert das Canvas-Fenster praktisch als Leinwand, um Ihnen das vollbrachte Werk darzubieten. Hier finden aber auch viele Bearbeitungsschritte im Standbild statt, wie z. B. die Texteingabe oder Transformationen.

Wenn Sie ein Projekt anlegen, müssen Sie dessen Formateinstellungen wählen, z. B. PAL DV. Die Bildgröße eines solchen Projekts entspricht 720 × 576 Pixeln und genauso groß ist der schwarze Bereich innerhalb des Canvas-Fensters bei einer Darstellungsgröße von 100 %. Mit aktiviertem Ausgleich für nicht-quadratische Pixel entspricht die Größe 768 × 576 Pixel. Die schwarze Fläche ist der sichtbare Wiedergabebereich des Projekts, also die **Bildfläche** ❶. Der graue Bereich um die Bildfläche herum dient aber auch zur Bearbeitung. Daher bezeichnen wir ihn als **Arbeitsfläche** ❷. Wie groß der Anteil der Bild- und Arbeitsfläche ist, hängt von Ihrer Projektgröße, der verwendeten Bildschirmauflösung, der Darstellungsgröße und der Fensteraufteilung ab.

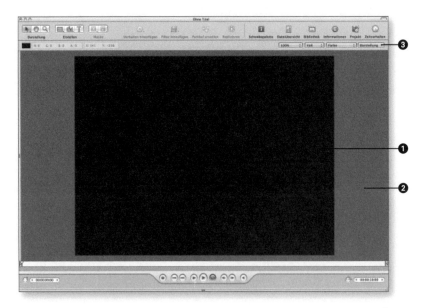

Abbildung 6.38 ▶
Der Canvas-Bereich

Lassen Sie zunächst den Projekt- und Zeitbereich ausgeblendet, sodass auch auf einem PowerBook ein DV-Projekt in 100 %-Darstellungsgröße angezeigt werden kann. Das Projektfenster müsste dann so aussehen wie auf der ersten Abbildung in diesem Kapitel auf Seite 207. Oben rechts, unter der Symbolleiste, sehen Sie einige Popup-Menüs ❸ mit folgenden aktivierten Einträgen: 100 %, VOLL, FARBE und DARSTELLUNG. Bei diesen Popup-Menüs handelt es sich um Einstellungsmöglichkeiten, die sich auch alle im Menü DARSTELLUNG finden lassen.

◄ **Abbildung 6.39**
Rechts oben unter der Symbolleiste befinden sich vier Pop-up-Menüs, die für die Darstellung im Canvas verantwortlich sind.

Anzeigegröße | Das erste Popup-Menü beinhaltet die Darstellungsgröße in verschiedenen Zoomstufen. Acht feste Zoomstufen lassen sich hier auswählen. Bei dieser Methode wird immer zentriert auf die Projektmitte gezoomt. Die zahlreichen Tastatur-, Maus- und Stiftbefehle für das Zoomen finden Sie auf Seite 204.

Wählt man den untersten Eintrag aus dem Popup-Menü AN FENSTERGRÖSSE ANPASSEN, so wird Motion versuchen, die Bildfläche auf der verfügbaren Arbeitsfläche anzupassen. Das ist sehr nützlich, wenn man den Projekt- und Zeitbereich (F5 und F6) einblendet und damit die Arbeitsfläche verringert wird. Die Bildfläche wird ohne die Anpassung eventuell an den Seiten beschnitten.

Auflösung | Das zweite Popup-Menü beinhaltet vier verschiedene Qualitätsstufen für die Bildfläche: VOLL, HALB, VIERTEL und DRITTEL. Damit kann man die Auflösung verringern, um laut Handbuch bei aufwändigen Projekten noch mehr Echtzeitgeschwindigkeit herauszukitzeln. Wir konnten davon allerdings rein gar nichts spüren. Bei zahlreichen Versuchen an mehreren Systemen blieb die Abspielgeschwindigkeit gleich. Trotzdem könnte man die Einstellungen auch als Effekt einsetzen. Vielleicht ist es ja mal gewünscht, eine extra schlechte Auflösung zu simulieren. Bei der Ausgabe als Datei können die niedrigeren Auflösungen ebenfalls eingestellt werden.

Kanäle | Im nächsten Popup-Menü ist standardmäßig der Eintrag FARBE vorausgewählt. Diese Farbe ist für die Bildfläche Schwarz, falls Sie in den Projekteinstellungen nicht eine andere Farbe gewählt haben. Folgende weitere Einstellungen stehen zur Verfügung:
- TRANSPARENT: Zeigt ein grauweiß kariertes Schachbrettmuster für transparente Bereiche.
- ALPHA-ÜBERLAGERUNG: Zeigt einen roten Hintergrund für transparente Bereiche. Diese Darstellung erinnert etwas an den Maskierungsmodus von Photoshop.

Abbildung 6.40 ▶
Der Eintrag TRANSPARENT stellt für transparente Bildbereiche ein Schachbrettmuster zu Verfügung (links).

- NUR RGB: Der bereits vielfach angesprochene Straight-Modus für die Darstellung innerhalb von Motion. In diesem Modus werden transparente und halb transparente Bereiche überzeichnet.
- ROT: Zeigt den roten Sättigungsanteil als Graustufenbild.
- GRÜN: Zeigt den grünen Sättigungsanteil als Graustufenbild.
- BLAU: Zeigt den blauen Sättigungsanteil als Graustufenbild.
- ALPHA: Zeigt nur den Alphakanal, also ein Graustufenbild der transparenten und deckenden Bereiche. Schwarz ist transparent, weiß ist deckend.
- INVERTIERTES ALPHA: Zeigt den umgekehrten Alphakanal. Weiß ist transparent, schwarz ist deckend. Motion kann einen invertierten Alphakanal nicht integriert in ein Dateiformat ausgeben, sondern nur als separaten Key.

Darstellung | Während sich in den drei bisherigen Popup-Menüs direkt Einträge auswählen ließen und diese dann auch im geschlossenen Popup-Menü angezeigt wurden, verhält sich das letzte Popup-Menü DARSTELLUNG etwas anders. Hier lassen sich verschiedene Darstellungsoptionen ein- und ausschalten. Sie haben ungefähr die Hälfte dieser Darstellungsoptionen schon im Kapitel »Motion-Setup« auf Seite 186 kennen gelernt. Schlagen Sie dort bitte die Funktionen zu LINEALE, GITTER, HILFSLINIEN, DYNAMISCHE HILFSLINIEN, BEREICHSRAHMEN und FILMBEREICH nach. Die Einträge HEBEL, LINIEN und ANIMATIONSPFAD beziehen sich auf die Auswahl und Bearbeitung von Objekten und Ebenen im Canvas.

Bei allen diesen Darstellungen handelt es sich um so genannte **Überlagerungen**. Diese finden Sie parallel zum Popup-Menü auch im Menü unter DARSTELLUNG • ÜBERLAGERUNGEN. Um die Überlagerungen gänzlich ein- oder auszuschalten, wählen Sie sowohl im Popup-Menü wie auch im gleichnamigen Menü DARSTELLUNG den Eintrag ÜBERLAGERUNGEN ANZEIGEN oder nutzen Sie das Tastaturkürzel ⌘+⇧+7.

- ▶ HEBEL: Ein Objekt und eine Ebene haben immer einen physikalischen Mittelpunkt, doch dieser ist selber nicht sichtbar, sondern immer nur der Ankerpunkt. Standardmäßig liegen Mittel- und Ankerpunkt meistens exakt auf der gleichen Position, doch lässt sich der Ankerpunkt in seiner Position auch verändern. Der Ankerpunkt ermöglicht das Drehen des Objekts im Canvas-Bereich und er dient auch als Skalierungspunkt. Er ist ein Bestandteil des Hebels. Auch die Eckpunkte und Seitenmittelpunkte zählen zu den Hebeln, mit deren Hilfe das Objekt oder die Ebene skaliert, geneigt und verzerrt werden kann.

◀ **Abbildung 6.41**
Zu den Hebeln von Objekten und Ebenen zählen der Ankerpunkt sowie die Eckpunkte und Seitenmittelpunkte. Rechts: Darstellung ohne Hebel und mit Linien.

- ▶ LINIEN: Objekte und Ebenen werden mit einem Rahmen begrenzt (siehe Abbildung 6.41), der sich auch ausschalten lässt.

◀ **Abbildung 6.42**
Links: Darstellung ohne Linien und mit Hebel, rechts: Darstellung ohne Linien und ohne Hebel.

- ▶ ANIMATIONSPFAD: Über Keyframes durchgeführte Positionsveränderungen eines Objekts oder einer Ebene werden mit einem roten Pfad dargestellt. Die Darstellung des Pfades kann ausgeschaltet werden, jedoch gilt dies nicht für den Bewegungspfad, der durch die Animation mit Verhalten gezeichnet wird.

▲ **Abbildung 6.43**
Der Animationspfad stellt die Positionsveränderung eines Objekts oder einer Ebene dar (links). Bewegungsveränderungen von Verhalten werden immer dargestellt (rechts).

Auch einige Filter verwenden den Animationspfad, um eine Überlagerung zu zeichnen. Die Hebel, Linien und der Animationspfad sind nur sichtbar, wenn Objekte oder Ebenen direkt angewählt wurden und wenn die Überlagerungen eingeschaltet sind. Die Linien sind auch dann immer sichtbar, wenn man sich beispielsweise in den Filtereinstellungen eines Objektes befindet, selbst wenn die Überlagerung ausgeschaltet ist.

Abbildung 6.44 ▶
Die Kugel des Effekts EINFACHES 3D wäre ohne Überlagerung nicht sichtbar.

Seitenverhältnis korrekt anzeigen | Am Anfang dieses Abschnitts erwähnten wir schon kurz, dass ein Projekt mit PAL DV-Einstellungen mit einem Ausgleich für nicht-quadratische Pixel dargestellt werden muss, damit die Bildfläche korrekt in 4:3 angezeigt wird. Wenn Sie das Kapitel »Videogrundlagen« aufmerksam gelesen haben, wissen Sie sicher, um was es hier geht. Möchten Sie, dass in Ihrer Canvas-Anzeige ein Kreis wie ein Kreis und ein Quadrat wie ein Quadrat aussieht, so müssen Sie den Eintrag SEITENVERHÄLTNIS KORREKT ANZEIGEN aktivieren. Dies gilt nur für Projekte mit nicht-quadratischen Pixeln. Bei Projekten mit quadratischen Pixeln wird die Angabe ignoriert. Wer hier noch Nachhilfe braucht, kann auf Seite 106 nachlesen, was es damit auf sich hat.

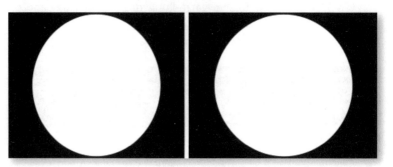

Abbildung 6.45 ▶
Damit Projekte mit nicht-quadratischen Pixeln (links) korrekt angezeigt werden, muss die Einstellung SEITENVERHÄLTNIS KORREKT ANZEIGEN aktiviert sein (rechts).

Halbbilder rendern | Im Gegensatz zu After Effects (Version 6.5) kann Motion auch in der Canvas-Vorschau Halbbilder rendern, also nicht nur bei der Ausgabe als Datei. Verwenden Sie eine Projekteinstellung mit Halbbildern, dann können Sie das Halbbild-Rendering über den Kurzbefehl [Alt]+[F] auch für die Canvas-Vorschau einschalten. Mit dieser Einstellung werden anschließend Halbbilder für Objekte erstellt, die in Motion erzeugt und animiert wurden, z. B. auch Partikel (siehe Abbildung 6.46, Mitte). Bei Projekteinstellungen ohne Halbbilddominanz (progressive) wird die Einstellung ignoriert. Das Rendern von 50 Halbbildern anstelle von 25 Vollbildern in einem PAL-Projekt kostet nach unseren Beobachtungen je nach Grafikkarte spürbar Leistung.

Um **Halbbilder korrekt beurteilen** zu können, ist der Computermonitor nicht gut geeignet. Verwenden Sie daher eine Videohardware, falls Motion in der Lage ist, eine RAM-Vorschau mit Halbbildern in Echtzeit auszugeben. Sie benötigen dazu bei SD-PAL mindestens einen 2 GHz Dual G5. Ansonsten empfiehlt es sich, das Projekt an Final Cut Pro zu übergeben, dort in der Sequenz zu rendern und sich das Video im Halbbildmodus auf dem Kontrollmonitor anzuschauen.

Bewegungsunschärfe | Sind Sie eher ein Freund der natürlichen filmischen Abbildung, so kommt statt dem Halbbildmodus eher die Bewegungsunschärfe infrage. Die Qualität und Art der Bewegungsunschärfe ergibt sich dabei aus den RENDER-EINSTELLUNGEN der PROJEKTEINSTELLUNGEN ([⌘]+[J]). Aus Gründen der Performance sollte die Bewegungsunschärfe während der Bearbeitung eher ausgeschaltet bleiben und nur kurz beim Rendering in ein Dateiformat aktiviert werden. Wir erklären die Bewegungsunschärfe daher im Kapitel »Projekte ausgeben« auf Seite 626.

Sie können das Halbbild-Rendering und die Bewegungsunschärfe auch kombinieren, allerdings macht das wenig Sinn, da man sich dadurch seine Videoanimation bei Bewegungen eher zumatscht. Es könnte aber sicher interessante Gestaltungsmöglichkeiten geben, wenn man mit den Werten für SAMPLING und VERSCHLUSSWINKEL experimentiert.

Abbildung 6.46 ▶
Progressive Anzeige (links), Halbbild-Rendering (Mitte), progressive Anzeige mit Bewegungsunschärfe (rechts).

Kontextmenüs | Eigentlich eine objektspezifische Erscheinung ist das Kontextmenü. Da dieses aber für alle Objekttypen im Canvas-Bereich fast gleich ist, sei es an dieser Stelle kurz erläutert. Führen Sie einen Klick mit der rechten Maustaste auf ein beliebiges Objekt im Canvas durch, um das Kontextmenü zu öffnen.

Abbildung 6.47 ▶
Das Kontextmenü erscheint, wenn man im Canvas-Fenster mit der rechten Maustaste auf ein Objekt klickt.

Dieses Kontextmenü ist in fünf Rubriken unterteilt. Folgende Werkzeuge können in der ersten Rubrik aufgerufen werden:
- TRANSFORMIEREN: aktiviert das WERKZEUG ZUM AUSWÄHLEN/TRANSFORMIEREN.
- ANKERPUNKT: aktiviert das Werkzeug ANKERPUNKT ANPASSEN.
- SCHERUNG: aktiviert das Werkzeug SCHERUNG ANPASSEN.

- Schattenwurf: aktiviert das Werkzeug Schatten werfen anpassen.
- Alle vier Ecken: aktiviert das Werkzeug Alle vier Ecken anpassen.
- Beschneiden oder Punkte bearbeiten: Der Eintrag ist vom Objekttyp abhängig. Objekte, die über einen Objektrahmen verfügen (z. B. Texte oder Bilder), bieten den Eintrag Beschneiden, der das Werkzeug Beschneiden anpassen aufruft. Formen mit Bézier- oder B-Spline-Punkten bieten den Eintrag Punkte bearbeiten, über den das Werkzeug Steuerpunkte anpassen aufgerufen wird.
- Emitter, Positionen bearbeiten oder Replikator: Diese Einträge sind ebenfalls vom Objekttyp abhängig, so z. B. für Partikel, Generatoren und Replikatoren. Für alle diese Objekte wird das Objekt anpassen-Werkzeug aktiviert, mit dem einige spezifische Einstellungen durchgeführt werden können. Bei anderen Objekten, die das Werkzeug nicht unterstützen, wird überhaupt kein Eintrag in der Liste angezeigt. Das Kontextmenü ist dann etwas kürzer.

Da Sie an dieser Stelle die Werkzeuge zumindest von unserer Seite noch nicht erläutert bekommen haben, fragen Sie sich vielleicht nach deren Funktion. Die Werkzeuge werden am Ende dieses Kapitels vorgestellt.

In der nächsten Rubrik können Verhalten, Filter und Masken, die auf das Objekt angewendet wurden, ausgewählt werden. Um Verhalten, Filter und Masken auszuwählen, aktivieren die drei Einträge leider nicht das entsprechende Tab im Informationen-Fenster, sondern wählen die Elemente nur in den Ebenenansichten aus. Diese Methode eignet sich am ehesten, wenn man eines der Elemente löschen will, denn wurde es ausgewählt, muss man nur die ⌫ - oder Entf -Taste drücken, um das Element schnell zu löschen.

Um zu den Einstellungen zu wechseln, braucht man hingegen mehr Befehle, z. B. F7 für die Schwebepalette und einen Mausklick auf das i-Symbol, um zu den umfangreicheren Einstellungen des Informationen-Fensters zu wechseln. Daher nutzt man am besten gleich den Kurzbefehl für die Filter- oder Verhalten-Parameter (F2 und F3). Bei den Masken ist das Kontextmenü hingegen dienlich, da man die Masken nicht immer mit der Maus trifft.

Die nächste Rubrik enthält die Befehle, die Sie auch im Menü BEAR-
BEITEN vorfinden, wie z. B. Copy & Paste:
- AUSSCHNEIDEN: Das Objekt wird ausgeschnitten und in die Zwischenablage kopiert. Es wird dabei aus dem Canvas-Bereich entfernt, bis es wieder eingefügt wird. Die Einstellungen des Objektes werden natürlich mitkopiert. Über den Kurzbefehl cmd+X geht das Ausschneiden wesentlich schneller.
- KOPIEREN: Das Objekt wird in die Zwischenablage kopiert. Es bleibt dabei im Canvas-Bereich bestehen und kann erneut eingefügt werden. Auch hier werden die Einstellungen des Objektes mitkopiert. Der Kurzbefehl lautet cmd+C.
- EINSETZEN: Das Objekt wird aus der Zwischenablage eingefügt. Dabei wird es immer an derselben Position eingefügt, an der es kopiert oder ausgeschnitten wurde. Es besitzt auch alle Einstellungen, die mitkopiert wurden. Der Kurzbefehl lautet cmd+V
Ist der Befehl wie in Abbildung 6.49 ausgegraut, dann ist die Zwischenablage leer oder der Inhalt ist nicht zum Einfügen geeignet. So können eigentlich nur Objekte eingefügt werden, die zuvor in Motion kopiert oder ausgeschnitten wurden. Sie können nicht eine Grafik in Photoshop in die Zwischenablage kopieren und in Motion einsetzen. Das geht nur mit Text, der z. B. aus einer Textverarbeitung im Editiermodus in ein Textobjekt eingefügt werden kann.

Abbildung 6.48 ▶
Im Editiermodus von Textobjekten kann man den Text ausschneiden, kopieren oder aus der Zwischenablage einfügen.

- DUPLIZIEREN: Der Befehl kopiert das Objekt und fügt es in einem Durchgang an gleicher Position wieder ein. Alle zugewiesenen Parameter werden dabei mitdupliziert. Der Kurzbefehl lautet cmd+D.
- LÖSCHEN: Das Objekt wird entfernt und dabei nicht in die Zwischenablage kopiert. Als Kurzbefehl kann man die $\leftarrow$- oder Entf-Taste verwenden.

Die vorletzte Rubrik betrifft die Gruppierung von Objekten:
- GRUPPIERUNG AUFHEBEN: Wurden bereits mehrere Objekte in einer Unterebene gruppiert, dann kann diese Gruppierung wie-

der aufgehoben werden und die Objekte lassen sich einzeln im Canvas-Bereich anfassen. Der Befehl findet sich auch im Menü OBJEKT oder unter dem Kurzbefehl ⌘+Alt+G.
▶ GRUPPIEREN: Der Befehl gruppiert mehrere ausgewählte Objekte in einer Unterebene. Die Objekte lassen sich nur noch in den Ebenenansichten einzeln auswählen, im Canvas-Fenster lässt sich nur noch die gesamte Unterebene auswählen. Der Befehl findet sich ebenfalls im Menü OBJEKT (Kurzbefehl ⇧+⌘+G).

Die letzte Rubrik verfügt über drei Einträge, die keiner besonderen Sortierung unterliegen, sondern wohl noch einen Platz brauchten.
▶ AKTIV: Das Objekt wird über den Befehl aktiviert oder deaktiviert. Diese Möglichkeit finden Sie auch in den beiden Ebenenansichten von Timeline und Projektbereich. Dort können Sie über die Checkboxen mit dem kleinen Haken, immer links von der Objektbezeichnung, aktiviert bzw. deaktiviert werden. Der Kurzbefehl lautet Ctrl+T.
▶ FÜLLMETHODE: Hier können Sie für das Objekt die Füllmethoden, auch Blendmodus genannt, auswählen. Die Füllmethoden lassen sich an vielen Stellen aktivieren, so z. B. in den EIGENSCHAFTEN eines Objektes (Seite 385) sowie über ein ähnliches Kontextmenü in den Ebenenansichten.
▶ AUSGANGSMEDIEN ANZEIGEN: Dieser Befehl ist nur bei importierten Mediendateien verfügbar und zeigt diese in der Medienablage. Dabei werden im Informationen-Fenster auch die Medieneinstellungen angezeigt, sodass man deren Interpretation ändern kann. Der Kurzbefehl lautet ⇧+F.

Das waren die Einstellungen des Kontextmenüs zu Objekten. Klickt man mit der rechten Maustaste hingegen in den leeren Canvas-Bereich, erscheint ein anderes Kontextmenü. Die Befehle sind hier wesentlich übersichtlicher.

◀ **Abbildung 6.49**
Dieses Kontextmenü erscheint, wenn man im Canvas-Fenster mit der rechten Maustaste in den leeren Bereich klickt.

- Neue Ebene: Der Befehl erzeugt eine neue Ebene. Man muss also nicht extra in den Ebenenansichten auf das Plus-Symbol klicken. Der Kurzbefehl lautet ⌘+⇧+N.
- Importieren: Der Befehl öffnet den Import-Dialog von Motion. Man muss also auch hier nicht extra in der Medienablage auf das Plus-Symbol klicken. Der Kurzbefehl lautet ⌘+I.
- Einsetzen: Noch mal der Befehl zum Einfügen von Objekten aus der Zwischenablage. Leider unterscheidet er sich in keiner Weise von dem bereits vorgestellten Befehl in dem anderen Kontextmenü. Denkbar wäre z. B., dass Objekte an der Position der Maus eingefügt werden, doch dem ist nicht so.
- Projekteinstellungen: Der Befehl öffnet die Einstellungen zum Projekt. Der Kurzbefehl lautet ⌘+J.

Exakt das gleiche Kontextmenü steht übrigens in den beiden Ebenenansichten zur Verfügung, wenn man dort mit der rechten Maustaste in einen leeren Bereich klickt. Trifft man dabei hingegen ein Objekt, dann stehen ähnliche Befehle zur Verfügung wie im großen, zuerst vorgestellten Kontextmenü, allerdings fehlen die ersten beiden Rubriken. Im Canvas-Bereich gibt es noch ein weiteres Kontextmenü, wenn man die Punkte von Bézier-Kurven, B-Spline-Kurven und Pfaden mit der rechten Maustaste anklickt. Diese Menüs lernen Sie kennen, wenn es um die Bearbeitung dieser Punkte geht.

6.5.1 Transportsteuerung

Die Transportsteuerung gehört nicht mehr wirklich zum Canvas-Bereich, ist aber mit dem Canvas immer eingeblendet.

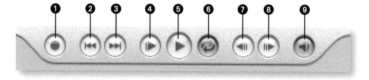

Abbildung 6.50 ▶
Bedienelemente der Transportsteuerung

Bei der Transportsteuerung handelt es sich um die Wiedergabebedienung von Motion, also die Bedienelemente in der Leiste unter dem Canvas. Hier befinden sich von links nach rechts die Steuerungstasten für:

- Aufnahme ❶: Mit dem Aufnahmekopf aktivieren Sie die Keyframe-Aufnahme (Kurzbefehl: A). Wenn die Aufnahme aktiviert ist, leuchtet der Kopf hellrot und pulsiert leicht. Ein Doppelklick auf den Aufnahmeknopf öffnet die Aufnahme-Einstellungen. Die Keyframe-Aufnahme erläutern wir auf Seite 440.

- ZUM PROJEKTSTART GEHEN ❷: Die Zeitmarke springt in der Timeline an den Projektanfang (Kurzbefehl: Home).
- ZUM PROJEKTENDE GEHEN ❸: Die Zeitmarke springt in der Timeline an das Ende des Projekts (Kurzbefehl: Ende).
- VOM START WIEDERGEBEN ❹: Die Timeline wird vom In-Punkt des Wiedergabebereichs abgespielt. Wurde kein In-Punkt gesetzt, wird vom Anfang des Projekts abgespielt.
- WIEDERGABE/PAUSE ❺: Die Timeline wird von der aktuellen Position der Zeitmarke abgespielt (Kurzbefehl: Leertaste).
- ENDLOSSCHLEIFE ❻: Der Abspielvorgang wird immer vom In-Punkt des Wiedergabebereichs so lange wiederholt, bis die Wiedergabe gestoppt oder die Taste für die Endlosschleife erneut betätigt wird. Die Endlosschleife kann während des Abspielens an- und ausgeschaltet werden (Kurzbefehl: ⇧+L).
- GEHE ZUM VORHERIGEN BILD ❼: Navigiert einzelbildweise rückwärts durch die Timeline (Kurzbefehl: ←).
- GEHE ZUM NÄCHSTEN BILD ❽: Navigiert einzelbildweise vorwärts durch die Timeline (Kurzbefehl: →).
- AUDIO EIN/AUS ❾: Schaltet die Audiowiedergabe ein oder aus. Der Befehl ist der gleiche wie in den Mastereinstellungen des Audiobereichs.

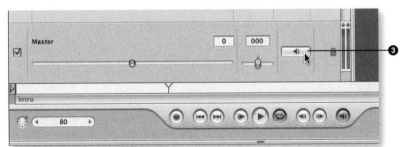

◄ **Abbildung 6.51**
Die Audiowiedergabe kann in der Transportsteuerung oder in den Mastereinstellungen ❿ im Tab AUDIO an- und ausgeschaltet werden.

6.5.2 Zeitanzeige

Links und rechts unterhalb der Transportsteuerung befinden sich zwei Zeitanzeigen. Die linke Anzeige zeigt das Bild der aktuellen Cursor-Position, während die rechte Anzeige die Projektlänge darstellt.

Abbildung 6.52 ▶
Die Timecode-Darstellung zeigt die aktuelle Cursor-Position.

Sie können bei den Anzeigen zwischen Einzelbild- und Timecode-Darstellung wählen. Um zwischen den beiden Anzeigeformaten zu wechseln, klicken Sie einfach auf eines der Ziffern-Symbole ❶ direkt neben der Zeitanzeige. Um die Projektlänge zu ändern, machen Sie einen Doppelklick in das rechte Feld und geben den neuen Zahlenwert, entweder als Timecode oder als Einzelbildwert, ein.

6.5.3 Mini-Timeline

Bevor wir zur eigentlichen Timeline übergehen, müssen wir noch kurz auf die Mini-Timeline in Motion eingehen. Diese ist zwischen der Transportsteuerung und dem Canvas untergebracht und ist ebenfalls immer sichtbar.

Objekte einfügen | Die Mini-Timeline ❷ eignet sich hervorragend, um Objekte aus der Dateiübersicht, der Medienablage oder der Bibliothek in das Projekt einzufügen. Dabei kann zwar die zeitliche Position genau angesetzt werden, jedoch ist es nicht möglich, die Reihenfolge in der Ebenenanordnung genau zu bestimmen. Elemente können auch verschoben oder deren Anfangs- und Endpunkte verändert werden. Die Mini-Timeline zeigt immer nur ein Element an, das entweder gerade eingefügt wurde bzw. im Canvas-Fenster, der Ebenenansicht, der Timeline oder im Audiobereich ausgewählt ist.

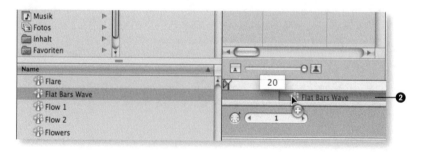

Abbildung 6.53 ▶
Objekte können über die Mini-Timeline ❷ an gewünschter Zeitposition eingefügt werden.

6.6 Bereich »Zeitverhalten«

Der Bereich ZEITVERHALTEN ist im unteren Teil des Projektfensters untergebracht und beinhaltet die drei Tabs TIMELINE, KEYFRAME-EDItor und Audio-Editor. Mit dem Kurzbefehl F6 wird der gesamte Zeitbereich ein- und ausgeblendet.

6.6.1 Timeline

Die Timeline lässt sich mit ⌘+7 direkt anwählen. Die Timeline stellt die gleiche Ebenenanordnung dar wie die Ebenenansicht im Projektbereich. Die Ebenenansicht des Projektbereichs werden Sie in diesem Kapitel später noch genauer kennen lernen. Es macht Sinn, den Projektbereich verstärkt für die Anordnung der Ebenen und Elemente zu nutzen, während man in der Timeline den zeitlichen Ablauf koordiniert.

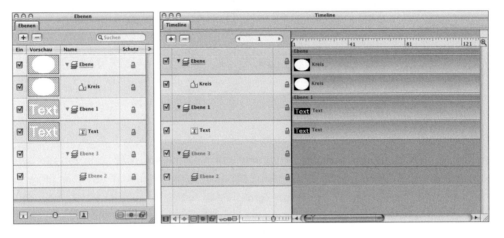

▲ **Abbildung 6.54**
In Projektbereich (links) und Timeline (rechts) wird die gleiche Ebenenstruktur dargestellt.

Der zeitliche Ablauf von Elementen wird komplex und doch übersichtlich in der Timeline dargestellt. Hier wurde viel Wert auf gute Erkennbarkeit gelegt, was den Nachteil hat, dass viel Platz für die Darstellung eingenommen wird. Doch auch dieser Platz lässt sich sehr dynamisch verwalten, sodass man mit dem geschickten Einsatz von Ebenen, Symbolgrößen und Darstellungsmodi sehr effizient seine Timeline nutzen kann.

Die Darstellung der Objekttypen in der Ebenenansicht der Timeline entspricht der im Projektbereich. Wir werden die verschiedenen Objekttypen und Elemente etwas genauer unter die Lupe nehmen, wenn wir uns diesem Projektbereich ab Seite 278 widmen. In der Timeline geht es mehr um die zeitliche Koordination. Doch zunächst muss man sein Material in die Timeline einfügen, um es dort verwalten zu können.

Neue Ebene erstellen | Das Plus- und Minus-Symbol oben links in der Timeline werden Sie auch noch mal in der Ebenenansicht des Projektbereichs kennen lernen und in Abbildung 6.54 sind die beiden Tasten auch schon in beiden Fenstern zu sehen. Das Plus-Symbol dient in der Timeline dazu, neue Ebenen hinzuzufügen (⌘+⇧+N). Mit einem Klick auf das Minus-Symbol können nicht nur Ebenen, sondern alle Spuren, also Objekte und Elemente in einer Ebene, gelöscht werden.

Abbildung 6.55 ▶
Mit der Plus-Taste können Ebenen in der Timeline hinzugefügt werden. Die Minus-Taste löscht ausgewählte Elemente.

Material in der Ebenenansicht hinzufügen | Wir benutzen die beiden Tasten sehr selten, sondern verwenden das intuitive Drag & Drop mit der Maus oder Tastaturbefehle. Hierbei kommt es sehr darauf an, wie Material in die Timeline eingefügt wird, denn es gibt dafür zahlreiche Varianten. Zunächst zeigen wir Ihnen die Methoden, wie man Material in die Ebenenansicht der Timeline einfügt.

Wenn Sie einen Film in eine Ebene hineinziehen, wird er dadurch der Ebene als Spur hinzugefügt. Wenn keine Ebene existiert, wird durch das Hinzufügen des Films automatisch eine neue Ebene erstellt.

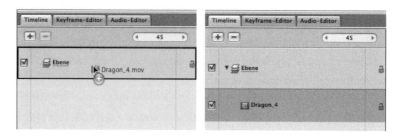

Abbildung 6.56 ▶
Der Film wird in eine Ebene hineingezogen und als Spur hinzugefügt.

Wird der Film nicht direkt in eine Ebene hineingezogen, sondern in den leeren Bereich darunter, wird eine neue Ebene erzeugt, in die der Film eingefügt wird. Die erste Ebene bleibt unverändert, rückt aber in der Reihenfolge nach unten.

◄ **Abbildung 6.57**
Der Film wird nicht direkt in die Ebene hineingezogen, sondern in den leeren Bereich darunter.

Wird der Film unter die Ebene gezogen, wird eine schwarze Trennlinie sichtbar. Wieder wird eine neue Ebene erstellt, diesmal aber unter der ersten Ebene. Man könnte den Film auch so einfügen, dass die schwarze Linie über der ersten Ebene oder auch zwischen zwei Ebenen erscheint. Der Film würde dann darüber bzw. dazwischen eingefügt werden.

◄ **Abbildung 6.58**
Die Linie macht den Unterschied: Die neue Ebene wird unter der ersten Ebene erstellt.

Wenn Sie einen neuen Film auf ein bestehendes Objekt ziehen, erscheint im Mauszeiger ein kleines Pfeilsymbol. Der ursprüngliche Film wird so durch den neuen Film ersetzt. Dieses Ersetzen der Mediendatei geht wesentlich schneller als die Methode über die Medienablage (siehe Seite 369).

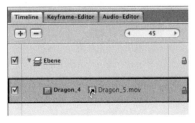

◄ **Abbildung 6.59**
Ein neuer Film wird auf ein bestehendes Objekt gezogen.

Wird ein neuer Film über ein anderes Objekt gezogen, erscheint noch einmal die kleine schwarze Linie. Dadurch wird der Film über dem anderen Objekt eingefügt. Beide Objekte bleiben in einer Ebene, der untere Film wurde nicht verändert, wird allerdings bei zeitlicher Überlappung überdeckt.

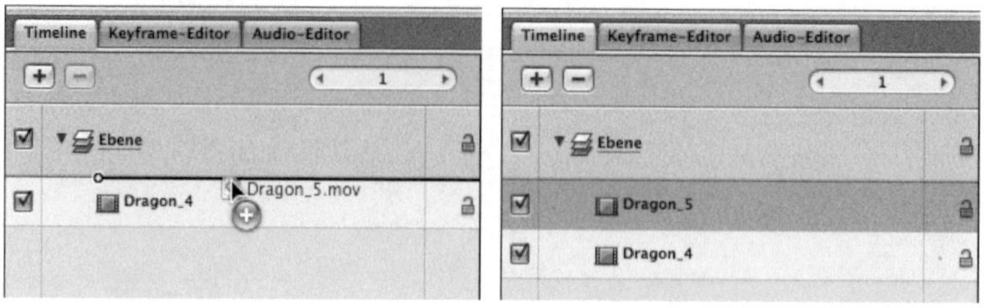

Abbildung 6.60 ▶
Der Film wird über ein anderes Objekt gezogen.

Wenn Sie Ihr Material über die eben beschriebenen Methoden einfügen, dann ist die zeitliche Positionierung in der Timeline abhängig von den Voreinstellungen in Motion. Entweder wird das Material an der aktuellen Position der Zeitmarke eingefügt oder am Projektanfang. Beim Ersetzen gelten die In- und Out-Punkte des ersetzten Objektes.

Material in der Timeline hinzufügen | Weitere Möglichkeiten bieten sich, wenn Sie Ihr Material nicht in der Ebenenansicht der Timeline einfügen, sondern es rechts davon direkt in die Timeline-Darstellung ziehen.

Zieht man sein Material direkt in die Timeline, kann man die zeitliche Position genau bestimmen ❶. Wartet man einen kurzen Augenblick, erscheint die so genannte **Drop-Palette** ❷. Die Verzögerungszeit für das Erscheinen der Drop-Palette können Sie in den Voreinstellungen angeben (siehe Seite 168).

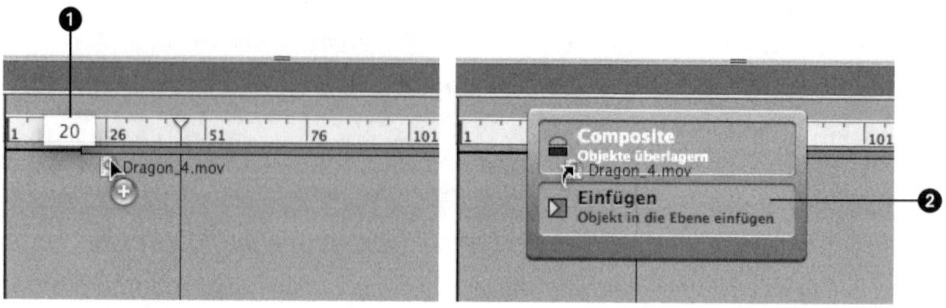

Abbildung 6.61 ▶
Links: Das Material wird bei Bild 20 eingefügt ❶. Nach kurzem Warten erscheint die Drop-Palette ❷.

Für das Einfügen ober- und unterhalb bestehender Objekte oder das Ersetzen solcher, muss man gut zielen. Nach einem kurzen Moment erscheint aber auch hier wieder die Drop-Palette, in der folgende Varianten zur Auswahl stehen:

▶ COMPOSITE: Fügt das Objekt in die Timeline ein, ohne die Zeitposition der bestehenden Objekte zu verändern.

◀ **Abbildung 6.62**
Filme können auch ober- und unterhalb bestehender Objekte eingefügt werden.

▶ EINFÜGEN: Fügt das Objekt in die Timeline ein und verschiebt bestehende Objekte ab der Einfüge-Position bis zum Out-Punkt des eingefügten Objektes. Dabei können bestehende Objekte auch geteilt werden. Kein Bild des bestehenden Objektes geht dadurch verloren.

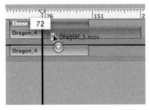

▲ **Abbildung 6.63**
Wählt man EINFÜGEN, wird das bestehende Objekt in der Länge des neuen Objektes geteilt.

▶ ÜBERSCHREIBEN: Das einzufügende Objekt muss über ein bestehendes Objekt gezogen werden, damit die Überschreiben-Funktion zur Verfügung steht. Erst dann kann das darunter liegende Objekt überschrieben werden. Dabei werden sämtliche Parameter sowie Masken, Filter und Verhalten des überschriebenen Objektes zurückgesetzt bzw. entfernt. Wenn die In- und Out-Punkte des darunter liegenden Objekts nicht innerhalb der Objektlänge des neuen Objekts liegen, wird eine neue Spur für das einzufügende Objekt erstellt. In diesem Fall bleiben auch Masken, Filter und Verhalten des bestehenden Objektes bestehen, da dieses ja auch nicht vollständig entfernt wurde.

  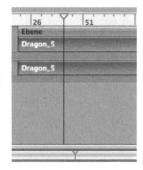

▲ **Abbildung 6.64**
Das bestehende Objekt wird überschrieben und seine Parameter entfernt.

- ERSETZEN: Das einzufügende Objekt muss unter ein bestehendes Objekt gezogen werden, damit die Ersetzen-Funktion zur Verfügung steht. Das darüber liegende Objekt kann dann ersetzt werden. Dabei werden sämtliche Parameter sowie Masken, Filter und Verhalten des ersetzten Objektes übernommen. Wenn die In- und Out-Punkte des darüber liegenden Objekts nicht innerhalb der Objektlänge des neuen Objekts liegen, wird eine neue Spur für das einzufügende Objekt erstellt. In diesem Fall bleiben auch Masken, Filter und Verhalten des bestehenden Objektes erhalten, da dieses ja auch nicht vollständig ersetzt wurde. Das eingefügte Objekt übernimmt parallel trotzdem auch alle Werte des ersetzten Objektes.

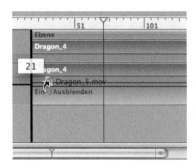  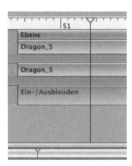

▲ **Abbildung 6.65**
Das bestehende Objekt wird ersetzt. Sein Verhalten und sämtliche Parameter wurden für das neue Objekt übernommen.

In der Timeline schneiden | Final Cut Pro-Anwender kennen die in einem Schnittprogramm wirklich sinnvolle Möglichkeit, in der Timeline Objekte zu zerschneiden. Motion hat zwar keine Werkzeuge, um mit der Maus Schnitte zu setzen, aber über andere Funktionen geht dies auch recht komfortabel.

Zum Schneiden bzw. Trennen eines Clips in der Timeline verwendet man in Final Cut Pro gerne die Rasierklinge. Möchte man in Motion auch ein Objekt oder eine Ebene trennen, wählt man dazu den Befehl TEILEN aus dem Menü BEARBEITEN. Das Objekt wird hierbei dupliziert und die Bereiche davor und dahinter auf zwei Spuren verteilt. Wenn statt eines Objekts eine Ebene geteilt wird, dann entstehen daraus zwei Ebenen mit duplizierten Inhalten. Einen Kurzbefehl für die Funktion gibt es nicht.

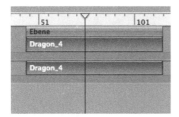 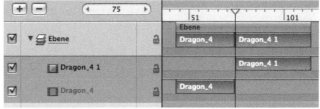

Bereich löschen | Eine ähnliche Funktion wie das Teilen bietet sich mit der Möglichkeit, einen Bereich innerhalb eines Objektes oder einer Ebene zu markieren und diesen Bereich zu löschen. Dazu muss man mit der Maus bei gedrückter ⌘- und Alt-Taste eine Auswahl über Objekt bzw. Ebene aufziehen. Diesen Bereich kann man später links und rechts mit der Maus noch justieren oder komplett verschieben.

▲ **Abbildung 6.66**
Die Teilen-Funktion dupliziert den Clip und verteilt die Bereiche links und rechts neben der Zeitmarke auf zwei Spuren.

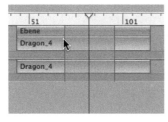 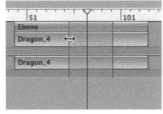 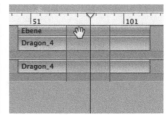

Wurde der Bereich wie gewünscht gesetzt, kann man ihn auf zwei Arten hinaustrennen:
▶ Wenn man ihn mit der ⌫-Taste löscht, bleibt eine Lücke bestehen, ein so genanntes Gap (Abbildung 6.68).
▶ Nutzt man den Kurzbefehl ⇧+⌫, schließt sich das Gap automatisch (Abbildung 6.69).

▲ **Abbildung 6.67**
Auch Bereiche können in der Timeline markiert und nachjustiert werden.

Mit Objekten und Ebenen verhält es sich genauso wie beim Teilen. Wird der Bereich aus einem Objekt herausgelöscht, entsteht eine neue Spur. Wird der Bereich aus einer Ebene herausgelöscht, entsteht eine neue Ebene.

Bereich »Zeitverhalten« **253**

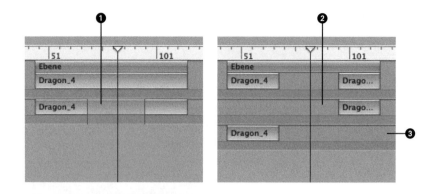

Abbildung 6.68 ▶
Durch das Löschen des Bereichs ❶ entsteht ein Gap ❷ sowie eine neue Spur ❸.

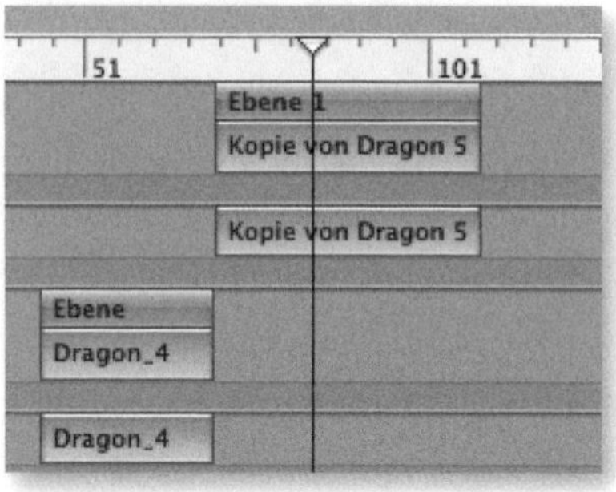

Abbildung 6.69 ▶
Beim Löschen wurde das Gap geschlossen. Dadurch, dass auch die Ebene ausgewählt war, entsteht wie beim Teilen eine neue Ebene.

Kopieren und Einfügen | Über einen Klick mit der rechten Maustaste öffnet sich ein Kontextmenü. Über den Eintrag KOPIEREN kann man den Bereich in die Zwischenablage kopieren und an anderer Stelle wieder in der Timeline einfügen. Beachten Sie hierbei wieder die beiden Möglichkeiten in den Programmeinstellungen, ob Objekte am aktuellen Bild oder Projektanfang eingefügt werden sollen.

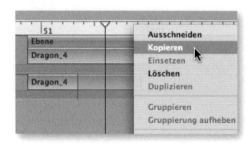

Abbildung 6.70 ▶
Der Bereich eines Clips kann in die Zwischenablage kopiert werden.

Zeitabschnitt einsetzen | Die zweite Funktion ist etwas abstrakt und wir haben so etwas auch noch nirgends gesehen, aber wer weiß, vielleicht ist es in irgendeiner Form nützlich. Man kann einen markierten Bereich auch an der Position der Zeitmarke einsetzen lassen, als künstliche Lücke sozusagen. Ziehen Sie also wieder mit ⌘- und Alt-Taste einen Bereich auf. Diesen Bereich können Sie über den Befehl Zeitabschnitt einsetzen, zu finden im Menü Bearbeiten, an der aktuellen Position der Zeitmarke einfügen. Dadurch entsteht eine Lücke.

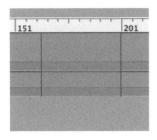 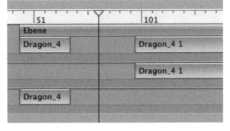

◀ **Abbildung 6.71**
Auch ohne Objekte lässt sich ein Bereich markieren und als leere Lücke wieder einsetzen.

In- und Out-Punkte in der Timeline setzen | In Motion kann man diese Bereiche bei Standbildern erst festlegen, wenn die Objekte schon in der Timeline liegen. Die Dauer von importierten Standbildern legen Sie dabei in den Voreinstellungen fest.

Videoschnittprogramme, so auch Final Cut Pro, verwenden so genannte **In- und Out-Punkte** (Start und Ende), um Bereiche von Objekten zu markieren.

In- und Out-Punkte in den Medieneigenschaften | Die In- und Out-Punkte eines QuickTime-Films, einer Audiodatei oder einer Einzelbildsequenz können hingegen vor dem Einfügen in die Timeline in den Medieneinstellungen festgelegt werden (siehe Seite 181). Ansonsten werden die Medien in der vollen Länge in die Timeline gelegt und lassen sich erst dort trimmen. In Motion erstellte Objekte wie Formen, Texte, Masken etc. lassen sich hingegen nicht im Vorfeld in der Dauer bestimmen bzw. nur über die Voreinstellung für die standardmäßige Objektlänge.

In der Timeline von Motion verwendet man die Befehle zum Setzen der In- und Out-Punkte, um Objekte und Ebenen zu **trimmen**. Die Befehle können aus dem Menü Markieren aufgerufen werden und gelten für das ausgewählte Objekt an der jeweiligen Position der Zeitmarke. Die Kurzbefehle dazu lauten wie in Final Cut Pro [I] und [O]. Da auch Masken, Filter und Verhalten sowie Partikel und Replikatoren als eigene Spuren vorhanden sind, lassen sich diese ebenfalls trimmen, und damit in ihrem Wirkungsbereich einschränken.

Bereich »Zeitverhalten«

Abbildung 6.72 ▶
Durch Auswählen der Ebene und Drücken der Taste [I] wird der In-Punkt für die obere Ebene an der aktuellen Position der Zeitmarke gesetzt.

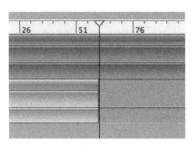 

Mit der Maus trimmen | Das Trimmen funktioniert auch mit der Maus, indem man die Start- und Endpunkte von Elementen einfach verschiebt. Dabei wird im Hintergrund eine dezente Überlagerung mit der Länge der Elemente angezeigt. Einzelbilder und Elemente wie Filter, Masken und Verhalten haben als Dauer die gesamte Länge der Timeline, weshalb die Überlagerung von ganz vorne bis ganz hinten reicht. QuickTime-Filme oder Einzelbildsequenzen verfügen dagegen über eine feste Länge, sodass nur diese feste Dauer innerhalb der Projektlänge angezeigt wird.

Abbildung 6.73 ▶
Start- und Endpunkte kann man auch mit der Maus verschieben. Hell unterlegt wird dabei die Originallänge von Elementen.

Elemente auf der Timeline verschieben | Genauso lassen sich Elemente durch Schieben mit der Maus sowohl in der zeitlichen Position wie auch ihrer Lage in der Spurenreihenfolge verändern.

Um Elemente zeitlich zu verschieben, ziehen Sie diese mit der Maus nach links oder rechts. Als Tastaturbefehl bieten sich dafür auch die Pfeiltasten nach links oder rechts an, allerdings nur bei gedrückter [⌘]-Taste. Mit [⌘]+[⇧]+[←] bzw. [→] verschiebt man Elemente um zehn Bilder.

Inhalt von Elementen verschieben | Bei QuickTime-Filmen und Einzelbildsequenzen lässt sich auch der Clip-Inhalt verschieben. Auch diese Funktion ist Final Cut Pro-Anwendern über ein spezielles Werkzeug bekannt, das in Motion über eine Tastenkombination zur Verfügung steht. Wird die [Alt]-Taste gedrückt gehalten, lässt sich bei Clips mit der Maus der Inhalt verschieben, ohne dass die Position der In- und Out-Punkte in der Timeline verändert wird. Auch hier wird wieder dezent die Originallänge hinterlegt. Bei Einzelbildern könnte man zwar auch den Clip-Inhalt verschieben, allerdings macht dies keinen Sinn, da sich der Inhalt ja nicht verändert. Keyframes behalten übrigens ihre Position beim Verschieben der Clip-Inhalte bei.

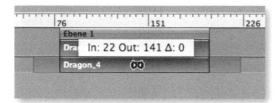

◄ **Abbildung 6.74**
Der Clip-Inhalt von QuickTime-Filmen und Einzelbildsequenzen kann innerhalb bestehender In- und Out-Punkte verschoben werden. Natürlich gelingt dies nur, wenn die Clips nicht in voller Länge in der Timeline liegen.

Wiedergabebereich festlegen | Wenn man keine Elemente ausgewählt hat, kann man über die Tastaturbefehle [I] und [O] In- und Out-Punkte auf der Timeline setzen. Durch zwei kleine blaue Markierungen wird in diesem Fall der so genannte Wiedergabebereich bestimmt. Der Wiedergabebereich entspricht standardmäßig der Projektlänge. Es handelt sich um den Abschnitt, der von Motion beim Drücken der Play-Taste abgespielt wird. Durch die Kurzbefehle [⌘]+[Alt]+[I] und [⌘]+[Alt]+[O] kann man den Wiedergabebereich auch bestimmen, wenn Elemente angewählt sind.

Wiedergabebereich zurücksetzen | Um den Wiedergabebereich auf die Projektlänge zurückzusetzen, kann im Menü MARKIEREN der Befehl WIEDERGABEBEREICH ZURÜCKSETZEN ([Alt]+[X]) verwendet werden. Optional dazu kann man mit der rechten Maustaste auch in den grauen Bereich zwischen Timeline-Darstellung und Transportsteuerung klicken und im Kontextmenü den Befehl auswählen. Wie beim Trimmen von Elementen kann man die In- und Out-Punkte auch mit der Maus verschieben.

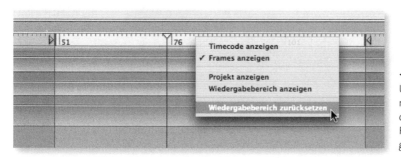

◄ **Abbildung 6.75**
Über das Kontextmenü kann der Wiedergabebereich auf Projektlänge zurückgesetzt werden.

Bereich »Zeitverhalten« **257**

Markierungen bearbeiten | In der Timeline lassen sich Markierungen setzen. Je nachdem, welches Element angewählt wurde, wird die Markierung durch Drücken der Taste M an der aktuellen Position der **Zeitmarke** auf das Element gesetzt ❶. Dies gilt genauso für Audiospuren ❷, wenn diese in der Timeline eingeblendet wurden und entsprechend auch für Filter, Verhalten und Bildmasken – also wirklich alle Elemente in der Timeline. Wurde hingegen nichts angewählt, dann wird an der aktuellen Position der Zeitmarke eine **Projektmarkierung** ❸ gesetzt.

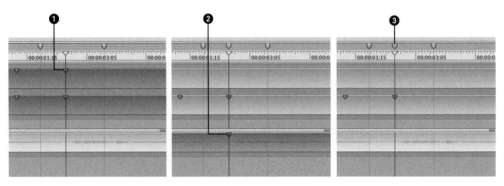

▲ **Abbildung 6.76**
Objektmarkierung einer Grafik ❶ und einer Audiospur ❷. Wurde kein Element ausgewählt, werden grüne Projektmarkierungen ❸ gesetzt.

Projektmarkierungen können auch an beliebiger Stelle durch einen Klick mit der rechten Maustaste aus dem Kontextmenü gesetzt werden. Dazu muss man sehr gezielt in den schmalen grauen Bereich klicken, in dem die Projektmarkierungen erscheinen werden.

Abbildung 6.77 ▶
Projektmarkierungen können auch über ein Kontextmenü hinzugefügt werden.

Zum Nachbearbeiten der Markierungen empfiehlt sich erneut ein Klick mit der rechten Maustaste, diesmal gut gezielt auf die gewünschte Markierung. Wählen Sie in dem Kontextmenü Markierung bearbeiten, woraufhin sich ein neues Fenster öffnet. Für die Markierungen von ausgewählten Elementen kann dieses Fenster auch jederzeit mit dem Kurzbefehl ⌘+Alt+M geöffnet werden.

◄ **Abbildung 6.78**
Mithilfe des Kontextmenüs links lässt sich das Fenster zum Bearbeiten von Markierungen aufrufen.

Wurde nichts ausgewählt, öffnet sich das Fenster für die Projektmarkierungen. Das Fenster bietet folgende Einstellungen:

- NAME: Geben Sie hier einen Namen für die Markierung ein. Bei unseren Versuchen wurden nur die Namen für Projektmarkierungen in der Timeline angezeigt. Auch scheint Motion 2.0 die Angaben gerne mal nicht aktualisieren zu wollen, was sich bei uns nur durch einen Neustart des Programms beheben ließ.
- KOMMENTAR: Geben Sie hier einen Kommentar ein. Der Kommentar erscheint in der Timeline, wenn man mit der Maus einen Augenblick über der Markierung verweilt. Erstaunlich: Mit dem Schriftfenster aus Mac OS X ([⌘]+[T]) können Sie den Kommentar auch noch formatieren.
- START: Hier können Sie die Start-Position der Markierung bestimmen. Markierungen lassen sich aber genauso mit der Maus in der Timeline verschieben.
- DAUER: Eine Markierung kann auch länger als nur ein Bild sein. Mit der Dauer wird ein ganzer Bereich für die Markierung gesetzt.
- FARBE: In dem Popup-Menü stehen verschiedene Farben für die Markierungen zur Verfügung.
- TYP: Für die Übergabe an das DVD Studio Pro sowie Compressor stehen drei verschiedene Markierungstypen zur Auswahl. Bitte schlagen Sie die Funktionen auf Seite 694 nach.

Mit den Pfeilen unten links kann man zwischen den Markierungen navigieren. Die Taste MARKIERUNG LÖSCHEN entfernt Markierungen.

Sie können viele Befehle zu den Markierungen auch im Menü unter MARKIEREN • MARKIERUNGEN finden. Mit dem Befehl ALLE MARKIERUNGEN LÖSCHEN werden nicht alle Markierungen in der Timeline gelöscht, sondern nur die Markierungen des ausgewählten Elements. Wenn nichts ausgewählt wurde, dann gilt der Befehl nur für die Projektmarkierungen. Um gezielter Markierungen anzusteuern, verwenden Sie das Kontextmenü über die rechte Maustaste.

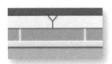

Abbildung 6.79 ▶
Kommentare von Markierungen erscheinen, wenn man mit der Maus über der Markierung verweilt.

▲ **Abbildung 6.80**
Man muss schon sehr genau hinschauen: Auch in der Mini-Timeline werden Projektmarkierungen dargestellt.

Projektmarkierungen werden auch im Keyframe-Editor angezeigt. Über das Kontextmenü können dort auch welche gesetzt werden. Gleiches gilt für den Audio-Editor. Dort können auch Markierungen auf der Audiospur gesetzt werden. Auch die Mini-Timeline stellt Projektmarkierungen als ganz zarte feine Linien ❶ dar.

Darstellungsoptionen | In der Timeline befinden sich unten links Anzeigeoptionen für die Zeilenhöhe sowie sechs Tasten, um Ebenen, Audio, Keyframes, Bildmasken, Verhalten und Filter ein- oder auszublenden. Halten Sie die Maus einen Augenblick über den Tasten, um über die Popup-Hilfe die Bezeichnungen angezeigt zu bekommen.

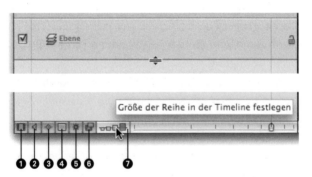

Abbildung 6.81 ▶
Für die Spurhöhe gibt es vier feste Vorgaben (unten). Mit der Maus lässt sich die Spurhöhe in der Timeline auch flexibel einstellen (oben).

▶ EBENEN EIN-/AUSBLENDEN ❶: Blendet in der Timeline die Ebenen ein oder aus. Standardmäßig sind die Ebenen eingeblendet. Zum Ausblenden müssen die Audiospuren eingeblendet sein.
▶ AUDIO EIN-/AUSBLENDEN ❷: Blendet in der Timeline zusätzlich die Audiospuren mit Waveform-Anzeige ein oder aus.
▶ KEYFRAMES EIN-/AUSBLENDEN ❸: Wurden Keyframes für Objekte oder Ebenen gesetzt, z. B. durch die Aufnahmefunktion, dann können diese sehr rudimentär in der Timeline angezeigt werden.

Die Darstellung hilft dabei Objekte auszumachen, die über Keyframes verfügen und auch eine einfache Bearbeitung wie das Verschieben von Keyframes ist möglich.

Ein Klick mit der rechten Maustaste auf die Keyframes öffnet ein Kontextmenü, in dem man im oberen Teil sehen kann, um welche Art von Keyframe es sich handelt. Im unteren Teil sind Funktionen wie das Löschen einzelner oder aller Keyframes möglich. In der Mitte kann man für eine bessere Bearbeitung in den Keyframe-Editor wechseln.

◀ **Abbildung 6.82**
Über das Kontextmenü eines Keyframes kann man in den Keyframe-Editor wechseln.

- MASKEN EIN-/AUSBLENDEN ❹: Blendet Masken und Bildmasken in der Timeline ein.
- VERHALTEN EIN-/AUSBLENDEN ❺: Blendet Verhalten als eigene Spuren in der Timeline ein. Dadurch kann über die In- und Out-Punkte der Wirkungsbereich von Verhalten in der Timeline bestimmt werden.
- FILTER EIN-/AUSBLENDEN ❻: Blendet Filter als eigene Spuren in der Timeline ein. Dadurch kann über die In- und Out-Punkte der Wirkungsbereich von Filtern in der Timeline bestimmt werden.
- GRÖSSE DER REIHE IN DER TIMELINE FESTLEGEN ❼: Wieder einmal mit schmerzfreier 1:1-Übersetzung findet man neben den eben vorgestellten Tasten die Einstellung für die Spurhöhe. Für die Zeilenhöhe der einzelnen Spuren gibt es keinen flexiblen Schieberegler, sondern vier feste Größen, die man auch in anderen Apple Pro Applications findet. Die Spurhöhe lässt sich stufenlos einstellen, indem man einfach die Trennlinien zwischen den Elementen mit der Maus verschiebt. Dabei kann man aber nicht über die maximale Spurhöhe der Vorgabe hinausgehen, wie das z. B. in Final Cut Pro möglich ist.

Die Timeline wird mit allen eingeschalteten Darstellungsoptionen schon mal recht voll, vor allem weil Masken, Filter und Verhalten als eigene Spuren dargestellt werden und dabei viel Platz benötigen. Diese Darstellungsform ist aber sehr angenehm in der Bearbeitung. Nicht nur die visuelle Zuordnung wird erleichtert, sondern durch das Setzen von In- und Out-Punkten lassen sich Filter und Verhalten in ihrem Wirkungsbereich auch trimmen. Der Wirkungsbereich von Masken lässt sich ebenfalls durch In- und Out-Punkte festlegen, aber zusätzlich können diese Objekttypen sogar noch mit Filtern und Verhalten versehen werden, wie auch in Abbildung 6.83 zu sehen ist. Durch die Darstellung von Keyframes und der Anzeige von Audiospuren mit einer (wenn auch sehr kleinen) Waveform-Anzeige lässt es sich in der Timeline gut animieren bzw. bereits bestehende Animationen lassen sich verfeinern. Die Tiefen der Animation durch Keyframes und Verhalten lernen Sie ab Seite 429 kennen.

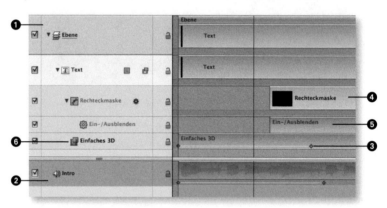

Abbildung 6.83 ▶
Ebenen ❶, Audio ❷, Keyframes ❸, Masken ❹, Verhalten ❺ und Filter ❻. Audio und ein Filter sind über Keyframes animiert. Der In-Punkt einer Maske ist versetzt und mit einem Verhalten wird die Maske eingeblendet.

Symbole in der Ebenenansicht | Durch kleine graue Symbole wird in den Ebenen und Objekten zusätzlich gekennzeichnet, wenn Masken, Filter oder Verhalten ❼ angewendet wurden. Ein Klick auf diese Symbole durchkreuzt sie mit einem roten Strich und deaktiviert damit deren Auswirkung.

Genauso kann man natürlich in die kleinen Kästchen mit dem Haken ❽ klicken, um Spuren komplett ein- und auszuschalten.

▲ **Abbildung 6.84**
Um die Wirkung von Masken, Verhalten und Filtern ein- oder auszuschalten, genügt ein Mausklick auf die kleinen grauen Symbole.

Zoomen & Scrollen | Zum Zoomen in der Timeline-Ansicht gibt es einen Regler rechts neben den vier Vorgaben für die Spurgröße. Der Regler zoomt beim Verschieben mit der Maus nach links oder rechts immer zentriert oder von der Position der Zeitmarke aus.

Als zweite Möglichkeit zum Zoomen kann der Scrollbalken verwendet werden, indem man das vordere oder hintere Ende des Balkens mit gedrückter Maustaste nach links oder rechts zieht. Mit dieser Variante zoomt man allerdings nicht zentriert zur Cursor-Position, sondern (ansatzweise) zentriert zur Projektlänge, weshalb man schnell die Orientierung verlieren kann. Bei gedrückter ⇧-Taste zoomen Sie zum linken Projektanfang oder rechten Projektende, je nachdem von welcher Seite Sie die Scrollbalken anfassen.

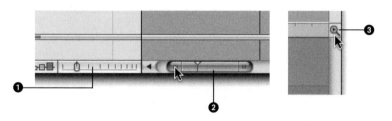

◄ **Abbildung 6.85**
Zoomen und Scrollen kann man mit dem Regler neben der Spuranzeige ❶ und dem Scrollbalken ❷.

Der Bereich des Scrollbalkens erstreckt sich über die Länge der Timeline und ist dazu geeignet, den derzeitigen Ausschnitt, der durch die Länge des Scrollbalkens repräsentiert wird, nach links oder rechts zu verschieben. Um mit einem Klick auf den kompletten Wiedergabebereich zu zoomen, verwenden Sie das kleine Lupen-Symbol mit dem Dreieck ❸ rechts oben in der Timeline.

Hand-Werkzeug und Maus einsetzen | Leider funktioniert das BALANCE-WERKZEUG (Hand-Werkzeug oder besser Scrollen-Werkzeug) in der Timeline nicht so, wie man es von Final Cut Pro her kennt. Das ist sehr schade, ließe sich dadurch in der Timeline doch sehr angenehm in alle Richtungen scrollen.

Im KEYFRAME-EDITOR wiederum funktioniert es, wenn die Leertaste länger gedrückt und dann gehalten wird. Auch das Scrollrad einer Drei-Tasten-Maus bietet sich an: Vertikal scrollt man ganz gewöhnlich, bei gedrückter ⇧-Taste scrollt man hingegen auch horizontal. Für vertikales Scrollen gibt es aber natürlich auch einen Scrollbalken, ganz rechts an der Seite.

6.6.2 Keyframe-Editor

Im Kapitel »Animation« werden Sie den Gebrauch des Keyframe-Editors ab Seite 433 noch besser kennen lernen. Im Keyframe-Editor wird jede Animation, die über Keyframes verfügt, in einem kartesischen Koordinatensystem mit zwei Achsen dargestellt.

Jeder animierbare Parameter verfügt innerhalb des Koordinatensystems über einen so genannten **Animationskanal**. Der Animationskanal stellt den Werteverlauf eines Parameters als Kurve oder Linie dar. Die Punkte auf diesem Linienverlauf sind die Keyframes, deren Werte von Ihnen festgelegt wurden.

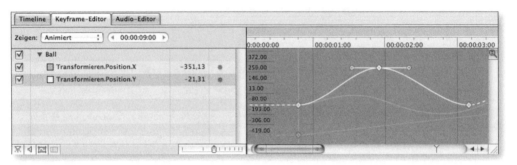

▲ **Abbildung 6.86**
Animationskanäle der X- und Y-Position eines Objekts

Interpolierte Werte | Keyframes werden von Ihnen entweder durch die Aufnahmefunktion erstellt oder manuell hinzugefügt (siehe Seite 440). Zwischen den Punkten werden die Werte für jedes Einzelbild interpoliert und richten sich nach dem Kurvenverlauf. Im Keyframe-Editor haben Sie auf jedes einzelne Keyframe Zugriff, um dieses zu verschieben, zu löschen, neue Keyframes hinzuzufügen sowie in Bézierpunkte zu konvertieren und zu bearbeiten.

Anzeige der Keyframes | Um sich animierte Parameter im Keyframe-Editor anzeigen zu lassen, muss das jeweilige Element zuvor in der Timeline oder in der Ebenenansicht des Projektbereichs angewählt werden. Wechseln Sie anschließend in das Tab KEYFRAME-EDITOR. Wurde ein Objekt angewählt, dann werden im Keyframe-Editor zunächst nur die animierten Parameter angezeigt. Mit der ⟨⇧⟩-Taste können Sie auch mehrere Elemente kombiniert im Keyframe-Editor anzeigen lassen.

Wir empfehlen für die Keyframe-Bearbeitung, sich parallel die Ebenenansicht des Projektbereichs anzeigen zu lassen, da man hier bequem die einzelnen Elemente auswählen kann (siehe Abbildung 6.87, links). Die Anzeige im Keyframe-Editor aktualisiert sich dabei automatisch.

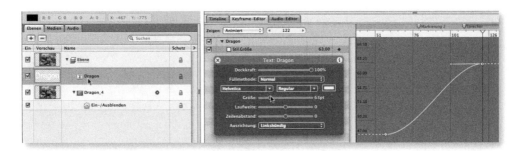

Skala für die Parametereinstellung | Im Bereich der Kurvendarstellung finden Sie auch eine Skala für die Parametereinstellung. Diese wird nur mit Zahlenwerten versehen, wenn in der Liste ein einzelner Parameter ausgewählt wurde, da die einzelnen Parameter über unterschiedliche Einheiten verfügen. Sie können sich aber trotzdem mehrere Animationskanäle anzeigen lassen, bedenken Sie aber, dass die Skala nur für den ausgewählten Parameter gilt. Der ausgewählte Parameter wird weiß dargestellt. Wenn Sie einzelne Keyframes mit der Maus verschieben, dann werden über dem Mauszeiger der Wert des aktuellen Bilds und der Wert des Parameters angezeigt.

◄ **Abbildung 6.87**
Im Keyframe-Editor werden die animierten Parameter von zuvor ausgewählten Elementen angezeigt.

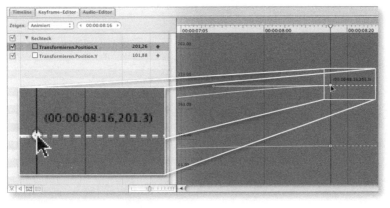

◄ **Abbildung 6.88**
In Klammern der Wert des aktuellen Bilds und der Wert des Parameters

Keyframes ändern | Mit einem gezielten Doppelklick auf ein Keyframe lässt sich dessen Wert ändern.

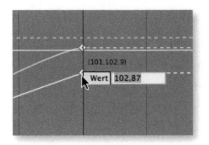

◄ **Abbildung 6.89**
Werteänderung per Doppelklick in der Kurvendarstellung

Bereich »Zeitverhalten« **265**

Optional kann man auch in der Listendarstellung die Werte verändern, indem man dort in der entsprechenden Zeile ebenfalls einen Doppelklick durchführt.

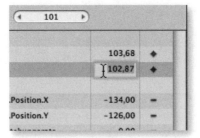

Abbildung 6.90 ▶
Werteänderung per Doppelklick in der Liste der Parameter

Statt eines Doppelklicks kann man in dieser Liste durch den Wertebereich auch mit gedrückter Maustaste scrubben, also die Maus nach links und rechts bewegen.

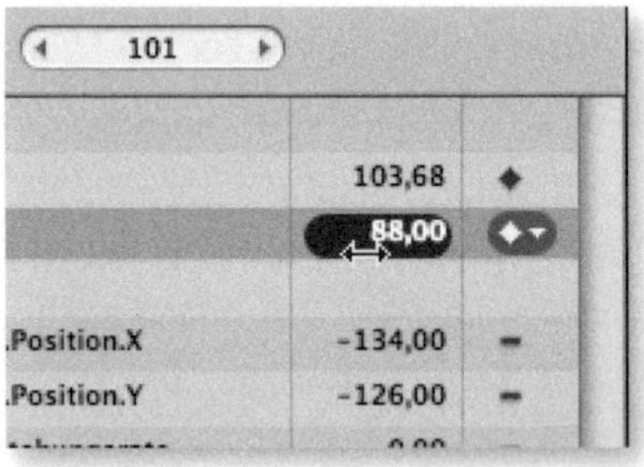

Abbildung 6.91 ▶
Werteänderung durch Maus-Scrubbing

Maus-Scrubbing

Sie werden in diesem Buch immer wieder mal den Begriff Maus-Scrubbing von uns hören. Dabei handelt es sich um eine Werteänderung, die man in zahlreichen Eingabefeldern von Motion durchführen kann. Statt den Wert nummerisch einzutragen, klickt man in das Feld, lässt die Maustaste aber nicht los. Bei gedrückter Maustaste bewegt man die Maus nach rechts oder links, wodurch sich der Wert verändert. Der Vorteil dieser Methode ist, dass man dabei in Wertebereiche scrubben kann, die z. B. über die Schieberegler nicht erreichbar sind, z. B. unter 0 % oder über 100 %. Somit ist das Maus-Scrubbing eine gute Alternative zu nummerischen Eingaben, vor allem weil die Änderungen dabei im Canvas-Fenster auch gleich aktualisiert werden, sodass man ein ziemlich gutes Gefühl für die Auswirkungen von Parametern bekommt.

Animationsmenü | Ganz rechts in der Listendarstellung kann man durch einen Mausklick in das Minus- bzw. Rautensymbol ein Kontextmenü aufrufen: das so genannte Animationsmenü. Die genauen Funktionen und Möglichkeiten werden im Kapitel »Animation« auf Seite 430 beschrieben.

Anzeige der Keyframes kontrollieren | Sollten überhaupt keine Keyframe-Einstellungen auftauchen, dann haben Sie im zuvor ausgewählten Element wahrscheinlich keine Parameter animiert. Um die Anzeige der Keyframes besser zu kontrollieren, gibt es oben links das Popup-Menü ZEIGEN, in dem verschiedene Darstellungsoptionen zur Verfügung stehen:

- ALLE: Es werden alle Einstellungen zu einem ausgewählten Effekt, einem Verhalten, einer Bildmaske oder einem Objekt angezeigt. Vor allem bei Texten sprengt die Masse an animierbaren Parametern den Darstellungsbereich. Mit den Checkboxen links neben den Parametern können Sie einzelne Parameter für die Darstellung rechts im Animationskanal ab- oder anwählen.

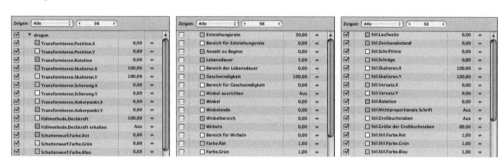

▲ Abbildung 6.92
Objekteigenschaften (links), Partikel (Mitte) oder Texte (rechts) bieten eine Vielzahl von animierbaren Parametern, wenn der Eintrag ALLE aus dem Popup-Menü ZEIGEN ausgewählt wurde.

- ANIMIERT: Die Standardeinstellung des Keyframe-Editors. In diesem Fall werden sowohl in der Liste wie auch im Koordinatensystem nur solche Parameter angezeigt, die bereits über Keyframes verfügen. Mit den Checkboxen können Sie einzelne Parameter für die Darstellung rechts im Animationskanal ab- oder anwählen.
- AKTIV: Diese Funktion stellt nur Keyframes im Animationskanal dar, die durch die aktuelle Bearbeitung neu erstellt werden, z. B. während der Keyframe-Aufnahme. Alle anderen Keyframes werden nicht dargestellt.

Bereich »Zeitverhalten«

Kurvenreihen | Sehr interessant ist die Möglichkeit, eine Auswahl eigener Animationskanäle anzeigen zu lassen. Wählen Sie dazu aus dem Popup-Menü ZEIGEN den Eintrag NEUE KURVENREIHE.

Die Darstellung der Animationskanäle wird in Motion in so genannten Kurvenreihen verwaltet. Wählt man den Eintrag aus, springt ein neues Fenster auf, in dem Sie aufgefordert werden, eine Bezeichnung für die Kurvenreihe einzugeben.

Abbildung 6.93 ▶
Wählen Sie im Popup-Menü ZEIGEN den Eintrag NEUE KURVENREIHE, öffnet sich ein neues Fenster, in dem Sie die Kurvenreihe benennen müssen.

Nach Bestätigung mit der OK-Taste wird im Popup-Menü die benannte Kurvenreihe ausgewählt und ist damit aktiv ❶. Alle bisher angezeigten Parameter sind in der Liste nach wie vor sichtbar. Markieren Sie nun die Parametereinstellungen, die nicht der Kurvenreihe angehören sollen ❷ und entfernen Sie diese durch Betätigen der Entf-Taste. Die aktive Kurvenreihe aktualisiert sich daraufhin automatisch. Jede Änderung, die Sie hier nun durchführen, wird direkt in der aktivierten Kurvenreihe gespeichert.

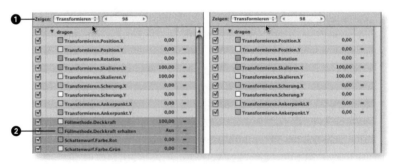

Abbildung 6.94 ▶
Durch Löschen der markierten Parameter ❷ wird die ausgewählte Kurvenreihe aktualisiert.

Bedenken Sie, dass es leicht möglich ist, weitere Parametereinstellungen zu löschen, diese aber nicht mehr ohne Weiteres wieder hinzugefügt werden. Eine Ausnahme sind z. B. die Parameter zu den Eigenschaften von Objekten, die sich aus dem Informationen-

Fenster per Drag & Drop einer Kurvenreihe hinzufügen lassen. Auch konnten wir Emitter-Einstellungen von Partikeln über diesen Weg hinzufügen, nicht aber die objektspezifischen Einstellungen von Textobjekten.

Über die Drag & Drop-Methode lässt sich auch eine neue Kurvenreihe erstellen. Dazu muss im Popup-Menü der Eintrag Aktiv ausgewählt sein. Nun wird nach dem Hineinziehen der Parameter automatisch eine neue Kurvenreihe erstellt. Die Kurvenreihe trägt dann den Namen Neue Reihe.

 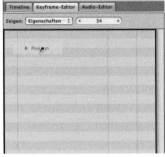 

◀ **Abbildung 6.95**
Die Parameter der Objekteigenschaften (links) lassen sich in eine eigene Kurvenreihe ziehen (Mitte) und stehen dann in der Liste bereit (rechts).

Kurvenreihen verwalten | Wurde, wie eben beschrieben, eine neue Kurvenreihe mit dem Namen Neue Reihe erzeugt, ist man mit der Namensgebung vielleicht nicht ganz zufrieden. Um die Bezeichnung von Kurvenreihen zu bearbeiten oder auch ganze Kurvenreihen zu löschen, wählen Sie im Popup-Menü den untersten Eintrag. Daraufhin geht ein neues Fenster mit weiteren Einstellungen auf.

Über das Plus-Symbol können neue Kurvenreihen hinzugefügt werden, das Minus-Symbol löscht bestehende Kurvenreihen. Duplizieren können Sie über die gleichnamige Taste. Um Kurvenreihen umzubenennen, machen Sie einen Doppelklick auf die Bezeichnung und geben anschließend den neuen Namen ein. Klicken Sie auf Anwenden, um die Eingaben zu übernehmen, das Fenster aber noch für weitere Einstellungen geöffnet zu lassen. Klicken Sie auf Fertig, um die Angaben zu übernehmen und das Fenster zu schließen.

Die eigenen Kurvenreihen machen nichts anderes, als die Darstellung der Animationskanäle von ausgewählten Elementen zu filtern. Es werden keine Parameter wirklich gelöscht oder bestehende Einstellungen unterdrückt. Eigene Kurvenreihen können auch für mehrere Elemente gelten, sodass nicht immer nur ein Element ausgewählt sein muss. Die Kurvenreihen werden nur in dem Projekt abgespeichert, in dem sie erstellt wurden.

Bereich »Zeitverhalten« **269**

Abbildung 6.96 ▶
Hier können neue Reihen hinzugefügt sowie bestehende Reihen gelöscht, dupliziert und umbenannt werden.

Ob sich der logistische Aufwand lohnt, für jedes Projekt eigene Kurvenreihen zu erstellen, sei einmal dahingestellt, aber bei Szenen mit vielen Keyframe-Animationen lässt sich so durchaus besser der Überblick bewahren.

Möchten Sie die Liste in der Kurvenreihe ganz leer fegen, dann richten Sie Ihr Augenmerk einmal auf die Tastenreihe ganz unten links im Keyframe-Editor. Die Taste KURVENREIHE LÖSCHEN ist nur bei eigenen Kurvenreihen aufrufbar und löscht alle Parametereinstellungen.

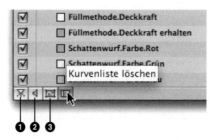

Abbildung 6.97 ▶
Eigene Kurvenreihen können über KURVENLISTE LÖSCHEN gelöscht werden.

Darstellungsoptionen | Werfen wir noch einen genaueren Blick auf die anderen Tasten unten links im Keyframe-Editor:

▶ EINRASTEN ❶: Wenn diese Taste aktiviert ist, reagiert der Keyframe beim Verschieben mit der Maus magnetisch auf die Cursor-Position und auf Markierungen.

▶ AUDIO-WAVEFORM ANZEIGEN ❷: Wenn diese Taste aktiviert ist, wird als Hintergrund für die Animationskanäle eine Waveform-

Darstellung der Audio-Masterspur dargestellt. Somit kann man Keyframe-Animationen einfach auf das gemischte Audio abstimmen.

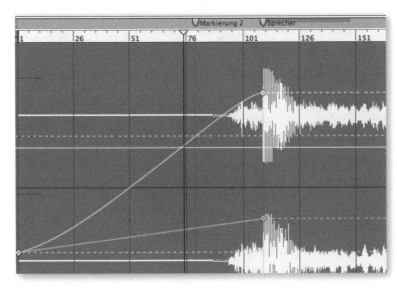

◄ **Abbildung 6.98**
Keyframes lassen sich sehr gut auf markante Stellen der Audiospuren setzen, wenn die Waveform-Darstellung eingeblendet ist.

▶ SICHTBARE KURVEN AN FENSTERGRÖSSE ANPASSEN ❸: Das Kurvendiagramm wird vertikal und horizontal so gezoomt, dass alle Keyframes innerhalb der dargestellten Animationskanäle angezeigt werden.

▶ KURVENLISTE LÖSCHEN: Siehe Seite 268 und Abbildung 6.97.

Zoomen & Scrollen | Auch im Keyframe-Editor können Sie zoomen und scrollen. Eine Funktion zur automatischen Anpassung der Darstellungsgröße haben Sie eben schon kennen gelernt. Es gibt noch eine weitere Taste, mit der verhindert werden kann, dass die Verläufe und Keyframes der dargestellten Animationskanäle nach oben oder unten aus dem Fenster entschwinden.

Ganz oben rechts befindet sich eine Taste, um die Größe vertikal anzupassen ❶. Ist diese Taste aktiviert, dann wird der vertikale Scroll-/Zoombalken ausgeblendet ❷ und es wird verhindert, dass die Keyframes und Verläufe der Animationskanäle oben und unten über den Fensterbereich hinausgehen. Man kann nur noch mit der Tastenkombination Leertaste + ⌘ und gedrückter Maustaste vertikal zoomen. Entriegeln Sie den Button, wenn Sie den Scroll-/Zoombalken wieder verwenden möchten.

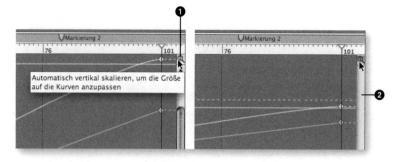

Abbildung 6.99 ▶
Mit der Taste ❶ im Keyframe-Editor wird der vertikale Scroll-/Zoombalken ausgeblendet und die Animationskanäle werden vertikal angepasst.

Wird die Taste nicht aktiviert, kann man mit dem vertikalen Scroll-/Zoomregler richtig weit in das Koordinatensystem hineinzoomen. Zum horizontalen Zoomen können Sie den horizontalen Scrollbalken benutzen oder die Tastenkombination Leertaste + ⌘-Taste bei gedrückter Maustaste verwenden und die Maus entsprechend nach links und rechts bewegen. Wenn man die Maus mit gedrückter Maustaste hoch- und runterbewegt, zoomt man vertikal. Bedenken Sie, dass Sie unter Mac OS X 10.4 die Leertaste unbedingt vor der ⌘-Taste betätigen müssen, da sonst die Spotlight-Suche aktiviert wird. Hat man sich völlig verzoomt und findet seine Keyframes nicht mehr, dann kann man auch die beiden Tasten verwenden, um seinen Kurvenverlauf wieder zu zentrieren.

6.6.3 Audio-Editor

Als letztes Tab im Bereich Zeitverhalten finden Sie den Audio-Editor. Der Audio-Editor ergänzt die Audioansicht im Projektbereich, die Audioanzeige in der Timeline sowie den Keyframe-Editor. In der Audioansicht im Projektbereich, die Sie noch kennen lernen werden, können Sie pegeln, aber nur mit der Aufnahme-Funktion Keyframes setzen. In der Audioanzeige der Timeline werden alle Audiospuren angezeigt und lassen sich teilen, trimmen und verschieben. Weiterhin lassen sich Keyframes verschieben, z. B. für eine Audioblende, aber es lassen sich keine Keyframe-Werte bearbeiten.

Der Keyframe-Editor kann auch Parameter für Audio verändern und blendet bei Bedarf sogar eine Waveform-Anzeige zur genauen Beurteilung ein, allerdings nur für die Masterspur. Der Keyframe-Editor kann nicht trimmen. Der Audio-Editor kann die gleiche Audio-Keyframe-Bearbeitung durchführen wie der Keyframe-Editor, zeigt dabei aber eine Waveform-Anzeige sowie ein Peakmeter und kann trimmen. Dafür kann der Aufbau der grafischen Waveform-

Anzeige etwas zäh verlaufen und es wird immer nur die ausgewählte Audiospur bzw. die Masterspur angezeigt.

Anzeige von Audiospuren | Zum Auswählen der Spuren verwenden Sie die Audioanzeige im Projektbereich oder der Timeline. Der Audio-Editor zeigt immer den ganzen Audio-Titel an, ganz gleich, wie viel davon in der Timeline verwendet wird.

Damit man auch bei längeren Audio-Titeln den in der Timeline verwendeten Ausschnitt findet, wird dieser entsprechend als dunkelgrüner Bereich mit weißem Titelnamen oberhalb der Waveform-Anzeige dargestellt ❶. Die Masterspur hingegen wird über den ganzen Bereich dargestellt, da sie auch für das ganze Projekt gilt.

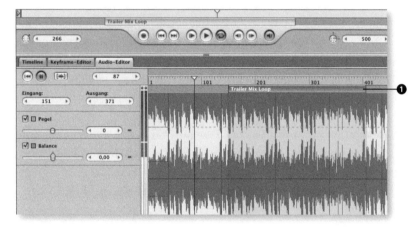

▲ **Abbildung 6.100**
Der Audio-Editor verfügt zum Abspielen und Scrubben über eigene Steuerelemente und einen eigenen Cursor.

Eigene Steuerelemente | Der Audio-Editor verfügt auch über eine eigene Zeitmarke, die unabhängig von der Position der Zeitmarke in der Timeline ist. Links oben gibt es dafür zwei unabhängige Steuerelemente. Mit dem linken Steuerelement ❷ springt man an den Anfang des Audio-Titels. Rechts daneben befindet sich die Abspieltaste ❸ für den Audio-Editor. Die Timeline spielt in diesem Fall nicht, denn die Steuerelemente für die Timeline liegen weiter oben ❹. Auch das Bild der Timeline läuft im Canvas-Bereich nicht mit, wenn der Audio-Editor abspielt. Die Leertaste löst das Abspielen in dem Bereich aus, der aktiviert wurde. Dazu klickt man entweder auf die Mini-Timeline oder auf den Ausschnitt im Audio-Editor.

Bereich »Zeitverhalten« **273**

Abbildung 6.101 ▶
Benutzen Sie die beiden Wiedergabe-Tasten ❹ und ❸, um entweder Timeline oder Audio-Editor abzuspielen.

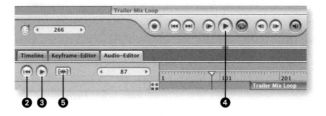

Rechts neben den Steuerelementen gibt es einen Button ❺, mit dem man bestimmen kann, dass nur der in der Timeline verwendete Abschnitt abgespielt werden soll.

Audio trimmen | Um den dunkelgrünen Ausschnitt mit weißem Titel zu verändern, kann man die Enden mit der Maus einfach trimmen. Genauso lässt sich der gesamte Bereich mit der Maus verschieben. Um möglichst exakt zu trimmen, bieten sich auch die beiden Felder EINGANG und AUSGANG, in der Liste des Audio-Editors ganz oben, an. Hier kann man zum einen eine nummerische Eingabe machen, zum anderen mit gedrückter Maustaste in diesen Bereichen die In- und Out-Punkte durch Scrubben verschieben.

Navigation im Audio-Editor | Genauso kann man in der Audiospur zeitlich navigieren. Das einzelbildweise Vor- und Zurückgehen funktioniert im Audio-Editor nicht mit den Pfeiltasten. Daher muss man auf die kleinen Pfeile ❻ in der Anzeige für das aktuelle Bild klicken.

Abbildung 6.102 ▶
Um einzelbildweise vor- und zurückzugehen, klicken Sie auf die kleinen Pfeile ❻ in der Anzeige zur aktuellen Cursor-Position.

Wenn man mit gedrückter Maustaste in diesem Bereich nach links und rechts fährt, dann bewegt man sich je nach Stärke der Mausbewegung in der Zeitachse sehr schnell vor und zurück. Dabei hört man aber nicht das beim Scrubbing mit der Maus übliche Geräusch, sodass es sich dabei um stilles Vor- und Zurückspulen handelt. Möchte man das **Audio-Scrubbing** auch beim Bewegen der Zeitmarke mit der Maus grundsätzlich ausschalten, dann muss man dazu ganz unten links im Audio-Editor auf das kleine und einzige Symbol klicken. Sowohl beim einzelbildweisen Vor- und Zurückgehen wie auch beim Scrubbing gibt es keinen Ausschlag des Peakmeters in Motion.

Pegel & Balance | Zum Pegeln und Setzen der Balance findet man in der Liste des Audio-Editors die beiden gleichnamigen Parameter PEGEL und BALANCE. Verwenden Sie die Regler, um die Werte zu verändern oder benutzen Sie die beiden Eingabefelder rechts davon. Neben den Eingabefeldern befindet sich wiederum ein kleines Popup-Menü, das auch grafisch anzeigt, ob sich an der aktuellen Position der Zeitmarke ein Keyframe befindet. Da Audio in Motion keinen großen Stellenwert hat, gehen wir an dieser Stelle kurz einen kleinen Workflow mit den verschiedenen Möglichkeiten durch.

Schritt für Schritt: Pegel bearbeiten

1 *Audio importieren*
Wählen Sie ⌘+6, um das Fenster AUDIO zu öffnen. Über das Plus-Symbol können Sie Audiodateien in das Projekt laden. Wählen Sie am besten eine AIFF-Datei, aber auch MP3-Tracks lassen sich importieren. Weitere kompatible Audioformate können Sie auf Seite 340 nachschlagen.

2 *Balance-Anzeige ausschalten*
Schalten Sie in der Liste des Audio-Editors die Balance-Anzeige (blau gestrichelte Linie) aus, indem Sie die Checkbox deaktivieren. Es könnte sonst passieren, dass Sie in der Waveform-Anzeige auf die falsche Kurve klicken.

3 *Erstes Keyframe erstellen*
Die Audiospur soll eingeblendet werden. Dazu setzen Sie den Regler bei PEGEL auf den niedrigstmöglichen Wert, also –96.

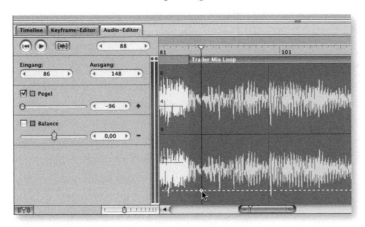

◄ **Abbildung 6.103**
Per Doppelklick wird das erste Keyframe gesetzt.

Anschließend machen Sie einen Doppelklick an gewünschter Stelle auf den Linienverlauf (violett gestrichelte Linie), um damit ein Keyframe hinzuzufügen.

4 Zweites Keyframe hinzufügen

Nun gehen Sie in der Zeitachse mit der Zeitmarke weiter nach vorn. Statt wieder mit einem Doppelklick das Keyframe hinzuzufügen, benutzen Sie diesmal eine andere Methode: Rufen Sie den Befehl KEYFRAME HINZUFÜGEN aus dem Popup-Menü der Pegeleinstellung auf. Jetzt wurde auch an der zweiten Position ein Keyframe mit dem Wert –96 gesetzt.

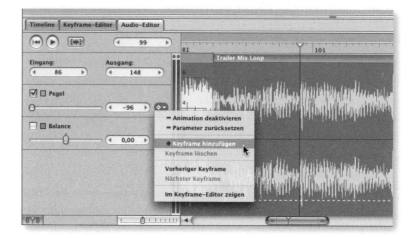

Abbildung 6.104 ▶
Auch über das Popup-Menü können neue Keyframes gesetzt werden.

5 Keyframe-Symbole

Sie sehen jetzt an der Stelle des Popup-Menüs ein kleines schwarzes Keyframe-Symbol. Dieses signalisiert, dass sich an der Cursor-Position ein Keyframe befindet. Das Popup-Menü-Symbol der Balanceeinstellung hat die Form eines kleinen schwarzen Strichs. An dieser Stelle befindet sich kein Keyframe.

6 Pegel verändern

Jetzt wird das zweite Keyframe mit der Maus nach oben verschoben, bis im Eingabefeld der Pegeleinstellung der Wert –2 erscheint. Optional dazu können Sie auch den Regler neben dem Eingabefeld verwenden. Beim Ändern der Werte wird in der Waveform-Anzeige der neue Linienverlauf gezeichnet.

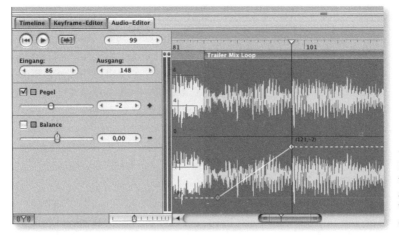

◄ **Abbildung 6.105**
Der Pegel des zweiten Keyframes kann auf unterschiedliche Weise verändert werden.

7 Nicht-lineare Einblendung erstellen

Um jetzt noch eine nicht-lineare Audio-Einblendung zu erstellen, müssen Sie das erste Keyframe in einen Bézierpunkt konvertieren. Klicken Sie mit gedrückter ⌘ - und Maustaste in das erste Keyframe und bewegen Sie die Maus nach rechts. Sie sehen jetzt, wie eine Tangente den Kurvenverlauf der Linie beeinflusst. Das Gleiche kann nun mit dem zweiten Keyframe wiederholt werden. ■

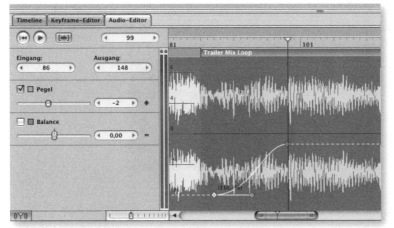

◄ **Abbildung 6.106**
Durch einfaches Setzen von zwei Keyframes haben Sie eine nicht-lineare Einblendung erstellt.

Sie haben anhand dieses Beispiels schon etwas über Keyframe-Bearbeitung in Motion kennen gelernt. Eigentlich noch viel zu früh, aber wie bereits angedeutet, werden wir uns dem Thema Audio im weiteren Verlauf nicht mehr konkret zuwenden. Wir empfehlen für Audiobearbeitung auch eher die Programme Soundtrack Pro oder Logic. Laden Sie sich Audio-Titel nur zum Anlegen von Animationen herein, aber nehmen Sie eine ordentliche Mischung lieber in anderen Programmen vor. Praktisch ist daher die neue Funktion AUDIO AN SOUNDTRACK PRO SENDEN im Menü BEARBEITEN, die natürlich nur vorhanden ist, wenn Sie Soundtrack Pro installiert haben. Bitte schlagen Sie die Funktion im Kapitel »Projektübergabe mit den Apple Pro Applications« auf Seite 703 nach.

6.7 Bereich »Projekt«

Widmen wir uns nun dem Bereich PROJEKT, der mit dem Kurzbefehl [F5] ein- und ausgeblendet werden kann. Der Projektbereich befindet sich standardmäßig links neben dem Canvas-Bereich. Wenn Sie den Projektbereich lieber auf der rechten Seite haben möchten, dann wählen Sie, wie anfangs bereits beschrieben, im Menü unter FENSTER • ANORDNUNGEN • BEREICH »PROJEKT« UND »CANVAS« VERTAUSCHEN.

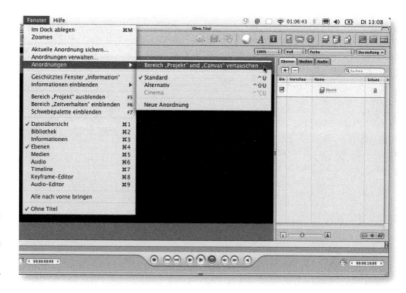

Abbildung 6.107 ▶
Um den Projektbereich auf der linken Fensterseite anzeigen zu lassen, muss man einen Befehl aus dem Menü aufrufen. Zurück geht es genauso.

Da das sichtbare Bild bei einer Darstellungsgröße von 100 % im Canvas-Fenster vom Projektbereich meistens verdeckt wird, kann es praktischer sein, den Darstellungsmodus AN FENSTERGRÖSSE ANPASSEN ([⇧]+[Z]) zu verwenden. Unterteilt ist der Projektbereich in die drei Tab-Bereiche EBENEN, MEDIEN und AUDIO.

6.7.1 Ebenen

Parallel zur Timeline gibt es in Motion eine weitere Ebenenansicht (⌘+4), in der alle Objekte angezeigt werden, die Sie im Projekt verwenden. Das Ebenen-Fenster in Motion soll die Ebenendarstellung in der Timeline ergänzen.

Bei der Arbeit in Motion ist es sehr praktisch, die Verwaltung der Ebenen ausschließlich im Projektbereich durchzuführen, damit man sich in der Timeline nur dem zeitlichen Ablauf widmen kann.

> **After Effects-Timeline**
>
> Eine Timeline ist nie groß genug. Es passiert schnell, dass Sie über weite Strecken scrollen müssen und letztendlich besteht die Gefahr, dass man aufgrund des schlechten Überblicks aus Versehen die falschen Spuren verschiebt oder sich verklickt. Vor allem After Effects ist ein gutes Beispiel für eine in die Jahre gekommene, unübersichtliche Ebenendarstellung bei komplexen Projekten.

Sortierungsmöglichkeiten | Die Ebenendarstellung im Projektbereich von Motion orientiert sich sehr stark an der Ebenenpalette von Photoshop und die Sortierungsmöglichkeiten in Ebenen-Ordnern erleichtern eine effiziente Verwaltung, die sich auch auf die Ebenendarstellung in der Timeline überträgt.

Objekte & Elemente | Zunächst muss man sich darüber ein Bild machen, wie Motion seine Ebenen anlegt. Hier wollen wir die Objekttypen und Elemente etwas näher betrachten. Die Erläuterungen gelten sowohl für den Projektbereich als auch für die Timeline.

Ebenen beinhalten andere Elemente | Als Ebene wird in Motion eine Art **Container** bezeichnet, in dem Elemente oder weitere Container untergebracht werden. Das mag vielleicht erstmal etwas verwirrend klingen, denn eigentlich stellt jedes Element schon eine eigene Ebene dar. So ist es in vielen verwandten Programmen wie Photoshop, After Effects oder Final Cut Pro. In Photoshop werden die Container, bei denen es sich um einfache Ordner in der Ebenenstruktur handelt, als Ebenensets bezeichnet, was auch sinnvoll erscheint. Illustrator bezeichnet wiederum alles als Ebenen und Unterebenen, hier gibt es nicht einmal innerhalb derselben Firma Einigkeit.

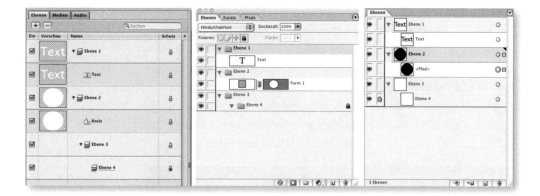

▲ **Abbildung 6.108**
Die Ebenen-Anordnungen in Grafikprogrammen folgen nicht immer den gleichen, aber meist sehr ähnlichen Konzepten. Links Motion, in der Mitte Photoshop und rechts Illustrator.

Wir werden uns bei Motion natürlich an die Vorgabe von Apple halten und die Bezeichnung EBENEN für diese Container verwenden. Uns erscheint es aber auch wichtig, etwas hinter die Kulissen der verschiedenen Elemente von Motion zu blicken. So sind beispielsweise der Replikator und Partikelemitter auch Untercontainer und verhalten sich wie Ebenen. In ihnen stecken aber nur die Partikel- bzw. Replikatorzellen.

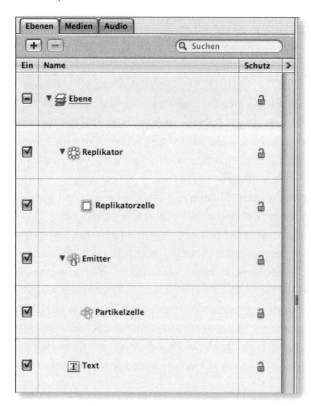

Abbildung 6.109 ▶
Ebenen sind in Motion eine Art Container, in denen Objekte, Elemente und Untercontainer verwaltet werden.

Textobjekte

Im Grunde genommen ist auch ein Textobjekt ein Container, in dem sich viele Schriftzeichen befinden. Dies ist zwar nicht so offensichtlich in der Ebenenansicht zu erkennen wie bei Emittern und Replikatoren, aber wie Sie bei den Texteinstellungen und deren Animation noch erkennen werden, sind die Zeichen wirklich einzelne Bestandteile.

Die Container erkennen Sie gut an den kleinen Dreiecken, die sich umklappen lassen. Auch jedes Objekt bekommt solch ein Dreieck, sobald ihm ein Verhalten, ein Filter oder eine Maske zugewiesen wurde. Die Objekte sind dann im Prinzip Mini-Container, in denen die Elemente liegen.

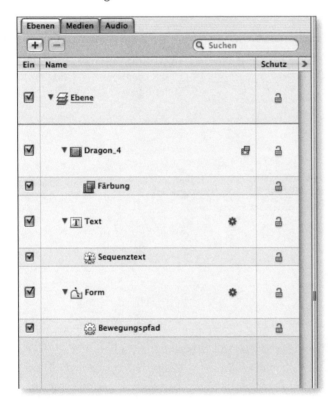

▲ **Abbildung 6.110**
Auch normale Objekte können ein kleines Dreieck zum Umklappen erhalten, wenn ihnen Verhalten, Filter oder Masken zugewiesen wurden.

Die Objekte und Elemente innerhalb der Ebenen werden von uns meistens spezifisch bezeichnet. Objekte sind dabei greifbare Körper wie

Bereich »Projekt« **281**

Texte, Partikel, Formen, Generatoren, Grafiken und Filme. Elemente sind eher Verhalten, Filter und Masken. Sie können aber zumindest die Elemente auch ausblenden, wie Sie gleich noch sehen werden.

Darstellung unterschiedlicher Ebenen | Für die verschiedenen Elemente in Motion gibt es unterschiedliche Darstellungsformen in der Ebenenansicht. Bei importierbaren Dateien gibt es nur drei Symbolarten für QuickTime-Filme, Bildsequenzen und Grafiken.

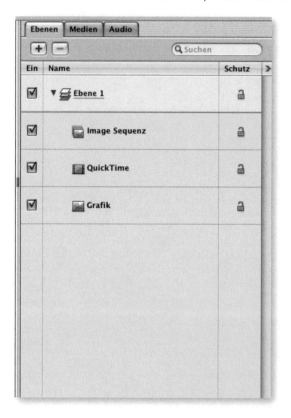

Abbildung 6.111 ▶
Importierte Objekte

Bei den Grafiken gibt es keinen Unterschied zwischen JPEG-, TIFF-, Photoshop- oder Illustrator-Dateien. Weiterhin verfügen Objekte, die sich in Motion erzeugen lassen, über eigene Symbole für Formen, Textobjekte, Generatoren, Replikatoren und Partikelemitter.

Fertige Vorgaben aus der Bibliothek von Motion wie Partikelemitter oder Replikatoren sind teilweise recht komplexe Gebilde, die aus unterschiedlichen Objekten und Elementen zusammengebaut sind.

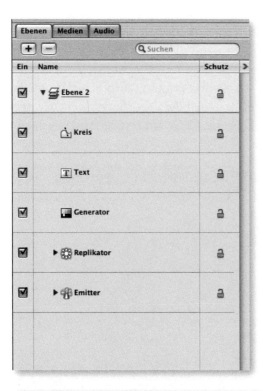

◀ **Abbildung 6.112**
Objekte, die in Motion erstellt werden können

◀ **Abbildung 6.113**
Partikel aus der Bibliothek

Bereich »Projekt« **283**

Ansichten umschalten | Masken, Verhalten und Filter können wie schon in der Ebenenansicht der Timeline auch im Projektbereich einzeln ausgeblendet werden. Dafür gibt es unten rechts in der Ebenenansicht drei verschiedene Buttons. Die dort verwendeten Symbole werden auch rechts neben der Bezeichnung von Objekten angezeigt, wenn eine Bildmaske, ein Verhalten oder ein Filter angewendet wurde.

▲ **Abbildung 6.114**
Über die Tastenreihe unten rechts können Masken, Verhalten und Filter in der Ebenenansicht angezeigt (links) oder ausgeschaltet (rechts) werden.

Piktogrammanzeige | Jedes Objekt verfügt in der Ebenenansicht über ein Piktogramm, das in der Spalte Vorschau angezeigt wird. Ganz unten auf der linken Seite der Ebenenansicht befindet sich ein Schieberegler, mit dem die Größe der Piktogrammanzeige eingestellt werden kann.

Die Vorschau ist standardmäßig links neben dem Objekt aktiviert und zeigt den Status des aktuellen Zeitpunkts. Sie werden feststellen, dass, wenn Sie die Position der Zeitmarke in der Timeline an eine andere Stelle bewegen, sich kurz darauf die Vorschau in der Ebenenansicht dynamisch aktualisiert. Das dürfte etwas an Leistung kosten, sodass es sich anbietet, auf etwas schwächeren Systemen oder bei komplexen Projekten die VORSCHAU zu deaktivieren. Um die VORSCHAU auszuschalten, klicken Sie rechts oben in der Ebenenansicht in das kleine graue »>«–Symbol, hinter dem sich ein Popup-Menü verbirgt. Hier können Sie nun die VORSCHAU deaktivieren oder auch wieder aktivieren.

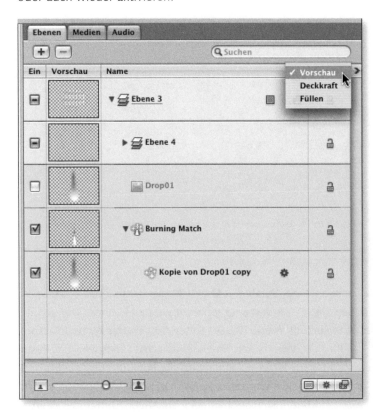

◀ **Abbildung 6.115**
In dem Popup-Menü oben rechts lässt sich die VORSCHAU an- und ausschalten.

Beim erneuten Aktivieren der VORSCHAU landet diese nicht wie gewohnt in der zweiten Spalte von links, sondern rechts. Per Drag & Drop können die Spalten am oberen Ende angepackt und verschoben werden. Das ist für alle Spalten möglich, um dieses Fenster sehr frei zu arrangieren. Auch die Breite der Spalten lässt sich mit der Maus einstellen, indem man die Trennlinie zwischen den Spalten in Höhe der Bezeichnungen einfach verschiebt.

Über das Popup-Menü sind auch zwei Parameter aktivierbar. So lassen sich direkt in der Ebenenansicht die DECKKRAFT und die FÜLLMETHODE der Elemente einstellen.

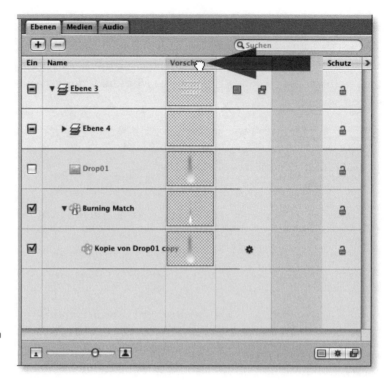

Abbildung 6.116 ▶
Per Drag & Drop kann man die Spalten frei arrangieren.

Die Checkbox in der Spalte EIN ❶ betrifft die Sichtbarkeit von Objekten, sodass diese ein- und ausgeschaltet werden können. Den Befehl findet man auch im Menü OBJEKT unter dem Eintrag AKTIV (Kurzbefehl Ctrl+T). Wie in der Timeline kann man mit der Alt-Taste auf eine Checkbox klicken. Dabei wird die Funktion umgekehrt und alle anderen Objekte werden ausgeschaltet. Diese Funktion nennt sich SOLO und findet sich auch im gleichnamigen Eintrag des Menüs OBJEKT oder unter dem Kurzbefehl Ctrl+S. Zusätzlich kann man diese Funktion im Kontextmenü von Objekten aufrufen.

Die Spalte SCHUTZ ❷ sperrt und entsperrt Ebenen. Gesperrte Ebenen können nicht verändert werden.

Um Ebenen hinzuzufügen, klicken Sie wie schon in der Timeline einfach auf das Plus-Symbol ganz oben links in der Ebenenansicht. Sie finden den Befehl auch im Menü OBJEKT. Der Kurzbefehl dazu lautet ⌘+⇧+N. Markieren Sie Ebenen oder Elemente, um sie mit dem Minus-Symbol zu entfernen, oder drücken Sie wie gewohnt die Entf-Taste. Mit einem Doppelklick in den Namen der Elemente können diese umbenannt werden.

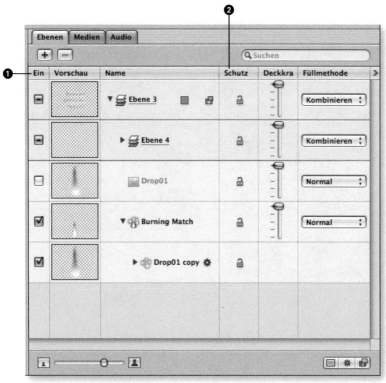

◄ **Abbildung 6.117**
Die Parameter Deckkraft und Füllmethode lassen sich ebenfalls aktivieren, sodass die Einstellungen dazu direkt in der Ebenenansicht durchgeführt werden können.

Hinzufügen & Arrangieren | Wie schon bei der Timeline können Objekte aus der Dateiübersicht oder Bibliothek per Drag & Drop in die Ebenenansicht des Projektbereichs gezogen werden. Wenn Sie die Medienablage als separates Fenster verwenden, können Sie auch von dort importierte Medien hineinziehen. Aber auch wie bei der Timeline ist es wichtig, wie und wo genau Sie die Objekte loslassen. In der Ebenenansicht bekommt man dafür wieder schwarze Linien als Hilfe angezeigt.

Ziehen Sie ein Objekt auf ein Ebenen-Symbol, dann wird die Ebene mit einem schwarzen Rahmen umschlossen. Das Objekt wird in dieser Ebene an oberster Stelle platziert.

◄ **Abbildung 6.118**
Objekt in einer Ebene an oberster Stelle platzieren

Bereich »Projekt« **287**

Zielen Sie gut, wenn Sie nun ein weiteres Objekt in die gleiche Ebene, aber unter das bereits vorhandene Objekt platzieren wollen. Halten Sie das Objekt so mit der Maus, dass unter dem bereits vorhandenen Objekt die schwarze Linie erscheint. Halten Sie sich dabei eher etwas rechts, nicht zu weit links.

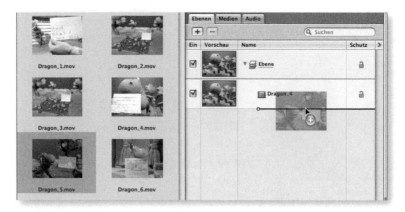

▲ **Abbildung 6.119**
Objekt unter ein bereits vorhandenes Objekt in einer Ebene platzieren

Es ist Millimeterarbeit: Wiederholen Sie den Vorgang von eben, aber halten Sie sich diesmal etwas weiter links. Diesmal wird eine neue Ebene unter der bereits vorhandenen Ebene erstellt.

▲ **Abbildung 6.120**
Eine neue Ebene unter der bereits vorhandenen Ebene erstellen

Um ein Objekt zu ersetzen, ziehen Sie das neue Objekt einfach über das zu ersetzende Objekt. Es erscheint dann eine schwarze Umrandung und der Mauszeiger verwandelt sich in einen Pfeil: So wird Ihnen angezeigt, dass das Objekt ersetzt werden kann.

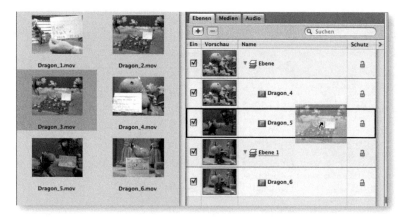

◀ **Abbildung 6.121**
Objekte können per Drag & Drop auch ersetzt werden.

Abschließend noch eine bequeme Möglichkeit, um ein Objekt in eine neue Ebene zu platzieren, die ganz oben liegen wird. Ziehen Sie das Objekt in einen noch freien Bereich, sodass die schwarze Umrandung für die ganze Ebenenansicht erscheint. Dabei wird nach Loslassen der Maus das Objekt automatisch in eine neue Ebene ganz oben in der Hierarchie gelegt.

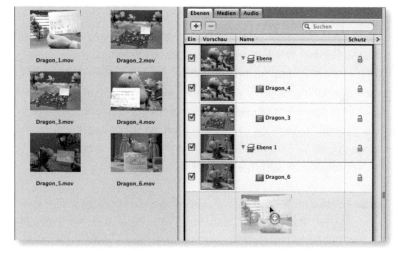

◀ **Abbildung 6.122**
Objekte können automatisch ganz oben in eine neue Ebene platziert werden.

Sollten Sie keinen freien Bereich mehr in der Ebenenansicht haben, um das in Abbildung 6.122 beschriebene Verfahren anzuwenden, dann bietet sich eine weitere Möglichkeit. Ziehen Sie das Objekt ganz nach oben über die oberste Ebene. Wenn Sie jetzt loslassen, wird so eine neue Ebene darüber erzeugt, in die das Objekt gelegt wird.

Abbildung 6.123 ▶
Auch so lässt sich ein Objekt ganz oben in eine neue Ebene einfügen.

Genau wie in den Abbildungen 6.118 bis 6.123 beschrieben, lassen sich die Objekte auch nachträglich arrangieren. Vor allem beim Verschieben innerhalb der Ebene kann es schnell passieren, dass eine neue Ebene erzeugt wird. Schauen Sie sich noch einmal genau die Abbildungen 6.118 und 6.123 an und vergleichen Sie die Position der schwarzen Linien. Dieser feine Unterschied entscheidet zwischen Verschieben innerhalb der Ebene und Verschieben in eine neue Ebene.

Beachten Sie auch die Funktion GRUPPIEREN aus dem Menü OBJEKT. Hierbei werden neue Unterebenen erzeugt, in welche die gruppierten Objekte zusammen verschoben werden. Objekte, die schon in verschiedenen Ebenen liegen, können nicht gruppiert werden. Die gruppierten Objekte können immer noch in der Ebenenansicht separat ausgewählt und bearbeitet werden, nicht jedoch im Canvas-Bereich. Wird der Befehl GRUPPIERUNG AUFHEBEN angewendet, verschwinden auch die Unterebenen wieder.

Suche | Alle drei Tab-Fenster im Projektbereich verfügen über eine Suchfunktion. Wenn Sie z. B. sehr viele Ebenen verwenden und sich nur die Ebene 2 anzeigen lassen möchten, dann geben Sie in das Suchfenster eine »2« ein. Daraufhin werden alle Ebenen herausgefiltert, die keine »2« in der Bezeichnung haben. Genauso wird auch nach Objekten und Elementen gesucht. Wenn Sie z. B. »Rechteck« eingeben, wird eine Form, die mit dem RECHTECK-WERKZEUG erstellt wurde, und die dazugehörige Ebene angezeigt. Bedenken Sie, dass sich alle Elemente umbenennen lassen, sodass man schon wissen muss, wonach man sucht.

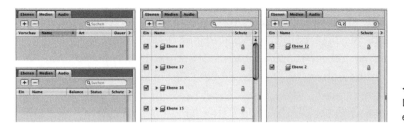

◄ **Abbildung 6.124**
Die Suchfunktion gibt es in allen drei Tabs.

6.7.2 Medien

Neben dem Tab EBENEN befindet sich das Tab MEDIEN (⌘+5). Hier können Sie erst einmal beginnen, Dateien zu importieren, die Sie in Ihrem Projekt verwenden, aber noch nicht gleich im Canvas-Bereich einbinden möchten. Objekte, die bereits über die DATEIÜBERSICHT per Drag & Drop in das Canvas-Fenster oder die Ebenenansichten gelegt wurden, erscheinen automatisch in der Medienablage. Auch viele Vorgaben für Partikel und Replikatoren aus der BIBLIOTHEK verwenden Medien als Zellen. Wenn Sie diese Vorgaben per Drag & Drop in das Projekt ziehen, werden die Medien automatisch auch in der Medienablage angezeigt.

Dateien importieren | Um QuickTime-Filme, Einzelbildsequenzen oder Grafiken zu importieren, klicken Sie auf das Plus-Symbol oben links in der Medienablage (Abbildung 6.125, links). Daraufhin öffnet sich ein normales Import-Fenster, in dem Dateien ausgewählt werden können (Abbildung 6.125, rechts). Möchten Sie eine Einzelbildsequenz öffnen, wie in Abbildung 6.125 zu sehen, dann aktivieren Sie die Checkbox BILDSEQUENZ.

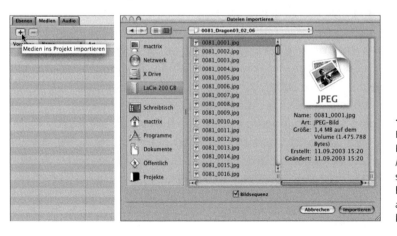

◄ **Abbildung 6.125**
Klicken Sie auf das Plus-Symbol in der Medienablage, öffnet sich ein Import-Dialog, in dem Dateien ausgewählt werden können.

Bereich »Projekt« **291**

Bildsequenzen mit der Drop-Palette | Natürlich können auch Dateien über die DATEIÜBERSICHT per Drag & Drop in die Medienablage gezogen werden, was auch eher dem Arbeitsprinzip von Motion entspricht. Der Vorteil bei Bildsequenzen in der Dateiübersicht ist, dass diese als eine Datei bzw. ein Film angezeigt werden. Verharren Sie mit der angefassten Bildsequenz einen Moment über der Medienablage, dann erscheint ein Kontextmenü, das Ihnen zur Auswahl stellt, ob die Bildsequenz als Ganzes oder alle Einzelbilder der Bildsequenz importiert werden sollen. Beachten Sie an dieser Stelle noch mal die Bildgrößenbegrenzung, die für Medien gilt (Seite 96). Möchten Sie Dateien wieder aus der Medienablage entfernen, wählen Sie diese aus und klicken Sie auf das Minus-Symbol oder drücken die Entf-Taste.

Abbildung 6.126 ▶
Per Drag & Drop lassen sich auch Dateien aus der DATEIÜBERSICHT in die Medienablage ziehen. Bei Einzelbildsequenzen erscheint nach kurzem Warten ein Popup-Menü.

Darstellungsoptionen | Im Gegensatz zur Ebenenansicht bietet die Medienablage noch wesentlich mehr Zusatzinformationen zur importierten Datei. Ebenfalls oben rechts befindet sich das »>«-Symbol, mit dem ein Popup-Menü für die angezeigten Spalten aufgerufen werden kann.

- ▶ VORSCHAU: Blendet das Piktogramm der importierten Datei ein. Bei Audiodateien wird ein Lautsprechersymbol angezeigt.
- ▶ ART: Beschreibt, um welchen Dateityp es sich handelt. Motion unterscheidet nur zwischen QUICKTIME FILM, QUICKTIME AUDIO, BILDSEQUENZ, EINZELBILD und PDF.
- ▶ DAUER: Zeigt die Gesamtdauer der Mediendatei an. Bei Einzelbildsequenzen und QuickTime-Filmen wird die Anzahl der Bilder angezeigt, bei Audiodateien die Länge in Stunden, Minuten und Sekunden.

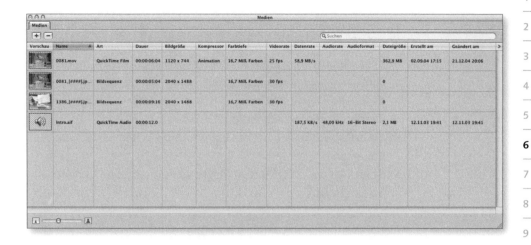

▲ Abbildung 6.127
Die Medienablage als selbstständiges Fenster mit allen angezeigten Zusatzinformationen entpuppt sich als äußerst Platz raubend.

- BILDGRÖSSE: Zeigt die Bildgröße in Pixeln an. Bedenken Sie die Bildgrößenbeschränkung von 2048 Pixeln bzw. 4k-Auflösung (Seite 96).
- KOMPRESSOR: Zeigt das Kompressionsformat an. Bei QuickTime-Filmen wird der verwendete Code angezeigt, bei Einzelbildern und Bildsequenzen wird das Format, also TIFF oder JPEG, angezeigt. Komprimierte Audioformate wie MP3 oder AAC werden nicht aufgeführt.
- FARBTIEFE: Die Farbtiefe des Bildes wird angezeigt. Bei 8 Bit sind dies 16,7 Millionen Farben. Ein vorhandener Alphakanal verwendet die Bezeichnung ÜBER 16,7 MILL. FARBEN. Motion kann laut Packungstext in 16- und 32-Bit rendern, hat aber in der uns vorliegenden 2.0-Version nicht die Möglichkeit, mehr als 8 Bit aus QuickTime-Filmen zu übernehmen. Deswegen werden auch 10- oder 16-Bit-QuickTime-Filme mit 16,7 MILL. FARBEN angezeigt. Nur TIFF- und Photoshop-Bilder bzw. Bildsequenzen können in vollen 16 Bit eingelesen werden. Bei solchen Dateien blieb die Bezeichnung bei unseren Versuchen leer.
- BILDRATE: Nur bei QuickTime-Filmen kann die Bildrate in Bildern pro Sekunde angezeigt werden. Hier wird die Abkürzung FPS (Frames per Second) auch in der deutschen Version verwendet. In Motion 1.0.x hieß der Eintrag Videorate. Im Popup-Menü steht jetzt BILDRATE, aber der Listeneintrag heißt immer noch VIDEORATE.
- DATENRATE: Zeigt die Datenrate von QuickTime-Filmen und Audiodateien in Kilobyte oder Megabyte pro Sekunde an.
- AUDIORATE: Zeigt die Samplingrate von Audiodateien in kHz an.

Bereich »Projekt« 293

- AUDIOFORMAT: Zeigt die Samplingtiefe von Audiodateien in Bit an.
- DATEIGRÖSSE: Zeigt die Dateigröße der importierten Medien in Kilobyte oder Megabyte an. Ein von uns importierter QuickTime-Film mit 1,9 Gigabyte Dateigröße wurde allerdings mit 0,000 PB angezeigt – was auch immer das sein soll. Ebenso wurden unsere Bildsequenzen mit 0 angezeigt.
- ERSTELLT AM: Zeigt das Erstellungsdatum aus den Finder-Informationen an.
- GEÄNDERT AM: Zeigt das Änderungsdatum aus den Finder-Informationen an.

Der NAME ließ sich in Motion 1.0.x über das Popup-Menü auch aus- und einblenden, dies ist jetzt nicht mehr möglich. Er wird immer angezeigt. Wenn man mit gedrückter [Alt]-Taste in das Popup-Menü klickt und einen Eintrag wählt, dann werden alle Spalten in der Breite so angepasst, dass sie möglichst in das Fenster passen. Das bringt bei schmaler Fensterdarstellung allerdings sehr wenig, da man nichts mehr lesen kann. Verwenden Sie einen zweiten Monitor für die Medienablage, dann ist die Funktion sehr nützlich, denn Sie müssen nicht alle Spalten per Hand justieren.

> **Medienablage am PowerBook**
>
> Haben Sie nur einen Monitor und einen kleinen noch dazu, z. B. beim PowerBook, müssen Sie mit der kleinen Tab-Ansicht Vorlieb nehmen. In der kleinen Tab-Ansicht lassen sich die ganzen Angaben natürlich nicht übersichtlich unterbringen, doch es gibt ein paar Tricks. Verfügen Sie über die von uns empfohlene Drei-Tasten-Maus, so können Sie mit gedrückter [⇧]-Taste und dem Mausrad in der Spaltenansicht zur Seite scrollen.

Möchten Sie lieber alles im Blick haben, lösen Sie das Fenster aus der verschachtelten Ansicht heraus, indem Sie den Tab bei gedrückter Maustaste einfach herausziehen. An der unteren rechten Ecke verfügen fast alle Fenster in Motion über einen Anfasser, mit dem die Fenstergröße durch Ziehen mit gedrückter Maustaste verändert werden kann. Ziehen Sie also das Fenster so groß, dass alle Angaben sichtbar sind (siehe Abbildung 6.127). Sie verfügen nun über ein selbstständiges, schwebendes Fenster – mit dem Nachteil, dass es die anderen Fenster überlappt oder von diesen verdeckt wird. Mit dem Kurzbefehl [⌘]+[5] kann man das Fenster aber schnell aufrufen, wenn es verdeckt wird. Selbst auf den großen Apple Cinema-Displays nimmt das Fenster viel Platz in der Breite weg. Was wir daher gerne machen, ist, die Medienablage komplett im Dock von Mac OS X zu versenken und nur bei Bedarf in den Vordergrund zu holen.

Kontextmenüs | Viel gibt es zu den Kontextmenüs in der Medienablage nicht zu schreiben, da Sie die meisten Einträge schon kennen. Einige können aber interessant sein. Klicken Sie wieder mit der rechten Maustaste auf die Medien.

- IM VIEWER ÖFFNEN: Die Datei wird noch mal im Viewer von Motion geöffnet, wo sie wie im QuickTime Player betrachtet werden kann. Stattdessen können Sie den Viewer aber auch über einen Doppelklick auf die Datei aufrufen, was wesentlich schneller geht.
- IM QUICKTIME PLAYER ÖFFNEN: Eine nette Funktion, um die Datei noch mal im QuickTime Player zu öffnen. Falls Sie die Pro-Version besitzen (Bestandteil von Final Cut Pro und DVD Studio Pro oder erhältlich für ca. 30 Euro), können Sie hier auch zahlreiche Bearbeitungsfunktionen nutzen.
- IM FINDER ZEIGEN: Die Datei lässt sich im Finder anzeigen, egal, in welchen Verzeichnis-Untiefen sie versteckt ist.
- MEDIEN ERNEUT VERBINDEN: Wenn Sie eine Datei verschieben oder umbenennen, dann kann Motion diese beim erneuten Öffnen des Projekts nicht finden. Wie Sie im Kapitel »Rohmaterial« noch erfahren werden, öffnet sich zwar automatisch ein Fenster, das Sie auffordert, die verlorene Datei aufzuspüren, aber wenn Sie diesen Vorgang abbrechen, bleibt in der Medienablage ein großes Fragezeichen im Piktogramm der Datei und im Canvas-Bereich wird ein rotes Karomuster angezeigt. Mit diesem Befehl können Sie die Datei einzeln aufspüren.

Die restlichen Einträge des Kontextmenüs wurden bereits auf Seite 240 erklärt. Natürlich gibt es ein zweites kleineres Kontextmenü, wenn Sie in den leeren Bereich der Medienablage klicken:

- MEDIEN IMPORTIEREN: Eine Alternative zum Plus-Symbol. Der Eintrag öffnet den Import-Dialog. Was wir in DVD Studio Pro toll finden, ist die Möglichkeit, über einen Doppelklick in den leeren Bereich der Medienablage den Import-Dialog zu öffnen. In Motion und Final Cut Pro geht das leider noch nicht.

▶ FEHLENDE MEDIEN ERNEUT VERBINDEN: Der kurz zuvor beschriebene Dialog beim Öffnen eines Projekts mit fehlenden Dateien lässt sich hier im Nachhinein aufrufen. Damit können auch mehrere Dateien in einem Rutsch neu zugewiesen werden.

Das war es aber nun zur Medienablage. Mehr zum Dateimanagement erfahren Sie im Kapitel »Rohmaterial«.

6.7.3 Audio

Da die Ebenenansicht kein Audio anzeigt, gibt es als dritten und letzten Tab den Bereich AUDIO (⌘+6). Während in der Medienablage auch Audiodateien abgelegt werden können, werden im Tab AUDIO nur Objekte angezeigt, die im Projekt auch verwendet werden den.

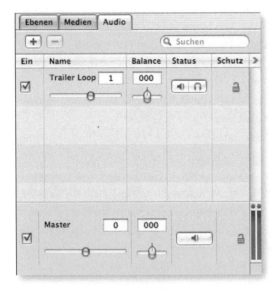

Abbildung 6.128 ▶
Im Projekt verwendete Audiodateien werden im Tab AUDIO angezeigt.

QuickTime-Filme mit Audio | QuickTime-Filme können bekanntlich auch Audiospuren enthalten. Wird ein QuickTime-Film mit integriertem Audio im Projekt verwendet, dann wird in der Ebenenansicht die Bildebene angezeigt, während der Audiobereich die Tonspur darstellt. Die Tonspuren von QuickTime-Filmen können auch separat von der Bildebene in ein Projekt importiert werden. Dazu klicken Sie im Tab AUDIO wie gewohnt auf das Plus-Zeichen oben links oder ziehen die Dateien aus der DATEIÜBERSICHT per Drag & Drop in die Audioansicht.

Audiospuren | Motion 2 unterstützt nun QuickTime-Dateien mit mehr als zwei Audiospuren und kann eine Stereospur auch als zwei Mono-Spuren importieren. Dazu muss man den normalen Import-Befehl von Motion über das Menü ABLAGE verwenden (⌘+I) oder den Import im Audiobereich über das Plus-Symbol oder das Kontextmenü. In diesen beiden Dialogfenstern erscheint im Gegensatz zum Importfenster der Medienablage zusätzlich ein kleines Popup-Menü, in dem Sie zwischen zwei Möglichkeiten wählen können:

- IN STEREO MISCHEN: Die Standardmethode importiert die Audiospuren als einen Stereomix. In Motion werden Stereospuren als eine kombinierte Spur angezeigt.
- ALLE SPUREN IMPORTIEREN: Diese Methode importiert alle vorhandenen Audiospuren separat als Monospuren. Auch Stereospuren können als zwei Monospuren importiert werden.

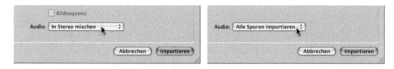

▲ **Abbildung 6.129**
Links: Der normale Import-Dialog im Audio-Bereich ermöglicht es, Audiospuren als Stereomix oder separat zu importieren. Rechts: Auch der Audio-Import-Dialog über das Plus-Symbol unterstützt diese Funktion.

Mehr als zwei Audiospuren werden erst seit QuickTime-Version 7 unterstützt. Die Anzahl der Kanäle ist abhängig von den verwendeten Audio-Codecs, die neben QuickTime-Filmen auch in Dateiformaten wie AIFF vorkommen können. Das komprimierte AC3-Format wird von Motion hingegen nicht unterstützt. Wenn Sie von Tonstudios eine Surroundmischung erhalten, dann besteht diese ohnehin aus separaten Monospuren für die jeweiligen Kanäle. Final Cut Pro 5 hingegen unterstützt bei der Einspielung nun auch bis zu 24 Audiokanäle, sodass Sie von dort noch am ehesten Multikanal-Dateien im QuickTime-Format erhalten werden. Theoretisch kann man sich mehrkanaliges Audio aber auch im QuickTime Pro Player zusammenbauen und exportieren. Aus Soundtrack Pro und Logic 7.1 ist es uns hingegen nicht gelungen, Multikanal-Audio in eine Datei zu exportieren. Scheinbar ist die QuickTime-Funktionalität hierfür noch zu neu. Beachten Sie unsere Erläuterungen zu Multikanal-Audio in Dateiformaten im Kapitel »Rohmaterial« auf Seite 347.

Ausrichtung der Kanäle | Die einzelnen Spuren erhalten als Zusatz die Bezeichnung für die Ausrichtung der Kanäle, z. B. LINKS, RECHTS, CENTER, SURROUND LINKS etc., damit Sie wissen, wo sie liegen. Da Motion aber nur Stereo ausgeben kann, gelten diese Angaben eher als Orientierung dafür, was wirklich mit diesen Spuren geplant war oder ist. Welche Spur welchen Kanal bedienen soll, können Sie im QuickTime Pro Player ab Version 7 festlegen.

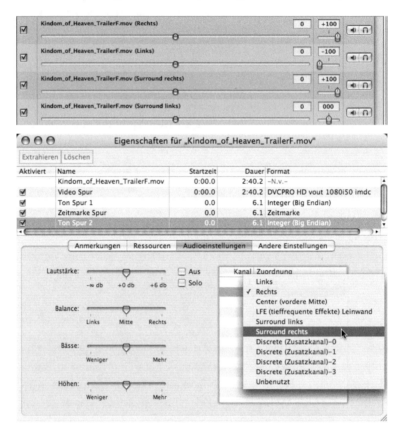

Abbildung 6.130 ▶
Oben: Mehrere Audiospuren aus einem QuickTime-Film in Motion. Auffallend sind die Bezeichnungen für die Ausrichtung der einzelnen Kanäle. Unten: Diese Ausrichtung kann man im QuickTime Pro 7 Player in den Eigenschaften durchführen.

Importiert man QuickTime-Filme über den Audiobereich, dann werden nur die Tonspuren mit dem Projekt verknüpft, während der Bildteil im Bereich MEDIEN abgelegt wird. Audiodateien, die Sie über das Tab AUDIO importieren, werden also immer direkt in das Projekt eingebunden.

Bearbeitungsmöglichkeiten | Auch in der Audioanzeige gibt es wieder das »>«-Symbol oben rechts, mit dem sich einige Spalten ein- und ausschalten lassen. Standardmäßig ist aber schon alles aktiviert, sodass man die Darstellung so belassen kann.

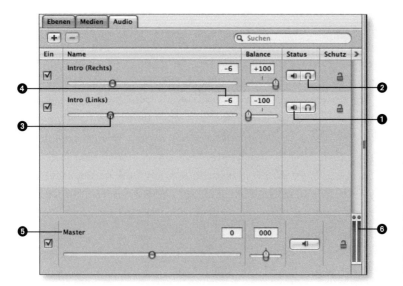

◀ **Abbildung 6.131**
Die Audioanzeige in Motion bietet nur sehr eingeschränkte und ungenaue Bearbeitungsmöglichkeiten.

- Ton aus/Solo: Dieser Eintrag blendet die Spalte Status ein oder aus. In der Spalte Status finden Sie zwei Symbole mit den Funktionen Solo (Lautsprechersymbol) ❶ und Ton aus (Kopfhörersymbol) ❷. Solo schaltet alle anderen Spuren bis auf die ausgewählte aus, sodass Sie diese allein, also solo, hören. Sie können die Solo-Funktionen auch über das Kontextmenü oder wie in der Ebenenansicht des Projektbereichs über den Kurzbefehl [Ctrl]+[S] aufrufen. Nur im Menü finden Sie die Möglichkeit, den Solo-Modus auch separat für Video und Audio auszuschalten. Wählen Sie dazu im Menü Objekt den Eintrag Solo ausschalten und entscheiden Sie sich für Nur Video ([Ctrl]+[⇧]+[S]), Nur Audio oder die Standardvorgabe Video und Audio.
  Das Symbol für Ton Aus deaktiviert hingegen die Audiowiedergabe der ausgewählten Spur. Man sagt dazu auch Mute (englisch). Auch die Funktion Ton aus kann über das Kontextmenü aufgerufen werden, nicht aber über einen Kurzbefehl oder das Menü. Die Mute-Funktion steht nur für Audiospuren zur Verfügung, entspricht aber weitestgehend der Aktivierung/Deaktivierung über die Spalte Ein, die zusätzlich auch Audiospuren zur Verfügung steht.
- Balance: Dieser Eintrag im Popup-Menü blendet die Balance-Anzeige ein oder aus. Der Parameter verfügt über einen Regler und ein Eingabefeld, um zu bestimmen, über welchen Stereokanal die Spur abgespielt werden soll. +100 enstpricht der Ausgabe über den rechten Kanal, –100 für den linken Kanal und bei 0 wird über beide Kanäle ausgegeben.

Pegel bearbeiten | Wurde eine Audiodatei importiert, dann lassen sich noch die Einstellungen für den PEGEL durchführen. Jede Audiospur verfügt unter der Bezeichnung der Spur über einen Regler ❸ und ein Eingabefeld ❹ für den PEGEL. Zusätzlich zu den Einstellungen für die einzelnen Spuren erscheint als unterste Zeile auch eine Mastereinstellung ❺. Hier kann man die Abmischung aller Spuren einstellen, das so genannte gemischte Signal. Rechts neben der Balanceeinstellung für den Master befindet sich noch eine Taste, um den Ton komplett auszuschalten. In Motion 1.0.x konnte man den Master auch einfach löschen und nicht wieder aktivieren. Dies ist nun behoben. Der Peakmeter ❻ für die Masterspur ist in Motion sehr ungenau.

Die Audiobearbeitung in Motion genießt entsprechend einem Animationsprogramm nicht den gleichen Stellenwert wie z. B. bei Final Cut Pro oder Logic. Auch werden die Audiospuren eines Motion-Projekts nicht an Final Cut Pro übergeben. Sie werden zwar noch sehen, dass in Motion ein (für ein Animationsprogramm) ungewöhnlich komfortabler Audio-Editor enthalten ist, aber die ungenaue Pegelanzeige lässt eine nur sehr rudimentäre Bearbeitung zu. Auch schlägt der Pegel nicht aus, wenn man einzelbildweise vor- und zurückgeht. Final Cut Pro zeigt z. B. auch in diesem Fall einen Pegel und im Standbildmodus ist diese Anzeige auch exakt. Ohne externes Peakmeter wird man also in Motion nicht komfortabel genug pegeln können.

6.8 Symbolleiste

Die Symbolleiste ist auch in anderen Apple Pro Applications wie DVD Studio Pro oder Soundtrack Pro enthalten. Sie befindet sich ganz oben im Projektfenster über der Canvas-Anzeige.

▲ **Abbildung 6.132**
Die Symbolleiste befindet sich über dem Canvas.

Wie auch in den anderen Programmen kann die Symbolleiste selbst konfiguriert oder ausgeblendet werden. Für beide Vorgänge muss das Projektfenster angewählt sein.

Symbolleiste ein- und ausblenden | Zum Ausblenden wählen Sie im Menü Darstellung den Eintrag Symbolleiste ausblenden oder verwenden den Kurzbefehl ⌘+Alt+T. Beim Ausblenden der Symbolleiste passierte in Motion 1.0.x etwas Unerwartetes: Anstatt dass der Bereich oben mehr Platz für das Canvas-Fenster freigab, sprang das ganze Projektfenster nach oben und hinterließ unten eine Lücke zum Desktop. Dies ist in Version 2 behoben.

Symbolleiste konfigurieren | Um die Symbolleiste anzupassen, muss man den Eintrag Symbolleiste anpassen auch im Menü Darstellung auswählen. Einen Kurzbefehl dafür gibt es nicht. Es erscheint ein Fenster, in dem alle verfügbaren Symbole angezeigt werden. Per Drag & Drop kann man diese jetzt in die Symbolleiste ziehen oder bestehende neu anordnen. Genauso kann man Symbole aus der Symbolleiste herausziehen, wodurch diese verpuffen – eine bekannte Mac OS X-Animation, die so in zahlreichen Apple-Programmen sowie im System zu finden ist.

◀ **Abbildung 6.133**
Per Drag & Drop können Icons in die Symbolleiste gezogen werden (links). Zieht man diese heraus, verpuffen sie (rechts).

Effekte und Filter nur über Symbolleiste und Bibliothek | In den Programmen After Effects, Photoshop und Final Cut Pro ruft man Effekte meist aus einem eigenen Menü auf. Dieses gibt es in Motion nicht, es sei denn, man hat in dem Menü Favoriten auch Filter definiert. Die Filter werden entweder aus der Bibliothek per Drag & Drop auf Objekte gezogen oder aus dem Popup-Menü des Filter-Icons aus der Symbolleiste angewählt. Sollten Sie also das Icon für die Filter aus der Symbolleiste entfernen, bietet sich nur noch die Variante über die Bibliothek an. Gleiches gilt für die Verhalten.

Die verfügbaren Funktionen für die Symbolleiste stellen auch eine praktische Alternative zu den Tastaturbefehlen dar. Gerade am Anfang ist es etwas schwierig, sich die einzelnen Befehle für das Einblenden des Zeit- oder Projektbereichs und dann noch für die einzelnen Tabs zu merken. Hier kann man also noch etwas umarrangieren; und wenn man sogar über ein breites Cinema-Display verfügt, lässt sich noch viel zusätzlich unterbringen. Neu und praktisch in Version 2 von Motion ist das Symbol für die EXTERNE VIDEOANZEIGE. Hier kann man die Performance hemmende Videoausgabe über einen Mausklick aktivieren und deaktivieren. Sehr praktisch, wenn man mal eine RAM-Vorschau auf dem Videomonitor sehen möchte.

Abbildung 6.134 ▶
Zusätzliche Icons in der Symbolleiste helfen gerade am Anfang, die Bedienung zu vereinfachen.

Standard-Symbolleiste | Sollte man einmal unzufrieden mit einer selbst erstellten Symbolleiste sein oder will man einfach nur schnell alles in den Ursprungszustand zurückstellen, befindet sich ganz unten im Konfigurationsfenster eine komplett fertige Symbolleiste mit der Standardeinstellung ❶. Diese muss nur per Drag & Drop in die Symbolleiste gezogen werden und überschreibt dabei alle Einstellungen.

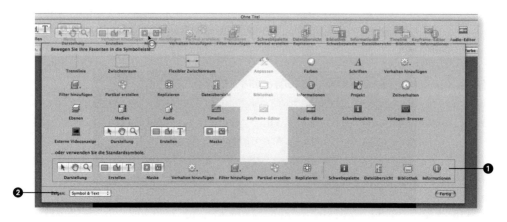

▲ **Abbildung 6.135**
Die Symbolleiste kann per Drag & Drop in den Ursprungszustand zurückgesetzt werden.

Ganz unten links gibt es den Eintrag ZEIGEN ❷ Hier können Sie festlegen, wie die Funktionen in der Symbolleiste dargestellt werden sollen.

▶ SYMBOL & TEXT: Die Darstellung ist standardmäßig eingestellt und zeigt zusätzlich zum Symbol einen Untertitel, was viel Platz beansprucht.

▶ NUR SYMBOL: Die Darstellung zeigt nur das Icon, sodass man eventuell etwas im Dunkeln tappt, worauf man da klickt. Man

bekommt aber die meisten Symbole auf wenig Raum untergebracht und wenn die Popup-Hilfe nicht deaktiviert ist, kann man auch auf die Untertitel verzichten.
- Nur Text: Die reine Textdarstellung spart kleinen Platz in der Breite ein. In der Höhe gewinnt man dafür etwas mehr.

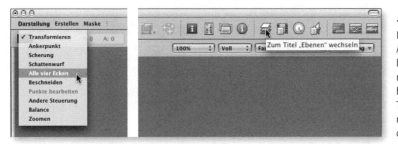

◄ **Abbildung 6.136**
Die verschiedenen Modi der Symbolleiste erlauben auch reine Text- oder Symbolansichten. Links: Textdarstellung, rechts: reine Symboldarstellung.

6.9 Werkzeugleiste

Die Werkzeugleiste ist in Motion nicht wie in den meisten Programmen eine eigene, schwebende Palette, sondern wurde in der Symbolleiste versenkt. Würden Sie sich beim Konfigurieren der Symbolleiste dafür entscheiden, die drei Elemente der Werkzeugleiste zu entfernen, hätten Sie danach arge Probleme, Motion ohne Tastaturbefehle zu bedienen.

6.9.1 Darstellung

Es gibt drei verschiedene Werkzeuggruppen. Die erste Werkzeuggruppe ist in der Symbolleiste standardmäßig ganz links angebracht und nennt sich Darstellung. Dieser Bereich ist wiederum in drei Icons unterteilt, von denen gleich das erste mit einem eigenen Popup-Menü versehen ist. In dem Popup-Menü sind acht Werkzeuge untergebracht. Die Icons, die ein Popup-Menü haben, erkennt man an einem kleinen schwarzen Dreieck unten rechts im Symbol.

Hält man die Maustaste einen Augenblick auf dem Icon ganz links gedrückt, so erscheint das Popup-Menü mit den acht Werkzeugen. Wurde ein Symbol ausgewählt, kann man immer noch mit der ⇆-Taste zwischen den Werkzeugen umschalten.

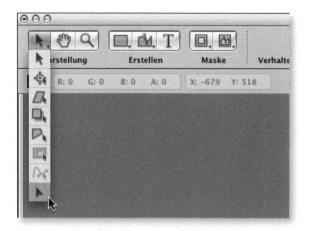

Abbildung 6.137 ▶
Gleich das erste Icon der Werkzeugleiste verfügt über ein eigenes Popup-Menü, in dem acht Werkzeuge untergebracht sind.

Das WERKZEUG ZUM AUSWÄHLEN/TRANSFORMIEREN ist das Standardwerkzeug. Mit diesem werden Objekte im Canvas-Bereich ausgewählt und bewegt. Sie können Objekte skalieren, indem Sie deren Eckpunkte bewegen oder ein Objekt drehen, indem Sie die Drehachse des Ankerpunkts bewegen. Halten Sie die ⌂-Taste gedrückt, um proportional zu skalieren. Verwenden Sie einen der Eckpunkte zum Skalieren, dann wird der entgegengesetzte Eckpunkt als Mittelpunkt verwendet. Durch Drücken der Alt-Taste skalieren Sie zentriert zum Mittelpunkt. Beim Drehen eines Objekts kann die Drehachse einfach durch die gedrückte Maustaste länger gezogen werden, was eine feinere Justierung ermöglicht. Der Tastaturbefehl für das Werkzeug lautet ⌂+S.

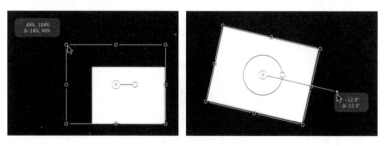

Abbildung 6.138 ▶
Mit dem WERKZEUG ZUM AUSWÄHLEN/ TRANSFORMIEREN werden Objekte ausgewählt und können dann verschoben, skaliert (links) und gedreht (rechts) werden.

Das Werkzeug ANKERPUNKT ANPASSEN ist gerade für das Drehen von Objekten besonders wichtig. Mit diesem Werkzeug wird durch Verschieben mit der Maus der Ankerpunkt geändert, um den ein Objekt transformiert wird. Zum Drehen oder Skalieren selber muss wieder das WERKZEUG ZUM AUSWÄHLEN/ TRANSFORMIEREN benutzt werden. Beim Skalieren verhält sich das Objekt zunächst nicht anders als ohne verschobenen Ankerpunkt.

Nur beim Drücken der Alt-Taste wirkt sich der neu gesetzte Ankerpunkt aus. Auch der Befehl SCHERUNG ANPASSEN berücksichtigt den Ankerpunkt.

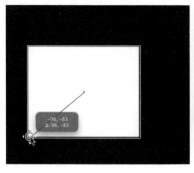
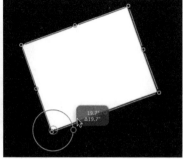

◄ **Abbildung 6.139**
Wird der Ankerpunkt versetzt (links), dann besitzt das Objekt praktisch einen neuen Mittelpunkt, um den gedreht oder skaliert wird (rechts).

Das Werkzeug SCHERUNG ANPASSEN verzerrt ein Objekt durch das gleichzeitige Bewegen zweier benachbarter Ecken. Die anderen beiden Ecken werden dabei nicht bewegt. Das hört sich kompliziert an, aber es findet nichts weiter statt als eine Neigung des Objekts.

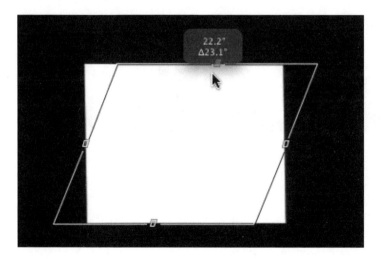

◄ **Abbildung 6.140**
Das Werkzeug SCHERUNG ANPASSEN verändert die Neigung von Objekten.

Das Werkzeug SCHATTEN WERFEN ANPASSEN ändert durch Bewegen mit der Maus die Richtung und den Versatz des Schattenwurfs eines Objekts. Verfügt ein Objekt noch nicht über einen aktivierten Schattenwurf, dann wird beim erstmaligen Anwenden des Werkzeugs der Schattenwurf für das Objekt automatisch aktiviert.

Werkzeugleiste **305**

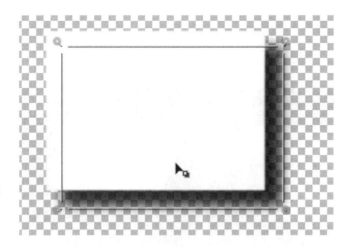

Abbildung 6.141 ▶
Mit dem Werkzeug SCHATTEN WERFEN ANPASSEN werden Versatz und Richtung des Schattenwurfs eines Objekts verändert.

Auch wenn Motion keinen 3D-Raum besitzt, kann eine Verzerrung von Objekten durchgeführt werden, die räumlich wirkt. Das Werkzeug ALLE VIER ECKEN ANPASSEN ermöglicht das Verzerren eines Objekts durch Bewegen der Eckpunkte. Jedes Objekt, ganz gleich, welche Form es aufweist, besitzt immer nur vier Eckpunkte. Es kann immer nur einer der vier Eckpunkte verändert werden.

 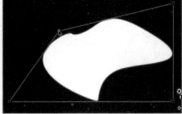

Abbildung 6.142 ▶
Das Werkzeug ALLE VIER ECKEN ANPASSEN ermöglicht eine Verzerrung des Objekts durch das Bewegen der Eckpunkte (rechts).

Das Werkzeug BESCHNEIDEN ANPASSEN ermöglicht das Abmaskieren der Seiten eines Objektes durch Bewegen einer Kante oder Ecke des Objekts zum Mittelpunkt hin. Die Beschnitt-Funktion gilt für importierte Objekte, also Grafiken, Einzelbildsequenzen und QuickTime-Filme sowie in Motion erstellte Texte, Replikatoren und Partikelemitter, jedoch nicht für Formen.

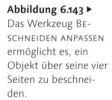 

Abbildung 6.143 ▶
Das Werkzeug BESCHNEIDEN ANPASSEN ermöglicht es, ein Objekt über seine vier Seiten zu beschneiden.

Das Werkzeug STEUERPUNKTE ANPASSEN ermöglicht das Ändern von Punkten für Masken, Formen und Bewegungspfade. Haben Sie ein anderes Werkzeug ausgewählt, dann können Sie auch mit einem Doppelklick auf das Objekt in den Bearbeitungsmodus wechseln, sofern dies für das Objekt möglich ist. Halten Sie die ⌘-Taste gedrückt, um lineare Punkte in weiche Bézierpunkte zu konvertieren.

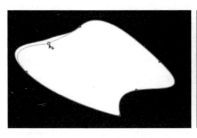 

◄ **Abbildung 6.144**
Das Werkzeug STEUERPUNKTE ANPASSEN dient als Anfasser für die verschiedenen Punkte bei Masken, Formen (links) und Bewegungspfaden. Lineare Punkte können in Bézierpunkte umgewandelt werden (rechts).

Das OBJEKT-WERKZEUG ANPASSEN ermöglicht das Ändern spezieller Steuerelemente, wie z. B. das Verschieben des Mittelpunkts beim Filter KREIS WEICHZEICHNEN. Wendet man den Effekt an, wird das Werkzeug automatisch aktiv, um den Mittelpunkt verschieben zu können. Damit lässt sich der Effekt komplett über die Schwebepalette und das Werkzeug steuern, ohne dass man die Parameter in den Filtereinstellungen im Fenster INFORMATIONEN aufrufen muss. Ein weiteres Einsatzgebiet für Steuerelemente sind Partikelemitter und Generatoren. Bei einem Verlauf lassen sich so z. B. die Start- und Endpunkte festlegen. Übrigens scheint man sich bei der Lokalisierung etwas verschluckt zu haben. Im Original heißt es ADJUST ITEM TOOL, also eher OBJEKT ANPASSEN-WERKZEUG. Daher werden wir es ab jetzt auch so nennen.

▲ **Abbildung 6.145**
RADIAL WEICHZEICHNEN verfügt über spezielle Steuerelemente, wie hier den Mittelpunkt für die Richtung des Weichzeichnens (links). Ein Verlaufsgenerator besitzt als Steuerelemente Start- und Endpunkte für den Verlauf (rechts).

Beim BALANCE-WERKZEUG hat sich, wie bereits auf Seite 183 beschrieben, ein Lokalisierungsfehler eingeschlichen. Wir haben die Bezeichnung »Scrollen-Werkzeug« vorgeschlagen und hoffen, dass dies in einer kommenden Motion-Version so übernommen wird. Sie finden das BALANCE-WERKZEUG als zweites Symbol von links in der ersten Werkzeuggruppe. Das Wechseln zum Werkzeug über die ⇥-Taste funktioniert hier nun nicht mehr.

Es handelt sich hierbei um ein Werkzeug, mit dem man den Fensterinhalt verschiebt, was sich vor allem bei stark vergrößerten Darstellungen anbietet. Man muss dabei keine Angst haben, irgendetwas im Projekt zu verschieben, da wirklich nur der Ausschnitt des Canvas-Bereichs bewegt wird. Alternativ zum Kurzbefehl H kann man den Bildinhalt und den Inhalt im Keyframe-Editor so lange verschieben, wie man die Leertaste gedrückt hält. Wenn Sie die Taste nur kurz drücken und loslassen, wird dagegen der Abspielvorgang gestartet.

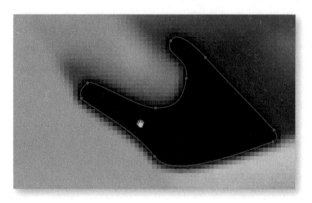

Abbildung 6.146 ▶
Mit dem BALANCE-WERKZEUG (Scrollen-Werkzeug) wird der sichtbare Ausschnitt des Canvas-Bereichs verschoben. Besonders bei starken Vergrößerungen lässt es sich so bedenkenlos navigieren, ohne dass Objekte, wie hier die Maske, verschoben werden.

Das ZOOM-WERKZEUG ermöglicht das Vergrößern und Verkleinern des Canvas-Bereichs in den unterschiedlichsten Varianten. Die einfachste Möglichkeit ist das Auswählen des Zoom-Werkzeugs aus der Werkzeugleiste (Kurzbefehl Z). Klicken Sie mit der Maus an eine Stelle, die vergrößert oder verkleinert werden soll. Dabei werden die verschiedenen Zoomstufen angewendet, die wir bereits auf Seite 204 vorgestellt haben. In diesem Abschnitt haben wir auch verschiedene Zoommethoden beschrieben, daher an dieser Stelle nur noch mal zwei der wichtigsten:

Um einen bestimmten Ausschnitt zu vergrößern, ziehen Sie mit der Lupe bei gedrückter ⌘- und Maustaste eine Auswahl auf und lassen die Maus anschließend los. Um auf 100 % Originalgröße zu zoomen, verwenden Sie den Tastaturbefehl Alt+Z.

◀ **Abbildung 6.147**
Es gibt viele Möglichkeiten, in Motion zu zoomen. Um in einem bestimmten Ausschnitt mit dem Zoom-Werkzeug zu vergrößern, halten Sie die ⌘-Taste gedrückt.

6.9.2 Erstellen

Auch in der zweiten Werkzeuggruppe verbergen sich Popup-Menüs. Standardmäßig vorausgewählt ist im ersten Symbol das Rechteck-Werkzeug (Kurzbefehl R), mit dem ein neues Objekt mit einer rechteckigen Form erstellt wird (siehe Abbildung 6.148, links). Die Größe wird durch Aufziehen mit der Maus bestimmt. Um ein Quadrat zu erstellen, muss während des Aufziehens die ⇧-Taste gedrückt werden. Bei gedrückter Alt-Taste wird die Form aus dem Mittelpunkt erzeugt.

Im Popup-Menü, an gleicher Stelle wie das Werkzeug für die rechteckige Form, befindet sich das Kreis-Werkzeug (Kurzbefehl C). Die Handhabung ist die gleiche wie beim Rechteck-Werkzeug.

 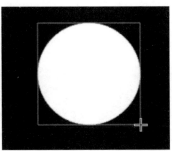

◀ **Abbildung 6.148**
Durch einfaches Aufziehen mit der Maus können mit dem Rechteck- und Kreis-Werkzeug einfache Grundformen wie Rechteck, Quadrat, Oval und Kreis erstellt werden.

Mit dem Bézier-Werkzeug kann eine neue Form aus frei definierbaren Punkten gezeichnet werden. Durch Klicken in den Canvas-Bereich werden die Punkte gesetzt, aus denen dann eine Form entsteht. Standardmäßig werden dabei lineare Punkte gesetzt, also gerade Verbindungen zwischen den Punkten. Wenn Sie beim Setzen eines Punktes die Maustaste gedrückt halten und dabei die Maus bewegen, werden Bézierpunkte erstellt. Durch das Ziehen mit der Maus können gleich die Tangenten für die Bézierpunkt ausgerichtet werden (Abbildung 6.149, links). Später können die Tangenten auch gebrochen werden, sodass Ein- und Ausgangswinkel eines Punktes unabhängig voneinander bestimmt werden können (siehe Seite 406). Wenn Sie Ihren letzten Punkt gesetzt haben, klicken Sie wieder in den ersten Punkt der Form oder drücken die Taste [C], um die Form zu schließen (Abbildung 6.149, Mitte). Um eine offene Form zu erstellen, setzen Sie den letzten Punkt mit einem Doppelklick oder drücken Sie die [↵]-Taste (Abbildung 6.149, rechts). Bemerken Sie beim Zeichnen einer Form, dass dies nicht zu Ihrer Zufriedenheit gelingt, können Sie durch die [Esc]-Taste den kompletten Vorgang abbrechen. Die angefangene Form wird dann direkt gelöscht.

Abbildung 6.149 ▶
Mit dem BÉZIER-WERKZEUG lassen sich direkt Bézierpunkte bestimmen (links) und durch Setzen weiterer Punkte sowohl geschlossene (Mitte) als auch offene Formen erstellen (rechts).

Den Unterschied zwischen Bézier- und den vereinfachten B-Spline-Punkten haben wir bereits auf Seite 50 im Kapitel »Einleitung« angesprochen. Im Popup-Menü, in dem standardmäßig das Bézier-Werkzeug vorausgewählt ist, befindet sich auch das B-SPLINE-WERKZEUG. Mit dem Kurzbefehl [B] kann zwischen den beiden Werkzeugen hin- und hergeschaltet werden. Die B-Spline-Punkte verfügen nicht über tangentiale Hebel, sondern wirken wie Magnete auf den Pfad. Durch Klicken mit diesem Werkzeug werden Masken mit beliebig vielen, aber mindestens drei Punkten gezeichnet.

Abbildung 6.150 ▶
Die B-Spline-Punkte wirken schon beim Zeichnen magnetisch auf die Kurve (links). Beim Schließen einer Form ändert sich die Interpolation erneut.

In praktisch jedem Programm zur grafischen Bearbeitung finden sich Text-Werkzeuge, so auch in Motion, das mit sehr umfangreichen Textbearbeitungs- und Textanimations-Funktionen punktet. Das TEXT-WERKZEUG erstellt neue Textobjekte und ermöglicht die Bearbeitung von bestehenden. Durch einen Doppelklick auf ein bestehendes Textobjekt wechselt man aber auch mit dem Auswahl-Werkzeug in den Bearbeitungsmodus, was uns praktischer und schneller erscheint. Wenn Sie ein Textobjekt erstellen möchten, klicken Sie einfach mit dem ausgewählten TEXT-WERKZEUG an eine Stelle im Canvas-Bereich. Der Text wird an dieser Stelle standardmäßig linksbündig ausgerichtet. Die Größe des Textobjekts richtet sich bei dieser Methode nach dem eingegebenen Text (Abbildung 6.151, links). Optional kann mit der Maus ein Textrahmen aufgezogen werden, in dem der Text entsprechend automatisch umgebrochen wird (Abbildung 6.151, rechts). Wir haben dem Thema Text ab Seite 529 ein komplettes Kapitel gewidmet.

◀ **Abbildung 6.151**
Links: Durch einen normalen Mausklick erzeugt Motion einen Textrahmen, der sich an den eingegebenen Text anpasst. Rechts: Durch Aufziehen eines Textrahmens wird der Text an den Rahmen angepasst.

6.9.3 Maske

Die letzte Werkzeuggruppe beinhaltet die Maskenwerkzeuge. In allen Symbolen verbergen sich integrierte Popup-Menüs. Das RECHTECKMASKE-WERKZEUG erstellt eine neue Rechteckmaske auf ein ausgewähltes Objekt. Haben Sie zuvor kein Objekt ausgewählt, dann ist das Werkzeug nicht aktivierbar. Das RECHTECK-MASKE-WERKZEUG verhält sich in der Erstellung wie eine Form, die mit dem RECHTECK-WERKZEUG erstellt wurde. Wie Sie im Kapitel zu den verschiedenen Objekttypen von Motion ab Seite 373 noch erfahren werden, unterscheiden sich die Masken, die über das Maskenwerkzeug erstellt wurden, von Formen, die Sie auch als Bildmaske definieren können. Der Kurzbefehl für das RECHTECKMASKE-WERKZEUG lautet [Alt] + [R].

Das runde Pendant zur Rechteckmaske ist die Kreismaske, die sich mit dem KREISMASKE-WERKZEUG auf dieselbe Weise erstellen lässt. Das Werkzeug befindet sich im Popup-Menü im selben Symbol wie die Rechteckmaske. Der Kurzbefehl lautet [Alt] + [C].

Damit Sie neben runden und rechteckigen Masken auch freie Béziermasken erstellen können, gibt es das BÉZIER-MASKE-WERKZEUG. Auch dieses Werkzeug verhält sich bei der Erstellung genau wie das Bézier-Werkzeug.

Um die Maskenarten zu komplettieren, gibt es abschließend auch das B-SPLINE-MASKE-WERKZEUG. Mit dem Tastaturbefehl [Alt] + [B] wechseln Sie zwischen BÉZIER-MASKE- und B-SPLINE-MASKE-WERKZEUG.

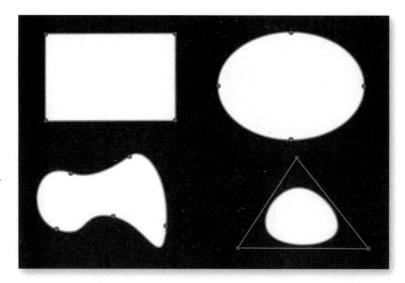

Abbildung 6.152 ▶
Alle Masken im Überblick von links oben nach rechts unten: Rechteckmaske, Kreismaske, Bézier-Maske, B-Spline-Maske.

7 Rohmaterial

Dateien und Formate gibt es viele an der Zahl. Dank QuickTime hat man Zugriff auf viele Mediendaten, von denen Motion die meisten importieren kann. In diesem Kapitel lernen Sie alle kennen.

7.1 Überblick

Wir haben bereits oft über QuickTime und die Bedeutung für die Ein- und Ausgabe geschrieben. Auch Motion greift auf QuickTime zurück und kann viele kompatible Formate verarbeiten. Manche Formate wie PDF interpretiert Motion auch wesentlich besser als z. B. Final Cut Pro, aber Macromedia Flash 5-Filme werden z. B. nicht unterstützt, was wiederum in QuickTime und Final Cut Pro funktioniert.

Verschaffen wir uns aber zunächst einen Überblick über die zu Motion kompatiblen Formate:
- QuickTime-Filme
- Bildsequenzen
- Einzelbilder
- Photoshop-Dateien mit mehreren Ebenen
- PDF-Dokumente
- Audiodateien

Wie Sie im Kapitel »Projekte ausgeben« noch lesen werden, bieten die einzelnen Formate ziemlich komplexe Einstellungsmöglichkeiten, die sich dann auch auf die Kompatibilität oder Wirkung mit dem Zielsystem auswirken. Es empfiehlt sich daher, über die einzelnen Formate gut informiert zu sein, damit man seine kostbare Zeit nicht an dieser Stelle schon mit Problembewältigung verwendet.

7.2 Bild- und Videomaterial

Einzelbilder und Videoclips haben die Gemeinsamkeit aus einzelnen Bildpunkten zu bestehen, den Pixeln. QuickTime verfügt über Interpreten für Bildformate wie JPEG oder TIFF, damit diese auch in Motion importiert werden können. Ein QuickTime-Film besteht zwar praktisch auch aus vielen Einzelbildern, doch wie diese zusammengesetzt sind, darüber entscheidet der Video-Codec.

7.2.1 QuickTime-Filme

QuickTime ist eine Multimedia-Architektur, die als Schnittstelle in Mac OS X verankert ist. Neben zahlreichen Dateiformaten, die von QuickTime interpretiert werden können, gibt es auch ein eigenes QuickTime-Format für Filme. Sie erkennen QuickTime-Filme an dem QuickTime-Symbol und der dazugehörigen Bezeichnung Movie im Icon. Die Dateiendung von QuickTime-Filmen lautet .mov.

Abbildung 7.1 ▶
Icon eines Quick-Time-Films

QuickTime-Filme, die mit Final Cut Pro erzeugt wurden, können auch über ein anderes Datei-Symbol verfügen und werden durch Doppelklick auch mit Final Cut Pro geöffnet, wenn dieses installiert wurde. Dies liegt an der Zuweisung in Mac OS X, die für Dateiformate gilt. Mac OS X setzt im Gegensatz zum klassischen Mac OS auch immer eine Dateiendung, die allerdings auch ausgeblendet werden kann. Wählen Sie dazu eine Datei an und öffnen Sie mit ⌘+I das Informationen-Fenster der Datei. Im Bereich Name und Suffix ❶ sehen Sie die Dateiendung in dem Feld mit dem Dateinamen wieder. Darunter befindet sich die Checkbox Suffix ausblenden ❷. Bei Aktivierung wird die Dateiendung in der Finder-Darstellung verborgen.

> **Dateiendungen ändern und löschen**
>
> Wird eine Dateiendung per Eingabe gelöscht, dann blendet Mac OS X die Dateiendung in Wirklichkeit nur aus. Ändern Sie Dateiendungen, z. B. von .mov zu .avi, kann es zu Fehlinterpretationen kommen. Andersherum kann es passieren, dass eine Datei keine Zuweisung besitzt und erst mit dem Hinzufügen des Suffix durch manuelle Eingabe wird das Dateiformat erkannt. Benennen Sie das Suffix also nur um, wenn Sie sicher sind, dass es sich um die richtige Dateiendung handelt.

◀ **Abbildung 7.2**
Das Informationen-Fenster des Finders

Im selben Fenster findet sich auch der Eintrag ÖFFNEN MIT ❸. Hier können Sie in einem Popup-Menü festlegen, welches Programm zum Öffnen der Datei verwendet werden soll. Sie können z. B. in einem Ordner auch mehrere Dateien gleichzeitig anwählen und die Zuweisung für diese Dateien festlegen. Um die Zuweisung für alle Dateien dieses Formates zu ändern, klicken Sie auf die Taste ALLE ÄNDERN. Wenn Sie die Zuweisung neu festlegen, kann sich auch das Datei-Symbol ändern.

QuickTime-Codecs | Es ist nicht gesagt, dass ein QuickTime-Film geöffnet werden kann, nur weil QuickTime installiert ist. Ein QuickTime-Film, der mit der aktuellen Version QuickTime 7 erstellt wurde, kann zwar grundsätzlich auch mit QuickTime 3 geöffnet werden, aber der passende Codec muss dazu vorhanden sein. Ein QuickTime-Film mit DV-Codec würde also z. B. nicht mit QuickTime 3 funktionieren, da dieser dort nicht vorhanden ist.

Aber auch zwischen QuickTime 7-Installationen kann es Unterschiede geben: So kann ein Film mit DVCPRO HD-Codec nicht gelesen werden, wenn Final Cut Pro 4.5 oder höher nicht installiert wurde. Der MPEG IMX-Codec wird sogar erst ab Final Cut Pro 5 installiert und auch die unkomprimierten 422-Codecs stammen von Final Cut Pro. Verfügen Sie über eine entsprechende Final Cut Pro-Lizenz und möchten andere Grafikarbeitsplätze, auf denen Motion installiert wurde, mit den Codecs ausstatten, dann erscheint es uns legitim, die Komponenten zu kopieren. Sind Sie mit dem Aufspüren und Kopieren von Komponenten noch nicht vertraut, dann installieren Sie Final Cut Pro von der Original-CD und löschen anschließend nur die einzelnen Programmpakete. Die Komponenten bleiben im System bestehen.

Fehlende Komponenten | Für den Fall, dass Ihnen eine QuickTime-Komponente fehlt, wird beim Import eines solchen Filmes in ein Motion-Projekt dieser nicht dargestellt. Motion zeigt stattdessen ein rotes Schachbrettmuster, so als würde die Datei fehlen.

Öffnen Sie den Film im QuickTime Player, so suchte QuickTime 6.x bei bestehender Internetverbindung automatisch nach der fehlenden Komponente. Wenn Sie Glück hatten und ein kostenloser Decoder auf dem Server verfügbar war, dann konnte dieser direkt heruntergeladen und installiert werden. Seit QuickTime 7 ist dies nun nicht mehr so, denn scheinbar möchte Apple nicht mehr für eventuelle Kompatibilitätsprobleme verantwortlich sein. Im QuickTime Player erscheint daher eine Meldung, die auf die fehlende Komponente aufmerksam macht.

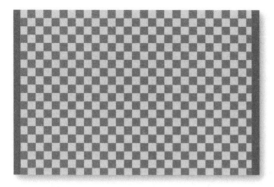

◀ **Abbildung 7.3**
Im Motion-Projekt wird ein QuickTime-Film mit nicht installiertem Codec wie eine fehlende Datei als rotes Schachbrettmuster angezeigt.

◀ **Abbildung 7.4**
Öffnen Sie den Film im QuickTime Player, dann erscheint ein Hinweis zur fehlenden Komponente. Über die Taste FORTFAHREN werden Sie auf die Apple QuickTime-Webseite verwiesen, die oft aber nicht hilfreich ist.

Bei einer bestehenden Internetverbindung verweist die Meldung nur noch auf die Apple QuickTime-Webseite. Dort waren bei unseren Besuchen allerdings nur einige wenige Komponenten aufgeführt und z. B. nicht die beiden in diesem Buch bereits erwähnten Produkte Microcosm und SheerVideo. Lassen Sie sich daher mit ⌘+I im QuickTime Player die Informationen zu dem Film anzeigen. Im Eintrag FORMAT finden Sie die Bezeichnung des verwendeten Codec. Wenden Sie sich an den Hersteller des Codec oder an den Lieferanten, um eine Komponente zum Decodieren zu erhalten.

Audio in QuickTime-Filmen | QuickTime-Filme können nicht nur Video enthalten, sondern auch Audio. Wie Sie ebenfalls im Kapitel zur Ausgabe erfahren werden, verhält es sich bei den integrierten Audioformaten ähnlich wie bei Video, sprich es können Codecs benötigt werden. Für die Weiterverarbeitung von Video oder Animationen macht es kaum Sinn, den Audioteil zu komprimieren, da er einen eher geringen Anteil an der Gesamtdatenmenge ausmacht: Eine Minute unkomprimiertes YUV-Video im SD PAL-Format benötigt ca. 1,2 GB Festplattenspeicher, in RGB ohne Kompression sogar ca. 1,8 GB. Der Anteil von unkomprimiertem Audio mit 48 KHz, 16-Bit, Stereo würde nur ca. 11 MB betragen.

Trotzdem kann es sein, dass die Datei anders angeliefert wurde und der Ton nicht erkannt wird. Gehen Sie in dem Fall genauso vor, wie bei fehlenden Videokomponenten und öffnen Sie den Film im QuickTime Player.

QuickTime-Spuren | QuickTime unterstützt darüber hinaus auch mehrere Spuren verschiedener Art. So kann ein QuickTime-Film auch mehrere Audiospuren enthalten, z.B. für zwei verschiedene Sprachen. Aber auch Textspuren, MPEG-Spuren oder sogar eine Flash-Spur ist möglich. Es ist z.B. möglich, dass ein MPEG-1-Film in einem QuickTime-Container, also als .mov-Datei, abgespeichert ist und auch in diesem Fall der QuickTime-Film nicht in Motion importiert werden kann. Die komplexen Authoring-Möglichkeiten erlauben noch weitere vielfältige Einbindungsmöglichkeiten bis hin zu eigenen Skins, also Filmen, die in einem eigenen Rahmen ablaufen.

> **Datei-Container**
>
> Sie hören in diesem Kapitel immer wieder den Begriff Container. Dabei handelt es sich um nichts anderes als das Dateiformat. Von Container spricht man aber, da vor allem bei Video- und Audiodateien der Datei-Container keine Auskunft über die Codierung gibt. Der QuickTime-Container mit der Dateiendung .mov kann z.B. zahlreiche Spuren, Audiokanäle und Codec-Formate beherbergen. Wichtig ist das Verständnis für Container auch im Zusammenhang bei nativer Übertragung, z.B. von DV-Formaten, IMX oder HDV. Das komprimierte Signal auf dem Datenträger des Aufzeichnungsgerätes (Speichermedien oder digitale Bandkassetten) wird in den QuickTime-Container kopiert. Das Signal wird dabei nicht verändert. Alternativ zu Container findet man auch die Bezeichnung Datei-Wrapper, also Hülle.

QuickTime war auch lange Zeit für virtuelle und interaktive Darstellungen beliebt. Solche QuickTime VR-Filme besitzen ebenfalls die Dateiendung .mov, sind aber nicht unbedingt zu Motion kompatibel. Wir können hier nicht alle Eventualitäten aufgreifen, aber wenn sich QuickTime-Filme nicht in Motion integrieren lassen, dann kann das, neben nicht vorhandenen Codecs, sehr vielfältige Möglichkeiten haben. So lässt sich ein nicht selbst ablaufendes QuickTime VR-Panorama nicht in Motion importieren, während ein selbst ablaufendes QuickTime VR-Objekt verwendbar ist.

◀ **Abbildung 7.5**
Ein nicht selbst ablaufendes QuickTime VR-Panorama lässt sich nicht in Motion importieren (links), während ein selbst ablaufendes QuickTime VR-Objekt (rechts) zumindest als Bildsequenz verwendbar ist.

VR-Panoramen und -Objekte greifen nämlich über QuickTime auf Kontrollmethoden zurück, die Motion nicht unterstützt. VR-Objekte sind aber auch Bildsequenzen, daher werden die Filme entsprechend importiert. Üblicherweise sieht man dann einen Kameraflug, der sich spiralförmig um ein Objekt nach unten bewegt.

QuickTime Pro | Überprüfen Sie gegebenenfalls Filme, die Probleme machen, im QuickTime Player. Neben dem Fenster INFORMATIONEN ⌘+I steht in der Pro-Version noch das Fenster für die Filmeigenschaften ⌘+J zur Verfügung. Während die Informationen einen zusammengefassten Überblick bieten, kann man in den Filmeigenschaften noch etwas tiefer in die einzelnen Spuren einsteigen, um sich z. B. auch Datenraten getrennt anzeigen zu lassen.

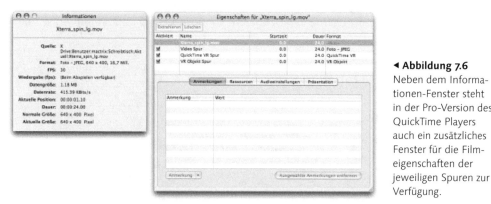

◀ **Abbildung 7.6**
Neben dem Informationen-Fenster steht in der Pro-Version des QuickTime Players auch ein zusätzliches Fenster für die Filmeigenschaften der jeweiligen Spuren zur Verfügung.

Darüber hinaus stehen umfangreiche Exportoptionen zur Verfügung, um z. B. einen Flash- oder MPEG-Film in einen für Motion lesbaren QuickTime-Film zu konvertieren.

Während Final Cut Pro und DVD Studio Pro über eine QuickTime Pro-Lizenz verfügen, fehlt diese bei Motion und auch bei Final Cut

Express. Bei DVD Studio Pro ist außerdem eine MPEG-2-Komponente enthalten, die es ermöglicht, die meisten MPEG-2-basierten Dateitypen im QuickTime Pro Player zu öffnen. Im Apple Store kann man die beiden Komponenten auch für weitere Systeme einzeln kaufen. Die QuickTime Pro-Lizenz kostet derzeit rund 30 Euro und die MPEG-2-Komponente knapp 20 Euro.

Multikanalaudio | Im Kapitel »Das Motion-Interface« haben Sie auf Seite 297 bereits einen kleinen Vorgeschmack auf die Multikanalfähigkeit von QuickTime 7 erhalten. Nur wenn Sie QuickTime Pro verwenden, können Sie die verschiedenen Audiospuren und Kanäle in den Filmeigenschaften des QuickTime Pro Players betrachten. Es gibt nach unseren Versuchen zwei Möglichkeiten, wie die Audiokanäle in QuickTime verwaltet werden:
- Entweder werden die Kanäle in einer einzigen Tonspur gespeichert
- oder auf mehrere Tonspuren verteilt.

Ein gutes Beispiel ist hier auch wieder Final Cut Pro, das seit Version 5 bei entsprechend installierter Hardware bis zu 24 Kanäle in einer einzigen QuickTime-Datei aufzeichnen kann. In Final Cut Pro 5 hat man dabei im Aufnahmefenster die Möglichkeit, die Spuren über die grünen Lautsprecher-Symbole ❶ an- oder auszuwählen. Neben jeweils zwei Kanalpaaren bestimmen Sie über eine Taste, ob ein Stereopaar ❷ oder separate Monospuren ❸ aufgenommen werden sollen.

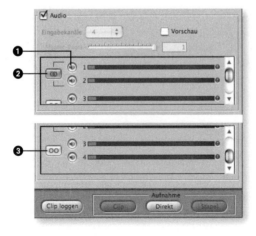

Abbildung 7.7 ▶
Das Aufnahmefenster von Final Cut Pro 5 kann die Multikanalfähigkeit von QuickTime 7 nutzen.

Die Einstellung, ob als Stereopaar oder in Mono aufgenommen werden soll, verändert nicht das Tonsignal der Quelle, sondern beeinflusst nur die Handhabung der Clips in der Timeline von Final Cut Pro 5. Stereopaare sind nach links und rechts ausgerichtet, während die Balance-Einstellung von Monospuren mittig ist. Diese Angaben in Final Cut Pro 5 werden bei der Übergabe nach Motion so auch übernommen. In beiden Programmen lassen sich die Einstellungen natürlich noch ändern.

◄ **Abbildung 7.8**
Links: In dem Beispiel aus Final Cut Pro wurden die ersten beiden Kanäle in Stereo aufgenommen ❶, die Kanäle 3 ❷ und 4 ❸ in Mono. Rechts: Die Ausrichtung der Spuren wird in Motion bei der Übergabe übernommen.

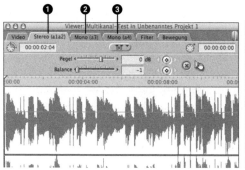
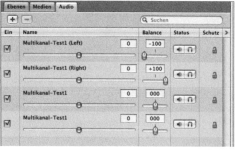

In dem Fenster EIGENSCHAFTEN des QuickTime Pro Players können Sie anhand dieses Beispiels auch gut erkennen, wie die Kanäle in den Audiospuren gespeichert werden. Die beiden Audiokanäle des Stereopaars liegen im QuickTime-Container in einer Tonspur ❹ vor. Die beiden Monokanäle wurden hingegen einzeln in jeweils einer Tonspur gespeichert.

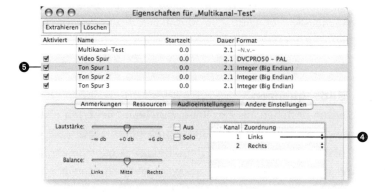

◄ **Abbildung 7.9**
Die in Final Cut Pro 5 aufgenommenen Audiokanäle in der QuickTime-Datei lassen sich in den Filmeigenschaften des QuickTime Pro Players gut betrachten. In TON SPUR 1 liegt das Stereopaar ❺. In TON SPUR 2 und 3 liegen jeweils die beiden Monokanäle.

Theoretisch könnte man beliebig viele Audiokanäle in einer Tonspur abspeichern. Eine Limitierung für die Anzahl der Spuren und Kanäle war von uns nicht zu ermitteln und bei 260 Spuren gaben wir auf.

Im QuickTime Pro Player können Sie die Spuren und Kanäle nicht nur betrachten, sondern auch bearbeiten. Neben der Bezeichnung für die Zuordnung der Kanäle übernimmt Motion auch die daraus resultierende Ausrichtung, also rechts (+100), links (–100) oder mittig (0). Da Motion nur die reine Stereoausgabe unterstützt, werden Surroundkanäle für links oder rechts entsprechend der linken und rechten Stereoausgabe zugeordnet. Die Kanäle für Center, den LFE sowie diskrete Zusatzkanäle werden mittig ausgerichtet. Die Regler auf der linken Seite der Filmeigenschaften für LAUTSTÄRKE, BALANCE, BÄSSE und HÖHEN haben hingegen keine Auswirkung auf den Import der Datei, sondern beeinflussen nur die Wiedergabe im QuickTime Player.

Weiterhin fiel uns auf, dass nur im QuickTime-Format (.mov) mehrere Audiospuren bewahrt werden. Beim Export in ein anderes Format wie z. B. AIFF können zwar ebenfalls mehrere Audiokanäle bewahrt werden, doch bei unseren Versuchen lagen diese dann immer innerhalb einer Tonspur.

7.2.2 Flash

Macromedia hat mit Flash einen wichtigen Standard für das Internet entwickelt, in dem Vektor- und Pixelinformationen erfasst werden können. QuickTime ist kompatibel mit Macromedia Flash 5, sodass solche Filme vom QuickTime Player und Programmen wie Final Cut Pro und After Effects erkannt werden, jedoch nicht von Motion. Verwendet man Flash zum Erstellen grafischer Animationen, dann muss man für die Übergabe an Motion die Exportfunktionen als Bildsequenz nutzen (Seite 656).

7.2.3 Bildsequenzen

Bildsequenzen bestehen aus einzelnen, durchnummerierten Bilddateien, von denen jede Datei ein Bild repräsentiert. Stellen Sie sich vor, Sie hätten alle Bilder einer Filmrolle auseinander geschnitten und diese vor sich ausgebreitet – es wäre ziemlich schwierig, die Bilder wieder in der richtigen Reihenfolge zusammenzubekommen. Anders ist das bei Bildsequenzen: Die Dateien wurden von dem System, das sie erstellt hat, durchnummeriert und so lassen sie sich in der richtigen Reihenfolge wieder lesen.

Wie Sie im Kapitel »Projekte ausgeben« auf Seite 656 noch erfahren werden, gibt es bei Bildsequenzen zahlreiche Formate. Im Prinzip lässt sich jedes Einzelbildformat auch für Bildsequenzen einsetzen, solange diese richtig durchnummeriert sind und das Format vom Zielsystem gelesen werden kann. So lassen sich auch Einzelbilder von digitalen Fotokameras leicht als Bildsequenz verwenden, da die Bilder von der Kamera auf dem Speicher durchnummeriert werden. Digitale Fotokameras sind damit ideal für Stop-Motion-Aufnahmen geeignet und die Aufnahmen von dem kleinen blauen Drachen, die im Buch ab und zu erscheinen, sind genau über diesen Weg entstanden.

IMG_0235.JPG

IMG_0236.JPG

IMG_0237.JPG

IMG_0238.JPG

IMG_0239.JPG

IMG_0240.JPG

IMG_0241.JPG

IMG_0242.JPG

◀ **Abbildung 7.10**
Digitale Fotokameras generieren durchnummerierte Bilderserien, die sich direkt als Bildsequenz nutzen lassen.

Stop Motion

Stop Motion ist die Aufzeichnungstechnik, in der Bewegungen als Folge von Standbildern aufgenommen werden. Ein Objekt wird in ständigem Wechsel bewegt und dann auf ein einzelnes Filmbild aufgenommen. Auch Stopptrick genannt, wird diese Technik vor allem zur Animation von Figuren in verkleinertem Maßstab eingesetzt (z. B. bei King Kong). Seit die Stop-Motion nicht mehr für Visual Effects (VFX) genutzt wird, spricht man zunehmend von Claymation, also der Animation von Knet- oder Tonfiguren, um sich vom Realitätsanspruch der VFX abzugrenzen.

Nummerierung | Einzig die Durchnummerierung der Dateien lässt Motion annehmen, dass es sich um eine Bildsequenz handeln könnte. Wie Sie im Kapitel »Das Motion-Interface« auf Seite 218 schon erfahren haben, können Sie bereits in der Dateiübersicht zwischen der Anzeige von Bildsequenzen und deren Einzelbildern umschalten. Im Darstellungsmodus für die Bildsequenz bekommen

Sie auch die Anzahl der Bilder in der generierten Dateibezeichnung angezeigt. Es ist natürlich klar, dass der Dateiname so im Finder nicht existiert, sondern nur die Dateinamen der einzelnen Bilder der Bildsequenz.

Abbildung 7.11 ▶
Aktivieren Sie in der DATEIÜBERSICHT die Darstellung als Bildsequenz, indem Sie die Taste ❶ aktivieren. Die Bildsequenz wird nun als eine Datei mit generierter Bezeichnung dargestellt.

Die generierte Bezeichnung ergibt sich nach folgendem Muster: Dateinamen_[####].Dateiendung:Bildfolge.

Die Bezeichnung in Abbildung 7.11 setzt sich aus folgenden Faktoren zusammen: Alle Dateien beginnen mit dem gemeinsamen Dateinamen DRAGON und sind anschließend im Dateinamen von 0001 bis 0199 durchnummeriert. Die Bildsequenz verfügt also über 200 Bilder, die von Motion als 1:199 dargestellt werden. Hier kann man relativ einfach die Gesamtanzahl der Bilder ermitteln, aber Motion zeigt eigentlich nur das erste und letzte Bild der gesamten Bildfolge. Würden wir die Bilder 0001 und 0002 im Finder aus der Bildsequenz entfernen, dann würde Motion 3:199 anzeigen.

Verfügen Sie über Bildsequenzen, die nicht mit Null beginnen, dann müssen Sie zur genauen Ermittlung der Gesamtzahl der Bilder eventuell etwas rechnen. Leider wird sonst nirgends in Motion die Anzahl der Bilder einer Bildsequenz angezeigt. Beim Dateityp handelt es sich in unserem Beispiel durchgehend um JPEG-Bilder. Auch wenn die Dateiendung im Finder ausgeblendet ist, so wird sie in Motion in der DATEIÜBERSICHT bei der Darstellung als Bildsequenz angezeigt.

Wenn Sie eine Bildsequenz im Vorschaufenster der DATEIÜBERSICHT betrachten wollen, muss die Vorschau zunächst erzeugt werden. Verstehen Sie die Vorschau als kleinen QuickTime Player oder Viewport, der auf die QuickTime-Schnittstelle zurückgreift. Auch der QuickTime Player muss beim Öffnen einer Bildsequenz diese als Film in einen Cache speichern.

▸ **Abbildung 7.12**
Soll die Bildsequenz im Vorschaufenster der DATEIÜBERSICHT betrachtet werden, muss die Vorschau zunächst erzeugt werden.

Anzeige der Einzelbilder | Abhängig vom verwendeten Format haben die einzelnen Dateien in einer Bildsequenz eine eigene Dateiendung und ein eigenes Symbol. Je nachdem, welches Programm die Datei erstellt hat oder wie die Datei zugewiesen wurde, gibt es unterschiedliche Datei-Symbole.

Manche Bilddateien verfügen auch gleich über eine Vorschau als Icon. Diese Vorschau-Icons werden meist von Programmen wie Photoshop, GraphicConverter oder iPhoto erzeugt. Da Bilder innerhalb von Bildsequenzen nicht eindeutig benannt, sondern durchnummeriert sind, kann die Vorschau im Icon praktisch sein, um z. B. einzelne Bilder für die Nachbearbeitung schon im Finder zu finden. Es kostet allerdings etwas an Leistung und Zeit, diese Bildvorschau in vielen Datei-Symbolen aufzubauen. Eine praktische Freeware zum Hinzufügen und Entfernen der Bildvorschau im Datei-Symbol (Thumbnail Icon) ist die Erweiterung QuickImage für das Finder-eigene Kontextmenü.

▸ **Abbildung 7.13**
Je nachdem, welche Programme zum Öffnen einer Datei zugewiesen sind, ändert sich das Datei-Symbol. Einige Programme erzeugen auch eine Vorschau im Datei-Symbol.

Die einzelnen Formate für die Bildsequenz lernen Sie im Kapitel zur Ausgabe genau kennen. Für den Import ist es erst mal wichtig, dass die Dateien überhaupt in Motion landen und hier verhält es sich wie mit den Einzelbildern.

7.2.4 Einzelbilder

Die Einzelbilder sind letztendlich auch die Bestandteile einer Bildsequenz. QuickTime unterstützt auch hier die gängigsten und wichtigsten Formate. Sollte aber dennoch mal ein Format dabei sein, das nicht unterstützt wird, wie z. B. EPS/EPSF (Encapsulated PostScript File), dann empfehlen wir die Verwendung von Zusatzprogrammen zur Konvertierung. Während ein einzelnes Bild noch relativ einfach zu konvertieren ist, wäre es bei einer größeren Anzahl von Bildern oder einer Bildsequenz recht mühsam. Daher empfiehlt sich der Einsatz von Programmen, die Stapelprozesse unterstützen, also eine ganze Reihe von Dateien in ein anderes Format konvertieren können. Neben Photoshop ist das die Shareware GraphicConverter von Lemkesoft, die jedes nur erdenkliche und exotische Grafikformat öffnen und, wie der Name schon sagt, konvertieren kann.

Leider gilt das nicht für EPS. Wir wissen nicht, woran es liegt, dass nur kommerzielle DTP-Programme wie Photoshop, Illustrator, FreeHand oder QuarkXPress über Interpreten für das Format verfügen. Für den GraphicConverter muss dazu ein weiteres Hilfsprogramm installiert werden, auf das er zurückgreifen kann. Das Programm Vorschau von Mac OS X kann hingegen EPS-Dateien nach PDF konvertieren, beherrscht aber keine Stapelprozesse. Ansonsten öffnet Vorschau alle Einzelbild-Formate, die auch von QuickTime interpretiert werden können, genau wie Motion. Im Gegensatz zu QuickTime kann Vorschau aber auch das für Motion 2 neu hinzugekommene OpenEXR-Format öffnen.

Folgende Formate stehen für Einzelbilder zur Verfügung:

- SGI (.sgi)
- Photoshop (.psd)
- BMP (.bmp)
- JPEG (.jpg)
- PICT (.pct)
- PNG (.png)
- MacPaint (.pntg)
- TIFF (.tiff)
- TGA (.tga)
- JPEG2000 (.jp2)
- QuickTime-Bilddatei (.qtif)
- OpenEXR (.exr)

◄ **Abbildung 7.14**
Die verschiedenen Grafikformate, die QuickTime und das Programm Vorschau interpretieren können, stehen auch für den Import und späteren Export in Motion zur Verfügung.

Natürlich gibt es die verschiedenen Formate nicht ohne Grund. Jedes entstand zu seiner Zeit, um entweder neue technische Entwicklungen aufzugreifen oder unabhängig von anderen Herstellern und frei von Lizenzen zu sein. So muss auch jede Plattform und Technologie ihr spezifisches Format haben, das man bei Bedarf auch in eigener Regie weiterentwickeln kann. Im Idealfall wird ein Standard daraus, mit dem man über Lizenzen etwas für den Umsatz tun kann. Meistens werden solche Standards aber von Konsortien aus Herstellern und Institutionen erschaffen.

JPEG & JPEG2000 | Zu den verabschiedeten Standards gehören die Formate der Joint Photographic Experts Group: JPEG (.jpg) und JPEG2000 (.jp2) sind komprimierte Formate, d. h., die Qualität lässt sich reduzieren, um die Dateigröße zu verringern. Während bei hoher Qualitätseinstellung kaum ein Unterschied zu unkomprimierten Formaten festzustellen ist, so werden Kompressionsartefakte bei niedriger Qualität deutlich sichtbar. Viele digitale Fotokameras bieten die Möglichkeit, in JPEG aufzuzeichnen, damit mehr Bilder auf die Speicherchips passen. Da die Qualität bei diesen hochauflösenden Bildern meistens noch sehr gut ist, spricht nichts gegen eine direkte Verwendung. JPEG2000 ist eine modernere Variante, die auch eine verlustfreie Komprimierung zulässt, ansonsten aber bei der verlustbehafteten Kompression bessere Ergebnisse erzielt. Nur das JPEG2000-Format unterstützt einen Alphakanal.

Bitmap & PICT | Bitmap und PICT sind Plattform spezifische Formate von Microsoft und Apple. Die Bezeichnung Bitmap muss man hierbei etwas differenziert betrachten, denn der Begriff an sich beschreibt auch den Vorgang, jeden einzelnen Bildpunkt zu erfassen und abzuspeichern. Man spricht hierbei auch von Rastergrafik oder Pixelgrafik und so gesehen sind auch JPEG- oder TIFF-Bilder als Bitmaps einzuordnen.

Das Windows-Format für Rastergrafiken trägt ebenfalls den Namen Bitmap und verwendet die Dateiendung .bmp. Hierbei handelt es sich um ein unkomprimiertes 8-Bit-Format ohne Alphakanal.

PICT (.pct) ist das Pendant des klassischen Mac OS und hat seine Wurzeln in der QuickDraw-Technologie von Apple. Das Format kann laut Dokumentation neben Pixelinformationen (also Bitmaps) auch Vektorinformationen speichern. In unseren Versuchen mit verschiedenen Programmen ist es uns allerdings nie gelungen, die Vektorinformationen zu bewahren. Als Kompression für Pixelinformationen kann PICT die Video-Codecs von QuickTime verwenden. Zum Decodieren solcher Bilder benötigt man also auch QuickTime inklusive des entsprechenden Codecs – eine höchst ungewöhnliche Kombination.

QuickTime-Bild | Auch die QuickTime-Technologie brauchte ein eigenes Bildformat, woraufhin das QuickTime-Bild (.qtif) entstand. Das QuickTime-Bild verhält sich genauso wie das PICT-Format und beide können einen Alphakanal verwenden, sofern der Video-Codec dies unterstützt.

SGI | Das Format SGI (.sgi) ist ein eigenes Bildformat von Silicon Graphics, das den höheren 16-Bit-Farbraum und einen Alphakanal verwenden kann. Motion erkennt allerdings auch in Version 2.0 nur SGI-Bilder mit einer Farbtiefe von 8 Bit. SGI-Bilder in 16 Bit bleiben schwarz, genau wie im QuickTime Player. Shake und After Effects können auch die 16-Bit-Bilder öffnen.

TGA | Das Targa-Format (.tga) wurde einst von Truevision entwickelt. Vom Hersteller stammten auch die dazugehörigen und sehr bekannten Targa-Karten, die von Firmen wie Avid, Discreet und Pinnacle eingesetzt wurden. Targa ist ein 8-Bit-Format, das verlustfrei komprimiert werden kann und einen Alphakanal unterstützt.

Photoshop | Photoshop besitzt auch ein eigenes Dateiformat (.psd), das unter anderem eine Ebenenstruktur und Transparenzen ohne Alphakanal erhalten kann. Aufgrund der Dominanz von Photoshop kann man kaum noch auf eine Integration verzichten und so stattet Apple nicht nur QuickTime, sondern viele seiner Applikationen mit der Möglichkeit aus, Photoshop-Dateien und auch Ebenen zu importieren. Motion kann die 16-Bit-Farbtiefe von importierten Photoshop-Dateien bewahren. Die genaue Vorgehensweise beim Import werden wir gleich noch genauer erläutern.

TIFF | Photoshop ist seit Version 7 auch in der Lage, in TIFF-Bildern die Ebenenstruktur wie im eigenen Photoshop-Format abzulegen und sogar eine JPEG- oder ZIP-Kompression dafür zu aktivieren. Manche älteren Programme kommen mit dieser neuen TIFF-Variante nicht klar und vor allem die JPEG- und ZIP-Kompression sorgen für erhebliche Inkompatibilitäten. Neben Motion und Final Cut Pro akzeptierte in unseren Versuchen selbst After Effects (Version 6.5) die beiden Kompressionsmöglichkeiten nicht. Wir waren allerdings positiv überrascht, dass Shake 4 diese TIFF-Bilder interpretieren konnte. Trotzdem hat Adobe, als Inhaber von TIFF, das Format unnötig kompliziert gemacht und als unproblematisches Austauschformat leider etwas disqualifiziert.

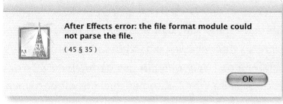

◄ **Abbildung 7.15**
Vorsicht bei TIFF-Dateien, die seit Photoshop 7 mit JPEG oder ZIP-Kompression versehen werden können.

Verwenden Sie also die JPEG- und ZIP-Kompression besser nicht für TIFF-Dateien. Die einzelnen Ebenen in TIFF-Bildern verhalten sich hingegen unproblematisch und erleichtern die Übergabe von Transparenzen. Die Ebenen in TIFF-Bildern werden sowohl von Motion wie auch von After Effects als einzelne Ebene importiert. Daher muss man also nach wie vor das Photoshop-Format wählen. TIFF-Dateien dürfen also Ebenen beinhalten, müssen aber unkomprimiert oder mit der klassischen LZW-Kompression abgespeichert werden, um eine reibungslose Kompatibilität zu gewährleisten. Die 16-Bit Farbtiefe kann in Motion ebenfalls bewahrt werden.

PNG | Das PNG-Format ist eine interessante Entwicklung und wurde als Nachfolger für das in die Jahre gekommene GIF-Format auserkoren. Im Gegensatz zu GIF können aber keine selbstständig ablaufenden Animationen mit PNG erstellt werden. PNG komprimiert verlustfrei und bietet einen 16-Bit-Farbraum. Zudem ist es lizenzfrei und findet sich in vielen Programmen als Exportmöglichkeit wieder. PNG eignet sich auch, um Flash-Animationen verlustfrei und mit Alphakanal an Motion zu übergeben.

MacPaint | Die MacPaint-Integration in einer QuickTime-Version von 2005 scheint so etwas wie ein Scherz der Entwickler zu sein. Es handelt sich um ein uraltes Schwarzweiß-Format vom gleichnamigen Apple-Grafikprogramm aus dem Jahre 1984. Es gibt keinen ersichtlichen Nutzen von MacPaint-Dateien.

OpenEXR | Eine recht neue Entwicklung in der Computergrafik sind so genannte High Dynamic Range Images, kurz HDRI. Ihre hohe dynamische Tiefe erreichen sie, indem mehrere Blendenstufen auf einmal belichtet werden, sodass man noch lange nach der Aufnahme die Blendenöffnung quasi umstellen kann, also Bilder über- oder unterbelichten kann. Eine neue Art, solche HDR-Bilder abzuspeichern, ist der von Industrial Light & Magic entwickelte Open Extended Range-Bildstandard. Die OpenEXR-Technologie wurde erstmals bei »Harry Potter und der Stein der Weisen« eingesetzt und wurde 2003 frei verfügbar. Während OpenEXR nicht ganz den Umfang anderer HDR-Formate besitzt, so stellt er doch einen guten Kompromiss aus Farbtiefe und Dateigröße dar. Wir widmen uns dem OpenEXR-Format mit seinen Besonderheiten im Zusammenspiel mit Motion noch genauer in diesem Kapitel ab Seite 336 sowie im Kapitel »Projekte ausgeben« auf Seite 664.

7.2.5 Photoshop-Ebenen

In Motion gibt es mehrere Möglichkeiten, wie Sie die einzelnen Ebenen von Photoshop-Dateien im Projekt einfügen.

Dateiübersicht | Die intuitivste Variante funktioniert per Drag & Drop aus der DATEIÜBERSICHT heraus. Wählen Sie die Photoshop-Datei an und ziehen Sie diese in das Canvas-Fenster oder die Ebenenansichten hinein. Lassen Sie die Maus aber nicht sofort los, sondern warten Sie, bis sich die so genannte Drop-Palette öffnet, in der Sie verschiedene Optionen zur Auswahl haben:

- REDUZIERTE EBENEN IMPORTIEREN: Alle Ebenen werden zusammengefasst im Projekt eingefügt, sodass nur eine Ebene in den Ebenenansichten erscheint. Die Datei wird dabei natürlich auch in der Medienablage platziert, wo sie noch vollständig mit allen Ebenen zur Verfügung steht.
- ALLE EBENEN IMPORTIEREN: Alle Ebenen der Photoshop-Datei werden einzeln im Projekt eingefügt. Dabei wird in der Ebenenansicht eine Unterebene erzeugt, die den Namen der Photoshop-Datei trägt. Über die Ebenenansichten können Sie die einzelnen Spuren nachträglich verwalten und auch einzelne, unerwünschte Objekte wieder löschen.
- Um einzelne Ebenen aus einer Photoshop-Datei im Projekt einzufügen, wählen Sie die gewünschte Ebene einfach in der Drop-Palette aus. Auch hier steht natürlich die komplette Ebenenstruktur der Photoshop-Datei für nachträgliches Einfügen in der Medienablage zur Verfügung.

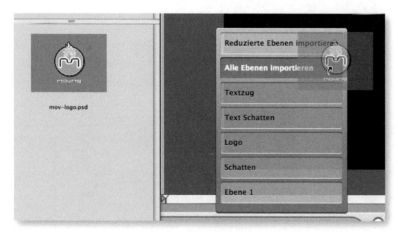

◄ **Abbildung 7.16**
Diese Drop-Palette erscheint, wenn Sie eine Photoshop-Datei mit mehreren Ebenen per Drag & Drop aus der DATEIÜBERSICHT oder der Medienablage in das Canvas-Fenster oder die Ebenenansichten ziehen.

Beachten Sie an dieser Stelle noch die Einstellungen zur Drop-Palette, die wir auf Seite 168 erläutert haben.

Medienablage | Sie können eine Photoshop-Datei auch zunächst über die Medienablage importieren, ohne dass die einzelnen Ebenen schon im Projekt eingefügt werden. Dazu wählen Sie im Projektbereich das Fenster MEDIEN über ⌘+5 aus und klicken dort auf das Plus-Symbol oben links. Die Photoshop-Datei kann daraufhin über den Import-Dialog ausgewählt werden. Selbstverständlich können Sie auch von der DATEIÜBERSICHT die Photoshop-Datei per Drag & Drop in die Medienablage ziehen. Die Drop-Palette erscheint

Bild- und Videomaterial

in diesem Fall nicht, da hier ja alle Ebenen importiert werden. Aus der Medienablage können Sie nun die Photoshop-Datei per Drag & Drop wieder in das Canvas-Fenster oder die Ebenenansichten ziehen, woraufhin wieder die gleichen Optionen über die Drop-Palette zur Verfügung stehen, wie im vorherigen Abschnitt beschrieben.

Canvas-Fenster | Die dritte Möglichkeit ist ein eigener Import-Befehl im Kontextmenü des Canvas-Fensters. Klicken Sie mit der rechten Maustaste in einen leeren Bereich im Canvas und wählen Sie aus dem Kontextmenü den Eintrag IMPORT.

Abbildung 7.17 ▶
Mit einem Klick auf die rechte Maustaste im leeren Canvas-Bereich können Sie den Import-Befehl des Canvas-Fensters aufrufen.

Wählen Sie anschließend im Import-Dialog eine Photoshop-Datei mit Ebenen aus, so erscheint ein weiteres Fenster, in dem Sie über das Popup-Menü NAME DER EBENE die gleichen Auswahlmöglichkeiten haben wie in der Drop-Palette.

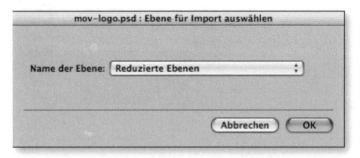

Abbildung 7.18 ▶
Bei Photoshop-Dateien mit mehreren Ebenen erscheint ein neues Fenster, um die Auswahl der einzufügenden Ebenen zu treffen.

Import-Dialog von Photoshop-Dateien

Je nachdem, welches Fenster in Motion aktiviert ist, reagiert der Standard-Import-Dialog über das Menü ABLAGE • IMPORTIEREN ⌘+I unterschiedlich. Befinden Sie sich im Fenster MEDIEN, dann wird eine Photoshop-Datei mit mehreren Ebenen direkt ohne weitere Auswahlmöglichkeit in der Medienablage platziert. Dies ist auch korrekt, da in diesem Fall ja die Ebenen noch nicht im Projekt verknüpft sind. Haben Sie aber das Canvas-Fenster oder eine der beiden Ebenenansichten ⌘+4 oder ⌘+7 ausgewählt und verwenden den gleichen Import-Befehl, dann erscheint nach Auswahl der Photoshop-Datei das Fenster aus Abbildung 7.18, in dem Sie wie in der Drop-Palette definieren können, welche Ebenen im Projekt eingefügt werden sollen.

7.2.6 PDF

Mac OS X hat neben QuickTime auch die PDF-Technologie integriert. In PDF-Dokumenten können neben unkomprimierten und komprimierten Pixelbildern auch Vektorinformationen gespeichert werden. Obwohl auch einzelne Bilder oder Seiten als PDF gespeichert werden können, findet man vor allem mehrseitige Dokumente als PDF vor. Es handelt sich daher nicht um ein Einzelbildformat. Illustrator CS speichert zwar im eigenen Dateiformat (.ai), aber die PDF-Kompatibilität sorgt dafür, dass auch Motion oder Final Cut Pro die Dateien importieren können.

PDF als Bildsequenz importieren

PDF nimmt hier in diesem Abschnitt eine Sonderstellung ein, da es nicht einfach nur ein Format für Einzelbilder darstellt und auch nicht für Bildsequenzen verwendet werden kann. Sie können zwar einzelne PDF-Dateien wie die Einzelbilder einer Bildsequenz durchnummerieren und damit Motion beim Import überlisten, aber Motion weiß es dann doch besser und stellt nur das erste Bild in der geschummelten Bildsequenz dar. Man muss daher ein mehrseitiges PDF-Dokument verwenden, bei dem jedes Bild eine Seite darstellt.

Medieneinstellungen | PDF- und Illustrator-Dateien liefern andere Einstellungen zur Medieninterpretation als Bilder oder QuickTime-Filme.

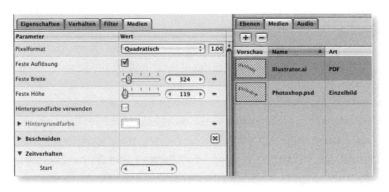

◄ **Abbildung 7.19**
Importierte Illustrator- und PDF-Dateien verfügen über die Einstellung FESTE AUFLÖSUNG.

Bild- und Videomaterial

Bildformate wie Photoshop liefern statt der festen Auflösung Einstellungen zum ALPHA-TYP.

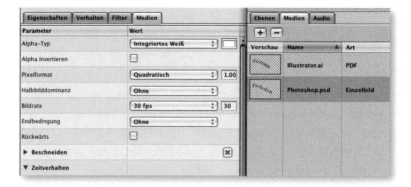

Abbildung 7.20
Medien-Tab einer Photoshop-Datei

- FESTE AUFLÖSUNG: Der zweite Eintrag von oben ist standardmäßig aktiviert, sodass mit dieser Einstellung die Vektorinformationen in Illustrator- oder PDF-Dokumenten nicht verlustfrei über 100 % skaliert werden können. Deaktivieren Sie diese Checkbox, um die Vektorinformationen verlustfrei skalieren zu können.
  In Illustrator- oder PDF-Dokumenten integrierte Pixelbilder lassen sich natürlich nicht verlustfrei skalieren, egal, welche Einstellung Sie verwenden. Die Performance in Motion lässt bei deaktivierter Checkbox und umfangreichen Vektorinformationen stark nach, sodass empfohlen wird, eine Einstellung mit fester Auflösung zu verwenden. Sie können daher über die beiden folgenden Parameter die Ausmaße der Vektorinformationen im Vorfeld bestimmen.
- FESTE BREITE und FESTE HÖHE: Die beiden Parameter kennen Sie auch von anderen Medientypen, diese hier sind jedoch nur verfügbar, wenn die Checkbox FESTE AUFLÖSUNG aktiviert ist. Hier kann bestimmt werden, bis zu welchen Ausmaßen die Vektorinformationen verlustfrei skaliert werden können. Die Angaben sind in Pixeln, sodass Sie mit den Angaben des prozentualen Skalierungsparameters in den EIGENSCHAFTEN des Objektes etwas rechnen müssen, um nicht über die definierte Breite und Höhe hinaus zu skalieren. Wie bei allen Medien und Objekten gilt auch hier die Begrenzung von maximal 2048 bzw. 4096 Pixel.
- HINTERGRUNDFARBE VERWENDEN: Illustrator und PDF-Dokumente verwenden zunächst einmal immer einen transparenten Hintergrund, weshalb es auch keine Einstellungen zum Alphakanal gibt.

Wenn Sie diese Checkbox aktivieren, können Sie diese Transparenz mit einer Farbe füllen.

Leider verhalten sich dabei nicht alle Dokumente gleich. So reagierten bei unseren Versuchen die Dateien aus Illustrator überhaupt nicht, während sich der Hintergrund von PDF-Dokumenten, die aus FreeHand exportiert wurden, einwandfrei einfärben ließ. Eine Erklärung dafür konnten wir in der verfügbaren Zeit nicht mehr finden, zumal die Funktion im PDF-Handbuch von Motion 2.0 nicht mal erwähnt ist.

▶ HINTERGRUNDFARBE: Klicken Sie in das Farbfeld, um über den Farbwähler von Mac OS X eine Hintergrundfarbe für importierte Dateitypen auszuwählen, die diese zuvor beschriebene Funktion unterstützen. Alternativ können Sie das kleine Dreieck umklappen, um über die drei Parameter für Rot, Grün und Blau die Hintergrundfarbe zusammenzumischen.

Transparenz invertieren | Auf die fehlenden Interpretationsmöglichkeiten des Alphakanals kann man bei Illustrator- und PDF-Dokumenten gut verzichten. Die transparenten Bereiche erscheinen nach unseren Beobachtungen immer sauber, also ohne hellen oder dunklen Rand, der eine Filterung des Premultiplied-Modus erforderlich machen würde. Einzig die Möglichkeit, die Transparenz zu invertieren, vermisst man hier unter Umständen. Dazu verwenden Sie im Projekt einfach den Filter KANAL VERTAUSCHEN und setzen den untersten Parameter ALPHA VON im Popup-Menü auf den Eintrag INVERTIERTEM ALPHA.

◀ **Abbildung 7.21**
Verwenden Sie den Filter KANAL VERTAUSCHEN, um die Transparenzinformation zu vertauschen.

Als Bildsequenz importieren | Die zuvor erwähnte Prozedur mit durchnummerierten PDF-Dateien für Bildsequenzen wäre gar nicht nötig, um mehrere PDF-Bilder als Film zu importieren. Im Gegensatz zum EPS-Format bietet PDF auch Unterstützung für mehrseitige Dokumente. Damit erzählen wir Ihnen wahrscheinlich nichts Neues, denn mittlerweile ist fast jedes elektronische Dokument PDF-basiert. So auch das sehr umfangreiche Motion PDF-Handbuch, das sich über das Menü HILFE oder den Kurzbefehl ⌘+? aufrufen lässt.

Würde man das rund 1100 Seiten starke Benutzerhandbuch statt mit der Vorschau oder dem Acrobat Reader mit dem QuickTime Player öffnen, so würde dieser das PDF-Dokument als Film abspielen. Im QuickTime Player und in Final Cut Pro wurden die von uns importierten PDF-Dokumente mit 8 Bildern pro Sekunde interpretiert, was in einem PAL-Projekt mit 25 Bildern pro Sekunde zu einer Einzelbild-Standdauer von drei Bildern pro Seite führte. In Motion geht das Ganze noch etwas weiter, denn hier lässt sich die Anzeige der Seiten über Keyframes animieren. Dazu muss das mehrseitige Dokument bereits im Projekt eingebaut sein, sodass man das Fenster für die EIGENSCHAFTEN des Objekts aufrufen kann F1. Nur für Illustrator- und PDF-Dokumente erscheint hier zusätzlich der Parameter SEITENNUMMER. Mit dessen Regler und Eingabefeld können Sie genau bestimmen, welche Seite des Dokuments dargestellt werden soll. Über Keyframe-Animation können Sie dann quasi die Seiten noch durchblättern, wodurch genau festgelegt werden kann, wann welche Seite erscheinen soll.

Abbildung 7.22 ▶
In den EIGENSCHAFTEN eines mehrseitigen PDF-Dokuments lassen sich die Seiten animieren.

7.2.7 OpenEXR

Mit OpenEXR kann man Bilddaten in variabler Farbtiefe ablegen. Um dieses Vielfache an Genauigkeit auf einem Computermonitor abbilden zu können, verfügt das Format über vier Parameter, die in Motion in den Medieneinstellungen angezeigt werden. Während man in Photoshop mit dem entsprechenden Plugin diese Einstellungen lediglich in einem Import-/Export-Dialog vornehmen kann, erlaubt es Motion, diese Parameter jederzeit zu ändern. Um unseren Ausführungen zu folgen, können Sie auf die Webseite http://www.openexr.com/downloads.html gehen und sich die Beispielbilder (sample images) herunterladen oder direkt von der Buch-DVD kopieren. Importieren Sie anschließend die Bilder über die Medienablage in Motion. In den Medieneinstellungen sehen Sie nun zusätzlich zu den bekannten Parametern die Parametergruppe OPENEXR.

Abbildung 7.23
Die Parametergruppe OpenEXR erscheint in den Medieneinstellungen nur bei Open EXR-Bildern.

▶ BELICHTUNG: Der Parameter bestimmt die allgemeine Helligkeit des Bildes. Je höher der Wert ist, desto weiter hat man bei der virtuellen Kamera die Blende geöffnet und umso mehr Detail lässt sich aus den unterbelichteten Bereichen rausholen. Mit negativen Werten kann man die Blende nachträglich schließen, um überbelichtete Bereiche nutzbar zu machen. Jede Stufe der Belichtung entspricht einer Blendenstufe auf- oder abwärts, also einer Verdopplung oder einer Halbierung der Blendenöffnung oder umgekehrt der Belichtungszeit.

Abbildung 7.24
OpenEXR-Bilddaten bieten erweiterte Einstellmöglichkeiten, mit denen man nachträglich z. B. die BELICHTUNG ändern kann, hier ein Bild mit der originalen Belichtung, einer Blende von −5 und einer Blende von +5.

▶ VOM NEBEL BEFREIEN: Der Parameter dient dazu, den Grauschleier zu entfernen, der z. B. bei Lichteinfall in das Aufzeichnungsgerät entsteht. Der Regler ist mit 0,01 auf einen sinnvollen Maximalwert beschränkt, den man aber auch durch Maus-Scrubbing oder Eingabe in dem Wertefeld übersteuern kann.

- KneeLow und KneeHigh Die Parameter definieren den Blendenumfang des Bildes, üblicherweise sind das 5 Blendenstufen. Bewegt man die Regler, dann ändert sich erst einmal recht wenig, denn die OpenEXR-Bilder haben einen größeren Farbraum als der Monitor. Die vorgenommenen Einstellungen beschreiben nur, welcher Ausschnitt des Farbraums den Einstellungen übergeben wird. Bei sehr großen Werten für KneeHigh wird das Bild kontrastärmer und dunkler, als wäre es an einem bewölkten Tag aufgenommen. Negative Werte für KneeLow dagegen ziehen die dunkleren Bereiche des Bildes in den nicht belichteten, also schwarzen Bereich.

> **Farbtiefe von OpenEXR**
>
> In den Medieneinstellungen und der Medienablage von Motion werden OpenEXR-Bildern seltsamerweise nur 32768 Farben bescheinigt, also insgesamt nur 16-Bit-Farbtiefe. 24 Bit entsprechen den üblichen 16,7 Millionen Farben bzw. 8 Bit pro Kanal. Seien Sie über die Angabe in den Medieneinstellungen und der Medienablage unbesorgt. Alle Farbkanäle können mit einer Genauigkeit von 8 bis 32 Bit wieder gespeichert werden.

Die Einstellung einer OpenEXR-Quelle ist unter Umständen sehr schwierig. Es ist wie bei anderen Bildvorlagen auch nicht pauschal möglich, aus jedem Bild ein schönes zu machen. Die Korrekturmöglichkeiten des Formates hängen stark von der Qualität der Bildquelle ab, aber man besitzt mehr Umfang für die Korrekturen als in klassischen Farbräumen. So ist es z. B. möglich, ein Bild mit über- und unterbelichteten Bereichen zu korrigieren, indem man das gleiche Bild mit unterschiedlichen Blendeneinstellungen importiert und die Bereiche in Motion mit Masken zusammenfügt.

7.2.8 MPEG-4-Video

Als das Dateiformat MPEG-4 standardisiert wurde, stand dafür QuickTime als Vorbild zur Verfügung. Obwohl Microsoft maßgeblich an der Entwicklung von MPEG-4 beteiligt war, ist ihnen das eigene Projekt komplett aus der Hand geglitten. Aus einer frühen Betaversion des Windows Media Player wurde der MPEG-4-Codec von Microsoft herausgelesen und in das populäre DivX-Format übertragen. Microsoft versucht mittlerweile vehement, die Windows Media-Technologie als Standard für zukünftiges digitales Fernsehen und die High Definition-DVD durchzudrücken, aber jeder, der bei klarem Verstand ist, will sich nicht in diese Abhängigkeit begeben. So wird wohl auch hier MPEG-4 das Rennen machen, wie man auch in Deutschland beim HDTV-Angebot des Pay-TV-Senders Premiere sehen kann. Apple kann sich glücklich schätzen, dass MPEG-4 eine gewisse Verwandtschaft mit QuickTime aufweist und so die Integration in Form von MP4, H264/AVC und AAC leicht fällt.

So ist es nicht sehr verwunderlich, dass im Gegensatz zu MPEG-1 und MPEG-2 das MPEG-4-Format in Motion importiert werden kann, auch wenn dies nicht dokumentiert ist. MPEG-4-Filme (.mp4) werden in der Medienablage auch als QuickTime-Film angezeigt – ohne Codec. Es wird auch sicher einige MPEG-4-Varianten geben, mit denen ein Import nicht möglich ist, aber solange die Dateien dem Standard entsprechen, sollte es kein Problem sein.

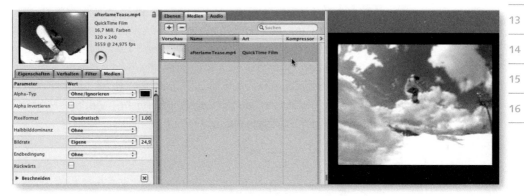

▲ **Abbildung 7.25**
MPEG-4-Filme werden aufgrund ihrer Verwandtschaft zum QuickTime-Format auch als QuickTime-Film angezeigt.

7.2.9 Video für Windows – AVI

Ebenfalls nicht im Handbuch dokumentiert ist die Möglichkeit, AVI-Dateien (Audio Video Interleave) zu importieren, also das klassische Video für Windows-Format. Sofern auch hier der Codec in QuickTime enthalten ist, gibt es keine Probleme, da für AVI auch ein Interpret vorhanden ist. Allerdings gibt es zwischen AVI und QuickTime nicht viele Codecs, die sich überschneiden. Die kompatiblen Codecs sind BMP, CINEPAK, KEINE sowie die DV-Codecs der SD-Formate. Wir hatten allerdings in einem Fall auch AVI-Dateien von einer Discreet edit*, deren JPEG-Codec von QuickTime erkannt wurde. Ein AVI-Film ohne kompatiblen Codec würde nicht erkannt werden.

Uns ist es darüber hinaus gelungen, AVI-Filme mit XviD-Codec sowie dem verwandten DivX-Codec in Motion zu importieren. Da es hier aber sehr viele Einstellungsmöglichkeiten und Versionen gibt, würden wir allerdings nicht garantieren, dass dies immer gelingt. Mehr Informationen zum XviD-OpenSource-Codec finden Sie unter: http://www.xvid.org. Die DivX-Webseite finden Sie unter: http://www.divx.com.

7.2.10 Windows Media

Windows Media-Filme werden standardmäßig nicht von QuickTime unterstützt und Apple hat für das Konkurrenzformat verständlicherweise nicht viel übrig. Es gibt allerdings eine kostenpflichtige Erweiterung von der Firma Telestream. Unter dem Namen flip4mac gibt es zwischen rund 10 und 180 US-Dollar mehrere WMV-Komponenten für QuickTime, die verschiedene Möglichkeiten bieten. Da wir nur über die große Version verfügen, können wir keine umfassende Aussage treffen, aber das Herunterladen der Demoversion von der Webseite www.flip4mac.com ist auf jeden Fall einen Versuch wert. Mit unserer Version war es möglich, zahlreiche Windows Media-Filme in Motion zu importieren.

7.3 Audiomaterial

Auch der Audio-Import läuft über QuickTime, erfordert jedoch eine genauere Betrachtung. Motion ist beim Import von Audioformaten wesentlich flexibler als zum Beispiel Final Cut Pro, wo es bei Verwendung von MP3-Dateien zu Aussetzern und Fehlern kommen kann. Laut Handbuch können in Motion auch die komprimierten MP3- und AAC-Formate verwendet werden, die wir gleich vorstellen werden. Wir würden grundsätzlich dazu raten, diese aber vorher in das unkomprimierte AIFF-Format zu konvertieren. Dafür verwendet man am besten die Exportfunktion des QuickTime Pro Players.

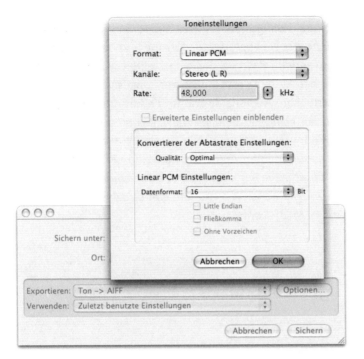

◄ **Abbildung 7.26**
Komprimierte Audioformate wie MP3 oder AAC können mit der Exportfunktion von QuickTime Pro in unkomprimiertes AIFF konvertiert werden.

Compressor
Für den häufigeren Gebrauch und Stapelverarbeitungen empfiehlt es sich auch, ein Droplet mit dem beiliegenden Compressor zu bauen. Auf der Buch-DVD befindet sich ein entsprechendes Droplet, mit dem die Samplingrate von Audiodateien auf 48 kHz konvertiert werden kann.

Bedenken Sie dabei, dass sich Musiktitel aus dem iTunes Music Store (iTMS) nicht in Motion verwenden und auch nicht mit QuickTime Pro konvertieren lassen, da das Digital Rights Management dies nicht erlaubt. Sie müssen die Titel zunächst auf eine Audio-CD brennen und wieder zurück auf Festplatte kopieren. Da Mac OS X die Titel einer Audio-CD als AIFF-Dateien interpretiert, können diese dann direkt in Motion verwendet werden.

Wir konnten bei der Verwendung komprimierter Audioformate in Motion keine Probleme feststellen, aber das Decodieren von MP3 oder AAC kostet natürlich zusätzliche Leistung, von der man in Motion nie genug haben kann.

Audiohardware konfigurieren | Des Weiteren muss Motion die Sampling-Rate der Titel bei der Wiedergabe und beim Export in das Format umwandeln, das von der eingestellten Hardware verwendet wird. In den Systemeinstellungen zur Tonausgabe definieren Sie zwar die verfügbare Audiohardware für die Ein- und Ausgabe, aber dort finden Sie keine Einstellungsmöglichkeiten zum Format. Mac OS X verwendet vorsichtshalber die besten Einstellungen der von Apple verbauten internen Audiohardware und verbirgt die Einstellungen an dieser Stelle vor dem eventuell überforderten Anwender. Für diejenigen, die wissen, was sie tun, gibt es daher das Dienstprogramm Audio-MIDI-Konfiguration.

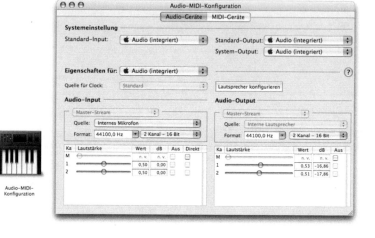

Abbildung 7.27 ▶ Motion richtet sich bei der Audioausgabe nach den Einstellungen für die Systemhardware im Dienstprogramm Audio-MIDI-Konfiguration.

Samplingraten | Hier können Sie für die angeschlossene Audiohardware genaue Einstellungen vornehmen. Die G5-Systeme mit optischen Digitalanschlüssen unterstützen die Samplingraten 32 kHz, 44,1 kHz und 48 kHz, während z. B. PowerBooks mit analoger Ausgabe nur 44,1 kHz bieten. Wir raten eher dazu, mit 48 kHz zu arbeiten, da dies auch der Mindestanforderung für Video-DVDs entspricht. QuickTime 7 unterstützt bei Audio eine Samplingrate mit bis zu 192 kHz und eine Samplingtiefe mit bis zu 64 Bit Floating Point. Da Sie in Motion jedoch keine Effektbearbeitung machen, genügt CD- oder DAT-Qualität. Im Idealfall verwendet man keine Kompression (PCM) und die verwendeten Titel sollten auch alle die gleichen Werte (48 oder 44,1 kHz, 16-Bit, Stereo) aufweisen, damit Motion die Anpassungen nicht errechnen muss. Wir wissen nicht, wie gut Motion z. B. ein Re-Sampling für die Echtzeitvorschau durchführt, aber es handelt sich definitiv nicht um ein Programm mit Stärken in der Audiobearbeitung. Beachten Sie dazu auch die Erläuterungen im Kapitel »Projekte ausgeben« auf Seite 633.

Audio importieren | Im Kapitel »Das Motion-Interface« haben wir auf Seite 297 schon die Möglichkeit beschrieben, wie man entweder einen Stereomix oder alle Kanäle einzeln in die Medienablage importiert. Auch aus der DATEIÜBERSICHT können Audiodateien per Drag & Drop in die Ebenenansichten oder das Canvas-Fenster gezogen werden. Genau wie bei Photoshop-Ebenen erscheint nach kurzer Wartepause wieder die Drop-Palette, in der beide Importmöglichkeiten zur Auswahl stehen.

◀ **Abbildung 7.28**
Die Drop-Palette steht auch für den Audioimport zur Verfügung, um beide Importmöglichkeiten für Audiospuren auswählen zu können.

7.3.1 Audioformate

Kommen wir nun zu den zahlreichen Audioformaten, die von Motion unterstützt werden. Neben den Einstellungen zu Samplingrate, Samplingtiefe und Kompression ist die Anzahl der Kanäle von Bedeutung für den Audioimport. Je nach Audioformat unterstützen nicht alle die neue Multikanalfähigkeit von QuickTime 7.

AIFF | AIFF (Audio Interchange File-Format) ist das standardmäßige Audioformat für bisherige Apple Macintosh-Systeme. Es wurde von Apple für den Soundmanager des klassischen Mac OS entwickelt und vom Dateiformat IFF der Firma Electronic Arts abgeleitet, das die Speichermethode für Big Endian-Systeme wie Motorola 68k und PowerPC verwendet.

Eine AIFF-Datei alleine ist kein Garant für unkomprimierte Audioquellen, da über Audio-Codecs eine Komprimierung durchgeführt werden kann (AIFF-C). Für den AIFF-Export über QuickTime stehen dabei alle standardmäßigen Audio-Codecs wie für das QuickTime-Format zur Verfügung, mit Ausnahme von AAC (MPEG-4 Audio), AMR Narrowband und Apple Lossless. Vom Audio-Codec sind auch die Einstellungsmöglichkeiten zur Anzahl der Kanäle sowie Samplingrate und Samplingtiefe abhängig. Die Audio-Codecs stellen wir im Abschnitt zu QuickTime Audio auf Seite 347 vor.

WAV | WAV ist die Kurzbezeichnung für Waveform Audio-Format und stellt praktisch das Windows-Pendant zu AIFF dar. Gegenüber AIFF ist WAV auf IBM-kompatible Prozessoren optimiert (Little Endian) und daher auch auf der PC-Plattform sehr verbreitet. Interessant wird zu beobachten sein, ob mit Einführung der Intel-basierten Macintosh-Systeme das AIFF-Dateiformat zu Gunsten von WAV aufgegeben wird oder eine Little Endian-Option integriert wird.

Ansonsten unterscheiden sich die beiden Formate eigentlich kaum. Wie AIFF kann auch WAV eine Kompression über Audio-Codecs erfahren. In diesem Fall muss der Codec auch QuickTime zur Verfügung stehen. In QuickTime stehen aber standardmäßig keine Kompressionen für das WAV-Format zur Verfügung. Man sollte daher immer das unkomprimierte PCM-Verfahren verwenden. Hierbei steht eine Samplingrate von bis zu 192 kHz und eine Samplingtiefe bis zu 32 Bit zur Verfügung. Es gibt jedoch nur Stereo- und Monoausgabe, also keine Multikanal-Unterstützung.

AU | Das Dateiformat hat seine Wurzeln in der Unix-Welt der Firmen Sun Microsystems und NeXT Computer. Neben der unkomprimierten Variante stehen auch die beiden μ-Law- und A-Law-Codierungen zur Verfügung. Für den Export mit PCM-Codierung stehen die gleichen Einstellungsmöglichkeiten wie beim WAV-Format zur Verfügung, nur dass zusätzlich für 32-Bit-Samplingtiefe die Fließkomma-Berechnung aktiviert werden kann. Die Verwendung von AU-Dateien in Motion ist nicht dokumentiert, macht aber nach unseren Beobachtungen keine Probleme.

MP3 | Wie bereits beschrieben, kann auch das populäre MP3-Format (MPEG-1 Layer III) in Motion importiert werden. MP3 wurde am Fraunhofer-Institut entwickelt und stellt ein verlustbehaftetes Kompressionsverfahren für Audio dar. Inwieweit ein hörbarer Verlust auftritt, hängt zum einen von der Wahrnehmung des Einzelnen ab, zum anderen von der gewählten Kompressionsrate. Das MP3-Format erlaubt konstante und variable Bitraten (CBR und VBR) von 32 KBit/s bis zu 320 KBit/s. Obwohl MP3 schnell einen hohen Beliebtheitsgrad entwickeln konnte, wurde es anfangs nur mit Ach und Krach als ISO-Standard definiert. Die Industrie unterstützte es zunächst nicht maßgeblich, da es eine relativ spontane Entwicklung war und mit AAC bereits ein akkurateres Verfahren entwickelt wurde.

Es treten oft Missverständnisse mit den verschiedenen MPEG-Formaten auf. Die fortlaufende Nummerierung bedeutet nicht zwangsläufig, dass es sich um Nachfolger handelt, die ein bestehendes Format ersetzen. Vielmehr handelt es sich bei den MPEG-Formaten um parallel bestehende Standards, die bestimmte Multimedia-Anforderungen erfüllen. Die römische Nummerierung der Layer beschreibt viel spezifischer die Codierungs-Algorithmen und so kann es passieren, dass sich die Formate auch parallel noch weiterentwickeln.

MPEG-Audioformate

Mit MPEG-1 Layer II (Musicam) wurde MP2 als Distributionsformat für digitales Audio Broadcasting (DAB) entwickelt und kommt heute neben digitalem Radio auch als Tonformat beim digitalen Fernsehen (DVB) zum Einsatz. Somit ist MP2 für Mono- und Stereoton der Vorgänger zu MP3 und benötigt bei gleicher Qualität eine höhere Bitrate. Ursprünglich für die Video-DVD wurde zusätzlich noch MPEG-2 BC (Backwards Compatible) mit Unterstützung für bis zu acht Kanäle entwickelt. Durchsetzen konnte sich das Format nicht und so wurden AC3 (Dolby Digital 5.1) und DTS (Digital Theatre Sound) neben PCM die Standardformate für die Video-DVD. AAC steht für Advanced Audio Coding und wurde als Erweiterung bereits im MPEG-2-Standard spezifiziert. Trotz der Unterstützung für bis zu 48 Kanäle wurde AAC zu spät verabschiedet, um noch eine Rolle bei der Video-DVD zu spielen und wurde erst im MPEG-4-Format integriert.

MPEG-4 und AAC | Apple setzt in seinem iTunes Music Store voll auf AAC (Advanced Audio Coding), das mit 128 KBit/s eine zur Audio-CD vergleichbare Qualität bietet und damit bei gleicher Bitrate deutlich hochwertiger klingt als MP3.

▶ Die Dateiendung von Musiktiteln aus dem iTMS lautet .m4p, was für MPEG-4-Protected, also kopiergeschützt, steht.

iTunes Music Store.m4p

◀ **Abbildung 7.29**
Geschützte Titel aus dem iTMS verwenden das Dateiformat .m4p und sind im Icon mit einem kleinen Schloss versehen.

Audiomaterial **345**

- Titel, die von einem anderen Format, also AIFF, WAV oder MP3 innerhalb von iTunes nach AAC konvertiert wurden, tragen hingegen die Dateiendung .m4a, also MPEG-4-Audio.

Abbildung 7.30 ▶
Apple Lossless und selbst erstelltes AAC aus iTunes im .m4a-Container.

- Eigene Titel, die über QuickTime als MPEG-4 exportiert werden, tragen wiederum die Dateiendung .mp4, also genau wie auch MPEG-4-Video. Beide Verfahren verwenden AAC in zwei unterschiedlichen MPEG-4-Containern.

Abbildung 7.31 ▶
MPEG-4-Video und -Audio aus dem QuickTime-Export erscheinen immer als .mp4-Datei.

- Es gibt auch noch das Dateiformat .m4b, das Bookmarks verwenden kann, um eine abgebrochene Wiedergabe fortzusetzen, und in Hörbüchern verwendet wird.

Sowohl aus QuickTime Pro exportierte .mp4-Dateien als auch .m4a-Titel aus iTunes lassen sich in Motion importieren.

MPEG-4 und Apple Lossless | In iTunes findet sich auch die Kompressionsmethode APPLE LOSSLESS. Diese hat offensichtlich den Anschein, dass Audiodateien verlustfrei komprimiert werden. Es gibt hierzu keine offizielle Stellungnahme, aber ein australischer Programmierer entschlüsselte das Verfahren und belegte die verlustbehaftete Kompression des Codecs, die aber tatsächlich unhörbar ist. Auch der Apple Lossless-Codec wird aus iTunes heraus im .m4a-Container abgespeichert, sodass Sie anhand der Dateiendung noch nicht erkennen können, ob es sich um AAC oder Apple Lossless handelt. Apple Lossless steht auch im QuickTime-Format (.mov) für Audiospuren zur Verfügung.

Sound Designer II | Sound Designer II ist ein noch immer weit verbreitetes Format, das ursprünglich von Digidesigns gleichnamigem Programm kam, welches jedoch schon vor Mac OS 9 eingestellt wurde. Nach wie vor wird das sd2-Format im Produktionsbereich häufig verwendet und kann auch von Pro Tools-Systemen und anderen Audioprogrammen wie Logic beim Export erzeugt werden. Obwohl im Handbuch keine Angaben zu finden sind, bzw. sd2 nicht als kompatibles Format aufgeführt ist, konnten wir es problemlos in Motion importieren und weiterverarbeiten.

> **SoundConverter**
>
> Obwohl QuickTime selbst MIDI-Dateien interpretieren und konvertieren kann, gibt es unzählige, teils exotische Soundformate, die von QuickTime nicht erkannt werden können. Genau wie der GraphicConverter geeignet ist, um zahlreiche Grafikformate zu konvertieren, gibt es für Audioformate eine ähnliche Shareware, den SoundConverter (www.dekorte.com). Ob sich die Investition von derzeit 10 US-Dollar lohnt, sei mal dahingestellt, aber viel Geld ist es nicht und man weiß nie, was einem so als Format über den Weg läuft.

7.3.2 QuickTime Audio

Da QuickTime-Filme auch Audiospuren enthalten können, ist es ebenso möglich, dass ein QuickTime-Film ausschließlich über Audio verfügt. Eine solche Datei hat zwar noch die Dateiendung .mov, jedoch kann man hier wohl kaum noch von einem Film sprechen, da kein Bildteil mehr enthalten ist. Davon unberührt verhält sich solch ein QuickTime-Film aber wie eine Audiodatei und letztendlich handelt es sich auch um eben eine solche, verpackt im QuickTime-Container. Der generelle Vorteil von QuickTime Audio ist die größere Auswahl an verfügbaren Codecs sowie die Multikanal-Unterstützung.

Es stehen beim Export des QuickTime Pro Players seltsamerweise andere Codecs zur Verfügung als im Export von Motion. Die Codecs für den Export aus Motion erläutern wir im Kapitel »Projekte ausgeben« auf Seite 650. Wir gehen an dieser Stelle nur auf die Codecs ein, die standardmäßig im QuickTime-Export zur Verfügung stehen.

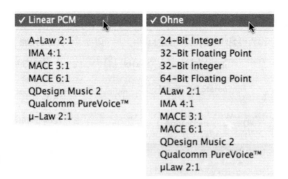

Abbildung 7.32 ▶
Links der Export aus QuickTime, rechts aus Motion

- LINEAR PCM: Ganz oben in der Liste findet sich der Eintrag für die unkomprimierte Pulse Code Modulation, auch bekannt als LPCM. Dies ist auch die empfohlene Codierung für AIFF- und WAV-Dateien, aber auch das AU-Format unterstützt PCM. Für AIFF stehen bei Verwendung von PCM alle Vorzüge des Quick-Time-Formates zur Verfügung, also Multikanal-Unterstützung und bis zu 192 kHz Samplingrate bei 64 Bit Samplingtiefe.
- A-LAW 2:1: μLaw und aLaw sind beides Standardformate, die in digitalen Telefonnetzen für Sprachcodierung eingesetzt werden (μLaw in Nordamerika und Japan, aLaw in Europa). Die Formate verwenden statt einer linearen Samplingtiefe eine logarithmische Codierung und können so in 8 Bit einen ähnlichen Dynamikumfang speichern wie bei linearem 12 Bit. Die Samplingrate kann daher nicht eingestellt werden. Der Kompressionsfaktor beträgt 2 zu 1. Beim Export als QuickTime- oder AIFF-Datei können alle Audiokanäle bewahrt werden, aber das eigene AU-Dateiformat kann nur Stereo oder Mono verwenden.
- AAC: Das Verfahren für MPEG-4-Audio steht auch im QuickTime-Format zur Verfügung. Neben der maximalen Samplingrate von 48 kHz können nur bestimmte Multiaudiokanäle bewahrt werden. Die Multiaudiokanäle müssen vorher richtig definiert werden. Zur Auswahl stehen:
  - Mono
  - Stereo
  - Quadrophonisch (vierkanaliger Surround-Vorläufer)
  - 5.0 (fünfkanaliger Surround-Ton ohne Low Frequency Effekt-Kanal)
  - 5.1 (fünfkanaliger Surround-Ton mit Low Frequency Effekt-Kanal)
- AMR NARROWBAND: Das Gegenteil von hohen Bandbreiten, also Broadband, ist Narrowband. Der AMR-Codec wurde 1999 vom Europäischen Institut für Telekommunikationsnormen standardi-

siert. Um mit geringen Bandbreiten (Schmalband) auszukommen, unterstützt er variable Bitraten zwischen 4,75 und 12,2 KBit/s bei einer Samplingrate von 8 kHz in Mono. Der Export im AMR-Verfahren wird nur innerhalb des QuickTime-Formats unterstützt. Das .amr-Dateiformat kann nur importiert werden, was wir mangels Testdaten aber nicht mit Motion überprüfen konnten.

- APPLE LOSSLESS: Das Verfahren zur verlustfreien (nicht hörbaren) Kompression in iTunes steht wie AAC auch im QuickTime-Format zur Verfügung. Es können Samplingraten bis 192 kHz verwendet werden, aber wie bei AAC nur bestimmte Kombinationen für Multiaudiokanäle (Mono, Stereo, 5.0 und 5.1).
- IMA 4:1: Das Format der Interactive Multimedia Association ist ein schon ziemlich altes, aber auch sehr kompatibles Verfahren, das schon in QuickTime 2 und Video für Windows enthalten ist. Auch die Qualität ist gemessen an dem hohen Alter und der relativ starken Kompression von 4:1 noch ziemlich gut. Das Verfahren steht auch für AIFF zur Verfügung. Für die Kanäle kann nur Mono oder Stereo verwendet werden, bei einer Samplingrate von bis zu 192 kHz. Die Samplingtiefe beträgt immer 16 Bit.
- MACE 3:1 und MACE 6:1: Diese Codecs (Macintosh Audio Compression/Expansion) sind auch sehr alt und mittlerweile überholt, da sie nicht gut klingen. Sie sind eher aus Gründen der Abwärtskompatibilität enthalten. Für den Export sollte Apple sie eigentlich deaktivieren. Beide Verfahren unterstützen Mono oder Stereo, eine Samplingrate bis zu 64 kHz und eine nicht verstellbare Samplingtiefe von 8 Bit.
- QDESIGN MUSIC 2: Der Codec der Firma QDesign bietet gute Audioqualität bei sehr geringen Bitraten. So soll noch bei 48 KBit/s eine bessere Qualität erzielt werden, als es MP3 mit 128 KBit/s vermag. Inwiefern der Codec noch eine Berechtigung gegenüber AAC hat, müsste man testen. AAC gilt als Allround-Talent für alle Klangbereiche, während QDesign seinen Codec auf Instrumentalmusik mit Gesang optimiert hat, nicht jedoch für reine Sprache. In QuickTime ist die Standard-Version des Codecs integriert, während vom Hersteller noch eine Pro-Variante verfügbar ist. Dort ist es allerdings sehr still geworden, wie wir im Pressearchiv feststellen konnten. Die letzte Meldung war vom 18. Juli 2003. Der Codec steht auch für AIFF zur Verfügung und kann eine Samplingrate von bis zu 64 kHz in Mono oder Stereo verwenden.

- QUALCOMM PUREVOICE ™: Qualcomm ist ein Hersteller von Chipsätzen für den Mobiltelefon-Sektor und Spezialist für Sprachcodierung. Mit diesem Codec steht eine Software-Komponente von Qualcomms Kompressionstechnologie zur Verfügung, die auf Sprache spezialisiert ist. Der Codec stellt somit eine gute Ergänzung zum Musik-Codec von QDesign dar, der bei reiner Sprache seine Schwächen hat. Auch dieser Codec steht für AIFF zur Verfügung, ebenfalls mit einer Samplingrate von 64 kHz, aber nur in Mono (was für Sprache von einer Person auch sinnvoll ist).
- µ-LAW 2:1: Siehe Erläuterung zu A-Law 2:1.

Abbildung 7.33 ▶
QuickTime-Filme (.mov) können auch nur Audio enthalten. Wieder kann man im Fenster INFORMATIONEN des QuickTime Players die Formateinstellungen einsehen.

Digitale Generationen

Auch bei Audio spielen digitale Generationen der Dateien bei erneuter Komprimierung eine Rolle. So lassen sich AAC- und MP3-Dateien durchaus noch einmal weiterverarbeiten und unkomprimiert z. B. auf die Video-DVD oder ein digitales Bandformat ausgeben. Vorsicht ist geboten, wenn eine weitere Komprimierung stattfinden soll, z. B. AC3 für die Video-DVD oder wieder AAC für das Internet. In solch einer weiteren Generation kann die Audioqualität deutlich hörbar abnehmen, da die Ausgangsdatei bereits stark komprimiert war. So richtig hat die gute alte Audio-CD also noch nicht ausgedient, denn hiervon lassen sich noch hochwertige Kopien erstellen.

7.4 Medieninformationen

Importierte Dateien werden in Motion MEDIEN genannt. Sie haben eine Reihe eigener Einstellungen, die nicht im Tab EIGENSCHAFTEN des Fensters INFORMATIONEN erscheinen, sondern im vierten Tab MEDIEN ganz rechts. Damit dieser Tab dort erscheint, müssen Sie die importierte Datei in der Medienablage des Projektbereichs anwählen. Blenden Sie dazu den Tab MEDIEN im Projektbereich über ⌘+5 ein. Alternativ können Sie für das Objekt in den Ebenenansichten oder im Canvas das Kontextmenü aufrufen und dort den Eintrag AUSGANGSMEDIEN ANZEIGEN verwenden (⇧+F).

◀ **Abbildung 7.34**
Bei importierten Dateien erscheint im Informationen-Fenster der Tab MEDIEN.

Die folgenden Angaben beziehen sich auf QuickTime-Filme, Bildsequenzen und Einzelbilder. Die spezifischen Einstellungen zu PDF und OpenEXR haben wir bereits im Vorfeld erläutert. Bei Audiodateien fehlen viele der nun vorgestellten Einstellungen.

7.4.1 Alphakanäle

Sowohl QuickTime-Filme wie auch Einzelbilder (auch die einer Bildsequenz) können Alphakanäle enthalten. Bei QuickTime-Filmen muss ein Alphakanal vom verwendeten Codec unterstützt werden, während bei Bildern dies vom Format unterstützt werden muss. Der gängigste QuickTime-Codec mit Unterstützung für einen Alphakanal ist Animation (Seite 93). Für mehr als 8 Bit bieten sich die im Buch bereits erwähnten Codecs von Microcosm und SheerVideo an. Editing Formate wie DV und auch unkomprimierte FCP-Codecs von

Apple oder Videohardware-Herstellern können keinen Alphakanal beinhalten, genauso wenig wie Foto-JPEG.

Bei den Bildformaten sind TIFF und TGA die wahrscheinlich weit verbreitetsten Varianten mit Alphakanal. Aber auch SGI, Photoshop, PNG und PICT (Codec-abhängig) können einen Alphakanal enthalten.

Sowohl QuickTime-Filme wie auch Grafiken geben schon beim Import Auskunft über einen möglichen Alphakanal. Die Vorschau im Dateibrowser beschreibt den Alphakanal mit der Bemerkung ÜBER 16,7 MILL. FARBEN.

Abbildung 7.35 ▶
Im Dateibrowser finden sich neben der Vorschau einige Angaben zur angewählten Datei. Neben dem Format, hier TIFF, werden die Anzahl der Farben und die Bildgröße angegeben.

Beim Import wird der Alphakanal in der Regel automatisch aktiviert, d. h., Motion stanzt mit dem Alphakanal die transparenten Bereiche aus dem Film oder Bild aus.

Die optimale Einstellung für den Alphakanal gelingt Motion meistens. Es ist uns aber auch schon des Öfteren aufgefallen, dass Motion bei schwarzen Hintergründen den falschen Modus wählt. Motion neigt dazu, bei schwarzer Hintergrundfarbe nicht den Modus INTEGRIERTES SCHWARZ zu wählen, sondern DIREKT (Straight), auch wenn es sich um den Premultiplied-Modus handelt.

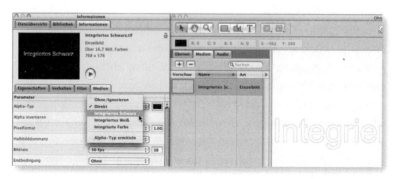

Abbildung 7.36 ▶
Bei schwarzen Hintergründen wird der Alpha-Modus nicht immer richtig gesetzt. Um dunkle Linien an den Kanten des transparenten Bereichs rauszufiltern, sollte man einen anderen Alpha-Typ wählen.

Alpha-Typ | In diesem Fall müssen Sie manuell etwas nachhelfen, indem Sie die Datei in der Medienablage anwählen und dann in das Informationen-Fenster wechseln. Der Tab MEDIEN sollte schon angewählt sein. Wählen Sie im Popup-Menü einen anderen Modus, der die Hintergrundfarbe sauber herausfiltert:

- OHNE/IGNORIEREN: Die Einstellung unterdrückt den Alphakanal im Projekt. Möchten Sie dieselbe Datei im Projekt einmal mit und einmal ohne Alphakanal verwenden, dann müssen Sie diese zweimal importieren und die Einstellungen separat durchführen. Bedenken Sie dabei, dass Filme und Grafiken mit überzeichneter Füllung (Straight-Modus) nicht ohne Alphakanal verwendet werden können, da die Überzeichnungen ansonsten wie Bildfehler wirken.
- DIREKT: Die Einstellung ist meistens ausgewählt, gilt aber nur für Filme und Grafiken mit überzeichneter Füllung, also der Straight-Modus. Photoshop-Ebenen werden intern im Straight-Modus verwaltet, sodass die Einstellung hier auf jeden Fall schon korrekt ist.
- INTEGRIERTES SCHWARZ: Die meisten Filme und Grafiken mit Alphakanal stehen vor schwarzem Hintergrund und sind in der Füllung nicht überzeichnet (Premultiplied). Um zu verhindern, dass dunkle Ränder entstehen, kann man diese herausfiltern. Das Ergebnis ist farblich nicht ganz exakt das gleiche wie bei einer ordentlichen Vorlage im Straight-Modus, aber der Unterschied ist kaum der Rede wert und immer noch besser als hässliche Ränder.
- INTEGRIERTES WEISS: Verwendet der Film oder die Grafik einen weißen Hintergrund, dann wählen Sie statt INTEGRIERTES SCHWARZ diesen Modus.
- INTEGRIERTE FARBE: In diesem Modus lässt sich die Hintergrundfarbe sogar auswählen. Dazu müssen Sie in das Farbfeld rechts neben dem Popup-Menü klicken. In dem Farbwähler von Mac OS X können Sie anschließend eine individuelle Farbe wählen. Sollte das Feld für die Farbe nicht sichtbar sein, dann wird das Informationen-Fenster nicht breit genug dargestellt, wie es oft bei PowerBooks der Fall ist. Ziehen Sie das Fenster unten rechts etwas breiter.
- ALPHA-TYP ERMITTELN: Motion ermittelt den Alpha-Typ beim Import selbstständig. Haben Sie in den Einstellungen etwas rumgespielt und wissen nicht mehr, was Motion anfangs eingestellt hatte, können Sie mit diesem Eintrag Motion noch mal raten lassen. Anschließend springt das Popup-Menü auf den ermittelten Modus.

Alpha invertieren | Motion interpretiert die Farbe Schwarz im Alphakanal als transparent und Weiß als deckend. Sollte der Alphakanal andersherum erstellt worden sein, kann man einfach die Checkbox für den Eintrag ALPHA INVERTIEREN aktivieren.

7.4.2 Pixel-Seitenverhältnis

Zum Pixel-Seitenverhältnis haben wir im Kapitel »Videogrundlagen« und im vorherigen Kapitel schon einiges geschrieben. Der QuickTime Player kann nicht immer erkennen, ob es sich um quadratische oder rechteckige Pixel handelt. In den meisten Fällen zeigt er Filme mit rechteckigen Pixeln als quadratische Pixel an, was etwas unproportional wirkt. Ein klassisches Beispiel ist ein DV-Film mit einer Bildgröße von 720 × 576. Dieser Film hat bei quadratischen Pixeln ein Seitenverhältnis von 5:4. Korrekt wäre allerdings eine entzerrte Darstellung von 768 × 576, was 4:3 entspricht. Bei anamorphotischem 16:9 müssten es sogar 1024 × 576 Pixel sein.

Erweiterung für QuickTime | Wenn Sie die MPEG-2-Erweiterung für QuickTime installiert haben, dann schafft der QuickTime Player für MPEG-2-Dateien allerdings einen Ausgleich und stellt PAL- und NTSC-Filme statt in 720 × 576 bzw. 720 × 480 in 720 × 540 dar, also einer entzerrten 4:3-Darstellung. Auch für anamorphotisches 16:9 wird der Film auf 720 × 404 Pixel entzerrt. Sie sehen, dass der QuickTime Player zwar den umgekehrten Weg geht, also statt der Breite die Höhe anpasst, aber die Proportionen stimmen hier genauso. Auch der Apple DVD Player muss dieses so genannte Image Processing durchführen, aber seltsamerweise scheinen diese MPEG-2-Dateien einen Hinweis zu beinhalten, den QuickTime-Filme nicht haben.

HD-Formate | Bei den komprimierten HD-Codecs DVCPRO HD und HDV scheint sich hier etwas Neues getan zu haben. Obwohl die Formate über FireWire in den nativen Bildgrößen übertragen werden, erscheinen die Filme im QuickTime Player in den vollen HD-Bildgrößen (siehe auch Kapitel »Projektmanagement« auf Seite 754). Die genaue Handhabung ist nicht dokumentiert, aber scheinbar ermittelt Motion beim Import wie auch Final Cut Pro das Pixel-Seitenverhältnis aus der Bildgröße.

Pixelformat | Motion selber kann das Pixel-Seitenverhältnis also eigentlich nicht erkennen, sondern vermutet dies aufgrund der Bildgröße. Ein QuickTime-Film oder eine Grafik in der videokonformen Bildgröße von 720 × 576 Pixeln wird mit dem Pixelformat PAL D1/DV interpretiert. Die Bildgröße 800 × 600 Pixel, die man so nicht in Videoformaten mit rechteckigen Pixeln vorfindet, wird als QUADRATISCH interpretiert.

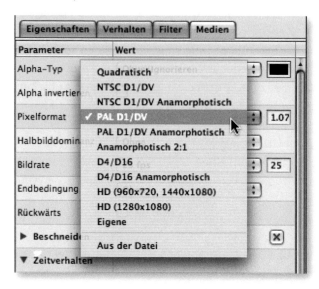

◂ **Abbildung 7.37**
Verschiedene Pixelformate

Sie sollten also wissen, welches Pixel-Seitenverhältnis Ihre Daten haben sollen und sich nicht allein auf die automatische Zuordnung von Motion verlassen. Motion unterscheidet zwischen vielen verschiedenen Pixelformaten, deren Zuweisung nicht immer eindeutig sein muss.

- QUADRATISCH: Verwenden Sie diese Einstellung für Bilder und Filme, die nicht in videokonformen Bildgrößen vorliegen sowie für Videobildgrößen mit quadratischen Pixel-Seitenverhältnissen, die in grafischen Programmen wie Photoshop erzeugt wurden. So z. B. 768 × 576 Pixel für SD PAL, 1024 × 576 Pixel für anamorphotisches 16:9 bei SD PAL oder 1920 × 1080 Pixel für HD.
Der Wert neben dem Popup-Menü beschreibt das Pixel-Seitenverhältnis nummerisch. 1 bedeutet, dass jede Pixelseite gleich lang ist. 1,07 bedeutet, dass die oberen und unteren Pixelseiten um den Faktor 0,07 länger sind. Die Pixelhöhe ist also immer gleich, nur die Breite wird mit dem Wert beschrieben. Der nummerische Wert bei QUADRATISCH beträgt 1,00.

- NTSC D1/DV: Für Bilder und Filme, die in den videokonformen NTSC-Bildgrößen 720 × 486 Pixel (D1) oder 720 × 480 Pixel (DV) für 4:3 vorliegen. Der nummerische Wert beträgt 0,90.
- NTSC D1/DV Anamorphotisch: Für Bilder und Filme, die in den videokonformen NTSC-Bildgrößen 720 × 486 Pixel (D1) oder 720 × 480 Pixel (DV) für anamorphotisches 16:9 vorliegen. Der nummerische Wert beträgt 1,20.

  Da die Bildgröße für die anamorphotische 16:9-Darstellung der von D1 und DV entspricht, weiß Motion nicht, wie das Pixel-Seitenverhältnis für importierte Dateien gesetzt werden soll. Daher richtet sich das Programm nach den verwendeten Projekteinstellungen, sodass man beim Mischen von 4:3 und anamorphotischen 16:9-Medien die Einstellungen eventuell überprüfen und ändern muss. Gleiches gilt für das Mischen von anamorphotischem 16:9 bei SD in einem HD-Projekt.
- PAL D1/DV: Für Bilder und Filme, die in der videokonformen PAL-Bildgröße von 720 × 576 Pixeln vorliegen. Der nummerische Wert beträgt 1,07.

  Im Gegensatz zu NTSC ist die Bildgröße für D1 und DV bei PAL gleich.
- PAL D1/DV Anamorphotisch: Für Bilder und Filme, die der videokonformen PAL-Bildgröße 720 × 576 Pixel für anamorphotisches 16:9 vorliegen. Der nummerische Wert beträgt 1,42.

  Auch hier ist die Bildgröße für D1 und DV gleich. Für das Mischen von anamorphotischen 16:9 mit anderen Formaten gilt das Gleiche, wie zuvor im Fall von NTSC beschrieben.
- Anamorphotisch 2:1: Für Bilder und Filme, die mit einem Pixel-Seitenverhältnis von 2:1 vorliegen. Da vor allem Filmformate anamorphotisch abbilden, ist die Bildgröße in Pixeln abhängig vom Scannvorgang. Mit dem Faktor 2:1 lässt es sich aber einfach rechnen. Der nummerische Wert beträgt 2,00.
- D4/D16: Für Bilder und Filme, die in den videokonformen D4/D16-Bildgrößen von 1440 × 1024 Pixeln (D4) und 2880 × 2048 Pixeln (D16) für 4:3 vorliegen. Diese Bildgrößen haben wir Ihnen bisher aufgrund des Seltenheitswertes noch nicht vorgestellt. Die Bildgrößen in quadratischen Pixeln entsprechen 1365 × 1024 Pixeln (D4) und 2731 × 2048 Pixeln (D16). Der nummerische Wert beträgt 0,95.
- D4/D16 Anamorphotisch: Für Bilder und Filme, die in den videokonformen D4/D16-Bildgrößen von 1440 × 1024 Pixeln (D4) und

2880 × 2048 Pixeln (D16) für 8:3 vorliegen. Die Bildgrößen in quadratischen Pixeln entsprechen 2731 × 1024 Pixeln (D4) und 5461 × 2048 Pixeln (D16). Der nummerische Wert beträgt 1,90.

Das D4/D16-Format findet sich nur äußerst selten. Wahrscheinlich ist die ursprünglich als D4 vorgesehene Bildgröße in D16, also D4/D16, eingeflossen. D16 wiederum ist ein Format, das mit einem D1-Rekorder kompatibel ist. Statt ein einzelnes unkomprimiertes D1-Bild in Standard Definition-Auflösung auf Band abzuspeichern, wird ein D16-Bild auf den Bereich von 16 D1-Bildern abgelegt. Daher ist auch die Bezeichnung D16 einleuchtend.

Das Verfahren wurde zusammen mit Quantels Domino als frühes digitales Filmformat eingesetzt. Auf diesem Wege konnten drei Filmbilder auf zwei Sekunden Band aufgenommen und abgespielt werden. Bei sechzehnfacher Abspielgeschwindigkeit konnte man sich so die volle Geschwindigkeit von Band anzeigen lassen.

- ▶ HD (960 × 720, 1440 × 1080): Für Bilder und Filme, die in den videokonformen DVCPRO HD-Bildgrößen von 960 × 720 Pixeln (720p) und 1440 × 1080 Pixeln (1080i50) vorliegen. Ebenfalls in 1440 × 1080 Pixel liegt das HDV-Format für NTSC- und PAL-Bildraten vor, also 1080i60 und 1080i50. Der nummerische Wert beträgt 1,33.
- ▶ HD (1280 × 1080): Für Bilder, die in der videokonformen DVCPRO HD-Bildgröße von 1280 × 1080 Pixeln (1080i60) vorliegen. Der nummerische Wert beträgt 1,5.

Die große Auflösung bei DVCPRO HD, also 1080i, verfügt somit über zwei verschiedene Pixel-Seitenverhältnisse. Die Bildrate für PAL mit 50 Halbbildern oder 25 Bildern pro Sekunde benötigt eine etwas geringere Datenrate als NTSC mit 59,94 Halbbildern bzw. 29,97 Bildern pro Sekunde. Dadurch konnte man die Anzahl der Pixel etwas erhöhen, also 1440 gegenüber 1280.

In Final Cut Pro entspricht eine DVCPRO HD-Sequenz (Timeline) den Einstellungen eines DVCPRO HD-Projektes von Motion, also 960 × 720 Pixel für 720p sowie 1440 × 1080 Pixel für 1080i50 und 1280 × 1080 Pixel für 1080i60.

Die QuickTime-Dateien, die von Final Cut Pro beim nativen Einspielen über FireWire im DVCPRO HD-Format erzeugt werden, entsprechen in der Bildgröße allerdings dem HD-Standard mit quadratischen Pixeln, also 1280 × 720 Pixel und 1920 × 1080 Pixel. Nur die Sequenzen und Projekteinstellungen verfügen über die rechteckigen Pixel, damit das Projekt über FireWire auf ein

DVCPRO HD-Gerät wie den AJ-1200A ausgegeben werden kann. Sowohl eingespielte Filme wie auch erzeugte Dateien verfügen aber zumindest in der Interpretation in Motion und in QuickTime über quadratische Pixel. Wir wissen nicht genau, wie dieser Vorgang stattfindet, denn Final Cut Pro zeigt sowohl DVCPRO HD- als auch HDV-Clips in der nativen Bildgröße an.

Abbildung 7.38 ▶
Auch wenn ein DVCPRO HD-Projekt rechteckige Pixel verwendet, so verfügen QuickTime-Filme, die z. B. mit Final Cut Pro eingespielt wurden, über quadratische Pixel.

Motion und andere Programme nutzen die QuickTime-Interpretation und diese geht von quadratischen Pixeln bei voller HD-Auflösung aus. Selbst wenn eine DVCPRO HD- oder HDV-Sequenz von Final Cut Pro an Motion übergeben wird, interpretiert Motion die Clips in voller HD-Bildgröße, während die Projekteinstellungen den nativen Einstellungen entsprechen. Wir wüssten daher nicht, wann die Einstellungen für HD (960 × 720, 1440 × 1080) und HD (1280 × 1080) bei QuickTime-Filmen Verwendung finden sollten. Ein Anwendungsfall wäre, dass Sie in Photoshop eine Grafik in voller HD-Bildgröße anlegen, also z. B. mit 1280 × 720 Pixeln. Für ein DVCPRO HD-Projekt in Motion könnte man die Grafik schon in Photoshop unproportional skalieren, also auf 960 × 720 Pixel. Sehr qualitätsbewusste Anwender würden diese Methode vorziehen, da Photoshop die hochwertigste Skalierung bietet. In unseren Versuchen sind die Unterschiede jedoch sehr marginal gewesen.

▶ EIGENE: In Motion kann man auch nummerisch ein eigenes Pixel-Seitenverhältnis einstellen, falls man mit einem ganz exotischen

Format konfrontiert wird. Vor allem im Filmbereich gibt es hier sehr viele Breitbildformate.

Sollte das Feld für die nummerische Eingabe nicht sichtbar sein, dann wird das Informationen-Fenster z. B. am PowerBook nicht breit genug dargestellt. Ziehen Sie das Fenster unten rechts etwas breiter.

▶ Aus der Datei: Wie bereits beschrieben, kann das Pixel-Seitenverhältnis von QuickTime und damit Motion nicht wirklich erkannt werden, sondern wird anhand der Bildgröße vermutet. Lassen Sie Motion noch einmal raten, indem Sie den Eintrag Aus der Datei wählen. Dieser Eintrag entspricht der Einstellung, die Motion nach dem Import automatisch wählt, also vergleichbar mit der Einstellung Alpha-Typ für Alphakanäle. Haben Sie viele Einträge ausprobiert und wissen nicht mehr die Ausgangseinstellung, dann können Sie hiermit das Popup-Menü zurücksetzen.

Pixel-Seitenverhältnis in Photoshop | Sie fragen sich vielleicht, warum die Software das Pixelformat nicht automatisch immer richtig erkennt. Es gibt zu viele Eventualitäten, um eine wirklich sichere Methode für die Interpretation zu entwickeln. Ab Photoshop CS kann man einige Standardwerte für das Pixel-Seitenverhältnis mit in eine Photoshop-Datei (.psd) abspeichern. Man kann das Pixel-Seitenverhältnis auch für Bildgrößen definieren, die gar nicht videokonform sind, also in unserem Beispiel 800 × 600 Pixel.

◀ **Abbildung 7.39**
Seit Photoshop CS kann man beliebigen Grafiken eigene Standardeinstellungen für das Pixel-Seitenverhältnis zuordnen.

After Effects kann seit Version 6 das Pixel-Seitenverhältnis aus solchen Photoshop-Dateien auslesen. In unserem Beispiel wird die

Grafik mit einer Bildgröße von 800 × 600 Pixeln mit dem in Photoshop gesetzten Pixel-Seitenverhältnis für D1/DV PAL interpretiert. Die gleiche Grafik als TIFF-Datei abgespeichert wird wiederum quadratisch interpretiert. Das ist nicht nur inkonsequent, sondern hatte bei älteren Projekten von uns auch zur Folge, dass ältere Photoshop-Dateien in 720 × 576 nun plötzlich mit quadratischen Pixeln interpretiert wurden und man alles per Hand zurückstellen musste.

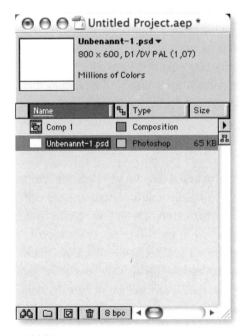

▲ **Abbildung 7.40**
After Effects kann das Pixel-Seitenverhältnis aus Photoshop-Dateien auslesen, nicht jedoch aus einer TIFF-Datei.

QuickTime schert sich nicht um die Angaben in Photoshop-Dateien und so wird die Grafik mit der nicht-videokonformen Bildgröße von 800 × 600 Pixeln auch in Motion weiterhin mit quadratischen Pixeln interpretiert.

Wir finden die Methode von Apple besser, denn wie bereits erwähnt gibt es einfach zu viele Eventualitäten und die wenigen Vorgaben in Photoshop helfen nicht viel weiter, zumal die Vorschau-Qualität bei entzerrter Darstellung nicht besonders gut ist. QuickTime interpretiert außerdem meistens richtig und wenn man sich etwas mit dem Thema beschäftigt, hat man seine Dateien auch im Griff.

◂ **Abbildung 7.41**
Motion ermittelt das Pixel-Seitenverhältnis aus der Bildgröße. 800 × 600 gilt nicht als videokonforme Bildgröße mit rechteckigen Pixeln und wird daher quadratisch interpretiert.

Man sollte in Grafikprogrammen am besten immer alles mit quadratischen Pixeln anlegen. Da wir im Umgang mit nicht-quadratischen Pixeln geübt sind und die Werte gut kennen, skalieren wir meistens schon unproportional in Photoshop, heben aber die Ausgangsgrafik als Arbeitsdatei in Originalgröße auf. Da die Apple-Programme den Ausgleich auch selber durchführen können, ist eine vorherige unproportionale Skalierung aber eigentlich nicht nötig. Sollten Sie Bedenken wegen unterschiedlicher Skalierungsqualitäten haben, machen Sie einfach einige Tests mit detailreichen Grafiken.

7.4.3 Halbbilddominanz

Auch das Thema Halbbilddominanz kommt immer wieder auf. Das gleichnamige Popup-Menü in den Medieneinstellungen ist etwas verwirrend, meint man doch, es müsse hier vielleicht die richtige Halbbilddominanz zugewiesen sein. Dieses Popup-Menü hat jedoch zwei Funktionen, abhängig davon, ob man im Projekt mit Halbbildern arbeitet.

Halbbilder aufheben (Deinterlacing) | Wenn Sie im Menü DARSTELLUNG den Eintrag HALBBILDER RENDERN nicht aktiviert haben, dann wird über das Popup-Menü HALBBILDDOMINANZ ein Deinterlacing durchgeführt:

- UNGERADE ZEILEN: Die ungeraden Zeilen werden entfernt und die Vollbild-Information wird aus den geraden Zeilen interpoliert.
- GERADE ZEILEN: Die geraden Zeilen werden entfernt und die Vollbild-Information wird aus den ungeraden Zeilen interpoliert.

▲ **Abbildung 7.42**
In den Medieneinstellungen lässt sich in progressiven Projekten die Halbbilddominanz entfernen.

Die beiden Einstellungen führen zum gleichen Ergebnis wie über den Filter DEINTERLACING mit dessen Standardeinstellung DUPLIZIEREN. Der Filter bietet aber noch weitere Modi für das Deinterlacing. Die Variante INTERPOLATION führt zu einem besseren, weicheren Ergebnis als die Methode in den Medieneinstellungen.

▲ **Abbildung 7.43**
Die Methode INTERPOLATION des Filters DEINTERLACING erzielt ein besseres Ergebnis.

Ein Deinterlacing sollte immer dann durchgeführt werden, wenn Material mit Zeilensprung skaliert oder neu positioniert wird, aber bedenken Sie nochmals, dass die Methode in den Medieneinstellungen nur funktioniert, wenn Sie im Projekt und in der späteren Ausgabe kein Halbbild-Rendering verwenden (Seite 625). Um sicherzugehen, sollte man lieber den Filter verwenden.

Halbbilder vertauschen | Verwenden Sie Halbbild-Rendering in Ihrem Projekt, dann haben die Einstellungen im Popup-Menü HALBBILDDOMINANZ eine gänzlich andere Funktion. Mit den Einträgen GERADE und UNGERADE kann die Halbbilddominanz umgedreht werden.

- OHNE: Der Eintrag lässt die Halbbilddominanz des Originalmaterials unangetastet. Bei importierten Medien mit Vollbildern sollten Sie auf jeden Fall kontrollieren, dass der Eintrag auch ausgewählt ist. Wir haben mit progressivem Material einige Tests gemacht und Motion hat den Modus dabei immer korrekt ermittelt, auch beim PsF-Verfahren. Auch werden Grafiken grundsätzlich mit diesem Modus importiert. Es kann aber durchaus sein, dass es sich um so genannte Freeze Frames, z. B. aus Final Cut Pro, handelt, die aus der Bewegung aufgenommen wurden, sodass die Halbbilder sichtbar sind. In dem Fall wenden Sie einen der beiden anderen Modi an oder verwenden den Filter DEINTERLACING.
- UNGERADE ZEILEN: Bei Material mit ungerader Halbbilddominanz wird diese umgedreht, sodass die Halbbilddominanz anschließend gerade ist. Bei Material mit gerader Halbbilddominanz hat die Einstellung hingegen keine Wirkung und entspricht dem Modus OHNE.
- GERADE ZEILEN: Bei Material mit gerader Halbbilddominanz wird diese umgedreht, sodass die Halbbilddominanz anschließend ungerade ist. Bei Material mit ungerader Halbbilddominanz hat die Einstellung hingegen keine Wirkung und entspricht dem Modus OHNE.

◀ **Abbildung 7.44**
Links: Die originale, gerade Halbbilddominanz eines DV-Clips. Rechts: In den Medieneinstellungen wurde die Halbbilddominanz umgedreht und ist nun ungerade.

Vertauschte Halbbilder lassen sich in Motion nur schwierig kontrollieren. Dazu benötigt man auf jeden Fall eine Videoausgabe mit angeschlossenem Videomonitor. Auch muss der Rechner schnell genug sein, um Halbbilder über die RAM-Vorschau in Echtzeit ausgeben zu können. Sollte Ihr Rechner das nicht schaffen, dann verwenden Sie am besten Final Cut Pro dazu. Importieren Sie das Motion-Projekt in Final Cut Pro als Clip und rendern Sie es in einer korrekt eingestellten Sequenz, um es auf einem Videomonitor betrachten zu können.

7.4.4 Bildrate

Motion erkennt die Bildrate von QuickTime-Filmen, da diese in den Eigenschaften zum Film fest definiert ist. Bei importierten Bildsequenzen passt Motion 2 die Bildrate auf die Projekteinstellungen an. Bei Standbildern wird dasselbe gemacht, auch wenn hier jeder Eintrag ohne Einfluss ist – ein Standbild hat keine Bildrate.

Bildraten verändern | Besonders interessant ist die Möglichkeit, die Bildraten von QuickTime-Filmen und Einzelbildsequenzen zu verändern und damit deren Abspielgeschwindigkeit im Projekt beeinflussen zu können. Immer wieder stellt sich dabei die Frage nach hochwertigen Timestretch-Verfahren. Vor allem für sehr starke Zeitlupen unter 30 % der Originalgeschwindigkeit muss man je nach Ausgangsmaterial auch bei hochwertigen Verfahren mit Einschränkungen und unbefriedigenden Ergebnissen rechnen. Gute Verfahren, bei denen einzelne Pixel genau analysiert werden (Pixeltracker) wie in Shake 4 oder über spezielle Plugins wie Twixtor von ReelSmart, benötigen für Zeitlupen sehr lange Renderzeiten.

In Motion sind keine Filter für richtige Zeitlupen vorhanden. Nur der Filter SCRUBBING in der Kategorie ZEIT kann hier über den Parameter BILDVERSATZ so etwas wie einen Timestretch durchführen, wenn der Parameter mit Keyframes animiert wird. Das Handling und die Qualität der Bildüberblendungen sind jedoch nicht sehr überzeugend. Wir sind uns nicht einmal sicher, ob der Filter dafür in diesem Sinne vorgesehen war, denn in der PDF-Hilfe wird eher eine abstrakte Verwendung aufgeführt. Um einen Clip über dessen eigentliche Objektdauer hinaus zu beeinflussen, muss der Filter auf eine Ebene angewendet werden und nicht auf das Objekt selber.

Abbildung 7.45 ▶
Der Filter SCRUBBING kann so etwas wie einen Timestretch vornehmen. Die Objektdauer in der Timeline verändert sich dadurch nicht, weshalb man den Filter auf die Ebene anwenden muss, in der sich der Clip befindet.

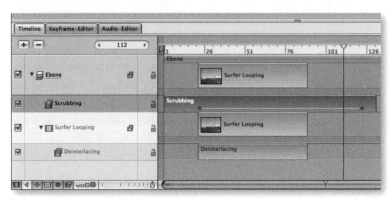

Die restlichen Filter der Kategorie Zeit sind eher als echoähnliche Effekte gedacht, die stroboskopartig wirken oder einen Schweif ziehen. Für bessere Zeitlupen sollte man eher auf Final Cut Pro, diverse Plug-Ins oder sogar Shake 4 und Compressor zurückgreifen. Sie können aber auch die Möglichkeit nutzen, die Bildrate der importierten Bildsequenzen oder Filme in den Medieneinstellungen umzustellen.

◀ **Abbildung 7.46**
Die Qualität der Bildüberblendungen des Filters Scrubbing ist nicht sehr überzeugend.

Bildrate | Das Popup-Menü enthält zahlreiche Standard-Bildraten, mit denen man einen QuickTime-Film oder eine Bildsequenz interpretieren kann. Zur Auswahl stehen: 10, 15, 20, 24, 25, 29, 97, 30 und 60 fps sowie die Einträge Eigene und Aus der Datei.

◀ **Abbildung 7.47**
Das Popup-Menü Bildrate

Wird ein PAL-Film mit 25 Bildern pro Sekunde beispielsweise mit 10 fps interpretiert, dann erscheint dieser in einem PAL-Projekt mit 25

Medieninformationen **365**

Bildern pro Sekunde 2,5-mal so lang. Dabei werden keinerlei Bildüberblendungen durchgeführt, sodass in regelmäßiger Reihenfolge zwei bis drei gleiche Bilder einfach hintereinander liegen.

- EIGENE: Wählen Sie den Eintrag, um in das Textfeld rechts neben dem Popup-Menü eine beliebige Bildrate nummerisch einzutragen. Mit beliebiger Anzahl meinen wir auch tatsächlich einen beliebigen Zahlenwert. Wir konnten keine Limitierung feststellen und gaben bei zwanzig Nullstellen auf.

Für PAL-Bildraten fehlt im Popup-Menü der Eintrag für 50 Bilder pro Sekunde, sodass Sie diesen nummerisch als eigenen Wert eintragen müssen. So läuft z. B. ein Film mit 25 Bildern pro Sekunde in einem PAL-Projekt mit ebenfalls 25 Bildern pro Sekunde doppelt so schnell, wenn die Bildrate auf 50 Bilder pro Sekunde erhöht wurde.

- AUS DER DATEI: Wie schon bei den Einstellungen zu ALPHA-TYP und PIXELFORMAT kann man auch hier den Wert aus der Datei ermitteln.

Bei QuickTime-Filmen liegt Motion immer richtig, da die Bildrate in der Datei feststeht. So werden auch NTSC-Bildraten mit 23,976 und 59,94 richtig erkannt, obwohl sie nicht in der Liste stehen.

Bei Bildsequenzen übernimmt Motion die Bildrate aus den Projekteinstellungen. Liegt Motion damit falsch, nützt auch das erneute Ermitteln der Bildrate nichts, da bei Bildsequenzen die Bildrate nicht in den Dateien aufgeführt ist. Sie müssen die Bildrate kennen und im Falle einer Fehlinterpretation den Wert manuell eintragen.

Zeitlupe mit Highspeed-Aufnahmen | Viel interessanter wird das Ganze, wenn man Bildmaterial mit hohen Bildraten, also Highspeed-Aufnahmen, zur Verfügung hat. So liefert z. B. die Panasonic Varicam HD-Kamera Aufnahmen mit bis zu 60 Vollbildern pro Sekunde. Würde man solch einen QuickTime-Film in Final Cut Pro in eine Timeline mit 25 Bildern pro Sekunde legen, dann würden die nicht benötigten Bilder einfach weggelassen, sodass sich die Dauer des Films nicht verändert. Erst mit den Cinema Tools, die Final Cut Pro beiliegen, könnte man die Bildrate auf 25 Bilder pro Sekunde ändern, wodurch der Film ca. 2,4-mal so lang wird und dadurch in Zeitlupe abgespielt wird.

Die Cinema Tools verändern dabei aber die tatsächliche Bildrate der Quelldatei, man kann den QuickTime-Film also anschließend nicht mehr in normaler Geschwindigkeit verwenden. In Motion kann man die Bildrate aber auch nur für den importierten Film innerhalb des Projekts verändern. Die Bildrate kann bei diesem Beispiel von 60 auf 25 Bilder pro Sekunde gesetzt werden und läuft nun als Zeitlupe mit dem Faktor 2,4 ab, ohne dass die Quelldatei verändert wurde.

Der Vorteil dieser Verfahren ist, dass man nicht künstliche Extrabilder errechnen lassen muss, sondern die Zeitlupe aus echten Bildern besteht. Für weiteres Timestretching per Software hätte man

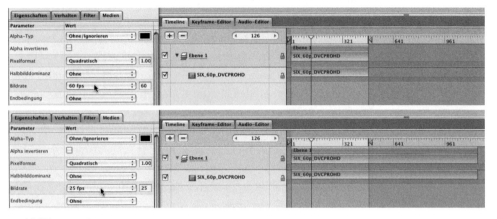

▲ **Abbildung 7.48**
Oben: Ein DVCPRO HD-Film, der eine Bildrate von 60 Fps besitzt, behält seine ursprüngliche Länge in einem PAL-Projekt mit 25 Fps. Überflüssige Bilder werden weggelassen. Unten: Stellt man die Bildrate hingegen auf 25 Fps um, dann wird jedes Bild behalten. Der Film spielt als Zeitlupe mit dem Faktor 2,4 ab.

zudem bessere Ausgangsbedingungen.

Endbedingung | Für Medien, die im Projekt verwendet werden, kann mit der ENDBEDINGUNG definiert werden, was passieren soll, wenn das letzte Bild erreicht wurde. Das letzte Bild kann übrigens, genau wie DAUER und STARTBILD, drei Einträge weiter unten in der Parametergruppe ZEITVERHALTEN definiert werden.

◄ **Abbildung 7.49**
Die Auswahlmöglichkeiten im Popup-Menü ENDBEDINGUNG

Medieninformationen **367**

- Ohne: Es passiert nichts. Der Clip hat nach Erreichen des letzten Bildes keine Wirkung mehr und wird transparent.
- Loop: Der Clip kann bei diesem Modus in der Timeline über seine eigentliche Dauer hinaus getrimmt werden. Der Clip beginnt dann von vorne neu und erzeugt eine Endlosschleife. Die Endlosschleife beginnt immer beim Startbild der Mediendatei, nicht beim in der Timeline gesetzten In-Punkt.
- Vor und Zurück: Auch hier kann der Clip in der Timeline verlängert werden. Der Clip spielt nach Erreichen des letzten Bildes rückwärts, bei Erreichen des ersten Bildes wieder vor und so weiter.
- Halten: Der Clip kann in der Timeline verlängert werden und zeigt nach Erreichen des letzten Bildes eben dieses Bild bis in alle Ewigkeit, abhängig vom gesetzten Out-Punkt.

Leider werden die Start- und Endpunkte in der Timeline nicht markiert, sodass es schwierig ist, deren genaue Position ausfindig zu machen. Setzen Sie sich zur Hilfe am besten eine Markierung auf den Clip.

Rückwärts | Die Checkbox bedarf keiner großen Erläuterung. Bei Aktivierung können Sie den Film rückwärts laufen lassen.

7.4.5 Beschneiden

Über diese Parametergruppe können Sie importierte Grafiken und QuickTime-Filme von allen vier Seiten gerade beschneiden. Über diesen Weg spart man sich die Verwendung des Rechteckmaske-Werkzeugs.

Klicken Sie auf das kleine Dreieck, um die Parameter für die linke, rechte, obere und untere Seite sichtbar zu machen. Obwohl sich die Regler nur bis zum Wert 100 verschieben lassen, kann man über die nummerische Eingabe oder Maus-Scrubbing auch höhere Werte eintragen. Die Werte beziehen sich auf die Pixelausmaße, nicht auf Prozent.

7.4.6 Zeitverhalten

Im Bereich Zeitverhalten definiert man im Vorfeld das Start- und Endbild eines Clips. Im Gegensatz zu den In- und Out-Punkten in der Timeline gelten diese Medieneinstellungen für die Verwendung im gesamten Projekt.

▲ Abbildung 7.50
Sie können in den Medieneinstellungen einen Clip schon vorschneiden, indem Sie START, ENDE und DAUER definieren.

Die In- und Out-Punkte, die man dann noch durch Trimmen in der Timeline setzen kann, unterliegen den bereits gesetzten Start- und Endbildern im Zeitverhalten der Mediendatei. Jedes Objekt verfügt über ein weiteres ZEITVERHALTEN in den EIGENSCHAFTEN.

▲ Abbildung 7.51
Die In- und Out-Punkte, die man später auch in den EIGENSCHAFTEN setzen kann, zeigen die Positionen in der Timeline an.

7.4.7 Verknüpfte Objekte

Die Listendarstellung beschreibt, ob importierte Mediendateien im Projekt verwendet werden. Wenn dem so ist, werden die verwendeten Ebenen eines Objektes aufgeführt, bei QuickTime-Filmen z. B. die Videospur, sowie die Audiokanäle. Bei Photoshop-Dateien mit Ebenen werden die verwendeten Ebenen angegeben.

7.4.8 Mediendatei ersetzen

Die Taste öffnet das Importfenster und ermöglicht es so, die angewählte Datei durch eine andere Datei zu ersetzen.

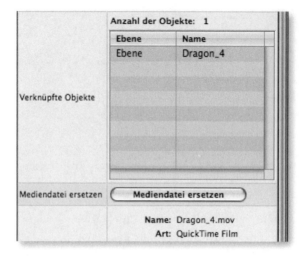

Abbildung 7.52 ▸
MEDIENDATEI ERSETZEN im Medien-Tab

Sollte Motion bereits verwendete Mediendateien nicht finden, weil entweder der Name geändert wurde oder die Medien in einem anderen Verzeichnispfad liegen, dann kann diese Funktion auch dazu benutzt werden, die vermissten Dateien wieder ausfindig zu machen. Diese Funktion ist nur hier verfügbar, aber es gibt eine ähnliche Variante, wenn Medien von Motion nicht gefunden werden können.

Medien erneut zuweisen | Wenn Dateien nicht gefunden werden können, erscheint schon beim Öffnen des Projektes in Motion eine Meldung. In dem Fenster stehen mehrere Möglichkeiten zur Auswahl:

▸ ERNEUT VERBINDEN: Es wird direkt ein Import-Fenster geöffnet, über das Sie die Datei selber neu suchen und auswählen können.
▸ ABBRECHEN: Wenn Sie den Vorgang abbrechen, können Sie später in der Medienablage über das Kontextmenü den Befehl MEDIEN ERNEUT VERBINDEN benutzen.
▸ SUCHEN: Statt selber nach der Datei zu suchen, können Sie auch Motion nach der Dateibeschreibung suchen lassen. Natürlich wird Motion nur fündig, wenn die Datei nicht umbenannt wurde. Ansonsten wird Motion wieder das Import-Fenster zeigen, in dem Sie die Datei selber auswählen müssen. In dem Import-Fenster

müssen Sie dann die Option Nur passenden Namen anzeigen auswählen, um die umbenannte Datei auswählen zu können.

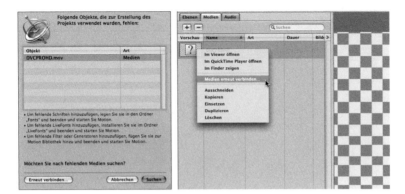

▲ **Abbildung 7.53**
Links: Wenn Motion verwendete Dateien nicht finden kann, erscheint beim Starten des betroffenen Projektes eine Meldung, über die man die Dateien neu zuweisen kann. Rechts: Alternativ kann auch der Befehl Medien erneut verbinden im Kontextmenü der Medienablage verwendet werden.

7.4.9 Zusammenfassung

Die Zusammenfassung zeigt alle wichtigen Format-Informationen für die ausgewählte Datei. Hier handelt es sich im Prinzip um ähnliche Angaben wie im Informationen-Fenster des QuickTime Players.

8 Motion Elements

Motion unterscheidet Elemente und Objekte. Objekte sind dabei greifbare Körper wie Texte, Partikel, Formen, Generatoren, Grafiken und Filme. Elemente sind eher Verhalten, Filter und Masken. In diesem Kapitel erläutern wir die Eigenheiten der am häufigsten verwendeten Arten.

8.1 Objekttypen und Elemente

Motion ist nicht nur auf externe Quellen, also importierte Dateien, beschränkt, sondern bietet eine Reihe eigener Objekttypen an. Neben den importierbaren **Objekten**, wie Bilddateien und Filmformaten, lassen sich in Motion auch Formen, Texte, Generatoren und Partikelwolken einsetzen und durch zugeordnete **Elemente** wie Masken, Filter oder Verhalten verändern.

Alle Objekte und Ebenen werden in der Timeline-Ansicht als blaue Balken dargestellt und sind einzeln verwendbar. Zugeordnete Filter und Verhalten erscheinen als violette Balken in einer eigenen Spur. Masken erscheinen ebenfalls in eigenen Spuren als graue Balken. Diese Elemente können nicht unabhängig verwendet werden, daher erscheinen sie sowohl in der Timeline- als auch der Ebenenansicht immer eingerückt unter einem anderen Objekt. Filter und Verhalten können sogar auf Masken angewendet und diesen damit zugeordnet werden.

Wie Sie bereits wissen, kann das Informationen-Fenster unterschiedliche Eigenschaften eines ausgewählten Objektes anzeigen. Diese gliedern sich in vier Kategorien: Die EIGENSCHAFTEN, die VERHALTEN, die FILTER und in den vierten Reiter mit den objektspezifischen Einstellungen. Abhängig vom ausgewählten Objekttyp ändert sich auch die Bezeichnung des vierten Reiters.

Abbildung 8.1 ▶
Beispiele für Filter, die auf ein einfaches Rechteck mit Verlauf angewandt wurden: KRISTALLISIEREN, BLAU/GRÜN-BLENDE und zwei TROPFEN-Filter, die auf unterschiedliche Radien eingestellt sind.

8.1.1 Filter

Filter sind kleine Effektprogramme mit standardisierten Ein- und Ausgabeschnittstellen und Bedienelementen, die sich in einer Vielzahl von Programmen zur Veränderung von Bildinhalten nutzen lassen. Motion bringt eine große Zahl von Filtereffekten mit sich, um Aufgaben wie Farbkorrekturen, Weichzeichnung, Verzerrungen oder Stilisierungen zu ermöglichen. Zu den wohl wichtigsten Filtern gehören die **Keying-Filter**, die das Bild analysieren und anhand gewählter Farben Transparenzinformationen errechnen, sowie die **Videofilter**, die eine normgerechte Ausgabe von Videomaterial erlauben und die bei der Arbeit oft störenden Halbbilder entfernen können.

Berechnungsgeschwindigkeit | Da Filter den Bildinhalt pixelweise durcharbeiten, hängt ihre Berechnungsgeschwindigkeit oft direkt von der Bildgröße ab. Wenn für ein Element mehrere Filtereffekte nacheinander gerendert werden müssen, dann kann auch ein Mehrprozessorsystem leicht so stark belastet werden, dass der Echtzeitanspruch von Motion nicht mehr aufrechtzuerhalten ist.

Um die Leistung zu erhöhen, berechnet Motion Filter nur innerhalb des Begrenzungsrahmens des Objektes oder der Ebene. Das bedeutet, dass einige Filter, die z. B. Bildinhalte weichzeichnen oder verzerren, also die Ausmaße eigentlich ausweiten sollten, oft rechteckig beschnitten werden. Um dieses Verhalten zu vermeiden, sollte man daher solche Filter immer einer Ebene zuweisen, deren Fläche sich erweitern lässt.

Der Filter RADIAL WEICHZEICHNEN wirkt sich nur auf den inneren Bereich der Rechteck-Form aus. Auch ein Verschieben des Filters auf die Ebene ändert daran zunächst nichts. In Motion 1.0.x hätte man hier mehrere Objekte außerhalb des sichtbaren Bereichs einfügen müssen, um die Ebenengröße zu erweitern.

◀ **Abbildung 8.2**
Der Filter RADIAL WEICHZEICHNEN wird rechteckig beschnitten.

Motion 2 bietet hier eine neue Ebeneneinstellung: Wird der Filter auf die Ebene verschoben, dann kann man nun in den objektspezifischen Eigenschaften der Ebene die FESTE AUFLÖSUNG aktivieren und mit den Reglern die Breite und Höhe bestimmen. Die Ebenengröße bezieht sich nun nicht mehr auf die Objektgröße und der Filter wirkt über Objektgrenzen hinaus.

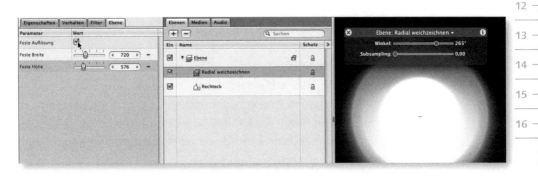

Masken können viele Filter aufnehmen, obwohl sie eigentlich keine eigenen Pixel enthalten. Stattdessen werden ihre Transparenzinformationen durch die Filter beeinflusst, und in einigen Fällen auch die dadurch freigestellten Objekte. Keine Auswirkung haben die Filter der Kategorien FARBKORREKTUR, KEYING und SCHARFZEICHNEN. Nur einige Filter aus der Rubrik STILISIEREN und der Filter MASKE REDUZIEREN funktionieren.

▲ **Abbildung 8.3**
Durch manuelles Festlegen der Größe der Ebene lässt sich dieser Fehler beheben.

Funktionsweise von Filtern

Filter werden nur dann berechnet, wenn der Inhalt des zugewiesenen Objektes berücksichtigt wird bzw. kurz davor. So beeinflusst ein Filter die Pixel eines Objektes, noch bevor allgemeine Eigenschaften wie Skalierung, Beschneidungen oder Verzerrungen berechnet werden.

8.1.2 Bildeinheiten

Die Bildeinheiten (Image Units) sind eine Neuerung des Betriebssystems Mac OS X 10.4 Tiger. Es handelt sich dabei um kompakte Filterprogramme, die sich komplett in der Grafikkarte berechnen lassen und ein wichtiger Bestandteil der Core Image-Systemkomponente sind. Es gibt zwei Arten von Bildeinheiten, die man in der Bibliothek von Motion auswählen kann: Die Filter und Generatoren werden beide als Bildeinheiten bezeichnet und unterscheiden sich nur im Symbol. Die Image Units funktionieren entsprechend den aus Motion bekannten Gegenstücken, wenn auch nicht immer mit gleichen Einstellungsoptionen und Wirkungen. Die meisten sind sogar erheblich langsamer in der Berechnung als die eigenen Motion-Filter.

Die Image Units verhalten sich in der Timeline wie die eigenen Motion-Filter und Generatoren. Die Image Unit-Filter erscheinen violett, bei den Generatoren handelt es sich um Objekte, die somit blau dargestellt werden.

8.1.3 Partikelsysteme

Partikel sind kein Objekt im herkömmlichen Sinn. Sie erfordern die Auswahl eines Objektes, das dann von einem **Partikelemitter** zu einer komplexen Wolke von Objekten umgewandelt wird. Die einzelnen Partikel sind nicht direkt editierbar, sondern können nur über Verhalten und durch ihre eigene Lebenszeit beeinflusst werden. Die Vervielfältigung von Objekten, besonders wenn es sich um QuickTime-Filme handelt, ist sehr rechenaufwändig und nur bedingt in Echtzeit zu genießen, allerdings lassen sich damit relativ einfach komplexe Effekte erstellen. Viele solcher Effekte sind bereits als vorgefertigte Partikelemitter in der Bibliothek von Motion enthalten und zeigen die Möglichkeiten dieser Technik.

Auf die Arbeit mit Partikeln gehen wir in einem eigenen Kapitel ab Seite 485 ein.

Abbildung 8.4 ▶
Beispiele für Partikelsysteme: ein animierter Meteor, eine Implosion und ein Baum.

8.1.4 Generatoren

Auch dieser Objekttyp steht in der Bibliothek zur Verfügung und beschreibt programmerzeugte Farbflächen, die über ein eigenes Interface im Informationen-Fenster editierbar sind. Neben einfarbigen Flächen in Kompositionsgröße und Farbverläufen gibt es auch verwirrende Linien- und Punktmuster, Farbrauschen, fraktale Wolkenmuster und andere Bildgeneratoren. Während Final Cut Pro unter dieser Bezeichnung auch Textgeneratoren anbietet, nutzt man in Motion für alle Bildtexte ausschließlich die Textfelder, die eine eigene Objektart sind.

Die Generatoren von Schwarzweiß-Mustern eignen sich gut dazu, als Bildmaske verwendet zu werden, z. B. auch für Bildüberblendungen. Dabei wird der Generator einer Bildmaske zugewiesen, sodass die Luma-Information transparente Bereiche definiert. Über Keyframe-Animation der einzelnen Parameter des Generators können dann die Überblendungen gestaltet werden.

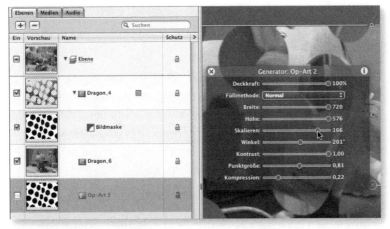

◂ **Abbildung 8.5**
Die Schwarzweiß-Informationen von einigen Generatoren können gut als animierte Luma-Maske verwendet werden, um animierte Übergänge zu erzeugen.

Der Generator Rauschen kann dazu verwendet werden, synthetische und saubere Bilder eines Projektes dem Rauschen realen Videomaterials anzugleichen. Dazu muss er in der Ebenenstruktur als oberstes Element abgelegt werden, mit geringer Deckkraft und dem Füllmodus Überlagern.

Vor allem die rechenaufwändigen Zellenmuster und auch Rauschen sollte man in seinen Projekten vermeiden und sie bei Bedarf als Bildsequenz oder Filmdatei im Voraus berechnen. So lässt sich der Verbrauch von Prozessorleistung deutlich verringern. Sinn machen diese Generatoren unter anderem, um normale Formen mit einfachen Farb- oder Verlaufsfüllungen zu detaillieren.

▲ Abbildung 8.6
Beispiele für Generatoren, die Strukturen in einer bestimmten Auflösung erzeugen: OP-ART 2, STERN und STRUDEL.

Wir gehen auf die Generatoren nicht explizit in diesem Buch ein. In den objektspezifischen Eigenschaften finden sich für jeden Generator unterschiedliche Parameter, deren Erkundung Ihnen keine großen Schwierigkeiten bereiten sollte. Allerdings sind einige der Generatoren wie z. B. MEMBRAN oder STRUDELN qualitativ nicht sehr überzeugend. Einige der Image Unit-Generatoren sind hingegen sehr brauchbar, so z. B. LINSENFÖRMIGES HALO, SONNENSTRAHLEN und STERNENLICHT.

8.1.5 Texte und Schriftarten

In Motion erstellte Textfelder sind erheblich komplexer als in so manch anderer Anwendung, mächtiger als das Apple-Programm LiveType und intuitiver zu bedienen. Im Zusammenspiel mit speziellen Verhalten, die in einer nur schwer überschaubaren Parametervielfalt auf einzelne Zeichen in einem Textfeld zugreifen können, lassen sich aufwändige Animationen erstellen.

▲ Abbildung 8.7
Beispiele für Textfelder in Motion: Ein animierter Text, ein Text entlang eines Pfades und ein Apple LiveFont.

Textfelder in Motion sind derart vielseitig, dass Sie Details bitte dem Kapitel »Text in Motion« ab Seite 535 entnehmen.

8.2 Ebenen und Eigenschaften

Ein Projekt in Motion ist eine hierarchisch strukturierte Ansammlung der unterschiedlichsten Objekttypen. An erster Stelle stehen in der Ebenenansicht des Projektbereichs und in der Timeline immer die Ebenen. Diese haben vor allem ordnende Funktion und dienen als Container für andere Objekte. Deshalb werden sie auch oft als Gruppen bezeichnet.

Objekte gruppieren | Der Befehl, mit dem man ausgewählte Objekte in eine neue Ebene verschiebt, lautet daher auch Gruppieren. Ebenen haben die gleichen grundsätzlichen Eigenschaften wie die meisten Objekte und können auch mit Verhalten und Filtern ausgestattet werden. Alle Faktoren, die eine Ebene beeinflussen, wirken sich auf alle in ihr enthaltenen Unterobjekte aus: Filter werden über die Fläche aller enthaltenen Objekte berechnet, Verhalten bewegen alle Objekte in der Gruppe oder die Gruppe als Ganzes.

Da Ebenen alle überhaupt verfügbaren Parameter in den Eigenschaften besitzen, bietet es sich an, die Parameter dieser Kategorie auch am Beispiel einer Ebene zu beschreiben. Die meisten Objekttypen besitzen einen Teil der hier beschriebenen Parameter, doch nur das Zeitverhalten ist wirklich bei jedem Objekt verfügbar.

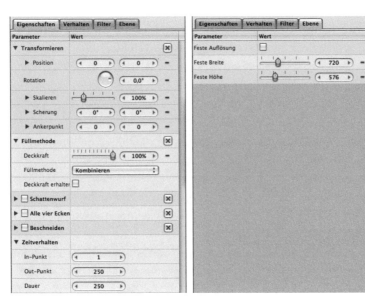

◀ **Abbildung 8.8**
Links: die Objekteigenschaften einer Ebene. Andere Objekttypen verfügen nicht immer über die gleiche Vielzahl an Parametereinstellungen. Rechts: die objektspezifischen Einstellungen einer Ebene sind in Motion 2 neu hinzugekommen.

Transformieren | Zu den allgemeinen Eigenschaften eines Objektes gehören vor allem die Transformationsparameter eines Objektes:

- POSITION: Das Objekt wird in seiner X/Y-Position bewegt. Die beiden Eingabefelder zeigen je die X- (linkes Eingabefeld) und Y-Koordinaten (rechtes Eingabefeld) des Ankerpunktes eines Objektes. Den Ankerpunkt erkennen Sie im Canvas-Fenster an einem kleinen x-Symbol, der von einem Kreis umschlossen wird, sofern die entsprechenden Hebel dargestellt werden (Seite 236). Die Angaben in den Eingabefeldern entsprechen Pixelwerten. Bei einem in der Bildmitte zentrierten Ankerpunkt betragen die Werte jeweils Null. Wird das Objekt so verschoben, dass der Ankerpunkt ganz oben links in der Ecke des Bildes liegt, so betragen die Werte –360 und 288 bei einem DV/SD-PAL-Projekt, also exakt die Hälfte der Bildgröße mit 720 × 576. Die beiden unsichtbaren X- und Y-Achsen teilen demnach das Bild waagerecht und senkrecht in der Mitte. In den beiden Eingabefeldern können die Koordinaten exakt mit Nachkommastellen eingetragen werden, oder Sie scrubben mit der Maus durch die Eingabefelder.

  Um ein Objekt mit der Maus im Canvas-Fenster zu verschieben, muss das WERKZEUG ZUM AUSWÄHLEN/TRANSFORMIEREN ([⇧]+[S]) angewählt sein. Bei gedrückter [⇧]-Taste wird das Objekt ohne horizontalen bzw. vertikalen Versatz verschoben. Wählen Sie die [⇧]-Taste aber erst an, nachdem Sie die Maustaste zum Verschieben bereits gedrückt haben, sonst erwartet das Programm, dass weitere Objekte ausgewählt werden.

- ROTATION: Das Objekt kann über den Ankerpunkt gedreht werden. Motion lässt Werte höher als 360° zu, wobei es sich dabei natürlich um Wiederholungen der Drehungen handelt. Leider zeigt Motion den Multiplikator nicht an, z. B. 2 × 360°, sondern nennt den Gesamtwert von 720°. Um ein Objekt mehrmals exakt zu rotieren, empfiehlt sich also ein Taschenrechner. Um ein Objekt mit der Maus bei ausgewähltem WERKZEUG ZUM AUSWÄHLEN/TRANSFORMIEREN im Canvas-Fenster zu rotieren, fassen Sie es an dem entsprechenden Hebel an. Dabei wird mit gedrückter [⇧]-Taste in 15-Grad-Schritten rotiert.

- SKALIERUNG: Das Objekt kann über den Ankerpunkt größer oder kleiner skaliert werden. Um unproportional zu skalieren, klappen Sie links das kleine Dreieck auf, um die Parameter für X und Y zugänglich zu machen. In dem Eingabefeld können Sie sehr hohe Prozentwerte eingeben, negativ wie positiv. Verwenden Sie z. B.

einen negativen X-Wert von –100 % und einen positiven Y-Wert von 100 %, dann wird das Bild horizontal gespiegelt. Da sich der Regler mit der Maus nicht in den negativen Bereich und über 400 % bringen lässt, müssen Sie das Eingabefeld verwenden.
Bedenken Sie bei hohen Skalierungen die Begrenzung der Objektgröße auf 2048 Pixel. Nur Vektorobjekte können verlustfrei über 100 % skaliert werden. Um ein Objekt mit der Maus bei gewähltem WERKZEUG ZUM AUSWÄHLEN/TRANSFORMIEREN im Canvas-Fenster zu skalieren, fassen Sie es an dem entsprechenden Hebel an. Dabei müssen Sie für proportionale Skalierung die ⇧-Taste gedrückt halten.

Für die Veränderung von Position, Rotation und Skalierung steht Ihnen nicht nur die nummerische Eingabe in den Eingabefeldern zur Verfügung. Sie können auch die Pfeiltasten in den Feldern benutzen und so per Mausklick in einzelnen Pixelschritten (POSITION), Gradschritten (ROTATION) oder Prozentschritten (SKALIERUNG) den Wert ändern. Halten Sie zusätzlich ⇧ gedrückt, springen Sie in Zehnerschritten. Durch Drücken von Alt wird der Wert in Hundertstelschritten geändert.

▶ SCHERUNG: Das Objekt kann verzerrt werden, indem die vertikalen bzw. horizontalen Kanten des begrenzenden Rechtecks um einen bestimmten Winkel gedreht werden. Das linke Eingabefeld neigt die vertikalen Kanten (X-Achse) und das rechte Eingabefeld die horizontalen Kanten (Y-Achse). Für die Zählweise und Eingabe der Werte gilt das Gleiche wie bei der ROTATION. Im Canvas-Fenster können die Parameter mit dem Werkzeug SCHERUNG ANPASSEN (⇧+S und zweimal hintereinander ⇆) direkt über die Anfasser an den Seitenmitten eingestellt werden.

▶ ANKERPUNKT: Durch den Ankerpunkt wird der Mittelpunkt des Objektes beschrieben, an dem sämtliche Transformationen angewandt werden. Dies bedeutet, dass man durch Verschieben des Ankerpunktes die Inhalte eines Objektes oder einer Ebene relativ zur Position verschieben kann. Für die Zählweise und Eingabe der Werte gilt das Gleiche wie bei der POSITION. Soll der Ankerpunkt bewegt werden, ohne die Position der Objekte zu verändern, dann kann man dies mit dem Werkzeug ANKERPUNKT ANPASSEN (⇧+S und anschließend einmal ⇆) tun. Nur mit diesem Werkzeug wird die Verschiebung sofort kompensiert.

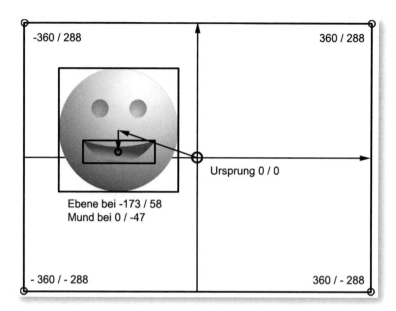

Abbildung 8.9 ▶
Ein Smiley, der aus mehreren in einer Ebene zusammengefassten Formen besteht, und die relativen Positionsangaben der Ebene, des in der Ebene liegenden Mundes sowie der Eckpunkte des Canvas.

Bezugspunkte | Die Mittelpunkte von Objekten orientieren sich bei ihrer Erzeugung an den jeweiligen Ausmaßen des Objektes. Danach kann man die Objekte natürlich nach Belieben animieren, ohne dass sich die Bezugspunkte verändern. Bei der Erzeugung von Ebenen versucht Motion ebenfalls, die Position des Ankerpunktes in die Mitte des Begrenzungsrahmens zu setzen. Da Motion dabei nicht immer erfolgreich ist, sollte man symmetrische Objekte wie den Smiley im Ursprung des Canvas anlegen, dann gruppieren und erst zuletzt an die vorgesehene Stelle verschieben.

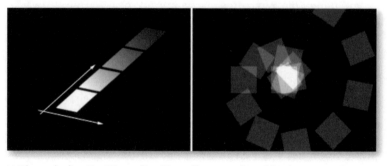

Abbildung 8.10 ▶
Eine Animation des Ankerpunktes im Zusammenspiel mit anderen Transformationen: links ein geschertes Objekt (mit eingezeichneten Objektachsen). Rechts ein rotiertes Objekt, dessen Ankerpunkt sich von der Objektmitte wegbewegt.

Während die Position die Koordinaten des Objektes im Canvas bezeichnet, beschreibt der Ankerpunkt seine Koordinaten relativ zum Objektmittelpunkt. Das bedeutet auch, dass Rotation, Skalierung und Scherung die Auswirkung des Ankerpunktes beeinflussen. Bei einem Scherungswinkel von 45° wirkt sich z. B. eine horizontale

Verschiebung des Ankerpunktes als diagonale Bewegung aus, eine Positionsänderung nicht.

Füllmethode | Aufgrund des Umfangs der Einstellmöglichkeiten verdienen die Füllmethoden einen eigenen Abschnitt, sodass wir zunächst noch die übrigen Parameter beschreiben wollen. Statt über das Informationen-Fenster kann die Füllmethode auch an mehreren anderen Stellen im Projekt eingestellt werden: Über die Schwebepalette sowie per Kontextmenü für das jeweilige Objekt im Canvas-Fenster, in der Timeline und in der Ebenenansicht des Projektbereichs. In der Ebenenansicht lässt sich außerdem die Füllmethode als Popup-Menü darstellen.

Schattenwurf | Die Option SCHATTENWURF erzeugt eine unter dem Element liegende, versetzte farbige Silhouette aller Inhalte.

◄ **Abbildung 8.11**
Die Option
SCHATTENWURF

- FARBE: Klicken Sie in das Farbfeld, um über den Farbwähler von Mac OS X eine Farbe für den Schatten festzulegen. Optional können Sie links das kleine Dreieck umklappen, um über die RGB-Regler die Farbe einzustellen. In den Eingabefeldern können die Farben als Werte von 0 bis 1 eingegeben werden.
- DECKKRAFT: Die Deckkraft des Schattens.
- WEICHZEICHNEN: Die Weichheit der Kante.
- ENTFERNUNG: Der Abstand des Schattens vom Objekt.
- WINKEL: Die Richtung der Entfernung zum Objekt.

Der Schattenwurf kann auch mit dem Werkzeug SCHATTEN WERFEN ANPASSEN aktiviert und verändert werden. Ebenso kann der Schattenwurf über die Schwebepalette aktiviert werden, doch für die

Bearbeitung stehen dort nur die beiden Parameter DECKKRAFT und WEICHZEICHNEN zur Verfügung.

Alle vier Ecken | Die Parametergruppe ALLE VIER ECKEN erlaubt es, die Eckpunkte des Begrenzungsrahmens zu verschieben, sodass sich perspektivische Verzerrungen erzeugen lassen. Allerdings sollte man beachten, dass bei starken Verzerrungen, z. B. wenn drei Punkte in einer Linie liegen, Darstellungsfehler auftreten. Selbst bei Vektorobjekten konnten wir beobachten, dass bei starken Verzerrungen seltsame Artefakte auftreten.

Abbildung 8.12 ▶
Bei einer Verzerrung über die Parametergruppe ALLE VIER ECKEN können Darstellungsfehler auftreten, wenn man es übertreibt.

Beschneiden | Die Beschneiden-Funktion erlaubt es, Pixelreihen oder -spalten von den Rändern einer Ebene wegzustanzen. Ein Beispiel dafür wären die schwarzen Balken eines 16:9-Bildes in einer 4:3-Bildfläche. Anstatt das Bild mit zusätzlichen Objekten zu verdecken, könnte man einfach oben und unten je 86 Pixel entfernen und dadurch die Berechnung sogar vereinfachen. Beachten Sie, dass die Regler maximal bis 200 Pixel beschneiden. Für höhere Werte müssen Sie die Eingabefelder oder das Werkzeug BESCHNEIDEN ANPASSEN verwenden (⇧+S und fünfmal hintereinander ⇥). Sie können importierte Dateien auch schon vorab in den objektspezifischen Einstellungen beschneiden (Seite 368). Auch bei der Arbeit mit Bildmasken kann diese Funktion sehr hilfreich sein.

Medien | Nur bei importierten Medien erscheint der funktionslose Eintrag MEDIEN. Hier werden bei Grafiken und Filmen nur ein Piktogramm und der Dateiname angezeigt.

Zeitverhalten | Die einzigen Parameter, die wirklich für jedes erdenkliche Element verfügbar sind, werden unter ZEITVERHALTEN zusammengefasst. Die Werte werden je nach Einstellung in Bildern oder als Timecode angezeigt. Sie können die Werte in die Eingabefelder in dem jeweiligen Zeitformat eingeben oder mit der Maus scrubben.

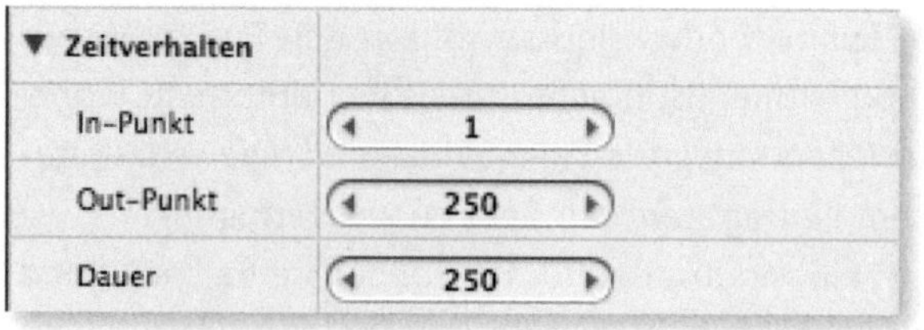

◀ **Abbildung 8.13**
Der Parameter ZEIT-
VERHALTEN

- IN-PUNKT: Tragen Sie hier den zeitlichen Startpunkt für das Objekt oder Element ein.
- OUT-PUNKT: Tragen Sie hier den zeitlichen Endpunkt für das Objekt oder Element ein.
  Außerhalb dieser Markierungen ist ein Objekt nicht sichtbar bzw. nicht einmal existent. Auch die im Kapitel »Animation« ab Seite 456 erläuterten Verhalten folgen dieser Regel und wirken sich nur innerhalb ihrer Dauer auf Objekte aus. Bei Partikelsystemen wirkt sich das Zeitverhalten ähnlich aus, sie werden erst vom In-Punkt aus simuliert. Dadurch lassen sich fast alle Effekte und Objekte in der Timeline wie in einer Schnittsoftware anordnen und bearbeiten. Dort lassen sich die In- und Out-Punkte gegebenenfalls auch besser trimmen.
- DAUER: Die zeitliche Ausdehnung ergibt sich aus dem Abstand zwischen In- und Out-Punkt. Tragen Sie einen Wert für die Dauer ein, dann bezieht sich diese immer auf den In-Punkt. Der Out-Punkt wird entsprechend angepasst.

8.2.1 Füllmethoden

Da man in grafischen Programmen wie Motion üblicherweise mehrere Objekte und Ebenen übereinander anordnet, kann man neben der Deckkraft auch die Füllmethode verändern. Diese Füllmethoden bestimmen, wie die Pixel der übergeordneten Ebene mit denen der darunter liegenden verrechnet werden. Obwohl man in den meisten Fällen die gewünschte Einstellung empirisch ermittelt (also durch wildes Herumprobieren), sei hier noch kurz auf die Funktionsweise der unterschiedlichen Füllmethoden eingegangen, die sich am besten mit den Werten 0 (Schwarz), 0,5 (50 % Grau) und 1 (Weiß) veranschaulichen lassen. Benutzt man den Mac OS X-Farbwähler, dann werden die Werte auch in einem Bereich von 0 (Schwarz) bis 255 (Weiß) angegeben.

Kategorien | Die Füllmethoden sind sowohl in den Popup-Menüs als auch in den Kontextmenüs in acht Kategorien unterteilt, wobei bei Objekten nur sieben Kategorien anwählbar sind. Die erste Kategorie mit nur einem Eintrag steht nur Ebenen zur Verfügung.

- KOMBINIEREN ist ein Modus, der nur für Ebenen verfügbar ist und die Wirkung der enthaltenen Objekte und ihrer Blend-Modi auf alle Objekte anwendet. Damit lassen sich auch in komplexen Projekten Blendmodi einfach auf alle Elemente anwenden, ohne die Projektstruktur dafür umstellen zu müssen.

Auch die zweite Kategorie verfügt nur über einen Eintrag.

- NORMAL kombiniert Farben nur aufgrund ihrer Transparenz. Wenn also ein mittelgrauer Pixel mit einer Deckkraft von 80 % über einem schwarzen Pixel mit dieser Füllmethode angewendet wird, dann ergibt das ein etwas dunkleres Grau. Die Rechnung sieht so aus: 0,5 × 0,8 + 0 = 0,4.

Abbildung 8.14 ▶
Der Schwarzweiß-Verlauf liegt in der Ebenenstruktur über dem Weißschwarz-Verlauf, sodass sie sich in der Mitte überlappen. Der obere Verlauf verdeckt den darunter liegenden mit der Füllmethode NORMAL.

Bei den Operationen der dritten Kategorie ist Weiß die neutrale Farbe, die eine darunter liegende Ebene unverändert lässt, also transparent wird. Die Ergebnisse sind dadurch üblicherweise dunkler als die einzelnen Elemente.

- SUBTRAHIEREN zieht die Farbwerte voneinander ab. Ein weißer Subtrahend (ein Farbwert von 1) erzeugt folglich immer schwarze Pixel, da der Minimalwert einer Farbe immer 0 ist.

Abbildung 8.15 ▶
Der Schwarzweiß-Verlauf mit der Füllmethode SUBTRAHIEREN

- MULTIPLIZIEREN von Farbwerten entspricht der Grundrechenart. Durch die Anpassung des Spektrums verdunkeln sich alle Farben außer bei einem weißen Faktor, also einem Farbwert von 1. Eine rote Form (1, 0, 0), mit der eine blaue Form (0, 0, 1) multipliziert wird, ergibt so ein Schwarz (1 x0, 0 × 0 und 0 × 1). Zwei graue Formen (0,5) werden durch die Multiplikation dunkler (0,5 × 0,5 = 0,25).

◂ **Abbildung 8.16**
Der Schwarzweiß-Verlauf mit der Füllmethode MULTIPLIZIEREN

▸ ABDUNKELN zeigt den dunkelsten der überlagerten Pixel an.

◂ **Abbildung 8.17**
Der Schwarzweiß-Verlauf mit der Füllmethode ABDUNKELN

▸ FARBIG NACHBELICHTEN erhöht den Kontrast so, dass der Helligkeitswert dem der oberen Ebene entspricht.

◂ **Abbildung 8.18**
Der Schwarzweiß-Verlauf mit der Füllmethode FARBIG NACHBELICHTEN

▸ LINEAR NACHBELICHTEN funktioniert ähnlich, allerdings werden die Farben abgedunkelt.

◂ **Abbildung 8.19**
Der Schwarzweiß-Verlauf mit der Füllmethode LINEAR NACHBELICHTEN

In der vierten Kategorie ist Schwarz die neutrale Farbe. Die einzelnen Operationen sind die Gegenstücke zu denen der dritten Kategorie, die Ergebnisse sind also meistens heller als die einzelnen Elemente.

▶ HINZUFÜGEN addiert die Werte für jeden Kanal zusammen, wobei der Maximalwert 1, also Weiß, ist. Grau und Grau, also 0,5 und 0,5, ergeben so ein reines Weiß. Schwarz, ein Wert von 0, wirkt sich nicht auf das Ergebnis aus.

Abbildung 8.20 ▶
Der Schwarzweiß-Verlauf mit der Füllmethode HINZUFÜGEN

▶ AUFHELLEN zeigt nur den helleren der übereinander liegenden Werte an.

Abbildung 8.21 ▶
Der Schwarzweiß-Verlauf mit der Füllmethode AUFHELLEN

▶ ÜBERBLENDEN (in Photoshop NEGATIV MULTIPLIZIEREN) addiert die Farbwerte und lässt dabei die Mittelwerte des darunter liegenden Objektes deutlicher hervortreten.

Abbildung 8.22 ▶
Der Schwarzweiß-Verlauf mit der Füllmethode ÜBERBLENDEN

▶ FARBIG ABWEDELN verringert den Kontrast, um die Helligkeiten anzugleichen.

Abbildung 8.23 ▶
Der Schwarzweiß-Verlauf mit der Füllmethode FARBIG ABWEDELN

- Linear Abwedeln verringert die Helligkeit aller Farben, wirkt sich aber in einfachen Fällen (also reinen Farben) wie eine Addition aus, sodass sich ein Schwarz nicht auf die unterliegende Farbe auswirkt.

◀ **Abbildung 8.24**
Der Schwarzweiß-Verlauf mit der Füllmethode Linear Abwedeln

Die fünfte Kategorie erhält die dunklen und hellen Töne der darunter liegenden Ebene und zeigt bei den Mitteltönen, also dort, wo in den Kanälen ein Grau dargestellt wird, die meiste Wirkung. Die Operationen selbst sind aus den anderen Kategorien bekannt.

- Überlagern entspricht Überblenden in den hellen Bereichen und multipliziert die dunklen Töne.

◀ **Abbildung 8.25**
Der Schwarzweiß-Verlauf mit der Füllmethode Überlagern

- Weiches Licht erzeugt eine sehr sanfte Veränderung des Hintergrunds.

◀ **Abbildung 8.26**
Der Schwarzweiß-Verlauf mit der Füllmethode Weiches Licht

- Hartes Licht multipliziert unter 50 % Helligkeit, darüber überblendet es.

◀ **Abbildung 8.27**
Der Schwarzweiß-Verlauf mit der Füllmethode Hartes Licht

Ebenen und Eigenschaften **389**

▶ STRAHLENDES LICHT erhält gemeinsame dunkle und helle Bereiche, mischt die Mitteltöne aber intensiver als HARTES LICHT.

Abbildung 8.28 ▶
Der Schwarzweiß-Verlauf mit der Füllmethode STRAHLENDES LICHT

▶ LINEARES LICHT erzeugt in den Mitteltönen weiche Überblendungen, Weiß und Schwarz dagegen überdecken alle darunter liegenden Objekte.

Abbildung 8.29 ▶
Der Schwarzweiß-Verlauf mit der Füllmethode LINEARES LICHT

▶ PUNKTUELLES LICHT erzeugt in den Mitteltönen Farbüberläufe, d.h. die Palette verkehrt sich stellenweise in ein invertiertes Bild, ähnlich einer Falschfarbendarstellung.

Abbildung 8.30 ▶
Der Schwarzweiß-Verlauf mit der Füllmethode PUNKTUELLES LICHT

▶ HARTE MISCHUNG mischt nicht nur die Farben, sondern erhöht auch die Sättigung, sodass dieser Modus meist nur mit geringer Ebenendeckkraft Sinn macht.

Abbildung 8.31 ▶
Der Schwarzweiß-Verlauf mit der Füllmethode HARTE MISCHUNG

Die sechste Kategorie verfügt nur über zwei Einträge, die den Unterschied der überlagerten Farbwerte visualisieren.

- Differenz zieht die Farbwerte voneinander ab. Negative Werte werden aber nicht als Schwarz interpretiert, sondern in die benachbarten Kanäle miteinbezogen, sodass Falschfarben entstehen können.

◄ **Abbildung 8.32**
Der Schwarzweiß-Verlauf mit der Füllmethode Differenz

- Ausschluss funktioniert ähnlich, allerdings ist das Ergebnis üblicherweise deutlich kontrastarmer.

◄ **Abbildung 8.33**
Der Schwarzweiß-Verlauf mit der Füllmethode Ausschluss

Die siebte Kategorie enthält Verfahren, um Eigenschaften der Ebene als Maskeninformation auszuwerten.

- Alpha Schablone nutzt die obere Ebene lediglich als Maske für die darunterliegenden Inhalte und beachtet dabei sowohl Alpha- als auch Maskeninformationen.

◄ **Abbildung 8.34**
Der Schwarzweiß-Verlauf mit der Füllmethode Differenz

- Luma Schablone interpretiert die Helligkeitswerte als Maske.

◄ **Abbildung 8.35**
Der Schwarzweiß-Verlauf mit der Füllmethode Luma Schablone

Ebenen und Eigenschaften

▶ ALPHA SILHOUETTE ist eine umgekehrte ALPHA SCHABLONE.

Abbildung 8.36 ◀
Der Schwarzweiß-Verlauf mit der Füllmethode ALPHA SILHOUETTE

▶ Die LUMA SILHOUETTE ist eine umgekehrte LUMA SCHABLONE.

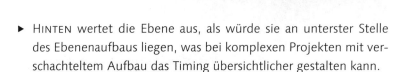

Abbildung 8.37 ◀
Der Schwarzweiß-Verlauf mit der Füllmethode LUMA SILHOUETTE

▶ HINTEN wertet die Ebene aus, als würde sie an unterster Stelle des Ebenenaufbaus liegen, was bei komplexen Projekten mit verschachteltem Aufbau das Timing übersichtlicher gestalten kann.

Abbildung 8.38 ◀
Der Schwarzweiß-Verlauf mit der Füllmethode HINTEN

Die letzte und achte Kategorie verfügt über zwei Einträge, die auch den Alphakanal betreffen. Noch mal zur Erinnerung: Für Objekte stehen sieben Kategorien zur Verfügung und nur für Ebenen alle acht. Für Objekte wäre dies also die siebte Kategorie.

▶ ALPHA HINZUFÜGEN ist ein alternativer Modus, um übereinander liegende Objekte mit Alphakanal-Transparenzen zu kombinieren.

Abbildung 8.39 ◀
Der Schwarzweiß-Verlauf mit der Füllmethode ALPHA HINZUFÜGEN

▶ INTEGRIERTE MISCHUNG ist ein Compositing-Modus für Bilder, die mit ihrem Alphakanal vormultipliziert gerendert wurden (premultiplied, integriert). Der Modus INTEGRIERTE MISCHUNG versucht, diese Multiplikation rückgängig zu machen, indem die Füllfarbe des Bildes in die transparenten Bereiche ausgeweitet wird. Die Ebene sieht also aus, als würde man sie im Darstellungsmodus NUR RGB betrachten oder im Straight-Modus (direkt) rendern. Durch das Ausstanzen mit dem Alphakanal wird die Darstellung wieder sauber. Nach unseren Beobachtungen funktioniert der Modus nur bei Medien mit schwarzem Hintergrund sauber, weshalb wir lieber die Interpretation in den Medieneigenschaften verwenden (Seite 351).

▲ **Abbildung 8.40**
Der Schwarzweiß-Verlauf mit gleichzeitigem Deckkraft-Verlauf von 0–100 %, oben mit der Füllmethode NORMAL, unten mit INTEGRIERTE MISCHUNG.

8.3 Formen, Masken und Bildmasken

Farbflächen, in Motion auch Formen genannt, sind nichts anderes als mit einer bestimmten Farbe gefüllte Masken. Obwohl Formen und Masken in Motion unterschiedlich erscheinen und funktionieren, kann man doch in ähnlicher Weise mit ihnen arbeiten. Zwar lassen sie sich nicht in den jeweils anderen Objekttyp überführen, doch durch spezielle Bildmasken erreicht man einen ähnlichen Effekt. Darüber hinaus gibt es noch andere Arten, Transparenzinformationen zu gewinnen oder zu übertragen. Im folgenden Abschnitt gehen wir auf alle Möglichkeiten, die Motion bietet, detailliert ein.

Alphakanäle | Alphakanäle wurden schon oft in diesem Buch erwähnt. Es handelt sich dabei um einen zusätzlichen Graustufenkanal, der die Transparenz beschreibt. Alle Transformationen, Filter und Verhalten in Motion wirken sich in jedem Fall auch auf die Alphakanäle aus. In den Medien-Informationen kann man bestimmen, ob und wie der Alphakanal interpretiert wird und sogar die als transparent zu interpretierende Farben bestimmen.

Keying Filter | Keying Filter erzeugen die Transparenzinformation aus den Farbkanälen. Dabei bieten sie üblicherweise zahlreiche Einstellungsmöglichkeiten, um den zu entfernenden Farbraum so gering wie möglich zu halten, denn bei einem Farbbild ist, von wenigen Ausnahmen abgesehen, jede Farbe zu einem deutlichen Anteil enthalten. Da die Filter immer einem Objekt zugewiesen sind, verhalten sie sich üblicherweise wie Alphakanäle, doch die genaue Wirkung hängt von der Reihenfolge der Filtereffekte ab.

Bildmaske | Die Bildmaske wird in Motion zunächst auf Objekte angewendet, benötigt aber ein weiteres Objekt als Quelle für die Maskenform. Dabei werden die Graustufeninformationen eines beliebigen Kanals des Quellobjektes auf das Zielobjekt übertragen. Die beiden Objekte bleiben aber, im Gegensatz zu Masken, die mit den Masken-Werkzeugen erstellt wurden, unabhängig voneinander transformierbar.

Ähnlich wie Bildmasken wirken sich auch die **maskierenden Füllmethoden** aus, da sie die Transformationen der Objekte nicht verknüpfen. Die Füllmethoden stanzen über Alpha- oder Luminanz-Anteile alle darunter liegenden Objekte aus. Die Unterscheidung MASKE oder SCHABLONE bestimmt lediglich, ob die Informationen normal oder invertiert angewendet werden.

Beschneidungen des Materials | Einfache Beschneidungen des Materials sind in den allgemeinen Eigenschaften über den Parameter BESCHNEIDEN möglich. Obwohl diese Option nur sehr wenige Möglichkeiten bietet, ist es doch die am wenigsten rechenintensive Maskenoperation, die zur Verfügung steht.

Vektormasken | Die aufwändigste Maskierungsart stellen Vektormasken dar. Sie stehen als Werkzeuge wie die Rechteck- oder Kreis-Formen zur Verfügung oder können Punkt für Punkt von Hand gezeichnet werden. Diese Kurvenformen ermöglichen sehr komplexe Ausmaskierungen.

Formen | Formen sind gefüllte Vektormasken, man könnte aber auch sagen, es sind maskierte Farbflächen. Formen können trotz ihrer Verwandtschaft zu Vektormasken nicht nachträglich in solche umgewandelt werden, bieten aber über Füllmethoden oder die Bildmasken-Funktion ähnliche Funktionalitäten.

◀ **Abbildung 8.41**
Die Werkzeuge zum Erstellen von Vektorformen und Vektormasken. Obere Reihe: Rechteck, Bézier, Text, Rechteckmaske und Béziermaske. Untere Reihe: Kreisform, B-Spline-Form, Text, Kreismaske und B-Spline-Maske.

8.3.1 Vektorformen und -masken

Zum Erstellen von Vektormasken stehen Ihnen in der Symbolleiste im Bereich ERSTELLEN das RECHTECK-WERKZEUG und das KREIS-WERKZEUG zur Verfügung. Mit ihnen können Sie Farbflächen erstellen. Wollen Sie eine Form mit beliebig vielen Punkten erstellen, müssen Sie das Bézier-Werkzeug [B] oder das B-Spline-Werkzeug [B] [B] benutzen.

B-Spline-Kurven erstellen | B-Spline-Kurven werden erstellt, indem man das Werkzeug auswählt und mit jedem Klick einen Magnetpunkt setzt. Die Kurve mündet in den ersten und letzten Punkt. Dazwischen wird sie von den Linien zwischen den Steuerpunkten ausgelenkt, als wären in der Mitte der Schenkel Magneten aufgehängt. B-Splines kennt man auch unter der Bezeichnung »quadratische Bézier-Kurven«.

◀ **Abbildung 8.42**
Um die Ecken von B-Spline-Formen härter zu formen, muss man die Anzahl der Punkte erhöhen. Die Beispielkurve enthält an den Eckpunkten je einen, zwei und drei Punkte.

Standardmäßig braucht man drei Punkte, um eine runde Kurve zu definieren. Je dichter die Punkte beieinander liegen, desto deutlicher kann man einen Eckpunkt herausarbeiten.

Da Masken jedoch mit zunehmender Punktzahl unhandlicher werden, gibt es eine zusätzliche, deutlich komfortablere Möglichkeit, die Qualität der B-Spline-Magneten zu steuern. Klickt man mit dem aktivierten Werkzeug STEUERPUNKTE ANPASSEN und bei gedrückter [⌘]-Taste auf die Eckpunkte, dann kann man die Anziehungskraft neben den Schenkelmitten auch auf die Nachbarpunkte oder den Steuerpunkt selbst verlagern.

Abbildung 8.43 ▶
Bei dieser offenen B-Spline-Form ändert sich die Gewichtung des Kontrollpunktes oben rechts. Links der Normalzustand, daneben die beiden Varianten.

Durch einen Klick mit der rechten Maustaste auf einen Punkt ruft man ein Kontextmenü auf, in dem weitere Optionen zur Verfügung stehen:

- Punkt löschen: Entfernt einzelne Punkte.
- Punkt schützen: Schützt einzelne Punkte vor weiterer Bearbeitung, wie z. B. vor weiterem Verschieben.
- Punkt deaktivieren: Einzelne Punkte werden aus der Kurvenberechnung ausgeklammert. Für diese Punkte steht anschließend der Eintrag Punkt aktivieren zur Verfügung.

Bézier-Kurven erstellen | Bei Bézier-Kurven läuft die Linie in jedem Fall durch die gesetzten Punkte. Bei einfachen Klicks sind die Eckpunkte so spitz, wie man es von einer linearen Interpolation erwarten kann. Zieht man dagegen beim Setzen eines Punktes den Mauszeiger, dann kann man in dem Punkt eine Tangente erzeugen, wodurch die Kurve ausgelenkt wird. Diese Tangenten lassen sich durch Kontextmenüs weiter bearbeiten. Die Bézierpunkte bieten hier dasselbe Kontextmenü wie die B-Splines: Punkt löschen, Punkt schützen und Punkt deaktivieren/aktivieren.

Darüber hinaus lässt sich nun aber definieren, ob man überhaupt Hebel verwenden möchte:

- Linear: Es werden keine Hebel für die Tangentensteuerung verwendet.
- Weich: Fügt die Hebel der Tangentensteuerung hinzu.

Die Hebel selbst verfügen noch über ein eigenes Kontextmenü. Um es aufzurufen, muss man mit der rechten Maustaste auf den Endpunkt des Hebels klicken. Hier kann man nun entweder Hebel trennen oder, wenn sie schon getrennt sind, Hebel verbinden auswählen. Bei getrennten Hebeln kann ein Punkt unterschiedliche Ein- und Ausgangswinkel haben. Verbundene Hebel bilden eine Tangente. Komfortabler lassen sich die Hebel allerdings mit gedrückter ⌘-Taste aus den Punkten herausziehen. Drückt man die Taste beim Anfassen der Hebel, dann werden diese gebrochen oder wieder vereint.

◀ **Abbildung 8.44**
Bézier-Formen definieren die Kurvenform durch ihre tangentialen Kontrollhebel. Von links: keine Tangenten, einfache Tangente, vertikal ausgerichtete Kontrollhebel und gebrochene Hebel.

Bei B-Spline- wie auch Bézier-Berechnungsarten schließt ein Klick auf den Ausgangspunkt die Fläche. Offene Formen oder Masken werden als Linie ausgewertet, deren Breite über den Eintrag KONTUR in den allgemeinen EIGENSCHAFTEN bestimmt wird.

Beide Masken- und Formtypen lassen sich mit dem Werkzeug STEUERPUNKTE ANPASSEN bearbeiten. Auf den Kurven können Sie über das Kontextmenü oder einen Doppelklick weitere Punkte hinzufügen. Bei B-Spline-Kurven müssen Sie dazu mit etwas Geschick auf die Verbindungslinie zwischen den Kontrollpunkten klicken.

Da es sich bei den erstellten Elementen um Vektorformen handelt, also noch nicht konkrete Pixel, sondern nur abstrakte Kurven, hängt viel von ihrer Interpretation und Anwendung auf die Bildpunkte ab. Die wichtigsten dieser Einstellungen findet man in der objektspezifischen Eigenschaft einer Maske oder Form, die man wie bei jedem Objekt mit der Taste [F4] aufrufen kann. Die meisten Optionen sind für Formen und Masken identisch, doch es gibt ein paar Unterschiede.

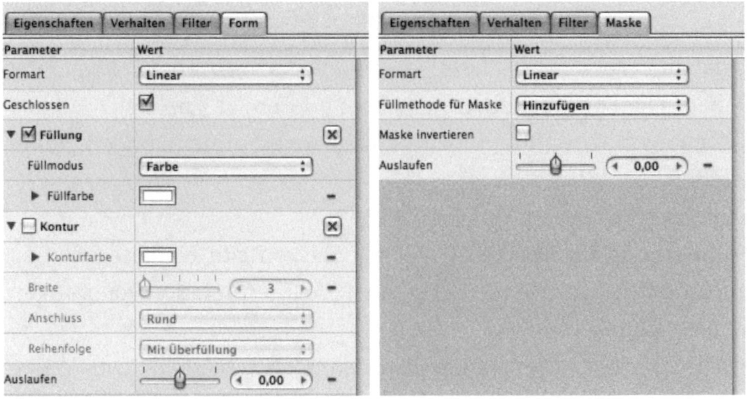

◀ **Abbildung 8.45**
Objektspezifische Einstellungen von FORM und MASKE

Formart | Sowohl Farbflächen als auch Masken bieten drei unterschiedlichen Formarten in einem Popup-Menü an:
- BÉZIER: Die Form besteht aus Bézier-Punkten, siehe Erläuterung.
- B-SPLINE: Die Form besteht aus B-Spline-Punkten, siehe Erläuterung.

▸ Linear: Die Form wird aus direkt verbundenen Punkten beschränkt.

Die Formart kann also nachträglich geändert werden. Dabei entsteht z. B. aus einem Quadrat, dessen Formart von Linear nach B-Spline umgestellt wird, nahezu ein Kreis. Aus einem Kreis, dessen Formart von Bézier nach Linear umgestellt wird, entsteht eine Raute.

Abbildung 8.46 ▸
Verschiedene Interpolationsarten von Masken

Geschlossen | Bei Farbflächen oder Formen kann man zusätzlich auch wählen, ob die Vektorform geschlossen werden soll. Soll sie das sein, wird eine lineare Verbindungslinie zwischen dem ersten und dem letzten Punkt gezogen. Masken sind automatisch geschlossen und können nicht geöffnet werden. Wenn Sie mit dem Bézier- oder B-Spline-Werkzeug die Punkte zeichnen und anschließend mit der Maus auf den ersten Punkt der Kurve klicken, dann wird die Form damit geschlossen. Möchten Sie nur eine Linie zeichnen, dann betätigen Sie die ⏎-Taste, wenn Sie den letzten Punkt gesetzt haben. Die Form bleibt nun geöffnet und erhält statt einer Füllung automatisch eine Kontur. Nur geschlossene Formen können gefüllt werden.

Füllmethode für Masken | Nur für Masken gibt es diesen Eintrag mit einem Popup-Menü, in dem man die Interpretation von Masken wählen kann.

▸ Hinzufügen: Die Standardeinstellung für Masken. Die Maske wird dabei einem Objekt und bestehenden Maskierungen hinzugefügt. Nur der Bereich innerhalb der Maskenbegrenzung bleibt sichtbar.

▸ Subtrahieren: Die Maske wird von einem Objekt und bestehenden Maskierungen abgezogen. Nur der Bereich außerhalb der Maskenbegrenzung bis zu den Objektgrenzen bleibt sichtbar. Der gleiche Effekt kann erzielt werden, wenn man im Modus HIN-ZUFÜGEN die Checkbox MASKE INVERTIEREN anwählt. Verwendet man die Checkbox hingegen mit dem Modus SUBTRAHIEREN, dann wird wieder das gleiche Ergebnis erzielt wie mit dem Modus HINZUFÜGEN.

- ERSETZEN: Verwendet man mehrere Masken auf einem Objekt, dann ersetzt die Maske mit diesem Modus alle anderen Masken, die sich in der Ebenenhierarchie unter dieser Maske befinden. Masken, die sich darüber befinden, können weiter verwendet werden. Auch ignoriert dieser Modus den vorhandenen Alphakanal von Bildern oder Filmen.
- SCHNITTMENGE: Mehrere Maskierungen können über diesen Modus an den Überschneidungen kombiniert werden. Soll die Überschneidung von mehreren in Motion erzeugten Masken verwendet werden, dann müssen alle diese Masken den Modus verwenden. Ansonsten wirkt der Modus nur auf einem vorhandenen Alphakanal.

◄ **Abbildung 8.47**
Eine von zwei sich überschneidenden Kreismasken beschnittene Farbfläche. Die linke Maske ist auf HINZUFÜGEN gestellt, die rechte demonstriert die unterschiedlichen Füllmethoden HINZUFÜGEN, SUBTRAHIEREN, ERSETZEN und SCHNITTMENGE.

Füllung | Der wohl wichtigste Parameter einer Form ist die Füllung. In Motion kann man die Vektorformen mit einfachen Farben oder Farbverläufen ausfüllen. Zur Auswahl stehen bei Formen zwei Methoden:

- FARBE: Klicken Sie in das Farbfeld, um über den Farbwähler von Mac OS X eine Farbe für die Form festzulegen. Optional können Sie links das kleine Dreieck umklappen, um über die RGB-Regler die Farbe einzustellen. In den Eingabefeldern können die Farben als Werte von 0 bis 1 eingegeben werden.
- VERLAUF: Sehr umfangreiche Gestaltungsmöglichkeiten bei Formen ermöglichen Verläufe, die als Füllungen verwendet werden. Auch dieser Methode widmen wir uns gleich in einem eigenen Abschnitt.

Kontur | Formen bieten als Alternative zu weichen Auswahlkanten auch die Möglichkeit, eine Kontur mit verschiedenen Einstellungen zu definieren:

- Farbe: Die Farbe der Kontur kann sich von der Farbe der Füllung unterscheiden, sofern man diese noch angewählt hat.
- Breite: Für die Kontur kann eine variable Breite bestimmt werden. Auch hier kann der Regler wieder bis zu einem Maximalwert (100 Pixel) eingestellt werden, während das Eingabefeld sehr viel höhere Eingaben akzeptiert, aber das kennen Sie ja nun schon.
- Anschluss: Der Anschluss-Modus der Kontur bestimmt die Art, in der die Kontur um harte Eckpunkte herumgeführt wird. Drei Modi stehen im Popup-Menü zur Auswahl: Bei Normal ❶ bleibt der Charakter der Form erhalten, bei Rund ❷ wird die Kontur vollständig abgerundet und bei Schräge ❸ wird eine einfache Fase gezeichnet, die Ecke wird also durch eine schräge Linie abgeschnitten (siehe Abbildung 8.48).
- Reihenfolge: Das Popup-Menü bestimmt, wie die Kontur gezeichnet wird: Mit Überfüllung zeichnet die Kontur vom Randbereich nach außen und innen. Ohne Überfüllung zeichnet die Kontur vom Randbereich nur nach außen.

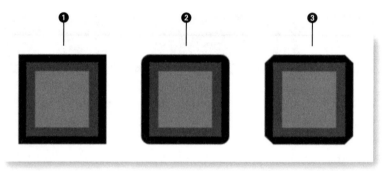

Abbildung 8.48 ▶
Ein hellgrau gefülltes Quadrat mit einer dicken Kontur. Der dunkelgraue Bereich wird bei der Reihenfolge Mit Überfüllung mit der Konturfarbe gefüllt, sonst mit der Füllfarbe.

Auslaufen | Vektorformen ermöglichen es, auch die Begrenzung weichzuzeichnen. Der Parameter Auslaufen zeichnet von der Begrenzung aus einen Transparenzverlauf über die eingestellte Anzahl der Pixel, je nach Vorzeichen nach innen oder außen. Dieser Parameter steht sowohl gefüllten Formen als auch Masken zur Verfügung. Bei Formen darf dazu keine Kontur aktiviert werden, sonst bleibt die Funktion gesperrt (siehe Abbildung 8.52 und 8.53).

Verläufe erstellen und anpassen | Bei Verläufen kann man für jeden definierten Farbpunkt auch seine Position im Verlauf und die Deckkraft bestimmen. Diese Verläufe dehnen sich zwischen den Start- und Endpunkten entweder linear oder kreisförmig aus. Die bestimmenden Punkte werden im Canvas-Fenster als weiße, verschiebbare

Kreuze dargestellt, wenn das Werkzeug STEUERPUNKTE ANPASSEN aktiviert ist. Wird der Verlaufs-Generator verwendet, dann stehen die Kreuze nur über das Werkzeug OBJEKT ANPASSEN (⌂ + S und siebenmal hintereinander ⇥) zur Verfügung. Die Fülloptionen des Verlaufs werden auch bei Textfeldern und Partikelsimulationen eingesetzt, allerdings mit leichten Variationen. Details finden Sie im Kapitel »Text in Motion« auf Seite 548 und im Kapitel »Partikelsysteme« auf Seite 503.

Verlaufsrichtung | Ein Verlauf ist eine definierte Skala, auf der man Werte für Farb- und Deckkraft an bestimmten Positionen einträgt. Zwischen diesen Werten wird dann quadratisch interpoliert. Die Zeichenrichtung des Verlaufs innerhalb einer Form kann man mit dem Werkzeug STEUERPUNKTE ANFASSEN bestimmen. Die zwei weißen Kreuze, die im Canvas-Bereich als Start- und Endpunkte angezeigt werden, lassen sich so mit dem Werkzeug verschieben. Die Koordinaten kann man, wie viele andere Parameter auch, animieren.

Die zusätzliche Option LINEAR meint nur die Zeichenrichtung des Verlaufs orthogonal zu der beschriebenen Linie. Der alternative Eintrag RADIAL zeichnet den Verlauf kreisförmig um den Startpunkt herum.

▼ **Abbildung 8.49**
Der Verlaufsregler ist intuitiv in der Handhabung, bietet dabei aber eine beachtliche Funktionstiefe. Die Pfeile weisen auf die Beziehungen von Verlauf, Start und Ende des Verlaufs hin, bei linearem und radialem Verlauf.

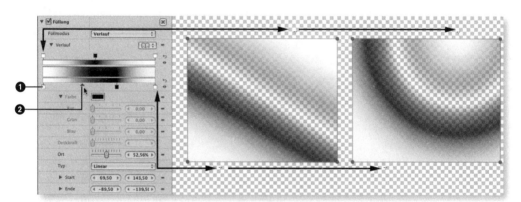

Die Verteilung der Farbwerte entlang der Verlaufsrichtung ist in jedem Fall nicht linear, sondern weich interpoliert. Die Auswirkung dieser Verteilung lassen sich am besten mit einem Vektorskop (z. B. in Final Cut) anhand eines Graustufenverlaufs beobachten.

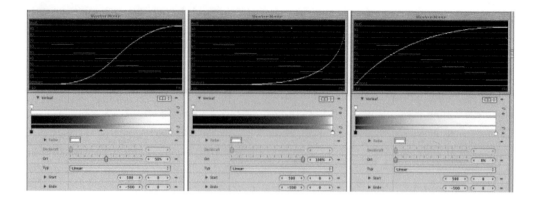

▲ **Abbildung 8.50**
Die Vektorskopanzeige von Final Cut Pro gibt Aufschluss über die Werteverteilung in einem linearen Graustufenverlauf. Hier wurde der Mittelwert auf 50 %, 100 % und 0 % eingestellt. Wie man erkennen kann, ist bei einem linearen Verlauf die Helligkeitsverteilung alles andere als linear.

Abbildung 8.51 ▶
Mit den Mittelwert-Reglern lassen sich die Verläufe so einstellen, dass durch die Helligkeitsverteilung bei einfachen Formen ein dreidimensionales Aussehen angenähert werden kann.

Verlaufsfarben | Die eingetragenen Farbwerte lassen sich mit den Farbmarkern ❶ auf den Verläufen auswählen und verschieben. Die gewählte Farbe lässt sich durch die angezeigten Farb-Parameter und den Mac OS X-Farbwähler wie bei einer einfachen Färbung einstellen. Neue Marker kann man durch Klicken auf einen der schmalen Verläufe hinzufügen. Zusätzlich kann man in Form eines kleinen dreieckigen Markers ❷ den Mittelwert zwischen zwei Farbmarkern verschieben, um die Dynamik des Verlaufes anzupassen. Diese Dreiecke werden nur angezeigt, wenn ein Farbmarker aktiv ist. Werden sie angewählt, dann wird der Parameter ORT prozentual zum Abstand der Punkte definiert, bietet aber keine weiteren Einstellungsmöglichkeiten.

Verlaufsregler | Ein Hinweis zur Arbeit mit den Verlaufsreglern: Man kann die Mittelwerte nicht mehr anfassen, wenn sie bei 0 % oder 100 % liegen, also deckungsgleich mit einem Farbmarker sind. Dieser Zustand lässt sich nur beheben, indem ein Farbwähler gelöscht wird. Dabei wird dann der neue Wert ORT aus den umliegenden Mittelpunkten interpoliert.

Um Farbwerte zuverlässig auszulesen, empfiehlt sich die Lupenfunktion des Mac OS X-Farbwählers, die auch die Werte von Interface-Elementen wie den Farbmarkern misst (Seite 421). Der Farbwähler erlaubt es auch, zwischen verschiedenen Farbsystemen wie RGB, CMYK und HSB zu wechseln.

Verläufe und Füllmethoden

Gefüllte Vektorformen können bei Verwendung der Füllmethoden von Ebenen unter Umständen falsche Ergebnisse liefern. Diese Fehler lassen sich umgehen, wenn man Verlaufs-Generatoren oder importierte Bilddateien verwendet.

Die Verlaufsregler tauchen in abgewandelter Form auch bei Textfeldern und Partikeln auf, dann ergänzt um spezifische Kontrollen. Textfelder bieten sogar eine dritte Füllmethode, die auf Seite 549 im Kapitel »Text in Motion« vertieft wird.

Sie können Ihre erzeugten Verläufe auch abspeichern, indem Sie oben rechts vom angezeigten Verlauf in das Popup-Menü klicken. Dort finden Sie eine Liste der Verläufe, die schon in der Bibliothek abgespeichert sind. Über den obersten Eintrag VERLAUF SICHERN erscheint ein neues Fenster, in dem Sie den Namen für den Verlauf bestimmen. Anschließend erscheint der Verlauf in der Rubrik VERLAUF in der BIBLIOTHEK. Per Drag & Drop lassen sich die Verläufe dann auf Objekte anwenden.

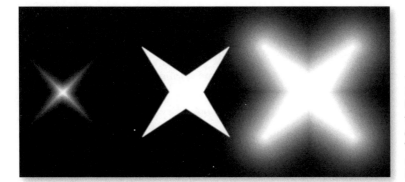

◄ **Abbildung 8.52**
Die gleiche Form, links mit einem negativen Auslaufwert, in der Mitte mit einem Wert von 0, rechts mit einem sehr großen Wert.

Vektorformen und Kantenglättung

Sobald man nach der Erzeugung einer Form die Bearbeitung abschließt und das Form-Objekt erzeugt, wird die Größe als Originalgröße definiert. Zu diesem Zeitpunkt wird auch die Kantenglättung vorgenommen, sodass einige, eher pixelorientierte Funktionen wie ALLE VIER ECKEN ANPASSEN oder BILDMASKEN sehr unscharfe Ränder erzeugen können.

Abbildung 8.53 ▶
Manche Formen, wie dieser fünfzackige Stern, lassen sich leichter mit sich überschneidenden Linien erstellen (beachten Sie die Reihenfolge der Punkte). Dabei wird deutlich, dass Motion die auslaufende Kante nur auf einer Seite der Linie berechnet.

 Schritt für Schritt: Einen Baumstamm erstellen

Als Beispiel für eine einfache Vektorform wollen wir an dieser Stelle einen einfachen Baumstamm erzeugen, den wir im Rahmen des in der nächsten Schritt für Schritt-Anleitung »Eine zweistufige Partikelemission erzeugen« auf Seite 519 weiter verwenden werden.

1 Eckpunkt der Wurzel festlegen

Erstellen Sie ein neues Motion-Projekt mit der Voreinstellung SD PAL-Broadcast und wählen Sie das Bézier-Werkzeug. Klicken Sie einmal in das Canvas-Fenster, um die Form zu beginnen. Dieser Punkt wird ein Eckpunkt einer Wurzel.

Abbildung 8.54 ▶
Mit dem Bézier-Werkzeug wird der Eckpunkt der Wurzel gesetzt.

2 Bézier-Hebel erzeugen

Den nächsten Klick setzen wir links darüber an. Doch nach dem Klick nicht die Maustaste lösen, sondern mit gedrückter Taste ziehen. So erzeugen Sie Bézier-Hebel, mit denen sich der Formverlauf kontrollieren lässt.

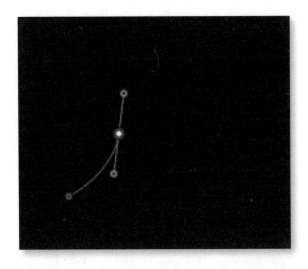

◀ **Abbildung 8.55**
Mit den Bézier-Hebeln lässt sich der Kurvenverlauf kontrollieren.

3 Die restlichen Punkte des Baumstamms setzen

Den dritten Punkt des Baumstamms setzen wir darüber an, auch hier ziehen wir die Hebel, diesmal nach links.

Vervollständigen Sie den Baum, indem Sie einfache oder gezogene Klicks setzen. Sollten Sie mit einem Punkt nicht zufrieden sein, können Sie ihn im Anschluss an die Formerzeugung immer noch ändern, aber Sie können auch einfach mit der ←-Taste einen Punkt löschen und die Bearbeitung dann fortsetzen.

Die Wurzeln und Äste des Baumes sollten an den Randbereichen spitz sein, man kann also einfach klicken, ohne Hebel zu erzeugen.

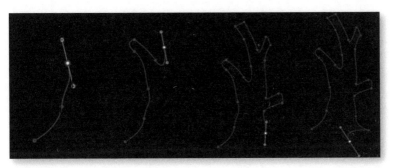

◀ **Abbildung 8.56**
Nach und nach entsteht der Baumstamm.

Formen, Masken und Bildmasken

4 Den Baumstamm verfeinern

Die Form wird weiß gefüllt, sobald sie geschlossen ist, also im Anschluss auf den letzten Punkt auf den Ausgangspunkt geklickt wurde.

Wechseln Sie dann vom Bézier-Werkzeug zu dem Werkzeug STEUERPUNKTE ANPASSEN. Um aus einem spitzen Punkt Hebel zu erzeugen, drücken Sie die ⌘-Taste und ziehen Sie mit dem Zeiger über den Punkt. Um die Hebel zu entfernen, müssen Sie mit gedrückter ⌘-Taste auf den Punkt klicken, nicht ziehen. Ebenfalls mit gedrückter ⌘-Taste können Sie die Hebel brechen, indem Sie einen Arm ziehen. Dann können Sie die Arme immer unabhängig voneinander bewegen. Um die Hebel wieder zu verschweißen, müssen Sie – Sie ahnen es bestimmt – mit gedrückter ⌘-Taste an einem Arm ziehen. Alternativ stehen diese Funktionen auch im Kontextmenü der Punkte und Hebel zur Verfügung.

Formen Sie mit diesen Operationen den Baum nach Ihrem Geschmack.

Abbildung 8.57 ▶
Passen Sie den Baumstamm mit den Bézier-Hebeln nach Ihren Wünschen an.

5 Verlauf erzeugen

In den objektspezifischen Eigenschaften ändern wir nun den Füllmodus der Form auf VERLAUF und bewegen mit dem Werkzeug STEUERPUNKTE ANPASSEN die kleinen weißen Kreuze, welche die Verlaufsrichtung bestimmen, auf gleicher Höhe an das linke und rechte Ende der Form.

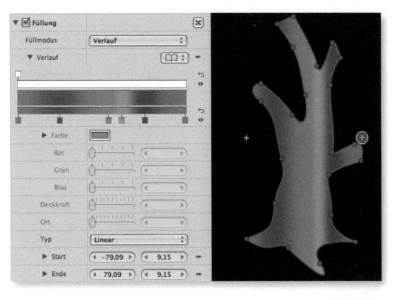

◄ Abbildung 8.58
Der Baumstamm bekommt einen Farbverlauf.

6 Astloch erstellen

Was dem Baum natürlich noch fehlt, ist ein Astloch. Da der Stamm bereits mit einem horizontalen Verlauf gefüllt wird, müssen wir dafür ein neues Objekt erzeugen. Erstellen Sie eine Kreis-Form und füllen Sie diese mit einem Verlauf. Nehmen Sie dabei ähnliche Farben wie für den Stamm. Klappen Sie den Parameter VERLAUF auf und stellen Sie TYP auf RADIAL. Bewegen Sie nun den Startpunkt in das Innere des Kreises und den Endpunkt außerhalb des Kreises.

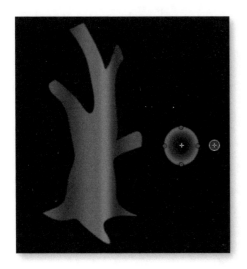

◄ Abbildung 8.59
Eine Kreis-Form wird zum Astloch.

Formen, Masken und Bildmasken

7 Übergang zum Baumstamm anpassen

Um den Übergang zum Stamm fließender zu gestalten, sollten Sie auch den Parameter AUSLAUFEN anpassen und auf etwa 20 Pixel einstellen. Anschließend bewegen wir den Kreis mit dem WERKZEUG ZUM TRANSFORMIEREN/ANPASSEN über den Stamm und skalieren ihn etwas, in diesem Beispiel auf 50 % Breite und 75 % Höhe.

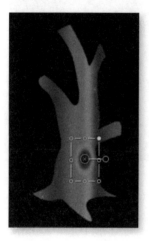

Abbildung 8.60 ▶
Das fertige Astloch auf dem Stamm.

8 Filter anwenden

Um den Baum abzuschließen, wenden Sie noch einen Filter an. Wählen Sie die Ebene aus, in der sich beide Objekte befinden. Klicken Sie im Symbolleistenmenü auf FILTER HINZUFÜGEN und wandern Sie im Menüpunkt STILISIEREN zum Filter KRISTALLISIEREN. Stellen Sie den Radius des Filters auf eine akzeptable Größe ein, z. B. einen Wert von 5.

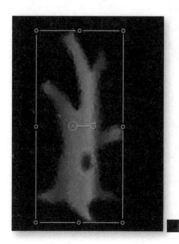

Abbildung 8.61 ▶
Der Filter KRISTALLISIEREN.

Wie Sie sehen, wirkt sich der Filter auf alle enthaltenen Objekte aus und verwischt so nicht nur den Übergang zwischen den Formen, sondern raut auch den Rand des Baumes auf. Will man dagegen den Rand des Baumes glatt beibehalten, dann muss man der Ebene, in der die Formen liegen, eine weitere Maske hinzufügen, die in der Hierarchie über dem Filtereffekt steht. Es ist jedoch recht ineffizient, eine identische Vektorform nachzuziehen. Stattdessen könnte man die Vektorinformationen der Baumform als Bildmaske zuweisen, die die ungefilterten Maskeninformationen der Baumform auf die gesamte Ebene anwendet. Wie man mit Bildmasken arbeiten kann, werden wir im nächsten Abschnitt beleuchten.

8.3.2 Bildmasken

Vektormasken, die einem Objekt zugewiesen wurden, wirken sich auch auf die Eigenschaften des zu maskierenden Objektes aus. Eine Bildmaske funktioniert grundsätzlich anders. Sie besitzt in den Parametern der EIGENSCHAFTEN lediglich ein ZEITVERHALTEN mit einer Dauer und den In- und Out-Punkten auf der Timeline. Der maskierte Bereich wird allein aus den Helligkeitsinformationen der Farbkanäle oder dem Alphakanal der Maskenquelle gewonnen.

Filme, Einzelbilder und Vektorformen | Da Bildmasken ihre Maskeninformation pixelbasiert ermitteln, kann man auch Filme und Einzelbilder zur Maskierung verwenden, nicht nur Vektorformen. Wie Vektormasken kann man auch Bildmasken eigene Filter zuweisen, z. B. um den Farbkanal, aus dem man die Transparenz ableiten will, durch Farbkorrekturen zu verstärken.

Verhalten lassen sich den Bildmasken dagegen nicht zuweisen, doch da man Bildmasken andere Objekte als Maskenquelle zuweist, spricht nichts dagegen diese nach Belieben zu animieren. Bildmasken werden durch die Funktion BILDMASKE ERZEUGEN aus dem Menü OBJEKT (⌘+⇧+M) dem zu maskierenden Element zugewiesen.

In den objektspezifischen Eigenschaften des Bildmasken-Elements kann man dann eine beliebige Pixelinformation, zum Beispiel eine Form oder einen Videoclip, einem Objekt als Quellmaske zuweisen, aus der die Transparenzinformation generiert wird. Man kann Bildmasken sogar Masken und Partikelsysteme als Quelle zuweisen. Die Einstellungen sind immer die gleichen.

Abbildung 8.62 ▶
Die objektspezifischen Eigenschaften einer BILDMASKE.

Quellmaske | In diesem Bereich werden Einstellungen des als Maske zugewiesenen Objekts durchgeführt:

▶ BILD: In dieses Feld kann das Objekt per Drag & Drop aus der Ebenenansicht von Timeline oder dem Projektbereich zugewiesen werden. Man kann die Inhalte allerdings auch direkt auf das Bildmasken-Element in die Timeline- oder Ebenenansicht ziehen, was eine deutlich kürzere Wegstrecke ist.

Bei unseren Versuchen ist uns Folgendes aufgefallen: Wenn Sie importierte Bilder oder Filme aus der Ebenenansicht in das Feld oder auf das Bildmasken-Element ziehen, können Sie die Maskenquelle noch beeinflussen. In dem Fall wird das Quellobjekt in der Ebenenansicht zwar ausgeblendet, wirkt sich bei Transformationen aber trotzdem noch auf die Bildmaske aus – allerdings nur, wenn der Schablonen-Modus aktiviert wurde (siehe Abbildung 8.63). Sie können dadurch die Parameter in den Eigenschaften der Maskenquelle verändern, um eine Auswirkung auf die Bildmaske zu erzielen. Sogar Verhalten sowie Filter wirken sich aus.

Man sollte Bildquellen nur aus der Ebenenansicht in das Objektfeld ziehen. Wenn Sie ein importiertes Bild oder einen Film direkt aus der Medienablage per Drag & Drop der Bildmaske zuweisen, dann liegt das Objekt nicht in der Ebenenansicht und auch nicht im Canvas. Motion wertet die Maske dann einfach nicht aus und das

Objekt ist vollkommen opak. Bildquellen brauchen also eine Position im Canvas, damit ihre Pixelinformationen von Motion verwertet werden können.

Ebenen als Maskenquelle | Verwenden Sie ganze Ebenen als Maskenquelle, dann wird die Ebene nicht ausgeblendet, sodass sie manuell ausgeblendet werden muss. Allerdings müssen die Elemente in der Ebene angewählt bleiben, sonst zeigt die Bildmaske keine Wirkung.

◂ **Abbildung 8.63**
Als Maskenquelle wurde ein Film ❶ gewählt, der selbst in der Ebenenansicht liegt und dadurch ausgeblendet wurde ❷. Trotzdem wirken sich seine Parameter inklusive Verhalten und Filter auf die Maske aus, sofern der Modus SCHABLONE ❸ aktiviert wurde.

- BILD: In der englischen Version heißt es Frame, während das Feld darüber mit Image bezeichnet wurde. Die deutsche Übersetzung bringt an dieser Stelle noch mal die gleiche Bezeichnung, wundern Sie sich also nicht. Dieser Parameter verfügt über einen Regler und ein Eingabefeld. So kann man mit dem Regler das Startbild eines QuickTime-Films oder einer Bildsequenz bestimmen, wenn diese Objekte als Quelle zugewiesen wurden. Der Regler kann nur die ersten 100 Bilder eines Films ansteuern, sodass man das Eingabefeld daneben verwenden sollte. Wenn ein Film zu Ende ist, dann steht das letzte Bild. Wollen Sie z. B. eine sich wiederholende Maskenanimation, dann müssen Sie in den Medieninformationen der Maskenquelle die Loop-Funktion einstellen (siehe Seite 368).
- BILD HALTEN: Verwenden Sie diese Checkbox, um die synchrone Wiedergabe eines Films zu unterbinden. Stattdessen wird nur das Standbild gezeigt, das in dem zuvor beschriebenen Regler definiert werden kann.
- VERSATZ: Mit diesem Parameter kann man eine X/Y-Positionsdifferenz von Quellmaske und angewandter Maske definieren.

- Randmodus: Das eher unscheinbare Popup-Menü beherbergt einige der interessantesten Funktionen der Bildmasken. Hier kann man die Maske beliebig oft Wiederholen lassen, aber nicht zeitlich, sondern grafisch, indem die Maskenquelle über die gesamte Bildfläche gekachelt wird. Die Option Spiegeln erlaubt es, die wiederholten Formen entlang der Seitenkanten zu spiegeln, sodass an den Eckpunkten eine Punktspiegelung oder eine Drehung um 180° stattfindet. So lassen sich leicht kaleidoskopartige Muster erzeugen, die sich über die Eigenschaften der Maskenquelle auch mit Keyframes animieren lassen.

  Das herausragende Feature des Randmodus ist, dass er bei der Verwendung der Kanten wirklich vom Rand des Quellobjektes ausgeht, anstatt nur horizontal und vertikal zu spiegeln. So lassen sich zumindest Rotationen der Quelle auf die wiederholten Abschnitte übertragen.

Anti-Aliasing | Leider schließen die Strukturen dabei bei sehr kleinen Formen nicht immer nahtlos aneinander an. Es kann ein Rand entstehen, der an jeder Seite der Form unterschiedlich breit ausfallen kann und dadurch vor allem beim Modus Wiederholen störend auffällt. Dies hängt mit den Anti-Aliasing-Einstellungen zusammen, wodurch die Kanten geglättet und dabei die Ausmaße der Form verändert werden. Öffnen Sie die Projekteinstellungen (⌘+J) und stellen Sie in den Render-Einstellungen die Methode für Glätten auf Ohne, um das Entstehen von Kanten zu verhindern. Dadurch erhalten Sie je nach Vorlage allerdings eine schlechtere Skalierungsqualität bei Pixelbildern. Bei Ebenen, die über Pixelbilder verfügen und als Bildmaske zugewiesen wurden, zeigen aber auch die Render-Einstellungen wenig Wirkung, sodass die Ränder nicht ganz entfernt werden können.

Abbildung 8.64 ▶
In den Render-Einstellungen lässt sich das Anti-Aliasing so einstellen, dass die Kanten verschwinden. Die Skalierungsqualität von Pixelbildern lässt dadurch aber für das gesamte Projekt nach.

Quellkanal | Das Popup-Menü erlaubt es, die in Bilddaten enthaltenen Graustufenkanäle als Transparenzverläufe zu interpretieren. Zur Verfügung stehen:

- Rot: Die Graustufeninformationen des Rot-Kanals werden für die Maskierung verwendet. Ein zu 100 Prozent gesättigtes Rot wird dabei vollständig transparent.
- Grün: Die Graustufeninformationen des Grün-Kanals werden für die Maskierung verwendet. Ein zu 100 Prozent gesättigtes Grün wird dabei vollständig transparent.
- Blau: Die Graustufeninformationen des Blau-Kanals werden für die Maskierung verwendet. Analog wird hier ein zu 100 Prozent gesättigtes Blau wird dabei vollständig transparent.
- Alpha: Die Graustufeninformationen des Alphakanals werden für die Maskierung verwendet. Ein Bild oder Film muss bereits über einen Alphakanal verfügen. Es lässt sich aber auch ein Alphakanal durch eine Vektormaske oder einen Keying-Filter hinzufügen.
- Leuchtkraft: Die Helligkeitsverteilung aller RGB-Werte zusammen wird für die Maskierung verwendet. Beachten Sie, dass die Leuchtkraft nicht genau dem rechnerischen Mittelwert aller Farbkanäle, sondern eher der empfundenen Helligkeit entspricht. Ein hundertprozentiges Rot würde nur einer Leuchtkraft von 50 % entsprechen.

Mit dem Filter Farbbalance lassen sich die RGB-Anteile der Maskenquelle vorher ganz gut beeinflussen.

Füllmethode für Maske und Maske invertieren | Das Popup-Menü mit den Füllmethoden entspricht den gleichen Einstellungen einer Vektormaske und bestimmt, wie die Maskeninformation verwendet und mit anderen Maskenarten kombiniert wird. Das Gleiche gilt für die Checkbox Maske invertieren.

Schablone und Dehnen | Deaktiviert man diesen Modus, dann werden die Transformationen der Quellmaske nicht beachtet. Die Bildmaske verhält sich dann wie jede andere Maskenart, wird also mit dem zu maskierenden Objekt transformiert. Bearbeitungsfunktionen wie Beschneiden oder Verzerren haben hingegen noch Einfluss. Die Rand-Modi der Bildmaske werden bei deaktivierter Schablone unwirksam. Wenn der Schablonen-Modus deaktiviert ist, kann man zusätzlich die Funktion Dehnen anwählen. Dabei wird die Quellmaske exakt auf das zu maskierende Objekt skaliert, sofern das Bild nicht beschnitten oder über den Parameter ALLE VIER ECKEN verzerrt wurde. Auch Verzerren-Filter beeinflussen das Ergebnis des Modus DEHNEN.

In einem praktischen Anwendungsbeispiel wollen wir nun die Arbeit mit Bildmasken, die Schablonenfunktion und das Zusammenspiel mit Ebenen genauer erläutern.

Schritt für Schritt: Eine Bildmaske erstellen

1 *Projekt erstellen und Material hinzufügen*
Erstellen Sie ein neues Projekt und ziehen Sie zwei beliebige Bild- oder Filmdateien, z. B. aus dem Ordner INHALT • JAHRESZEITEN in der BIBLIOTHEK in die Mitte des Canvas.

Die Einzelteile dieser Übung: Rechts das obere Element des Projektes: »Winter Background.mov«, das die Bildmaske erhält; links der Film »Fall Background.mov«, der im Hintergrund des Projektes steht.

Abbildung 8.65 ▶
Die Einzelteile der Übung

2 *Bildmaske hinzufügen*
Fügen Sie dem oberen Bild »Winter Background.mov« mit der Tastenkombination ⌘+⇧+M eine Bildmaske hinzu.

3 *Kreis zeichnen*
Die Bildmaske soll ein Raster von Rauten erzeugen, die sich ausweiten und damit das hintere Bild freigeben. Wir beginnen mit einer Kreis-Form, die wir in der Mitte des Canvas erzeugen. Wählen Sie das Kreis-Werkzeug (C) und zeichnen Sie mit gedrückter ⇧-Taste einen Kreis in der Mitte des Canvas.

◄ **Abbildung 8.66**
Die Kreis-Form

4 Kreis der Bildmaske zuweisen

Weisen Sie den Kreis dem Parameter BILD der Bildmaske zu, indem Sie in der Ebenenansicht die Kreis-Ebene auf die Bildmasken-Ebene ziehen. Das obere Bild ist jetzt nur im Inneren des Kreises sichtbar, der Kreis selbst wird ausgeblendet.

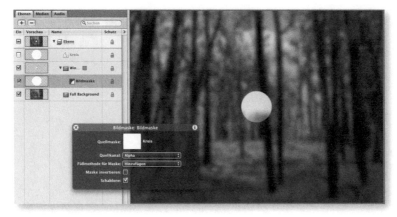

◄ **Abbildung 8.67**
Der Kreis wurde der Bildmaske zugewiesen.

5 Bildmaske wiederholen

Rufen Sie die objektspezifischen Einstellungen der Bildmaske auf, indem Sie diese in der Ebenenansicht anwählen und [F4] drücken. Stellen Sie den RANDMODUS der Bildmaske auf WIEDERHOLEN. Anstatt von einem einzelnen Kreis wird das obere Objekt von einem regelmäßigen Raster an Kreisen freigestellt.

Formen, Masken und Bildmasken **415**

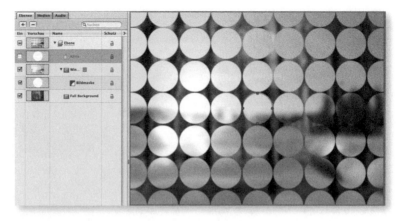

▲ **Abbildung 8.68**
Randmodus WIEDERHOLEN

6 Kreis verändern

Wählen Sie den Kreis aus und verschieben und skalieren Sie ihn ein wenig mit WERKZEUG ZUM AUSWÄHLEN/TRANFORMIEREN. Sie können auch die Form des Kreises mit dem Werkzeug STEUERPUNKTE ANPASSEN verändern. Beobachten Sie, wie sich die Maske verhält.

▲ **Abbildung 8.69**
Verändern Sie den Kreis mit dem Steuerpunkte anpassen-Werkzeug.

7 Schablone deaktivieren

Wählen Sie die Ebene BILDMASKE in der Ebenenansicht aus und deaktivieren Sie die Checkbox SCHABLONE in den objektspezifischen Eigenschaften. Beobachten Sie auch dieses Verhalten. Zwar sieht die Bildmaske ähnlich aus, doch wenn Sie die originale Kreisform jetzt bewegen, dann werden Sie feststellen, dass sich das Muster der Bildmaske nicht mehr bewegt.

8 Neue Ebene erzeugen

Die Tatsache, dass sich die Bildmaske so stark an den Ausmaßen der Quelle orientiert, ist für unser Unterfangen sehr abträglich. Schließlich wollen wir den Kreis so skalieren, dass er erst nicht sichtbar ist und dann die gesamte Maske ausfüllt, um eine Trickblende zu erzeugen. Um die Ausmaße der Maske zu fixieren machen wir uns daher ein nettes neues Feature von Motion 2 zu Nutze.

Erzeugen Sie eine neue Ebene aus dem Kreis, indem Sie erst das Kreis-Element in der Ebenenansicht auswählen und dann mit mit der Tastenkombination ⌘+⇧+G in eine neue Ebene verlegen.

Wählen Sie die Ebene aus und nennen Sie sie »Fixierung«. Würden wir diese Ebene nun als Maskenquelle zuweisen, dann würden wir erst einmal nichts sehen. Daher aktivieren wir erst einmal wieder den Kreis, um ihn sichtbar zu machen.

◀ **Abbildung 8.70**
Es wurde eine neue Ebene mit dem Kreis erzeugt.

9 Bildmaske zuweisen

Ziehen Sie nun die Ebene »Fixierung« in der Ebenenansicht auf das Element »Bildmaske«. Das reicht, um den Verweis im Objektfeld zu ersetzen.

◀ **Abbildung 8.71**
Bildmaske zuweisen

Formen, Masken und Bildmasken   **417**

10 Auflösung fixieren

Nun wählen Sie die Ebene »Fixierung« und aktivieren in den objektspezifischen Eigenschaften eine FESTE AUFLÖSUNG. Sie werden bemerken, dass die Bildmaske auf einen einzelnen Kreis beschränkt wird. Das liegt daran, dass nun der gesamte Ebeneninhalt als Maskenquelle ausgewertet wird, und zwar mit der festen Auflösung von voreingestellten 720 mal 576 Pixeln.

Ändern Sie die feste Auflösung auf eine Höhe und Breite, die der Größe des Kreises entspricht.

▼ **Abbildung 8.72**
Die Auflösung wird durch den Parameter FESTE AUFLÖSUNG fixiert.

11 Animation der Trickblende

Gehen Sie auf das erste Bild des Projektes und aktivieren Sie die Aufnahme-Funktion. Wählen Sie den Kreis aus (nicht die Ebene »Fixierung«) und setzen Sie die Skalierung auf 0 %. Wechseln Sie dann zum letzten Bild des Projektes und stellen Sie die Skalierung auf einen Wert, der groß genug ist, damit der Kreis die Ebenengröße komplett übertrifft. Deaktivieren Sie dann die Aufnahme-Funktion und spielen Sie das Projekt ab. Der Übergang müsste ähnlich aussehen wie in den folgenden drei Bildern, bei denen wir jeweils oben links die Größe des Kreises eingeblendet haben.

Vielleicht tauchen auch bei Ihnen kleine Ränder auf. Diese tauchen nicht in jedem Fall und auch nicht auf jedem System auf, Apple ist aber über diesen Fehler unterrichtet. Sollten Sie eine ähnliche Trickblende erzeugen wollen und auf dieses Problem stoßen, dann empfehlen wir Ihnen statt auf den Randmodus der Bildmaske auf den Replikator zurückzugreifen. Mit diesem können Sie einfach ein Muster über das gesamte Bild erzeugen, dessen einzelne Zellen sich leicht skalieren und so überlappen lassen. Dieses Muster können Sie dann als Bildmaske mit Ihren Elementen verwenden. ■

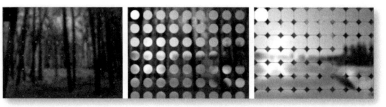

◄ **Abbildung 8.73**
Die aus der Masken-Animation resultierende Überblendung.

8.4 Filter

Filter erscheinen in Motion als eigene Elemente in Spuren auf der Timeline. Die Sammlung an Effektmöglichkeiten ist in Motion wie auch in anderen Programmen zu umfangreich, um auf alle explizit einzugehen, deswegen erwähnen wir sie zwischendurch da, wo es thematisch passt. An dieser Stelle gehen wir auf die **Filter zum Erzeugen von Masken** ein, das so genannte Keying.

8.4.1 Keying-Filter

Motion stellt eine Reihe von Keying-Filtern zur Verfügung. Ähnlich wie Bildmasken erlauben sie es, Farbinformationen in Transparenzinformationen umzudeuten. Folglich machen diese Filter auch am meisten Sinn, wenn sich die freizustellenden Inhalte von einem möglichst einfarbigen Hintergrund abheben. In der Praxis nutzt man für menschliche Darsteller üblicherweise Leinwände in den Farben Blau und Grün, damit sich Hautfarben gut vom Hintergrund trennen lassen.

◄ **Abbildung 8.74**
Der kleine blaue Drache ist vor einem blauen Hintergrund aufgenommen worden. Das Trennen dieser Blautöne ist eine Herausforderung für alle Keying-Filter, speziell wegen der unscharfen Bereiche im Hintergrund.

Als Filter wirken sie immer nur auf das Objekt, dem sie zugeordnet sind. Sie können also nicht auf andere Medien zugreifen, um dort Farbinformationen auszulesen. Filter werden noch vor Transformationen, Vektormasken und Animationen ausgewertet. Ein Keying-Filter, der auf einem Objekt angewendet wird, sitzt also immer passend, die Transparenzinformation ist nicht verschiebbar wie bei Bildmasken.

Keying-Filter analysieren das Material Pixel für Pixel und versuchen, anhand der eingestellten Parameter einzelne Farbwerte durchsichtig zu machen. Ist die zu eliminierende Farbe zum Beispiel Blau, dann werden alle Pixel mit einem bestimmten Blau-Anteil transparent. Dabei ist es egal, ob ein Bildpunkt zum Hintergrund oder zu einer blauen Augenfarbe gehört, das gesamte Bild wird gleich behandelt.

Um eine wirklich optimale Maske, auch in Filmen mit wechselnden Lichtverhältnissen oder ähnlichen Schwierigkeiten, zu erreichen, muss man meistens verschiedene Keying-Filter in Kombination anwenden. Dabei kann es auch hilfreich sein, einige andere Filter aus anderen Kategorien einzusetzen. Welche Filter das sind und wie sie die Maskenerzeugung unterstützen können, wird im Anschluss an die Beschreibung der Keying-Filter erläutert.

Blau/Grün-Blende | Der erste Keying-Filter in der Bibliothek von Motion ist die BLAU/GRÜN-BLENDE. Die englische Bezeichnung BLUE/GREEN SCREEN macht deutlich, dass es sich dabei um einen einfachen Filter handelt, der aus den in Studios gängigen blauen und grünen Leinwänden (Screens) brauchbare Masken erzeugen soll. Der Parameter MASKE wählt aus, ob die Farbe BLAU, das GRÜN oder die BLAU/GRÜN-DIFFERENZ ausgewertet werden soll. Diese dritte Einstellung erhält Blau/Grün-Mischtöne, während reines Blau und Grün entfernt werden. Die FARBSTÄRKE der zu entfernenden Farbe ist auf 100 voreingestellt, muss aber meistens etwas niedriger eingestellt werden. Die TOLERANZ erlaubt es, den zu entfernenden Farbbereich etwas flexibler zu betrachten und dem Wert entsprechend viele Abstufungen zuzulassen. Die KANTENBREITE erlaubt es, den Maskenrand entlang dieser Abstufungen zu verschieben. Zusätzlich kann man natürlich auch die STANZMASKE INVERTIEREN.

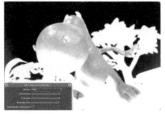  

▲ Abbildung 8.75
Der von einer BLAU/GRÜN-BLENDE erzeugte Alphakanal bei den Einstellungen BLAU, GRÜN und BLAU/GRÜN-DIFFERENZ.

Filter-Parameter genauer einstellen

Bedenken Sie grundsätzlich, auch bei anderen feinfühligen Filtern, dass in den Eingabefeldern des Informationen-Fensters die Einstellungen genauer durchgeführt werden können als über die Schwebepalette. Zum einen können Sie die Werte nummerisch eintragen und zum anderen kann man bei gedrückter [Alt]-Taste in Zehn- oder Hundertstel-Schritten die Werte mit der Maus über die Pfeile in den Eingabefeldern ändern.

Farb-Stanzsignal | Der Keying-Filter FARB-STANZSIGNAL erlaubt es, die zu entfernende Farbe mit dem Mac OS X-Farbwähler direkt aus dem Bild abzunehmen. Der Regler TOLERANZ und die Checkbox STANZMASKE INVERTIEREN funktionieren wie bei der BLAU/GRÜN-BLENDE. Da man mit diesem Key meist nur kleine Farbbereiche zufrieden stellend entfernen kann, sollte man eher mit mehreren Farb-Stanzsignal-Filtern arbeiten, als die Toleranz anzupassen.

◄ Abbildung 8.76
Der Farb-Stanzsignal-Filter wird am besten mit der Bildschirmlupe ❶ des Farbwählers eingestellt.

Filter 421

Kein Überschuss | Da die meisten Keying-Filter an den Rändern der freizustellenden Objekte etwas von der zu entfernenden Farbe übrig lassen (auch Spill genannt), ist in dieser Filter-Kategorie auch der Filter Kein Überschuss eingeordnet. Je nach gewählter Überschussart entsättigt dieser Filter den blauen oder grünen Kanal, um die Ränder farblich weniger auffällig zu gestalten. Da es sich hierbei um eine Art Farbkorrektur handelt, kann es leicht passieren, dass Farben im Vordergrund mit beeinflusst werden, vor allem bei unserem Beispiel mit dem bläulichen Drachen vor blauem Hintergrund. Hier muss man den Regler wohl dosiert einsetzen oder nach anderen Möglichkeiten suchen.

▲ **Abbildung 8.77**
Der Blau-Kanal des Bildes, links ohne Filter, rechts mit dem Filter Kein Überschuss, der den Blau-Überschuss entfernen will. Es wurde keine Farbstanzung angewendet.

Luma-Stanzsignal | Der Filter Luma-Stanzsignal erzeugt die Maske aus der Helligkeitsverteilung eines Bildes. Anders als die Bezeichnung suggeriert, kann man aber auch Farbinformationen damit auswerten. Die Einstellung Leuchtkraft bietet dazu ganze sechs Möglichkeiten. NTSC, PAL und Film werten die gesamte Leuchtkraft mit unterschiedlichen Verteilungskurven aus, die vor allem die Mitteltöne mehr oder weniger stark in die Transparenz umwandeln. Mit den Einstellungen Rot, Grün und Blau kann man die jeweiligen Farbkanäle bevorzugt in die Berechnung einbeziehen. Der Parameter Maskieren bestimmt, welcher Teil der Graustufenverteilung transparent werden soll, also die helleren oder die dunkleren. Die wichtigsten Parameter des Filters sind natürlich der Schwellenwert, also die zu eliminierende Helligkeitsstufe, und die Toleranz.

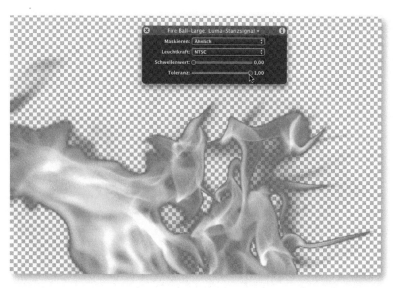

◄ **Abbildung 8.78**
Der Filter LUMA-STANZSIGNAL eignet sich vor allem für starke Hell/Dunkel-Kontraste, hier eine Flamme vor schwarzem Grund.

Primatte RT | Der Primatte RT-Key ist eine Entwicklung der Firma Proton, die auch für andere Anwendungen aufwändige Keying-Filter herstellt. Anders als die übrigen Produkte ist der Primatte RT aber, wie der Zusatz RT (Real Time) nahe legt, eine speziell für Echtzeit-Keying optimierte Variante. Dadurch rendert der Filter sehr schnell. Auch kosten die professionellen Primatte-Keyer ein Vielfaches dessen, was man für Motion ausgeben würde, sodass es sich bei der hier integrierten Variante um eine etwas abgespeckte Version handelt. Einfache Bedienung spricht auch für die großen Versionen, trotzdem wurden die Einstellmöglichkeiten in Motion auf einige wenige Parameter begrenzt und weitestgehend automatisiert. So versucht der Filter bei der Anwendung zum Beispiel, die zu stanzende Farbe anteilig selbst zu ermitteln. Sollte die Vermutung des Filters nicht zutreffen, dann kann man die Farbe durch die Knöpfe ROT, GRÜN und BLAU im Parameter FARBBEISPIEL oder den bekannten Farbwähler für die GRUNDFARBE selbst bestimmen.

Ausgabeoptionen festlegen | Sollte der Filter auf den ersten Eindruck kein Ergebnis liefern, dann kann dies an den Ausgabeoptionen des Filters liegen. Anders als andere Filter kann der Primatte RT-Key nämlich das unbehandelte Eingangsmaterial (VORDERGRUND), die Elemente hinter dem zu stanzenden Objekt (HINTERGRUND), die errechnete Transparenzinformation als Graustufen (STANZMASKE) und schließlich den gestanzten BEARBEITETEN VORDERGRUND anzeigen lassen.

Ränder entfernen | Ähnlich dem Filter KEIN ÜBERSCHUSS kann auch der Filter PRIMATTE RT die zu stanzende Farbe entsättigen und färben, um sichtbare Ränder zu unterdrücken. Man kann sogar eine FARBE FÜR ERSETZEN bestimmen, die den entsättigten Bereich färbt. Die Toleranz und Kantenbreite des Keys lassen sich über die letzten drei Regler einstellen, allerdings ist die Handhabung etwas komplizierter. RAUSCHEN ENTFERNEN entspricht der klassischen Toleranz und bezieht mehr Farbnuancen in die Maske mit ein. Der maximale Wert für RAUSCHEN ENTFERNEN hängt von der DICHTE DER STANZMASKE ab, die wiederum den Schwellenwert des Keys bestimmt. ÜBERSCHUSS UNTERDRÜCKEN bestimmt den Grad der Entsättigung und lässt sich minimal auf den Mittelwert der beiden anderen Regler einstellen.

Abbildung 8.79 ▶
Der PRIMATTE RT-Filter erzeugt auf den ersten Blick schnell gute Ergebnisse, allerdings entsättigt er den Drachen merklich, sodass man mit dem Überschuss-Regler feinfühlig entgegenwirken muss.

Kanal zuweisen | Auch mit anderen Filtern kann man die Deckkraft eines Objektes bearbeiten. Um einen sehr einfachen Key »per Hand« zusammenzubauen, kann man beispielsweise mit dem Filter KANAL ZUWEISEN den Blau-Kanal in den Alphakanal kopieren und durch eine Tonwertkorrektur (PEGEL) die Graustufenverteilung des Alphakanals so im Kontrast anpassen, dass eine brauchbare Maske entstehen kann.

Pegel | Der Filter PEGEL erlaubt es, die Graustufenverläufe aller Farbkanäle, auch des Alphakanals, flexibel einzustellen (übrigens besitzt dieser Filter in der Schwebepalette überhaupt keine Einstellungen).

Histogramm des gefilterten Bildes | Im Informationen-Fenster zeigt der Filter das Histogramm des gefilterten Bildes an (siehe Abbildung 8.80). Hier sieht man die Häufigkeit der verschiedenen Helligkeitsstufen als Balkendiagramm ❶, angefangen mit den dunkelsten Stufen links. Darunter wird ein entsprechender Grauverlauf ❷ angezeigt. In diesen beiden Bereichen kann man insgesamt fünf Parameter über die dreieckigen Marker am jeweils unteren Rand einstellen. Diese fünf Marker entsprechen den folgenden fünf Parametern in der Kategorie RGB: In-Punkt für Schwarz, Out-Punkt für Schwarz, In-Punkt für Weiss, Out-Punkt für Weiss und Gamma. Optional findet man diese Parameter noch einmal für Rot, Grün, Blau sowie Alpha. Die Auswirkungen sieht man dann allerdings nicht in den Markern des Histogramms.

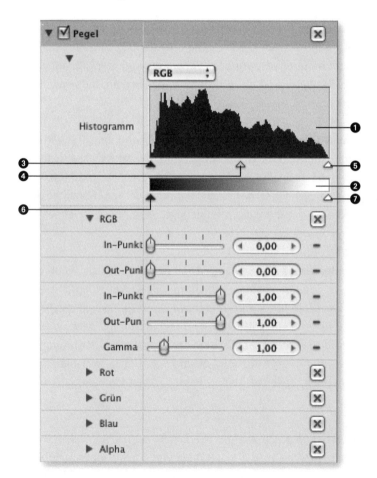

◀ **Abbildung 8.80**
Der Filter Pegel zeigt im Histogramm die statistische Helligkeitsverteilung. Beginnend mit den dunkelsten Werten, zeigt die Höhe des Balkens die Häufigkeit der Pixel mit diesem Wert an.

Im Histogramm kann man mit den drei Markern Schwarz ❸, Grau ❹ und Weiß ❺ in dem Bild die hellsten, die dunkelsten und die mittleren Werte neu bestimmen, also die Graustufenverteilung komplett neu einstellen. Man kann sogar die schwarze und die weiße Marke vertauschen und so das Bild invertieren. Üblicherweise wird der Farbraum bei dieser Operation gestreckt, sodass auch feine Grauabstufungen deutlich sichtbar werden. Hier bekommt man auch mit 16-Bit-Rendering keine besseren Ergebnisse, es sei denn, man arbeitet wirklich mit höher aufgelöstem Ausgangsmaterial, z. B. 10 Bit. Mit den Reglern auf dem Grauverlauf kann man dagegen den gesamten Umfang des neuen Graustufenraumes beschränken, indem man die Ausgabewerte für Schwarz ❻ und Weiß ❼ anhebt und abdunkelt.

Kanal weichzeichnen | Die Kante der Maske lässt sich ausweiten oder verkleinern, indem man den Filter Kanal weichzeichnen anwendet und dort nur die Checkbox für den Alphakanal aktiviert. Entlang der harten Kante wird ein Verlauf erzeugt, der sich mit einer weiteren Tonwertkorrektur für den Alphakanal in die eine oder andere Richtung anpassen kann.

Magische Maske | Statt aber Weichzeichner und eine Tonwertkorrektur für den Alphakanal zu verwenden, bietet sich auch der in Motion 2 neu hinzugekommene Filter Magische Maske an. Im Prinzip vereint dieser Filter die eben besprochene Funktionalität: Mit Verkleinern wird die Maske eingeengt, Auslaufen zeichnet die Randbereiche weich.

Maske reduzieren | Maske reduzieren ist sehr nützlich, wenn man eine Maske ausweiten oder verkleinern will. Dabei entspricht auch dieser Filter einer Tonwertkorrektur auf dem Alphakanal. Während die Kantenbreite die mittleren Graustufen anhebt oder absenkt, reduziert der Parameter Auslaufen den Umfang der Abstufung. Im Gegensatz zum Filter Magische Maske kann man zwar die Maske auch ausweiten, aber die beiden Regler haben kleinere Wirkungsbereiche.

Maske festlegen | Mit Maske festlegen kann man, wie mit der Funktion Bildmaske hinzufügen, beliebige Kanäle eines Zielobjektes als Maske zuweisen. Diese Maske lässt sich durch die Checkbox Composite-Stanzen mit anderen Keys oder Alpha-Masken kombinieren. Sollten die Medien unterschiedliche Bildgrößen besitzen, dann kann man die Maskenquelle mit der Option STANZMASKE DEHNEN passend skalieren. Um Transformationen des zu stanzenden Materials muss man sich nicht sorgen, da es sich hier ja um einen Filter handelt. Die Maskenquelle kann sogar deaktiviert oder ihrerseits transformiert sein.

Paradox ist, dass dieser Filter auf all unseren Systemen nicht mehr in Motion 2 im Filter-Menü oder der Bibliothek aufgetaucht ist. Auf der Festplatte war er jedoch zusammen mit den anderen Filtern installiert und auch ein Motion 1.0.x-Projekt, in dem der Filter verwendet wurde, ließ sich öffnen. Der Filter wurde angezeigt, ließ sich einstellen und sogar per Drag & Drop als eigener Filter in die Bibliothek ziehen. Wir konnten nicht klären, ob es ein Bug oder Absicht sein soll, dass dieser Filter standardmäßig nicht mehr zur Verfügung steht. Auf der Buch-DVD liegt das Projekt Set-Matte.motn, in dem Sie den Filter finden.

9 Animation

Sie haben den Packungstext gelesen und wollen verhaltensgesteuerte Animation? Kein Problem, doch Sie sollten auch über die traditionelleren Arten der Animation, die Arbeitsweise der Verhalten und die zwischen-technischen Beziehungen Bescheid wissen.

9.1 Arten der Animation

Um ein Objekt zu animieren, muss man ihm sagen, wann es wo sein soll. Dies geschieht normalerweise über Schlüsselbilder, die wir definieren, so genannte Keyframes. Zwischen den manuell gesetzten Keyframes kann die Software dann interpolieren, also automatisch Zwischenwerte berechnen. Je nach Art der Berechnung kann die Bewegung unterschiedlich ausfallen, weshalb Motion uns fast alle Bewegungen mit Bewegungspfaden andeutet.

Animation mit Verhalten | Wenn man sich die Tutorials und Beispiele, die Motion beiliegen, jedoch genau anschaut, dann fällt auf, wie wenig Animation explizit definiert wurde. Trotzdem ist alles in Bewegung. Die Apple-Demonstrationen zeigen nämlich vor allem die in Motion enthaltenen VERHALTEN, in der englischen Fassung BEHAVIOURS genannt. Diese Verhalten sind prozedurale Animationen, die über Parameter gesteuert werden. Als solche ähneln sie Filtereffekten, deren komplexe Funktionsweisen durch nur wenige Parameter kontrolliert werden.

Mit den Verhalten kann man relativ schnell Animationen erstellen. Bei einfachen Bewegungen ist die Arbeitsersparnis unwesentlich, doch wenn man die gleiche Bewegung auf mehrere Objekte anwenden will, ist es spürbar einfacher, das gleiche Verhalten über Copy & Paste (⌘+C, ⌘+V) auf diese zu übertragen.

Keyframe-Animation | Sollten die Möglichkeiten der Verhalten nicht ausreichen, so kann man diese jederzeit in Keyframe-Animationen umwandeln. Bei einfachen Bewegungen mag auch das wenig Sinn machen, doch wenn man eine aufwändige Kombination aus Simulationsverhalten erstellt hat, die das angestrebte Endbild nicht ganz erreichen, ist es unter Umständen einfacher, das Ganze in Keyframes zu konvertieren und dann die letzten Schritte »zu Fuß« im Keyframe-Editor zu gehen.

Sollten Sie zu diesem Zeitpunkt noch etwas verwirrt sein, was Animation oder Keyframes sind und welche Auswirkungen sie haben, dann empfehlen wir Ihnen, das Beispielprojekt »Hüpfende Bälle« auf Seite 446 einmal durchzuarbeiten. Darin erhalten Sie einen schnellen und intuitiven Crashkurs, der die Grundlagen vermittelt, über die im Folgenden geschrieben wird.

9.2 Keyframe-Animation

Animation in Motion durch Keyframes zu definieren ist sehr einfach: man muss lediglich den Aufnahme-Knopf in der Transportsteuerung drücken und jede Wertänderung wird zum aktuellen Zeitpunkt abgespeichert, egal, ob sie im Canvas, in der Schwebepalette oder in dem Informationen-Fenster vorgenommen wurde. Dies funktioniert auch, wenn das Projekt abgespielt wird, doch dazu später mehr.

Alternativ kann man auch im Informationen-Fenster die Werte animieren, indem man auf das Minus-Zeichen rechts neben einem Parameter klickt. Es erscheint das Animationsmenü, das erweiterte Keyframe-Optionen bietet.

- ANIMATION DEAKTIVIEREN: Der erste Menüpunkt ignoriert die gesamte Keyframe-Animation des betreffenden Parameters. Dies macht vor allem Sinn, um die Auswirkungen der Einstellungen genauer zu erforschen, z. B. wenn Sie die Bewegung eines auch in der Deckkraft animierten Objektes nicht mehr deutlich erkennen können.
- PARAMETER ZURÜCKSETZEN: Die Werte werden auf die Standard-Einstellungen zurückgesetzt. Alle gesetzten Keyframes werden dabei gelöscht.

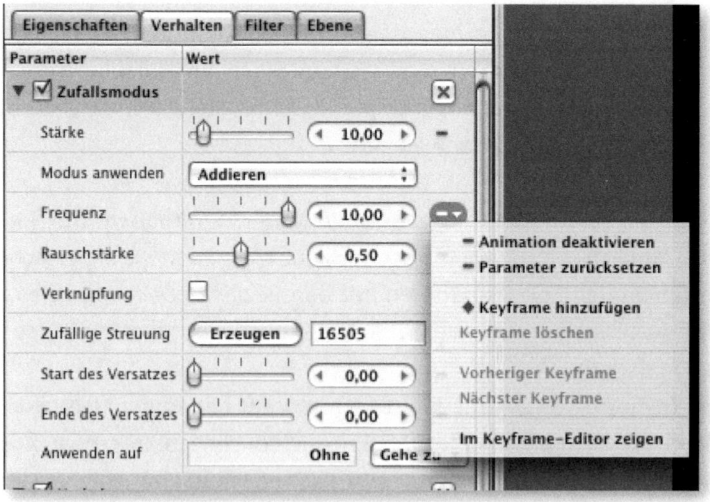

◀ **Abbildung 9.1**
Im Popup-Menü kann man einzelne Parameter zum aktuellen Zeitpunkt definieren oder sich die Animation im Keyframe-Editor anzeigen lassen. Ein ähnliches Kontextmenü taucht im Keyframe-Editor auf, dann mit zusätzlichen Funktionen.

- KEYFRAME HINZUFÜGEN: An der aktuellen Position der Zeitmarke wird ein Keyframe hinzugefügt. In Motion 2 kann man bei gedrückter Alt-Taste und mit einem Klick auf das Symbol des Animationsmenüs den Befehl auch direkt ausführen.
- KEYFRAME LÖSCHEN: Löscht einen Keyframe, sofern an der aktuellen Position der Zeitmarke für diesen Parameter bereits ein Keyframe vorhanden ist. Falls kein Keyframe vorhanden ist, bleibt der Eintrag ausgegraut und kann nicht angewählt werden.
- VORHERIGER KEYFRAME: Springt in der Zeitachse zurück zum nächsten Keyframe, falls für den gewählten Wert bereits ein Keyframe vor der aktuellen Position der Zeitmarke existiert.
- NÄCHSTER KEYFRAME: Springt in der Zeitachse vor zum nächsten Keyframe, falls für den gewählten Wert bereits ein Keyframe nach der aktuellen Position der Zeitmarke existiert.
- IM KEYFRAME-EDITOR ANZEIGEN: Der letzte Menü-Eintrag erlaubt es, direkt den ausgewählten Wert im Keyframe-Editor auszuwählen und seine Bewegungskurve im Vergleich zu den anderen Parametern zu visualisieren. Vor allem bei komplexen Animationen und entsprechend vielen Keyframes erleichtert dies die Arbeit ungemein.

9.2.1 Bewegungspfade

Bewegungspfade werden im Canvas-Fenster immer vom Ankerpunkt aus gezeichnet. Der Ankerpunkt ist der Punkt des Objektes, um den es bewegt, gedreht und skaliert wird. Dies ist normalerweise der Objektmittelpunkt, doch es kann nötig sein, dass man bei handgezeichneten Formen den Ankerpunkt mit dem Werkzeug ANKERPUNKT ANPASSEN an eine andere Stelle verschieben muss. Bei Textobjekten kann der Ankerpunkt schon standardmäßig vom eigentlichen Mittelpunkt abweichen.

Im Canvas bearbeiten | Die Bewegungspfade verhalten sich im Canvas ähnlich wie Formen und Masken. Man kann sie also nach Belieben an den Scheitelpunkten mit den Bézier-Hebeln verziehen, mit Doppelklick auf die Kurven Punkte hinzufügen oder die Interpolation ändern.

Im Keyframe-Kontextmenü im Canvas steht neben der standardmäßigen weichen Bézier-Interpolation auch die lineare Interpolation zur Verfügung. B-Spline-Kurven gibt es hier natürlich nicht, da sie nur wenig mit den angegebenen Positionswerten gemein hätten. Zusätzlich kann man einzelne Keyframes löschen, deaktivieren oder vor weiterer Bearbeitung schützen. Um die gesamte Keyframe-Animation von allen Parametern auf einmal zu entfernen, muss man das Keyframe-Kontextmenü benutzen, das bei der Keyframe-Anzeige in der Timeline zur Verfügung steht. Allerdings ist zu beachten, dass man die Bewegung an unterschiedlichen Stellen definieren kann. Die einfache Möglichkeit ist das Bearbeiten der Pfade direkt im Canvas, doch das gilt nur für die Bestimmung der Position, weshalb sich ansonsten der Keyframe-Editor anbietet.

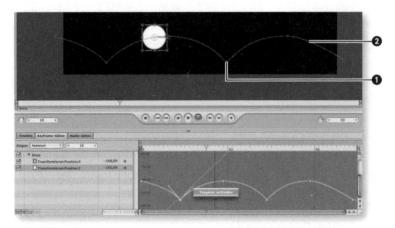

▲ **Abbildung 9.2**
Bei einfachen Animationen kann man sehr gut die Übereinstimmungen zwischen den Kurven im Canvas und Keyframe-Editor beobachten. Die Keyframes sind mit großen Punkten ❶, die interpolierten Zwischenbilder mit kleinen Punkten ❷ dargestellt. Ein Rechtsklick auf die Kurven oder Tangenten erlaubt es, die Interpolation zu beeinflussen.

9.2.2 Keyframe-Editor

Eine komplexe Möglichkeit zur Bearbeitung and Darstellung von Keyframes ist der Keyframe-Editor. Hier werden alle Parameter des gewählten Objektes separat dargestellt und lassen sich anhand von Bewegungskurven über die Zeit bestimmen. Auch im Keyframe-Editor arbeitet man mit Bézier-Hebeln, doch es stehen noch andere Arten der Interpolation zur Verfügung, die sich eventuell besser eignen, da der Keyframe-Editor vor allem die **Geschwindigkeit und Beschleunigung** der Objekte beeinflussen kann.

Werte von Keyframes ändern | Im Editor kann man die Keyframes auch verschieben, wobei die horizontale Bewegung den Zeitpunkt verändert und die vertikale Bewegung den Wert des Parameters. Zusätzlich kann man die Keyframes in der Kurvendarstellung doppelklicken, um den Parameterwert nummerisch einzugeben. Eine weitere Möglichkeit bietet der Wert, der in der Parameterliste des Keyframe-Editors angezeigt wird.

Befindet man sich auf einem Keyframe (gefüllte Raute in der rechten Spalte), dann kann man dessen Wert durch Scrubbing verändern, also indem man mit dem Cursor bei gedrückter Maustaste an dem Wert nach links oder rechts zieht. An jeder anderen Stelle der Bewegungskurve kann man auf die gleiche Art und Weise einen kompletten Werteversatz einstellen, also die Kurve nach oben oder unten verschieben.

Grundsätzlich sollte man immer erst den Bewegungspfad im Canvas wie gewünscht einstellen und dann gegebenenfalls im Keyframe-Editor fein justieren. Dabei empfiehlt es sich, die Animation ständig abzuspielen, um ein eventuelles Fehlverhalten, das sich bei der Bearbeitung im Keyframe-Editor schnell einschleichen kann, in der Bewegung frühzeitig zu bemerken.

Animationsmenü | Um einen Parameter von einem Wert in den nächsten zu überführen, bietet Motion eine Reihe von Interpolationsarten, die sowohl für die gesamte Kurve (siehe Abbildung 9.3, links) als auch für einzelne Kurvenabschnitte nach einem ausgewählten Keyframe eingestellt werden können. Die Unterscheidung findet in dem Fall über die Auswahl statt. Ist kein Keyframe ausgewählt, ist die gesamte Kurve betroffen, bei ausgewähltem Keyframe die nachfolgenden Kurvenabschnitte.

Interpolation und Extrapolation | Während die Interpolation den Werteverlauf zwischen zwei Keyframes ermittelt, bestimmt die Extrapolation den Werteverlauf nach dem letzten und vor dem ersten Keyframe in den entsprechenden Einträgen des Popup-Menüs (siehe Abbildung 9.3, rechts). Dafür ist keine Auswahl von Keyframes im Editor erforderlich.

Das Popup-Menü aus Abbildung 9.3 wird im Handbuch von Motion als Animationsmenü bezeichnet, auch wenn man die Bezeichnung im Programm selbst nicht mehr vorfindet. Es nimmt zu Recht eine Sonderstellung gegenüber anderen Popup-Menüs ein, bietet es doch Einstellungen für den Verkauf der Kurve, die nur hier zur Auswahl stehen.

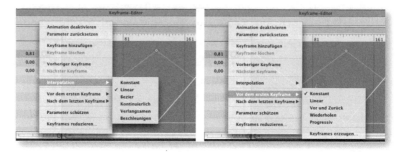

Abbildung 9.3 ▶
Das Animationsmenü ist eine Kombination der Popup-Menüs aus dem Informationen-Fenster und den Keyframes in der Kurvenansicht. Es bietet Einstellungen für die Interpolation (links) und Extrapolation (rechts) der Kurven.

Interpolationsarten | Neben den Einträgen, die Sie schon in Abbildung 9.1 und den Erläuterungen dazu kennen gelernt haben, gibt es hier weitere Einstellungen. Wir widmen uns an dieser Stelle dem Untermenü Interpolation. Die Wahlmöglichkeiten bei der Interpolation sind Konstant, Linear, Bezier, die auch in vielen anderen Programmen zur Verfügung stehen, sowie die halb automatisierten Arten Kontinuierlich, Verlangsamen und Beschleunigen.

▶ Konstant: Die Interpolationsart behält einen Wert so lange konstant bei, bis durch ein weiteres Keyframe ein neuer Wert definiert wird.

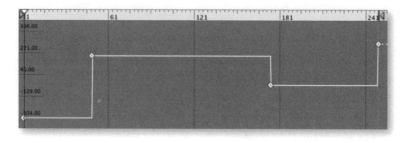

Abbildung 9.4 ▶
Die Animationskurve bei konstanter Interpolation

- LINEAR: Die Interpolationsart überführt die Werte mit konstanter Beschleunigung ineinander. Im Keyframe-Editor wird sie als gerade Linie zwischen den Keyframe-Marken angezeigt.

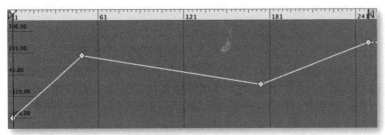

◄ **Abbildung 9.5**
Die Animationskurve bei linearer Interpolation

- BEZIER: Die Interpolationsart erlaubt es, den Bewegungsverlauf über die von Bézier-Formen bekannten Kontrollhebel zu beeinflussen, auch hier mit der Möglichkeit, die Tangenten bzw. Hebel zu brechen und wieder zu vereinen. Da eine Animationskurve zu einem beliebigen Zeitpunkt aber nur einen Wert haben kann, sind die Möglichkeiten der Kurvengestaltung im Keyframe-Editor natürlich eingeschränkt: Man kann die Hebel nur in einem Winkel von 180° drehen.

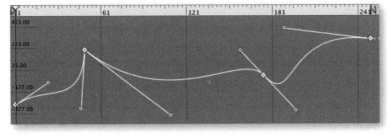

◄ **Abbildung 9.6**
Die Animationskurve bei Bézier-Interpolation

- KONTINUIERLICH: Die Interpolationsart wirkt ähnlich wie die Bézier-Interpolation, allerdings ohne Kontrollhebel. Könnte man diese sehen, dann würden sie eher kurz ausfallen und wären immer verbunden. Diese Interpolationsart versucht, die Kurve möglichst gerade zu halten und nur an den Keyframes die Geschwindigkeit der Werteänderung anzupassen, um eine möglichst weiche, gleichmäßige Bewegung an den Übergängen zu erzeugen.
- VERLANGSAMEN: Die Interpolationsart stellt die Kurve so ein, dass die Bewegung zum nächsten Keyframe hin abgebremst wird, als hätte man bei der Bézier-Interpolation eine flache Tangente eingestellt. Im ersten Drittel der Kurve ändert sich der Wert dabei fast linear.

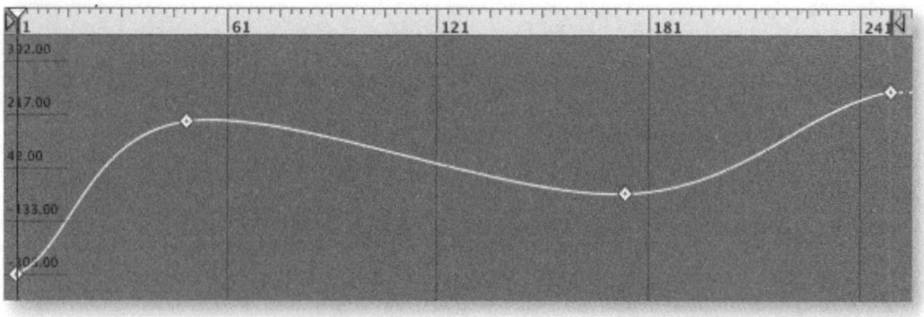

Abbildung 9.7 ▶
Die Animationskurve bei kontinuierlicher Interpolation

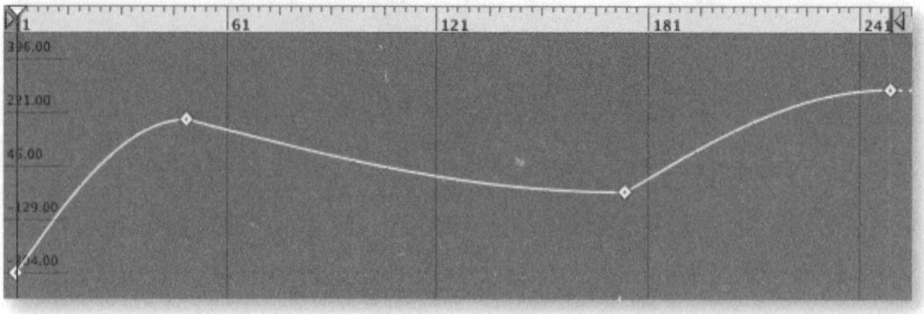

Abbildung 9.8 ▶
Die Animationskurve bei verlangsamender Interpolation

▶ Beschleunigen: Die Interpolationsart funktioniert umgekehrt und bewirkt, dass der Wert »aus dem Stand« langsam beschleunigt und sich das letzte Drittel des Kurvenabschnittes fast linear steigert.

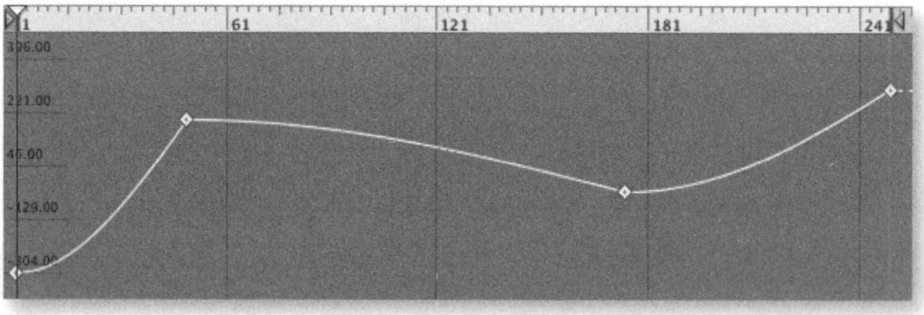

Abbildung 9.9 ▶
Die Animationskurve bei beschleunigender Interpolation

Die Interpolationsarten gelten immer vom gewählten Keyframe bis zum nächsten, also im Keyframe-Editor von links nach rechts. So ist es möglich, unterschiedliche Arten in einer Animationskurve zu verwenden. Stellt man die Interpolation der gesamten Kurve über das Animationsmenü ein, dann gehen diese Unterscheidungen verloren.

Extrapolationsarten | Das Animationsmenü im Keyframe-Editor erlaubt einige nützliche Extrapolationsarten, also Animationsbestimmungen außerhalb des durch Keyframes definierten Bereichs. Dafür gibt es die passenden Einträge vor dem ersten Keyframe und nach dem letzten Keyframe (siehe Abbildung 9.3, rechts). Die Einträge hier lauten KONSTANT, LINEAR, VOR UND ZURÜCK, WIEDERHOLEN und PROGRESSIV sowie KEYFRAMES ERZEUGEN.

- KONSTANT: Die Extrapolationsart bewirkt wie die gleichnamige Interpolationsart, dass der letzte Wert gehalten wird. Sie eignet sich vor allem, wenn die Animationskurve zu einem Halt gekommen ist.

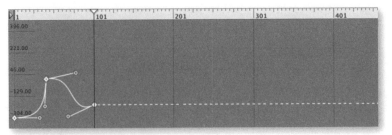

◄ **Abbildung 9.10**
Eine Kurve mit Bézier-Interpolation und konstanter Extrapolation.

- LINEAR: Die Extrapolationsart behält dagegen die letzte Geschwindigkeit bei. Um den letzten Wert zu halten, müsste die letzte Tangente also vollkommen flach sein.

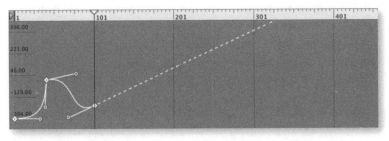

◄ **Abbildung 9.11**
Eine Kurve mit Bézier-Interpolation und linearer Extrapolation.

- VOR UND ZURÜCK: Die Extrapolationsart wiederholt die Animation des Wertes in umgekehrter Zeitrichtung, sodass kein Bruch entsteht. Allerdings hat der Wert im letzten Frame des ersten Zyklus und im ersten Frame des nächsten Zyklus den gleichen Betrag. Dies kann bei allen zyklischen Extrapolationen zu einer unschönen Bewegung führen, lässt sich aber durch Anpassen der originalen Kurve an den Übergängen gut ausbügeln.

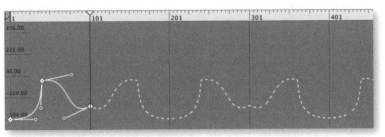

◄ **Abbildung 9.12**
Eine Kurve mit Bézier-Interpolation und VOR UND ZURÜCK-Extrapolation.

Keyframe-Animation **437**

▸ Wiederholen: Diese Extrapolationsart dagegen erzeugt einen deutlichen Bruch, wenn Anfangs- und Endwert der Animation nicht übereinstimmen. Um hier identische Werte zu erzeugen, sollte man das erste Keyframe kopieren und am Ende des Zyklus wieder einfügen.

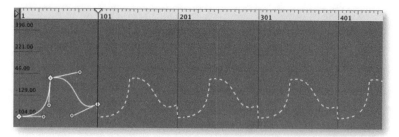

Abbildung 9.13 ▸ Eine Kurve mit Bézier-Interpolation und wiederholender Extrapolation. Hier sieht man deutlich, dass für die Zyklen das erste und letzte Keyframe nicht vereint werden.

▸ Progressiv: Die Extrapolationsart wiederholt die Animation, doch dabei wird die Differenz zwischen den äußersten Keyframes hinzuaddiert. So lassen sich Animationen erzeugen, die wie Tanzschritte ein Bewegungsmuster wiederholen und sich dabei insgesamt weiterbewegen. Ein praktisches Beispiel wäre es, unseren Ball aus dem Tutorial eine Treppe runterhüpfen zu lassen, obwohl man die Bewegung nur für eine Stufe definiert hat. Allerdings kann man die Extrapolationen nicht aufhalten, weshalb der Ball nicht zu stoppen wäre. Motion außer Rand und Band sozusagen.

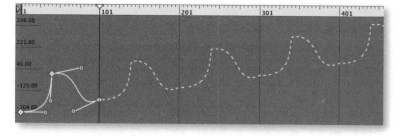

Abbildung 9.14 ▸ Eine Kurve mit Bézier-Interpolation und progressiver Extrapolation.

▸ Keyframes erzeugen: Eine beliebige Anzahl der eben beschriebenen Zyklen lässt sich mit diesem Befehl in editierbare Keyframe-Animation umwandeln. Dazu müssen Sie zunächst eine Extrapolationsart auswählen, damit aus diesen Zyklen die Keyframes erzeugt werden können. Nach Aufrufen des Befehls erscheint ein Fenster, in dem man die Anzahl der Zyklen definieren kann. Dabei ist zu beachten, dass das erste Keyframe des neu erzeugten Zyklus ein Frame hinter dem letzten Keyframe des originalen Zyklus beginnt. Diese direkt aneinander liegenden Keyframes können sich in der Animation als störend erweisen und sollten gegebenenfalls manuell entfernt werden.

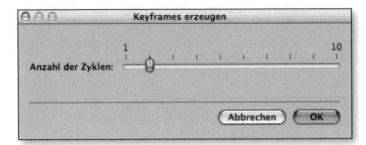

◄ **Abbildung 9.15**
Wählt man den Befehl KEYFRAMES ERZEUGEN, dann öffnet sich ein neues Fenster, in dem Sie aufgefordert werden, die Anzahl der Zyklen zu definieren, aus denen Keyframes erzeugt werden.

Wie effizient diese Art der Animation ist, kann man wieder leicht am Beispiel des Tutorials mit dem hüpfenden Ball auf Seite 446 sehen. Die vertikale Bewegung kann man durch drei Keyframes definieren und wiederholen lassen. Da die Animation in beide Zeitrichtungen extrapoliert werden kann, könnte man die Animation auch in der Bildmitte anlegen und so auf die Umgebung anpassen. Fügt man in einem extrapolierten Bereich nachträglich Keyframes hinzu, so wird dadurch natürlich der originale animierte Bereich zeitlich größer und damit die Dauer des Zyklus. Daher empfiehlt es sich, die Extrapolation erst in Keyframes zu konvertieren.

Keyframes vervielfältigen | Keyframes lassen sich mit Copy & Paste beliebig vervielfältigen. Dabei werden die ausgewählten Keyframes immer an der gewählten Zeitposition eingefügt. Werte und ganze Animationen lassen sich so auch auf andere Objekte, die über die gleichen Parameter verfügen, übertragen.

Keyframe an aktueller Zeitposition | Ein weiteres sinnvolles Tastenkürzel ist [Ctrl]+[K], mit dem man den zuletzt animierten Parametern an der aktuellen Zeitposition neue Keyframes hinzufügen kann. Will man beispielsweise eine Animation synchron zu einer Audiodatei anlegen, dann muss man nur ein Anfangs-Keyframe manuell hinzufügen, das Projekt abspielen und dann im Rhythmus die Tastenkombination auslösen, um die wichtigen Zeitpunkte im Keyframe-Editor zu markieren.

9.2.3 Echtzeit-Aufnahme

Die Echtzeitfähigkeit von Motion erlaubt noch eine weitere, deutlich intuitivere Art der Animation: Man kann mit aktiviertem Aufnahme-Knopf die Elemente eines abspielenden Projektes mit dem Cursor umherziehen. Die Bewegung wird aufgezeichnet, indem für jedes Bild ein Keyframe für den gewählten Parameter gesetzt wird.

Aufnahme-Einstellungen | Wenn man allerdings nicht über eine sehr ruhige Hand oder ein Grafiktablett verfügt, gelingt diese Art der Animation meist sehr ruckelig, da Motion versucht, bei Veränderungen von Parametern für jedes Bild einen Keyframe zu setzen. Abhilfe können die alternativen Aufnahme-Optionen im Menü MARKIEREN • AUFNAHME-EINSTELLUNGEN bieten, die Sie auch über das Tastenkürzel [Alt]+[A] oder einen Doppelklick auf den Aufnahmeknopf aufrufen können. Hier kann eingestellt werden, ob statt der vollständigen Keyframe-Aufnahme nur die Spitzen aufgezeichnet werden oder eine reduzierte Aufnahme stattfinden soll.

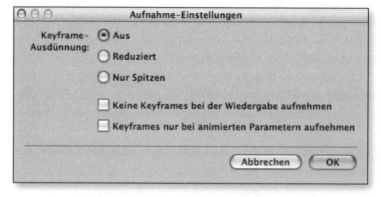

Abbildung 9.16 ▶
Für die Keyframe-Aufnahme stehen neben der ungefilterten Aufzeichnung auch einige Ausdünnungsmethoden zur Verfügung.

▶ AUS: Bei der Standardeinstellung wird keine Ausdünnung durchgeführt, sodass bei Änderungen der Parameter für jedes Bild ein Keyframe aufgezeichnet wird.

▶ REDUZIERT: Die Einstellung registriert nur die Positionen, an denen sich die Bewegungsrichtung bemerkbar ändert. Motion muss aber zunächst immer alle Werte für jedes Bild aufzeichnen und kann erst nach Beendigung der Wiedergabe die Kurve bereinigen. Bei der reduzierten Ausdünnung wird neben der Deutlichkeit der Werteänderung auch eine regelmäßige Ausdünnung angesetzt. Für eine bessere Kontrolle der ausgelassenen Keyframes empfiehlt es sich, den Bewegungspfad manuell auszudünnen, also die störenden Keyframes im Keyframe-Editor auszuwählen und mit BEARBEIten • Löschen oder ⌫ aus dem Animationskanal zu entfernen, sodass die Aufnahme lediglich als Anhaltspunkt dient. Alternativ kann man auch das Parameterverhalten Anpassen verwenden, um die Animation zu glätten. Parameterverhalten wendet man an, indem man im Informationen-Fenster den Parameternamen rechtsklickt und es im erscheinenden Popup auswählt. Mehr zu dem Parameterverhalten Anpassen erfahren Sie auf Seite 463.

- Nur Spitzen: Die Einstellung registriert nur die Positionen, an denen sich die Bewegungsrichtung deutlich ändert.
- Keine Keyframes bei der Wiedergabe aufnehmen: Möchte man hingegen die Keyframe-Aufnahme überhaupt nicht verwenden, sollte man diese Checkbox aktivieren. Damit wird auch nichts aufgezeichnet, wenn man versehentlich den Aufnahme-Knopf betätigt: Obwohl nichts aufgenommen wird, leuchtet der rote Aufnahme-Knopf dabei trotzdem rot.
- Keyframes nur bei animierten Parametern aufnehmen: In Version 2 von Motion ist in den Aufnahme-Einstellungen diese Option hinzugekommen. Möchte man nur die Änderungen für solche Parameter aufzeichnen, für die bereits manuell ein Keyframe gesetzt wurde, dann sollte man diese Checkbox aktivieren. Dies entspricht auch der üblichen Arbeitsweise von anderen Programmen. Da es in unseren Tests dabei allerdings wiederholt zu Abstürzen kam und man bei der Aufnahme ja sowieso nur Positionen in zwei Dimensionen auf einmal kontrollieren und aufzeichnen kann, macht diese Funktion eigentlich nur bei Verwendung des MIDI-Verhaltens Sinn, das ab Seite 468 erklärt wird.

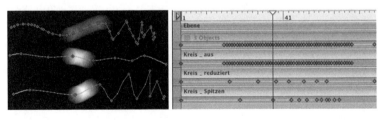

◀ **Abbildung 9.17**
Die Ergebnisse der drei unterschiedlichen Einstellungen zur Keyframe-Ausdünnung als Bewegungspfad im Canvas und in der Timeline.

Andere Parameter als die Position können gut über Änderungen in dem Informationen-Fenster oder der Schwebepalette aufgezeichnet werden, was auch hilfreich ist, wenn ein Objekt bereits im Canvas animiert wurde und dadurch die Bedienung der normalen Werkzeuge erschwert wird. Motion setzt in diesem Fall nur für die gewählten Parameter Keyframes, sodass die restliche Animation nicht beeinträchtigt wird.

Deaktiviert man die Aufnahme-Funktion, dann kann man immer noch im Canvas Objekte verschieben. Befindet man sich mit der Zeitmarke auf einem Schlüsselbild bzw. Keyframe, dann kann man im Canvas mit den Manipulatoren so den Transformationswert des einzelnen Keyframes ändern. Ist zu dem Zeitpunkt kein Keyframe definiert, dann kann man durch Manipulation den gesamten Bewegungspfad im Canvas verschieben, also die Positionen aller Keyframes. Dies ist bei anderen Programmen wie Final Cut Pro oder After Effects grundsätzlich anders. Dort würde an der Stelle ein neuer Keyframe entstehen, da es die Keyframe-Aufnahmefunktion von Motion so nicht gibt. Persönlich finden wir die Motion-Variante viel praktischer.

9.2.4 Keyframes vs. Clips

Keyframes werden Parametern zugeordnet, die wiederum Objekten zugeordnet sind. Objekte jedoch haben als grundlegende Eigenschaft immer auch ein Zeitverhalten, durch das Lebenszeit und Timing innerhalb des Projektes bestimmt werden (In- und Out-Punkte). Diese Art der doppelten Definition kann erhebliche Probleme verursachen, weshalb bei der Arbeit mit Timeline und Keyframe-Editor ein paar Eigenheiten zu beachten sind.

Keyframe-Animation auf Verhalten und Filtern | Diese Eigenheiten betreffen Keyframe-Animation auf Verhalten und Filtern, beides Elemente ohne eigenes Zeitverhalten in den allgemeinen Eigenschaften des Informationen-Fensters. Ändert man das Zeitverhalten von diesen Elementen aber in der Timeline durch Trimmen, dann werden die Keyframes proportional zur neuen Dauer des Elements angeordnet, also gegebenenfalls verschoben.

Keyframe-Animation auf Objekten | Die Zeitverhalten von Ebenen und Objekten beeinflussen die Keyframes von untergeordneten Parametern, Filtern oder Verhalten nicht in dieser Weise.

Wenn man die In- und Out-Punkte eines Clips mit gedrückter Maustaste verschiebt, so werden die Keyframes von Verhalten und Filtern zeitlich gedehnt oder gestaucht (Abbildung 9.18, Mitte). Dies kann nützlich sein, um die Geschwindigkeit einer fertigen Animation zu ändern.

Will man die In- und Out-Punkte verschieben, ohne die Keyframe-Animation von Verhalten und Filtern zu verändern, muss man beim Verschieben der Enden die ⌘-Taste gedrückt halten (Abbildung 9.18, rechts).

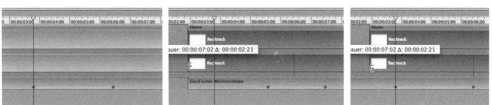

▲ **Abbildung 9.18**
Links: Ein Filter mit zwei Keyframes in der Timeline-Ansicht. Mitte: Verschiebt man die In- und Out-Punkte des Clips, werden die Keyframes des Filters gedehnt oder gestaucht. Rechts: Bei gedrückter ⌘-Taste behalten die Keyframes ihre Position bei.

Hat man diese Unterscheidung von Keyframe-Animation auf Objekten im Gegensatz zu Keyframe-Animation auf Filtern und Verhalten verinnerlicht, so erlaubt diese Erkenntnis ungemein effizientes Arbeiten.

So kann man z. B. Animationen, die auf den Inhalt eines Videos oder einer Audiospur abgestimmt sind, als Keyframe-Animation beibehalten und als solche über Copy & Paste auf andere Objekte übertragen. Dabei wird das Timing der Keyframe-Animation beibehalten, sodass durch das Setzen von In- und Out-Punkten das Material geschnitten werden kann.

Andererseits lassen sich komplexere zusammenhängende Animationen, z. B. abgestimmte Rotation und Transparenzanimationen, in Parameterverhalten überführen, die dann wie in einem Editing-Programm zeitlich eingepasst werden können und dabei immer vollständig durchgeführt werden.

Das Zusammenspiel von Keyframes und Clips kann man auch in der Timeline beobachten, wenn man dort die Keyframes mit dem Symbol KEYFRAMES EIN-/AUSBLENDEN anzeigen lässt. Im Kontextmenü der Keyframes werden dabei die animierten Parameter und ihre Werte aufgelistet.

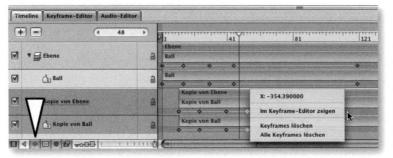

◀ **Abbildung 9.19**
Auch in der Timeline kann man sich mit dem entsprechenden Anzeigesymbol (siehe Pfeil links) die Keyframes eines Objektes anzeigen lassen.

Keyframe-Animation **443**

Mit gedrückter Maustaste kann man die Keyframes auch zeitlich verschieben. Um gleich mehrere Keyframes auf einmal zu verschieben, wählt man mit ⌘-Taste und Mausklick die Keyframes einzeln hintereinander an, die man gemeinsam verschieben möchte. Genauso kann man auch einzelne Keyframes abwählen. Mit der ⇧-Taste kann man auch den ersten und letzten Keyframe einer ganzen Reihe anwählen. Die Keyframes dazwischen werden dann mit ausgewählt. Man muss in dieser Timeline-Ansicht allerdings etwas vorsichtig sein, da für jedes Element immer die Keyframes aller Parameter zusammengefasst angezeigt werden und man sie somit auch zusammen verschieben kann.

9.2.5 Masken-Animation

Formen und Masken lassen sich nicht nur als gesamtes Objekt (bzw. Maske desselben) bewegen, sondern auch Punkt für Punkt. Allerdings werden die Positionen aller Punkte in einem einzigen Keyframe gespeichert, der Parameter heißt ANIMATION EINER FORM und ist ausschließlich im Keyframe-Editor zu finden, da sich alle seine Werte nur im Canvas einstellen lassen.

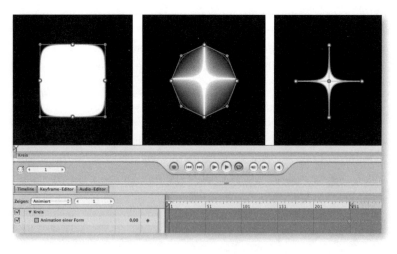

Abbildung 9.20 ▶
Formveränderungen werden als Parameter ANIMATION EINER FORM im Keyframe-Editor angezeigt, allerdings mit einem Wert von »0«, unabhängig von Animation oder Anzahl der Punkte.

Im Kontextmenü zum Keyframe in der Timeline zeigt dieser Parameter dann auch alle enthaltenen Werte an, sodass dieses Menü schon bei wenigen Maskenpunkten unüberschaubar wird. Auch wenn im Keyframe-Editor keine aussagekräftige Kurve angezeigt wird und man die Bézier-Interpolation der Bewegung nicht beeinflussen kann, so kann man doch zumindest extrapolieren, um die Maskenanimation z. B. loopen zu lassen.

9.2.6 Texte auf Pfaden

Textfelder sind in ihrer Gesamtheit, wie andere Objekte auch, einfach mit Keyframes zu animieren und besitzen alle normalen Objekteigenschaften. Oft aber muss man einen Text an einer bestimmten Form entlangführen. Dies kann man, wenn eine perspektivische Verzerrung gefragt ist, über den Parameter ALLE VIER ECKEN in den allgemeinen Eigenschaften des Informationen-Fensters erreichen, doch es gibt noch eine weitere Möglichkeit: In der Rubrik ANORDNUNG der objektspezifischen Text-Eigenschaften kann man einen Layout-Pfad erzeugen, indem man in dem Popup-Menü LAYOUT-METHODE den Eintrag PFAD einstellt.

Der erzeugte Pfad ist eine Linie unter dem Text, die zwar etwas schwer auszumachen ist, aber deren Verlauf durch die Maus verändert werden kann. Dazu müssen Sie auf jeden Fall im Editier-Modus des Textes sein. Ein Doppelklick auf den Pfad ermöglicht das Hinzufügen von Punkten oder man verwendet das Kontextmenü über den Klick mit der rechten Maustaste. Wie Maskenpunkte lassen sich bei ihnen Interpolationsarten und Kontrollhebel einstellen. Entlang eines solchen Pfades kann man dann mit dem Parameter PFAD VERSATZ den Text verschieben. Dabei ist zu beachten, dass bei engen Kurven die Buchstaben leicht ineinander kippen und sich überschneiden können. Mehr zu den Möglichkeiten der Textfelder erfahren Sie in dem Kapitel »Text in Motion« auf Seite 535.

▲ **Abbildung 9.21**
Nur im Editier-Modus wird der Pfad eines Textobjektes angezeigt. Über Doppelklick oder das Kontextmenü lassen sich Punkte hinzufügen, um den Pfad genau ausrichten zu können.

9.3 Beispielprojekt »Hüpfende Bälle«

Falls Sie noch nie mit Computeranimation zu tun hatten, dann erscheinen Ihnen sicherlich viele der angesprochenen Themen verwirrend. Als kleine Übung werden wir deshalb einen hüpfenden Ball über Keyframe-Animation erstellen und die Übung Schritt für Schritt erläutern.

Schritt für Schritt: Einen hüpfenden Ball mit einer Keyframe-Animation erstellen

1 *Projekt anlegen*
Starten Sie ein neues Projekt mit PAL-Einstellungen und einer Dauer von 120 Bildern, indem Sie ABLAGE • NEU und aus dem erscheinenden Popup-Menü PROJEKTVOREINSTELLUNGEN AUSWÄHLEN den Eintrag EIGENE wählen.

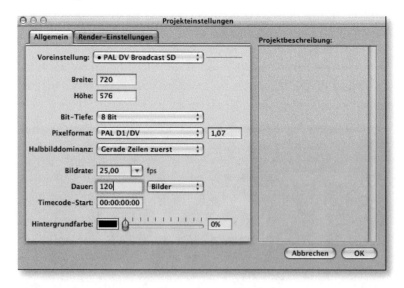

Abbildung 9.22 ▶
In den PROJEKTEINSTELLUNGEN können eigene Angaben gemacht werden.

2 *Kreis zeichnen*
Wählen Sie das KREIS-WERKZEUG und ziehen Sie eine runde Kreis-Form mit gedrückter ⇧-Taste auf. Die Form erscheint zunächst weiß. Mit den Einstellungen für die Füllung können Sie im Informationen-Fenster wie im Beispiel einen radialen Verlauf erzeugen, um sie plastischer erscheinen zu lassen. Benennen Sie den Kreis »Ball«,

indem Sie in einer der Ebenenansichten die Bezeichnung doppelklicken und den Text ändern.

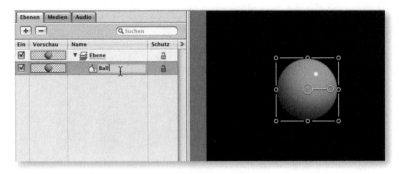

◄ **Abbildung 9.23**
Durch einen radialen Verlauf gewinnt der Ball an Plastizität.

3 Anfangsposition festlegen

Ziehen Sie den Ball im Canvas nach links, sodass er gerade außerhalb des Canvas liegt. Aktivieren Sie die Aufzeichnung der Keyframe-Animation, indem Sie den Aufnahme-Knopf bei den Abspielkontrollen oder die Taste [A] auf dem Keyboard drücken. Dadurch wird jede Positionsänderung, die Sie von nun an durchführen, als Animation bewertet.

◄ **Abbildung 9.24**
Der Aufnahme-Knopf startet die Keyframe-Animation.

4 Endposition festlegen

Gehen Sie in der Timeline an das Ende des Projektes und ziehen Sie den Ball zum rechten Ende des Canvas hinaus. Wenn Sie dabei die [⇧]-Taste gedrückt halten, wird die Bewegungsrichtung auf eine schnurgerade horizontale Linie eingeschränkt. Beachten Sie unbedingt, erst den Kreis auszuwählen und dann [⇧] zu drücken.

Ein Bewegungspfad zeigt Ihnen, wie sich das Objekt durch das Bild bewegt. Die roten Punkte auf dem Pfad zeigen Ihnen die Positionen zu jedem Bild an. Dabei fällt auf, dass die Punkte in der Mitte des Pfades weiter auseinander liegen als an den Enden.

Abbildung 9.25 ▶
Die Endposition des Balls

5 Inspizieren der Animation

Wechseln Sie über ⌘+8 in den Keyframe-Editor. Wenn der Ball ausgewählt ist, sehen Sie die Animationskurven der Positionswerte X und Y, die bei einer Animation im Canvas immer gemeinsam aufgezeichnet werden.

Sollten Sie nichts oder zu viele Informationen im Editor sehen, dann wählen Sie in dem Popup-Menü ZEIGEN den Eintrag ANIMIERT. Der Ball muss dazu im Canvas oder der Ebenenansicht ausgewählt sein. Es sollten nun ausschließlich die animierten Parameter angezeigt werden.

Beachten Sie auch die genaue Benennung der Parameter, die beschreibt, in welcher Kategorie welche Dimension welchen Parameters durch den Wert bestimmt wird. Wählen Sie im Keyframe-Editor das erste rote Keyframe der roten Linie aus, also die genaue Wertedefinition der X-Position. Wurde der Keyframe korrekt ausgewählt, wechselt die Linie ihre Farbe und erscheint weiß. Es erscheinen auch Tangenten, welche die Bézier-Interpolation kennzeichnen.

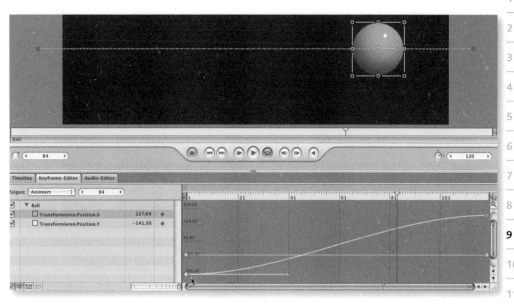

▲ Abbildung 9.26
Der Keyframe-Editor zeigt die X- und Y-Position des Balls im Animationsverlauf.

6 Interpolationsart ändern

Öffnen Sie über einen Klick mit der rechten Maustaste das Kontextmenü des Keyframes und wählen Sie unter INTERPOLATION die Methode LINEAR. Die beiden Keyframes sind nun über eine gerade Linie verbunden.

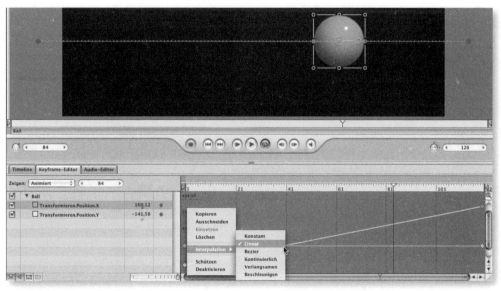

▲ Abbildung 9.27
Lineare Interpolation

Keyframe-Animation **449**

7 Erste Zwischenposition festlegen

Jetzt ist die Hüpfbewegung dran: Deaktivieren Sie die rote Kurve mit dem Häkchen in der Checkbox vor dem Parameternamen, um freie Sicht auf die vertikale Bewegung zu haben. Gehen Sie zu Bild 30 und wählen Sie im Animationsmenü, das Sie durch einen Klick auf das Minus-Symbol neben dem Namen und Wert des Parameters erreichen, den Eintrag KEYFRAME HINZUFÜGEN.

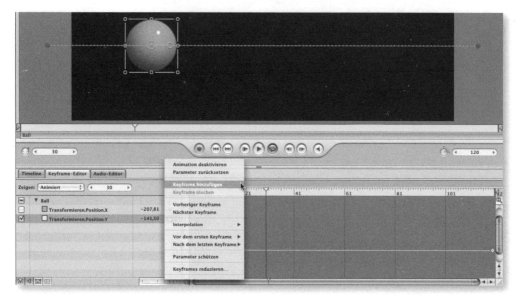

▲ Abbildung 9.28
Keyframe hinzufügen

8 Flugbahn erzeugen

Neue Keyframes lassen sich auch etwas komfortabler hinzufügen, z. B. durch Bewegen des Objektes im Canvas oder eine Wertänderung in den Eigenschaften des Informationen-Fensters. Doch auch im Keyframe-Editor selbst kann man schnell die Kurven verändern. Doppelklicken Sie die Kurve zwischen dem ersten und dem zweiten Keyframe, ungefähr bei Bild 15. Wenn Sie getroffen haben, erscheint ein neues Keyframe, das Sie im Keyframe-Editor an eine beliebige Position ziehen können. Ziehen Sie den Keyframe nach oben und beobachten Sie, wie sich der Bewegungspfad im Canvas ändert.

Da es sich bei der vertikalen Bewegung um eine Bézier-Interpolation handelt, können wir die Tangenten nach Belieben anpassen und so den Bogen, in dem der Ball fliegt, frei gestalten.

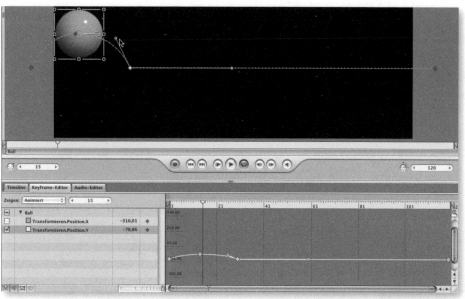

▲ **Abbildung 9.29**
Ändern Sie Werte im Keyframe-Editor, wird auch die Anzeige im Canvas angepasst.

9 Weitere Keyframes erzeugen

Wählen Sie die Keyframes zwei und drei aus und wählen Sie aus dem Menü BEARBEITEN • KOPIEREN. Gehen Sie dann in der Timeline zu Bild 45 und wählen Sie BEARBEITEN • EINFÜGEN – Ein zweiter Bogen erscheint. Passen Sie die neuen Tangenten an, die durch die neuen Keyframes verändert wurden.

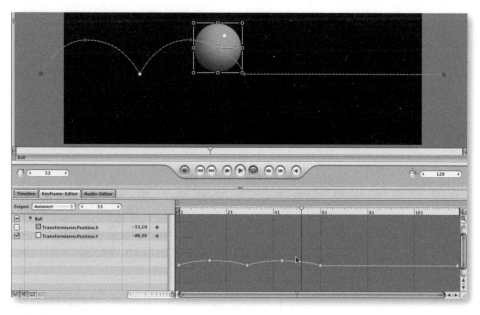

▲ **Abbildung 9.30**
Weitere Keyframes hinzufügen

Keyframe-Animation **451**

10 Extrapolation

Wählen Sie im Animationsmenü der vertikalen Transformation den Eintrag NACH DEM LETZTEN KEYFRAME die Option WIEDERHOLEN aus. Zunächst einmal passiert nichts, doch vielleicht sehen Sie jenseits der Projektdauer bereits, dass die Kurve dort von Neuem beginnt. Wählen Sie das allerletzte Keyframe bei Bild 120 und drücken Sie die [Entf]-Taste. Jetzt werden nur unsere beiden Hüpfer wiederholt.

Reduzieren Sie die explizite Animation auf einen einfachen Bogen, indem Sie alle bis auf drei Keyframes löschen und eventuell auch die Zeit VOR DEM ERSTEN KEYFRAME progressiv extrapolieren lassen.

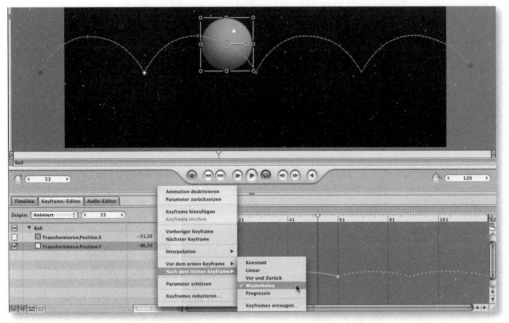

▲ Abbildung 9.31
Progressive Extrapolation

11 Ebene duplizieren

Um einen weiteren Ball in umgekehrter Richtung hüpfen zu lassen, müssen wir nicht einmal animieren. Deaktivieren Sie die Animationsaufzeichnung durch Drücken der Taste [A]. Wählen Sie die Ebene aus, die den Ball enthält und duplizieren Sie diese über das Tastenkürzel [⌘]+[D].

Bewegen Sie die neue Ebene in der Ebenenhierarchie ganz nach hinten, indem Sie im Menü OBJEKT • GANZ NACH HINTEN auswählen.

12 Ebeneneigenschaften ändern

Gehen Sie zum ersten Bild und wählen Sie die duplizierte Ebene aus. Tragen Sie in den Eigenschaften (F1) eine Skalierung in X-Richtung von –80 % ein, in Y-Richtung von 80 %. Wie Sie erkennen können, beeinflusst die Skalierung alle enthaltenen Bewegungen und Objekte und dreht ihre Bewegungsrichtung um.

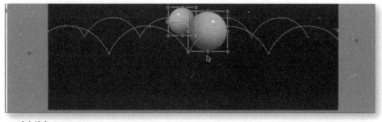

▲ **Abbildung 9.32**
Ebeneneigenschaften ändern

13 Skalierung des zweiten Balls

Der hintere Ball befindet sich durch die Skalierung bereits im ersten Bild innerhalb des Canvas und beendet seine Bewegung auch mitten im Bild, anstatt herauszuhüpfen. Darüber hinaus stören die synchrone Bewegung und der unterschiedliche Lichteinfall durch den Verlauf.

Ändern Sie die Projektdauer in den Projekteinstellungen (am schnellsten über ⌘+J einzublenden) auf 200 Bilder. Beachten Sie, wie die Bälle auf der Stelle hüpfen, wenn die lineare Bewegung endet.

Wählen Sie den hinteren Ball aus (nicht die Ebene) und ändern Sie die Skalierung in den allgemeinen Einstellungen in X-Richtung auf –100 %, sodass die Bälle gleich schattiert sind.

▲ **Abbildung 9.33**
Der hintere Ball wird kleiner skaliert.

14 Extrapolation in die Vergangenheit

Als Nächstes stellen wir bei der vertikalen Transformationskurve des zweiten Balles die Extrapolation auch für die Zeit VOR DEM ERSTEN KEYFRAME die Methode WIEDERHOLEN ein.

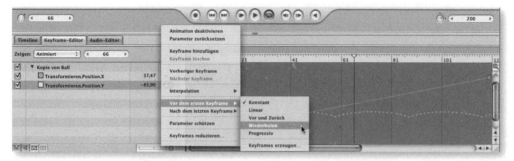

▲ Abbildung 9.34
Extrapolation vor dem ersten Keyframe

15 Aufräumarbeiten

Für die Extrapolation der horizontalen Animationskurve wählen wir die Methode LINEAR für beide Richtungen der Kurve. Nun können wir bis auf zwei Punkte alle Keyframes löschen und über diese die Geschwindigkeit des Balles bestimmen.

▼ Abbildung 9.35
Die Steigung der Kurve zeigt an, wie schnell sich der Ball bewegt.

Welche Punkte man dabei genau löscht, ist im Grunde egal, es müssen nur zwei Punkte übrig bleiben, zwischen denen Motion eine gerade Linie im Keyframe-Editor ziehen kann. Je steiler die Kurve, desto schneller bewegt sich der Ball in horizontaler Richtung.

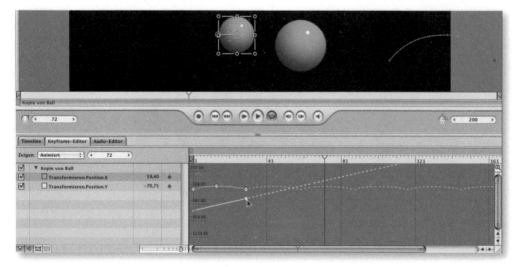

16 Zeitliche Trennung der Bewegungen

Verschieben Sie die rote Kurve (oder Gerade) so, dass die explizit animierten Kurvenabschnitte sich nicht mehr zeitlich überschneiden, sich die Keyframes also nicht mehr in nah beieinander liegenden Zeitabschnitten befinden. In unserem Beispiel bewegen wir die Keyframes für die TRANSFORMATION.POSITION.X also von Bild 1 und Bild 30 in einen späteren Zeitabschnitt, am besten hinter Bild 30.

Beachten Sie aber, dass sich durch Bewegung der Keyframes in der Zeit auch die Position des Balls zur aktuellen Zeit ändert. Versuchen Sie den zeitlichen Versatz durch eine gleichzeitige Werteänderung auszugleichen. Einfacher gesagt: Sie müssen die Keyframes entlang der extrapolierten Gerade nach rechts oben verschieben.

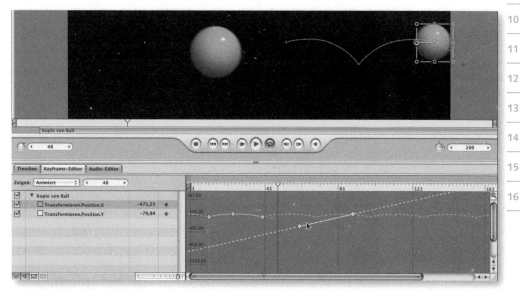

▲ Abbildung 9.36
Die zeitliche Überschneidung der Animation wird entfernt.

17 Keyframes in der Timeline

Zuletzt können wir noch durch Verschieben der Kopie in der Timeline die gesamte Animation versetzen, sodass die Bälle nicht mehr ganz synchron laufen.

Blenden Sie in der Timeline über das Keyframes-Symbol (das dritte von links) die Keyframes ein. Für den zweiten Ball haben Sie auch hier die Möglichkeit, die Geschwindigkeit zu verändern. Verschieben Sie die Keyframes, die im Kontextmenü nur X-Werte auflisten, und beobachten Sie den Kurvenverlauf.

bewegt.

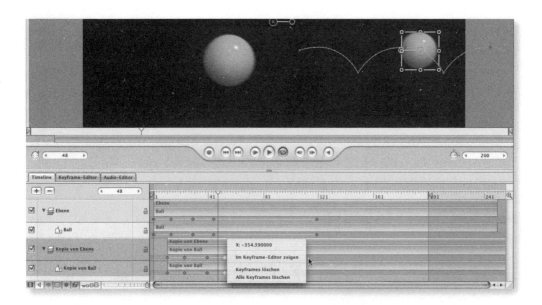

▲ **Abbildung 9.37**
Keyframes in der Timeline anzeigen

Sie sehen also, mit etwas Organisation kann man auch mit Keyframes äußerst komfortabel animieren. ■

9.4 Verhalten

Während Keyframe-Animation direkt die Werte von Parametern in der Zeit bestimmt, erlauben die Verhalten einen etwas anderen, weniger direkten Einfluss auf die Objekteigenschaften. Sie sind, ähnlich wie Filtereffekte, kleine Programme, die entsprechend ihrer Einstellungen im Verlauf des Projektes ihre Berechnungen in bestimmte Parameter einspeisen, sie also quasi fernsteuern. Zu diesem Ansatz passend finden sich auch alle wichtigen Einstellungen in der Schwebepalette wieder, sodass man ohne zusätzliche Paletten mit Canvas und Mini-Timeline arbeiten kann.

Verhalten zuweisen | Die Verhalten lassen sich wie Filter einem Objekt zuweisen und tauchen in der Hierarchie unter ihm auf. Die Zuweisung geschieht entweder durch Drag & Drop aus der Bibliothek auf ein Objekt (egal, ob im Canvas, der Ebenenansicht oder der Timeline) oder indem man bei ausgewähltem Objekt in der Symbolleiste VERHALTEN HINZUFÜGEN auswählt. Wie alle Objekte haben auch Verhalten In- und Out-Punkte, die ihr Wirken zeitlich eingrenzen. Außerhalb dieser Zeitspanne haben die Verhalten keine Auswirkung und Parameter, die vorher beeinflusst wurden, springen zu ihrem voreingestellten Ausgangswert zurück.

Mehrere Verhalten | Objekte können von mehreren Verhalten beeinflusst werden, auch durch Verhalten von anderen Objekten. Alle von den Verhalten bewirkten Parameter-Änderungen addieren sich zusammen, sogar auf bereits vorhandene Keyframe-Animation. In welcher Reihenfolge die Werte zusammengefügt werden, hängt von der Anordnung in Timeline, Ebenenansicht oder Informationen-Fenster ab. Die dort an oberster Stelle stehenden Verhalten werden zuletzt hinzuaddiert.

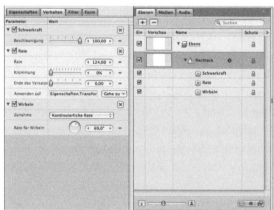
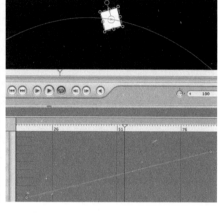

Da die Verhalten immer nur bestimmte Parameter von Objekten ansprechen, sind sie nicht auf alle Objekttypen anwendbar. So können beispielsweise den Partikelzellen nur die Partikelverhalten, die Parameterverhalten, einige Simulationsverhalten sowie WERFEN und WIRBELN zugewiesen werden. Textverhalten können nur auf Textobjekte angewendet werden.

Die Auswirkung der Verhalten, die in der Bibliothek unter EINFACHE BEWEGUNG aufgelistet sind, kann man auch sehr einfach über Keyframe-Animation lösen. Aber genau für diese einfachen Animationen ist man mit einem Verhalten oft schneller und verzettelt sich nicht mit Keyframes. Die Schwebepalette bietet hier meistens schon alle nötigen Einstellungen und durch Trimmen in der Mini-Timeline bestimmt man in null Komma Nichts den Wirkungsbereich.

▲ **Abbildung 9.38**
Die horizontale Bewegung wurde mit Keyframes animiert, die Aufwärtsbewegung stammt von einem Rate-Parameterverhalten, die Drehung von einem Wirbeln-Verhalten und das Simulationsverhalten SCHWERKRAFT lenkt die Flugbahn wieder nach unten.

Verhalten **457**

Abbildung 9.39 ▶
Das Ein- und Ausblenden aus der Kategorie EINFACHE BEWEGUNG lässt sich bequem in der Schwebepalette ❶ anlegen. In der Mini-Timeline ❷ ist der Wirkungsbereich schnell eingestellt.

Wirkungsdauer von Verhalten | Auch für kontinuierliche, gleichmäßige – und vor allem von anderen animierten Parametern unabhängige Bewegungen – sind diese Verhalten sinnvoll. Als Beispiel sei hier ein Objekt genannt, das sich ständig mit der gleichen Geschwindigkeit drehen und gleichzeitig in der Position animiert werden soll. Man könnte die Rotation auch über Keyframes definieren, doch diese Animation wäre zeitlich begrenzt, müsste also durch Kopieren und Einfügen der Keyframes oder Extrapolation verlängert werden. Die Wirkungsdauer von Verhalten dagegen wird durch In- und Out-Punkte in der Timeline definiert. Die Wirkung selbst ist meistens als abstrakte Rate, zum Beispiel als Drehwinkel pro Sekunde, definiert und kann neben der Schwebepalette auch im Informationen-Fenster eingestellt werden.

Rubriken | Innerhalb von Motion sind die Verhalten in verschiedene Rubriken unterteilt, die man in der Bibliothek oder dem Popup-Menü der Symbolleiste vorfindet. Die Einordnung sieht folgende Unterteilung vor: EINFACHE BEWEGUNG, PARAMETER, PARTIKEL, REPLIKATOR, SIMULATIONEN, TEXTANIMATION und TEXTSEQUENZ. Die Unterteilung ist auch in den Symbolen der Verhalten in der Bibliothek sowie den Ebenenansichten dezent angedeutet.

9.4.1 In Keyframes konvertieren

Verhalten sind zwar mächtige Werkzeuge, doch wenn ein Objekt aus einer Strudel-Bewegung an eine bestimmte Stelle fliegen soll, dann ist man weder mit Keyframe-Animation noch mit Verhaltenssteuerung optimal bedient. Mit dem Menübefehl OBJEKT • IN KEYFRAMES KONVERTIEREN (⌘+K) kann man daher die Positionsveränderungen, die durch Verhalten bewirkt werden, in reine Keyframe-Animation umwandeln.

Diese Umwandlung erzeugt die Keyframes in der gesamten Dauer des umzuwandelnden Objektes, die genaue Anzahl und Position der Keyframes variiert natürlich mit der Komplexität der Bewegung. Es ist auch zu beachten, dass Motion das letzte Keyframe ein Bild vor dem Clip-Ende erzeugt, sodass im letzten Bild keine weitere Bewegung stattfindet. Sollte das letzte Bild doch einmal wichtig sein, reicht es meistens aus, die Extrapolation der Animationskurven auf LINEAR zu stellen. Alternativ kann man natürlich die gesamte Animation mit einer um ein Bild erhöhten Dauer konvertieren und dann die Dauer zurücksetzen.

Die Konvertierung ist auch mit einer Auswahl von mehreren Objekten auf einmal möglich, doch sollte man auf die Wechselwirkungen der Verhalten achten. Dies gilt vor allem für Simulationsverhalten, von denen einige nicht dem betroffenen Objekt zugewiesen werden. Beispielsweise wird das Strudel-Verhalten dem still stehenden Objekt im Auge des Strudels zugewiesen. Konvertiert man die Animation für dieses Objekt in Keyframes, dann wird dieser Stillstand nicht konvertiert, das Verhalten entfernt und alle anderen Objekte werden nicht weiter durch den Strudel animiert. Auch ein Schützen des Verhaltens in der Ebenenansicht kann das Entfernen des Verhaltens nicht verhindern.

9.4.2 Einfache Bewegungen

Wie die Einordnung bereits nahe legt, handelt es sich hierbei um sehr einfache Bewegungen, d. h. lineare Bewegungen ohne Beschleunigung. Sie bieten nur begrenzte Einstellmöglichkeiten und animierbare Parameter.

In vielen Fällen bieten diese Verhalten für geübte Anwender der Keyframe-Animation keine nennenswerte Arbeitsersparnis, doch wenn Werte geändert werden müssen, ist man mit den Verhalten oft schneller, als wenn man einzelne Keyframes bearbeiten muss. Andererseits ist für einige Animationen (z. B. die Drehung eines Ventilators) die Geschwindigkeit der Bewegung wichtiger als die genaue Werteänderung. Man kann generell sagen, dass Verhalten dann sinnvoll sind, wenn die Bewegung keine bestimmten Positionen präzise ansteuern muss, dafür aber vielleicht mehrere Objekte gleichzeitig bewegt werden sollen. Sind aber die einzelnen Wegpunkte streng vorgegeben, z. B. durch ein Layout, dann ist Keyframe-Animation der effizientere und oft auch genauere Weg.

Wir werden nicht auf jedes Verhalten und jeden Parameter explizit eingehen können, aber in vielerlei Hinsicht sind es immer wieder gleiche oder ähnliche Parameter, sodass man das Prinzip schnell verstehen kann.

Abbildung 9.40 ▶
Alle Verhalten findet man auch in der Bibliothek, von wo aus sie sich per Drag & Drop auf Elemente anwenden lassen.

Werfen, Wirbeln, Größer/Kleiner werden | Die Verhalten WERFEN, WIRBELN und GRÖSSER/KLEINER WERDEN können die Parameter POSITION, ROTATION und SKALIERUNG jeweils entweder mit kontinuierlicher RATE beeinflussen oder als RAMPE von einem zu einem anderen Wert.

- KONTINUIERLICHE RATE: Eine Rate ändert den Wert um einen bestimmten Betrag pro Sekunde.
- RAMPE BIS ZUM FINALEN WERT: Eine Rampe erreicht den Endwert am Out-Punkt des Verhaltens.

Ebenfalls erwähnenswert ist, dass WERFEN und WIRBELN sich beide auch auf Partikelzellen anwenden lassen, doch dazu später mehr.

Einrasten an Bewegung | Das Verhalten EINRASTEN AN BEWEGUNG beeinflusst auch die Rotation. Das Verhalten richtet ein Objekt mit einer Achse an dem Bewegungspfad des Objektes aus, egal, ob dieser durch andere Verhalten oder Keyframe-Animation entstanden ist. Bei Stillstand wird ein Winkel von 0° eingenommen. Vor allem bei linearen Bewegungspfaden kann das Ergebnis sehr unruhig wirken, daher gibt es mit BEWEGUNGSRICHTUNG (SIMULIERT) eine Variation dieses Verhaltens bei den Simulationsverhalten, das die Winkeländerung organischer animiert.

Ein- und Ausblenden | Ein interessantes Verhalten ist EIN- UND AUSBLENDEN, das wir schon kurz vorgestellt hatten. Mit seinen Parametern für Einsatz und Dauer der Blenden orientiert sich das Verhalten an dem Sprachgebrauch eines Editors und eignet sich für die Anwendung auf mehrere Elemente unterschiedlicher Laufzeit. Natürlich beeinflusst dieses Verhalten die Deckkraft eines Objektes.

Bewegungspfad | Unter Umständen eine gute Alternative zu Keyframe-Animationen ist das letzte einfache Bewegungsverhalten. Der BEWEGUNGSPFAD steuert die Positionswerte entlang eines Pfades. Auch wenn der erzeugte Pfad sich nicht ganz so komfortabel wie normale Bewegungspfade bearbeiten lässt (nämlich ausschließlich über Kontextmenüs und bei ausgewähltem Verhalten), so kann der Pfad dennoch mit unterschiedlichen Geschwindigkeiten abgefahren werden:

- LINEAR: Erzeugt eine gleichmäßige Geschwindigkeit.
- VERLANGSAMEN: Bremst zum Ende des Pfades ab.
- BESCHLEUNIGEN: Beschleunigt aus dem Stand.
- VERLANGSAMEN/BESCHLEUNIGEN: Beschleunigt am Anfang und bremst am Ende des Pfades langsam ab. In der Mitte ist die Bewegung am schnellsten.

Sie werden bald erkennen, dass die einfachen Bewegungen nichts anderes sind als Parameterverhalten mit fest definierten Zielwerten.

9.4.3 Parameterverhalten

Achten Sie bei dieser Kategorie darauf, wo Sie diese aufrufen. Im Popup-Menü der Symbolleiste findet sich dort nur der Eintrag PARAMETER • EIGENES. Nur in der Bibliothek finden sich weitere Parameterverhalten und diese stellen einige der interessantesten Verhalten von Motion dar. Die Parameterverhalten sind nämlich im Grunde genommen nur Zahlen-Generatoren, deren Ergebnisse man ausgewählten Objekt-Parametern zuweisen kann.

Abbildung 9.41 ▶
Parameterverhalten in der Bibliothek

Nachdem Sie ein Parameterverhalten aus der Bibliothek auf ein Objekt angewendet haben, wechseln Sie in das Informationen-Fenster, in dem der Tab VERHALTEN bereits angewählt sein sollte. In dem Popup-Menü GEHE ZU ❶ werden alle kompatiblen Parameter angezeigt, die mit dem Verhalten verknüpft werden können. Das Eingabefeld zeigt dabei nur die Verknüpfung an und lässt sich nicht editieren, leider auch nicht über Copy & Paste-Befehle. In dem Verhalten EIGENES ❷ steht das gleiche Popup-Menü unter der Bezeichnung PARAMETER HINZUFÜGEN und PARAMETER ENTFERNEN zur Verfügung. Letzteres natürlich nur dann, wenn bereits ein Eintrag für das Hinzufügen gewählt wurde.

Abbildung 9.42 ▶
Das Negieren-Verhalten wird auf die horizontale Bewegung des Objektes angewandt.

Parameterverhalten zuweisen | Motion bietet zu sehr vielen kompatiblen Parametern die Möglichkeit, diese mit einem Parameterverhalten direkt zu verknüpfen. Das betrifft zum Beispiel die Skalierungs- und Positions-Parameter in den Eigenschaften von Objekten, aber auch Einstellungen von Filtern und anderer Verhalten, ja sogar spezifische Parameter von Textfeldern, wie z. B. die Laufweite oder Farben von Füllungen und Konturen. Wechseln Sie dazu zu dem zu verknüpfenden Parameter in das Informationen-Fenster. Mit einem Rechtsklick auf den Parameter-Namen kann das entsprechende Parameterverhalten zugewiesen werden.

◄ **Abbildung 9.43**
Ein Klick mit der rechten Maustaste auf den Parameternamen ❶ ermöglicht die direkte Zuweisung eines Parameterverhaltens ❷ zu einem bestimmten Parameter eines Elements. Hier die BESCHLEUNIGUNG des Simulationsverhaltens SCHWERKRAFT.

Verschiedene Parameterverhalten | Die Bezeichnungen der Verhalten sind weitgehend selbst erklärend, allerdings mit ein paar Ausnahmen:

- ANPASSEN: Das Verhalten sollte beispielsweise besser Glätten oder Runden heißen (auf englisch AVERAGE), denn es glättet praktisch den Kurvenverlauf, z. B. bei zufällig erzeugten Wertefolgen. Sogar eine konstant interpolierte Animationskurve wird dann in einem Zeitbereich, dessen Größe in Bildern mit dem Parameter FENSTER eingestellt wird, sanft übergeleitet. Da dieser Zeitbereich in beide Richtungen vom Zeitpunkt aus ermittelt wird, wird bei einem Fenster von 5 der Mittelwert aus den Werten der letzten und zukünftigen 5 Bilder gebildet.
- NEGIEREN: Das Verhalten ändert das Vorzeichen eines Parameters, multipliziert den Wert also mit –1. So kann man z. B. durch das Negieren der Rotation die Drehrichtung ändern oder mit einem Objekt durch Negieren der Skalierung eine Punktspiegelung durchführen, selbst wenn diese Parameter bereits durch andere Verhalten oder Keyframes animiert werden.

▶ Oszillieren: Das Verhalten führt eine einfache Sinus-Funktion durch, die zwischen +1 und –1 pendelt. Die Phase ist dabei der übergebene Anfangswert. Eine Phase von 3,14 (also der Kreiskonstante p) würde das Ende des ersten Durchlaufs der periodischen Funktion markieren. Die Phase entspricht damit einem Versatz entlang der Zeitachse. Die Amplitude ist die Stärke des Ausschlags, wird also mit dem Wert der Sinus-Funktion multipliziert und erstreckt sich so in positiver und negativer Richtung. Die Versatz-Parameter beschränken die Oszillation zeitlich, gemessen von In- und Out-Punkt des Verhaltens. Eine Geschwindigkeit von 10 durchläuft einen Zyklus innerhalb von 6 Sekunden.

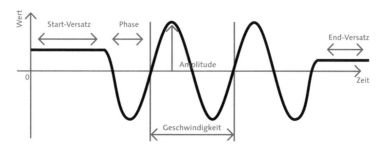

Abbildung 9.44 ▶
Eine Oszillieren-Kurve und ihre Merkmale

▶ Rampe: Das Verhalten blendet einen Wert über die Dauer des Verhaltens in einen anderen. Der Parameter Krümmung sorgt für langsamere Werteänderung an Start- und Endpunkt. Auch für die Rampe kann man über Start und Ende des Versatzes die Dauer der Parameteranimation im Vergleich zur Dauer des Verhaltens einstellen.

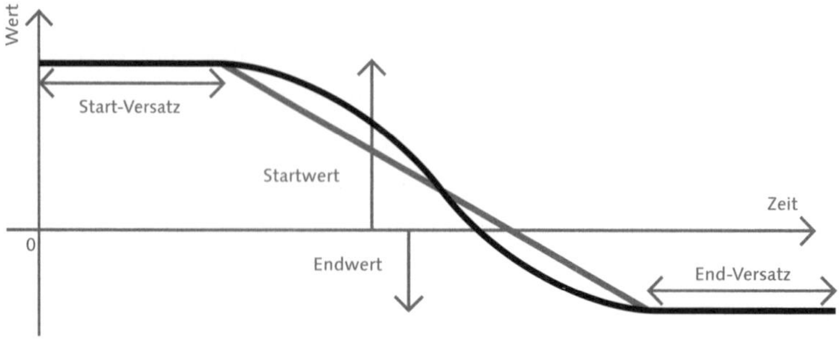

Abbildung 9.45 ▶
Die Kurve eines Rampe-Wertverlaufes und ihre Merkmale mit 0%- und 100%-Krümmung

▶ Rate: Das Verhalten fügt den eingestellten Betrag pro Sekunde dem Wert des Parameters hinzu. Mit dem etwas verwirrend benannten Parameter Krümmen verhält sich die eigentlich lineare Wertänderung wie eine mit Bézier-Tangenten angepasste Keyframe-Animation, denn zu Beginn und Ende des Verhaltens wird beschleunigt und abgebremst. Ende des Versatzes definiert, in Bildern bemessen, wie lange vor dem Ende des Verhaltens die Wirkung eingestellt wird. Den nicht als Parameter vorgesehenen Start-Versatz kann man über den In-Punkt des Verhaltens einstellen.

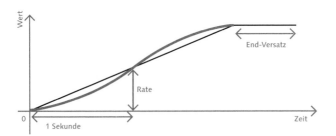

◄ **Abbildung 9.46**
Die Kurve eines Rampe-Wertverlaufes und ihre Merkmale mit und ohne Krümmung

Will man zufällige Werte für einen Parameter erzeugen, dann gibt es dazu mehrere Möglichkeiten:
- Zufallsmodus: Das Verhalten trägt in den zugewiesenen Parameter Zufallswerte eines bestimmten Wertebereiches ein. Da es sich jedoch um reine Zufallszahlen handelt, springt jede Animation meistens sehr stark. Dies lässt sich durch das Verhalten Anpassen etwas ausbügeln, das in einem Zeitfenster die Mittelwerte bildet. Doch häufig ist eine Verringerung der Rauschstärke sinnvoller.
- Schlängeln: Das Verhalten bietet als Alternative zum Zufallsmodus eine andere, organischere zufällige Wertänderung an. Diese variiert langsamer und mit geglättetem Werteverlauf zwischen den Maximalwerten.

Zu den beiden Parameterverhalten Zufallsmodus und Schlängeln werden wir gleich noch eine genauere Erläuterung nachreichen, doch fahren wir zunächst mit den verbleibenden Parameterverhalten fort:
- Stoppen: Das Verhalten eignet sich vor allem zur Fehlersuche. Es verhindert jede Einflussnahme auf einen Parameter durch andere Verhalten, mit Ausnahme von Simulationsverhalten. Dabei wird der vorherige Wert des Parameters eingefroren, weshalb es sich eignet, ein anderes Verhalten komplett auszuschalten.

- Umkehrung: Das Verhalten kehrt eine Animation zeitlich um, ohne den Bewegungspfad zu verändern, spielt sie also rückwärts ab. Dabei ist es eigentlich egal, wie die ursprüngliche Animation zustande gekommen ist, doch es gibt Ausnahmen und Einschränkungen. Partikelwolken zum Beispiel erlauben es nicht, die Bewegung einzelner Partikelzellen mit diesem Verhalten umzukehren. Gleiches gilt für Textfelder, die von Simulationsverhalten animiert werden. Beeinflussen solche Simulationsverhalten aber mehrere Objekte auf einmal, dann ist es nur eine Frage des Fleißes, alle Objekte mit einer Umkehrung zu versehen. Alle Objekte, deren Bewegungspfad im Canvas mit einer roten Linie angezeigt wird, können durch dieses Verhalten zeitlich umgekehrt werden.
- Eigenes: Das Verhalten taucht nur im Popup-Menü der Symbolleiste, und dort als einziges Parameterverhalten auf. Es erscheint auch in der Bibliothek, nicht aber im Popup-Menü, wenn man Parameterverhalten mit anderen Parametern verknüpfen möchte.

Das Verhalten Eigenes erlaubt es, die Regler von allen Parametern eines Objektes in das Verhalten umzuleiten. In dem Verhalten kann man dann die Parameter mit Keyframes animieren. Diese Animation wird dadurch der vorhandenen Animation des Objektes hinzugefügt. Die Möglichkeiten dieses Verhaltens erschließen sich erst, wenn man die Implikationen des Abschnitts »Keyframes vs. Clips« bedenkt (siehe Seite 442): Eine Keyframe-Animation, die mit dem Verhalten Eigenes angelegt wurde, lässt sich in der Timeline komfortabel über die In- und Out-Punkte strecken oder beschleunigen und auf andere Objekte, welche die angesprochenen Parameter enthalten, übertragen.

Zufallsverhalten | Motion nutzt für die Zufällige Streuung bei den Verhalten Zufallsmodus und Schlängeln üblicherweise einen Zahlenwert, der den Zufallsgenerator steuert. Gleiche Werte erzeugen die gleichen Ergebnisse, sodass man trotz Zufallswerten beispielsweise mehrere Zufallsgeneratoren synchronisieren kann. Die Ausgangswerte kann man durch den Klick auf den Button Erzeugen neu würfeln.

Die zufällig erzeugten Werte bewegen sich immer zwischen −1 und 1. Daher werden sie üblicherweise noch mit einem festen Wert multipliziert, der dann Stärke oder Verstärker heißt.

Wirkungsweise | Wie dieser Wert dann mit den existierenden Werten des Parameters kombiniert wird, kann man durch das Popup-Menü MODUS ANWENDEN bestimmen. Dieser steht standardmäßig auf ADDIEREN, erhöht also die Werte.

▶ SUBTRAHIEREN würde entsprechend den Zufallswert von dem Parameter abziehen. Beträgt der Wert vor der Auswertung des Verhaltens 0, dann würde SUBTRAHIEREN somit eine gespiegelte Zufallskurve erzeugen.

▶ MULTIPLIZIEREN würde bei einem Ausgangswert von 0 daher auch eine gerade Nulllinie erzeugen. Die Kombination einer multiplizierten Zufallssteuerung mit einem Rampe- oder Rate-Verhalten (auf dem gleichen Wert) würde sich also wie eine Rampe oder Rate auf der STÄRKE des Zufallsverhaltens auswirken. Die Stärke der zufälligen Werteänderung würde langsam ansteigen.

▶ ADDIEREN UND SUBTRAHIEREN verdoppelt effektiv die Amplitude der Zufallsverteilung.

Weitere Zufallswerte generieren | Ist die Reihe der zufällig erzeugten Werte noch nicht zufällig genug, dann kann man mit dem Parameter RAUSCHSTÄRKE weitere Zufallswerte hineinrechnen. Die Vorherbestimmtheit und Duplizierbarkeit der Werte ist dabei nicht beeinträchtigt, man kann also problemlos identische zufällige Parameterreihen erzeugen und mit der Rauschstärke leicht variieren.

Start- und Ende des Versatzes funktionieren genauso wie bei den anderen Parameterverhalten und schränken die Wirkung, gemessen von den In- und Out-Punkten, weiter ein.

Wendet man ein Zufallsverhalten auf einen mehrdimensionalen Wert an, etwa die Position, dann kann man mit der Checkbox VERKNÜPFEN bestimmen, ob beiden Werten die gleichen (Checkbox aktiviert) oder unterschiedliche Zufallswerte (Checkbox deaktiviert) übergeben werden sollen. Weist man z. B. einen ZUFALLSMODUS einem Farbwert zu und aktiviert VERKNÜPFEN, dann werden nur Grauwerte erzeugt.

Beim Parameterverhalten SCHLÄNGELN kann man zusätzlich den VERSATZ FÜR SCHLÄNGELN einstellen, um die Werte zusätzlich zu variieren. Das kann notwendig sein, wenn man mit dem allgemeinen Werteverlauf eines mehrfach verwendeten Schlängelns zufrieden ist, aber synchrone Bewegungen vermeiden möchte.

Abbildung 9.47 ▶
Die Einstellungen für das Parameterverhalten ZUFALLSMODUS

9.4.4 MIDI-Verhalten

Mit der Version 2 von Motion kam das Parameterverhalten MIDI dazu, dem wir hier einen eigenen Abschnitt widmen.

MIDI, das Musical Instrument Digital Interface, ist ein standardisiertes Protokoll, mit dem sich Steuersignale übertragen lassen, z. B. kann ein MIDI-Gerät wie ein Keyboard oder eine Gitarre einen Synthesizer oder Computer dazu bewegen, bestimmte Töne mit bestimmten Eigenschaften zu erzeugen. Motion erzeugt aber keine Töne, sondern das MIDI-Verhalten erlaubt es stattdessen, bis zu 127 Parameter mit den Tasten eines Instrumentes zu steuern.

Das Verhalten kennt im Popup-Menü STEUERUNGSART drei Modi:

▶ LERNPHASE: Dieser Modus ist nach Aufrufen des Verhaltens zunächst voreingestellt. In diesem Modus erwartet Motion, dass die Kanal-ID vom MIDI-Gerät übermittelt wird. Nachdem die gewünschte Taste des MIDI-Gerätes betätigt und damit ausgelesen wurde, ist die ID entsprechend eingestellt. Sie können jederzeit zur Lernphase zurückschalten, um eine neue ID zuzuweisen.

▶ STEUERUNG: Wurde die Kanal-ID übermittelt, wechselt die Steuerungsart in diesen Modus und das Gerät ist erfolgreich mit dem Verhalten verknüpft. Bei unseren Versuchen wurden die Drehknöpfe des MIDI-Controllers (Seite 144) mit diesem Modus verknüpft.

▶ HINWEIS: Etwas daneben liegt mal wieder die Übersetzung für die deutsche Motion-Version. Das englische NOTE muss in dem Fall nicht etwa Hinweis heißen, sondern auch im Deutschen entsprechend Note oder Ton. Wird eine der Klaviertasten auf dem MIDI-Keyboard gedrückt, dann erscheint also dieser Modus.

Der Unterschied zwischen den Drehknöpfen (es gibt auch Fußpedale oder Fader) und Tasten eines MIDI-Geräts ist der **Dynamikbereich**. Die Tasten lösen die Steuerung für den Wert sehr direkt aus, mit wenigen Zwischenwerten. Die Stärke, mit der man die Taste betätigt, hat zwar Einfluss, aber sehr genau ist das nicht. Eine Rotation, die über das MIDI-Verhalten per Klaviertaste gesteuert wird, springt also sehr stark. Mit einem Drehregler kann man hingegen den Wert der Skalierung dynamisch steuern.

- WERT: Wenn Sie das Gerät nun bedienen, dann verändert sich dieser Parameter in einer Skala von 0–1 entsprechend dem Tastenandruck oder der Drehbewegung eines Drehkopfes. Mit Drehknöpfen können Sie auch Nachkommastellen sehr genau ansteuern, die Klaviertasten werden aber nur sehr abrupt ausgelöst.
- SKALIEREN: Wollen Sie nun eine größere Wirkung erzielen, z. B. um mit einem Drehregler mehrere Umdrehungen bei einer Rotation durchzuführen, dann können Sie mit diesem Parameter den WERT multiplizieren.

Erzeugung von Keyframes | Ist beim Bedienen des MIDI-Gerätes die AUFNAHME aktiviert, dann werden nur für den Parameter WERT Keyframes aufgezeichnet. Motion erzeugt die Keyframes beim Drücken einer Taste und beim Wiedererreichen der Ruheposition. Auch wenn die Werteveränderungen bei der Aufnahme sehr sprunghaft wirken, ist es dadurch doch möglich, mit den Aufnahmeoptionen weiche Animationen aufzuzeichnen.

Im Zusammenhang von MIDI-Verhalten und Aufnahmefunktion sollte an dieser Stelle auch noch einmal besonders auf das neue Feature der Aufzeichnungs-Einstellungen hingewiesen werden, mit dem man nur für bereits animierte Parameter Keyframes aufzeichnet. Wenn man ein ganzes Keyboard mit Funktionen belegt hat, kann es ansonsten durchaus passieren, dass man versehentlich eine Nachbartaste drückt, die man erst später einspielen will.

Einschränkungen | Leider gibt es ein paar Sachen, die sich mit dem MIDI-Verhalten nicht realisieren lassen. Beispielsweise kann man nicht den In-Punkt eines Elementes an den Zeitpunkt eines Tastendrucks verlagern, etwa um eine Textsequenz oder eine Partikelsimulation auszulösen. Auch lässt sich das MIDI-Verhalten nicht mit einigen anderen Parameterverhalten kombinieren, die sinnvoll wären, sodass es nicht möglich ist, eine RATE zu erhöhen, um einen Wert langsam zu steigern.

Parameterverhalten | Mit einigen anderen Parameterverhalten funktionieren die MIDI-Verhalten jedoch, z. B. mit SCHLÄNGELN, OSZILLIEREN und weiteren MIDI-Verhalten. Vor allem die Kombination mit mehreren MIDI-Verhalten eröffnet interessante Ansätze. Sie können z. B. den Skalieren-Wert einer Steuertaste über einen weiteren Drehregler beeinflussen oder über eine Taste die Stärke eines Schlängelns erhöhen, sodass ein Text wie von einem Erdbeben durchgeschüttelt wird. Insgesamt ist das MIDI-Verhalten eine tolle Neuerung, die man so in Videoprogrammen noch nicht kannte.

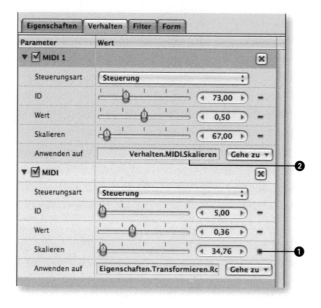

Abbildung 9.48 ▶ Der Skalieren-Parameter des unteren MIDI-Verhaltens ❶ wurde mit einem weiteren MIDI-Verhalten verknüpft ❷, um mit zwei Reglern des MIDI-Controllers einen Parameter dynamischer zu beeinflussen.

9.4.5 Simulationen

Die Simulationsverhalten beschreiben das Verhalten zwischen einem Objekt und seiner Umgebung, also gegebenenfalls allen anderen Objekten.

Die meisten Simulationsverhalten beeinflussen die Position der betroffenen Objekte. Nur die Verhalten BEWEGUNGSRICHTUNG (SIMULATION) und DREHEND BEWEGEN animieren die Rotation.

Es liegt in der Natur der Dinge, dass Simulationen sich nicht immer so steuern lassen, wie man es gerade will. Dazu sind auch die meisten Einstellungen, obwohl gut überschaubar, ziemlich empfindlich. Simulationen sind auch deutlich rechenaufwändiger als andere Verhalten. Sollte die Animation nicht in gewünschter Form simulierbar sein, dann kann man für einfache Objekte (nicht Textfelder oder Partikelwolken) die Simulation auch in eine Keyframe-Animation umwandeln und anschließend direkter bearbeiten.

Da sich der Einfluss einer Simulation in den seltensten Fällen auf wirklich alle Objekte erstrecken soll, liegen einige Verhalten in zwei Arten vor: entweder als aktiv beeinflussendes Verhalten, das sich auf andere Objekte als das ausgewählte auswirkt oder als passiv reagierendes Verhalten, das nur auf das Objekt selbst wirkt. Im Gegensatz zu passiven Verhalten lassen sich aktive Verhalten dabei in Keyframes umwandeln.

Aktive Verhalten	Passive Verhalten
Abstoßen	Abstoßen von
Umkreisen	Strudel
Drift zu Anziehung	Drift zu einem Punkt
Anziehungskraft	Anziehungspunkt
Federn	

◀ **Tabelle 9.1**
Aktive und passive Simulationsverhalten

Passive Verhalten mit Objektfeld | Das zu beeinflussende Objekt muss bei passiven Verhalten über den Parameter OBJEKT des Verhaltens zugewiesen werden. Dieser Parameter bietet ein Objektfeld an, in das man aus Timeline oder Ebenenansicht ein einzelnes Objekt hineinziehen muss. Diese Zuweisung kann etwas kompliziert werden, da das Verhalten bzw. sein Trägerobjekt während der Zuweisung ausgewählt bleiben muss. Sollte dies Probleme bereiten, dann empfiehlt es sich, das Informationen-Fenster mit einem Klick auf das Vorhängeschloss abzuschließen.

▲ **Abbildung 9.49**
Passive Simulationsverhalten reagieren auf Objekte, die dem Verhalten im Objektfeld per Drag & Drop zugewiesen werden müssen

Wendet man ein passives Simulationsverhalten auf eine Ebene, einen Emitter oder ein Textfeld an, dann erscheint die zusätzliche Checkbox AUF OBJEKT ANWENDEN. Ist sie aktiviert, dann wirkt sich das Verhalten so auf jedes Unterobjekt (bzw. jede Zelle oder jeden

Buchstaben) aus, als wäre es ihm separat zugewiesen worden. Ist sie deaktiviert, dann wird nur die Position des Objektes, nicht aber die relative Position der Unterobjekte beeinflusst. Ein Textfeld wird dann insgesamt bewegt und ein Emitter kann eine Partikelspur hinter sich herziehen.

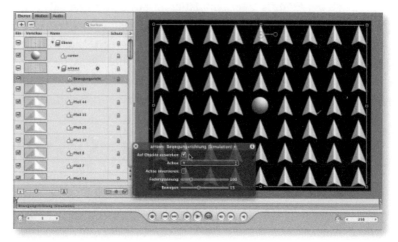

Abbildung 9.50 ▶
Aktiviert man die Checkbox AUF OBJEKTE AUSWIRKEN lässt sich hier das Verhalten BEWEGUNGSRICHTUNG (SIMULATION) durch eine einzige Zuweisung auf alle 62 Pfeile anwenden.

Aktive Verhalten | Aktive Simulationen wirken sich dagegen auf alle Objekte aus, wobei man die Auswirkung dann über den Parameter AUSWIRKEN AUF genauer definieren kann:

- ALLE OBJEKTE: Der Modus wirkt sich auf alle Objekte aus, auch solche auf parallelen oder übergeordneten Ebenen. Bei unseren Versuchen wirkte sich der Modus auch auf Textobjekte aus, von denen ein Verhalten eigentlich auf die anderen Objekte wirken soll. Das liegt daran, dass die Textobjekte an sich aus mehreren Unterobjekten, nämlich den Buchstaben, bestehen und damit mit beeinflusst werden. Dies gilt auch für replizierte und emittierte Objekte, die wie Textobjekte eine Art Container darstellen, in dem weitere Unterobjekte vorhanden sind. Wir können derzeit nicht sagen, ob dies ungewollt ist und vielleicht noch geändert wird, daher müssen Sie den dritten Modus wählen, um spezielle Zuweisungen machen zu können.
- ÄHNLICHE OBJEKTE: Der Modus reduziert den Einfluss auf Objekte innerhalb der gleichen Ebene. Hier gilt ebenfalls die zuvor beschriebene Auswirkung auf Textobjekte, replizierte Objekte und Partikel. Nur mit dem dritten Modus kann dies derzeit umgangen werden.

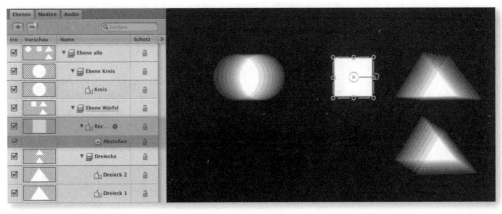

▲ **Abbildung 9.51**
Ein aktives Simulationsverhalten wirkt sich bei der Auswahl ALLE OBJEKTE auf die hervorgehobenen Elemente und ihre Unterobjekte aus.

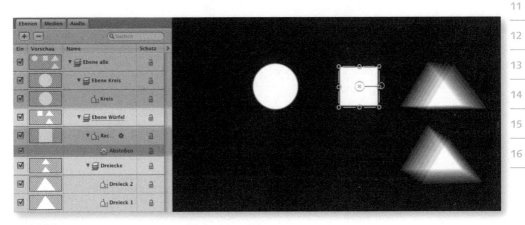

▲ **Abbildung 9.52**
Ein aktives Simulationsverhalten wirkt sich bei der Auswahl ÄHNLICHE OBJEKTE auf die Objekte aus, die in der gleichen Ebenenhierarchie oder darunter liegen.

▶ BESTIMMTE OBJEKTE: Der Modus erlaubt es, eine Liste von beeinflussten Objekten zu erstellen. Wie bei Objektfeldern geschieht diese Zuordnung per Drag & Drop in der Liste BETROFFENE OBJEKTE. Weist man eine Ebene zu, dann werden alle dort enthaltenen Objekte zugewiesen. Will man die Ebene als Ganzes beeinflussen, ohne die Unterobjekte separat zu behandeln, dann muss man das entsprechende passive Verhalten ohne die Einstellung AUF OBJEKT ANWENDEN benutzen.

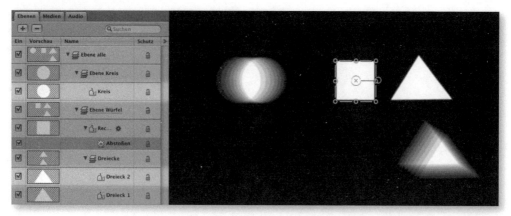

▲ **Abbildung 9.53**
Der Modus BE-
STIMMTE OBJEKTE
blendet in den Informationen-Fenstern
eine Liste ein, mit der
man bestimmte Objekte zuweisen kann.

> **Auswahl sperren**
>
> Passive Simulationsverhalten erlauben in vielen Fällen die Zuweisung von mehreren Objekten. Möchte man mehrere Objekte mit gedrückter ⇧- oder ⌘-Taste in der Ebenenansicht auswählen, springt der Inhalt des Informationen-Fensters um, sodass man das Objektfeld oder die Liste in den Einstellungen zum Verhalten nicht mehr sieht. Mit dem Vorhängeschloss im Informationen-Fenster können Sie aber die Verhaltens-Einstellungen temporär sperren, sodass der Inhalt des Fensters nicht aktualisiert wird, wenn Sie ein anderes Objekt auswählen.

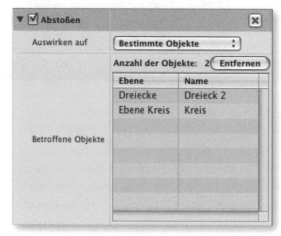

Abbildung 9.54 ▶
Die Liste der betroffenen Objekte im Informationen-Fenster

Grund-Simulationsarten | Die vier physikalischen Grund-Simulationsarten beschreiben die Bewegung von Objekten zueinander:
- ABSTOSSEN: Voneinander weg beschleunigend.
- ANZIEHUNGSPUNKT: Direkt aufeinander zu beschleunigend.

- DRIFT: Direkt aufeinander zu abbremsend.
- STRUDEL: Umeinander kreisend.

Die später beschriebenen primären und sekundären Simulationsverhalten ergänzen diese physikalischen Grundarten, z. B. um die Möglichkeit, mit dem Rand zu kollidieren oder die Rotation an dem Bewegungspfad auszurichten.

Während die Art des Verhaltens die Bewegungsrichtung definiert, lässt sich die Beschleunigung, welche die Positionswerte der betroffenen Objekte verändert, über den Parameter STÄRKE einstellen. Wie stark sich diese Beschleunigung genau auswirkt, hängt von der Entfernung des betroffenen Objektes zu dem Objekt mit dem Verhalten ab. Den maximalen Wirkungsradius des Verhaltens kann man mit dem Parameter AUSWIRKUNG in Pixeln einstellen. Außerhalb dieses Radius werden die betroffenen Objekte nicht weiter beschleunigt.

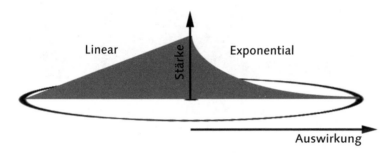

◄ **Abbildung 9.55**
Wie die STÄRKE der Objektbeschleunigung vom Zentrum bis zum äußeren Wirkungsradius genau abnimmt, entscheidet die ABNAHME-ART.

In welcher Art die Einflussnahme vom Zentrum zum Radius abnimmt, bestimmt die ABNAHME-ART, bei der man zwischen LINEAR und EXPONENTIAL wählen kann. Diese zweite Möglichkeit macht nur selten Sinn, da die gesamte Simulation dadurch die Objekte nur sehr langsam beeinflusst. Diesem Mangel an Geschwindigkeit kann man nur begrenzt mit einer hohen STÄRKE entgegenwirken, da deren Limit bei 1000 liegt. Soll es doch die exponentiale ABNAHME-ART sein, dann kann man aber immer noch das Simulationsverhalten duplizieren und so auch die Auswirkung, also quasi die Stärke, verdoppeln.

Der Parameter BEWEGEN ist zwar für alle primären Simulationsverhalten verfügbar, wirkt sich aber immer unterschiedlich aus. Er funktioniert, als würde man dem Objekt zusätzlich das Verhalten BEWEGEN zuweisen, macht also auch andere Verhalten träge. Die Trägheit wirkt auch außerhalb des Wirkungsradius bremsend. Wenn Sie sich jetzt wundern, was Bewegen und Trägheit miteinander zu tun haben: Es handelt sich hier mal wieder um eine unglückliche Übersetzung des englischen Begriffes Drag, also bremsen oder ziehen.

Primäre Simulationsverhalten | Die primären Simulationsverhalten werden von uns so kategorisiert, da sie selbstständig Wirkung zeigen, ohne dass bereits Animationen oder Simulationen eine Bewegung vorgeben. Sie benötigen bei den meisten Simulationsverhalten natürlich mindestens zwei Objekte, um eine Wirkung zu erzielen. Textobjekte, replizierte Objekte sowie Partikel reagieren durch ihre Unterobjekte meist schon ohne weitere Objekte.

- ABSTOSSEN: Das aktive Verhalten drückt alle anderen Objekte von dem ausgewählten Objekt weg. Es ermöglicht also, das Objekt selbst kontrolliert zu animieren und andere zu beeinflussen.

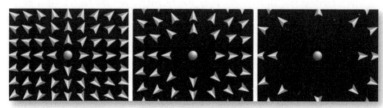

Abbildung 9.56 ▶
Der Kreis in der Mitte weist das Verhalten ABSTOSSEN auf und verdrängt die Pfeile mit der Zeit (von links nach rechts). Alternativ hätte man der Ebene mit den Pfeilen ABSTOSSEN VON zuweisen können.

- ABSTOSSEN VON: Während das Abstoßen-Verhalten alle anderen Objekte von dem ausgewählten Objekt wegdrückt, geht das passive Verhalten ABSTOSSEN VON den umgekehrten Weg. Man definiert im Popup-Menü ein Objekt, von dem das ausgewählte Objekt abgestoßen werden soll, und überlässt dem Verhalten damit die Animation bzw. Simulation.
- ANZIEHUNGSPUNKT: Das aktive Verhalten zieht alle Objekte an bzw. beschleunigt sie auf das Objekt zu, dem das Verhalten zugewiesen wurde. Durch die Beschleunigung schießen die betroffenen Objekte üblicherweise über das Ziel hinaus und kommen durch das erneute beschleunigte Zurückfedern nicht zur Ruhe. Leider lässt sich kein Punkt des Stillstandes über den Out-Punkt definieren, da dieser von dem Verhalten ignoriert wird.

Abbildung 9.57 ▶
Das Anziehungspunkt-Verhalten in Aktion. Die Objekte werden angezogen und schießen durch den Punkt hindurch, um sich langsam einzupendeln.

- ANZIEHUNGSKRAFT: Hierbei handelt es sich um die passive Variante des eben beschriebenen Anziehungspunkts. Es verlangt ein Zielobjekt, zu dem das betroffene Objekt hingezogen werden kann.
- DRIFT ZU EINEM PUNKT: Das aktive Verhalten ist wiederum eine Variante des Anziehungspunkts, allerdings mit anderen voreingestellten Werten. So ist der Parameter BEWEGEN, der wie das gleichnamige Verhalten die Trägheit simuliert (und genauso falsch übersetzt wurde), relativ hoch eingestellt. Dadurch werden die Objekte fast linear auf das Zielobjekt zu bewegt und schießen nicht, wie beim Anziehungspunkt, über das Ziel hinaus.

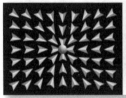  

◀ **Abbildung 9.58**
Das Verhalten DRIFT ZU EINEM PUNKT zieht die Objekte an, bremst sie aber gleichzeitig ab, sodass eine fast lineare Bewegung entsteht.

- DRIFT ZUR ANZIEHUNG: Diese passive Variante des zuvor beschriebenen Verhaltens verfügt ebenfalls über den Parameter BEWEGEN. Damit entspricht es der ANZIEHUNGSKRAFT mit simulierter Trägheit.
- STRUDEL: Das aktive Verhalten bewegt die anderen Objekte nicht direkt auf das Ziel zu, sondern in einer Kreisbahn.

◀ **Abbildung 9.59**
Das Verhalten STRUDEL, in der Mitte mit einem Bewegen-Wert von 0, rechts mit einem Wert von 1.

- UMKEHREN: Das Verhalten ist eine passive Variante von STRUDEL. Der Parameter BEWEGEN lenkt in diesem Fall die Objekte zum Zentrum des Strudels hin. Ein Strudel mit geringer STÄRKE und hohem Wert für BEWEGEN wirkt sich also sehr schnell aus wie die Anziehungspunkt- oder Drift-Verhalten. Die ABNAHME-ART beeinflusst vor allem die Beschleunigung ins Zentrum, die Umlaufgeschwindigkeit bleibt überall weitgehend konstant, sodass Objekte im Inneren das Zentrum schneller umkreisen.

- Federn: Das Verhalten liegt nur als passive Variante vor und verfügt trotz seiner Ähnlichkeit mit Anziehungskraft über vollkommen andere Parameter. Über die Objektzuweisung kann man ein Objekt mit einer virtuellen Spiralfeder an einem anderen aufhängen. Die Federspannung gibt Auskunft über die Größe der Beschleunigung in Richtung des Zielobjektes. Die Länge der Entspannung entspricht der unbelasteten Länge der Feder. Ist die Checkbox Abstossen aktiviert, dann wird das aufgehängte Objekt umso stärker abgestoßen, je weiter es die Länge der Entspannung überschreitet, also die virtuelle Feder zusammendrückt.

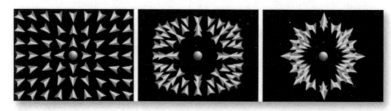

Abbildung 9.60 ▸
Das Verhalten Federn erlaubt es unter anderem, Objekte nur bis zu einer bestimmten Entfernung an ein Objekt heranzuziehen.

- Schwerkraft: Das Verhalten beschleunigt ein Objekt nach unten, als würde es fallen.
- Wind: Das Verhalten beschleunigt alle Objekte gleichmäßig. Der Parameter Luftdichte entspricht dabei dem Einfluss des Windes. Er bremst also die Objekte nicht ab, wie man es denken könnte, sondern beschreibt das Verhältnis, in dem das Objekt die Geschwindigkeit des Windes annimmt. So bewirkt ein Wert von 1 die volle Bewegung des Objektes um den in Geschwindigkeit angegebenen Wert. Ein Wert von 0 deaktiviert den Einfluss entlang der gewählten Achse. Bei den Werten dazwischen braucht der Wind etwas, bis er die betroffenen Objekte auf die Endgeschwindigkeit beschleunigt hat.

Sekundäre Simulationsverhalten | Die sekundären Simulationsverhalten bestimmen die Bewegung in Kombination mit bereits vorhandenen Animationen oder Simulationen:

- Rand-Kollision: Das Verhalten lenkt bereits bewegte Objekte um, wenn deren Begrenzungsrahmen (bzw. der Ankerpunkt von Textzeichen und Partikeln) den Bildrand erreicht.
- Bewegen: Das verwirrenderweise Bewegen genannte Verhalten (in der englischen Fassung Drag) simuliert Reibungswiderstand. Drag bedeutet auf Deutsch entsprechend auch Luftwiderstand.

- Bewegungsrichtung (simuliert): Da die Simulationsverhalten ausschließlich die Position von Objekten beeinflussen, findet man in dieser Kategorie auch das Verhalten Bewegungsrichtung (simuliert). Das Verhalten richtet Objekte entlang ihrer Bewegungsrichtung aus. Besonders interessant ist, dass es jede Art von Animation – ob simuliert oder per Hand animiert – aufwerten kann, indem man die Parameter Feder und Trägheit für die automatische Drehbewegung bestimmt. So ließe sich z. B. ein schlingerndes Auto lediglich durch von Verhalten gesteuerte Rotation und ein paar Positions-Keyframes realisieren.
- Drehend Bewegen: Das Verhalten kann ein rotierendes Objekt abbremsen. Interessant daran ist, wie das Verhalten die Rotation ermittelt, denn auch eine über Keyframes animierte Drehung kann abgebremst werden. Dieses Verhalten heißt in der englischen Fassung übrigens Rotational Drag, meint also eigentlich in etwa Rotationsdämpfung. Vor allem im Zusammenhang mit Partikelsystemen macht dieses Verhalten Sinn, da man die Rotationsgeschwindigkeit von Partikeln bei der Geburt festlegt und sie normalerweise konstant bleibt. Mit Drehend Bewegen kann man die Rotation dann abbremsen lassen.

Einschränkungen | Da Motion eine reine 2D-Anwendung ist, muss man leider bei den Simulationsverhalten mit spürbaren Einschränkungen leben: Um die beeindruckende Arbeitsgeschwindigkeit zu ermöglichen, berechnet Motion Simulationen ausschließlich anhand des Begrenzungsrahmens und des Ankerpunkts eines Objektes. Ein Kreis wird nicht rollen, ein Quadrat nicht über seine Kanten kippen.

Zuletzt ausgewertet | Bei der Verwendung von Simulationen ist darauf zu achten, dass sie in jedem Fall zuletzt ausgewertet werden. Das Verhalten Drehend Bewegen bremst in jedem Fall die Rotationsbewegung ab, es gibt keine Möglichkeit eine Mindestdrehgeschwindigkeit mit nachträglichen Wirbel-Verhalten oder Keyframe-Animationen zu definieren, solange sich das Simulationsverhalten auswirkt.

Bewegungspfade | Zuletzt sei auch noch darauf hingewiesen, dass die Bewegungspfade bei Verwendung von Simulationsverhalten keinerlei Aussagekraft über die tatsächliche Bewegung eines Objektes haben. Durch die Echtzeitfähigkeiten von Motion lässt sich dieser Makel jedoch leicht verschmerzen, da man die Animation ja ständig abspielen und so beurteilen kann. Sollte eine aufwändige Simulation doch einmal das System ausbremsen, dann hilft die aktivierte Bewegungsunschärfe mit einem Blendenverschlusswinkel von 1800° bei der Beurteilung der Bewegungen auch am Standbild.

9.4.6 Textanimation

Eine Sonderstellung innerhalb der Verhalten nehmen die Textanimationen ein, da sie nur auf Textfelder anwendbar sind. Hier greifen sie allerdings auf einzelne Buchstaben, Worte oder Zeilen zurück, um komplexe Effekte zu erzielen. Diese Art der Animation lässt sich nicht in Keyframe-Animation umwandeln. Versucht man, die Animation zu konvertieren, dann wird sie einfach verworfen.

Die Simulationsverhalten können sich auf die einzelnen Buchstaben auswirken, man kann also einen Text verwirbeln, von anderen Objekten verdrängen oder mit dem Bildrand kollidieren lassen.

Textsequenzen | Ähnliche und noch komplexere Effekte lassen sich mit den vorgefertigten Textsequenzen realisieren, die allerdings zu umfangreich sind, um sie an dieser Stelle zu behandeln. Am sinnvollsten ist in diesem Fall, einfach die Bibliothek zu durchstöbern und die Animation im Vorschaufenster zu begutachten.

Für eigene Textanimationen empfiehlt sich in der Rubrik TEXTANIMATIONEN das Verhalten SEQUENZTEXT. Es bildet die Grundlage für die anderen in der Bibliothek enthaltenen Verhalten in der Rubrik TEXTSEQUENZ und erlaubt es, einen Text in wählbaren Abständen (Zeichen, Worte und Zeilen) zu durchwandern und bei jedem Schritt einen Parameter zu animieren. Die Möglichkeit, Parameter hinzuzufügen und auch hier wieder mit Parameterverhalten zu verknüpfen, bietet sehr umfangreiche Möglichkeiten.

Details über die Funktionsweise der Textanimationen und die Arbeit mit Sequenzverhalten finden Sie im Kapitel »Text in Motion« auf Seite 564.

9.4.7 Partikelverhalten

Das einzige in dieser Kategorie aufgeführte Verhalten ist STETIG SKALIEREN, das jeden Partikel einer Wolke individuell und auf unterschiedliche Arten skalieren kann. Warum dieses Verhalten notwendig ist und was bei der verhaltensgesteuerten Animation von Partikelsystemen noch zu beachten ist, können Sie dem Kapitel »Partikelsysteme« auf Seite 516 entnehmen.

9.5 Beispielprojekt »Hüpfende Bälle II«

Um die Arbeitsweise mit Verhalten zu illustrieren, wollen wir die Übung aus dem Abschnitt »Keyframe-Animation« nun mit Verhalten wiederholen.

Schritt für Schritt: Einen hüpfenden Ball mit Verhalten animieren

1 Projekt anlegen

Beginnen Sie ein neues Projekt über ⌘+N und wählen Sie aus den Vorstellungen den Eintrag EIGENE. In den Projekteinstellungen wählen Sie nun PAL DV BROADCAST SD. Als Dauer geben Sie 120 Bilder an.

2 Kreis-Form erzeugen

Wählen Sie das Kreis-Werkzeug und erzeugen Sie wieder eine Kreis-Form. Geben Sie ihr den Namen »Ball«.

Lassen Sie die Animation über ⇧+L als Loop abspielen. Einer der Vorzüge von Verhalten ist, dass man die Werte fernsteuert und die Verhalten selbst nicht animieren muss. Wir müssen also auch nicht die Aufnahme aktivieren, sondern können uns ganz auf die Animation konzentrieren.

3 Werfen zuweisen

Öffnen Sie die SCHWEBEPALETTE (F7) und weisen Sie dem Ball aus dem Symbolleistenmenü VERHALTEN HINZUFÜGEN ❶ das Verhalten EINFACHE BEWEGUNG • WERFEN zu. Schieben Sie den Ball nach links aus dem Bild und gehen Sie an das Ende der Timeline.

Die Schwebepalette zeigt einen leeren Kreis. Ziehen Sie von dessen Mittelpunkt aus einen Pfeil ❷ nach rechts auf. Drücken Sie die ⇧-Taste, um die Bewegungsrichtung genau horizontal einzuschränken.

Passen Sie die Länge des Pfeils so an, dass der Ball am Ende des Projektes gerade aus dem Bild verschwunden ist. Die Einstellungen in der Schwebepalette sind an dieser Stelle etwas kompliziert: Der Pfeil kann maximal bis zum Rand des Umkreises verlängert werden. Um diesen Maximalwert zu erhöhen, muss man mit dem Zoom-Regler ❸ von dem Pfeil wegzoomen, d. h. nach oben schieben. Der Pfeil wird kleiner und kann nun wieder bis zum Rand des Kreises gezogen werden, mit einem größeren Wert als vorher.

▼ **Abbildung 9.61**
Schwebepalette und Informationen-Fenster des Werfen-Verhaltens

Da die einstellbaren Werte meistens einen guten Eindruck von der Geschwindigkeit vermitteln (z. B. 100 Pixel pro Sekunde), sollte man die wichtigen Werte immer im Informationen-Fenster einstellen.

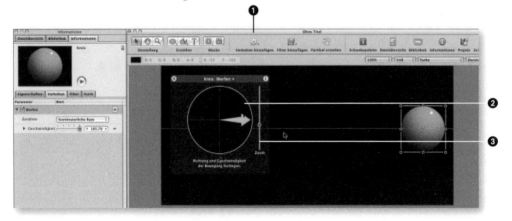

4 Rand-Kollision zuweisen

Weisen Sie dem Ball das Verhalten SIMULATION · RAND-KOLLISION zu. Deaktivieren Sie die Kollision für alle Kanten bis auf die untere.

▼ **Abbildung 9.62**
RAND-KOLLISION

5 Schwerkraft zuweisen

Weisen Sie dem Ball das Verhalten SIMULATION • SCHWERKRAFT zu. Stellen Sie die Beschleunigung am besten im Informationen-Fenster auf einen sehr hohen Wert wie 250.

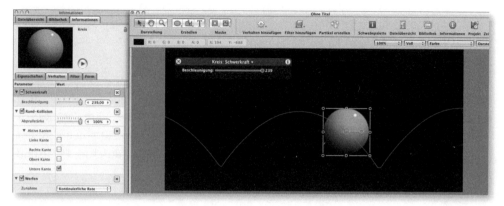

▲ Abbildung 9.63
Das Simulationsverhalten SCHWERKRAFT macht das Hüpfen natürlicher.

6 Animation inspizieren

Betrachten Sie sich die allgemeinen EIGENSCHAFTEN des Balls. Das Popup-Menü für die Animation hinter den Positionsparametern zeigt ein kleines Zahnrad, das Symbol für Verhalten. Wenn Sie die Positionsparameter aufklappen und die Animationsmenüs von X und Y separat inspizieren, werden Sie feststellen, dass die SCHWERKRAFT nur auf den Y-Wert wirkt.

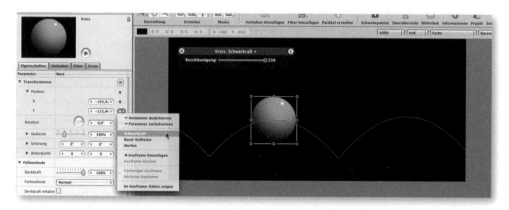

▲ Abbildung 9.64
Ein Klick auf das kleine Zahnrad zeigt, welche Verhalten auf den gewählten Positionsparameter wirken.

Beispielprojekt »Hüpfende Bälle II«

7 Verschieben der Startposition

Trotz Verhaltenseinfluss können Sie die Position des Balles noch verschieben. Es ist nicht notwendig, dazu an den Beginn des Projektes zu gehen. Allerdings versucht Motion bei Veränderungen zu einem späteren Zeitpunkt immer, schnellstmöglich die neue simulierte Position darzustellen, sodass es auf schnellen Systemen kurz flackern kann.

8 Abprall-Stärke einstellen

Nun zu etwas, das als Keyframe-Animation nur mit deutlichem Mehraufwand zu realisieren wäre: Wählen Sie das Verhalten RAND-KOLLISION aus und ändern Sie die Abprallstärke auf einen geringeren Wert. Mit jedem Aufprall verliert der Ball dadurch an Höhe und auch Sprungweite.

▼ **Abbildung 9.65**
Im Verhalten RAND-KOLLISION kann auch die Abprall-Stärke eingestellt werden.

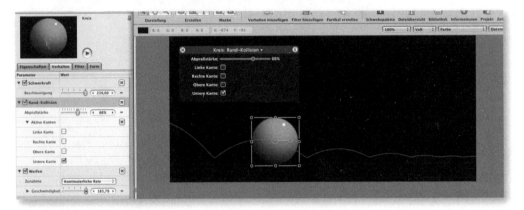

9 Einen zweiten Ball erzeugen

Um einen zweiten Ball zu erzeugen können Sie den ersten duplizieren und dann Anfangsposition, Größe und Wurfrichtung anpassen Wenn Sie stattdessen noch etwas herumspielen wollen, müssen Sie nur den Ball in die Mitte des Bildes schieben, alle Kollisions-Kanten aktivieren und zusehen, wie der Ball durch das Bild fliegt. Das ist zwar ziemlich zweckfrei, zeigt aber doch die Vorteile der Verhalten.

Die Nachteile werden deutlich, wenn Sie eine Kollision der Bälle miteinander verursachen wollen. Es ist einfach nicht möglich. Sie müssten also im Menü OBJEKT • IN KEYFRAMES KONVERTIEREN auswählen und dann manuell die Bearbeitung weiterführen. ∎

10 Partikelsysteme

Nichts anbrennen lassen: Jedes Objekt in Motion hat das Zeug zu mehr. Indem Sie ein einzelnes Element in eine Wolke von Elementen verwandeln, können Sie organische Animationen erstellen, die in dieser Komplexität gar nicht anders realisierbar wären.

10.1 Kleiner als Pixel

Partikel sind in der Computergrafik die kleinsten Teilchen, dimensionslose Punkte, die nur über ihre **Position** und ihre **Bewegungsrichtung** definiert sind und in Wolken zusammengefasst sind.

Durch diese formale Einfachheit bieten sie sich an, um sie in großen Mengen einzusetzen, was vor allem bei der Simulation von komplexen Systemen Sinn macht. Solche Systeme wollen meistens natürliche Phänomene wie thermische Strömungen mit Luftwirbeln oder Flüssigkeiten, die sich vermischen, nachempfinden.

Komplexe Effekte | In Motion dienen Partikel vorrangig zur Erzeugung von komplexen Effekten, die einzelne Elemente in vielfacher Ausführung darstellen, zum Beispiel eine Buchstabensuppe oder eine Rauchwolke. Der Vorteil von Partikeln ist, dass man die Emission und die Partikel bestimmt, doch die Animation der einzelnen Partikel dem Programm überlässt und nur durch simulierende Verhalten beeinflusst.

Anzahl der Partikel | Die Anzahl der Partikel kann sehr schnell sehr groß werden, weshalb sie in Motion einen besonderen Parameter haben: die LEBENSDAUER. Als eine Art interne Zeitangabe ermöglicht sie es, die Partikel durch mehrere Zustände hindurch zu entwickeln, anstatt lediglich ihre Position und Rotation zu verändern. Partikel existieren von ihrer Geburt im Emitter bis zu ihrem Tod am Ende der Lebensdauer.

Sowohl der Emitter als auch das Partikel-Element werden erstellt, indem man ein Objekt, das man emittieren will, auswählt und auf das Symbol Partikel erstellen in der Symbolleiste klickt. Motion deaktiviert automatisch das gewählte Objekt und generiert in der gleichen Ebene ein Emitter-Element, dem eine Partikelzelle mit dem Namen der Quelle untergeordnet ist. **Emitter und Zellen** haben eine Vielzahl von Parametern, von denen sich einige überschneiden bzw. in den spezifischen Eigenschaften beider Elementtypen verfügbar sind.

10.1.1 Emitter

Die Emission der Partikel wird vom Emitter gesteuert. Die Form des Bereiches, in dem die Partikel bei ihrer Geburt erscheinen, lässt sich über das Popup-Menü Form des Emitters bestimmen. Die darunter liegenden Parameter (bis zu dem Parameter Render-Reihenfolge) hängen von der gewählten Emitter-Form ab.

Zwischen Motion Version 1 und 2 wurden hier deutliche Veränderungen vorgenommen. Vorher hatte man z. B. die Formen Kreis und Gefüllter Kreis zur Verfügung, beide mit der Option, nur an gleichmäßig angeordneten Punkten zu emittieren. Motion 2 bietet nun die Emitter-Form Kreis mehrere Anordnungs-Methoden, mit denen sich die gleichen Effekte erzielen lassen, wie folgende Tabelle zeigt:

Motion 1	Motion 2
Kreis	Kreis, Anordnung: Kontur
Kreis, Emission bei Punkten	Kreis, Anordnung: Kontur, Emission bei Punkten
Gefüllter Kreis	Kreis, Anordnung: Zufällige Füllung
Gefüllter Kreis, Emission bei Punkten	Kreis, Anordnung: Kachelfüllung

Tabelle 10.1 ▶
Emitter-Formen und Anordnungen in Motion 1 und 2

Die gleiche Anpassung wurde bei der Form Rechteck vorgenommen. Bei der Umstellung hat sich auch ein kleiner, nebensächlicher Fehler eingeschlichen: Die zufälligen Füllungen bieten immer noch die Parameter für die Emission bei Punkten, doch sie wirken sich nicht mehr aus.

Sollten Sie noch alte Projekte aus Motion 1 besitzen und diese in der neueren Version öffnen, dann werden die alten Einstellungen an die neuen Konzepte angepasst.

Form und Position des Partikelemitters | Die Form des Partikelemitters bestimmt die Positionen im Canvas, an denen die erzeugten Partikelzellen bei der Entstehung platziert werden. Auch die Bewegungsrichtung, definiert über den Parameter EMISSIONSWINKEL, hängt zum Teil von der Form ab und wird bei Linienformen von der Linie aus, bei Punkt- und Flächenformen global gemessen. Ein Winkel von 0° bewegt die Zellen also bei Linienemittern senkrecht von der Linie weg (entlang der so genannten »Normalen« der Linie), bei anderen Emittertypen dagegen nach rechts. Der EMISSIONSWINKEL wird, wie alle Winkel in Motion, entgegen dem Uhrzeigersinn gemessen. Der Winkel lässt sich mit dem Parameter EMISSIONSBEREICH zufällig in einem Bereich von 0 bis 360° variieren, dabei wird der Bereich um den Winkel gleichmäßig erweitert. Ein EMISSIONSWINKEL von 30° mit einem EMISSIONSBEREICH von 20° bewegt die Zellen also in einem Bereich von 20 bis 40° vom Emitter weg.

Für die Emitter-Form stehen neun Optionen zur Auswahl:
- Punkt
- Linie
- Rechteck
- Kreis
- Explosion
- Spirale
- Welle
- Geometrie
- Bild

Emitter-Form Punkt | Diese Form eines Partikelemitters ist standardmäßig eingestellt und erzeugt alle Partikel an der Position des Emitters. Die Position wird übrigens bei der Erstellung des Partikelsystems automatisch der Position des Quellobjektes angeglichen. Folgende Optionen stehen bei dieser Emitter-Form zur Auswahl:
- EMISSIONSWINKEL: Bestimmt, in welcher Richtung von dem Punkt aus die Partikel emittiert werden. Dabei bewegt ein Winkel von 0° die Partikel nach rechts. Gemessen wird entgegen dem Uhrzeigersinn.
- EMISSIONSBEREICH: Ermöglicht es, die Zellen um den eingestellten Wert vom Emissionswinkel zufällig abweichen zu lassen. Der Wert ist auf 360° voreingestellt, sodass die Zellen gleichmäßig in alle Richtungen emittiert werden.

- Render-Reihenfolge: Der Einstellung ist für jede Emitter-Form verfügbar und wird am Ende des Abschnitts auf Seite 494 erläutert.
- Partikel verschachteln: Auch diese Einstellung ist für jede Emitter-Form verfügbar und wird am Ende des Abschnitts auf Seite 495 erläutert.

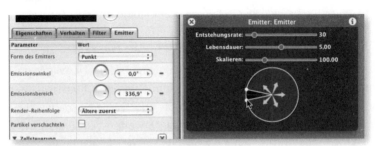

▲ Abbildung 10.1
Die Emitter-Form Punkt bietet die wenigsten Optionen. In der Schwebepalette kann man den Emissionsbereich durch Ziehen der Punkte auf dem Kreis verändern. Den Winkel stellt man mit den Pfeilen in der Mitte ein.

Emitter-Form Linie | Mit diesem Emitter lässt sich z. B. ein Zeichen-Wasserfall à la Matrix erzeugen. Wird diese Emitter-Form gewählt, dann erscheinen unter dem Popup-Menü zusätzliche Einstellungsmöglichkeiten:

- Startpunkt und Endpunkt: Um diese Punkte im Canvas zu manipulieren, sollte man am besten das Objekt anpassen-Werkzeug verwenden. Optional kann man die Koordinaten in die Felder rechts neben den beiden Einstellungen eintragen. Die Koordinaten beschreiben ihre Position relativ zur Position des Emitterobjektes.
- Emission bei Punkten: Normalerweise werden die Partikel an zufälligen Stellen der Linie generiert, doch bei aktivierter Checkbox dieses Parameters kann man die Erzeugung auf einige wenige, gleichmäßig verteilte Positionen beschränken. Über einen zusätzlichen Regler Punkte kann man die Anzahl der Punkte definieren. Die Punkte werden bei dem ausgewählten Objekt anpassen-Werkzeug zwar als kleine Kreuze dargestellt, lassen sich allerdings nicht verschieben.
- Ein Emissionswinkel von 0° emittiert entlang der Normalen der Linie. Wandert man also vom Startpunkt der Linie zum Endpunkt, so entstehen die Partikel zur rechten Seite der Linie.

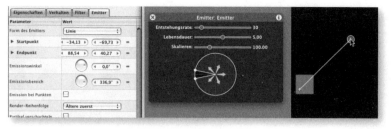

◀ **Abbildung 10.2**
Linie bietet die gleichen Parameter wie Punkt, allerdings kann man mit dem Objekt anpassen-Werkzeug die Endpunkte der Linie im Canvas verändern.

Emitter-Form Rechteck | Diese Emitter-Form wird über die Größe eines Rechtecks bestimmt. Die Größe des Rechtecks kann man in horizontaler und vertikaler Richtung getrennt definieren, wenn man den Parameter Größe aufklappt.

Der Emittertyp Rechteck ist der erste, der den neuen Parameter Anordnung mit drei Optionen anbietet:

- Kontur ❶: Wählt man diese Anordnung, dann werden bei einem Emissionsbereich von 0° die Partikel von jeder Kante aus nach außen abgestoßen. Wie bei anderen Linienformen kann man die Emission auf gleichmäßig verteilte Punkte beschränken, indem man die Checkbox Emission bei Punkten aktiviert und in dem dann eingeblendeten Regler die gewünschte Zahl der Punkte einstellt.
- Kachelfüllung ❷: Hier kann man ein festes Punkteraster mit einer beliebigen Zahl von Spalten und Zeilen einstellen. Zusätzlich kann noch ein Kachelversatz angegeben werden, der bestimmt, um wie viel Prozent der horizontalen Größe die oberste Zeile nach rechts verschoben wird. Die mittleren Zeilen werden entsprechend zwischen den äußeren eingepasst. Sollte der Versatz größer als eine Spalte werden, dann wird die hinterste Zelle umgebrochen, also an den Anfang der Zeile gesetzt. Der Kachelversatz ist bei Partikelsystemen, die ihre Zellen in zufälliger Reihenfolge erzeugen, von geringer Bedeutung. Bei dem verwandten Replikator erlaubt er jedoch einige wichtige Funktionen (siehe Seite 594).
- Zufällige Füllung ❸: In dieser dritten Möglichkeit werden die Zellen an einer zufällig gewählten Position innerhalb der Form erzeugt. Es werden zwar auch hier die Checkbox Emission bei Punkten und gegebenenfalls auch der Parameter Anzahl der Punkte eingeblendet, doch sie haben beide keinerlei Auswirkungen.

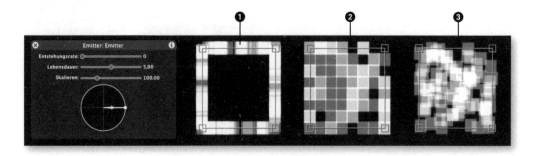

▲ **Abbildung 10.3**
Die Emitter-Form RECHTECK verfügt nur über allgemeine Einstellungen in der Schwebepalette. Im Informationen-Fenster kann man drei verschiedene Anordnungs-Arten auswählen.

Emitter-Form Kreis | Dieser Emittertyp wird über seinen RADIUS definiert, der sich besser abschätzen lässt, wenn das OBJEKT ANPASSEN-WERKZEUG ausgewählt ist. KREIS bietet sonst die gleichen Arten für die ANORDNUNG wie die zuvor beschriebene Emitter-Form.

▶ KONTUR: Die gleichen Einstellungen wie bei dem Emittertyp RECHTECK, allerdings macht hier der verfügbare Zellenparameter WINKEL AUSRICHTEN mehr Sinn.

▶ KACHELFÜLLUNG: Auch hier kann man die SPALTEN und ZEILEN einstellen, doch das entstehende Raster wird durch die Kreis-Form begrenzt. Ein Raster von 5 mal 5 Punkten erzeugt also nicht an 25, sondern nur an 13 Positionen neue Zellen. Ein Emissionswinkel von 0° offenbart darüber hinaus einen Fehler in Motion, der bei ungeraden Werten für Spalten oder Zeilen auftaucht: In dem Fall sind die Austrittswinkel einiger Punkte nicht richtig angeordnet. Bei geraden Werten für die Rastergröße werden die Zellen bei einem Winkel von 0° aber kreisförmig vom Mittelpunkt ausgestoßen.

▶ ZUFÄLLIGE FÜLLUNG: Diese Anordnung verhält sich wie bei der Emitter-Form RECHTECK, doch die Punkte werden nur innerhalb des eingestellten Kreises platziert. Bei einem Emissionswinkel von 0° bewegen sich die Zellen kreisförmig vom Mittelpunkt weg.

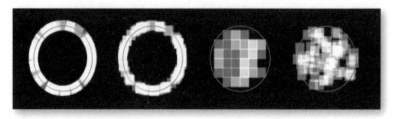

Abbildung 10.4 ▶
Von links nach rechts: KONTUR mit der Option WINKEL AUSRICHTEN, KONTUR ohne diese Option, KACHELFÜLLUNG und ZUFÄLLIGE FÜLLUNG.

Emitter-Form Explosion | Diese Emitter-Form ist eine Neuerung in Motion 2. Sie ordnet beliebig viele Linien in einer Sternform an und bietet folgende Einstellungen:

- Radius: Bestimmt die Länge der Arme. Optional kann man die Länge auch direkt im Canvas mit dem Objekt anpassen-Werkzeug einstellen.
- Anzahl der Arme: Bestimmt die genaue Anzahl der Linien. Die Linien werden immer von innen nach außen gezeichnet, bei einem Emissionswinkel von 0 werden die Partikel also im Uhrzeigersinn ausgestoßen.
- Emission bei Punkten: Diese Checkbox blendet bei Aktivierung den Parameter Punkte pro Arm ein, mit dem man die Emissionspunkte auf eine gewünschte Anzahl gleichmäßig verteilter Positionen auf jedem Arm beschränken kann.

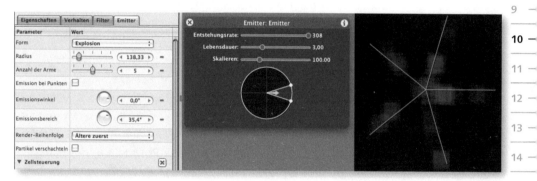

▲ **Abbildung 10.4**
Eine Explosion emittiert immer entlang der eingestellten Arme, ein Bereich von 0 würde die Partikel im Uhrzeigersinn ausstoßen.

Emitter-Form Spirale | Diese Emitter-Form ist ebenfalls neu in Motion 2. Die Form entspricht weitestgehend der Explosion und verfügt ebenfalls über die Parameter Radius und Anzahl der Arme. Ein weiterer Parameter kommt jedoch hinzu:
- Drehungen: Der Parameter bestimmt die Anzahl der Windungen mit denen die Spiralarme verbogen werden.

Da der Radius des Emitters unabhängig von den Drehungen eingestellt werden kann, wird die Linie, von der die Partikel ausgestoßen werden, entsprechend länger. Soll die Spiralform also noch erkennbar sein oder will man bei bestimmten Punkten emittieren, so sollte man darauf achten, die Entstehungsrate und gegebenenfalls die Punkte pro Arm entsprechend anzupassen. Auch die Linien einer Spirale werden von innen nach außen gezeichnet, sodass die Partikelwolke sich bei einem positiven Wert für die Drehung in einer Spiralform ausweitet.

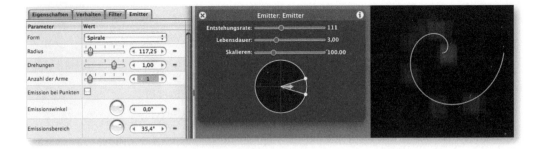

▲ Abbildung 10.6
Eine SPIRALE mit nur einem Arm und einer DREHUNG von 1. Zusätzliche Arme werden genauso gleichmäßig angeordnet wie bei der EXPLOSION.

Emitter-Form Welle | Diese Emitter-Form hat die gleichen Einstellungsmöglichkeiten wie eine Linie, allerdings wird zwischen den Endpunkten der Linie eine Sinuskurve entwickelt, ähnlich der des Parameterverhaltens OSZILLIEREN. Folglich gleichen sich auch die Parameter.

- AMPLITUDE: Bestimmt die Größe, bzw. Höhe der Ausschläge.
- FREQUENZ: Bestimmt die Anzahl der Ausschläge.
- PHASE: Bestimmt die Phasenverschiebung, verschiebt also quasi die Welle in Richtung Endpunkt.
- EMISSION BEI PUNKTEN: Blendet wie bei den übrigen Linienformen einen Parameter für ANZAHL DER PUNKTE ein, mit dem sich die Emission auf gleichmäßig verteilte Positionen auf der Linie beschränken lässt. Die Positionen werden dabei nicht wirklich entlang der Welle verteilt, sondern nur entlang der direkten Verbindung von Start- und Endpunkt. Es kommt also an den steilen Wendepunkten der Welle nicht zu einer Häufung von Emissionspunkten.

▲ Abbildung 10.7
Eine WELLE hat die gleichen Parameter wie die Emitter-Form KREIS, allerdings werden die Partikel auch innerhalb der Form erzeugt.

Emitter-Form Geometrie | Da sich die bisherigen Formen nicht editieren ließen bietet Motion diese Emitter-Form an. Wie bei der Emitter-Form Kreis werden die Partikel auf dem Rand einer beliebigen Vektorform erzeugt, die als Form oder Maske in Motion erstellt wurden. Um die Form zuzuweisen steht ein Auswahlfeld zur Verfügung:

- Ausgangsform: Formen werden per Drag & Drop aus der Timeline oder Medienablage in dieses Feld gezogen. Dabei kann es sich um geschlossene, offene oder sogar animierte Formen handeln.

Der Emissionswinkel wird wie bei einer Linienform von der Normalen aus gemessen. Da die zugewiesenen Formen oder Masken nicht angezeigt werden, sollte man sie zur Orientierung zunächst eingeblendet lassen. Sie wirken aber auch wenn sie inaktiv sind.

◀ **Abbildung 10.8**
Die Form Geometrie emittiert die Zellen entlang der Normalen, bei dieser verschlungenen Form bewegen sich die Zellen daher teils nach innen, teils nach aussen.

Emitter-Form Bild | Die letzte wählbare Emitter-Form ermöglicht es, auf Grundlage der Bildinformationen eines beliebigen Bildes oder einer Form Partikelzellen zu erzeugen. Um die Form zuzuweisen steht wieder ein Auswahlfeld mit weiteren Parametern zur Verfügung:

- Ausgangsbild: Objekte werden per Drag & Drop aus der Timeline oder Medienablage in dieses Feld gezogen. Neben Bilddateien und Videofilmen kann das Feld Ausgangsbild auch in Motion erzeugte Formen aufnehmen, also Texte, Partikelemitter oder Replikatoren.
- Endwert der Alpha-Emission: Enthält die Alphainformation oder Maske des Ausgangsbildes weiche Verläufe, dann kann man mit dem Schieberegler bestimmen, bis zu welcher Alpha-Stärke noch Partikel erzeugt werden. Ein Wert von 1% emittiert auch noch dort, wo die Maske fast vollkommen transparent war. Weist man eine reine Maske als Ausgangsbild zu, dann muss diese Checkbox immer noch aktiviert sein. Auch ist zu beachten, dass bei Masken sämtliche Masken-Einstellungen wie Füllmethoden und Invertierung nicht beachtet werden. Die Masken werden nur ausgewertet, um zu ermitteln, ob überhaupt Partikel emittiert werden. Die Auswertung des Alphakanals funktioniert übrigens auch bei der Anordnung Kontur, in diesem Fall werden nur die Pixelwerte am Rand des Bildes genutzt.

▸ ANORDNDUNG: Wie bei den anderen Flächenformen stehen auch hier die drei bekannten Anordnungen zur Verfügung. Sogar die Einstellung KONTUR ist verfügbar und wertet auch die Transparenzinformationen aus, allerdings wird nur die Außenkontur des Bildes, also ein Rechteck, zur Emission genutzt und durch die Alphainformationen beschnitten. Will man nur entlang der Kontur eines Bildinhaltes, z. B. einer Figur emittieren, dann sollte man die Emitter-Form GEOMETRIE wählen und die Umrisse mit einer BEZIER-FORM nachzeichnen.

Die Entstehungsrate lässt sich nicht durch die Stärke des Alphakanals kontrollieren. Um einen vergleichbaren Effekt zu erzielen kann man allerdings ein Ausgangsbild mit Alphakanal wählen und über den Farbmodus BILDFARBE VERWENDEN den Alpha-Wert auf die Deckkraft der Zellen übertragen.

Der EMISSIONSWINKEL wird bei dieser Emitter-Form global gemessen wie bei dem Emitter PUNKT.

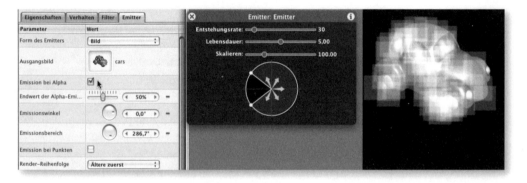

▲ Abbildung 10.9
Für die Emitter-Form BILD können auch Videoclips zugewiesen werden, allerdings gibt es keinerlei Möglichkeit, ein anderes als das erste Bild auszuwählen. Beachten Sie die aktivierte Option EMISSION BEI ALPHA, die die Partikel nur innerhalb des Umrisses des abgebildeten Autos darstellt.

Reihenfolge von Partikeln | Kommen wir nun noch zu zwei Einstellungen, die sich bei allen Emitter-Formen wieder finden:

RENDER-REIHENFOLGE: Ein sehr wichtiger Parameter, bei dem es zwei Einstellungsmöglichkeiten gibt, die man sich gut am Beispiel eines Feuerballs vorstellen kann, der Rauchschwaden hinter sich herzieht:

▸ ÄLTERE ZUERST würde die ältesten Partikel als Erstes zeichnen und dann gegebenenfalls mit den neueren übermalen, sodass der Feuerball auf uns zu kommen würde. Die jüngsten Partikel würden an oberster Stelle sichtbar werden.

▸ ÄLTERE ZULETZT würde die Partikel von den älteren übermalen, der Feuerball würde von uns wegfliegen.

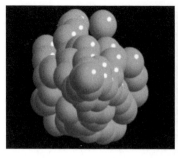 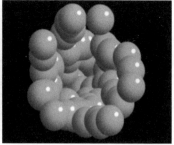

◄ **Abbildung 10.10**
Eine Punktemission von Kreis-Formen, links mit der Renderreihenfolge ÄLTERE ZUERST, rechts mit ÄLTERE ZULETZT.

Partikel verschachteln | Die Checkbox PARTIKEL VERSCHACHTELN wirkt sich nur aus, wenn ein einzelner Emitter mehrere Partikeltypen ausgibt. In diesem Fall werden die Partikeltypen entsprechend ihrem Alter vermischt, nicht entsprechend ihrer Ebenenreihenfolge in der Timeline.

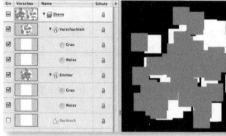

◄ **Abbildung 10.11**
PARTIKEL VERSCHACHTELN

Nach dem Parameter PARTIKEL VERSCHACHTELN folgt entweder die ZELLSTEUERUNG oder die HAUPTSTEUERUNG:

Zellsteuerung: eine Partikelzelle | Emittiert Ihr Emitter nur einen einzigen Partikeltyp, z. B. wenn Sie nur ein einzelnes Objekt gewählt haben und in der Symbolleiste auf PARTIKEL ERSTELLEN klicken, dann erscheint in der Liste der Emitter-Einstellungen die Rubrik ZELLSTEUERUNG. Alle in der Zellsteuerung enthaltenen Parameter entsprechen denen der Partikelzellen selbst und werden in den nächsten Abschnitten behandelt.

Hauptsteuerung: mehrere Partikelzellen | Verwaltet Ihr Emitter dagegen mehrere Partikeltypen, dann wird anstatt der ZELLSTEUERUNG die HAUPTSTEUERUNG angezeigt, der wir uns nun noch kurz zuwenden, bevor wir die Partikelzellen, inklusive der Zellsteuerung, beschreiben.

Abbildung 10.12 ◀
Bei mehreren emittierten Partikeln verfügt der Emitter über die HAUPTSTEUERUNG, mit der man mehrere Parameter aller angegliederten Emissionen prozentual beeinflussen kann.

Die HAUPTSTEUERUNG funktioniert als Multiplikator der jeweiligen Zellenparameter, daher sind auch alle Einstellungen in Prozenten bemessen. Dadurch können Sie die Werte für die einzelnen Typen relativ zueinander definieren und anschließend in der Hauptsteuerung insgesamt anpassen, ohne das Zusammenspiel der Typen grundsätzlich zu verändern. So ließe sich eine Explosion, die im Vordergrund stattfindet, mit mehr Wolkenelementen, Funken und Trümmern ausstatten als eine, die lediglich als Hintergrundelement dient. Die HAUPTSTEUERUNG umfasst folgende Parameter:

▶ ENTSTEHUNGSRATE: Beschreibt normalerweise, wie viele Partikel pro Sekunde vom Emitter erzeugt werden. Der Regler in der Hauptsteuerung gilt für alle Partikelzellen prozentual. Für die einzelnen Emitter kann man die Entstehungsrate noch mal unabhängig in den Einstellungen zur Partikelzelle festlegen.

▶ ANZAHL ZU BEGINN: Beschreibt die Anzahl der Partikel zu Beginn der Simulation, auch hier gilt die prozentuale Angabe wieder für alle Zellen, während der Wert in den Einstellungen zur Partikelzelle einzeln festgelegt werden kann.

▶ LEBENSDAUER: Die in den Einstellungen zur Partikelzelle festgelegte Lebensdauer lässt sich hier prozentual für alle Zellen erhöhen oder verringern.

▶ SKALIEREN: Hier lässt sich die in den Einstellungen zur Partikelzelle festgelegte Größe prozentual für alle Zellen und getrennt für X und Y erhöhen oder verringern.

- GESCHWINDIGKEIT: Hier lässt sich die in den Einstellungen zur Partikelzelle festgelegte Bewegungsgeschwindigkeit prozentual für alle Zellen erhöhen oder verringern.
- WIRBELN: Erhöht oder verringert die in den Einstellungen zur Partikelzelle festgelegte Eigendrehung prozentual für alle Zellen.

Verknüpfte Partikeltypen | Nach der HAUPTSTEUERUNG werden in den Objektfeldern die verknüpften Partikeltypen aufgelistet, jeweils mit einem Symbolfeld, in dem die Partikelform abgebildet ist. Die Checkbox mit dem kleinen Haken vor dem Zellennamen aktiviert oder deaktiviert die Zellen. Ein gezielter Doppelklick auf die Bezeichnung neben der Checkbox wechselt zu den objektspezifischen Eigenschaften der Partikelzelle. Der vierte Tab EMITTER im Informationen-Fenster wechselt dabei seine Bezeichnung in PARTIKELZELLE.

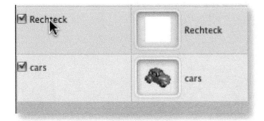

◄ **Abbildung 10.13**
Ein Doppelklick auf die Bezeichnung der Zelle neben der Checkbox öffnet die objektspezifischen Einstellungen der Partikelzelle.

10.1.2 Partikelzelle

Jeder emittierte Partikeltyp hat separate Einstellungsmöglichkeiten, die über Erscheinung und Verhalten der einzelnen Partikelzellen und der gesamten Wolke entscheiden. Dazu gehören auch einige Parameter, die in anderen Programmen eher dem Emitter zugeordnet werden, in Motion allerdings als Partikelparameter eine vereinfachte Handhabung erlauben.

Bereichs-Parameter | Da Partikelsysteme oft erst durch Zufallswerte ansprechende Ergebnisse liefern, sind einige Parameter um zusätzliche Einstellungsmöglichkeiten für Bereiche ergänzt. Diese bestimmen den Wertebereich, um den der endgültige Wert den eingestellten Wert übertreffen oder unterschreiten kann. Eine LEBENSDAUER von 5 und ein BEREICH DER LEBENSDAUER von 3 würde also die Lebensdauer der Partikel in einem Bereich von 2 bis 8 variieren.

❸ Anzahl zu Beginn,
❶ Lebensdauer und
❷ Geschwindigkeit werden nur bei der Emission der Partikel übergeben. Sie sind nicht mehr veränderlich.

▲ **Abbildung 10.14**
Alle Parameter einer Partikelzelle auf einen Blick

▲ **Abbildung 10.15**
Wie man erkennen kann, erlaubt die Schwebepalette nur auf einen Bruchteil der Parameter direkten Zugriff.

Abgesehen von den spezifischen Parametern haben Partikelzellen auch ein ZEITVERHALTEN, das in den EIGENSCHAFTEN die Ausdehnung in der Timeline definiert. Andere Eigenschaften haben sie nicht. Darüber hinaus können Partikelzellen durch eine Reihe von Verhalten modifiziert werden. Zellen können auch mit Filtern verknüpft werden, allerdings ohne irgendeinen Effekt zu erzielen. Daher müssen Filter auf die Partikelquelle oder den Emittern angewendet werden. Welche Verhalten funktionieren, wie man mit Filtern und Masken arbeitet und andere Hinweise zur Arbeit mit Partikelsystemen finden Sie im Anschluss an die Beschreibungen der Parameter.

Art der Animation | Obwohl die in diesem Abschnitt beschriebenen Parameter fast alle animierbar sind, muss man bei Partikeln die genaue Art der Animation unterscheiden. Einige Parameter, wie LEBENSDAUER ❶ und GESCHWINDIGKEIT ❷, werden nur bei der Emission an den gerade erzeugten Partikel übergeben und sind nicht mehr veränderlich. Andere Parameter, vor allem die Farbe, Deckkraft und Größe, sind über die Lebensdauer eines Partikels animierbar. Schließlich ist der Parameter ANZAHL ZU BEGINN ❸ nur für ein einziges Bild der Animation gültig, doch dazu später mehr.

Entstehungsrate | Der erste Regler bestimmt die Zahl der erzeugten Partikel pro Sekunde. Die Angabe orientiert sich also an der Bildwiederholrate des Projektes. Die genauen Zeitpunkte der Emission werden dabei zeitlich gleichmäßig verteilt.

Dabei macht Motion leider einen kleinen Rundungsfehler, durch den die Zellen nicht wirklich gleichmäßig über die Zeit emittiert werden, sondern in Blöcken zu einer Sekunde. Dadurch kann es z. B. bei einer Rate von 3 Partikeln pro Sekunde dazu kommen, dass der Abstand zwischen Partikel 1 und 2 sowie 4 und 5 größer ist als zwischen 2, 3 und 4, die in gleichmäßigen Abständen erzeugt werden. Um diese Rundungsfehler zu vermeiden, sollte man eine Entstehungsrate wählen, durch die sich die Bildrate glatt teilen lässt, z. B. 5 bei PAL oder ein Vielfaches von 25.

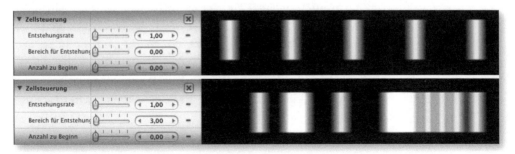

▼ **Abbildung 10.16**
Ein Punktemitter, der seine Zellen einmal mit einer konstanten (oben) und einmal mit einer variablen Rate (unten) nach rechts ausgibt.

Teilchen kleiner als Pixel **499**

Bereich für Entstehungsrate | Der folgende Parameter erlaubt es, einen Wertebereich für die Entstehung der Partikel zu definieren. Da dieser sich in beiden Richtungen des zugeordneten Ausgangswertes erstreckt, negative Werte für die Rate aber als 0 interpretiert werden, können Sie die Rate auf 0 einstellen und nur den Bereich festlegen. Dies erzeugt eine betont chaotische Emission von 0 bis zum Wert für den Bereich.

Anzahl zu Beginn | Der dritte Parameter bestimmt die Anzahl der Partikel, die bei der ersten Emissionsberechnung ausgestoßen werden, also bei dem ersten Bild, in dem das Element durch sein ZEITVERHALTEN aktiviert ist. So ließe sich zum Beispiel ein Feuerwerk erzeugen, indem die übrigen Emissionsparameter auf 0 gesetzt werden und nur die ANZAHL ZU BEGINN auf einen hohen Wert gestellt wird. Da der Zeitpunkt der Emission nur ein einziges Mal durch ein einziges Element ausgelöst werden kann, macht es keinen Sinn, diesen Parameter zu animieren. Auch bewirkt dieser Parameter nicht, dass die Partikel bereits außerhalb des Zeitbereiches der Timeline ausgewertet werden. Der Maximalwert beträgt 10 000, was den Nutzen für einige Effekte leider etwas einschränkt.

▼ **Abbildung 10.17**
Über den Parameter ANZAHL ZU BEGINN lassen sich beispielsweise Feuerwerke (Einstellungen links) erzeugen, die komfortabel über die Anordnung in der Timeline (Mitte) orchestriert werden können.

Lebensdauer, Bereich der Lebensdauer | Die Lebensdauer eines Partikels ist, gemessen in Sekunden, die Zeit von der Emission bis zu seinem Entfernen aus der Komposition. Dies ist nötig, um die Gesamtzahl der Partikel endlich zu halten, da sonst mit zunehmender Dauer des Projektes die Ressourcen des Computers aufgebraucht werden würden, nur um Partikel zu verwalten, die wahrscheinlich gar nicht mehr sichtbar sind. Auch die Lebensdauer wird durch eine Einstellung für den Bereich ergänzt, ebenfalls gemessen in Sekunden. Der Wert wird dabei bei der Geburt an die Partikel übergeben. Ein bei Sekunde 1 emittierter Partikel mit der Lebensdauer 9 erlischt also zeitgleich mit einem Partikel, der bei Sekunde 6 mit Lebensdauer 4 generiert wurde.

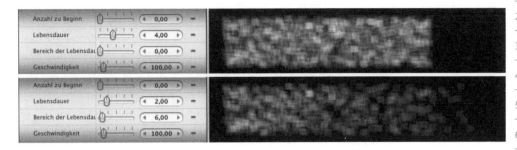

▲ Abbildung 10.18
Die Lebensdauer von Partikeln, hier von einer Linie emittiert, entscheidet auch ohne andere zufällig generierte Parameter maßgeblich über das Erscheinungsbild der Wolke: oben eine konstante, unten eine variierende Lebensdauer. Die Deckkraft wurde über die Lebenszeit animiert.

Geschwindigkeit und Bereich für Geschwindigkeit | Die Bewegungsgeschwindigkeit der Partikel wird ebenfalls bei der Geburt festgelegt. Sie bestimmt, wie viele Pixel sich ein Partikel in einer Sekunde vom Emissionspunkt fortbewegt. Der dazugehörige Bereichs-Parameter erlaubt es, die Geschwindigkeit zufällig zu erhöhen oder zu verringern.

Im Hinblick auf die verfügbaren Verhalten ist anzumerken, dass die hier eingestellte Geschwindigkeit nur für die Emission gilt. Im Verlauf der Simulation wird sich die Geschwindigkeit in den meisten Fällen ändern, weil ein Strudel-Verhalten die Zellen beeinflusst, ein Bewegen-Verhalten die Teilchen abbremst oder die Bewegungsrichtung durch eine Rand-Kollision sogar umgelenkt wird. Ist der Bereich für die Geschwindigkeit größer als die Geschwindigkeit selbst, dann sind auch negative Werte möglich. Der Partikel wird in diesem Fall in entgegengesetzter Richtung ausgegeben.

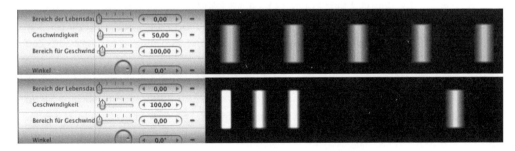

▲ Abbildung 10.19
Ohne weitere Einflüsse breiten sich Partikel immer mit gleich bleibender Geschwindigkeit aus. Hier zwei Partikelemitter mit aktivierter Bewegungsunschärfe, die mit gleicher Rate, aber unterschiedlicher Geschwindigkeit ihre Zellen ausgeben.

Teilchen kleiner als Pixel **501**

Winkel ausrichten, Winkel und Winkelbereich | Der Parameter WINKEL bestimmt, wie stark die Zellen bei ihrer Emission gedreht werden. Dies ist kumulativ mit der Eigenrotation des Emitters. Mit dem zum Winkel gehörenden Bereichs-Parameter stellt man die maximale Abweichung vom Wert des Winkels ein. Werden die Partikelzellen von einer Linienform oder Flächenkontur emittiert, dann kann man mit der Checkbox WINKEL AUSRICHTEN die Zellen entlang der Linie anordnen.

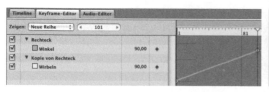 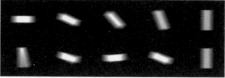

▲ Abbildung 10.20
Im oberen Beispiel wurde der WINKEL während der Emission der Partikel (nach rechts) animiert, unten der Parameter WIRBELN. Die oberen Partikel drehen sich nicht, die unteren drehen umso schneller, je jünger sie sind.

Wirbeln und Bereich für Wirbeln | Während der Parameter für den Winkel nur den Startwinkel der Zellen bestimmt, dreht der Parameter WIRBELN und sein Bereichsregler die Partikel um einen bestimmten Wert pro Sekunde. Da die Partikel gleichzeitig ein Wirbeln-Verhalten aufnehmen können, ist es egal, ob Sie diesen Wert einstellen oder das Verhalten bemühen. Und weil auch dem Emitter dieses Verhalten zugewiesen werden kann, ist dem Verwirbeln der Partikelwolken wirklich gar keine Grenze gesetzt.

Additives Füllen | Die Checkbox bewirkt bei Aktivierung, dass die Partikel eines Zellentyps beim Rendering ihre Farbwerte zusammenaddieren, vergleichbar mit dem Ebenen-Blendmodus ADDIEREN. Dieser Parameter bietet sich zum Beispiel an, um eine Explosion im Zentrum aufzuhellen. So würden sich viele feuerrote Zellen dicht gedrängt weiß zusammenaddieren und später, wenn sich die Zellen nicht mehr überlagern, zu ihrer eigentlichen Farbe verdunkeln. Andere Blendmodi stehen nicht zur Verfügung, doch die Addition reicht normalerweise vollkommen aus, um durch eine vielfache Überlagerung transparenter Objekte den Eindruck von Detail zu erzeugen.

Die Checkbox ist zwar für jeden Zellentyp gesondert einstellbar, doch wenn aktiv, werden die Farbwerte nicht nur für die Zellen des jeweiligen Typs, sondern auch auf die unter ihm liegenden Zelltypen des gleichen Emitters hinzuaddiert. Nur der Emitter selbst verfügt als eigenständiges Objekt über die volle Bandbreite der Füllmethoden. Will man also einen Partikeltyp mit einem anderen, z. B. mit der Füllmethode DIFFERENZ, kombinieren, dann muss man den kompletten Emitter duplizieren und die Emitter übereinander entsprechend anordnen.

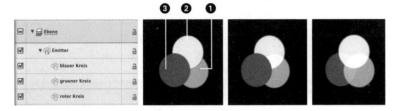

▲ **Abbildung 10.21**
Dieser Emitter erzeugt eine rote ❶, eine grüne ❷ und eine blaue ❸ Zelle in der links gezeigten Anordnung. Links werden die Partikel normal gefüllt, in der Mitte ist ADDITIVES FÜLLEN für die grünen Kreise aktiv, rechts wird auch die blaue Zelle hinzuaddiert.

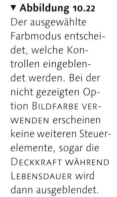

▼ **Abbildung 10.22**
Der ausgewählte Farbmodus entscheidet, welche Kontrollen eingeblendet werden. Bei der nicht gezeigten Option BILDFARBE VERWENDEN erscheinen keine weiteren Steuerelemente, sogar die DECKKRAFT WÄHREND LEBENSDAUER wird dann ausgeblendet.

Farbmodus | Das Popup-Menü entscheidet, wie die Farbe der Partikel ermittelt wird. Die verschiedenen Modi blenden unterschiedliche Parameter ein und aus. Wechselt man die Modi, dann sollte man darauf achten, dass einige Parameter wie die Deckkraft an mehreren Stellen eingestellt werden können und diese Einstellungen sich auch dann noch auswirken, wenn sie nicht mehr eingeblendet sind.

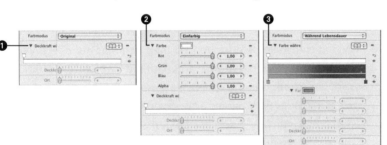

▶ ORIGINAL: Der erste Eintrag zeichnet jedes Teilchen genau so, wie es als Partikelquelle bei Erzeugung des Partikelsystems definiert wurde. Mit dem Verlaufsregler DECKKRAFT WÄHREND LEBENSDAUER ❶ kann man zusätzlich zu anderen Transparenzinformationen die Deckkraft an die Lebenszeit koppeln. Wenn Sie den Verlauf und die Parameter für DECKKRAFT und ORT nicht sehen, müssen Sie noch das kleine dunkelgraue Dreieck neben der Bezeichnung DECKKRAFT WÄHREND LEBENSDAUER umklappen. Mit diesem

Teilchen kleiner als Pixel **503**

Verlauf lassen sich die Zellen mit zunehmendem Alter auf unterschiedliche Transparenzwerte einstellen. Beachten Sie die Erläuterung zu Verläufen auf Seite 400.

▶ EINFARBIG: Der zweite Eintrag blendet zusätzlich über dem Deckkraft-Verlauf einen Farbwähler ❷ ein. Die Farbwerte der Partikelquelle werden mit dieser Farbe multipliziert. Neben dem Farbfeld gibt es auch einzelne Regler für die RGBA-Werte. Der Parameter ALPHA wird mit den Transparenzwerten der Partikelzelle, der Partikelquelle und des Deckkraft-Verlaufs, multipliziert.

▲ **Abbildung 10.23**
Auch ein einfacher Farbwähler lässt sich animieren. In diesem Beispiel wurde die Farbe von schwarz auf weiß animiert, sodass die zuerst erzeugten Partikel rechts dunkel und die jüngeren Partikel links hell sind – allerdings unabhängig von der Lebensdauer der Partikel.

▶ WÄHREND LEBENSDAUER: Auch der dritte Eintrag multipliziert neue Farbwerte mit der Partikelquelle. Statt eines Deckkraft-Verlaufs erscheint nun die Bezeichnung FARBE WÄHREND LEBENSDAUER ❸. Die im Verlauf definierten Farben werden über die Lebenszeit animiert. Dabei entspricht das linke Ende des Verlaufs der Farbe bei der Geburt, das rechte Ende der Farbe beim Ableben des Partikels. Wie auch bei Textfeldern und Formen definiert der obere Verlauf den Alphawert und der untere Verlauf die Farbwerte, dazwischen wird der resultierende Verlauf dargestellt. Wählt man einen der vorgegebenen Farbmarker oder erzeugt einen neuen Farbmarker durch Mausklick in einen der beiden schmalen Verläufe, werden die nachstehenden Felder für die RGB-Werte, DECKKRAFT und ORT aktiv. Der ORT, also die Position des Farbmarkers auf der Verlaufsachse, entspricht dabei dem Partikelalter prozentual zu der gesamten Lebenszeit.

Soll ein Partikel in seiner Existenz den beschriebenen Farbverlauf mehrere Male durchlaufen, muss der Parameter FARBWIEDERHOLUNGEN auf die gewünschte Zahl der Durchläufe eingestellt werden. Um fließende Übergänge bei dem Sprung von End- zu Startfarbe zu erzeugen, bietet es sich an, für die Marker an beiden Enden die gleichen Farbwerte einzustellen. Dies lässt sich einfach erreichen,

indem man den entgegengesetzten Farbmarker setzt und mit der Lupe des Mac OS X-Farbwählers den ersten Marker anvisiert.
Wird als Partikelquelle ein Filmclip gewählt, dann wird nur der Verlauf der Deckkraft angezeigt, nicht aber ein Farbverlauf.

◄ **Abbildung 10.24**
Mit einem Farbverlauf lässt sich die Farbe der Partikel auch während der Lebensdauer kontrollieren, nicht nur bei der Geburt.

▶ FARBBEREICH: Abgesehen vom fehlenden Regler für die Farbwiederholung sehen die Parameter für den vierten Farbmodus genauso aus wie für den zuvor beschriebenen Modus. Die im Verlauf beschriebenen Farbwerte werden bei der Emission an einer beliebigen Stelle ausgelesen und dem Partikel übergeben. Will man das gesamte mögliche Spektrum über die Dauer des Projektes variieren, so kann man, wie bei jedem Farbwert, der in einem Verlauf abgelegt ist, die Farben zusätzlich animieren, sodass bei jeder Emission andere Farbwerte übergeben werden. Eine Animation von Farbe oder Deckkraft über die Lebenszeit der Partikel ist mit diesem Farbmodus allerdings ausgeschlossen.

◄ **Abbildung 10.25**
Die Option FARBBEREICH wählt bei der Geburt der Partikel einen zufälligen Farbwert aus dem Verlauf aus.

▶ BILDFARBE VERWENDEN: Wenn als Emitter-Form der Eintrag BILD gewählt wurde (siehe Seite 493), dann bewirkt der letzte Eintrag, dass am Emissionspunkt bei Geburt eines Partikels der entsprechende Pixelwert des Bildes ausgelesen und mit der Partikelfarbe multipliziert wird. Sehr nützlich, wenn sich ein Bild in eine Wolke auflösen oder von einem Strudel-Verhalten verformt werden soll. Wird die Bildfarbe zum Färben der Partikel eingesetzt, dann wird auch die Deckkraft, ob durch eine Maske oder einen Alphakanal erzeugt, auf die Zellen übertragen. Daher verschwinden auch sämtliche Einstellungsmöglichkeiten für die Deckkraft der Partikel: Leider ist die Einstellung jedoch nach wie vor aktiv: Ist also in einem anderen Farbmodus die Deckkraft noch auf einen anderen

Wert eingestellt oder sogar animiert, dann wird die Transparenz der Bildquelle mit den anderen multipliziert.

Abbildung 10.26 ▶
Man kann auch eine BILDFARBE VERWENDEN (Bild links), um die Partikel (Quelle links oben, Wolke in der Mitte) zu färben. So lässt sich der Eindruck erwecken, ein Bild würde z. B. durch ein Strudel-Verhalten verformt werden (rechts). Man kann also ein Verhalten als Filter einsetzen.

DECKKRAFT WÄHREND LEBENSDAUER ist eine Option, die nur bei den Farbmodi ORIGINAL, FARBE und BILDFARBE VERWENDEN angezeigt wird. Es handelt sich dabei um einen Deckkraft-Verlauf, der bei diesen Optionen über die Lebenszeit der Partikel angewandt wird. Bei den Farbmodi WÄHREND LEBENSDAUER und FARBBEREICH ist der Verlauf bereits in den Farbverlauf integriert und lässt sich bei letzterer Option nicht auf die Lebenszeit anwenden.

Skalieren und Bereich für Skalieren | Nach den Farbmodi und deren Einstellungen gibt es Parameter für die Skalierung von Partikelzellen. Hier wird die Größe der Partikelzellen zum Emissionszeitpunkt bestimmt, wobei der Wert die Größe relativ zum Originalobjekt angibt. Der Bereichs-Parameter addiert und subtrahiert wieder Zufallswerte für den Skalieren-Parameter.

Wollen Sie die Partikel proportional zu ihrem Alter skalieren, müssen Sie das Partikelverhalten STETIG SKALIEREN verwenden (Seite 516). Der Skalieren-Parameter wird in der Schwebepalette übrigens beim Emitter angezeigt, der Bereichs-Parameter dafür aber bei der Zelle.

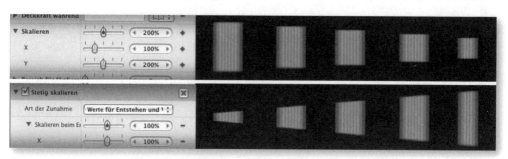

▲ **Abbildung 10.27**
Der Zellenparameter SKALIEREN wurde in diesem Beispiel von 0 % bis 100 % animiert. Dadurch ändert sich die Größe bei der Geburt. Zum Vergleich das Partikelverhalten STETIG SKALIEREN, das über die Lebensdauer skaliert, ebenfalls von 0 % bis 100 %. Bei den Renderings wurde ein sehr starker Motion Blur aktiviert, um die Veränderung über die Zeit darzustellen.

Am Emitter befestigen | Dieser Regler bestimmt, in welchem Maße die Emitterbewegung auf die Partikelzellen übertragen wird. Ein typisches Beispiel wäre die Flamme einer Magnesiumfackel, bei der Rauch in der Luft stehen bleibt, während die Flamme dicht an der Fackel bleibt. Dies betrifft lediglich die Positionsveränderung, nicht aber die Rotation der Partikelzellen.

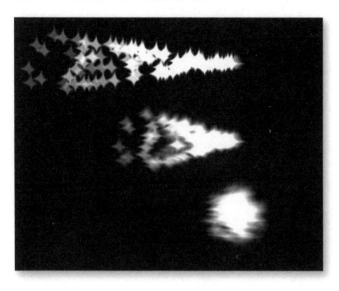

◄ **Abbildung 10.28**
Mit dem Regler AM EMITTER BEFESTIGEN kann man den Einfluss der Emitterbewegung auf die Wolke anpassen. Der Emitter bewegt sich hier von links nach rechts, der Regler stand dabei auf 0 % (oben), 50 % (Mitte) und 100 % (unten). Anhand der Bewegungsunschärfe erkennt man, wie stark die Bewegung auf die Zellen übertragen wird.

QuickTime-Filme und Bildsequenzen als Partikelquelle | Nutzt man QuickTime-Filme oder Bildsequenzen als Partikelquelle, dann werden vor den Parametern zur vereinfachten Darstellung der Partikelzellen noch bis zu sechs spezielle Einstellungen ergänzt. Die ersten beiden Parameter sind einfache Checkboxen, die standardmäßig aktiviert sind.

◄ **Abbildung 10.29**
Zusätzliche Parameter für animierte Quellobjekte: die Darstellung, der Zufallsgenerator und die Partikelquelle

- BILD ANIMIEREN: Der Modus entscheidet darüber, ob der Film abgespielt wird oder lediglich ein definiertes Startbild anzeigt. Ist die Checkbox aktiviert, wird eine Endlosschleife abgespielt, ansonsten wird ein Einzelbild aus dem Film verwendet, das über die Einstellungen ZUFÄLLIGES STARTBILD, AUSGANGSBILD sowie das Startbild in den Medieninformationen definiert wird.
- ZUFÄLLIGES STARTBILD: Eine Aktivierung der Checkbox bewirkt, dass der Film bei der Emission an einer zufälligen Stelle beginnt. Dadurch lassen sich Echo-Effekte erzeugen, da der Emitter immer ein zufälliges Startbild für die Partikel ausschüttet.
- AUSGANGSBILD: Diese Checkbox erscheint, wenn das zufällige Startbild nicht aktiviert wurde. Mit dem Regler oder Eingabefeld kann man das Startbild gezielt bestimmen. Der Wert basiert auf dem eingestellten Startpunkt im ZEITVERHALTEN der Medieninformationen und auf dem Out-Punkt bzw. der Dauer des Clips in der Timeline.
- BILDER HALTEN: Der Parameter erscheint nur, wenn BILD ANIMIEREN aktiviert ist. Der Wert bestimmt die Dauer, mit der jedes Einzelbild angezeigt wird. Mit der Standardeinstellung von 1 läuft der Film in der Originalgeschwindigkeit ab. Je größer der Wert ist, desto langsamer läuft die Animation bzw. desto mehr Einzelbilder der Animation werden wiederholt, also länger gehalten, bis es zum nächsten Bildwechsel kommt.
- BILDBEREICH HALTEN: Der Parameter erscheint nur, wenn BILD ANIMIEREN aktiviert ist. Der Regler variiert die Anzahl der Bilder die mit dem zuvor beschriebenen Parameter gehalten werden. Auch dadurch wird die Abspielgeschwindigkeit beeinflusst.

Um genauer zu erkennen, was mit den Einzelbildern eines Filmes passiert, empfehlen wir, als Partikelquelle den Film Frame-Counter.mov von der Buch-DVD zu verwenden. In dem abschließenden Tutorial in diesem Kapitel wird auch noch einmal auf die Arbeit mit animierten Partikelzellen eingegangen.

Objekte als Partikelquelle | Einzelbilder und Formen wie auch Textobjekte oder Ebenen, die als Partikelquelle verwendet werden, zeigen die im letzten Abschnitt beschriebenen Einstellungen nicht. Die verbleibenden Parameter, die wir nun vorstellen, gelten demnach für alle Objekte, die man als Partikelquelle verwenden kann, also auch Filme:

PARTIKEL ZEIGEN ALS: Das Popup-Menü ist hilfreich, wenn man sehr viele Partikel auf einmal im Bild hat, es ermöglicht aber auch Partikelanimationen im Look einer Strichzeichnung:

- ▶ BILD: Die Standardeinstellung zeigt die Partikelquelle, was bei großen Bildern oder Filmen zu gewissen Performance-Engpässen führen und auch mit einer Fehlermeldung quittiert werden kann, wenn die Bildgröße von 2048 Pixeln überschritten wird. Die zusätzlichen Einstellungen für Filme werden ausgeblendet, wenn die Zellen nicht als Bild angezeigt werden.
- ▶ DRAHTMODELL: Der zweite Eintrag von unten zeigt Ausmaße und Diagonalen der emittierten Partikel an, sodass man auch bei geringer Rechenleistung noch Skalierung und Rotation beurteilen kann. Auch für abstrakte monochrome Endergebnisse ist diese Einstellung denkbar.
- ▶ LINEN: Diese Darstellung der Partikel eignet sich hervorragend dazu, die Geschwindigkeit und Bewegungsrichtung der Partikel zu visualisieren. Die Linie wird dabei von der Zellenposition aus gezeichnet, Länge und Richtung entsprechen der Beschleunigung. Die Darstellung erinnert an einen alten Bildschirmschoner aus Zeiten, als Grafikkarten noch 256 Farben hatten.
- ▶ PUNKTE: Die oberste Darstellungsform zeigt schließlich nur die aktuelle Position der Partikel, ist aber auch bei großer Partikelzahl noch echtzeitfähig. Will man nur quadratische Zellen emittieren, dann kann man mit dem Regler PUNKTGRÖSSE diese Darstellung etwas anpassen. Im Gegensatz zu quadratischen Formen, die als Bild dargestellt werden, werden reine Punkte wesentlich schneller berechnet. Allerdings stellen Punkte keinerlei Rotation dar, gleich welche Größe sie annehmen.

◀ Abbildung 10.30
Partikel werden normalerweise als BILD angezeigt, doch es gibt Ressourcen-sparendere Alternativen: von links nach rechts: PUNKT, LINIEN, DRAHTMODELL und BILD. Bewegungsunschärfe und Halbbild-Rendering wirken sich auch auf diese Darstellungsformen aus.

Alle Darstellungsarten erlauben es, den Farbmodus und die wichtigsten Parameter wie Position, Rotation und Deckkraft in ihrer Wirkung zu beurteilen. Auch wenn sie nicht unbedingt für das abschließende Rendering gedacht sind, so eignen sich zumindest Punkte und Linie für Phänomene, die mehr durch ihre Menge, als durch die Qualität ihrer Zellen wirken. Beispielsweise lässt sich eine Pusteblume oder starker Regen leicht als Linien-Emission realisieren und jede Explosion lässt sich durch zusätzliche Punktewolken bereichern.

Zufällige Streuung | Der Parameter ist bereits aus den Zufallsgeneratoren für Textobjekte und Verhalten bekannt. Dieser Wert beeinflusst alle zufällig erzeugten Werte der Partikel-Parameter. Soll ein einzelner Parameter besonders zufällig gewählt werden, dann besteht noch die Möglichkeit, ein Parameterverhalten auf einzelne Werte, z. B. die Winkel oder Bereiche, anzuwenden.

Partikelquelle | Das Objektfeld zeigt die Gestalt des Partikels. Das Feld, in das man ein beliebiges Objekt hineinziehen kann, ist Ihnen sicherlich auch schon bekannt. In diesem Fall handelt es sich um die Zuweisung der Partikelquelle. In den meisten Fällen ist hier das Objekt eingetragen, aus dem Sie die Partikel erzeugt haben. Wollen Sie Objekte austauschen, so müssen Sie nur das neue Objekt aus der Medienablage oder den Ebenenansichten in dieses Feld ziehen.

Soll ein neuer Partikeltyp hinzugefügt werden, so reicht es, das neue Objekt dem Emitter unterzuordnen, indem man die neue Quelle in einer der beiden Ebenenansichten auf den Emitter zieht. Das Originalobjekt wird zwar nicht deaktiviert, doch eine neue Zelle wird hinzugefügt. Bei unserer Arbeit mit Motion konnten wir zwar keine Höchstzahl möglicher Partikelquellen oder Zellobjekte feststellen, doch von Exzessen sollte man dennoch absehen, da die Performance schnell absinkt, wenn man z. B. zwanzig Zellarten animiert, die in der Sekunde dreißig Zellen ausspucken.

Einschränkungen für Partikelquellen | Ist die Partikelquelle eine reine Maske, dann wird diese als weiße Form emittiert und lässt sich wie eine solche als Zelle färben und verwenden. Um eine Wolke als Maske zu benutzen, kann man auf eine Bildmaske zurückgreifen, eine Füllmethode für den Emitter festlegen oder einen Filter wie MASKE FESTLEGEN (Seite 426) verwenden. Bei den komplexeren Objekttypen in Motion gibt es ebenfalls Einschränkungen, wenn man sie als Partikelzelle benutzen will:
- ▶ Aus Textfeldern erzeugte Partikelzellen sind nicht mehr durch Textanimationsverhalten animierbar. Keyframe-Animationen von Textobjekten, auch von Stilparametern, bleiben aber erhalten.

- Soll auch das Sequenzverhalten berücksichtigt werden, dann muss das Textobjekt gruppiert werden. Die neue Ebene kann dann als Zelle genutzt werden.
- Partikelemitter lassen sich zwar nicht über das Icon in der Symbolleiste als Zelle nutzen, doch wenn man einem anderen Emitter einen Emitter als Zelle zuordnet, dann werden die Emissionen gestaffelt.

Quellen immer gleichzeitig ausgelesen | Der Nachteil an der Funktionsweise von Motion ist, dass die Quellen der Partikelzelle immer gleichzeitig ausgelesen werden und dadurch die Emitter-Zellen zwar animiert werden, doch immer exakt gleich aussehen, bevor sie durch die Zelleneinstellungen modifiziert werden können. Das gilt auch für Verhalten und Keyframe-Animationen des als Zelle verwendeten Emitters. Die Zellen verhalten sich wie Bilddateien und reagieren nur als solche auf die Verhalten, wodurch eine Beeinflussung über mehrere Generationen nicht möglich ist. Ein Beispiel zu diesem letzten Punkt:

»Emitter 1« zieht einen Sternenschweif hinter sich her, dessen Zellen durch das Simulationsverhalten BEWEGEN zum Stehen gebracht werden.

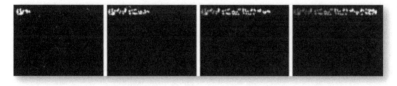

◄ **Abbildung 10.31**
Emitter 1

Der Emitter wird dupliziert und in »Emitter 2« umbenannt, seine Zelle und das Verhalten gelöscht. »Emitter 1« wird »Emitter 2« als Zelle zugewiesen. »Emitter 2« wird so eingestellt, dass er mit einer Rate von 1 die Zellen senkrecht zum Schweif ausgibt. Die gesamte Wolke von Emitter 1 wird wie ein QuickTime-Film interpretiert. Es wird nicht »Emitter 1« emittiert, sondern nur dessen Ergebnis.

◄ **Abbildung 10.32**
Da »Emitter 1« wie ein QuickTime-Film behandelt wird, sind die nach unten emittierten Sternschweife alle identisch. Es werden keine neuen Wolken erzeugt.

Teilchen kleiner als Pixel

Ähnlich sieht es aus, wenn »Emitter 1« gruppiert wird, also in einer neuen Ebene verschachtelt wird. Wird die neue Ebene von »Emitter 2« emittiert, ändert sich lediglich das Bezugssystem der Animation, die Schweife würden sich nach rechts aus dem Bild entfernen und nur die ältesten der Zellen von »Emitter 1« würden sich noch im Canvas nach unten bewegen. Die genaue Position der Duplikate hängt natürlich vom Ankerpunkt der Ebene ab.

 Betrachten Sie zu diesem Beispiel auch das Projekt Double-Emission.motn auf der Buch-DVD, in dem die beiden Arten angewandt sind. In dem Projekt erzeugt der »Emitter 1« weiße Zellen. Die von »Emitter 2« ausgestoßenen Zellen sind rot (Partikelquelle ist die Ebene) und grün (Partikelquelle ist »Emitter 1«).

10.2 Arbeiten mit Partikeln

Wie Sie in dem letzten Abschnitt bemerkt haben, gibt es einige Besonderheiten, die beim Umgang mit Partikelemittern zu beachten sind. Zwar erlaubt es der spielerische Ansatz von Motion sehr schnell eindrucksvolle Ergebnisse zu erzielen, doch um professionell mit einer Software arbeiten zu können, muss man ihre Einschränkungen genau kennen.

10.2.1 Partikel und die Ebenenhierarchie

Sowohl Emittern als auch den Partikelzellen kann man Verhalten oder Effekte zuweisen. Da die Partikel in der Hierarchie immer Kinder des Emitters sind und diese Ordnung nicht verändert werden kann, werden Verhalten, die dem Emitter zugewiesen sind, auf alle Partikel vererbt. Diejenigen Verhalten, die einem bestimmten Partikel zugewiesen werden, beeinflussen nur diesen Partikeltyp.

▼ **Abbildung 10.33**
Der rotierte und maskierte Verlaufs-Generator wurde links direkt als Ausgangsbild gewählt, wobei beide Modifikationen ignoriert werden. Rechts wurde die übergeordnete Ebene zugewiesen und sowohl Rotation als auch die Maske werden beachtet. Der Endwert der Alpha-Emission steht auf 75 %.

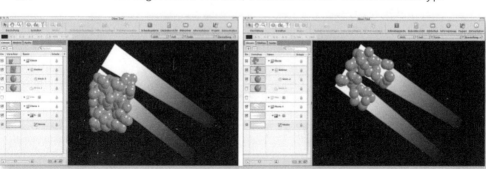

Bild als Emitter-Form | Die Ebenenhierarchie spielt auch eine Rolle, wenn Sie ein Bild als Emitter-Form bestimmen, vor allem wenn Sie das Bild in Motion transformiert haben: Der Emitter bewertet nur den Pixelinhalt der Form, nicht aber die Transformationen der Form oder untergeordnete Masken. Um die neue Position und andere Veränderungen eines Elementes auch vom Emitter nutzbar zu machen, muss man die Inhalte in einer neuen Ebene zusammenfassen, die dann als neue Pixelgrafik interpretiert wird.

Maske als Emitter-Form | Das gilt auch für Masken: Erst wenn man eine maskierte Form oder Pixelgrafik in eine Ebene verschiebt und diese als Bildquelle zuweist, zeigt die Maske Wirkung. Eine Ebene, die nur eine Maske enthält und als Ausgangsbild verwendet wird, wirkt wie ein Punktemitter im Ebenenursprung, denn ohne Inhalt hat die Ebene auch keine Ausmaße.

In den meisten Fällen wird es bei diesen Transformationen um die Skalierung oder Rotation der Quelle gehen, die sich auch über die Zellenparameter einstellen ließe. Unter Umständen wollen Sie die Zellenparameter so einfach wie möglich halten, um beispielsweise Parameterverhalten, die diese Transformationen zusätzlich beeinflussen sollen, einfacher auf die richtigen Werte einstellen zu können. Auch wenn Sie dieselbe Quelle in mehreren Emittern verwenden und später alle Zellen ein wenig größer machen wollen, lohnt es sich, als Quelle eine Ebene mit dem gewünschten Inhalt eingesetzt zu haben. Um sich ein wenig mehr Flexibilität zu verschaffen, sollte man seine Partikelquellen also immer erst gruppieren.

10.2.2 Masken, Filter und Eigenschaften

Emitter lassen sich beliebig durch Filter verändern. Sie wirken sich immer auf sämtliche zugeordnete Zellen aus. Emitter und Zellen werden wie ein Bild behandelt. Dies gilt auch für Masken, die das komplette Ergebnis beschneiden, nicht die Emission.

Emitter transformieren | Eine Transformation des Emitters, z. B. eine Verzerrung über den Parameter ALLE VIER ECKEN in den EIGENSCHAFTEN, würde sich durch die Hierarchie auch auf die gesamte Partikelsimulation auswirken, so als läge sie als gerenderte Animation in einer entsprechend transformierten Ebene.

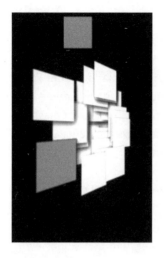 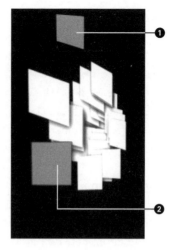

▲ **Abbildung 10.34**
Ein Emitter, der über ALLE VIER ECKEN verzerrt wird, deformiert auch dazugehörigen Zellen (links). Rechts wurde die Quelle ❶ so verzerrt, dass zumindest die grau schattierte Zelle ❷ wieder quadratisch ist.

Es gibt keine Möglichkeit, nur die Partikelpositionen durch die Emittereigenschaften zu beeinflussen, ohne die Partikelzellen davon auszuschließen. Sollte es unbedingt notwendig sein, müsste man die Partikelquellen präventiv so verzerren, dass die Transformation durch den Emitter ausgeglichen wird, doch selbst das ist nur begrenzt möglich.

Filter zuweisen | Filter funktionieren überhaupt nicht, wenn sie Partikelzellen zugewiesen werden. Auch wenn die Zusammenarbeit nicht aktiv verweigert wird, so bleiben sie doch wirkungslos. Es besteht also keine Möglichkeit, nur einer einzelnen Zellenart einen Filtereffekt zuzuweisen. Weist man einem Emitter einen Filter zu, dann wirkt er auf das fertige Bild, das der Emitter erzeugt, nicht auf die einzelnen Zellen. Filter verhalten sich also genau so wie die zuvor beschriebenen Deformationen.

Eigenschaften von Objekten | Im Gegensatz zu der Version 1.0.x werden in der aktuellen Version von Motion auch Eigenschaften des Quellobjektes wie Schattenwurf oder Scherung auf die Zelle übertragen. Durch Schatten lässt sich leicht eine noch größere Tiefenwirkung in Partikelwolken erzeugen, auch bei verschachtelten Zellen.

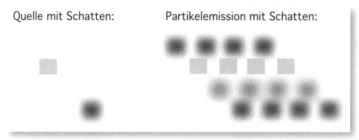

▲ **Abbildung 10.35**
Die Eigenschaften eines Quellobjektes, hier der Schatten der linken Form, werden ebenfalls als Teil der Partikelquelle behandelt. So ist eine Dopplung von Eigenschaften möglich: Im rechten Beispiel wirft der Emitter auch für die Quelle einen Schatten nach links oben.

10.2.3 Partikel und Verhalten

Emitter sind genauso flexibel wie andere Objekttypen, können also mit Ausnahme von Partikelverhalten durch alle anderen Verhalten modifiziert werden.

Partikelzellen sind vergleichsweise wählerisch: Neben Simulations- (nur passive und sekundäre) und Parameterverhalten kann man Partikelzellen nur die beiden einfachen Bewegungen WERFEN und WIRBELN zuweisen, da sie die Parameter von Partikeln und Emittern ansprechen können. Allerdings macht nur WIRBELN wirklich Sinn, da WERFEN einer Animation der Ebene entspricht und sich ebenso gut mit dem Verhalten WIND realisieren lassen würde, da es sich um eine eingestellte Geschwindigkeit handelt. WIRBELN dagegen addiert den eingestellten Betrag über eine Sekunde mit dem Winkel des Partikels, sodass die Partikel unterschiedlichen Alters auch unterschiedliche Rotationswerte haben.

Die Verhalten wirken sich aus wie bei normalen Objekten. Das Verhalten WIRBELN benötigt mit einer Rate von 90° die Sekunde insgesamt vier Sekunden für einen vollen Umlauf. Die Lebensdauer, Geschwindigkeit und andere Parameter wirken sich nicht auf die Verhaltensweise aus.

Partikel lassen sich ausschließlich mit Verhalten beeinflussen. Es gibt keinerlei Möglichkeit, einzelne Partikel zu kontrollieren, um z. B. aus einer Wolke einen bestimmten Umriss zu formen. Lediglich die Emitter sind animierbar wie normale Objekte und können ihre Animation in Keyframes umrechnen lassen.

Die Partikel stehen in der Hierarchie immer unter dem Emitter und übernehmen somit alle Verhalten und einige Parameter vom Emitter. Die einzige Ausnahme ist die Position der Partikel, die man komfortabel über die Partikel-Eigenschaft MIT EMITTER VERBINDEN mehr oder weniger vom Emitter beeinflussen lassen kann. Das bedeutet, dass z. B. eine Drehung des Emitters durch ein Verhalten wie BEWEGUNGSRICHTUNG (SIMULIERT) alle Partikel dieses Emitters dreht.

10.2.4 Das Partikelverhalten Stetig skalieren

Die meisten Parameter der Partikelzellen werden nur einmal bei der Emission einer Zelle festgelegt und dann nicht mehr verändert. Dennoch können sie durch Simulation beeinflusst werden. Die Geschwindigkeit wird durch Verhalten modifiziert, der Winkel kann durch das Wirbeln animiert werden. Nur für die Skalierung gibt es keine einfache Möglichkeit.

▲ Abbildung 10.36
Ein Emitter, der Balken nach rechts emittiert. Der Skalierung der Zellen wurde eine Rate zugewiesen, sie werden also in unterschiedlicher Größe erzeugt und ändern ihre Größe danach nicht mehr.

▼ Abbildung 10.37
Hier wurde den Zellen das Verhalten STETIG SKALIEREN zugewiesen, mit einer Rate von –30, so dass sie nach 3,3 Sekunden eine Größe von 0 % haben.

Um diese Lücke zu füllen, gibt es das Partikelverhalten STETIG SKALIEREN (in der englischen Version SCALE OVER LIFE), das, wie der Name schon sagt, die Partikel stetig skaliert. Das Verhalten lässt sich nur auf eine Partikelzelle anwenden, man muss bei der Zuweisung des Verhaltens also die Zellen in der Ebenenansicht auswählen, nicht den Emitter, den man im Canvas auswählen kann.

STETIG SKALIEREN bietet unterschiedliche Einstellungsmöglichkeiten. Wird im Popup-Menü ART DER ZUNAHME der Eintrag RATE gewählt, so wird jede Zelle um den gewählten Prozentsatz pro Sekunde skaliert, ohne jemals einen negativen Wert zu erreichen. Beim Scrubben des Wertes, also dem Ziehen in dem Wertefeld, ist Vorsicht geboten, denn die Werte verändern sich in 100er Schritten. Selbst bei nummerischer Eingabe akzeptieren die Felder nur ganze Zahlen, sodass ein Feintuning schwierig werden kann.

Wählt man im Popup-Menü dagegen WERTE FÜR ENTSTEHEN UND VERSCHWINDEN, so kann man die Größe am Anfang und Ende der Lebensspanne definieren.

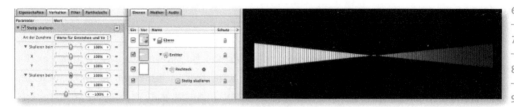

Ebenfalls von der Lebensdauer der Partikel abhängig skalieren kann man mit der dritten Option EIGENE. Sie erlaubt es, die relative Größe mit Keyframes zu animieren. Dabei ist zu beachten, dass die Keyframes nicht die Größe zu einem bestimmten Bild definieren, sondern die Cliplänge der Lebensdauer eines Partikels entspricht. Man animiert also die Größe im Verhältnis zur Lebensdauer, ein Keyframe bei 50 % der Cliplänge entspricht also einer relativen Skalierung bei der halben Lebenszeit des Partikels. Genau in diesem Zusammenhang mit der Cliplänge liegt auch das größte Problem bei dieser Option, denn ein Verhalten wirkt sich nur während seiner Dauer in der Timeline aus. Aus diesem Grund ist es ratsam, die Keyframe-Animation sehr früh im Clip anzulegen und abzuschließen, wenn man mit langen Lebensdauern arbeitet. Ebenso verhält es sich mit Parameterverhalten, die man der Skalierung zuweist.

▲ **Abbildung 10.38**
Hier wurden den Zellen mit dem Verhalten STETIG SKALIEREN explizite Faktoren für Anfang und Ende der Lebensdauer der Partikel gegeben, nämlich +100 % zu Beginn und –100 % beim Ende.

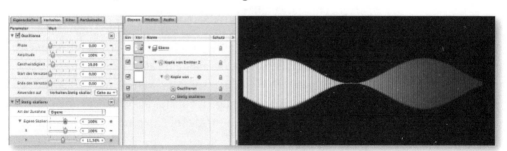

▲ **Abbildung 10.39**
Mit der Zunahmeart EIGENE kann man die Skalierung über die Lebenszeit mit Keyframes oder Verhalten entwickeln, hier mit dem Verhalten OSZILLIEREN.

10.2.5 Partikel und die Timeline

Wie alle anderen Elemente in Motion haben auch die Partikelemitter und -zellen in ihren EIGENSCHAFTEN Parameter für ihr ZEITVERHALTEN, die ihre Ausdehnung in der Timeline bestimmen – die In- und Out-Punkte.

In- und Out-Punkte | Das Zeitverhalten des Emitters bestimmt, wann die verwalteten Zellen dargestellt werden, wie bei jedem anderen Objekt auch.

Das Zeitverhalten der Partikel bestimmt aber nicht nur, ob die Zelle angezeigt wird oder nicht. Der In-Punkt ist nämlich auch der Beginn der Simulation, unabhängig davon, ob der Emitter bereits sichtbar ist oder nicht. Da die Zufallswerte in der Zelle definiert werden, kann man durch zeitlich versetzte Duplikate auch Echos von Partikelwolken erzeugen.

Der In-Punkt einer Partikelzelle lässt sich in den spezifischen Eigenschaften zwar nicht auf einen Wert kleiner als 1 einstellen, doch wenn man die Zelle in der Timeline anfasst, kann man sie, und damit den In-Punkt, durchaus auf einen negativen Wert verschieben. Dadurch lässt sich auch im ersten Bild des Projektes eine voll entwickelte Wolke anzeigen. Will man diese Wolke bereits vor dem ersten Bild durch ein Verhalten beeinflussen, dann muss man natürlich auch die Verhalten entsprechend in der Timeline ausdehnen.

10.2.6 Beispielprojekt »Zufällige Bäume erzeugen«

Partikel eignen sich hervorragend, um komplexe Wolken von Formen zu erzeugen. Sie eignen sich auch hervorragend, um Bildsequenzen zu erzeugen, die Variationen eines Objektes darstellen sollen.

Bäume sind variable und trotzdem einander recht ähnliche Objekte. Eine fertig gerenderte Anzahl zufällig erzeugter Bäume ist also gerade das Richtige, wenn man eine kleine Baumgruppe z. B. in einen Bildhintergrund einfügen soll. Wir werden deshalb eine zweistufige Partikelemission erzeugen, eine für die Wipfel (eine Ansammlung von Blättern) und eine für die Baumkrone (eine Ansammlung von Wipfeln).

Da wir die Wipfel im fertigen Baum als animierte Partikelquelle verwenden wollen, müssen wir sie erst als eigene Animation rendern, um über die Bildsteuerungs-Parameter darauf zugreifen zu können.

Wenn nicht anders angemerkt, werden alle Objekte bei Bild 1 erzeugt. Die genauen Einstellungen, die für vergleichbare Ergebnisse nötig sind, hängen von den von Ihnen gewählten Größen der Elemente ab. Sollten Sie an einem Punkt nicht ganz das gewünschte Ergebnis erzielen, dann probieren Sie doch ein wenig mit den von uns empfohlenen Parametern herum. Motion ist sehr flexibel und direkt zu bedienen, doch dadurch sind nicht alle Ergebnisse genau reproduzierbar.

Schritt für Schritt: Eine zweistufige Partikelemission erzeugen

1 Projekt anlegen
Beginnen Sie ein neues Projekt mit einer eigenen Voreinstellung. Wählen Sie die Vorgaben wie bei MULTIMEDIA – GROSS, allerdings mit einer Bildrate von 25 FPS. Ansonsten genügt die übliche Projektlänge von 10 Sekunden, also 250 Bildern.

2 Blatt erstellen
Erstellen Sie mit dem KREIS-WERKZEUG einen einfachen Kreis und füllen Sie ihn mit einem radialen Verlauf heller Grüntöne, sodass eine Kugelform angedeutet wird. Nennen Sie die Form »Blatt«.

3 Partikelsystem erstellen
Erstellen Sie aus dem Blatt ein Partikelsystem, indem Sie die Form auswählen und in der Symbolleiste auf PARTIKEL ERSTELLEN klicken. Wechseln Sie im Informationen-Fenster in die Emitter-Einstellungen.

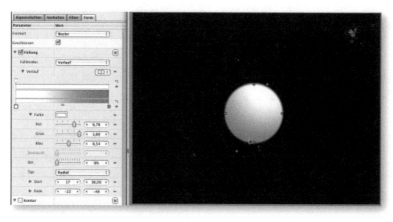

◄ **Abbildung 10.40**
Aus der Kreis-Form werden später die Blätter der Bäume.

4 Emitter einstellen

Folgende Einstellungen müssen am Emitter vorgenommen werden:

- ENTSTEHUNGSRATE: 10 Partikel pro Sekunde
- GESCHWINDIGKEIT: 75
- BEREICH FÜR GESCHWINDIGKEIT: 50
- LEBENSDAUER: 4,00

5 Partikelfarbe und Skalierung festlegen

Als PARTIKELFARBE genügt uns ein einfacher Grauverlauf zur Tönung der Blätter. Wählen Sie dazu als FARBMODUS den Eintrag FARBBEREICH. Da die Farbwerte der Zellen mit den Farben des Farbbereiches multipliziert werden, sollten die Grauwerte allerdings nur von 1 bis 0,60 gehen, um vollkommen schwarze Zellen zu vermeiden.

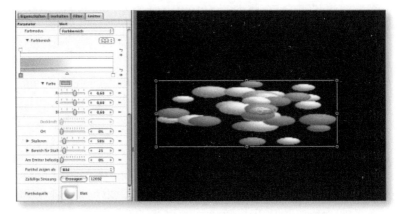

Abbildung 10.41 ▶
Emitter einstellen

Passen Sie die Skalierung der Partikelzellen gegebenenfalls an, sodass eine ansprechende Verteilung mit einigen Überlappungen entsteht. Abschließend skalieren Sie den Emitter in Y-Richtung auf etwa 50 % seiner Höhe.

6 In-Punkt verschieben

Um die Wolke schon zu Beginn des Projektes in einer fortgeschrittenen Entwicklungsstufe zu zeigen, müssen Sie noch den IN-PUNKT in der Timeline nach links ziehen, bis die Tooltip-Information hinter IN: einen Wert von –125 Bildern anzeigt. Damit sollte sichergestellt sein, dass vor dem ersten Bild der Animation bereits ein ganzer Zyklus durchlaufen wird.

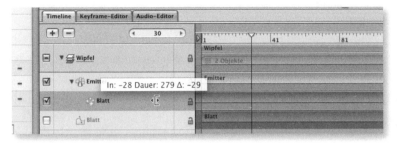

◄ **Abbildung 10.42**
In-Punkt des Emitters verschieben

7 Simulationsverhalten anwenden

Da sich einige Partikel zu weit von der Mitte entfernen, wenden Sie auf den Emitter das Simulationsverhalten BEWEGEN mit einer Stärke von 0,80 an. Dieses muss sich zeitlich über die gesamte Dauer der Partikelzelle erstrecken, also bei –125 beginnen, damit auch die vor Projektbeginn erzeugte Wolke entsprechend durch das Verhalten abgebremst wird.

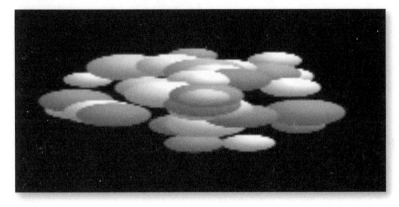

◄ **Abbildung 10.43**
Das Simulationsverhalten beeinflusst die Bewegung der Partikel.

8 Wipfel plastischer gestalten

Leider wirkt der »Wipfel« immer noch etwas flach, deshalb erzeugen wir mit dem KREIS-WERKZEUG eine neue elliptische Kreis-Form, die zunächst die gesamte Wolke großzügig abdeckt.

Der Form müssen wir nun in ihren objektspezifischen Eigenschaften unter FÜLLMODUS einen Grauverlauf zuweisen.

Im nächsten Schritt weisen Sie der Form den Emitter als Bildmaske zu. Wählen Sie dazu die Kreis-Form in der Ebenenansicht aus und erzeugen Sie über das Menü OBJEKT • BILDMASKE HINZUFÜGEN eine Bildmaske. In das Objektfeld BILD der Bildmaske ziehen Sie dann einfach den Emitter aus der Ebenenansicht.

Die Blätter erscheinen nun zunächst in dem eingestellten Grauverlauf.

Ordnen Sie die Form in der Ebenenansicht über dem Emitter an und setzen Sie die Füllmethode auf MULTIPLIZIEREN. Der Effekt des Lichteinfalls weitet sich so auf die gesamte Wolke aus. Der entstehende Rand stört für dieses Projekt nicht weiter, lässt sich aber leicht unterbinden.

Um den Rand zu verhindern, müssen Sie an unterster Stelle der Komposition eine zusätzliche schwarze Farbfläche einfügen, die bei der Multiplikation schwarz wird. Da dies auch die Maske des Clips beeinflusst, müssen wir die Bildmaske von der Kreis-Form auf die übergeordnete Ebene verschieben. Den fertigen Ebenenaufbau finden Sie auf der Buch-DVD in der Datei Wipfel.motn.

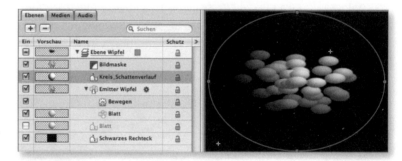

Abbildung 10.44 ▶
Eine Bildmaske lässt die Blätter plastischer wirken.

9 Projekt exportieren

Exportieren Sie das Projekt über ABLAGE • EXPORTIEREN als QuickTime-Film, den Sie als Wipfel.mov abspeichern. Verwenden Sie als Exportvoreinstellung unbedingt LOSSLESS+ALPHA FILM, damit ein Alphakanal gerendert wird.

10 Neues Projekt anlegen

Beginnen Sie ein neues Projekt, diesmal in PAL.

Jetzt benötigen Sie den Baumstamm aus dem Kapitel »Motion Elements« von Seite 404. Suchen Sie ihn in der Dateiübersicht (Baumstamm.motn) und ziehen Sie ihn einfach von dort in das Canvas hinein.

Importieren Sie auch den eben erzeugten QuickTime-Film Wipfel.mov.

11 Partikelsimulation der Wipfel

Ziehen Sie beide Filme in das Canvas-Fenster. Wählen Sie den QuickTime-Film Wipfel.mov an und erstellen Sie eine neue Partikelsimulation, indem Sie in der Symbolleiste wieder auf PARTIKEL ERSTELLEN klicken.

Stellen Sie für den EMISSIONSBEREICH einen nach oben offenen Winkel von 180° ein sowie eine ENTSTEHUNGSRATE von 2.

Dieser Emitter sollte in der Ebenenansicht über dem Baumstamm liegen, denn er ist nur dazu da, den Stamm etwas zu verdecken und so Tiefe zu erzeugen.

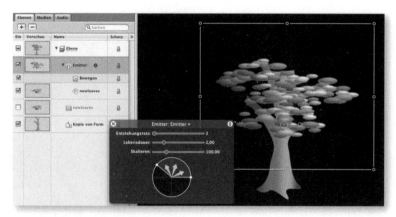

◄ Abbildung 10.45
Aus dem QuickTime-Film wird eine Partikelsimulation erstellt.

12 Partikelverhalten steuern

Ein Verhalten, das die Ausbreitung der Partikel nach außen regelt, sollte auch hier angewandt werden, schließlich haben wir es mit einem fraktalen, sich in sich selbst wiederholenden System zu tun. Weisen Sie der Zelle daher das Simulationsverhalten BEWEGEN zu.

13 Emitter duplizieren

Duplizieren Sie den Emitter und bewegen Sie ihn in der Ebenenanordnung diesmal unter den Stamm. Dieser Emitter sollte eine ENTSTEHUNGSRATE von 18 haben, die übrigen Einstellungen bleiben gleich.

14 Partikel nach außen aufhellen

Weil der duplizierte Emitter auch das Innere der Baumkrone darstellt, sollten wir den Partikeln einen zusätzlichen Grauverlauf (im Farbmodus WÄHREND LEBENSDAUER) verpassen, sodass die Partikel nach außen heller werden. Das dunklere Grau sollte also im Verlauf links, das Weiß rechts liegen.

Abbildung 10.46 ►
Stellen Sie den Farbverlauf so wie hier gezeigt ein.

15 Umriss der Krone auflockern

Um auch den Umriss der Krone aufzulockern, wurde dem Emitter zusätzlich das Simulationsverhalten ZUFÄLLIGES BEWEGEN zugewiesen, das den Emitter und die Zellen auslenkt.

Das Verhalten BEWEGEN muss durch einfaches Verschieben in der Ebenenansicht von der duplizierten Zelle zum Emitter bewegt werden, um beide Verhalten gleichzeitig einstellen zu können.

Abbildung 10.47 ►
Weitere Simulationsverhalten

16 Schatten erzeugen

Um auf dem Stamm einen Schatten zu erzeugen, der ausschließlich auf den Stamm wirkt, muss wie bereits bei den Wipfeln eine weitere Form hinzugefügt werden. Diese bekommt den Stamm als Bildmaske zugewiesen. Gehen Sie dazu wie in Schritt 8 beschrieben vor.

Alternativ können Sie in Motion 2 auch den vorderen Emitter auswählen und in den Eigenschaften den Schattenwurf aktivieren.

◄ **Abbildung 10.48**
Eine zweite Bildmaske wirft einen Schatten auf den Baumstamm.

17 Filter hinzufügen

Da die Blätter noch sehr einfach aussehen, wenden wir zuletzt noch auf die oberste Ebene einen Filter an. Markieren Sie die Ebene und wählen Sie in der Symbolleiste Filter hinzufügen • Stilisieren • Kristallisieren aus.

Bei Werten von Größe 4, Geschwindigkeit 0 und deaktiviertem weichen Verlauf erzeugt er angenehm unruhige Strukturen, wodurch sich die einzelnen Kugelformen auflösen.

18 Baumform verändern

Über das Verhalten Bewegen, das sich ja in horizontaler und vertikaler Richtung separat einstellen lässt, kann man die Form des Baumes gut bestimmen. Eine hoch gewachsene Linde lässt sich ebenso realisieren wie ein gedrungener Apfelbaum.

Abbildung 10.49 ▶
Verschiedene Baumformen

Für noch mehr Varianz könnte man den wichtigsten Parametern schließlich noch ein Parameterverhalten wie ZUFALLSMODUS zuweisen, beispielsweise der Geschwindigkeit des Emitters für den Baumwipfel. ∎

10.2.7 Beispielprojekt »Ein Linienmuster erzeugen«

Man kann mit Partikelsystemen und Simulationsverhalten auch sehr schnell Linienmuster erzeugen.

 Schritt für Schritt: Ein Linienmuster mit Partikeln und Simulationsverhalten

1 *Projekt anlegen und Kreis-Form erzeugen*
Beginnen Sie ein neues Projekt mit PAL-Voreinstellungen und erzeugen Sie eine Kreis-Form.

2 *Partikelsystem erzeugen*
Erzeugen Sie aus der Kreis-Form über das Menü PARTIKEL ERSTELLEN in der Symbolleiste ein Partikelsystem.

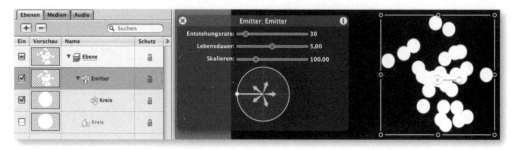

▲ **Abbildung 10.50**
Das Partikelsystem der Kreis-Form

3 Verhalten zuweisen

Weisen Sie dem Emitter zunächst über VERHALTEN HINZUFÜGEN • SIMULATIONEN • FEDERN in der Symbolleiste ein Federn-Verhalten zu.

Ziehen Sie dann per Drag & Drop die Kreis-Form in das Feld ANZIEHUNGSKRAFT.

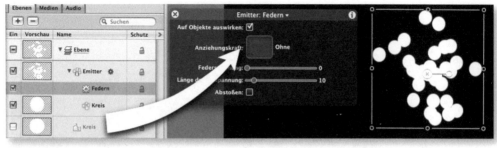

▲ Abbildung 10.51
ANZIEHUNGSKRAFT zuweisen

4 Emitter einstellen

Bewegen Sie den Kreis im Canvas etwas vom Emitter weg. Stellen Sie nun den EMISSIONSBEREICH des Emitters in den objektspezifischen Eigenschaften auf 0° ein, sodass die Zellen nur zu einer Seite emittiert werden. Sie werden anschließend vom Federn-Verhalten in eine Kreisbahn gezogen.

▲ Abbildung 10.52
Die Partikelzellen werden in eine Kreis-Form gezogen.

5 Partikelzellen einstellen

Stellen Sie die ENTSTEHUNGSRATE, die LEBENSDAUER und die GESCHWINDIGKEIT der Zellen auf 10, 10 und 100 ein.

Arbeiten mit Partikeln

6 Verhalten einstellen

In der Schwebepalette setzen Sie die FEDERSPANNUNG und die LÄNGE DER ENTSPANNUNG des Verhaltens auf 10 und 50. Aktivieren Sie dort die Checkbox ABSTOSSEN und gehen Sie zum letzten Frame des Projektes.

7 Form der Partikelwolke verändern

Wenn Sie nun das Kreis-Objekt bewegen, verändert sich die gesamte Form der Partikelwolke. Spielen Sie ruhig ein wenig mit den Parametern von Emitter, Zelle und Verhalten. ■

Abbildung 10.53 ▶
Verschiedene Linienmuster

11 Text in Motion

Ein Bild mag mehr sagen als tausend Worte, doch egal, ob Filmtitel, Ausstrahlungstermine oder Abspann: Die Verbindung von Schrift und Bild war selten so vielseitig realisierbar wie in Motion.

11.1 Typografie am Computer

Das geschriebene Wort ist nach wie vor die schnellste Art der Kommunikation. Daher ist es nicht verwunderlich, dass Text eines der wichtigsten und meistverwendeten Elemente in Motion Graphics ist – die kunstvolle Verbindung von Schrift und Bild.

Apple-Gründer Steve Jobs belegte während seiner Studentenzeit einen Kurs über Typografie, der laut eigener Aussage der Grund dafür war, dass Apple-Systeme und später die von Windows über ordentliche Schriftintegration verfügten.

Die Formen der einzelnen Schriftzeichen sind in unterschiedlichen Arten in Ihrem Betriebssystem vorhanden. Normalerweise handelt es sich dabei um beliebig skalierbare Vektor-Formen wie TrueType oder PostScript-Schriften. Die Apple-Systeme hatten Mitte der Achtzigerjahre ihren Durchbruch als DTP-Referenz und so kam der Mac-Anwender schon früh in den Genuss hochwertiger Schriftausgabe.

Bitmap und PostScript | Die Anfänge der Computerschriften bestanden noch aus so genannten Bitmap-Schriften mit festen Größen, die nicht skaliert und interpoliert werden konnten. Die PostScript-Schriften für die Druckausgabe konnten wiederum nicht direkt auf dem Monitor dargestellt werden, sondern wurden durch eine Zusatzsoftware gerendert. Den PostScript-Schriften lagen Bitmap-Schriften aus der gleichen Familie bei, die vom Betriebssystem ausgelesen wurden. Eine Zusatzsoftware stellte die Referenz zu den hochwertigen PostScript-Informationen dar, sodass die Zwischengrößen und

Skalierungen für die Bildschirmdarstellung sauber interpoliert werden konnten. Adobe, als Erfinder der PostScript-Sprache, stellte als Zusatzsoftware den kostenlosen ATM (Adobe Type Manager) zur Verfügung, den es in der Deluxe-Version auch als kostenpflichtige Schriftenverwaltung gab.

TrueType | Als Alternative zu Adobes Type 1-Schriften und dem ATM entwickelte Apple schon in den späten Achtzigerjahren das TrueType-Schriftformat. Um die Dominanz von Adobe bei der Schriftentechnologie zu brechen, zog über einen Technologie-Austausch mit Microsoft die TrueType-Unterstützung 1991 auch in Windows ein. Man stellte dem Anwender eine Bildschirmschrift zur Verfügung, die auch auf dem Papier gut aussah sowie ohne den ATM und ohne verweisende Bitmap-Schriften auskam. Die Form der einzelnen Zeichen wurde als Bézier-Form definiert und war damit auch bei der Skalierung äußerst hochwertig. Für Büro-Anwendungen waren die Schriften gut geeignet, aber hochwertige Druckarbeiten im DTP-Bereich wurden damals wie heute weiterhin mit PostScript-Schriften erledigt.

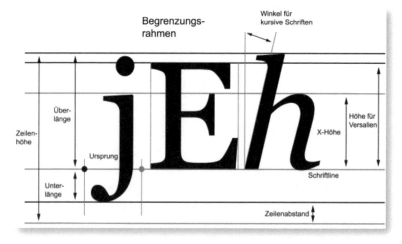

Abbildung 11.1 ▶
TrueType-Schriftzeichen für lateinische Schriftsysteme folgen einem Muster, das für gut proportionierte und lesbare Schriften sorgt.

OpenType | In letzter Zeit gewinnen die OpenType-Schriften an Bedeutung, die sowohl TrueType- als auch PostScript-Konturen verwenden können. Da sie wie TrueType-Schriften in einem Paket untergebracht sind, benötigen die PostScript-Konturen keine verweisenden Bitmap-Schriften. Die wesentlichen Vorteile von Open-Type sind:

▶ Unicode-Unterstützung für mehrere Sprachen mit bis zu 65 536 Glyphen (Buchstabenbilder einer Schrift)

- erweiterte typografische Funktionen, wie z. B. Zierbuchstaben
- Mac- und Windows-Kompatibilität

Bei unseren Versuchen reagierte Motion jedoch nicht auf die erweiterten Funktionen von OpenType.

◀ **Abbildung 11.2**
Links: Im Textfenster von Mac OS X erreicht man OpenType-Funktionen über ein Popup-Menü unten links. Wählt man den Eintrag TYPOGRAFIE, dann öffnet sich ein neues Fenster (Mitte). Rechts: DTP-Programme wie Illustrator haben für OpenType-Funktionen einen eigenen Bereich in der Textpalette.

AAT | Ähnlich wie bei OpenType haben auch zahlreiche TrueType-Schriften vergleichbare erweiterte Funktionen. Apple arbeitete selber schon an einem Nachfolgestandard für TrueType und verwendete dafür bereits 1995 die QuickDraw GX-Technologie, die mit System 7.5 erschien. QuickDraw GX-Schriften konnten TrueType- wie auch PostScript-Konturen enthalten und wie OpenType erweiterte Funktionen nutzen. Auch dieses Modell wollte Microsoft von Apple übernehmen, doch diesmal sollte die Mac-Plattform exklusiv bedient werden. Die Konsequenz war, dass sich Microsoft wiederum mit Adobe zusammentat, um OpenType zu entwickeln.

Mit Mac OS X wurde QuickDraw GX zu Gunsten von OpenGL, PDF und Quartz fallen gelassen, sodass die entsprechende Schriftentechnologie in **Apple Advanced Typografie (AAT)** umbenannt wurde. OpenType ist wegen dem von Adobe offen gelegten Quellcode einfacher für Schriftenentwickler dokumentiert. Apple versucht hingegen nun, alle OpenType-Funktionalitäten komplett in den AAT-Spezifikationen unterzubringen. Beide Schrifttypen werden in Mac OS X unterstützt, in Motion hingegen sind auch die erweiterten Funktionen von AAT nicht zugänglich.

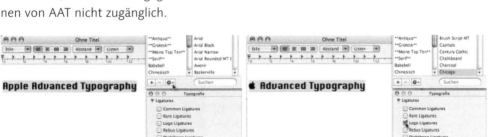

▲ **Abbildung 11.3**
Im Mac OS X-Programm TextEdit stehen die erweiterten Funktionen von AAT zur Verfügung, z. B. kann man bei der Schriftart CHICAGO das Wort APPLE durch ein Apple-Logo ersetzen.

Schriftenverwaltung | Den ATM gibt es heute nicht mehr, da Mac OS X die PDF-Technologie, die sich aus PostScript weiterentwickelt hat, lizenziert und direkt im System in Form der so genannten Quartz-Engine integriert hat. Als Schriftenverwaltung hat auch der ATM Deluxe nicht überlebt und so wurde das Feld dem Konkurrenten Suitcase von Extensis überlassen. Apple liefert seit Mac OS X 10.3 Panther auch eine eigene Schriftenverwaltung namens **Schriftsammlung** mit. Während unter dem klassischen Mac OS das Laden von vielen Schriften spürbar auf die Performance und den Arbeitsspeicher schlug, muss man sich darüber in Mac OS X keine Gedanken mehr machen. Der Übersicht halber ist der Einsatz einer Schriftenverwaltung durchaus noch sinnvoll, nicht zu vergessen auch wegen Lizenzen für nicht im System enthaltene Schriften. Auch Schriften sind geistiges Eigentum und kosten Geld.

Unter Mac OS X werden Fonts mit der Schriftsammlung installiert und verwaltet. Sie bietet eine Übersicht über die Zeichensätze, die in verschiedenen Kategorien und Ordnern abgelegt sind und erlaubt es, sie anhand von Beispieltexten zu betrachten. Die linke Leiste zeigt die Kategorien bzw. Sammlungen ❶, in die die Zeichen eingeordnet sind, die mittlere ❷ die enthaltenen Zeichen. Wenn man die Schriften aufklappt, sieht man die verfügbaren Stile der Schrift.

Abbildung 11.4 ▶
In der Schriftsammlung können Schriften bequem verwaltet werden.

Schriften werden im Ordner FONTS in der Library installiert – entweder der systemweiten Library oder der Library im Home-Verzeichnis. Schriften, die im Home-Verzeichnis installiert wurden, stehen nur dem aktuellen Benutzer zur Verfügung. Schriften in der System-Library stehen allen Benutzern zur Verfügung.

▲ **Abbildung 11.5**
Mac OS X unterstützt eine Vielzahl von Schriftarten. Von links nach rechts: Zwei TrueType Fonts, wie sie auf Windows-Rechnern üblich sind, ein Font Suitcase, ein Datafork TrueType Font, ein PostScript Type 1 Outline Font und ein Open-Type Font.

Ein Doppelklick auf eine Schriftdatei zeigt alle enthaltenen Zeichen, wobei der Umfang je nach Zeichensatz variiert. Mit dem Button INSTALLIEREN kann man das Programm Schriftsammlung öffnen, das die Datei in einen der beiden Schriftenordner verschiebt.

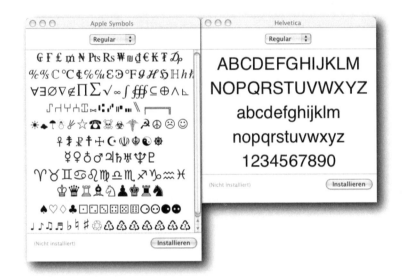

◄ **Abbildung 11.6**
Der Umfang einer Schrift variiert je nach Zeichensatz.

Schriftschnitte simulieren | Manche Zeichensätze sind in so genannten Zeichensatzkoffern organisiert, die zusätzliche Varianten einer Schrift bereithalten – den so genannten Schriftschnitt, z. B. kursiv oder fett. Sind die Schriftschnitte nicht enthalten, so hat man üblicherweise in den Anwendungen die Möglichkeit, die reguläre Schrift zu verzerren oder fetter zeichnen zu lassen und so den Schriftschnitt zu simulieren.

Typografie am Computer **533**

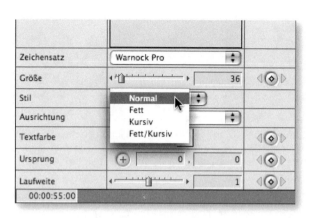

Abbildung 11.7 ▶
Final Cut Pro hat keine besonders leistungsstarken Text-Funktionen. Das Programm kann nicht auf die verschiedenen Schriftschnitte zurückgreifen, sondern muss mit wenigen Vorgaben »schummeln«.

Dabei wird, um beispielsweise einen fetten Schriftschnitt zu simulieren, die Schrift mit einem Pixel-Versatz zweimal übereinander gedruckt. Der auf diese Art und Weise »geschummelte« Schriftschnitt wird als Faux Fett bezeichnet. In der professionellen Gestaltung wird dies allerdings nicht gerne gesehen, sodass man immer echte Schriftschnitte verwenden sollte. In Motion stehen die Möglichkeiten zum Schummeln ohnehin nicht zur Verfügung, jedoch in Final Cut Pro und vielen anderen Programmen.

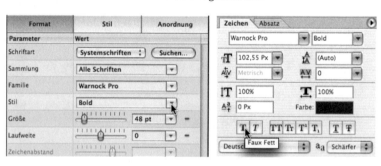

Abbildung 11.8 ▶
Motion erkennt alle Schriftschnitte und kann gar nicht erst schummeln. Photoshop (rechts) kann wie Motion die Schriftschnitte erkennen, zusätzlich aber auch schummeln, z. B. mit der Taste für Faux Fett.

Apple LiveFonts | Ein entfernter Verwandter der Bitmap-Schriften sind die LiveFonts von Apple. Sie repräsentieren jeden Buchstaben mit einer QuickTime-Animation, die in einer bestimmten Auflösung und Qualität vorliegen. Solche animierten Zeichensätze kann man in Animationsprogrammen gestalten und mit dem Programm LiveType erstellen. LiveType ist nicht einzeln erhältlich und nur bei Final Cut Pro enthalten.

Apple LiveFonts sind nur in Verbindung mit einigen wenigen Programmen nutzbar und da die Datenmengen dieser Schriftarten recht unhandlich sind, sollte man sich überlegen, sie vielleicht nur projektweise zu installieren.

11.1.1 Textobjekte in Motion

In Motion verhalten sich Textfelder ähnlich wie Partikel, da sie einerseits als ganze Objekte animierbar sind, andererseits sich die einzelnen Buchstaben aber auch individuell beeinflussen lassen. Darüber hinaus können die Zeichen an Pfaden ausgerichtet werden und bieten eine Vielzahl an speziellen Einstellungen. Das macht Textfelder zu einzigartigen Objekttypen.

Textobjekte erstellen | Textobjekte werden mit dem TEXT-WERKZEUG [T] erstellt. Es gibt zwei Möglichkeiten:

- Ein Klick mit dem Text-Werkzeug in den Canvas-Bereich und man kann den gewünschten Text eingeben. Um eine neue Zeile umzubrechen, betätigt man die [↵]-Taste.
- Alternativ kann man bei gedrückter Maustaste mit dem Werkzeug auch einen Rahmen aufziehen, der dann gleich zur Begrenzung des Textfeldes dient. Dabei wird automatisch als LAYOUT-METHODE der ABSATZ eingestellt und bei Erreichen des Textrandes wird ein Zeilenumbruch durchgeführt. Die endgültige Objektgröße orientiert sich nach wie vor an dem von den Zeichen eingenommenen Platz.

Um die Bearbeitung abzuschließen, darf man bei beiden Methoden nicht die [↵]-Taste drücken, was einen Zeilenumbruch zur Folge hätte. Man klickt stattdessen mit der Maus in eines der Werkzeuge in der Werkzeugleiste, idealerweise in das WERKZEUG ZUM AUSWÄHLEN/TRANSFORMIEREN oder betätigt einfach die [Esc]-Taste.

◄ **Abbildung 11.9**
Motion wählt für Textobjekte standardmäßig zunächst immer die serifenlose und gut lesbare Schrift GENEVA mit einer Schriftgröße von 48 Punkt aus.

Typografie am Computer **535**

Anzeige in der Ebenenansicht | Das erzeugte Textobjekt hat in der Ebenenansicht im Projektbereich und in der Timeline als Bezeichnung den Inhalt des eingegebenen Textes. Diese Bezeichnung lässt sich natürlich wie bei jedem anderen Objekt editieren. Das Ebenen-Icon ist durch ein kleines T-Symbol gekennzeichnet.

Abbildung 11.10 ►
Der Name in der Ebenenansicht entspricht dem eingegebenen Text.

Eigenschaften von Text | Ein Textfeld hat im Fenster INFORMATIONEN unter dem Tab EIGENSCHAFTEN die gleichen Einstellungen wie jedes andere Objekt auch. Verhalten und Filter können in den entsprechenden Tab-Bereichen gesteuert werden. Die spezifischen Einstellungen im Tab TEXT teilen sich in drei Kategorien auf: FORMAT, STIL und ANORDNUNG. Jede dieser Kategorien bietet eine Vielzahl an Einstellungsmöglichkeiten, die in vielen Fällen für jeden Buchstaben eines Textfeldes individuell definierbar und animierbar sind.

▲ Abbildung 11.11
Um die Vielzahl an Parametern übersichtlicher zu gestalten, sind sie in drei Kategorien unterteilt.

11.1.2 Format

In der Kategorie FORMAT findet man die allgemeinen Texteinstellungen, die Sie sicher auch schon aus anderen Programmen (z. B. Textverarbeitung) kennen. Allerdings gibt es zwei Sorten von Schriften, die von Motion unterschiedlich verwaltet werden. Die SYSTEMSCHRIFTEN und die LIVEFONTS bieten unterschiedliche Formatierungseigenschaften, wie Sie im Laufe des Kapitels noch erfahren werden.

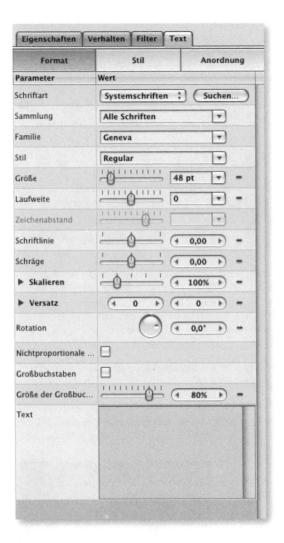

◀ **Abbildung 11.12**
Die erste Kategorie enthält alle Parameter zum Format der Schrift.

Schriftart | Das Popup-Menü wechselt zwischen den installierten Gattungen, also vom System verwalteten Schriftarten und den Apple LiveFonts:

▶ SYSTEMSCHRIFTEN: Mit diesem Modus greifen Sie auf die installierten Systemschriftarten zurück. Hier bekommt Motion sowohl die persönlichen Schriften des Home-Verzeichnisses wie auch die für alle Benutzer installieren Schriften zur Verfügung gestellt. Verwenden Sie den Button SUCHEN, um das Mac OS X-eigene Textfenster aufzurufen. Hier können Sie die Schriftart ❶ auswählen, den Schriftschnitt ❷, die Größe ❸ und sogar schon einen Schattenwurf ❹ definieren. Die Einstellungen werden dann auf die entsprechenden Parameter in Motion übertragen.

Typografie am Computer   537

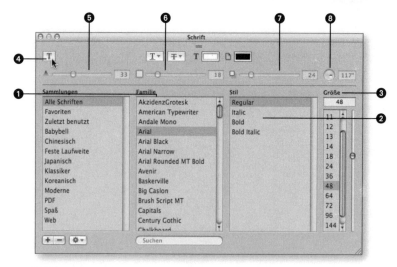

▲ **Abbildung 11.13**
Mit dem T-Symbol ❹ kann der Schattenwurf aktiviert werden. Die vier Parameter darunter stellen die Deckkraft ❺, die Weichheit ❻, die Entfernung ❼ und den Winkel ❽ ein. Andere Parameter des Textfensters wie Farbe oder Unterstreichen des Textes werden nicht übernommen, auch nicht die erweiterten Typografie-Funktionen von OpenType- oder AAT-Schriften.

▶ LiveFonts: Hier kann schon ein installierter Apple LiveFont zugewiesen werden. Die Taste Suchen steht zwar noch zur Verfügung, aber wenn Sie im Textfenster eine Schriftart auswählen, springt das Popup-Menü wieder auf den Modus Systemschriften zurück.

Abbildung 11.14 ▶
LiveFonts gibt es nicht nur von Apple, sondern auch von Drittanbietern wie Screen Caffeine.

LiveFonts-Zeitverhalten | Beachten Sie, dass bei der Verwendung von LiveFonts auch die letzte Parametergruppe LiveFonts-Zeitverhalten unter dem Textfeld zur Verfügung steht (siehe Abbildung 11.15).

Sammlung | Der Parameter greift auf die im Programm Schriftsammlung konfigurierten Zeichensatz-Zusammenstellungen zurück. Hat man zuvor schon im Textfenster von Mac OS X eine Schrift gewählt, wird hier die entsprechende Sammlung angezeigt.

◄ **Abbildung 11.15**
Wählen Sie einen LiveFont als Schriftart, steht ganz unten in der Kategorie FORMAT das LIVEFONT-ZEITVERHALTEN zur Verfügung.

Bei vielen installierten Schriften macht es Sinn, sich im Programm Schriftsammlung entsprechende Sammlungen anzulegen, z. B. für Grotesk-, Antiqua- und Serifenschriften, oder weniger fachspezifische Sammlungen wie »Meine Top Ten«. Die Sammlungen werden erst nach einem Neustart von Motion aktualisiert. Sammlungen bzw. Gruppen von Dritthersteller-Lösungen wie Extensis Suitcase wurden bei unseren Versuchen nicht unterstützt.

▲ **Abbildung 11.16**
Die Sammlungen der Mac OS X-Schriftenverwaltung (links) werden in Motion übernommen (rechts). Die Vorsortierung in Sammlungen bietet sich vor allem bei sehr vielen installierten Schriften an, um einen besseren Überblick zu bewahren.

LiveFonts lassen sich nicht in der Schriftensammlung verwalten. Hier kann man zwischen den Serien wechseln, die auf Systemebene in Ordnern angelegt werden (Seite 225, Abbildung 6.24). Hat man LiveType und Motion zusammen mit allen beiliegenden LiveFonts installiert, sind das die PRO SERIE und die SAMMLER-EDITION. Unter www.livetypecentral.com, www.optimistik.com und www.screencaffeine.com finden sich weitere LiveFonts, die auch eigenen Serien zugeordnet sind.

Familie | Das Popup-Menü stellt die Schriften der zuvor gewählten Sammlung zur Verfügung. Um alle installierten Schriften angezeigt zu bekommen, muss in der SAMMLUNG der Eintrag ALLE SCHRIFTEN ausgewählt sein. Wurde ein LiveFont ausgewählt, dann ist dieser Parameter ausgegraut.

Stil | Die Varianten einer Schrift, also fette oder kursive Schriftschnitte, werden mit diesem Popup-Menü ausgewählt. Hierbei handelt es sich um echte, nicht geschummelte Varianten einer Schrift. Wenn es keinen fetten Schriftschnitt einer Schrift gibt, kann man in Motion auch kein fettes Aussehen erzeugen. Mit einer Kontur oder Scherung könnte man vielleicht einen fetten oder kursiven Schriftschnitt simulieren. Wurde ein LiveFont ausgewählt, dann ist dieser Parameter ausgegraut.

> **Schriften in der Bibliothek**
>
> Eine Alternative zu den Parameterlisten für Schrift-Art und -Stil im Informationen-Fenster ist die Bibliothek von Motion. Die LiveFonts und Systemschriften sind dort gut sortiert aufgelistet. Im Vorschaufenster werden sie auch dargestellt. Eine einfache Zuweisung per Drag & Drop erlaubt eine intuitivere Arbeitsweise, man kann sogar für einzelne ausgewählte Zeichen andere Zeichensätze oder Stile schnell und unkompliziert zuweisen.

Größe | Dies ist der erste animierbare Parameter in dieser Kategorie, mit dem Sie die Schriftgröße in Punkt einstellen. Haben Sie bereits im Text-Fenster von Mac OS X die Schriftgröße eingestellt, so wurde dieser Wert hier übernommen. Sie können einzelnen Bereichen in einem Textobjekt unterschiedliche Schriftgrößen zuweisen, indem Sie die einzelnen Zeichen vorher mit dem Cursor markieren. Dazu machen Sie am besten mit dem WERKZEUG ZUM AUSWÄHLEN/TRANSFORMIEREN (⇧+S) auf das Textobjekt einen Doppelklick, um in den Editier-Modus zu gelangen. Anschließend markieren Sie die entsprechenden Textbereiche oder einzelne Zeichen.

Texte im Canvas skalieren | Wenn Sie ein Textobjekt an den Hebeln mit der Maus größer ziehen, verändern Sie nicht die Schriftgröße, sondern Sie vergrößern das Objekt über den Skalieren-Parameter in den EIGENSCHAFTEN. Da es sich meist um Vektorobjekte handelt, fällt dieser Unterschied zunächst nicht auf, doch wenn Sie solche Textobjekte als Replikator- oder Partikelzellen verwenden möchten, dann werden die Pixelinformationen ausgewertet und durch die Skalierung entstehen Artefakte. Verwenden Sie also besser immer den Parameter zur Schriftgröße.

Der Regler kann die Schrift nur bis zu einem Wert von 288 Punkt vergrößern. Wenn Sie höhere Werte brauchen, müssen Sie diese in das Eingabefeld eintragen. Nach unseren Beobachtungen reicht der Wirkungsbereich bis 2048 Punkt. Bedenken Sie, dass LiveFonts meistens als animierte Pixelbilder vorliegen und sich daher nur bedingt vergrößern lassen.

Laufweite und Zeichenabstand | Verwenden Sie diese Parameter, um für den gesamten Text oder nur ausgewählte Zeichen die Abstände einzustellen. Diese Parameter werden gerne von Grafikdesignern eingesetzt, um das so genannte Kerning der Schrift einzustellen. Dabei verändert man die Abstände der einzelnen Buchstaben so zueinander, dass im Gesamtbild des Textes möglichst keine unregelmäßig großen Lücken auftreten.

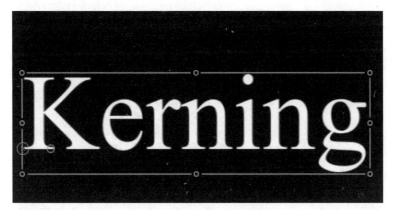

▲ **Abbildung 11.17**
Ohne Kerning sind die Abstände zwischen den einzelnen Buchstaben oft unharmonisch. In diesem Beispiel ist das »e« zu weit vom »K« entfernt und das erste »n« klebt am »r«.

Um den Parameter LAUFWEITE für einzelne Zeichen zu verwenden, markieren Sie am besten jeweils das Zeichen, dessen Abstand zum vorherigen Zeichen Sie ändern wollen.

Abbildung 11.18 ▶
Um das so genannte Kerning über die Schwebepalette einzustellen, kann man den Parameter für die LAUFWEITE verwenden.

Eigentlich ist der Parameter dazu gedacht, die gesamte Laufweite aller Zeichen des Textobjektes einzustellen, aber nur der Regler für die LAUFWEITE ist auch in der Schwebeplatte verfügbar, sodass man nicht zwangsläufig das Informationen-Fenster benötigt.

Für einzelne Zeichen verwendet man eigentlich den Parameter für den ZEICHENABSTAND. Dazu markieren Sie nichts, sondern setzen den Cursor im Textobjekt einfach vor das Zeichen, dessen Abstand zum vorherigen Zeichen angepasst werden soll. Wenn Sie nun den Regler verändern oder in das Eingabefeld den gewünschten Wert eintragen, verändert sich der Abstand entsprechend. Sollten Sie wie bei der LAUFWEITE ein oder mehrere Zeichen markiert haben, dann bleibt der Parameter für den ZEICHENABSTAND ausgegraut und ist nicht anwählbar, genauso wenn sich der Cursor vor dem ersten oder hinter dem letzen Zeichen des Textobjektes befindet.

Abbildung 11.19 ▶
Noch besser als die Laufweite eignet sich der Parameter ZEICHENABSTAND, den man an der Cursor-Position mit Kurzbefehlen bedienen kann.

Im Text navigieren | Mit den Pfeiltasten navigieren Sie leicht durch den Text: Mit ⌘+← oder → bewegt man sich zu Zeilenanfang und -ende. Mit Alt+← oder → bewegt man sich Wort für Wort vor und zurück. Wenn Sie an gewünschter Stelle sind, dann verwenden Sie [Ctrl]+[←] oder [Ctrl]+[→], um das Kerning in Pixelschritten zu verändern.

Kerning immer am Schluss | Die Sisyphusarbeit ist für anspruchsvolle Gestalter eine Herzensangelegenheit und macht jedes Echtzeit-Feature hinfällig, denn hier wird in aller Ruhe geschoben und gerückt, bis das Erscheinungsbild sitzt. Der Aufwand ist freilich abzuwägen, denn schnell verbeißt man sich in die Sache und gerade bei schnellen Bildern sieht es am Ende vielleicht nicht mal einer. Wenn die Lücken aber selbst dem ungeübten Betrachter unangenehm auffallen, sollten Sie das Kerning verändern.

Heben Sie es sich auf jeden Fall ganz für den Schluss auf, wenn alles andere schon fertig ist. Machen Sie die Anpassung zu früh und die Schriftgröße oder Schriftart soll noch geändert werden, dann müssen Sie von vorne anfangen, denn die Einstellungen passen dann nicht mehr. Nur bei der Schriftgröße könnte man sich noch dadurch behelfen, dass man nicht den Parameter für die Schriftgröße verwendet, sondern die Skalierungseinstellungen des Objektes.

Bedenken Sie, dass der Parameter für die LAUFWEITE über Keyframes und Verhalten animierbar ist, der Parameter für den ZEICHENABSTAND jedoch nicht!

Schriftlinie | Der Parameter verschiebt markierte Zeichen in der vertikalen Position innerhalb des Textrahmens. Haben Sie den kompletten Textrahmen angewählt, dann scheint es zunächst so, als könnte dieser vertikal genauso verschoben werden wie mit dem Y-Positions-Parameter der EIGENSCHAFTEN. Allerdings bleibt beim Verschieben über den Parameter SCHRIFTLINIE der Ankerpunkt an seiner Position.

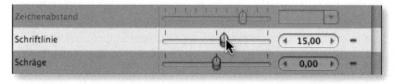

◄ **Abbildung 11.20**
Die Schriftlinie kann für einzelne Zeichen oder das ganze Textobjekt verschoben werden.

Beachten Sie, dass ein ganzes Textobjekt über den Regler dieses Parameters nicht mehr, wie eben beschrieben, verschoben werden kann, wenn zuvor schon einzelne Zeichen innerhalb des Textobjektes verschoben wurden. Sie können die Einschränkung aber umgehen, wenn Sie stattdessen im Eingabefeld neben dem Regler den Wert durch Maus-Scrubbing verändern.

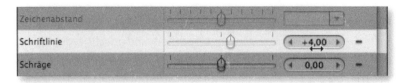

Abbildung 11.21 ▶
Ist der Regler beim Auswählen des ganzen Textobjektes ausgegraut, kann die Funktion über Maus-Scrubbing im Eingabefeld aufgerufen werden.

Schräge | Der Parameter führt exakt die gleiche Funktion aus wie der Parameter für die X-Scherung in den Eigenschaften des Objektes. Allerdings ist es hier für Textobjekte möglich, die einzelnen Zeichen unabhängig voneinander zu neigen. Genau wie bei der zuvor beschriebenen Schriftlinie bleibt der Regler ausgegraut, wenn man bereits einzelne Zeichen verändert hatte und anschließend wieder das komplette Textobjekt anwählt. Auch hier hilft das Maus-Scrubbing weiter.

Skalieren | Zusätzlich zur Schriftgröße und zusätzlich zum Skalieren-Parameter in den Eigenschaften findet man für Textobjekte hier eine weitere Skalierungsmöglichkeit. Dadurch erspart man sich ein Umherschalten zwischen den Eigenschaften und den textspezifischen Einstellungen. Die beiden Parameter für die Skalierung sind jedoch unabhängig voneinander einstellbar und reagieren auch etwas unterschiedlich. Dabei ist wichtig zu beachten, dass der Skalieren-Parameter in den Format-Einstellungen in Abhängigkeit zur Ausrichtung des Textobjektes skaliert, wohingegen die Skalierung in den Eigenschaften immer die Position des Ankerpunkts beachtet. Die Ausrichtung lernen Sie noch in den Einstellungen zur Anordnung kennen.

Versatz | Hier kann man im Prinzip das Gleiche machen wie mit dem Parameter Schriftlinie, nur dass man hier horizontal und vertikal verschieben kann. Auch hier wird der Ankerpunkt nicht mit verschoben, sondern nur der Textinhalt oder auch nur einzelne, markierte Zeichen.

Rotation | Auch für die Rotation gibt es einen zusätzlichen Parameter für Textobjekte. Genau wie bei der Skalierung kann – im Gegensatz zur Rotation der Eigenschaften – jedes Zeichen einzeln markiert und somit unabhängig rotiert werden. Auch dieser Rotations-Parameter steht in Abhängigkeit zur Ausrichtung.

Nichtproportionale Schrift | Mit dieser Funktion sollen die Zeichen immer den gleichen Abstand bekommen. Dabei wird auch gleichzeitig der Abstand zwischen den Zeichen erhöht. Durch diesen Trick fallen dem ungeübten Auge die unregelmäßig großen Lücken nicht so direkt auf, der Abstand ist jedoch alles andere als gleich groß. Verwendet man anschließend den Parameter Laufweite, um die Zeichen wieder enger zusammenzurücken, dann sieht man, wie vergebens dieses Unterfangen ist. Bei unseren Versuchen mit verschiedenen Schriften konnte man auf manuelles Kerning nicht verzichten.

Großbuchstaben, Größe der Großbuchstaben | Wünscht man einen Text in Großbuchstaben, so kann man mit der Checkbox für Großbuchstaben den ganzen Text entsprechend umformatieren. Wurden mit der ⇧-Taste bereits Großbuchstaben erzeugt, so bleiben diese genauso erhalten. Die Kleinbuchstaben, die über den Parameter in Großbuchstaben umformatiert wurden, erhalten hingegen nicht die volle Größe, sondern zunächst nur 80 % bzw. den Wert, der im Parameter Grösse der Grossbuchstaben eingestellt ist.

Motion hat bei der Umwandlung leider Probleme mit den deutschen Umlauten und Eszett. Hier muss z. B. ein »ä« schon mit der ⇧-Taste als »Ä« eingeben werden. Danach erscheinen dieses »Ä« ❶ und auch ein »ß« ❷ allerdings zu groß. Der Regler für die Grösse der Grossbuchstaben reagiert grundsätzlich zwar auch für einzelne Zeichen, aber hier nicht für diese deutschen Besonderheiten. Solche Zeichen müssen daher einzeln markiert und mit der Schriftgröße ausgeglichen werden.

◀ **Abbildung 11.22**
Beim Erzeugung von Großbuchstaben werden Umlaute nicht umgewandelt ❸. Da auch der Parameter für die Grösse der Grossbuchstaben nicht reagiert, müssen die Umlaute und das Eszett über die Schriftgröße einzeln angepasst werden.

Text | Die wichtigste Eigenschaft eines Textfeldes ist natürlich der Text selbst, der unformatiert in dem Feld TEXT ganz unten angezeigt wird.

Abbildung 11.23 ▶
Der im Textfeld dargestellte Text ist vollständig bereinigt von sämtlichen übrigen Parametern wie Formatierung, Stil oder Animation.

Damit kann man den Text also nicht nur im Canvas-Bereich eingeben, sondern auch in dem Textfeld. Natürlich kann man auch beliebige Texte über die Zwischenablage importieren, z. B. aus einer Textverarbeitung. Dabei werden auch nichtlateinische Zeichen und Zeilenumbrüche korrekt übernommen.

LiveFonts-Zeitverhalten | Diese Parametergruppe erscheint noch unter dem Textfeld, wenn Sie als Schriftart einen LiveFont ausgewählt haben. Da es sich bei den LiveFonts und deren Handhabung um animierten Text handelt, widmen wir uns den Einstellungen etwas später auf Seite 576.

11.1.3 Stil

In der Kategorie STIL kann man nicht nur Eigenschaften wie Textfarbe und Deckkraft beeinflussen, sondern diese auch als Voreinstellungen speichern und laden. Die Stil-Parameter gliedern sich in vier Aspekte der Schrift: die Gestaltung der Innenfläche der Zeichen (STIL) ❶, die Gestaltung des Schriftrandes (KONTUR) ❷ sowie GLÜHEN ❸ und SCHATTENWURF ❹. Diese Einstellungen sind zwar auch verfügbar, wenn es sich bei dem gewählten Zeichensatz um einen Apple LiveFont handelt, allerdings funktionieren sie etwas anders und können unter Umständen zu Darstellungsfehlern führen.

Abgesehen von der genauen Art der Berechnung gleichen sich die vier Aspekte in der Anwendung. Sie zeichnen eine Kopie der Buchstaben mit variabler Größe und Farbe. Das ist wichtig für das Verständnis dieser Stil-Optionen! Ein an dieser Stelle eingestellter Schatten ist kein aufwändiger Effekt, sondern lediglich eine Variante desselben Textes in einer anderen Farbe und mit anderen Stil-Mitteln.

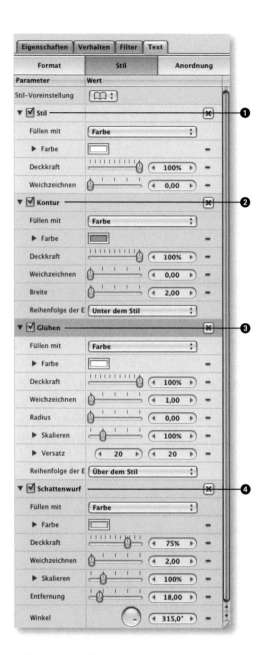

◀ **Abbildung 11.24**
Die zweite Kategorie enthält alle Parameter zum Stil der Schrift.

Stil-Voreinstellungen | Der erste Parameter in dieser Rubrik ist ein kleines Popup-Menü, in dem sich Voreinstellungen aus der Bibliothek laden lassen. In der Bibliothek werden diese Einstellungen in der Kategorie TEXTSTILE verwaltet. Über das Popup-Menü können aber auch eigene Einstellungen gespeichert werden.

▶ STIL SICHERN: Sie können die Einstellungen, die Sie von nun an in allen Parametern der Rubrik STIL vornehmen, in der Bibliothek abspeichern. Wählen Sie dazu im Popup-Menü den zweiten Eintrag STIL SICHERN.

- FORMAT SICHERN: Hier können Sie auch Einstellungen, die Sie zuvor in der Rubrik FORMAT durchgeführt haben, abspeichern.
- ALLES SICHERN: Zu guter Letzt können Sie die Vorgaben aus den Format- und Stil-Einstellungen gemeinsam als eigenen Textstil abspeichern.

Alle Einstellungen, die Sie hier abspeichern, werden in der Bibliothek jeweils in einem Textstil abgelegt. Per Drag & Drop müssen Sie die Textstile dann nur noch aus der Bibliothek auf ein Textobjekt ziehen.

Abbildung 11.25 ▶
Links: In dem kleinen Popup-Menü für die STIL-VOREINSTELLUNGEN lassen sich eigene Einstellungen für Textobjekte abspeichern. Rechts: Die neue Vorgabe erscheint in der Bibliothek und kann dort in eigenen Unterrubriken verwaltet werden.

Beachten Sie bitte, dass immer nur eine Stil-Art abgespeichert werden kann. Wählen Sie z. B. für das erste Zeichen eine Kontur mit Verlauf und für das zweite Zeichen ein Glühen mit Farbe, dann wird beim Speichern dieses Textstils nur die Einstellung zur Kontur berücksichtigt.

Stil (Oberfläche) | Zweimal Stil, einmal als Rubrik und jetzt noch mal als Parametergruppe? Die englische Originalversion gibt wieder einmal Aufklärung. Der Parameter wurde aus dem englischen FACE in STIL übersetzt. Mit Face ist hier allerdings die Oberfläche der Schriftzeichen gemeint. Wir wissen nicht, wie man bei der Übersetzung auf Stil gekommen ist.

Die Checkbox für den STIL ist standardmäßig angewählt, damit der Text mit weißer Farbe erscheint. Zunächst muss man sich entscheiden, wie man das Textobjekt oder einzelne markierte Zeichen füllen möchte. Drei Einträge stehen im Popup-Menü FÜLLEN MIT zur Auswahl:

- FARBE: Der Eintrag ist standardmäßig ausgewählt und der ganze Text wird mit weißer Farbe gefüllt.
  Um eine neue Farbe auszuwählen, klicken Sie in das Feld FARBE unter dem Popup-Menü, woraufhin sich der Farbwähler von Mac OS X öffnet. Möchten Sie hingegen die RGB-Regler von Motion

bedienen, dann klappen Sie neben der Bezeichnung das kleine Dreieck um. Bestimmt man eine Farbe für einen LiveFont, dann wird dessen RGB-Information mit dem Farbwert multipliziert.

- VERLAUF: Hier können Sie einen Verlauf als Füllung wählen. Die Einstellungen zu Verläufen sind in Motion immer gleich. Eine ausführliche Erläuterung zu den Verlaufeinstellungen finden Sie auf Seite 400. Einige Besonderheiten gilt es jedoch zu beachten:
Die Start- und End-Parameter für den Verlauf entfallen und werden durch automatisch ermittelte Punkte innerhalb der Zeichen definiert. Anders als bei Formen lassen sich die Verläufe von Textobjekten auch nicht mit dem Werkzeug STEUERPUNKTE ANPASSEN im Canvas einstellen. Stattdessen regelt man lediglich über einen Winkel die Richtung des Verlaufes, bei radialen Verläufen entfällt dieser sogar: Der Mittelpunkt radialer Verläufe erstreckt sich immer von einem Punkt, der ein wenig über der Mitte eines kleinen »o« liegt. Bei linearen Verläufen liegt an dieser Stelle der Mittelpunkt des Farbverlaufs. Dies bedeutet, dass für jedes Zeichen ein eigener Verlauf erzeugt wird. Wir haben bei unseren Versuchen mit Textobjekten allerdings beobachtet, dass Start und Ende des Verlaufs mit der Schriftgröße gekoppelt sind. Vergrößern Sie das Textobjekt hingegen über die Skalierungs-Parameter, dann scheint sich der Mittelpunkt zwischen den Farben unregelmäßig zu verschieben. Versuchen Sie dies über den Parameter ORT wieder auszugleichen.

Eigener Verlauf für jedes Zeichen | Jedes Zeichen verfügt über einen eigenen Verlauf. Wenn Sie z. B. den Winkel bei einem linearen Verlauf auf 0° einstellen, wird jedes Schriftzeichen mit einem neuen Verlauf von links nach rechts versehen. Sie können daher auch jedem Zeichen einen eigenen Verlauf zuordnen und bei Animationen, z. B. über Textverhalten, werden diese Verläufe auch mit animiert. Um einem ganzen Textobjekt einen einzigen Verlauf zuzuweisen, müssen Sie einen eigenständigen Verlauf als Generator, Form oder Bild unter das Textobjekt legen und die Füllmethode ALPHA-SCHABLONE verwenden. Das hat den Vorteil, dass man nun mit dem OBJEKT ANPASSEN-WERKZEUG die Start- und Endpunkte des Verlaufs genau bestimmen kann. Animationen werden dann jedoch nicht mehr auf den Verlauf angewendet, sodass Sie diesen separat und manuell animieren müssten.

Abbildung 11.26 ▶
Im oberen Textobjekt erkennt man, dass die Verlaufsfüllung in den Stil-Einstellungen für jedes Zeichen einzeln gilt. Das untere Textobjekt nutzt hingegen die Füllmethode ALPHA-SCHABLONE ❶, um den Verlauf eines Generators auf alle Zeichen zu übertragen.

Die übergeordneten Stil-Parameter DECKKRAFT und WEICHZEICHNEN wirken sich genauso aus wie bei einer normalen Farbfüllung. Gegebenenfalls werden die Transparenzwerte des Verlaufes mit dem Deckkraft-Wert multipliziert. Gleiches gilt, wenn der Farbverlauf mit der Farbinformation eines LiveFonts kombiniert wird. Der Parameter WEICHZEICHNEN wirkt sich nur auf die Ränder aus. Ein harter Verlauf bleibt also hart, lediglich die Umrisse der Schrift lösen sich auf.

▶ STRUKTUR: Wählen Sie diesen Eintrag, wenn Sie ein Objekt als Füllung zuweisen möchten.

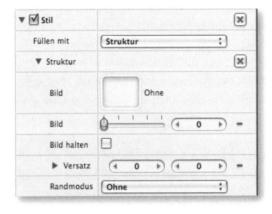

Abbildung 11.27 ▶
Wählen Sie den Modus STRUKTUR, erscheinen weitere Optionen.

▶ BILD (Objektfeld): Ziehen Sie das Objekt am besten aus den Ebenenansichten oder der Medienablage per Drag & Drop auf das Feld BILD. Als Strukturquelle lassen sich sowohl externe Dateien als auch interne Objekte wie Formen, Partikelwolken und andere zuweisen. Dabei werden Transformationen und Verhalten ignoriert, Filtereffekte aber beibehalten. Sie können Animationen von Objekten in die Struktur übernehmen, indem Sie die Ebene, in der sich die animierten Objekte befinden, in das Objektfeld ziehen.

Wie schon beim Verlauf, wird auch eine Struktur jedem Buchstaben einzeln zugewiesen. Zwei gleiche Buchstaben mit der gleichen Strukturfüllung sehen also identisch aus. Wenn Sie ein ganzes Textobjekt mit einer Struktur versehen wollen, bietet sich auch hier die Methode über die Füllmethode an.

- BILD (Regler): Mit dem Parameter BILD können Sie noch das Startbild eines Filmes auswählen.
- BILD HALTEN: Aktivieren Sie die Checkbox, dann wird der Film nicht abgespielt, sondern nur das zuvor gewählte Startbild angezeigt.
- VERSATZ: Mit dem Parameter kann die Struktur innerhalb der Zeichen nach oben und unten sowie links und rechts verschoben werden.
- RANDMODUS: Sollte die Bildquelle kleiner sein als die Schriftzeichen, so kann man mit dem Popup-Menü bestimmen, wie die nicht gefüllten Bereiche dargestellt werden sollen: Mit dem Modus OHNE werden die Bereiche, die von der Bildquelle nicht gefüllt werden können, transparent dargestellt. Der Modus WIEDERHOLEN stellt die Bildquelle in einem Kachelmuster innerhalb der Zeichen dar. Der Modus SPIEGELN wendet ebenfalls ein Kachelmuster an, aber die Bildquelle wird dabei jeweils von der einen Kachel zur anderen gespiegelt, sodass die Übergänge ohne Kanten erscheinen. Wurden in Motion erzeugte Formen oder importierte Vektorgrafiken verwendet, dann können nach unseren Beobachtungen feine Ränder zwischen den Kacheln erscheinen.

- DECKKRAFT: Die Deckkraft und die Textschärfe sind ebenfalls mit jeweils einem Regler oder Eingabefeld bestimmbar. Die DECKKRAFT findet sich, wie schon SKALIEREN oder ROTIEREN, in den Format-Einstellungen, in den EIGENSCHAFTEN des Textobjektes wieder, gilt aber an dieser Stelle für jedes Zeichen.
- WEICHZEICHNEN: Beim Weichzeichnen wird auf das Textobjekt, inklusive des Alphakanals, die gleiche Methode wie beim Filter GAUSS'SCHES WEICHZEICHNEN angewendet, allerdings mit doppelter Stärke. Das heißt, der Parameter mit einem Wert von 2 entspricht exakt der Filtereinstellung mit einem Wert von 4.

Kontur | Die Parametergruppe bietet dieselben Modi für die Füllung wie die Oberflächen-Einstellungen, also FARBE, VERLAUF und STRUKTUR. Diesmal wird aber nicht die Fläche der Schriftzeichen gefüllt, sondern deren Kontur. Auch die DECKKRAFT und das WEICHZEICHnen funktionieren wie bei den Einstellungen zur Oberfläche, wirken sich aber nur auf die Kontur aus.

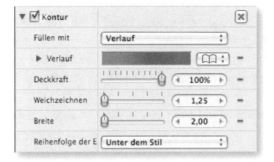

Abbildung 11.28 ▶
Der zweite Abschnitt der Kategorie STIL enthält Parameter zur KONTUR der Schrift.

Konturbreite | Um die Kontur besser bestimmen zu können, gibt es einen zusätzlichen Parameter für die Konturbreite: Konturen zeichnen den Umriss eines Zeichens mit einer Linie nach. Die Dicke der Linie wird über den Parameter BREITE definiert. Die Dicke wird immer von dem Schriftrand aus in beide Richtungen gemessen und eignet sich dadurch auch hervorragend, um die Schrift fetter zu zeichnen, also bei gleicher Farbe von Oberfläche und Kontur zu schummeln.

Schrift ohne Füllung | Andersherum möchten Sie vielleicht auch eine hohle Schrift erstellen, die also nur aus einer Kontur besteht, mit transparenter Oberfläche. Deaktivieren Sie dazu die Checkbox der Parametergruppe STIL und aktivieren Sie nur die Checkbox für die Parametergruppe KONTUR. Wird die Schriftgröße animiert, dann sollte man die Konturbreite entsprechend anpassen, da sie leider nur in Pixeln definiert wird, nicht proportional zur Zeichengröße.

Ein Manko der Kontur-Funktion ist das manchmal unsaubere Beschneiden von Rändern bei sehr breiten Konturen.

Oben: Auch After Effects erzeugt hier unschöne Ergebnisse an der oberen rechten Kante des Buchstaben »K«. Unten: Motion hat sogar Schwierigkeiten bei der unteren rechten Kante. Die runde Kontur des »o« ist ziemlich missglückt, genauso beim »n« und »u«. Das »t« wird oben und das »r« oben rechts beschnitten.
Abbildung 11.29 ▶

Mit dem Popup-Menü REIHENFOLGE DER EBENE kann man bestimmen, wie die Kontur zur Schriftfüllung der Oberfläche dargestellt werden soll:
- UNTER DEM STIL: Nur der äußere Rand der Kontur ist sichtbar. Die Standardeinstellung rechnet die Kontur unter der Füllung der Oberfläche. Wird die Oberfläche der Parametergruppe STIL mit dem Parameter DECKKRAFT transparenter, dann wird auch der innere Rand der Kontur sichtbar. Wird die Oberfläche über der Parametergruppe STIL sogar ganz deaktiviert, dann wird die Kontur so dargestellt, wie im zweiten Eintrag wählbar.
- ÜBER DEM STIL: Auch der innere Rand der Kontur ist sichtbar. Die Einstellung rechnet die Kontur über der Füllung der Oberfläche.

◄ **Abbildung 11.30**
Oben: Illustrator liefert perfekte Ergebnisse über die Kontur-Funktion. Allerdings ist es uns nicht gelungen, die Kontur unter die Oberfläche zu legen. Dazu mussten wir das Textobjekt ohne Kontur duplizieren und darüberlegen. Unten: Photoshop erzeugt abgerundete Konturen als Ebeneneffekt.

Glühen | Die Parametergruppe ähnelt stark der Kontur, nur dass man die Bereiche um die Schrift weichzeichnen und vergrößern kann, um den Eindruck eines Glühens zu erzeugen. Auch die Modi für die Füllung sind wieder die gleichen. Die Farbwerte werden auf alle anderen Stil-Einstellungen, also Oberfläche, Kontur und Schattenfarbe, addiert. Wird die Kontur allerdings mit der Einstellung ÜBER DEM STIL angewendet, so liegt sie auch deckend über dem Glühen.

Die DECKKRAFT verändert nur das Glühen, also nicht die Oberfläche. Das Glühen wird übrigens nicht dargestellt, wenn der Wert für WEICHZEICHNEN auf »0« steht, daher sollte man ihn mindestens auf »0,001« stellen, um scharfe Umrisse zu erhalten. Das Popup-Menü für die REIHENFOLGE DER EBENE ist das gleiche wie schon bei den Einstellungen zur Kontur. Einige Parameter sind beim Glühen neu hinzugekommen:
- RADIUS: Der Parameter ist der wichtigste Wert für das Glühen. Er beschreibt die Ausbreitung des Glühens und wirkt sich besonders im Zusammenspiel mit dem WEICHZEICHNEN aus.

- Skalieren und Versatz: Mit den beiden Parametern können Sie nur das Glühen unabhängig von den Zeichen skalieren und verschieben. Die Skalierung der glühenden Zeichenduplikate ist hierbei eine Änderung der Schriftgröße, entkoppelt von der Laufweite. Dabei ragen die glühenden Zeichenduplikate bei deutlicher Skalierung ineinander.

Schattenwurf | Die Füllmethoden des Schattenwurfes unterscheiden sich ebenfalls nicht von den Einstellungen für die Oberfläche, Kontur und das Glühen. Auch die Parameter für die Deckkraft, das Weichzeichnen und Skalieren lassen sich aus den bereits vorgestellten Einstellungen adaptieren.

Der Schattenwurf eines Zeichens wird durch Entfernung und Winkel relativ zum Original ausgerichtet:

- Entfernung: Der Parameter bestimmt den Abstand des Schattens zu den Schriftzeichen. Bei einem Winkel von 0° werden die Schatten der Zeichen einfach nur auf der Schriftlinie verschoben.
- Winkel: Der Parameter bestimmt die Richtung, in der die Schatten um die Zeichen herum angeordnet werden. Die Entfernung bestimmt dabei die Umlaufbahn, in der sich die Schatten kreisförmig um die Zeichen bewegen.

Der Schatten wird in jedem Fall als unterste Ebene im Textelement dargestellt. Das bedeutet leider auch, dass die Zeichen auf einem sich selbst überschneidenden Pfad keinen Schatten auf sich selbst werfen können.

Abbildung 11.31 ▶
Der Schattenwurf stellt immer die unterste Ebene eines Textelementes dar. Somit können Zeichen keinen Schatten auf sich selbst werfen.

11.1.4 Anzeige im Keyframe-Editor

Bevor wir uns der Rubrik ANORDNUNG widmen, möchten wir noch eine kurze Erläuterung über die Darstellung der Stil- und Format-Parameter im Keyframe-Editor vorziehen.

Wir haben ja schon erwähnt, dass viele Einstellungen für jedes einzelne Schriftzeichen im Textobjekt durchgeführt werden können. Das Textobjekt speichert jede dieser neu definierten Varianten im Keyframe-Editor in einem neuen Stil-Parametersatz, der durchnummeriert wird. Der erste Stil heißt nur STIL, der zweite STIL 1, der dritte STIL 2 und so weiter.

◄ **Abbildung 11.32**
Ein Text mit unterschiedlich eingestellten Zeichen erzeugt eine Reihe von zusätzlichen Stilen, die erst im Keyframe-Editor deutlich werden.

Auch wenn die Bezeichnung im Keyframe-Editor STIL lautet, so gelten hier auch die Einstellungen der Rubrik FORMAT. Wie viele Zeichen ein Stil umfasst, ist beliebig, allerdings versucht Motion die Stile nach ihrem Vorkommen im Text zu nummerieren. Die reine Nummerierung kann es schwierig machen, im Keyframe-Editor den richtigen Parametersatz zu finden, daher sollte man Keyframes zunächst über die Popup-Menüs im Informationen-Fenster setzen oder die Aufnahme-Funktion verwenden. Anschließend lässt man sich nur diese Animationskanäle anzeigen und verwaltet sie gegebenenfalls in eigenen Kurvenreihen (siehe Seite 268).

11.1.5 Anordnung

In dieser Rubrik gibt es viele Ausrichtungsmöglichkeiten für den Text. In den oberen Popup-Menüs kann man das generelle Layout des Textes bestimmen. Abhängig von der Auswahl werden dann die anderen Parametergruppen freigeschaltet oder wirken sich erst dann aus. Da diese Einstellungen aber sonst nichts miteinander zu tun haben, werden sie nicht überschrieben, wenn die Layout-Methode gewechselt wird. So kann man guten Gewissens mit den Formatierungsoptionen rumspielen.

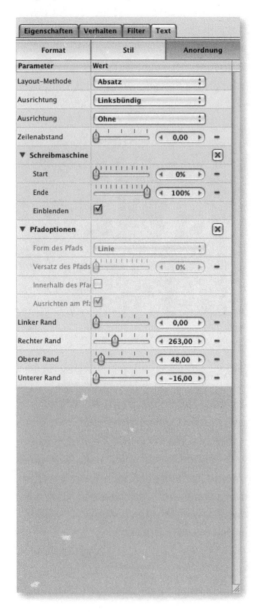

Abbildung 11.33 ▶
Die dritte und letzte Kategorie für Textobjekte

Layout-Methode | Im Popup-Menü Layout-Methode gibt es drei Modi zur Auswahl, die vor allem den Textverlauf innerhalb des Objektrahmens beeinflussen:

- Eingabe: Die Layout-Methode wird immer dann ausgewählt, wenn Sie mit dem Textwerkzeug in das Canvas klicken und den Text anschließend eingeben. Der Text wird in einer einzigen Zeile dargestellt, bis Sie durch Eingabe mit der ⏎-Taste manuelle Zeilenumbrüche einfügen. Die Ausmaße des Textrahmens werden dabei immer dynamisch mit der Eingabe aktualisiert. Der Textrahmen entspricht den Ausmaßen des Objektrahmens. Sie können im Editier-Modus den Textrahmen nicht sehen und daher auch nicht manuell mit der Maus verziehen. Dazu müssen Sie die zweite Layout-Methode verwenden.

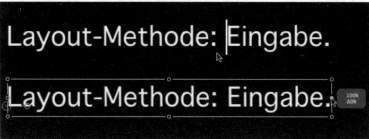

◀ **Abbildung 11.34**
Bei der Layout-Methode Eingabe wird der Textrahmen nicht angezeigt. Verlässt man den Editiermodus, kann man nur an den Hebeln des Objektrahmens eine Skalierung vornehmen.

- Absatz: Die Layout-Methode wird immer dann ausgewählt, wenn Sie mit dem Textwerkzeug bei gedrückter Maustaste einen Textrahmen aufziehen. Dabei wird der Text automatisch umgebrochen, wenn Sie die rechte Begrenzung des Rahmens erreichen. Im Editier-Modus können Sie den Textrahmen sehen und an den kleinen quadratischen Hebeln mit der Maus verschieben. Statt den Rahmen mit der Maus zu verschieben, bieten sich auch die vier Parameter ganz unten in den Einstellungen zur Anordnung an, die nur bei der Layout-Methode Absatz verfügbar sind: Mit Linker Rand, Rechter Rand, Oberer Rand und Unterer Rand können Sie die Ausmaße des Textrahmens genauer bestimmen als mit der Maus. Der Textrahmen kann andere Ausmaße besitzen als der Objektrahmen.
- Pfad: Diese Layout-Methode kann nur im Nachhinein ausgewählt werden. Dabei richtet sich die Textanordnung auch nach der zuvor gewählten Layout-Methode, also Eingabe oder Absatz. Der Pfad-Modus richtet dann die Schriftzeichen nach einem Bézier-Pfad aus, der nur im Editier-Modus sichtbar wird und dann auch mit der Maus verändert werden kann.

Abbildung 11.35 ▶
Bei der Layout-Methode ABSATZ kann man im Editier-Modus den Textrahmen mit der Maus verziehen. Die Hebel sind beim Textrahmen viereckig und nicht rund wie beim Objektrahmen.

Standardmäßig verfügt der Pfad über drei Punkte am Anfang, Ende und in der Mitte. Die Punkte können mit der Maus verschoben werden. Über einen Klick mit der rechten Maustaste auf den Pfad kann über das Kontextmenü ein neuer Punkt hinzugefügt werden, genauso über einen Doppelklick. Über einen Klick mit der rechten Maustaste auf einen der Punkte stehen die typischen Optionen für Pfadpunkte zur Verfügung.

Abbildung 11.36 ▶
Bei der Layout-Methode PFAD erscheint der feine Textpfad nur im Editier-Modus.

Für den Pfad-Modus stehen weiter unten über die Parametergruppe PFADOPTIONEN weitere Einstellungen zur Verfügung, die wir etwas später erläutern.

Ausrichtung | Nach der Layout-Methode erscheint zweimal der Parameter AUSRICHTUNG. Der erste Parameter, in der englischen Version mit ALIGNMENT bezeichnet, beschreibt die Position des Textes zum Objektmittelpunkt.

Die Ausrichtung zeigt bei der Layout-Methode EINGABE und nur einer Textzeile zunächst keine Auswirkung, da der Textrahmen ja durch die Schriftzeichen erzeugt wird. Der Ankerpunkt ändert dabei jedoch seine Lage, sodass Transformationen unterschiedliche Auswirkungen haben. In dem Popup-Menü stehen drei Modi zur Auswahl, die sich immer auf das gesamte Textobjekt auswirken, nicht auf einzelne Zeilen:

- ▶ LINKSBÜNDIG: Der gesamte Text wird am linken Textrahmen ausgerichtet. Bei der Layout-Methode EINGABE wird der Ankerpunkt in die oberste Zeile nach links gelegt. Bei der Layout-Methode ABSATZ liegt die Position des Ankerpunktes schon automatisch an dieser Stelle. Die Layout-Methode PFAD behält die ursprüngliche Position des Ankerpunktes bei.
- ▶ ZENTRIERT: Der gesamte Text wird zur horizontalen Mitte des Textrahmens zentriert. Bei der Layout-Methode EINGABE wird der Ankerpunkt mittig in die oberste Zeile gelegt. Die beiden anderen Layout-Methoden verändern die Position des Ankerpunktes nicht.
- ▶ RECHTSBÜNDIG: Der gesamte Text wird am rechten Textrahmen ausgerichtet. Bei der Layout-Methode EINGABE wird der Ankerpunkt in die oberste Zeile nach rechts gelegt. Die beiden anderen Layout-Methoden verändern die Position des Ankerpunktes nicht.

Bedenken Sie, dass die Verschiebung des Ankerpunktes keine wesentlichen Auswirkungen hat, sondern nur im Zusammenspiel mit weiteren Parametern wie z. B. SKALIEREN und ROTATION von Bedeutung ist. Natürlich kann der Ankerpunkt jederzeit mit dem Werkzeug ANKERPUNKT ANPASSEN individuell verschoben werden, doch hat dies nur Auswirkung auf die Einstellungen in den EIGENSCHAFTEN. Die Einstellungen für ROTATION und SKALIEREN in der Rubrik FORMAT richten sich ausschließlich nach den Ausrichtungsmethoden.

Ausrichtung (Blocksatz) | Das zweite gleichnamige Popup-Menü wird in der englischen Version mit JUSTIFICATION bezeichnet, was im Druck die Blocksatz-Formatierung beschreibt. Die Blocksatz-Formatierung kennt man auch aus der Textverarbeitung und dem DTP-Bereich und ist unter anspruchsvollen Gestaltern eher ungern gesehen, da ein Blocksatz die Wortzwischenräume automatisch so anpasst, dass die Zeilen links und rechts bündig zueinander stehen. Bei sehr langen Wörtern, die einzeln in einer Zeile stehen, wird auch das Kerning angepasst, was noch unbeliebter ist.

Die Blocksatz-Einstellung wirkt sich bei einzeiligen Textobjekten mit den Layoutmethoden EINGABE und PFAD überhaupt nicht aus, da der Begrenzungsrahmen direkt um die einzige Zeile verläuft. Für mehrzeilige Textobjekte sowie einen Textrahmen, der mit der Layout-Methode ABSATZ aufgezogen wurde, bieten sich folgende drei Einstellungen:

- OHNE: Die Standardeinstellung nimmt keine Blocksatz-Formatierung vor (Flattersatz).
- PARTIELL: Diese Einstellung erhöht die Zeichenabstände um 50% dessen, was der Blocksatz bewirken würde.
- GESAMT: Der typische Blocksatz passt die Abstände zwischen den Zeichen und Wörtern so an, dass die Zeilen alle gleich lang sind. Bei einzeiligen Textobjekten erzeugt man nur mit der Layout-Methode ABSATZ eine Wirkung, sofern der Textrahmen groß genug ist.

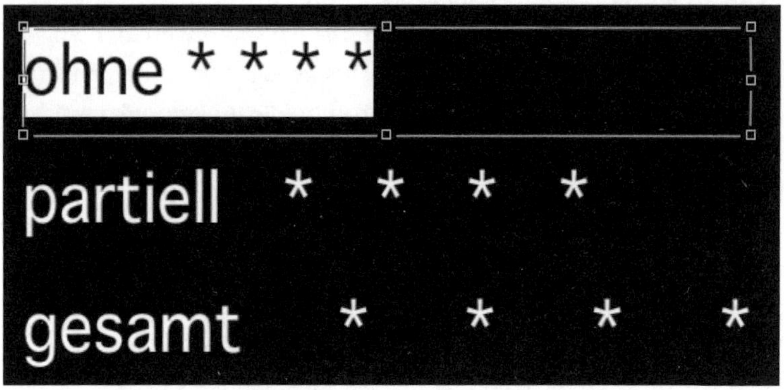

Abbildung 11.37 ▶
Die Layout-Methode ABSATZ kann auch einzeilige Textobjekte mit einer Blocksatz-Formatierung versehen. Oben: Ohne Blocksatz-Formatierung werden die Abstände zwischen den Wörtern nicht angepasst. Mitte: Bei der Einstellung PARTIELL wirkt der Blocksatz mit 50%. Unten: Die Einstellung GESAMT wendet die Blocksatz-Formatierung voll an. Die Abstände zwischen den Wörtern werden so angepasst, dass die Zeile genau in den Textrahmen passt.

Zeilenabstand | Bei mehrzeiligen Textobjekten kann mit diesem Parameter der Abstand zwischen Zeilen verändert werden. Bei der Layout-Methode ABSATZ muss man darauf achten, dass sich der Textrahmen nicht dynamisch mit anpasst, sodass man die Zeilen schnell aus dem Bereich des Rahmens herauszieht. Man muss den Textrahmen dann anpassen oder die Layout-Methode EINGABE wählen. Auch negative Werte sind möglich, sodass man sogar die Reihenfolge der Zeilen verändern könnte. Es kann aber nur der Zeilenabstand für alle Zeilen im Textobjekt verändert werden. Möchte man den Abstand zwischen einzelnen Zeilen oder Zeichen verändern, dann muss man in den Einstellungen zum FORMAT den Parameter SCHRIFTLINIE für markierte Bereiche verwenden.

Schreibmaschine | Eine etwas deplazierte Parametergruppe versucht einen Schreibmaschinen-Effekt nachzuempfinden. Die hier aufgelisteten Parameter START, ENDE und die Checkbox EINBLENDEN eignen

sich daher vor allem zur Animation, um die Zeichen der Reihe nach einblenden zu lassen.
- START: Der Parameter kann die Schriftzeichen in Laufrichtung ausblenden.
- ENDE: Der Parameter kann die Schriftzeichen gegen die Laufrichtung ausblenden.
- EINBLENDEN: Die Checkbox bestimmt, ob die Einblendung der Zeichen langsam oder schlagartig geschieht. Für das Nachempfinden einer guten alten Schreibmaschine sollte man die Checkbox deaktivieren.

Will man also ein Textfeld beginnend mit dem mittleren Buchstaben füllen, muss man beide auf 50 % einstellen und dann auf 0 % und 100 % über Keyframes animieren. Für einen einfachen Schreibmaschinen-Effekt, bei dem ein Zeichen nach dem anderen eingeblendet wird, reicht es, den Ende-Parameter von 0 % nach 100 % zu animieren. Ähnliche und flexiblere Möglichkeiten finden sich auch bei den Textanimationen und Textverhalten, auf die wir ab Seite 562 eingehen.

Pfadoptionen | Pfadoptionen stehen nur mit der entsprechenden Layout-Methode PFAD zur Verfügung.

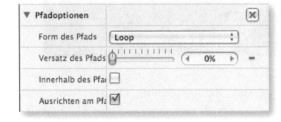

◀ **Abbildung 11.38**
PFADOPTIONEN in der Kategorie ANORDNUNG

- FORM DES PFADES: Mit der Layout-Methode PFAD kann der Text beliebig an einer Bézier-Kurve ausgerichtet werden. Man kann in dem Popup-Menü aber zunächst zwei Grundformen für den Pfad wählen:
  - LINIE: Die Standardeinstellung erzeugt eine Drei-Punkte-Linie, die sich über zusätzliche Punkte erweitern lässt. Auch lassen sich Punkte löschen, doch der Pfad kann nicht aus weniger als zwei Punkten bestehen. Diese Form des Pfades ist immer offen.
  - LOOP: Die Einstellung erzeugt den Pfad in Kreis-Form. Die Punkte des Pfades lassen sich verschieben, jedoch nicht löschen. Es können nur noch zusätzliche Punkte hinzugefügt werden. Diese Form des Pfades ist immer geschlossen.

- Versatz des Pfads: Der Parameter ist wohl der wichtigste eines Pfades. Mit ihm lässt sich der Text über den Pfad verschieben und über Keyframes einfach animieren. Im Eingabefeld können Werte über 100 % und unter 0 % verwendet werden. Bei einem offenen Pfad kann der Text ganz weit über den ersten und letzten Punkt hinausgeschoben werden, während der Text bei einem geschlossenen Pfad immer wieder in einer Endlosschleife durchläuft.
- Innerhalb des Pfads: Die Checkbox reagiert nur bei einem geschlossenen Pfad. Der Text wird bei Aktivierung innerhalb der Pfad-Form dargestellt ❶. Ist die Checkbox deaktiviert, dann verläuft der Text außerhalb der Pfad-Form ❷.
- Ausrichten am Pfad: Die Checkbox ist standardmäßig aktiv und richtet die einzelnen Zeichen am Pfadverlauf aus. Deaktiviert man die Checkbox, dann werden die Buchstaben gerade ausgerichtet ❸ bzw. so wie in den Einstellungen für das Format angegeben, ohne Einfluss des Pfadverlaufs.

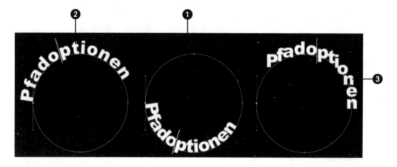

Abbildung 11.39 ▶
Verschiedene Pfadoptionen

Die Parameter Linker Rand, Rechter Rand, Oberer Rand und Unterer Rand wurden bereits in den Erläuterungen zur Layout-Methode Absatz auf Seite 557 beschrieben.

11.2 Animation von Texten

Um Text in Bewegung zu versetzen, gibt es eine Vielzahl von Möglichkeiten. Neben der klassischen Keyframe-Animation der einzelnen Parameter stehen spezielle Verhalten und Animationsmuster zur Verfügung. Darüber hinaus wirken sich einige Verhalten auf Textfelder anders aus als auf andere Objekte.

> **Textinhalt nicht animierbar**
>
> Die Inhalte von Texten lassen sich nicht animieren. Ist ein solcher Effekt gefordert, zum Beispiel um ein paar Sternchen wie beim Glücksrad in Worte zu tauschen, dann müsste man mit zwei Textfeldern und gegenläufigen animierten Textanimationen arbeiten. Dieser Ansatz wird am Ende des Kapitels beispielhaft als Tutorial durchgearbeitet.

Generell kann man zwischen zwei Animationsarten unterscheiden:
- Animationen, die Zeichen oder ganze Textfelder bewegen (z. B. Simulationsverhalten)
- Sequenzen, welche die Zeichen der Reihe nach einblenden

In der BIBLIOTHEK findet man unter VERHALTEN • TEXTANIMATION beide Arten. In der Symbolleiste findet sich unter dem Popup-Symbol VERHALTEN HINZUFÜGEN die gleiche Rubrik.

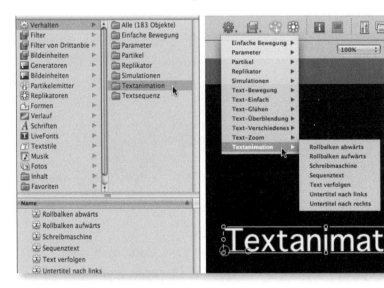

◄ **Abbildung 11.40**
Textanimationsverhalten lassen sich entweder per Drag & Drop aus der Bibliothek auf ein Objekt anwenden (links) oder aus der Symbolleiste auswählen.

Die Verhalten ROLLBALKEN ABWÄRTS, ROLLBALKEN AUFWÄRTS, UNTERTITEL NACH RECHTS und UNTERTITEL NACH LINKS sind zum Beispiel Textanimationen, die im Endeffekt das gesamte Textobjekt verschieben. Sie bieten trotz anderer Parameter keine nennenswerten Vorteile gegenüber dem Verhalten WERFEN aus der Rubrik EINFACHE BEWEGUNG in die entsprechende Richtung.

Ein anderes Textanimationsverhalten ist TEXT VERFOLGEN. Der gleiche Effekt kann erzielt werden, indem man auf die LAUFWEITE eines Textobjektes das Parameterverhalten RATE anwendet. Beide

Methoden erhöhen kontinuierlich den Zeichenabstand. Ähnlich funktioniert auch das Verhalten SCHREIBMASCHINE, das eine RATE mit dem Parameter ENDE der gleichnamigen Parametergruppe verknüpft. Der Parameter ENDE wird so über die Dauer des Verhaltens von 0 bis 100 % animiert.

Unter Umständen können diese Methoden komfortabler als Keyframe-Animation sein, doch bei beiden Varianten muss man beachten, dass die Zahl der Zeichen in einem Textfeld über die Animationsgeschwindigkeit entscheidet. Ändern Sie daher die Animationsdauer der Verhalten in der Timeline durch Trimmen des Out-Punktes.

> **Verhalten**
>
> Wenn Sie an dieser Stelle etwas verwirrt sind über die Parameterverhalten und diese nicht finden können, schlagen Sie bitte noch mal im Kapitel »Animation« auf Seite 461 nach.

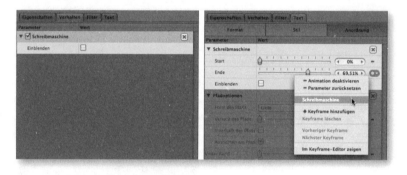

Abbildung 11.41 ▶
Das Verhalten SCHREIBMASCHINE nutzt die gleichnamige Parametergruppe der textspezifischen Einstellungen in der Rubrik ANORDNUNG. Im Popup-Menü des Parameters ENDE sieht man die Verknüpfung.

11.2.1 Sequenztext-Verhalten

Wenn das Textanimationsverhalten SCHREIBMASCHINE die einfache Variante der Sequenzanimation ist, dann ist das Verhalten SEQUENZTEXT die komplexe Vollversion.

Für einen schnellen Eindruck seiner Fähigkeiten empfiehlt es sich, in der BIBLIOTHEK unter VERHALTEN • TEXTSEQUENZ die über 100 vorgefertigten Varianten zu überfliegen. Alle Verhalten in der Rubrik TEXTSEQUENZ basieren auf dem Verhalten SEQUENZTEXT in der Rubrik TEXTANIMATION und wurden ursprünglich von den Entwicklern damit erstellt. Sie lassen sich per Drag & Drop aus der Bibliothek einfach auf Textobjekte zuweisen.

Im Popup-Symbol VERHALTEN HINZUFÜGEN in der Symbolleiste sind die Unterordner der Sammlungen direkt verfügbar. Sie heißen:

- Text-Bewegung
- Text-Einfach
- Text-Glühen
- Text-Überblendung
- Text-Verschiedenes
- Text-Zoom

Obwohl die Menge der Textsequenzen kaum überschaubar ist, lohnt es sich, die Animationen über das Vorschaufenster in der BIBLIOTHEK zu durchstöbern. Sie können eigene Rubriken anlegen und modifizierte oder neue Verhaltensvarianten unter eigenem Namen ablegen.

Funktionsweise des Sequenztext-Verhaltens | Das Verhalten SEQUENZTEXT ist einzigartig unter den Verhaltensmustern, da es keinen direkten Effekt hat, sondern lediglich ein Steuer- und Navigationselement ist. Um den Text zu beeinflussen, muss man erst die zu steuernden Parameter selbst definieren, also wie bei einem Parameterverhalten. Diese Parameter werden dann, abhängig von den weiteren Einstellungen, mit der Zeit erhöht oder verringert, egal, ob es sich um die Rotation, die Konturbreite oder einen anderen Format- oder Stil-Parameter des Textfeldes handelt.

Wenden Sie das Verhalten SEQUENZTEXT auf ein ausgewähltes Textobjekt an, dann erscheint es zunächst funktionslos im Informationen-Fenster. Erst wenn über das Popup-Menü PARAMETER • HINZUFÜGEN ein zu animierender Parameter des Textobjektes ausgewählt wurde, wirkt das Verhalten auch auf die Schriftzeichen.

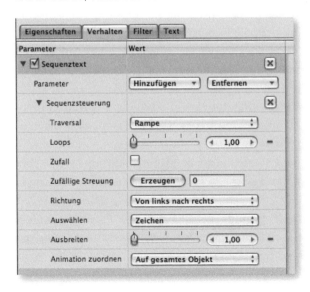

◀ **Abbildung 11.42**
Nach Aufrufen des Verhaltens SEQUENZTEXT wartet dieses auf weitere Befehle.

Nach Aufrufen des Verhaltens wählt Motion automatisch das Objekt anpassen-Werkzeug an, sodass Sie im ausgewählten Textobjekt schon die Marke erkennen können, von der die Zeichen durchlaufen werden. Die Darstellung der Marke und die Geschwindigkeit, mit der sie das Textobjekt durchläuft, sind von den Einstellungen der Sequenzsteuerung sowie der Dauer des Verhaltens in der Timeline abhängig.

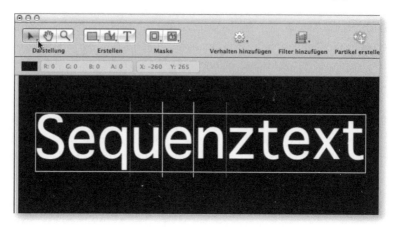

Abbildung 11.43 ▶
Die Marke zeigt an, wie die einzelnen Zeichen durchlaufen werden. Die beiden inneren, helleren Striche zeigen die Breite, an der die Marke die volle Wirkung besitzt. Die beiden etwas dunkleren Striche zeigen den Streubereich, in dem die Marke weniger Wirkung erzielt. Um die Marken angezeigt zu bekommen, muss das Verhalten angewählt sein.

Parameter hinzufügen | Über das Popup-Menü Parameter • Hinzufügen können Sie jeden über das Verhalten steuerbaren Parameter auswählen. In dem Popup-Menü finden Sie die verschiedenen Rubriken und Parametergruppen der textspezifischen Einstellungen.

▶ Format: Aus der Rubrik lassen sich folgende Parameter steuern: Position, Skalieren, Rotation, Laufweite, Schriftlinie und Schräge.

▶ Stil: Bedenken Sie unsere Bemerkung zur deutschen Version von Motion. Hier ist nicht die Rubrik Stil gemeint, sondern die Parametergruppe, also die Oberfläche. Folgende Einstellungen der Parametergruppe lassen sich steuern: Farbe, Deckkraft, Weichzeichnen.

▶ Kontur: Ebenfalls aus der Rubrik Stil lassen sich folgende Einstellungen der Parametergruppe steuern: Farbe, Deckkraft, Weichzeichnen und Breite.

▶ Glühen: Folgende Einstellungen der Parametergruppe lassen sich steuern: Farbe, Deckkraft, Weichzeichnen, Radius, Skalieren und Versatz.

▶ Schattenwurf: Folgende Einstellungen der Parametergruppe lassen sich steuern: Farbe, Deckkraft, Weichzeichnen, Skalieren, Entfernung und Winkel.

Für die hinzugefügten und damit zum Verhalten verknüpften Parameter können Sie Werte definieren, wie z.B. in Abbildung 11.44 für den Y-Wert der Position. Über die Popup-Menüs neben den hinzugefügten Parametern erkennen Sie, dass sich diese hier auch noch zusätzlich mit Keyframes animieren lassen. Die Auswirkung der Keyframe-Animation lässt sich in der Sequenzsteuerung durch das letzte Popup-Menü Animation zuordnen ❶ beeinflussen, doch bis wir uns dieser Einstellung genauer widmen, müssen Sie sich noch etwas gedulden.

Parameter löschen | Mit dem Popup-Menü Parameter • Entfernen können Sie die Verknüpfungen zu den Parametern wieder löschen. Dementsprechend erscheinen auch nur Einträge für bereits hinzugefügte Parameter.

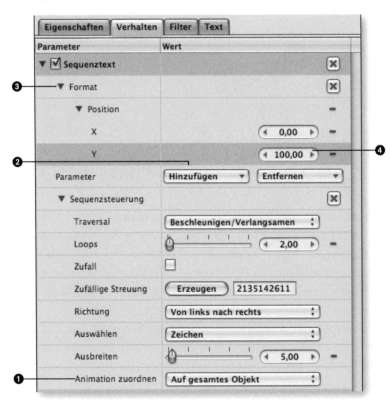

◄ **Abbildung 11.44**
Das Verhalten Sequenztext, wie es im Informationen-Fenster erscheint, nachdem ein zu animierender Parameter über das Popup-Menü Parameter • Hinzufügen ❷ ausgewählt wurde (hier die Position ❸ aus der Rubrik Format). Mit dieser Einstellung werden die Zeichen beim Durchlaufen der Marke um 100 Pixel ❹ von der Schriftlinie nach oben verschoben.

Animation der hinzugefügten Parameter | Wurden Parameter des Textobjektes hinzugefügt und damit mit dem Verhalten verknüpft, dann können Sie mit den Einstellungen in der Sequenzsteuerung

Animation von Texten **567**

bestimmen, wie die Werte der Parameter erreicht werden sollen. Die Einstellungen definieren weiterhin, in welcher Art und Weise der Text durchwandert wird und die Parameter des Textobjektes beeinflusst werden. Dabei muss man sich das Textfeld als eine Liste von Schriftzeichen (oder Worten oder Zeilen) vorstellen, die durchgearbeitet wird. Die Einstellungen der Sequenzsteuerung bestimmen also nicht, wie stark der Parameter beeinflusst wird, sondern nur den Zeitpunkt und die Dauer des Effektes.

Wirkungsdauer | Wie bei anderen Verhalten orientiert sich die Geschwindigkeit, in der die »Aktionsschwelle« ein Textfeld durchläuft, an der Dauer des Sequenzverhaltens bzw. der Länge in der Timeline und der Anzahl der Zeichen. Ein kurzer Text wird bei gleicher Verhaltensdauer also genauso schnell durchwandert wie ein sehr langer Text.

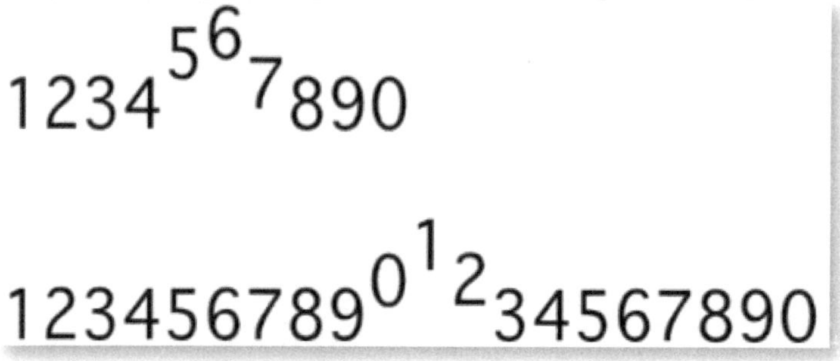

Abbildung 11.45 ▶
Bei gleicher Wirkungsdauer in der Timeline breitet sich ein Sequenztext-Verhalten unabhängig von der Textlänge immer gleich schnell aus. Dabei kann die maximale Beeinflussung der Parameter auch zwischen den Zeichen stattfinden. Daher ist der obere Text zwischen 5 und 6, der untere bei dem elften Zeichen voll ausgelenkt.

Sequenzsteuerung: Traversal | Das Popup-Menü definiert, wie sich der Effekt durch den Text ausbreitet. Um die Wirkungsweise dieser Einstellung am besten beurteilen zu können, sollte man aber auch den darunter liegenden Parameter Loops genauer betrachten. Sie finden die Erläuterung im Anschluss an die grafischen Darstellungen.

▶ Rampe ist der voreingestellte Modus und erzeugt einen gleichmäßigen, kontinuierlich fortschreitenden Effekt. Abhängig von der Anzahl der Wiederholungen wandert die Marke linear von Anfang bis Ende des Textfeldes. Daher bietet sich dieser Modus als Vergleichsmöglichkeit für die anderen Modi an.

▶ Vor und Zurück funktioniert wie Rampe, allerdings kehrt sich die Durchlaufrichtung der Marke nach einem Durchgang um. Die Animation läuft dann also noch mal rückwärts.

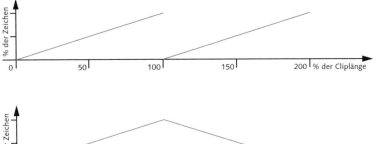

◄ **Abbildung 11.46**
Rampe erzeugt einen gleichmäßigen, kontinuierlichen Verlauf.

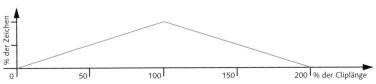

◄ **Abbildung 11.47**
Der Modus Vor und Zurück

▶ Beschleunigen durchwandert das Textfeld zunächst sehr langsam, beschleunigt dann aber, um das Ende der Zeichenkette noch rechtzeitig zu erreichen.

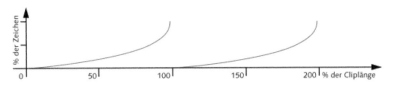

◄ **Abbildung 11.48**
Mit Beschleunigen wird der Effekt zum Ende schneller.

▶ Verlangsamen verhält sich dementsprechend umgekehrt zu Beschleunigen. Die Animation beschleunigt erst sehr stark, um dann zum Ende hin abzubremsen.

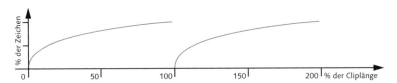

◄ **Abbildung 11.49**
Mit Verlangsamen wird der Effekt zum Ende langsamer.

▶ Beschleunigen/Verlangsamen schließlich beginnt langsam und beschleunigt zur Mitte, um dann zum Ende wieder abzubremsen.

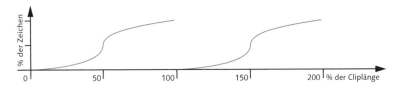

◄ **Abbildung 11.50**
Beschleunigen/Verlangsamen kombiniert beide Methoden.

Animation von Texten **569**

- EIGENE: Will man die Aktionsschwelle gezielter durch den Text animieren, so kann man dies mit dem Modus EIGENE tun. Die Marke ist dann über den Parameter ORT steuerbar. Der Parameter sollte über die gewünschte Dauer mit Keyframes animiert werden, man könnte aber auch ein Parameterverhalten anwenden. Mit dem Parameterverhalten OSZILLIEREN könnte man z. B. seinen eigenen VOR UND ZURÜCK-Modus basteln.

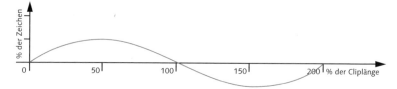

Abbildung 11.51 ▶
So bewegt sich die Marke durch das Textfeld, wenn das Parameterverhalten OSZILLIEREN auf den Parameter ORT angewendet wird. Werte unter 0 % werden dabei weitestgehend ignoriert, da die Zeichen eines Textes alle positive Zähler haben. Der zweite Durchlauf hätte keine Wirkung.

Bei der Einstellung für die Marke über den Parameter ORT ist zu beachten, dass ein Wert von 0 % bereits das erste Zeichen des Textes vollständig auslenkt, daher muss man den Startwert etwas niedriger im negativen Wertebereich ansetzen.

Sequenzsteuerung: Loops | Der Parameter gibt an, wie häufig der Text in der Dauer des Verhaltens durchlaufen werden soll. Die Dauer des Verhaltens wird wiederum in der Timeline durch dessen In- und Out-Punkte bestimmt.

Sequenzsteuerung: Zufall und Zufällige Streuung | Eine Ergänzung zu den Traversal-Einstellungen ist der Zufallsgenerator, der mit der Checkbox ZUFALL eingeschaltet wird. Dadurch wird die Reihenfolge der animierten Zeichen zufällig zusammengestellt. Über die Taste ERZEUGEN des Parameters ZUFÄLLIGE STREUUNG werden die zufälligen Werte generiert. Details zu Zufallsgeneratoren finden Sie im Kapitel »Animation«, auf Seite 466.

In welcher Weise die Marke durch die Zeichenfolge wandert (oder springt), hängt nach wie vor von dem gewählten Eintrag im Popup-Menü TRAVERSAL ab. Wenn z. B. die Checkbox ZUFALL aktiviert wurde und der Modus BESCHLEUNIGEN/VERLANGSAMEN gewählt ist, dann werden zu Beginn und Ende des Clips weniger Zeichen beeinflusst. Im Falle einer Wiederholung durch den Parameter LOOPS wird die gleiche Abfolge noch einmal durchlaufen, also ohne zufällige Abweichung. Leider kann man echte Zufälligkeit nicht erreichen, da man die Streuung nicht mit einem Parameterverhalten verknüpfen kann.

Sequenzsteuerung: Richtung | Das Popup-Menü bestimmt mit den Einträgen VON LINKS NACH RECHTS und VON RECHTS NACH LINKS, ob die Marke vom Anfang oder dem Ende her die Zeichenfolge durchläuft. Leider kann man die Modi nicht zeilenweise oder für einzelne Wörter abwechselnd umspringen lassen.

Sequenzsteuerung: Auswählen | Das Popup-Menü AUSWÄHLEN bestimmt, welche Bestandteile des Textobjektes von der Marke beeinflusst werden. In diesen Einheiten wird der Text dann gruppiert und animiert, sodass man zum Beispiel Textblöcke zeilenweise sichtbar machen kann. Die Breite der Marke wird mit zwei hellgrauen Linien dargestellt.

- ZEICHEN: Standardmäßig ist dieser Modus ausgewählt. Jedes einzelne Schriftzeichen im Textobjekt wird von der Marke durchlaufen. Die Marke hat also ihre volle Wirkung über eine Breite von einem Zeichen ❶.
- WORT: Jedes Wort soll von der Marke durchlaufen werden, aber der Modus ist mit Vorsicht zu genießen, denn was genau ein Wort ist, lässt sich nicht weiter bestimmen. Man könnte sagen, dass dabei zwischen Buchstaben- und Zahlenreihen auf der einen und Zeichenreihen auf der anderen Seite unterschieden wird. Neben dem Leerzeichen können Wörter bei der Textverarbeitung auch anders getrennt werden, z. B. mit einem Bindestrich. Der Modus erkennt dann allerdings das »–« ebenfalls als eigenes Wort. Im Idealfall werden aber durch Leerzeichen getrennte Wörter als solche erkannt. Die Marke hat dann ihre volle Wirkung über eine Breite von einem Wort ❷.
- ZEILEN: Jede Zeile wird von der Marke an einem Stück durchlaufen. So lassen sich z. B. Stichpunke nacheinander animieren. Die Marke hat also ihre volle Wirkung über eine Breite von einer Zeile ❸.
- ALLES: Bisher hat Sie vielleicht gestört, dass ein Textobjekt nicht wirklich vom eingestellten Wert des verknüpften Parameters animiert wurde, sondern nur zu diesem Wert hin. In dem Fall sollten Sie einmal den hier vorgestellten Modus ALLES verwenden. Er bewirkt, dass alle Zeichen im Textobjekt den Zielwert sofort erreichen ❹ und von der Markierung in den Urzustand animiert werden. Da alle Zeichen beeinflusst werden, reduziert sich die Marke jeweils um ein Zeichen von ihrer vollen Breite ❺.

▶ Eigene: Wurde dieser Modus ausgewählt, dann erscheinen die beiden Parameter Start und Ende. Diese Parameter bestimmen nun die Breite der Marke, an der sie ihre volle Wirkung hat ❻.

Abbildung 11.52 ▶
Die Breite der Marke wird vom Modus im Popup-Menü Auswählen bestimmt. Den Parameter Ausbreiten haben wir zur besseren Veranschaulichung auf »0« gestellt.

Sequenzsteuerung: Ausbreiten | Der Wirkungsbereich der Marke kann zusätzlich zum Modus des Popup-Menüs Auswählen erweitert werden. Die Breite, an der die Marke die volle Wirkung erzielt, wird zwar nicht erweitert, aber die Ausweitung der Marke erzeugt eine schwächer werdende Streuwirkung. Der Bereich der Streuwirkung wird durch zwei dunklere Linien dargestellt.

Sequenzsteuerung: Animation zuordnen | Das Popup-Menü bietet die letzten Einstellungen in der Sequenzsteuerung. Wie eingangs erwähnt, lassen sich die hinzugefügten Parameter auch animieren, sodass sich der Zielwert über die Zeit variieren ließe.

▶ Auf gesamtes Objekt: Die Keyframe-Animation wirkt sich zeitlich so aus, wie es durch die Position und somit den Abstand der Keyframes bestimmt wurde. Der Wirkungsbereich der verknüpften Parameter ist von der Breite der Marke abhängig, die über das zuvor beschriebene Popup-Menü Auswählen definiert wurde sowie die Streuung des Parameters Ausbreiten.
Weiterhin ist die Wirkung des Sequenztext-Verhaltens immer so, dass der Wert eines hinzugefügten Parameters über die Marke angesteuert wird und anschließend wieder in den Normalzustand zurückkehrt, es sei denn, man hat im Popup-Menü Auswählen

den Modus ALLES verwendet. Dies hat aber wiederum den Nachteil, dass man selbst definierte Wirkungsbereiche nicht mehr mit der Marke ansteuern kann.

- AUF AUSWAHL: Der Modus bewirkt zum einen, dass die Keyframe-Animation auf jeden Fall innerhalb der Dauer des Verhaltens durchwandert wird, egal, wie weit die Keyframes zeitlich voneinander entfernt liegen.

Zum anderen richtet sich der Modus nun ausschließlich nach den eingestellten Werten der hinzugefügten Parameter. Die Werte werden also nicht mehr automatisch in den Normalzustand zurückgeführt, was oft ein manchmal unerwünschtes Zurückfedern erzeugt hat. Nur noch die Keyframe-Animationen in Verbindung mit dem Wirkungsbereich der Marke bestimmen den Animationsablauf. Dies ermöglicht eine letzte, neue Art von Komplexität in der Animation mit interessanten Kombinationsmöglichkeiten. Beachten Sie, dass durch diesen Modus einige der bisher erläuterten Funktionen nicht mehr wie beschrieben reagieren werden, vor allem in Verbindung mit den Modi des Popup-Menüs AUSWÄHLEN. So reagiert z. B. der Modus EIGENE, bei dem man den Bereich der Marke definieren konnte, nicht mehr.

▲ **Abbildung 11.53**
Zwei wesentliche Unterschiede der beiden Modi im Popup-Menü ANIMATION ZUORDNEN ist die Berücksichtigung der Keyframe-Animation von bestehenden Parametern. Links: Der Modus AUF GESAMTES OBJEKT führt die hinzugefügten Parameter nach Durchlaufen der Marke wieder in den Normalzustand zurück. Rechts: Der Modus AUF AUSWAHL reagiert nur auf die Werte und Keyframes der hinzugefügten Parameter und hält diese.

Das waren nun alle Parameter der SEQUENZSTEUERUNG. Aufgrund der Vielzahl verfügbarer Parameter, die man mit der Sequenzsteuerung animieren kann, ist es schwer, einen schnellen Überblick über ihre Möglichkeiten zu erhalten. Am wichtigsten ist es, sich immer zu verinnerlichen, dass die Sequenzsteuerung lediglich den Text durchwandert und dort nur die Parameter des Textfeldes, nicht aber Verhalten oder Filter des Textfeldes gesteuert werden können.

Zeitlicher Wirkungsbereich | Der zeitliche Wirkungsbereich des Sequenztext-Verhaltens ist von der Dauer des Textes unabhängig. Dort, wo das Verhalten nicht in der Timeline aktiv ist, hat es auch keine Wirkung mehr auf den Text. Der Text bliebe dann im Normalzustand bzw. springt am Out-Punkt des Verhaltens direkt in den Normalzustand. Das kann ein Problem sein, wenn man nicht aus einer Animation in den Normalzustand übergehen will, sondern Parameterwerte dauerhaft halten möchte. In diesem Fall könnte man z. B. die Werte in ein dupliziertes Textobjekt übertragen und dieses dann bildgenau anschneiden.

Entweder sind Ihnen beim Lesen ein paar Ideen gekommen, was Sie mit Text anstellen können, oder aber Ihnen kommen gerade echte Zweifel auf. Die Wahrscheinlichkeit, dass Ihnen der gewünschte Effekt auf Anhieb gelingt, ist, zugegebenermaßen, recht gering. Doch lassen Sie sich nicht entmutigen, denn auf dem Weg zum Ziel werden Ihnen zahllose andere Effekte gelingen, die häufig ebenso beeindruckend sind. Verstehen Sie das Sequenztext-Verhalten bitte auch nicht als Eier legende Wollmilchsau, mit der alles möglich ist. Es ist eine hervorragende Ergänzung zu den bisherigen Möglichkeiten, um Parameter über Keyframes oder Parameterverhalten zu animieren. Kombinieren Sie diese Möglichkeiten.

Wir haben so tief wie möglich in die komplexen Parametereinstellungen hineingeschaut und interessante Möglichkeiten entdeckt, die wir auch als fertige Projekte auf die Buch-DVD gepackt haben. Die sehr verschachtelten Kombinationsmöglichkeiten lassen sich kaum in Worten zu Papier bringen, aber um in die Thematik einzusteigen, hilft es natürlich auch, die von Apple vorgefertigten Verhalten durchzuprobieren und für ganz einfache Textanimationen gibt es ja auch die LiveFonts.

11.2.2 LiveFont-Animationen

Apple hat auf Basis seiner QuickTime-Technologie die LiveFonts entwickelt, eine Art von Zeichensatz, der jedes Zeichen durch einen QuickTime-Film repräsentiert. In den neueren Dokumentationen haben wir aber auch von der Integrität einiger Vektor-Formate gelesen, sodass es sich nicht mehr zwangsläufig um Bitmap-Schriften handeln muss.

Einschränkungen | Bisher sind uns aber keine vektorbasierten Live-Fonts untergekommen, sodass man davon ausgehen muss, dass alle uns derzeit bekannten Schriften nicht vektorbasiert sind und dadurch eine Reihe von Einschränkungen mit sich bringen: So sind sie nur begrenzt ohne Qualitätsverlust skalierbar und benötigen erheblichen Speicherplatz auf der Festplatte.

LiveFonts in Motion | In Motion kann man LiveFonts entweder als Schriftart in den Schriftparametern auswählen oder den Font aus der Bibliothek direkt auf ein Textfeld ziehen. Während Vektorschriften alle recht gleichartig funktionieren, ist der Umfang der verfügbaren LiveFonts nur schwer überschaubar, daher können die Parameterbeschreibungen nur einen kurzen Blick unter die Haube darstellen. Je nachdem, was in der Animation gezeigt wird oder wie Start- und Endbilder aussehen, sind LiveFonts mehr oder weniger flexibel anwendbar. Sie sind also zur spielerischen Auseinandersetzung mit dem Thema angehalten.

Format und Stil | Trotz der pixelbasierten Natur der uns bekannten LiveFonts kann man Stil-Parameter wie Konturen und Schatten weiterhin nutzen, ebenso Sequenzverhalten und Schreibmaschineneffekte, Pfadanimationen und verzerrte Darstellung. Lediglich der Parameter Stil in der Rubrik Format, der zwischen den Schriftvarianten wie fetten oder kursiven Schriftschnitten unterscheidet, ist nicht verfügbar.

Die Parameter der Rubrik Stil wirken sich auf LiveFonts allerdings anders aus als auf Vektorschriften. Die Füllfarbe wird mit der Farbe des Fonts grundsätzlich multipliziert, sodass man die Schrift mit einer Färbung meistens auch gleich abdunkelt. Bei farbigen Live-Fonts ist daher ein Filter zur Farbkorrektur oft sinnvoller. Der Parameter Weichzeichnen wirkt sich nicht nur auf die Kantenschärfe aus, sondern macht die gesamte Schrift unscharf, nur füllende Verläufe und Strukturen bleiben unangetastet.

Eine besondere Irritation ist die Füllung von LiveFonts mit Strukturen: Ist der Randmodus auf Ohne eingestellt, bleibt die Schriftfarbe erhalten, bei Wiederholen und Spiegel aber werden nur die Transparenzinformationen multipliziert, die Farbe wird von der Struktur übernommen.

LiveFont-Zeitverhalten | Da die Schriftzeichen von LiveFonts kurze Filme sind, haben sie ähnliche Eigenschaften wie QuickTime-Medien. Diese Eigenschaften findet man in der Parametergruppe LIVEFONT ZEITVERHALTEN in der Rubrik FORMAT. Leider sind die Parameter dieser Gruppe nicht animierbar, obwohl sie über Keyframe-Symbole hinter einigen Werten verfügen. In dem Popup-Menü zu den Keyframes lassen sich aber nur die einzelnen Werte auf die Standardwerte zurücksetzen, andere Optionen sind ausgegraut.

Abbildung 11.54 ▶
Die LiveFonts werden durch diese Parametergruppe gesteuert, die zusätzlich in der Kategorie FORMAT erscheint. Trotz einiger Ähnlichkeit mit der SEQUENZSTEUERUNG und anderen Textverhalten unterscheiden sich LiveFonts grundsätzlich in der Handhabung.

LiveFont-Zeitverhalten: Zufall und Zufällige Streuung | Die beiden ersten Parameter sind die bekannten Einstellungen für den Zufallsgenerator, der die Animationen der Zeichen in zufälliger Reihenfolge startet. Dieses Parameterpaar ist überall in Motion gleich.

LiveFont-Zeitverhalten: Sequenz, Richtung, Geschwindigkeit | Der Parameter SEQUENZ steuert den relativen Zeitabstand, in dem die Animationen der LiveFonts starten. Ein Wert von 50 % bedeutet, dass das nächste Zeichen startet, wenn das aktuelle Zeichen zur Hälfte abgespielt ist. Bei einem Wert von 0 % starten alle Zeichen ihre Animation gleichzeitig, bei 100 % wird jeder Schriftfilm erst vollständig abgespielt, bevor das nächste Zeichen startet.

Die Richtung, in der sich der Animationseffekt ausbreitet, wird vom gleichnamigen Popup-Menü bestimmt. Zur Auswahl stehen nur die beiden Modi VON LINKS und VON RECHTS.

Der Parameter GESCHWINDIGKEIT gibt prozentual die Ablaufgeschwindigkeit der Zeichenanimation an. In welcher Dauer ein LiveFont vorliegt, wird lediglich in der Bibliotheksansicht angezeigt. Die

Bildwiederholrate des Fonts ist nicht direkt erkenntlich, denn Live-Fonts haben eine eigene Zeitdefinition. Dadurch ist die Dauer eines Fonts in jedem Fall sekundenbasiert. Wenn der Font in einer Sekunde 5 Bilder anzeigt, aber in einem Projekt mit 30 Bildern pro Sekunde verwendet wird, wechselt das Fontbild alle 6 Bilder. Ein LiveFont-Zeichen, das über eine Sekunde entsteht, braucht dafür in einem PAL-Projekt 25 Bilder, in einem NTSC-Projekt 30 Bilder, unabhängig von der Bildwiederholrate des Fonts.

LiveFont-Zeitverhalten: Wiedergabe | Einige LiveFonts blenden den Text aufwändig ein, so wird z. B. der LiveFont KNETMASSE (im Lieferumfang von LiveType/Final Cut Pro enthalten) von Händen geformt. Andere LiveFonts animieren lediglich Lichteffekte auf die Buchstaben. Will man nun eine solche Animation umkehren, so kann man dies mit dem Popup-Menü des Parameters WIEDERGABE einstellen:

- VORWÄRTS: Spielt die Animation des LiveFonts vorwärts ab. Wird die Animation als Schleife (LOOP) abgespielt, kann dieser Modus zu harten und abrupten Übergängen führen.
- RÜCKWÄRTS: Spielt die Animation des LiveFonts rückwärts ab. Auch hier können unsanfte Übergänge bei Wiederholungen auftreten.
- VOR UND ZURÜCK: Für unauffälligere Übergänge zwischen Wiederholungen eignet sich dieser Modus, der die Animation einmal in jede Richtung abspielt. Dadurch dauert die Animation effektiv doppelt so lange, sodass man die GESCHWINDIGKEIT entsprechend erhöhen könnte.

LiveFont-Zeitverhalten: Loop, Bis zum Ende | Mit dem Parameter LOOP können Sie bestimmen, wie oft die Zeichenanimation nach dem Auslösen hintereinander abgespielt werden soll.

Soll die Animation immer wieder bis zum Out-Punkt des Textobjektes auf der Timeline wiederholt werden, so reicht es aus, die Checkbox BIS ZUM ENDE zu aktivieren.

LiveFont-Zeitverhalten: Erstes halten, Letztes halten | Sollte die Schrift bei ständiger Wiederholung der Zeichenanimationen zu unruhig wirken, kann man mit den Parametern ERSTES HALTEN und LETZTES HALTEN die entsprechenden Bilder der Animation für die in Sekunden definierte Zeitspanne anhalten.

Animation von LiveFonts | Wie erwähnt, lassen sich die Animationen von LiveFonts nur begrenzt sinnvoll mit anderen Textanimationsarten kombinieren. Vor allem bei den etwas explosiveren Schriftanimationen, die im Lieferumfang von LiveType enthalten sind, fällt es negativ auf, dass man nicht die volle Freiheit hat, zum Beispiel einen Text von der Mitte aus explodieren zu lassen. Solche Einschränkungen lassen sich glücklicherweise leicht beheben.

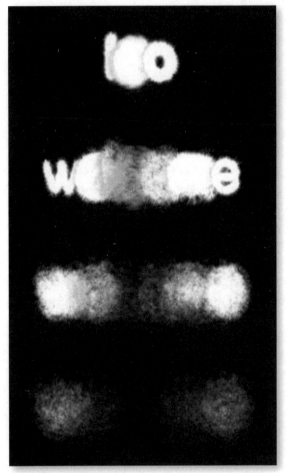

▲ Abbildung 11.55
Nur mit zwei Textfeldern lässt sich ein LiveFont von der Mitte aus animieren.

Um den Text »welcome« aus Abbildung 11.55 von der Mitte aus in die Luft zu jagen, wurde erst das Textfeld, mit dem LiveFont Nitro erstellt und dann dupliziert. Für Motion-Anwender, die Final Cut Pro mit LiveType nicht erworben haben oder aus Platzgründen die

Schriften nicht alle installieren wollten, bietet sich auch der LiveFont
Flip Count von Motion an. Diesen müssen Sie aber zumindest von
der Motion-DVD installieren.

1. In unserem Beispiel entfernen wir bei einem Textfeld die letzten Buchstaben und wählen im Popup-Menü Richtung den Eintrag von rechts, sodass »welc« beginnend mit dem »c« animiert wird.
2. Im zweiten Textfeld ersetzen wir die ersten drei Zeichen durch sechs Leerzeichen, sodass die gemeinsamen Buchstaben weitestgehend deckungsgleich sind.

Die Animation der beiden kombinierten LiveFont-Textobjekte beginnt nun von der Mitte aus. Da sich der LiveFont anschließend in Rauch auflöst, könnte man eine ähnliche Schrift suchen, die man als neues Textobjekt in der Ebenenansicht unter die beiden LiveFont-Objekte legt. Durch Keyframe-Animation oder Verhalten kann man nun versuchen, die Schrift so einzublenden, als hätte die Explosion sie übrig gelassen.

11.2.3 Simulationsverhalten

Textobjekte verhalten sich bei einigen Verhalten anders als andere Objekte. Das betrifft vor allem Simulationsverhalten, auf die Texte eher wie Partikel reagieren. Während sich einfache Bewegungsverhalten auf das gesamte Textobjekt auswirken, da sie die Eigenschaften eines Objektes beeinflussen, können Simulationsverhalten auf die einzelnen Zeichen zurückgreifen.

Sie können also den gesamten Inhalt eines Textobjektes um ein anderes Objekt kreisen, federn oder davon abstoßen lassen (Abbildung 11.56). Aktive Simulationsverhalten (z. B. Anziehungspunkt) wirken auf die einzelnen Zeichen genauso wie aktive Verhalten, denen das Textobjekt als Quelle zugewiesen wurde. Verfügt das Textobjekt selbst über ein passives Simulationsverhalten (z. B. Anziehungskraft), so bewegt sich das Zielobjekt wie gewohnt abhängig vom Mittelpunkt des Textes.

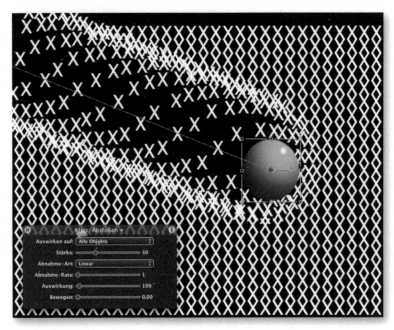

▲ **Abbildung 11.56**
Ein großes Textobjekt, dessen Schriftzeichen von einer Kreis-Form abgestoßen werden. Wichtig ist, dass das Verhalten nicht auf den Text als Objekt, sondern auf alle oder ähnliche Objekte wirkt, damit jeder Buchstabe einzeln bewegt wird.

Bewegungsrichtung für Textobjekte | Das Verhalten BEWEGUNGSRICHTUNG (SIMULATION) wirkt sich auf alle Zeichen aus, ohne dass sich die Zeichenposition dem Pfad anpasst. Die Zeichen einer Zeile bleiben in ihrer ursprünglichen Position relativ zueinander und drehen sich lediglich um ihre eigene Mitte auf der Schriftlinie.

Rand-Kollision für Textobjekte | Ein interessantes Verhalten für Textfelder kann die RAND-KOLLISION sein. Unbeeindruckt von der Art und Weise, wie das Feld bewegt wird, ob einfaches Bewegungsverhalten, simulierter Wind oder Keyframe-Animation, die Buchstaben prallen am Rand des Fensters ab. Natürlich tun sie dies mit den üblichen Einschränkungen, nämlich, dass nur der Mittelpunkt für die Kollision ausgewertet wird, sodass nach oben der gesamte Buchstabe vor der Kollision verschwinden kann.

Ein Problem bei Partikeln wie auch Textfeldern ist, dass sich die individuellen Positionsinformationen zwar von Bild zu Bild ändern, aber nicht absolut durch Keyframes bestimmen lassen. Das bedeutet, dass Anfangs- und Endstadium eines simulierten Textobjekt-Inhaltes nicht vertauscht werden können. Man kann daher nicht aus einer Buchstabenwolke einen Text formen. Mangels individueller Positionsparameter lässt sich nicht einmal mit Umkehrungs-Parameterverhalten arbeiten. Der einzige Weg, einen solchen Effekt zu erzielen, ist es, die Animation zu rendern und dann dieses Ergebnis in einem neuen Projekt mit den Parametern der Medieninformationen umzukehren.

> **Animationstechniken kombinieren**
>
> Bei der Kombination von Techniken ist Vorsicht geboten: Sequenzverhalten und Simulationen mögen zwar Partikeln ähneln, doch ein Text, den man als Partikel verwendet, wird dennoch in eine Partikelzelle umgewandelt. Als solche ist er nicht mehr durch textspezifische Verhalten wie SEQUENZTEXT beeinflussbar, da zwischen den einzelnen Schriftzeichen nicht mehr navigiert werden kann. Parameterverhalten, die z.B. die Konturfarbe oszillieren lassen, bleiben aber erhalten. LiveFonts, die ja QuickTime-Filme mit einer eigenen Steuerung sind und kaum zusätzliche Verhalten erfordern, lassen sich problemlos als Partikel nutzen. Problemlos bezieht sich in dem Fall nicht auf die Echtzeitgeschwindigkeit, die dabei tragisch abnimmt.

Beispiele für den Bau von Sequenzverhalten und andere Spielarten der Textanimation finden Sie auf der Buch-DVD. Anhand eines Textes, der gegen einen anderen ausgetauscht wird, wollen wir aber auch noch einmal ausführlich die Arbeitsweise mit dem Sequenzverhalten beschreiben.

11.3 Beispielprojekt »Glücksrad-Animation«

Die Zeichen eines Textobjektes kann man in vielfältiger Form animieren, doch die reine Textinformation ist unantastbar. Mit ein paar schnellen Kommandos kann man trotzdem den Effekt erzeugen, als würde der Text zeichenweise ausgetauscht werden.

Schritt für Schritt: Text zeichenweise austauschen

1 *Vorbereitungen*
Beginnen Sie ein Projekt und erzeugen Sie ein Textfeld mit 12 Sternchen-Symbolen. Stellen Sie als Schrift die COURIER ein.

▲ Abbildung 11.57
12 Sternchen bilden die Ausgangsbasis der Animation.

2 Verhalten hinzufügen

Weisen Sie dem Textobjekt das Verhalten SEQUENZTEXT in der Rubrik TEXTANIMATION zu.

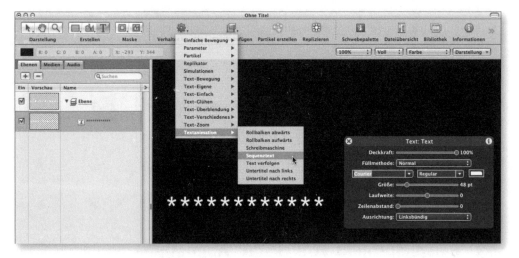

▲ Abbildung 11.58
Über die Symbolleiste wird das Sequenztext-Verhalten hinzugefügt.

3 Parameter hinzufügen und einstellen

Als Parameter fügen wir die DECKKRAFT der Parametergruppe STIL hinzu. Der Wert für die Deckkraft wird anschließend auf 0 % gesetzt.

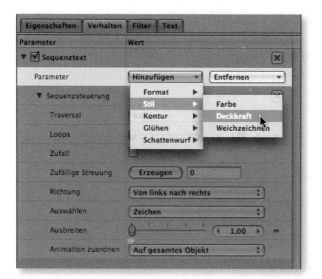

◄ Abbildung 11.59
Über die Deckkraft kann die Sichtbarkeit animiert werden.

4 Deckkraft einstellen

Stellen Sie in der Sequenzsteuerung das Popup-Menü Traversal auf Eigene, aktivieren Sie die Checkbox Zufall und wählen Sie im Popup-Menü Auswählen den Eintrag Alles. Alle Zeichen werden nun transparent.

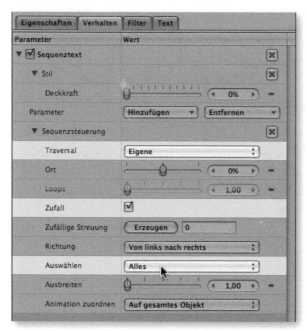

◄ Abbildung 11.60
Die Buchstaben sind zu Beginn unsichtbar.

Beispielprojekt »Glücksrad-Animation«   583

5 Keyframe-Aufnahme starten

Jetzt können wir den Parameter ORT für die Breite der Marke einstellen. Aktivieren Sie dazu am besten die Keyframe-Aufnahme. Wir setzen beim ersten Bild der Animation den Wert auf –100 %, beim letzten Bild auf 0 %. Blenden Sie den Keyframe-Editor ein, um die Kurve zu betrachten.

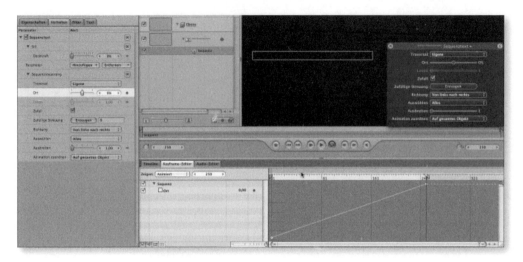

▲ Abbildung 11.61
Die Animation wird effektiv umgekehrt: Im ersten Bild sind alle Zeichen eingeblendet, im letzten Bild sind alle ausgeblendet.

6 Textobjekt duplizieren

Duplizieren Sie das Textobjekt, indem Sie es in der Ebenenansicht des Projektbereichs anwählen und den Kurzbefehl ⌘+D verwenden oder im Menü BEARBEITEN den Eintrag DUPLIZIEREN auswählen.

Wenn Sie auf das letzte Bild gehen, sehen Sie, dass die beiden Objekte nun deckungsgleich übereinander liegen. Das Verhalten wurde mit den Einstellungen ebenfalls übernommen, sodass beide Animationen synchron verlaufen. Gehen Sie zum ersten Bild in der Timeline, um alle Zeichen zu sehen.

▲ **Abbildung 11.62**
Das duplizierte Textobjekt hat die gleichen Einstellungen wie sein Original.

7 Ort verändern

Öffnen Sie die Einstellungen für das Sequenztext-Verhalten des duplizierten Textobjektes. Dazu wählen Sie in der Ebenenansicht am besten das Symbol des Verhaltens, was allerdings voraussetzt, dass die Verhalten eingeblendet sind. Wenn nicht, klicken Sie auf das mittlere kleine Symbol ❶ rechts unten in der Ebenenansicht.

Wenn Sie die Position der Zeitmarke noch auf dem ersten Bild in der Timeline stehen haben, können Sie nun den Wert des Parameters ORT auf 0 % setzen.

Klicken Sie dann in das Popup-Menü neben dem Eingabefeld, um über den Eintrag NÄCHSTER KEYFRAME zu dem Keyframe-Wert auf dem letzen Bild zu springen. Setzen Sie diesen Wert nun auf 100 %.

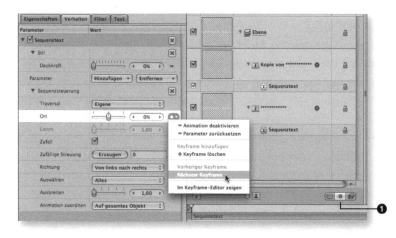

◀ **Abbildung 11.63**
Den Parameter ORT beeinflussen

Beispielprojekt »Glücksrad-Animation«

8 Text im zweiten Textobjekt ändern

Ändern Sie nun den Text des zweiten Textobjekts. Sie können dies mit dem Textwerkzeug im Canvas-Fenster tun oder auch in den textspezifischen Einstellungen der Rubrik FORMAT, ganz unten im Textfenster, den neuen Text hineinschreiben.

»Apple Motion« bietet sich als neuer Text gut an, da er ebenfalls 12 Zeichen hat.

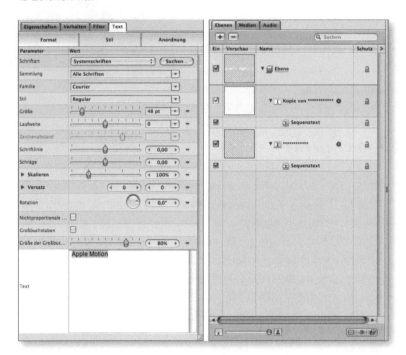

Abbildung 11.64 ▶
Die Lösung des Rätsels: »Apple Motion«

9 Finetuning

Wenn die Animation nicht weichblenden, sondern abrupt wechseln soll, dann müssen Sie in den Sequenzsteuerungen beider Textobjekte den Parameter AUSBREITEN auf »0« setzen. Eine Alternative zur Animation der Deckkraft wäre die Beeinflussung der Skalierung (X auf 0 %, Y auf 100 %), um die Zeichen umdrehen zu lassen. Leider aber drehen sie sich dabei ineinander, was nicht ganz dem Vorbild bei Glücksrad entspricht, wo die neuen Zeichen auf der Rückseite der wegklappenden Zeichen entstehen müssten. Um diesen Effekt einigermaßen nachzuempfinden, haben wir DECKKRAFT und SKALIEREN in Kombination verwendet. Dazu wird die Einstellung zur DECKKRAFT wie bisher beschrieben verwendet, aber für das SKALIEREN erhalten beide Textobjekte einen X-Wert von –100 %.

Da wir nicht ganz lockerlassen wollten, um den Effekt des Umklappens doch noch authentisch nachzuempfinden, haben wir noch etwas getüftelt und einen Weg in Kombination mit Keyframe-Animation gefunden. Das Projekt finden Sie unter dem Namen Gluecksrad_2.motn auf der Buch-DVD. ∎

12 Replikator

Verhalten, vor allem die Simulationen, brillieren darin, eine Ordnung ins Chaos zu stürzen. Um hingegen Ordnung zu erschaffen, eignet sich der Replikator, der eine Mischung aus Partikeln und Textfeldern ist.

12.1 Regelmäßige Muster erzeugen

Motion 2 besitzt ein großes neues Feature, den Replikator. Wie Partikel-Generatoren erzeugt er vielfache Kopien ausgewählter Elemente, allerdings nicht über die Dauer der Animation hinweg, sondern nur einmal, in einem bestimmten Raster. Dadurch eignet er sich hervorragend, um regelmäßige Muster zu generieren, während Partikelwolken meistens durch ihre eher chaotische Natur beeindrucken.

Da der Replikator seine Zellen in einer starren Ordnung verwaltet, ähnlich wie ein Textfeld, gibt es das neue Verhalten **Sequenz-Replikator**. Dieses ist ein Verwandter des Textsequenz-Verhaltens und entsprechend vielseitig in seinem Einsatzgebiet.

Replikator erzeugen | Der Replikator wird wie der Partikelgenerator benutzt und erzeugt eine ähnliche Ebenenstruktur. Man wählt das Quellobjekt aus und klickt in der Menüleiste auf das Icon REPLIZIEREN (Kurzbefehl: L). Dadurch wird ein Replikator-Objekt erzeugt, dem eine Replikator-Zelle mit dem Namen der Quelle untergeordnet ist, das Quellobjekt selbst wird ausgeblendet.

Wie die Partikelsteuerung setzen sich die Parameter des Replikators aus zwei Teilen zusammen: den spezifischen Einstellungen zur Replikator-Form und der ZELLSTEUERUNG. Die Einstellungen zur Replikator-Form bestimmen die Ausmaße und Unterteilung des Rasters, während die Zellsteuerung die Transformation und Färbung der Replikator-Zellen bestimmt.

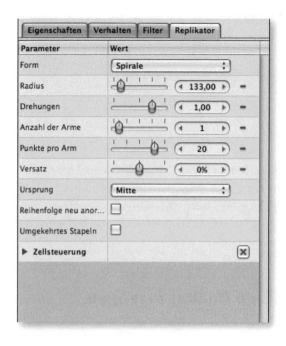

Abbildung 12.1 ▶
Bei einem einzelnen replizierten Objekt folgt den Einstellungen der Replikator-Form direkt die ZELLSTEUERUNG.

Replikator aus mehreren Objekten | Wurde ein Replikator aus mehreren Objekten erstellt, dann werden nach den Einstellungen zur Replikator-Form zusätzlich die Objektfelder dieser Quellen aufgelistet. Die Einstellungen der Zellsteuerung finden sich dann komplett in den spezifischen Einstellungen der jeweiligen REPLIKATOR-ZELLE.

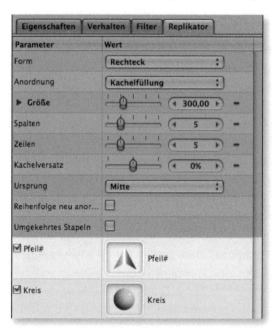

Abbildung 12.2 ▶
Bei mehreren replizierten Objekten erscheinen an dieser Stelle die Objektfelder der Quellen. Jede Replikator-Zelle verfügt dann über eigene Einstellungen der Zellsteuerung.

Bei mehreren replizierten Objekten findet man den Überbegriff der Zellsteuerung so nicht mehr. Man muss jeweils die Replikator-Zellen einzeln in der Ebenenansicht anwählen.

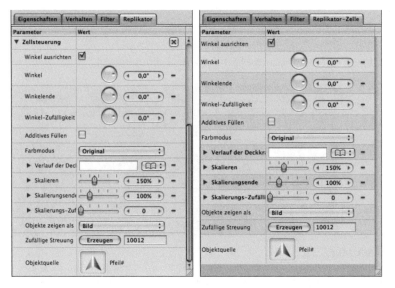

◄ **Abbildung 12.3**
Die aufgeklappte Zellsteuerung einer einzelnen Objektquelle (links) entspricht exakt den Einstellungen der Replikator-Zelle (rechts).

Replikatoren erzeugen ihre Zellen nicht nur in einer bestimmten Form, sondern auch in einer bestimmten Reihenfolge. Auch wenn sie alle zum gleichen Zeitpunkt, nämlich dem In-Punkt ihres Zeitverhaltens erzeugt werden, so haben sie doch unterschiedliche Nummern. Diese Nummern haben eine vergleichbare Rolle wie das Alter von Partikeln, werden aber nirgendwo angezeigt. Die Reihenfolge lässt sich abhängig von der Form des Emitters unterschiedlich einstellen, sodass man sie zum Färben der Zellen und zur Animation mit dem Sequenz-Replikator-Verhalten nutzen kann.

12.1.1 Replikator-Formen

Die Parameter des Replikator-Elements bestimmen die Art des Rasters. Bei aktiviertem Werkzeug OBJEKT ANPASSEN werden die Positionen der Zellen als Kreuze angezeigt. Die Form lässt sich in acht verschiedenen Grundformen wählen, die jeweils unterschiedliche weitere Parameter anbieten. Die Replikator-Optionen entsprechen denen eines Partikelemitters bei aktivierter Checkbox EMISSION BEI PUNKTEN. Eine Hauptsteuerung, mit der sich ausgewählte Eigenschaften aller zugewiesenen Zellen proportional verändern lassen, gibt es nicht.

Grundsätzlich unterscheidet man zwischen Flächen, die drei unterschiedliche Zellanordnungen erlauben, und Linien, auf denen die Zellen aufgereiht werden.

Linie | Die erste Form im gleichnamigen Popup-Menü ist eine einfache Linie.
Diese Form verfügt über folgende Einstellungen:

▲ **Abbildung 12.4**
Ein Replikator mit der Form LINIE. Beachten Sie den Umfang der Einstellungen in der Schwebepalette im Vergleich zu den objektspezifischen Eigenschaften und die aktivierte Option WINKEL AUSRICHTEN in der Zellsteuerung.

- START- und ENDPUNKT: Die Länge und Ausrichtung der Linie wird über die Koordinaten dieser beiden Punkte bestimmt. Die Start- und Endpunkte sowie die gesamte Linie können auch über das Werkzeug OBJEKT ANPASSEN mit der Maus im Canvas frei verschoben werden.
- PUNKTE: Der Parameter legt die Anzahl der Zellen, die auf der Linie angeordnet werden, fest.
- VERSATZ: Der Parameter verschiebt den gesamten Replikator entlang der Linie.
- URSPRUNG: In diesem Popup-Menü wird die Reihenfolge bestimmt, in der die Zellen im Stapel übereinander angeordnet werden und wie sich das Sequenz-Replikator-Verhalten auswirkt:
  - MITTE: Die Zelle, die auf der Mitte liegt, erscheint an oberster Stelle im Zellen-Stapel. Eine Animation mit dem Sequenz-Replikator-Verhalten beginnt in der Mitte und breitet sich parallel über die Zellen zum Start- und Endpunkt der Linie aus.
  - STARTPUNKT: Die Zelle, die auf dem Startpunkt liegt, erscheint an oberster Stelle im Zellen-Stapel und alle Zellen zum Endpunkt hin darunter. Eine Animation mit dem Sequenz-Replika-

tor-Verhalten beginnt am Startpunkt und breitet sich über die Zellen zum Endpunkt der Linie aus.
- ENDPUNKT: Mit dieser Einstellung ist die Reihenfolge entsprechend umgekehrt, als beim zuvor beschriebenen Modus.

Bei einem einfarbigen, replizierten Objekt wird man aufgrund des gleichen Aussehens der Zellen die Modi für den URSPRUNG natürlich nicht erkennen können.

- REIHENFOLGE NEU ANORDNEN: Bei Aktivierung der Checkbox wird das bekannte Feld für Zufallsgeneratoren eingeblendet und die Zellen werden in zufälliger Reihenfolge übereinander angeordnet. Eine Animation mit dem Sequenz-Replikator-Verhalten beginnt damit zufällig und breitet sich auch zufällig über die Zellen aus.
  - STREUUNG REPLIZIEREN: Das Feld für die zufällige Streuung erscheint, wenn die Checkbox REIHENFOLGE NEU ANORDNEN aktiviert wurde. Die Einstellung funktioniert wie alle Zufallsgeneratoren in Motion, z. B. bei den Partikeln.
- UMGEKEHRTES STAPELN: Die Reihenfolge, die man im Parameter für den URSPRUNG festlegt, wird umgekehrt.

Rechteck mit Anordnung Kachelfüllung | Jeder neu erzeugte Replikator wird zunächst mit der Form RECHTECK erzeugt. Mit dem Parameter ANORDNUNG bestimmen Sie, wie die Zellen auf der Form angeordnet werden sollen. Standardmäßig ist die Anordnungsmethode KACHELFÜLLUNG ausgewählt.

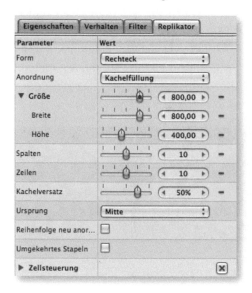

◀ **Abbildung 12.5**
Einstellungen der Replikator-Form RECHTECK

Folgende Einstellungen stehen zur Verfügung bei KACHELFÜLLUNG zur Verfügung:

- GRÖSSE: Klappen Sie den Modus mit dem kleinen Dreieck auf, um die Größe des Rechtecks über die BREITE und HÖHE einzustellen. Im zugeklappten Modus können Sie die beiden Parameter nur proportional verändern. Über das OBJEKT ANPASSEN-WERKZEUG kann das Rechteck aber auch hier mit der Maus im Canvas frei skaliert werden. Im Gegensatz zur Linien-Form kann man die Position des Rechtecks nur mit dem normalen WERKZEUG ZUM AUSWÄHLEN/TRANSFORMIEREN verändern. Das Rechteck wird weiterhin in ein gleichmäßiges Raster unterteilt, für das es drei Parameter gibt:
- SPALTEN: Bestimmt die Anzahl der Spalten, in die das Rechteck aufgeteilt wird und in denen die Zellen angeordnet sind. Pro Spalte wird eine Zelle erzeugt.
- ZEILEN: Bestimmt die Anzahl der Zeilen, in die das Rechteck aufgeteilt wird und in denen die Zellen angeordnet sind. Pro Zeile wird eine Zelle erzeugt.
- KACHELVERSATZ: Der Parameter funktioniert genauso wie bei Partikelsystemen: Die oberste Zeile wird um den angegebenen Prozentsatz nach rechts verschoben und dabei so umgebrochen, dass die Zellen, die den Rahmen nach rechts verlassen, links wieder eingefügt werden. Das bedeutet, dass bei einem Versatz von 50 % jede zweite Spalte um eine halbe Zellenbreite verschoben ist, bei 100 % ist das Raster wieder im Ausgangszustand, allerdings mit einem anderen Muster. Der Versatz neigt also dieses Kachelmuster. Bei angewähltem WERKZEUG ZUM AUSWÄHLEN/TRANSFORMIEREN können Sie die Eckpunkte der Kacheln erkennen. Beachten Sie, dass der Kachelversatz auch Einfluss auf die Auswirkungen des Sequenz-Replikator-Verhaltens bei der Ausbreitung im Kachelmuster hat.

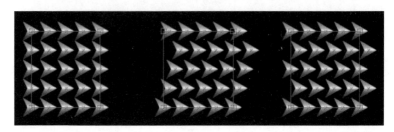

Abbildung 12.6 ▶
Ein einfacher Replikator mit Kachelfüllung und einem Kachelversatz (von links) von 0 %, 33 % und 50 %.

- Ursprung: Das Popup-Menü bietet hier wesentlich umfangreichere Einstellungen als bei der Linien-Form, da über die vier Ecken des Rechtecks die Stapelreihenfolge der Zellen bestimmt werden kann. Für die ersten vier Modi steht außerdem noch die Einstellung Effekt zur Verfügung, die auf Seite 596 erklärt wird.
    - Oben links: Der Modus lässt die Animation des Sequenz-Replikator-Verhaltens mit der Zelle in der oberen linken Ecke des Rechtecks beginnen. Diese Zelle liegt in der Reihenfolge des Stapels ganz unten, die Zelle unten rechts liegt im Stapel ganz vorne. Das Muster breitet sich **diagonal** durch den Replikator aus.
    - Oben rechts: Der Modus lässt die Animation des Sequenz-Replikator-Verhaltens mit der Zelle in der oberen rechten Ecke des Rechtecks beginnen. Diese Zelle liegt in der Reihenfolge des Stapels ganz unten, die Zelle unten links liegt im Stapel ganz vorne.
    - Unten links: Der Modus lässt die Animation des Sequenz-Replikator-Verhaltens mit der Zelle in der unteren linken Ecke des Rechtecks beginnen. Diese Zelle liegt in der Reihenfolge des Stapels ganz unten, die Zelle oben rechts liegt im Stapel ganz vorne.
    - Unten rechts: Der Modus lässt die Animation des Sequenz-Replikator-Verhaltens mit der Zelle in der unteren rechten Ecke des Rechtecks beginnen. Diese Zelle liegt in der Reihenfolge des Stapels ganz unten, die Zelle oben links liegt im Stapel ganz vorne.
    - Mitte: Der Modus ist standardmäßig eingestellt und lässt die Animation des Sequenz-Replikator-Verhaltens kreisförmig von der Mitte beginnen und breitet sie nach außen hin aus. Das Kreismuster wird in die Replikator-Form eingepasst, in einer Rechteck-Form mit ungleichem Seitenverhältnis wird das Muster also entsprechend verzerrt. Die Mitte des Musters orientiert sich immer an den Ausmaßen der Form. Auch wenn sich der Ankerpunkt des Replikators mit dem Werkzeug Ankerpunkt anpassen verschieben lässt, so zeigt dies keine Wirkung. Die Zelle in der oberen rechten Ecke liegt im Stapel ganz oben. Die mittlere Zelle liegt ganz unten, bei gerader Zeilenzahl ist es die linkere, mittlere Zelle.
    - Links: Der Modus lässt die Animation des Sequenz-Replikator-Verhaltens spaltenweise von links beginnen. Hier liegt die Zelle oben rechts im Stapel ganz oben. Die Zelle unten links liegt unten.

Regelmäßige Muster erzeugen

- Rechts: Der Modus lässt die Animation des Sequenz-Replikator-Verhaltens spaltenweise von rechts beginnen. Die Zelle oben links liegt im Stapel ganz oben. Die Zelle unten rechts liegt unten.
- Oben: Der Modus lässt die Animation des Sequenz-Replikator-Verhaltens zeilenweise von oben beginnen. Die Zelle unten rechts liegt im Stapel ganz oben. Die Zelle oben links liegt unten.
- Unten: Der Modus lässt die Animation des Sequenz-Replikator-Verhaltens zeilenweise von unten beginnen. Die Zelle oben rechts liegt im Stapel ganz oben. Die Zelle unten links liegt unten.

Abbildung 12.7 ▶
Eine Kachelfüllung mit dem Ursprung in der Mitte, links und oben. Wie links zu sehen ist, breitet sich das Muster unter Berücksichtigung der Raster-Größe aus.

- Effekt: Das Popup-Menü erscheint nur bei den Modi Oben links, Oben rechts, Unten links und Unten rechts:
  - Quer: Der Modus ist standardmäßig eingestellt und lässt die Animation des Sequenz-Replikator-Verhaltens diagonal durch das Kachelmuster wandern. Bei diesem Modus haben die Zellen entlang einer Diagonale bei gleicher Spalten- und Zeilenzahl tatsächlich die gleichen Nummern und nehmen daher z. B. bei einer Färbung über das Muster auch die gleichen Farbwerte an. Unterscheidet sich die Zahl der Spalten und Zeilen, dann wandert der Effekt immer noch diagonal durch das Muster.
  - Nach Zeile: Der Modus lässt die Animation des Sequenz-Replikator-Verhaltens zeilenweise durch das Kachelmuster wandern.

▲ **Abbildung 12.8**
Das Muster eines Replikators entspricht einer Nummerierung der Zellen. Hier wurde das Muster Oben Links erzeugt, mit den Effekt-Modi Quer (links), Nach Zeile (Mitte) und Nach Spalte (rechts).

- NACH SPALTE: Der Modus lässt die Animation des Sequenz-Replikator-Verhaltens spaltenweise durch das Kachelmuster wandern (siehe Abbildung 12.8).
- REIHENFOLGE NEU ANORDNEN: Auch hier wird wieder der Zufallsmodus aktiviert. Sowohl die Animationen mit dem Sequenz-Replikator-Verhalten wie auch die Reihenfolgen im Zell-Stapel werden zufällig erzeugt.
- UMGEKEHRTES STAPELN: Die Reihenfolge, die man im Parameter für den URSPRUNG festlegt, wird umgekehrt.

Rechteck mit Anordnung Kontur | Wählen Sie die Anordnung KONTUR, werden die Zellen auf der Kontur des Rechtecks angeordnet.

▲ **Abbildung 12.9**
Ein Replikator mit der Form RECHTECK, bei dem die Zellen an der Kontur angeordnet werden. Auch hier kann man in der Zellsteuerung die WINKEL AUSRICHTEN.

Es stehen folgende Einstellungsmöglichkeiten zur Verfügung:
- Über die GRÖSSE können Sie wie auf Seite 594 beschrieben, die Breite und Höhe des Rechtecks einstellen.
- PUNKTE: Bestimmt die Anzahl der Zellen auf der Kontur.
- VERSATZ: Verschiebt die Zellen entlang der Kontur.
- EFFEKT: Zusätzlich erscheint das Popup-Menü, in dem man auswählen kann, ob das Muster der Zellen im Uhrzeigersinn oder umgekehrt angeordnet werden soll.
    - IM UHRZEIGERSINN: Die Animation über das Sequenz-Replikator-Verhalten beginnt immer unten links und breitet sich über die Zellen im Uhrzeigersinn aus.
    - GEGEN DEN UHRZEIGERSINN: Die Animation über das Sequenz-Replikator-Verhalten beginnt auch hier unten links, breitet sich aber über die Zellen gegen den Uhrzeigersinn aus.
- REIHENFOLGE NEU ANORDNEN: Auch hier wird wieder der Zufallsmodus aktiviert. Sowohl die Animation mit dem Sequenz-Replikator-Verhalten wie auch die Reihenfolge im Zell-Stapel werden zufällig erzeugt.

Regelmäßige Muster erzeugen

▶ UMGEKEHRTES STAPELN: Die erste Zelle unten links liegt im Stapel immer ganz unten, es sei denn, diese Checkbox wurde aktiviert.

Rechteck mit Anordnung Zufällige Füllung | Die dritte Möglichkeit, eine Rechteck-Form mit Zellen auszufüllen, ist die ZUFÄLLIGE FÜLLUNG. Wie der Name vermuten lässt, werden die Zellen an zufälliger Stelle in der Form platziert. Hierbei kann man, wie bei der Kontur-Anordnung, die Anzahl der Zellen festlegen. Auch sonst ändert sich nichts gegenüber den bereits vorgestellten Parametern.

Der URSPRUNG ❶ für das Sequenz-Replikator-Verhalten bietet die gleichen Einstellungen wie einer Kachelfüllung, nur dass hier kein Effekt-Modus zur Verfügung steht. Der Zufallsgenerator STREUUNG REPLIZIEREN ❷ ist für die zufällige Anordnung natürlich immer eingeblendet.

▲ **Abbildung 12.10**
Ein Replikator mit der Form RECHTECK und der Anordnung ZUFÄLLIGE FÜLLUNG. Ist das Werkzeug OBJEKT ANPASSEN aktiviert, werden alle Zellenpositionen mit einem Kreuz markiert.

Zellenanzahl nicht zu hoch wählen

Vor allem bei der Kachelfüllung ist zu beachten, dass wie bei Partikelsystemen eine theoretische Höchstzahl von 10 000 Zellen pro Replikator verwaltet werden kann. Praktisch muss man schon weitaus früher mit deutlichen Performance-Einbußen rechnen. Zu hohe Werte können Ihren Mac so stark auslasten, sodass mangels einer Abbruch-Option nur der Taskmanager (⌘+Alt+Esc) bleibt, um Motion an einem aussichtslosen Unterfangen zu hindern. Von nahe liegenden Werten wie 720 mal 576 (immerhin 414 720 Zellen) oder gar der halben PAL-Auflösung 360 mal 288 (immer noch 103 680 Zellen) sollte man also Abstand nehmen.

Kreis mit Anordnung Kachelfüllung | Die Form KREIS ähnelt in ihren Einstellungen sehr der Rechteck-Form, abgesehen von dem offensichtlichen Unterschied, dass die Größe des Replikators über den Radius bestimmt wird.

◄ **Abbildung 12.11**
Einstellungen der Replikator-Form KREIS

- RADIUS: Mit dem Parameter wird die Größe des Kreises eingestellt. Sie können den Kreis auch mit dem OBJEKT ANPASSEN-WERKZEUG skalieren. Es gibt aber keine Möglichkeit, in den Replikator-Einstellungen die Form unproportional, also ovalförmig erscheinen zu lassen. Dazu muss man in den EIGENSCHAFTEN des Replikators die X- und Y-Werte der Skalierung unabhängig voneinander verändern.
  Achten Sie darauf, dass auch bei Vektorobjekten eine Skalierung von weit über 100 % zu Artefakten führen kann, sodass Sie in den EIGENSCHAFTEN nur das Verhältnis einstellen sollten und über den RADIUS nach wie vor die Gesamtgröße bestimmen.

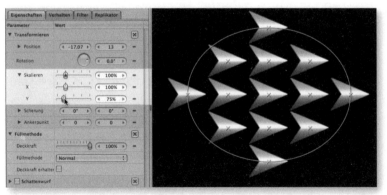

◄ **Abbildung 12.12**
Um den Kreis unproportional, also ovalförmig, zu skalieren, müssen Sie die Skalierungseinstellungen in den EIGENSCHAFTEN des Replikators verwenden.

- SPALTEN und ZEILEN: Wie bei der Rechteck-Form stellen Sie hier die Anzahl der Spalten und Zeilen ein, und damit die Gesamtanzahl der Zellen. Das hier beschriebene Kachelmuster verhält sich wie in einem Rechteck, dessen Seitenlänge der Größe des Kreisdurchmessers entspricht. Durch den Kreisdurchmesser wird es beschnitten, sodass man mit einem Raster der Größe 5 mal 5 nicht 25, sondern nur 13 Zellen erzeugt. Auch müssen Sie darauf achten, dass bei einer Spalten- oder Zeilenzahl von 2 auch insgesamt nur höchstens 2 Zellen erzeugt werden. Bei einem ungeraden Gegenwert, also z. B. 2 Spalten und 5 Zeilen, liegen sogar alle Zellen außerhalb der Kreis-Form, sodass der Replikator leer bleibt. Bei geraden Werten liegen die Zellen immer innerhalb der Kreis-Form, bei ungeraden Werten liegen Zellen auch auf der Kontur, was sich durch den KACHELVERSATZ aber auch ändern lässt.

- KACHELVERSATZ: Der Kachelversatz funktioniert in gleicher Weise wie beim Rechteck, nur dass das Kachelmuster durch den Kreisdurchmesser beschnitten ist.
- URSPRUNG: Für den Ursprung der Animation durch das Sequenz-Replikator-Verhalten gibt es zwei Einstellungen:
  - MITTE: Der Modus ist standardmäßig eingestellt und lässt die Animation kreisförmig von der Mitte beginnen und breitet sie nach außen hin aus. Die Zelle in der Mitte liegt im Stapel ganz hinten, die Zellen auf der Kontur liegen vorne.
  - KANTE: Die Animation beginnt mit allen Zellen, die sich auf der Kontur (Kante) der Kreis-Form befinden, gleichzeitig und breitet sich zur Mitte hin aus. Die Zelle in der Mitte liegt im Stapel ganz vorne, die Zellen auf der Kontur liegen hinten.

REIHENFOLGE NEU ANORDNEN und UMGEKEHRTES STAPELN funktionieren nach demselben Prinzip wie bei der bereits erläuterten Rechteck-Form.

Kreis mit Anordnung Kontur und Zufällige Füllung | Die Kreis-Form verhält sich bei der Anordnung KONTUR genau wie das Rechteck. Gleiches gilt für die ZUFÄLLIGE FÜLLUNG. Die spezifischen Parameter zum Kreis sind dieselben wie im zuvor beschriebenen Abschnitt. Sie sollten also keine Schwierigkeiten haben, die Angaben zu adaptieren.

Abbildung 12.13 ▶
Die Replikator-Form KREIS in den drei unterschiedlichen Anordnungen KONTUR (mit der Option WINKEL AUSRICHTEN), KACHELFÜLLUNG und ZUFÄLLIGE FÜLLUNG.

Explosion | Die EXPLOSION ist eine Linien-Form, der man eine beliebige Anzahl von Armen sternförmig zuweist. Für diese Form stehen keine Anordnungs-Modi zur Verfügung.

▲ **Abbildung 12.14**
Die Replikator-Form EXPLOSION, hier mit drei Armen und vier Punkten pro Arm

- RADIUS: Der Parameter beschreibt die Ausbreitung, also Länge der Arme. Wenn Sie eine hohe Anzahl von Armen erzeugen, dann wird mit zunehmender Dichte der Arme auch deutlich, wieso es sich um einen Radius handelt. Für das Erstellen einer ovalen Form gilt dasselbe wie für den Radius der Kreis-Form.
- ANZAHL DER ARME: Der Parameter erzeugt die sternförmigen Arme der Explosion.
- PUNKTE PRO ARM: Der Regler beschreibt, wie viele Zellen auf einem Arm abgebildet werden sollen.
- VERSATZ: Der Parameter verschiebt die Linien vom Mittelpunkt weg oder bei negativen Werten durch ihn hindurch. Verwenden Sie den Versatz, um zu verhindern, dass sich am Mittelpunkt mehrere Zellen der jeweiligen Arme sammeln und überschneiden. Verknüpfen Sie den Parameter mit einem Oszillieren- oder Rampe-Verhalten, um zu sehen, wieso diese Form die Bezeichnung EXPLOSION erhalten haben könnte.
- URSPRUNG: Für den Ursprung der Animation durch das Sequenz-Replikator-Verhalten gibt es zwei Einstellungen:
    - MITTE: Der Modus ist standardmäßig eingestellt und lässt die Animation kreisförmig von der Mitte beginnen und breitet sie nach außen über die Arme aus. Die Zelle in der Mitte liegt im Stapel ganz hinten, die Zellen auf dem äußersten Ende der Arme liegen außen.
    - KANTE: Die Animation beginnt gleichzeitig mit den Zellen, die auf den äußersten Enden der Arme liegen und breitet sich zur Mitte hin aus. Die Zelle in der Mitte liegt im Stapel ganz vorne, die Zellen auf den Armen liegen hinten.

Ansonsten gibt es keine spezifischen Einstellungen zur Explosions-Form, die Sie nicht bei den bereits vorgestellten Beschreibungen finden können.

Spirale | Die Spiral-Form ergänzt alle Einstellungen der Explosion um einen Parameter namens DREHUNGEN ❶, mit dem sich die Arme der Explosions-Form verdrehen lassen. Ein Wert von 1 entspricht dabei einer vollen Drehung um 360°.

Alle anderen Einstellungen lassen sich leicht von den vorherigen Erläuterungen adaptieren.

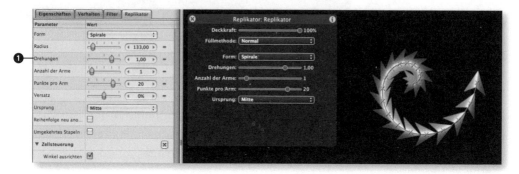

▼ **Abbildung 12.15**
Ein Replikator mit der Form SPIRALE: Der einzige Arm vollführt eine ganze Drehung. Die 20 Punkte sitzen im Inneren der Spirale deutlich dichter beisammen.

Welle | Die Welle wird wie die Linien-Form über START- und END-PUNKT positioniert, aber diese Punkte stimmen im Laufe der Parameter-Bearbeitung nicht mehr unbedingt mit dem Linienverlauf der Welle überein. Verwenden Sie auch hier wieder das Werkzeug OBJEKT ANPASSEN, um die Punkte komfortabel zu verschieben. Die Form der Linie wird mit einer Sinus-Funktion erzeugt, ähnlich einem Oszillieren-Verhalten auf einer Positionsachse. Um die Wellen-Form zu beeinflussen, stehen hier angepasste Parameter zur Verfügung, die sich bei den anderen Formen so nicht finden:

- AMPLITUDE ❶: Das Ergebnis der Sinus-Funktion schwankt zwischen +1 und −1 und wird mit dem in diesem Parameter eingestellten Wert multipliziert.
- FREQUENZ ❷: Der Parameter gibt die Anzahl der Schwingungen vor, bei einem Wert von 1 also einen Berg und ein Tal.
- PHASE ❸: Die Phase verschiebt den Wertebereich so, dass sich die Welle auf der Stelle windet.
- VERSATZ ❹: Der Parameter verschiebt die Zellen wieder auf der Linie entlang. Auf die Wellen-Form bezogen, wandert die Welle

dabei aber durch das Canvas. Mit einem Rate-Verhalten lässt sich der Versatz besonders gut animieren.

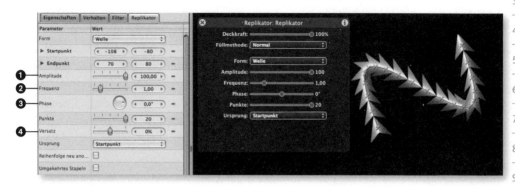

▲ **Abbildung 12.16**
Die Form WELLE ist eine zwischen zwei Punkten eingepasste Sinuskurve und verfügt über ähnliche Parameter wie das Oszillieren-Verhalten.

Geometrie | Bei dieser Linien-Form werden die Zellen an der Umrisslinie einer beliebigen, in Motion erstellten Vektorform angeordnet.

Der einzige Parameter, der sich von den anderen Replikator-Formen unterscheidet, ist das Zuweisungsfeld AUSGANGSFORM ❶ für die Vektorform. Diese muss wie gewohnt per Drag & Drop aus einer Ebenenansicht in dieses Feld gezogen werden. Die Zellen ordnen sich anschließend auf den Konturen der Form an. Dabei ist zu beachten, dass eine nachträgliche Skalierung der Form vom Replikator ignoriert wird, genauso wie alle anderen Parameter der EIGENSCHAFTEN sowie Filter oder Verhalten. Nur die Veränderungen, die mit dem Werkzeug STEUERPUNKTE ANPASSEN an der Vektorform durchgeführt werden, wirken sich auf den Replikator aus.

Abbildung 12.17 ▲
Ein einfacher über Kreuz gezeichneter fünfzackiger Stern als Ausgangsform eines Replikators. Die Zellen werden im Uhrzeigersinn der Linie eingefärbt.

Bild | Die letzte Replikator-Form BILD hat dieselben Parameter wie eine Rechteck-Form, inklusive der Anordnungen für KONTUR,

Kachelfüllung und Zufällige Füllung. Ergänzt werden die Parameter durch einige spezifische Einstellungen, die nur bei der Bild-Form erscheinen:

▶ Ausgangsbild ❶: Wie bei der Geometrie-Form muss hier das Objekt hineingezogen werden, auf das sich der Replikator beziehen soll. Im Gegensatz zur Geometrie-Form werden hier aber neben Vektorformen auch Pixelbilder und Filme akzeptiert. Auch müssen die Objekte nicht zwangsläufig schon in der Ebenenansicht liegen, sondern importierte Medien können auch aus der Medienablage per Drag & Drop in das Feld gezogen werden.

▶ Endwert der Alpha-Emission ❷: An diesen Parameter können Sie sich vielleicht noch aus dem Kapitel »Partikelsysteme« erinnern. Wenn das Bild über einen Alphakanal verfügt, kann man mit diesem Parameter bestimmen, an welchen Deckkraft-Werten die Zellen des Replikators noch erscheinen sollen.

▼ **Abbildung 12.18**
Die Form Bild erlaubt es, beliebige Bildinhalte auf ein Zellenraster zu übertragen. Die Erhaltung der Bildfarbe muss in der Zellsteuerung eingestellt werden.

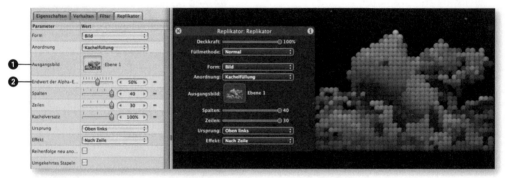

12.1.2 Zellsteuerung und Replikator-Zelle

Wurden mehrere Objekte repliziert, dann erscheinen direkt nach den Parametern zum Replikator die Objektfelder mit den Replikator-Zellen. Wie schon bei den Partikeln genügt ein gezielter Doppelklick auf die Bezeichnung neben den Aktivierungs-Checkboxen, um die jeweiligen objektspezifischen Einstellungen zur Zelle zu öffnen. Bei nur einem replizierten Objekt erscheinen hingegen zunächst die Einstellungen zur Zellsteuerung.

Die Parameter der Zellsteuerung entsprechen vollständig denen der Replikator-Zelle, weshalb wir beide Punkte hier auch zusammenfassen. Es bleibt Ihnen überlassen, wo Sie die Einstellungen vornehmen.

◀ **Abbildung 12.19**
Einstellungen in der ZELLSTEUERUNG

- WINKEL: Der Parameter bestimmt die Rotation aller Zellen des Replikators.
- WINKELENDE: Das Winkelende dreht die Zellen über den Verlauf ihrer Anordnung. So wird die erste Zelle überhaupt nicht vom Winkelende beeinflusst, die letzte Zelle dagegen vollständig.

◀ **Abbildung 12.20**
Links: Die Zellen auf der Kreis-Form folgen alle brav der Kontur. Mitte: Ein Winkelende von 180° dreht die Zellen über den Verlauf der Kontur um. Rechts: Ein extremer Wert von 1080° lässt den Verlauf der Zellen mehrmals um sich selbst drehen.

- WINKEL-ZUFÄLLIGKEIT: Alle Zellen werden um einen zufälligen Wert bis zum eingestellten Winkel ausgelenkt. Natürlich wird auch dieser Zufallsfaktor von der Einstellung ZUFÄLLIGE STREUUNG, ganz am Ende der Zellsteuerung, bestimmt.
- ADDITIVES FÜLLEN: Die Checkbox addiert die Farbwerte der übereinander liegenden Zellen und ist wie bei Partikelzellen der ein-

Regelmäßige Muster erzeugen **605**

zige Füllmodus, mit dem man die Zellen untereinander verrechnen kann.

▶ FARBMODUS: Die meisten Farbmodi entsprechen den Einstellungen, die Sie schon bei den Partikeln kennen gelernt haben (siehe Seite 503), sodass wir sie hier nicht nochmals erläutern. Bedenken Sie, dass für den Modus BILDFARBE VERWENDEN die Form BILD gewählt sein muss. Der Farbmodus WÄHREND DER LEBENSDAUER aus den Partikeleinstellungen wurde hier durch den Eintrag ÜBER DAS MUSTER ersetzt, was zu ähnlichen Ergebnissen führt:

  ▷ ÜBER DAS MUSTER: Der Farbverlauf durchläuft die Zellen des Replikators. Der linke Farbwert des Verlaufs wird auf die erste Zelle angewendet, der Farbwert ganz rechts ist der letzten Zelle zugeordnet. Die Zwischenwerte werden auf die Zellenanordnung verteilt. Das Erscheinungsbild ist stark abhängig von den Replikator-Einstellungen zum Verlauf der Zellen.

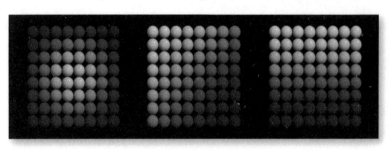

Abbildung 12.21 ▶ Ein Replikator mit Rechteck-Form und einer Kachelfüllung. Über den Farbmodus ÜBER DAS MUSTER wird ein Grauverlauf angewendet. Der URSPRUNG liegt in der MITTE, OBEN LINKS, mit dem Effekt-Modus QUER und OBEN RECHTS, ebenfalls quer laufend.

▶ FARBWIEDERHOLUNGEN: Nur bei dem Modus ÜBER DAS MUSTER kann man die Zahl der Farbwiederholungen einstellen, um den Verlauf mehrere Male durchlaufen zu lassen. Der Wert gibt die Anzahl der zusätzlichen Durchläufe an, bei einem Wert von 1 wird der Verlauf also zweimal angewandt.

Abbildung 12.22 ▶ Die Replikatoren aus Abbildung 12.21, doch diesmal mit einer Farbwiederholung von 1, sodass der Farbverlauf zweimal angewandt wird.

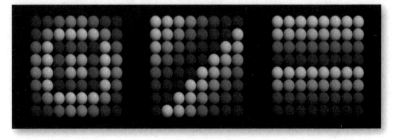

▶ SKALIEREN: Der Wert vergrößert alle Zellen gleichmäßig. Seien Sie jedoch vorsichtig mit dieser Einstellung, da es bei extremen

Skalierungen zur Artefaktbildung kommen kann. Sie können auch negativ skalieren, wodurch die Zellen gespiegelt werden. Um die X- und Y-Skalierung unabhängig voneinander anzuwenden, müssen Sie wieder das kleine Dreieck umklappen, um an die Parameter zu gelangen. Dies gilt auch für die folgenden beiden Skalierungs-Einstellungen.

▶ SKALIERUNGSENDE: Der Wert bestimmt, wie stark die Skalierung die Zellen-Anordnung durchläuft. Die erste Zelle bleibt durch diesen Wert unangetastet, die letzte Zelle nimmt den Wert vollständig an und die Zellen dazwischen interpolieren den Wertebereich.

▶ SKALIERUNGS-ZUFÄLLIGKEIT: Wie bei der WINKEL-ZUFÄLLIGKEIT werden alle Zellen um einen zufälligen Wert skaliert. Auch dieser Wert wird durch den Parameter ZUFÄLLIGE STREUUNG erzeugt.

Will man gleichzeitig ein SKALIERUNGSENDE und eine SKALIERUNGS-ZUFÄLLIGKEIT verwenden, so ist darauf zu achten, dass die Zellen mit negativer Skalierung nicht angezeigt werden, wenn der Zufälligkeits-Wert größer als 0 ist. Die Werte der beiden Parameter werden außerdem miteinander multipliziert. Will man also über ein Muster die Zellen von 20% auf 100% skalieren, so muss man SKALIEREN auf 20% und das SKALIERUNGSENDE auf 500% stellen.

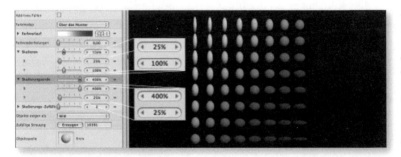

◀ **Abbildung 12.23**
Ein Replikator mit Rechteck-Form und quer laufender Kachelfüllung. Die Skalierung steht auf 25% und 100%, das Skalierungsende auf 400% und 25%. Dadurch erhalten die Zellen nur auf der Diagonalen ein gleichmäßiges Seitenverhältnis.

▶ OBJEKTE ZEIGEN ALS: Das Popup-Menü, mit dem sich die Zellen als BILD, PUNKTE, LINIEN oder DRAHTMODELL anzeigen lassen, wurde ebenfalls schon im Kapitel »Partikelsysteme« vorgestellt. Bitte schlagen Sie die Funktionsweise auf Seite 509 nach, denn die dortigen Erläuterungen lassen sich auf den Replikator adaptieren.

▶ OBJEKTQUELLE: Das Feld zeigt bei einem einzelnen, replizierten Objekt dieses mit Symbol und Namen an. Per Drag & Drop können Sie hier aus der Ebenenansicht ein neues Objekt zuweisen. Beachten Sie bei mehreren replizierten Objekten die Hinweise am Anfang dieses Abschnitts.

12.2 Sequenz-Replikator-Verhalten

Replikatoren erzeugen regelmäßige Raster von Zellen und sind dadurch mit Textobjekten vergleichbar. Einzelne Zeichen der Textobjekte kann man flexibel mit einem Sequenzverhalten animieren, daher ist es nicht verwunderlich, dass es eine ähnliche Option für Replikatoren gibt.

Das Verhalten SEQUENZ-REPLIKATOR befindet sich im Popup-Menü in der Symbolleiste und in der Bibliothek unter der Rubrik REPLIKATOR. Mit ihm kann man mit einer Markierung durch das Muster eines Replikators wandern und ausgewählte Parameter der markierten Zellen beeinflussen. Leider sieht man bei Replikatoren, anders als bei Textfeldern, die Markierung nicht in Form eines Cursors durch das Feld wandern.

Anwendung auf Replikator und Zelle | Das Verhalten kann sowohl auf den Replikator als auch auf die Zelle angewendet werden und die Auswirkungen sind grundsätzlich auch die gleichen. Haben Sie nur ein Objekt repliziert, dann gibt es auch nur eine Replikator-Zelle. Bei mehreren replizierten Objekten erscheinen auch entsprechend so viele Replikator-Zellen und diese lassen sich dann mit dem Verhalten einzeln animieren.

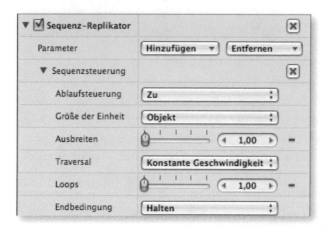

Abbildung 12.24 ▶
Die Parameter des Sequenz-Replikators erinnern an das Sequenztext-Verhalten.

Parameter | Über das Popup-Menü Hinzufügen kann man wie bei den Textsequenz-Verhalten bestimmte Parameter des Replikators einbinden. Es stehen insgesamt fünf Parameter zur Auswahl:

- Farbe: Die Farbe lässt sich nur als Zielwert bestimmen, der bestehende Farben ersetzt. Es können an dieser Stelle leider keine weiteren Verläufe angelegt werden, die den bestehenden Farbmodus ergänzen.
- Rotation, Position, Deckkraft und Skalierung werden dagegen mit den jeweiligen Gesamtwerten verrechnet. Man kann also zum Beispiel alle Zellen, gleich in welcher Art sie ausgerichtet sind, um einen bestimmten Winkelbetrag weiterdrehen.

Wenn Sie einzelne Parameter wieder löschen möchten, wählen Sie diese im Popup-Menü Entfernen aus.

Sequenzsteuerung | Nachdem man die beeinflussenden Parameter bestimmt und den Betrag ihrer Werteveränderung angegeben hat, bestimmt man mit der Sequenzsteuerung, in welcher Art diese Änderungen auf das replizierte Muster auswirken. Wenn man sich das Replikator-Muster als Zahlenfeld wie in Abbildung 12.7 auf Seite 596 vorstellt, dann ruft der Sequenz-Replikator der Reihe nach die Nummern auf und verändert die entsprechenden Zellen. Wie bei Textfeldern wandert also eine Marke durch das Muster und löst die Animation aus, auch wenn sich die Markierung nicht im Canvas darstellen lässt.

Der erste Parameter der Sequenzsteuerung Ablaufsteuerung ist ein Popup-Menü mit fünf Auswahlmöglichkeiten. Hier gibt man an, wie die oben eingestellten Werte der hinzugefügten Parameter auf die Zellen angewandt werden sollen.

- Zu: Bei dieser Option werden die Werte der jeweiligen Parameter eingestellt und dann gehalten.
- Von: Bei dieser Option ist der Endzustand bereits erreicht und wird durch die Sequenzsteuerung rückgängig gemacht.
- Durch: Die dritte Option stellt den Wert nur für die Zellen an der Markierung ein, sodass die Veränderung sich wie eine Welle durch das Feld fortsetzt.
- Invertiert durch: Verhält sich umgekehrt dazu, es sind also alle Parameter standardmäßig ausgelenkt und kehren nur an der aufgerufenen Marke in den Grundzustand zurück.

- Eigene: Der letzte Eintrag in dem Popup-Menü blendet einen neuen Parameter namens Original ein. Hierbei handelt es sich wieder um ein Popup-Menü mit zwei Optionen:
  - Mit Originalanimation verwenden kann man bereits angelegte Animationen der Zellen-Quelle auslösen. Das beinhaltet alle Transformationen, die als Keyframe-Animation oder über Verhalten (mit Ausnahme von Simulationsverhalten) realisiert wurden. Animierte Formveränderungen, Verzerrungen über den Parameter Alle vier Ecken oder animierte Filter lassen sich nicht als Originalanimation verwenden. Da in dem Zeitraum, den die Marke braucht, um eine Zelle zu durchwandern, die gesamte Animation des Quellobjektes abgespielt wird, ist es unter Umständen nötig, die Dauer der animierten Quelle anzupassen.
  - Alternativ kann man auch die Originalanimation ignorieren.

Als Nächstes bestimmt man über die Grösse der Einheit, wie viele Zellen die Marke umfasst, also wie viele Zellen um die aufgerufenen herum noch beeinflusst werden. Wieder erscheint ein Popup-Menü:
- Objekt: Mit der Option kann man zusätzlich um eine einzige Zelle die Auswahl weich ausweiten. Für die Stärke der Ausweitung steht zusätzlich der Parameter Ausbreitung zur Verfügung, mit dem sich die Zellen mit benachbarten Nummern mit beeinflussen lassen.
- Alle: Mit dieser Option kann man alle Zellen auf einmal animieren, dann ohne zusätzliche Parameter.
- Eigene: Mit der dritten Möglichkeit kann man schließlich Start und Ende der Markierung (prozentual zur Anzahl der Zellen) frei bestimmen und auch weich ausbreiten.

Die Geschwindigkeit, mit der sich die Markierung durch die Zellen bewegt, stellt man im Popup-Menü Traversal ein.
- Konstante Geschwindigkeit: Die Markierung bewegt sich linear durch das Muster.
- Verlangsamen: Eine langsam beschleunigende Bewegung.
- Beschleunigen: Eine langsam abbremsende Bewegung.
- Verlangsamen/Beschleunigen: Eine Bewegungsart, bei der die Markierung aus dem Stand beschleunigt und zum Ende des Feldes abbremst. Leider hat das Apple-Übersetzerteam hier die Begriffe »Ease in« und »Ease out« genau andersherum übersetzt.

- Eigene: Als letzte Option kann man eine eigene Bewegung der Markierung einstellen. In diesem Fall kann man den Ort der Markierung mit Keyframes oder Parameterverhalten animieren. Die Loop-Funktion steht in diesem Fall nicht mehr zur Verfügung.

Auch die letzten beiden Parameter kennen Sie aus dem Textsequenz-Verhalten.

Mit der Loop-Funktion kann man die Anzahl der Durchläufe bestimmen, die von der Markierung vorgenommen werden. Stellt man den Wert auf 2 oder mehr, dann wirken sich die Endbedingungen, die man unter dem gleichnamigen Parameter definiert, unterschiedlich aus:

- Halten: Wiederholt die Sequenzanimation einmal. Dies ist die Standardeinstellung.
- Umbrechen: Genau wie bei Halten wird die Sequenzanimation einfach wiederholt. Bei mehreren Loops und einer ausreichenden Ausbreitung kann man allerdings beobachten, dass die Animation am Anfang des Musters bereits wieder beginnt, während die letzten Zellen am Ende noch nicht zum Ausgangszustand zurückgekehrt sind, das Muster wird also während der Animation umgebrochen.
- Vor und Zurück: In diesem Modus läuft die Markierung nach dem Erreichen des Feld-Endes einfach genauso wieder zurück.

Insgesamt lässt sich der Sequenz-Replikator gut und einfach handhaben, allerdings sind seine Möglichkeiten durch den Aufbau der Muster beschränkt. Das Muster, das man in dem Replikator einstellt, ist auch immer das, mit dem man Animationen erzeugt. Es ist beispielsweise nicht möglich, ein unten beginnendes Muster zu erzeugen, um eine perspektivische Staffelung der Zellen zu konstruieren, dann aber die Zellen in einem sich kreisförmig von der Mitte aus ausbreitenden Muster auslenken zu lassen.

12.3 Beispielprojekt »Eine Ziegelwand erzeugen«

Der Replikator bietet sich an, um regelmäßige Muster zu erzeugen. In diesem Beispiel werden wir eine Ziegelwand erzeugen, vor der eine kleine Blume stehen soll.

Schritt für Schritt: Mit dem Replikator ein Bild »malen«

1 Ziegel erstellen

Starten Sie ein neues Projekt und ziehen Sie aus der Bibliothek den Generator RAUSCHEN in das Canvas. Stellen Sie in den objektspezifischen Eigenschaften im Tab GENERATOR des Informationen-Fensters die BREITE auf 80, die HÖHE auf 40.

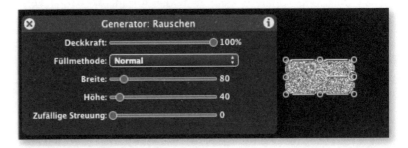

Abbildung 12.25 ▶
Der Ziegel entsteht.

2 Ziegelwand replizieren

Klicken Sie in der Symbolleiste auf REPLIZIEREN. Behalten Sie die Rechteck-Form und den Anordnungs-Modus KACHELFÜLLUNG des neu erzeugten Replikators bei.

Stellen Sie die GRÖSSE des Rasters auf 800 (BREITE) mal 400 (HÖHE) und entsprechend die Zahl der SPALTEN und ZEILEN auf jeweils 10.

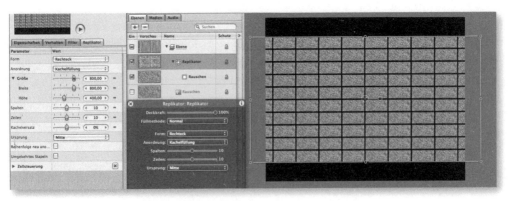

▲ **Abbildung 12.26**
Ziegelwand erstellen

3 Versatz einstellen

Stellen Sie den KACHELVERSATZ auf 50 %, um das für Ziegelmauern typische Muster zu erzeugen.

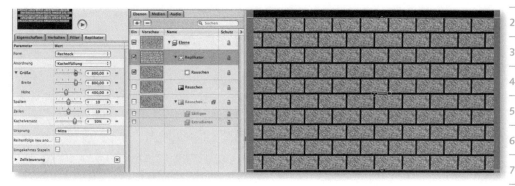

▲ Abbildung 12.27
Das Ziegelmuster

4 Farbe der Mauer verändern

Stellen Sie den FARBMODUS des Replikators auf FARBBEREICH und stellen Sie den Farbverlauf auf Rot- und Brauntöne ein.

▲ Abbildung 12.28
Legen Sie einen Farbbereich für die Mauer fest.

5 Mörtel für die Zwischenräume

Um noch etwas Mörtel zwischen die Zellen zu packen, fügen wir der Szene als unterstes Objekt einen neuen Rauschen-Generator hinzu, diesmal mit einer Größe von 400 mal 200. Skalieren Sie ihn in den Eigenschaften passend, dass er hinter allen Ziegeln hervortritt. Durch diesen Schritt wird der Mörtel zwar etwas unscharf, rechnet aber schneller.

Da RAUSCHEN immer ein Farbrauschen ist, sollten Sie dem Generator noch den Farbkorrektur-Filter SÄTTIGEN hinzufügen. Stellen Sie diesen auf –1, um das Rauschen zu entfärben.

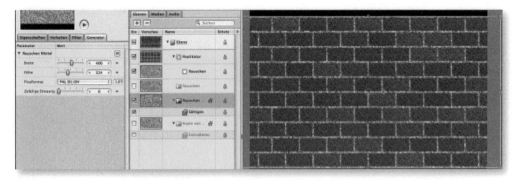

▲ Abbildung 12.29
Ein zweiter Rauschen-Generator

6 Mehr Plastizität

Als Nächstes soll die Ziegelwand noch etwas mehr Tiefe bekommen. Dazu aktivieren Sie den SCHATTENWURF in den EIGENSCHAFTEN des Replikators und stellen WEICHZEICHNEN auf 2 und die ENTFERNUNG auf 5. Die Deckkraft des Schattens kann ruhig auf 100 % eingestellt werden.

Die Mauer ist fertig. Benennen Sie die Ebene mit »Mauer« und sperren Sie diese vor weiterer Bearbeitung. Die Ebene kann für die nächsten Schritte der Bearbeitung ausgeschaltet werden.

▲ Abbildung 12.30
Die fertige Mauer

7 Blume erstellen

Als Nächstes pflanzen wir eine Blume vor die Mauer. Erstellen Sie eine neue Ebene über der Mauer-Ebene und blenden Sie jene aus. Erzeugen Sie mit dem KREIS-WERKZEUG einen Kreis und füllen Sie ihn mit einem radialen Grauverlauf.

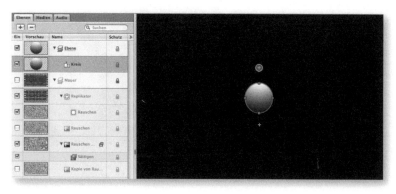

◂ **Abbildung 12.31**
Der Kreis dient als Vorlage für Stängel und Samen der Blume.

8 Stängel zeichnen

Erzeugen Sie eine Bézier-Form für den Stängel. Diese Form soll offen sein, eine einfache Drei-Punkte-Form reicht aus. Beenden Sie die Bearbeitung mit ⏎, um nur eine Kurve und keine Fläche zu erzeugen.

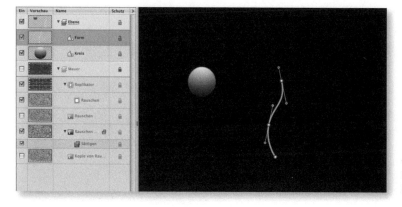

◂ **Abbildung 12.32**
Der Stängel wird als Bézier-Form angelegt.

9 Blattform für die Blütenblätter

Letzter Baustein unserer Blume ist ein Blatt. Es ist eine weitere Bézier-Form, die entsprechend als Blattform gebaut wird. Gefüllt wird sie mit einem linearen Weiß-Schwarzweiß-Verlauf, um in der Mitte des Blattes die Kerbe anzudeuten. Mit dem Ankerpunkte anpassen-Werkzeug können Sie die Start- und Endpunkte des Verlaufs intuitiv im Canvas verändern.

Sollten Sie Schwierigkeiten mit dem Blatt haben, dann können Sie diese Form auch von der Buch-DVD laden (Flower-Wall.motn).

Der Bausatz ist vollständig, wir können mit dem Zusammenbau beginnen.

▲ Abbildung 12.33
Die Ausgangsform für die Blütenblätter

10 Die Blume zusammenbauen

Replizieren Sie den Kreis. Stellen Sie im Replikator die Form auf GEOMETRIE. Weisen Sie dem Replikator die Stängel-Kurve als AUSGANGSFORM zu, indem Sie sie aus der Ebenenansicht in das entsprechende Objektfeld des Replikators ziehen.

Die Stängel-Form können Sie in der Ebenenansicht deaktivieren, wir benötigen sie nicht mehr als sichtbare Linie.

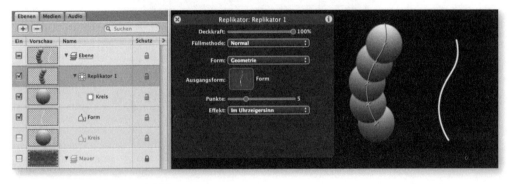

▲ Abbildung 12.34
Aus dem replizierten Kreis entsteht der Stängel.

11 Stängel fertig stellen

Um möglichst massiv zu wirken, stellen Sie die ANZAHL DER PUNKTE im Replikator sehr hoch, in unserem Beispiel waren 100 ZELLEN notwendig.

Da der Replikator die Form der Bézier-Kurve als Linie begreift, können wir das Replikator-Muster nutzen, um die Zellen entlang der Linie zu skalieren: Stellen Sie SKALIEREN und SKALIERUNGSENDE so ein, dass der Stengel unten dicker als oben ist.

Wenn Sie jetzt den WINKEL der Replikator-Zellen ändern, können Sie quasi den Lichteinfall auf dem Stängel einstellen. Ändern Sie zuletzt den FARBMODUS auf FARBE und verpassen Sie dem Stängel ein natürliches Grün.

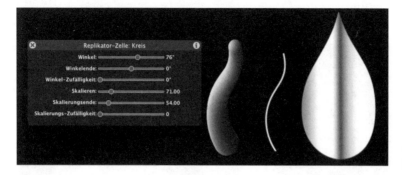

◄ Abbildung 12.35
Der fertige Stängel

12 Blüte aus der Blatt-Form erzeugen

Eine Blume braucht eine Blüte. Wählen Sie die Blatt-Form und replizieren Sie diese. Da sich die Blätter nicht nur kreisförmig um den Samen anordnen sollen, sondern auch die äußeren Blätter eine etwas andere Tönung haben sollen als die inneren Blätter, wählen wir als Form die SPIRALE.

Stellen Sie die Spiral-Form auf einen RADIUS von 5, mit 5 DREHUNGEN und einem Arm mit etwa 14 Punkten ein. Aktivieren Sie für die Zellen die Option WINKEL AUSRICHTEN.

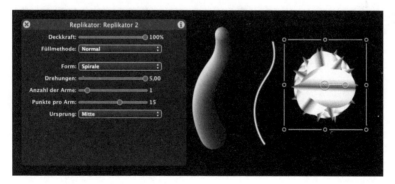

◄ Abbildung 12.36
Die Blüte wird aus der Blatt-Form repliziert.

13 Ankerpunkt verschieben

Sie werden feststellen, dass man erst noch den Ankerpunkt des Blattes an den Stiel verschieben muss.

Aktivieren Sie die Blatt-Form dazu in der Ebenenansicht und bewegen Sie den Ankerpunkt mit dem Werkzeug ANKERPUNKT ANPASSEN nach unten.

Passen Sie die SKALIERUNG und das SKALIERUNGSENDE der Zellen an, bis Sie mit der Blütenform zufrieden sin. In diesem Beispiel wurde das SKALIERUNGSENDE auf 80 % gesetzt.

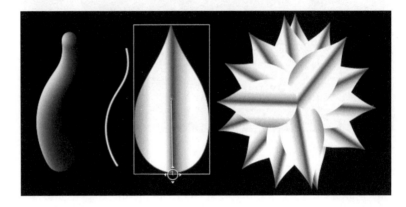

Abbildung 12.37 ▶
Die Anordnung der Blüttenblätter wird korrigiert.

14 Blüte färben

Als Nächstes legen wir einen FARBVERLAUF mit dem Modus ÜBER DAS MUSTER an, damit die inneren Blätter heller, die äußeren dunkler sind. Wählen Sie eine beliebige Farbe, die Ihnen gefällt.

▼ **Abbildung 12.38**
Die Blüte wird ÜBER DAS MUSTER gefärbt.

Aktivieren Sie für das Originalblatt in den EIGENSCHAFTEN einen weichen Schattenwurf, wenn die Blüte etwas zu flach wirkt.

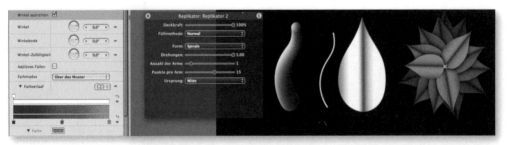

15 Blütenmitte als Kreis-Form

Platzieren Sie die Blüte mit dem WERKZEUG ZUM AUSWÄHLEN/ TRANSFORMIEREN über der Spitze des Stängels. Als Nächstes wollen wir die Samen in der Blütenmitte basteln. Wählen Sie erneut die Kreis-Form und replizieren Sie diese. Diesmal entscheiden wir uns für einen kreisförmigen Replikator mit KACHELFÜLLUNG. Den KACHELVERSATZ stellen wir auf 50 %. Passen Sie auch den Radius an.

Skalieren Sie die Zellen und platzieren Sie diese in der Blütenmitte, nachdem Sie den Zellen eine passende Farbe gegeben haben. Achten Sie auch darauf, dass der Ursprung des Musters in der Mitte liegt und Umgekehrtes Stapeln aktiviert ist. Dadurch wirkt es, als würde sich in der Mitte eine Wölbung bilden.

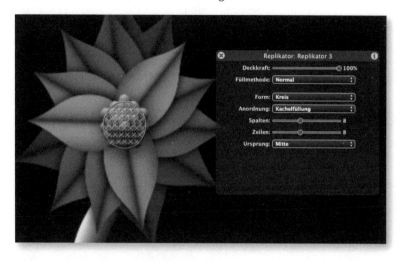

◄ **Abbildung 12.39**
Die Blütenmitte wölbt sich nach vorn.

16 Blütenmitte als Spiral-Form

Sollten Sie mit der Kreis-Form unzufrieden sein, dann können Sie auch eine Spiral-Form ausprobieren. Bei vielen Armen und wenigen Punkten kann man auch hiermit interessante Anordnungen erzielen.

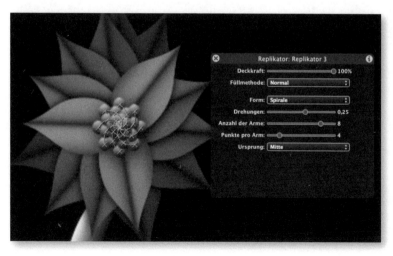

◄ **Abbildung 12.40**
Die Blütenmitte als Spiral-Form

17 *Blume vor die Wand setzen*

Die Blume ist eigentlich fertig. Als Kür könnte man aber noch Blätter am Stängel befestigen. Natürlich könnte man die wenigen Blätter auch von Hand positionieren, doch da wir bereits den Stängel als Form haben, können wir auch die Blatt-Form entlang seiner Geometrie replizieren, wie wir ja bereits den Stängel selbst aus Kreisen erzeugt haben. Erzeugen Sie also einen weiteren Replikator aus dem Blatt, stellen Sie die Form auf GEOMETRIE und weisen Sie die Form des Stängels zu.

Die Blüte selbst lässt sich mit dem Filter VERZERRUNG · WELLEN noch etwas interessanter gestalten, denn dadurch werden die Blätter und der Verlauf in ihrer Mitte verzerrt.

Aktivieren Sie für die Ebene mit der Blume jetzt noch den SCHATTENWURF und platzieren Sie diese vor der Ziegelsteinmauer. Glückwunsch zu einem ganzen Bild, das nur mit Replikatoren erstellt wurde.

Abbildung 12.41 ▶
Das fertige Bild

13 Showtime: Projekte ausgeben

Der letzte Schritt der Bearbeitung ist das Exportieren des Motion-Projektes. Die Einstellungen, die es hier vorzunehmen gilt, entscheiden über die technische Wiedergabequalität, sei es für das Web, die CD-ROM, die DVD, Präsentationen, Broadcast oder Kino.

13.1 Export als Datei

Irgendwann kommt die Stunde der Wahrheit und das Projekt ist abgeschlossen oder man möchte ein Zwischen-Rendering ausgeben. Auf jeden Fall möchte man eine Datei erzeugen, die man sich direkt anschauen kann oder die an ein weiteres Bearbeitungssystem übergeben wird, um noch mehr daraus zu machen. Jetzt stellt sich die Frage nach dem richtigen Format und den optimalen Einstellungen, damit so viel Qualität wie möglich bewahrt bleibt.

In Motion gibt es im Menü ABLAGE zwei verschiedene Menübefehle für den Export:
- EXPORTIEREN
- MIT COMPRESSOR EXPORTIEREN

Export-Funktion | Die normale Export-Funktion von Motion greift auf die QuickTime-Konvertierungsmöglichkeiten zurück und bietet für die Ausgabe die Formate
- QUICKTIME-FILM,
- BILDSEQUENZ und
- AKTUELLES FRAME an.

Export mit Compressor | Der Export für Compressor ist nur eine Übergabe der Projektdatei, die von Compressor gelesen werden kann. Compressor selber bietet dann weitere zahlreiche Ausgabemöglichkeiten in verschiedenen Formaten und greift dabei ebenfalls auf QuickTime zurück, verfügt aber auch über QuickTime-unabhängige Prozesse.

QuickTime-unabhängiges Encoding | In Apple-Programmen war die Ein- und Ausgabe von Multimedia-Formaten bisher immer Quick-Time-basiert. In Mac OS X lassen sich aber z. B. MPEG-Encoder auch auf Konsolen-Ebene betreiben. QuickTime fungiert in diesem Fall nur noch als Zulieferer, der das Ausgangsformat für den Encoder lesbar macht. Das Encoding selber kann von QuickTime unabhängig stattfinden und so geschieht es auch z. B. bei MPEG-1 mit Compressor. Die Komponente ist nicht in QuickTime selber enthalten.

XML-basiert | Wie im Kapitel »Projektübergabe mit den Apple Pro Applications« noch beschrieben wird, kann die XML-basierte Motion-Projektdatei auch von Final Cut Pro, DVD Studio Pro, Shake und After Effects direkt gelesen werden. Das Motion-Projekt, das hier als Clip interpretiert wird, muss dann in diesen Programmen mit spezifischen Einstellungen gerendert und encodiert werden. Die Programme greifen dabei auf die Motion Render-Engine zurück, daher muss Motion auf dem Zielsystem installiert sein. Die Projektdatei von Motion wird verhältnismäßig klein sein, bei einfachen Projekten nur wenige Kilobyte. Mit einem einfachen Text-Editor wie TextEdit lässt sich die Motion-Projektdatei auch einsehen:

```
- <ozml version="1.0">
- <factory id="1" uuid="712462a4323911d78f8400039389b702">
  <description>Form</description>
  <manufacturer>Apple</manufacturer>
  <version>1</version>
  </factory>
  ...
- <sceneSettings>
  <width>720</width>
  <height>576</height>
  <duration>150</duration>
  <frameRate>25</frameRate>
  <NTSC>0</NTSC>
  <channels>4</channels>
  <channelDepth>8</channelDepth>
  <pixelAspectRatio>1.0667</pixelAspectRatio>
  <backgroundColor red="0" green="0" blue="0" alpha="0" />
  <audioChannels>2</audioChannels>
  <audioBitsPerSample>32</audioBitsPerSample>
```

```xml
<audioSampleRate>44100</audioSampleRate>
<fieldRenderingMode>1</fieldRenderingMode>
<renderMethod>0</renderMethod>
<doMotionBlur>0</doMotionBlur>
<motionBlurSamples>8</motionBlurSamples>
<motionBlurDuration>1</motionBlurDuration>
<startTimecode>0</startTimecode>
<doRenderFields>0</doRenderFields>
</sceneSettings>
...
- <primaryObjects>
  <id>10672</id>
  </primaryObjects>
- <primaryFactories>
  <uuid>ee6b4918387a11d7a02100039375d2ba</uuid>
  </primaryFactories>
- <layer name="Ebene" id="10672">
- <scenenode name="Kreis" id="10762" factoryID="1">
  <properties />
- <curve_X>
- <vertex index="0" flags="40">
- <vertex_folder name="Scheitelpunkt" id="321" flags="69712">
    <parameter name="Aktiviert" id="1" flags="65616" value="1" />
    <parameter name="Wert" id="2" flags="65616" value="-99.84062958" />
    <parameter name="Ausrichtung" id="3" flags="65616" value="1" />
    <parameter name="Eingabe-Tangente" id="4" flags="65616" value="0" />
    <parameter name="Ausgabe-Tangente" id="5" flags="65616" value="0" />
  </vertex_folder>
```

▲ **Listing 13.1**
Ein Auszug aus einer Motion-Datei, die im XML-Format abgelegt wurde. Die Syntax kommt jedem bekannt vor, der HTML-Code lesen kann. Im ersten Abschnitt wird die Herkunft der Datei dokumentiert, im zweiten die Projekteinstellungen, im dritten werden die Objekte definiert. Wie man erkennen kann, wird jedem Parameter neben einer id-Nummer auch die deutsche Bezeichnung mitgegeben. Interessant ist auch, dass NTSC ein Switch ist, den man ausschalten kann.

> **Übertragung auf ein anderes System**
>
> Die Medien, die in einem Motion-Projekt verwendet werden, sind verknüpft und müssen zur Übertragung auf ein anderes System mit kopiert werden. Das gilt natürlich nicht für in Motion generierte Objekte, wie Formen oder Texte, da diese im Motion-Projekt enthalten sind. Wird z. B. bei Partikelsystemen die Partikelzelle aus eigenen Grafik- oder QuickTime-Dateien gelesen, dann müssen diese auch auf das Zielsystem übertragen werden. Die verwendeten Schriftarten und Apple LiveFonts müssen auf dem Zielsystem ebenfalls vorhanden sein. Eine Konsolidierungs-Funktion gibt es in Motion leider nicht, sodass man die verwendeten Medien und Schriften manuell zusammensuchen muss.

13.2 Projekteinstellungen

Für die Ausgabe des Motion-Projekts sollte man noch einmal einen Blick in die Projekteinstellungen ⌘+J werfen. Im Tab ALLGEMEIN gilt es vor allem, die eingestellte Halbbilddominanz zu beachten. Auch die Farbtiefe ist für den Export von Bedeutung und im Tab RENDER-EINSTELLUNGEN finden Sie weitere Parameter für die Bewegungsunschärfe sowie die Skalierungsqualität.

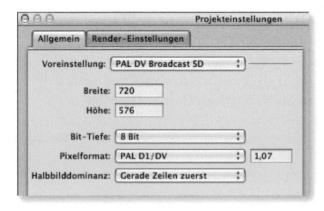

Abbildung 13.1 ▶
In den PROJEKTEIN-STELLUNGEN lässt sich im Tab ALLGEMEIN u. a. die HALBBILD-DOMINANZ einstellen. Angezeigt wird diese im Projekt zunächst nicht.

13.2.1 Farbtiefe

Nur kurz können wir auf die Einstellungen zur Farbtiefe eingehen. Im Kapitel »Videogrundlagen« haben wir bereits ein paar Beispiele genannt, wann es sich lohnen kann, das 16- und 32-Bit-Rendering zu verwenden.

Bei unseren Versuchen mussten wir leider feststellen, dass Motion zwar hervorragendes 16- und 32-Bit-Floating-Point-Rendering bietet, aber diese Farbtiefe nicht exportiert werden kann. Sie können zwar Einzelbilder und Bildsequenzen im TIFF- und Photoshop-Format mit einer Farbtiefe von 16 Bit importieren und auch intern mit 16 oder 32 Bit rendern, aber wenn Sie mit Motion 2.0 ein 16-Bit-Exportformat wählen, wird nach unseren Versuchen nur ein Umfang von 8 Bit gespeichert. Gleiches gilt für 10- oder 16-Bit-QuickTime-Codecs. Nur im OpenEXR-Format wird auch der 32-Bit-Farbraum wieder abgespeichert. Wir vermuten, dass sich hier noch ein kleiner Bug eingeschlichen hat und dies sicher noch behoben wird.

13.2.2 Progressiv, Interlaced und Motion Blur

Da sind sie wieder, unsere drei Probleme: Vollbilder, Halbbilder und Bewegungsunschärfe. Die drei verschiedenen Modi wirken sich unterschiedlich auf Bewegungen im Bild aus. Im Kapitel »Videogrundlagen« finden Sie eine Erläuterung zu den Verfahren und im Kapitel »Das Motion-Interface« wurde auf Seite 239 die Auswirkung in der Darstellung bereits beschrieben.

Halbbilder | Motion stellt das Projekt standardmäßig progressiv dar, so auch bei einer PAL DV-Einstellung mit 25 Vollbildern und gerader Halbbilddominanz. In den PROJEKTEINSTELLUNGEN können Sie die Einstellungen zur Halbbilddominanz kontrollieren.

Halbbilder im Canvas anzeigen | Die Halbbilddominanz wird im Canvas des Projektes zunächst nicht angezeigt. Wie auf Seite 239 bereits beschrieben, muss dazu rechts oben unter der Symbolleiste im Popup-Menü DARSTELLUNG der Eintrag HALBBILDER RENDERN aktiviert werden oder Sie wählen im Menü DARSTELLUNG den gleichen Eintrag (Alt+F).

Die Darstellung der Halbbilder bezieht sich in diesem Moment auf die aktuellen Projekteinstellungen. Sollte Ihr System schnell genug sein, um in Echtzeit das Motion-Projekt mit Halbbildern aus der RAM-Vorschau auf eine Videohardware auszugeben, dann könnten Sie die Halbbilder auch direkt aus Motion heraus kontrollieren. Beachten Sie dazu aber auch unsere Erläuterungen in den Kapiteln »Projektmanagement« und »Rohmaterial« auf den Seiten 748 und 361.

Bewegungsunschärfe | Auch zur Bewegungsunschärfe haben Sie im Kapitel »Videogrundlagen« auf Seite 120 schon etwas erfahren. Die Bewegungsunschärfe birgt die Gefahr, dass bei starker Bewegung viel Unschärfe bei relevanten Objekten entsteht und diese unerkennbar oder matschig erscheinen. Für Kinoanimationen, Projektionen und Präsentationen kann die Bewegungsunschärfe helfen, ein Ruckeln oder Shuttern zu vermeiden. Shuttern ist die Überschneidung von Echos, die kontrastreiche Bilder wie beispielsweise Abspanntexte beim menschlichen Auge erzeugen.

Für eine gute Dosierung der Bewegungsunschärfe sollte man immer einige Tests machen. Die Einstellung zur Bewegungsunschärfe findet sich auch in den Projekteinstellungen, diesmal im zweiten Tab Render-Einstellungen.

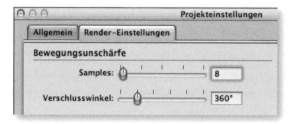

Abbildung 13.2 ▶
Der zweite Tab in den Projekteinstellungen trägt die Bezeichnung Render-Einstellungen. In diesem Bereich gibt es zwei Regler für die Art der Bewegungsunschärfe.

Bewegungsunschärfe bei Film | Da eine Belichtung auf einen bewegten Filmstreifen nichts außer vertikalen Streifen erzeugen würde, muss das Material während der Aufnahme absolut still stehen. Es wird also Zeit benötigt, um das Bild zu belichten und dann ruckartig weiterzutransportieren, ohne den Filmstreifen zu zerreißen. Um die Belichtung also während des Transports zu unterbrechen, wurde mechanisch ein Umlaufverschluss (engl. Shutter) angekoppelt, der sich während der gesamten Verarbeitung eines Bildes einmal um 360° dreht. Die Hälfte dieser Scheibe, also 180° ihrer Umdrehung, ist lichtdurchlässig. Diesen offenen Anteil an dem gesamten Umkreis bezeichnet man als »Shutter Angle«, auf deutsch Verschlusswinkel. Sobald die geschlossene Hälfte der Umlaufblende (Dunkelsektor) die Belichtung unterbricht, kann der Filmstreifen, der sich in der Zwischenzeit angestaut hat, vom so genannten Greifer ein Bild weiter geschoben werden. Die Umlaufblende öffnet sich und der Vorgang beginnt von neuem.

Die Mechanik des Belichtungsvorgangs bedeutet für das aufgenommene Bild, dass nur die Hälfte einer Bewegung überhaupt abgebildet wird. Objekte, die sich sehr schnell bewegen, können also im

Bild springend wahrgenommen werden. Da allerdings während einer Belichtung bewegte Objekte im Bild an mehreren Positionen abgebildet werden, wirken sie proportional zur Geschwindigkeit im Bild-Fenster unscharf.

Filmlook | Diese beiden Mängel des Filmbildes bezeichnet man, zusammen mit anderen Qualitäten des Materials, wohlwollend als Filmlook. Er entspricht zwar nicht der menschlichen Wahrnehmung, denn das Auge »belichtet« eigentlich Objekte im Blickmittelfeld mit einer höheren »Bildrate«, doch er ist, nicht zuletzt unter wirtschaftlichen Gesichtspunkten, ein guter Kompromiss aus Erkennbarkeit des Objektes und der Darstellung der Geschwindigkeit. Wenn alles Abzubildende rein digital gerendert wird, muss man sich diesen kleinlichen Einschränkungen natürlich nicht unterwerfen.

Bewegungsunschärfe in Motion | In Motion wird die virtuelle Umlaufblende mit den Parametern SAMPLES und VERSCHLUSSWINKEL kontrolliert. Da es beim Rendering sehr aufwändig wäre, die Positionsveränderung jedes einzelnen Objektpunktes in der Bildfläche zu ermitteln (was so genannte Pixel-Tracker wie der Motion Blur von ReelSmart machen), nähert man in vielen Animationsprogrammen die Bewegungsunschärfe an, indem man ein Einzelbild in mehrere Zwischenbilder auflöst und diese ineinander blendet. Diese Zwischenbilder nennt man Samples, was sich zu Deutsch noch besser mit Proben übersetzen lässt.

Zwischenbilder ermitteln | Die Samples nimmt man während einer Bewegung auf, um dann daraus einen Mittelwert zu bilden. Der Zeitraum, in dem die Samples gesammelt werden, bestimmt sich aus dem Parameter VERSCHLUSSWINKEL, der ja den offenen Anteil des Umlaufverschlusses bezeichnet.

VERSCHLUSSWINKEL: Der Verschlusswinkel lässt sich in Motion von 0° bis 1800° einstellen. Das entspricht einer Belichtungszeit von 0 Sekunden bzw. einem extrem scharfen Bild (vergleichbar mit einer Hochgeschwindigkeits-Kamera), bis ⅕ Sekunde (bei 25 Bildern die Sekunde). Um die Dauer der in einem Bild abgebildeten Animation in Einzelbildern zu ermitteln, muss man einfach den Wert des Verschlusswinkels durch 360 teilen.

Während ein Filmbild das Geschehene abbildet, zeichnet Motion die Bewegung, die innerhalb der nächsten virtuellen Verschlussumläufe stattfindet. Bei einem Winkel von 180° bedeutet dies, dass in Bild 1 die Hälfte der Bewegung zu Bild 2 dargestellt wird. Entsprechend zeigt ein Wert von 720° in Bild 1 die Bewegung von Bild 1 bis Bild 3.

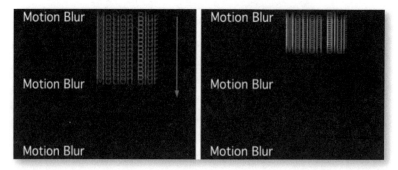

Abbildung 13.3 ▶
Der Text rechts bewegt sich innerhalb eines Bildes bis zur mittleren Position. Bei einem Verschlusswinkel von 360° wird die gesamte Bewegung bis zum nächsten Belichtungszeitraum abgebildet (links), bei 180° nur die Hälfte (rechts). Die Anzahl der Samples in dieser Zeit entscheidet über die Qualität der Unschärfe.

Dieser Unterschied ist vor allem bei der Arbeit mit Kamera-Aufnahmen zu beachten. Sollte man also mit deaktivierter Bewegungsunschärfe eine Animation auf einen Film angepasst haben, dann kann es notwendig sein, dass die gesamte Animation um ein Bild versetzt werden muss.

Samples: Wie erwähnt, bestimmt die Zahl der Samples, wie viele Zwischenbilder während des Belichtungszeitraumes aufgenommen und im gerenderten Bild zusammengefasst werden. Die Deckkraft der einzelnen Samples wird dabei entsprechend ihrer Anzahl angepasst, sodass sich die Gesamtdeckkraft auf 100 % summiert, bei 8 Samples hat also jedes einzelne Sample ⅛ Deckkraft bzw. 12,5 %.

Unterschiedliche Sample-Einstellungen | Samples erhöhen den Rechenaufwand erheblich, da sich die Anzahl der zu berechnenden Animationsphasen vervielfacht. Auch lässt sich die Sample-Rate nicht über Keyframes animieren. Daher kann es nötig sein, für einzelne Bewegungsabläufe eigene Renderings mit verschiedenen Sample-Einstellungen durchzuführen und diese wieder in das Projekt zu importieren.

Bewegungsunschärfe von importierten Clips | Es ist wichtig zu beachten, dass die Bewegungsunschärfe nur für in Motion animierte Objekte berechnet wird. Die Bewegungen eines importierten Filmclips lassen sich nicht nachträglich mit diesem Effekt versehen. Würde der Filmclip hingegen als Objekt durch das Canvas bewegt werden, ließe sich diese Bewegung verwischen.

> **Bewegungsunschärfe in Final Cut Pro**
>
> In Final Cut Pro lässt sich die Bewegungsunschärfe auch für Objekte aktivieren, die importiert und nicht weiter animiert wurden. Das liegt daran, dass Final Cut Pro ein ziemlich einfaches Frameblending vornimmt, also die angrenzenden Bilder übereinander blendet, wodurch ein Echo entsteht.

Echte Zwischenbilder | In Motion werden in der Bewegungsunschärfe echte Zwischenbilder errechnet. Die Anzahl der Zwischenbilder ist abhängig von den Samples. Die Gesamtdeckkraft aller Samples ergibt immer 100 %, d. h., je mehr Samples man erstellt, desto geringer wird die Deckkraft des einzelnen Samples. Das ist auch sinnvoll, sonst würde die Bewegungsunschärfe immer heller werden, da die Samples meistens addiert übereinander liegen. Mit einem sehr hohen Verschlusswinkel oder einer sehr schnellen Bewegung können die einzelnen Samples jedoch auch sichtbar gemacht werden.

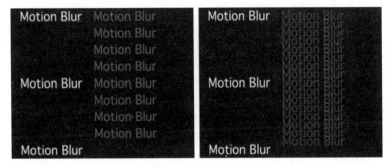

▲ **Abbildung 13.4**
Links: Eine Einstellung des Verschlusswinkels mit 720° zeichnet die Bewegungsunschärfe in die Bewegung, die erst im dritten Bild stattfindet, also in die Zukunft. Rechts: Ein höheres Sampling zeichnet mehr Abstufungen, sodass der Schweif deutlicher wird.

In Final Cut Pro können die Einstellungen für die Bewegungsunschärfe für jedes Objekt einzeln vorgenommen werden, während die Einstellung in Motion für das ganze Projekt gilt. Shake bietet nicht nur einen besonders hochwertigen Motion Blur, sondern die Bewegungsunschärfe kann über einzelne Objekte mit eigenen Einstellungen hinzugefügt werden. Der Filter ZEITDEHNUNG in Motion erzeugt übrigens den gleichen Effekt wie die Bewegungsunschärfe von Final Cut Pro.

Abbildung 13.5 ▶
Der Filter ZEITDEHNUNG in Motion mit einer eingestellten DAUER von »0,1« (links) im Vergleich mit der Bewegungsunschärfe in Final Cut Pro mit einer hohen Anzahl von Samples (rechts).

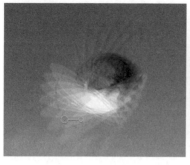 

Bei all der Theorie sollte man aber einfach mal verschiedene Einstellungen ausprobieren, denn feste Regeln gibt es bei all den Möglichkeiten keine – nur Gründe. Suchen Sie sich also einen Grund, es so zu machen, wie es Ihnen gefällt und schicken Sie das Ganze raus. Wie, dazu kommen wir jetzt.

13.2.3 Skalierungsqualität

Wie bereits im Kapitel »Motion-Setup« kurz erwähnt, kann man in Motion die Qualität von Skalierungen einstellen. In Motion 1.0.x geschah dies noch in den Einstellungen zur Ausgabe, während in Motion 2 dies nun in den PROJEKTEINSTELLUNGEN durchgeführt wird. Wählen Sie dazu wieder das zweite Tab zu den RENDER-EINSTELLUNGEN. In der Rubrik AUSGABE befindet sich das Popup-Menü METHODE FÜR GLÄTTEN, in der PDF-Hilfe nur unter **Anti-Aliasing-Methode** zu finden.

Abbildung 13.6 ▶
In den RENDER-EINSTELLUNGEN der PROJEKTEINSTELLUNGEN befinden sich unter der Rubrik AUSGABE die Modi für die Skalierungsqualität.

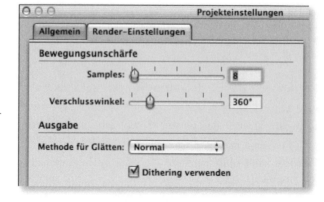

Es ist wichtig zu beachten, dass diese Einstellungen nur beim Herunterskalieren von Pixelbildern sichtbare Auswirkungen zeigen. Beim

Hochskalieren wird immer alles gleich unscharf. Drei Einstellungsmöglichkeiten stehen zur Auswahl:

- OHNE ❶: Es wird kein Anti-Aliasing durchgeführt. Feine Details gehen dadurch bei starkem Herunterskalieren verloren.
- NORMAL ❷: Die Standard-Methode bietet einen Kompromiss aus Rechengeschwindigkeit und Qualität. Zum Arbeiten in Motion ist dieser Modus brauchbar, aber für das End-Rendering als Datei würden wir ihn bei feinen Details nicht verwenden.
- OPTIMAL ❸: Die höchste Methode für das Anti-Aliasing ist sehr brauchbar, kostet aber die meiste Performance.

Weiterhin gibt es die Checkbox DITHERING VERWENDEN. Die Funktion ist nicht in den Unterlagen zu Motion dokumentiert und zeigte bei unseren Versuchen auch keinerlei Wirkung.

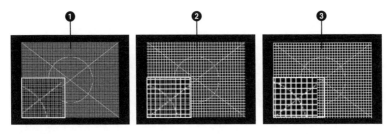

▲ Abbildung 13.7
Ein kritisches Testraster zum Vergleich der Skalierungsqualität, in Motion METHODE FÜR GLÄTTEN genannt.

Grundsätzlich gelten die Einstellungen ohnehin nur für die Darstellung und das End-Rendering. Bei der Übergabe eines Motion-Projektes an Final Cut Pro, DVD Studio Pro, After Effects und Shake wurde bei unseren Versuchen immer die beste Anti-Aliasing-Variante gewählt. Die Qualität ist insgesamt im Vergleich zu anderen Programmen schon ziemlich gut, aber die sehr professionellen Programme Photoshop, After Effects und Shake sind beim Herunterskalieren noch etwas besser.

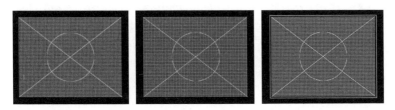

▲ Abbildung 13.8
Skalieren auf etwas höherem Niveau. Photoshop CS (links), After Effects 6.5 (Mitte) und Shake 4 (rechts). Die drei Programme skalieren ungefähr gleich gut.

13.3 Exportieren – QuickTime-Film

Kommen wir nun zu den Exportmöglichkeiten. Wenn Sie den Befehl Exportieren ⌘+E aus dem Menü Ablage wählen, öffnet sich direkt ein Fenster, in dem QuickTime standardmäßig als Ausgabeformat ❶ vorausgewählt ist.

Abbildung 13.9 ▶
Im Fenster für den Export vergeben Sie einen Namen, setzen den Speicherort und bestimmen das Ausgabeformat.

- Sichern unter: Im obersten Feld vergeben Sie einen Namen für die QuickTime-Datei.
- Ort: In dem Popup-Menü bestimmen Sie den Verzeichnispfad, in dem der Film gespeichert werden soll. Klicken Sie neben der Bezeichnung für die Datei auf die Taste mit dem kleinen schwarzen Dreieck ❷, klappt sich ein Fenster auf, sodass Sie wie gewohnt durch die Verzeichnisse Ihrer Festplatten browsen und sogar neue Ordner erstellen können, um einen geeigneten Speicherort zuzuweisen.
- Art: In dem Popup-Menü finden Sie die verschiedenen Ausgabeformate. Das sind neben QuickTime-Film die Bildsequenz und Aktuelles Frame. Rechts daneben findet sich ein Button für die Optionen ❸ zu dem jeweiligen Format. Diese sind gerade bei QuickTime recht umfangreich und wir werden sie auch ausführlich beschreiben.
- Exportvoreinstellung: In dem Popup-Menü finden Sie zunächst fertige Vorgaben, die von Apple mitgeliefert wurden. In den Einstellungen von Motion können Sie aber auch neue, eigene Vorgaben definieren. Dazu kommen wir auf Seite 743 noch genauer. Die Vorgabe Lossless+Alpha-Film rendert das Projekt ohne Verlust in 8-Bit-Farbtiefe mit Alphakanal. Eine solche QuickTime-Datei lässt sich in nahezu jedem QuickTime-kompatiblen System oder Programm weiterverwenden.

- INKLUSIVE: Im letzten Popup-Menü können Sie noch definieren, ob Sie VIDEO UND AUDIO oder NUR VIDEO bzw. NUR AUDIO exportieren möchten. Haben Sie kein Audio angelegt, dann steht NUR VIDEO für den Export zur Auswahl. Wurde eine Audiodatei eingefügt, dann aber wieder gelöscht, kann Audio trotzdem exportiert werden, ohne dass eine Audiodatei im Projekt eingebunden ist.
- WIEDERGABEBEREICH VERWENDEN: Die unterste Checkbox bezieht sich auf den gesetzten Wiedergabebereich in Motion. Wird die Checkbox aktiviert, dann exportiert Motion nur den Teil des Projektes, der über In- und Out-Punkte als Wiedergabebereich definiert wurde. Bleibt die Checkbox deaktiviert, dann wird die gesamte Projektlänge exportiert. Die In- und Out-Punkte werden dabei ignoriert.

13.3.1 Exportoptionen für Video und Audio

Widmen wir uns den Einstellungsmöglichkeiten für den Export als QuickTime-Film. Mit einem Klick auf die Taste OPTIONEN öffnet sich das Fenster EXPORTOPTIONEN. Die Einstellungen in diesem Fenster basieren zum einen auf der Vorgabe, die im Eintrag EXPORTVOREINSTELLUNG ausgewählt war, in unserem Fall LOSSLESS+ALPHA-FILM und zum anderen auf den Projekteinstellungen. Die Einstellungen zu Video und Audio des Ausgabeformates finden Sie im ersten Tab VIDEO/AUDIO.

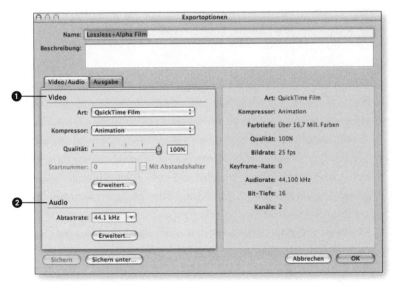

◄ **Abbildung 13.10**
In den EXPORTOPTIONEN findet man im Tab VIDEO/AUDIO die spezifischen Einstellungen zum Ausgabeformat.

Die Projekteinstellungen können Sie im Tab AUSGABE noch mal modifizieren. Wir widmen uns zunächst den Einstellungen der Rubrik VIDEO ❶:

- ART: Hier kann das Ausgabeformat nochmals umgestellt werden, also entweder QUICKTIME-FILM, BILDSEQUENZ oder EINZELBILD (EINZELBILD steht hier für AKTUELLES FRAME).
- KOMPRESSOR: Wie bei der Exportvorgabe LOSSLESS+ALPHA-FILM eingestellt, ist hier ANIMATION ausgewählt. Der Animation-Codec ist für ein Motion-Projekt im 8-Bit-Farbraum verlustfrei, sofern der Regler für die QUALITÄT auf 100 % bleibt.
  Wir empfehlen diesen Codec sowohl für die Weitergabe an andere QuickTime-basierte Anwendungen als auch für späteres Transcoding in andere Formate. Sie können also bereits ohne dieses Buch weiterzulesen mit der Vorgabe LOSSLESS+ALPHA-FILM eine hochwertige Ausgabe als QuickTime-Datei erzeugen. Wir erläutern die Vielzahl an Codecs im Anschluss an diesen Abschnitt.
- QUALITÄT: Einige Codecs, wie z. B. Foto-JPEG, verfügen über verschiedene Kompressionsstärken, die Sie über diesen Regler einstellen können. Die Codecs der DV-Formate sowie die unkomprimierten 4:2:2-Codecs von Final Cut Pro arbeiten mit festen Datenraten, sodass dieser Regler keine Auswirkung hat. Leider wird der Regler beim Auswählen solcher Codecs aber nicht automatisch inaktiv.
- STARTNUMMER: Diese Funktion steht nur bei Bildsequenzen zur Verfügung.
- ERWEITERT: Öffnet das Fenster zu den erweiterten Video-Codec-Optionen von QuickTime.

Kommen wir nun zu den Einstellungen der Rubrik AUDIO ❷:

- ABTASTRATE: Sie können hier die Samplingrate für die Audioausgabe einstellen. Diese unterstützt grundsätzlich die drei Standardvorgaben 32 kHz, 44,1 kHz und 48 kHz. Höhere Werte waren mit der von uns verwendeten Hardware nicht möglich und da auch in der erweiterten Option maximal 48 kHz zur Verfügung standen, gehen wir davon aus, dass Motion hier nicht mehr unterstützt, auch wenn dies mit QuickTime 7 möglich wäre.
- ERWEITERT: Öffnet das Fenster zu den erweiterten Audio-Codec-Optionen von QuickTime.

> **Audiobearbeitung in anderen Programmen**
>
> Beachten Sie auch unsere Erläuterung zum Thema Audio im Kapitel »Das Motion-Interface« auf Seite 296 und im Kapitel »Rohmaterial« auf Seite 340. Wir empfehlen, für akkurate Audiobearbeitung eine andere Applikation wie Final Cut Pro, Soundtrack oder Logic zu verwenden und Audio in Motion nur grob anzulegen, um z. B. Animationen darauf anzulegen.

Motion mischt und sampled unterschiedliche Audioformate, auf die in den Systemeinstellungen eingestellte Audioausgabe. Das werden meistens 44,1 kHz sein, was für den Einsatz in Präsentationen, auf CD-ROMs und im Internet auch ausreichend ist. Für die Video-DVD und die Übergabe an Videosysteme wie Final Cut Pro müssen es aber fast immer 48 kHz sein. Stellen Sie also besser diesen Wert in dem Feld für die Abtastrate ein. QuickTime macht ein sehr gutes Upsampling.

13.3.2 Erweiterte Video-Codec-Einstellungen

Kommen wir nun zu den erweiterten Video-Codec-Einstellungen. Die zur Verfügung stehenden Einstellungsmöglichkeiten sind davon abhängig, ob der verwendete Codec diese auch unterstützt. QuickTime selber bietet schon eine große Auswahl an Codecs, doch die Anzahl an Codecs, die im Popup-Menü KOMPRESSOR zur Auswahl stehen, hängt davon ab, wie viele Komponenten nachträglich installiert wurden. Nachträglich installierte Komponenten finden sich in der Library im Ordner QuickTime wieder.

Codecs löschen | Die Anzahl der Codecs ist mit den Jahren beständig gewachsen und obwohl z. B. der Cinepak-Codec aus den frühen Neunzigerjahren immer noch unterstützt wird, macht dies in der Praxis kaum noch Sinn. Viele Codecs würde man also gar nicht mehr brauchen und wir wünschten uns für QuickTime einen Konfigurationsmanager in den Systemeinstellungen, um Codecs, ähnlich wie Schriften, deaktivieren zu können, am besten für das Encoding und Decoding separat. Herauslöschen aus der Liste lassen sich derzeit nur die Codecs, die nachträglich in der Library installiert wurden. Die QuickTime-eigenen Codecs sind unantastbar im System verankert.

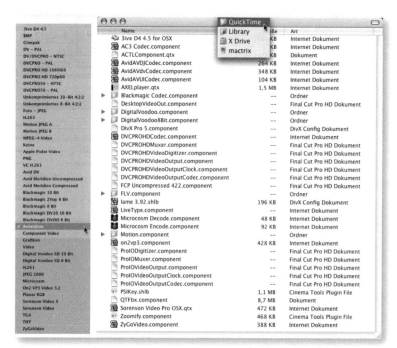

Abbildung 13.11 ▶
Die Anzahl der Codecs kann stark variieren, je nachdem, wie viele Komponenten nachträglich installiert wurden. Bei uns sind das nicht wenige.

Mit der Auswahl des Codecs ist es oft nicht getan. Die Taste ERWEITERT in den EXPORTOPTIONEN öffnet das standardmäßige QuickTime-Dialog-Fenster für die Codec-Einstellungen. Das Fenster hat sich mit QuickTime 7 etwas verändert, sodass sich unsere Angaben nicht mehr auf frühere Versionen beziehen.

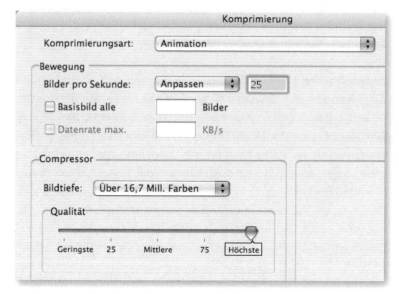

Abbildung 13.12 ▶
Die verlustfreie Exportvorgabe LOSSLESS + ALPHA-FILM basiert auf dem Animation-Codec mit höchster Qualitätseinstellung.

Komprimierungsart | Im obersten Popup-Menü können Sie nochmals den Codec auswählen und diese Einstellung wird dann auch in den EXPORTOPTIONEN von Motion übernommen. Je nachdem, welchen Codec Sie gewählt haben, stehen in den Rubriken BEWEGUNG und COMPRESSOR weitere Einstellungen zur Verfügung.

Im QuickTime-Dialog von Motion haben die Codecs paradoxerweise eine etwas andere Reihenfolge als im Popup-Menü KOMPRESSOR des Fensters EXPORTEINSTELLUNGEN. In der Export-Funktion des QuickTime Pro Players ist die Reihenfolge wieder etwas anders, ebenso in Final Cut Pro. Wir stellen die Codecs in der Reihenfolge vor, wie sie im Standard-Dialog von QuickTime in Motion erscheinen. Folgende Codecs gibt es standardmäßig in QuickTime 7:

- ANIMATION: Ein bei 100%-Qualitätseinstellung verlustfreier 8-Bit-RGB-Codec, der eine einfache RLE (Run Length Encoding)-Komprimierung verwendet und einen Alphakanal beinhalten kann. Da er schon seit der ersten QuickTime-Version enthalten ist, gewährleistet er eine **hohe Kompatibilität auf Mac und PC**.
- APPLE PIXLET VIDEO: Der Codec wurde mit Mac OS X 10.3 Panther nur für die Mac-Plattform eingeführt. Apple kündigte Pixlet als Ergebnis einer Zusammenarbeit mit der Animationsfirma Pixar an. Gedacht ist der Codec für Präsentationen und als Vorschaumöglichkeit von HD-Filmen. Die Datenrate und Prozessorauslastung wird dabei so gering gehalten, dass eine Wiedergabe auf PowerBooks ab 1 GHz möglich sein soll.

  HD ist ein dehnbarer Begriff und die ganz große HD-Bildgröße in 1920 × 1080 Pixel wird auf einem G4-PowerBook mehr schlecht als recht laufen. Dies ist auch kaum nötig, denn vor allem die Auflösung der 15-Zoll-Displays ist wesentlich niedriger. So bietet sich Pixlet für zahlreiche Bildgrößen an, in denen man hochwertige Präsentationen durchführen möchte. Besondere Einstellungen außer dem Qualitätsregler muss man hierbei nicht beachten. Jedoch wird die Darstellungsqualität unter 50% sehr kritisch.
- APPLE VC H.263: Apple verwendete diese modifizierte Fassung des durch die ITU standardisierten H.263-Codecs in iChat AV für Videokonferenzen. Seit Mac OS X 10.4 Tiger kommt dafür das Nachfolgeformat H.264, auch als AVC oder MPEG-4 Part 10 bekannt, zum Einsatz. Außer dem Qualitätsregler gibt es eine zusätzliche Taste mit OPTIONEN. Die H.263-ENCODER-OPTIONEN haben es in sich:
  - Die Angaben für ENTHALTENE BILDAUFLÖSUNGEN DEFINIEREN beziehen sich auf eine Optimierung, falls Sie in den aufgeführ-

ten Bildgrößen exportieren. Die Bildgrößen entsprechen dem genormten Common Intermediate Format (CIF), das Teil des H.263-Standards ist. Für Streaming nach H.263-Standard sind auch nur die hier aufgeführten Bildgrößen kompatibel, aber innerhalb des QuickTime-Containers scheint dies egal zu sein. Wir konnten beliebige Bildgrößen exportieren.

▶ Die letzte Option CYCLE INTRA MACROBLOCKS bezieht sich auf Datenpakete, die beim **Streaming** unterwegs verloren gehen. Wird die Checkbox aktiviert, können verlorene Makroblock-Informationen nicht nur erst durch das nächste Keyframe (Intraframe) hergestellt werden, sondern auch durch die Zwischenbilder.

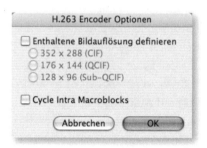

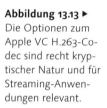

Abbildung 13.13 ▶
Die Optionen zum Apple VC H.263-Codec sind recht kryptischer Natur und für Streaming-Anwendungen relevant.

▶ BMP: Das Einzelbildformat gibt es auch als Video-Codec. Das Verfahren ist RGB-basiert und unkomprimiert, kann jedoch keinen Alphakanal bewahren. Es gibt keine zusätzlichen Optionen und die Qualität ist fest auf 50 % eingestellt, was aber einfach nur bedeutet, dass der Codec immer in voller Qualität arbeitet. Dies würden wir uns für alle Codecs wünschen, die keine Qualitätseinstellungen bzw. feste Datenraten bieten.

▶ CINEPAK: Der Codec erschien bereits mit QuickTime 1.5 und war zur Zeit der 68k- und frühen PPC-Macs noch sehr verbreitet. Auch viele Multimedia-CD-ROM-Anwendungen verwendeten ihn sehr oft. Der Codec benötigte geringe Prozessorleistung bei moderaten Datenraten. Die Qualität ist, gemessen an der Datenrate, heute aber nicht mehr vertretbar. Statt über den Regler lässt sich die Qualität auch über die maximale Datenrate einstellen.

▶ COMPONENT VIDEO: Ein ganz früher 4:2:2-YUV-Codec, der schon in QuickTime 1.6 enthalten war. Wir haben einige Vergleichstests mit dem unkomprimierten 8-Bit-Codec von Final Cut Pro gemacht und mussten leichte, kaum sichtbare Unterschiede feststellen.

▶ DV – PAL: Der Apple Codec für die populäre **DV-Bearbeitung im PAL-Format**. Der Codec arbeitet mit einer festen Datenrate von 25 MBit bzw. 3,6 Megabyte pro Sekunde im 4:2:0-YUV-Farbraum.

- Im Popup-Menü SCAN-MODUS kann man einstellen, ob man Halbbilder (INTERLACED) oder Vollbilder (PROGESSIV) verwendet.
- Beim BILDFORMAT kann man zwischen 4:3 und 16:9 wählen. In beiden Fällen werden nur Flags gesetzt, damit andere Programme den Modus korrekt erkennen können. Allerdings haben wir bei unseren Versuchen z. B. mit Final Cut Pro damit keinen Erfolg gehabt. Das Programm interpretierte die progressiven Testfilme im anamorphotischen 16:9-Format in 4:3 mit gerader Halbbilddominanz.

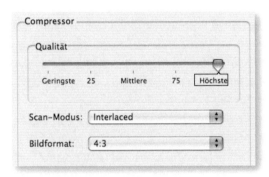

◀ **Abbildung 13.14**
Beim DV-Codec kann man die Qualität nicht beeinflussen. Die Einstellungen zu SCAN-MODUS und BILDFORMAT wurden in unseren Tests nicht von anderen Programmen erkannt.

- DV/DVCPRO – NTSC: Der kombinierte Apple-Codec für DV und DVCPRO25-Bearbeitung im NTSC-Format. Der Codec arbeitet in beiden Fällen mit einer festen Datenrate von 25 MBit bzw. 3,6 Megabyte pro Sekunde. Der Hauptunterschied zu DV – PAL ist das 4:1:1-Farbschema. Die Einstellungen zu SCAN-MODUS und BILDFORMAT finden sich auch hier.
- DVCPRO – PAL: Der Apple-Codec für DVCPRO25-Bearbeitung im PAL-Format verwendet ebenfalls das 4:1:1-Schema und eine Datenrate von 25 MBit. Der Grund, dass es keinen kombinierten Codec für DVCPRO – PAL und DVCPRO – NTSC gibt, ist die unterschiedliche Makroblock-Größe für das DCT-Verfahren der beiden Formate (siehe Seite 81).
- FOTO – JPEG: Der Codec ist sehr flexibel einsetzbar. In Final Cut Pro wird er z. B. für den so genannten **Offline-Schnitt** in verminderter Bildgröße und Qualität verwendet. Dabei wird von DV oder anderer Videohardware in einer Bildgröße von 320 × 240 Pixeln und einer Qualitätseinstellung von 35 % eingespielt und

geschnitten. Die Datenraten liegen deutlich unter einem Megabyte pro Sekunde, sodass große Projekte vorgeschnitten werden können, um zu einem späteren Zeitpunkt mit dem verwendeten Material in die Online zu gehen.

Der Codec kann weiterhin auch als hochwertiges Online-Format verwendet werden. Dabei verwendet die Kompression bei einer Qualität von exakt 75 % den 4:2:2-YUV-Modus bei Datenraten zwischen 2 und 5 Megabyte pro Sekunde. Die sichtbare Qualität ist dabei mit bloßem Auge nicht von einem unkomprimierten 4:2:2-Verfahren, das 20 Megabyte pro Sekunde benötigt, zu unterscheiden.

Dabei ist zu betonen, dass man mit diesem Codec zum einen nicht mehr als ein oder zwei Generationen erzeugen sollte und zum anderen für aufwändige Postproduktionen (z. B. Keying) das unkomprimierte Verfahren vorzuziehen ist. Auch der Prozessor wird durch den JPEG-Algorithmus stark beansprucht, sodass man derzeit auch auf G5-Systemen noch nicht in den Genuss von Echtzeit-Effekten in Final Cut Pro kommt.

Da Foto-JPEG sehr effektiv komprimieren kann, ist der Codec auch **streamingfähig**. In den OPTIONEN gibt es daher zwei Einstellungen: Die erste Checkbox FÜR STREAMING OPTIMIEREN erzeugt Datenpakete, die besser für das Streaming geeignet sind. Die zweite Checkbox RFC 2035-KOMPATIBEL (GERINGE FEHLERKORREKTUR) ist eine Methode, um JPEG-komprimiertes Video über das Realtime-Transport-Protokoll (RTP) zu übertragen.

▶ GRAFIKEN: Dieser Codec war auch schon in der ersten QuickTime-Version vorhanden und unterstützt nur 256 Farben oder Graustufen. In den frühen Zeiten der grafischen Bearbeitung waren 256 Farben für Grafiken gängig und so ist dieser Codec darauf optimiert. Heute würde man ihn nicht mehr einsetzen, es sei denn, Sie wollen vielleicht die Dithering-Methode nutzen, um einen bestimmten Look zu erzeugen. Sie können aber auch bei anderen Codecs wie ANIMATION für die BILDTIEFE 256 Farben wählen, was den gleichen Look ergibt, aber eine größere Datei erzeugt. Die Kompression des Codecs lässt sich nicht über den Qualitätsregler beeinflussen.

▶ H.261: Der Codec ist ebenfalls ein ITU-Standard und gilt als Vorläufer von MPEG-1, MPEG-2/H.262, H.263 sowie H.264/AVC (MPEG-4 Part 10). Ursprünglich war das Verfahren auf ISDN-Übertragungen optimiert. Es gibt keine weiteren Optionen für den Codec, aber grundsätzlich werden die gleichen CIF- und QCIF-Formate unterstützt wie bei H.263, also 352 × 288 Pixel und 176 × 144 Pixel. Der Codec verwendet den YUV-Farbraum, um mit einem 4:2:0-Schema zusätzlich die Datenrate zu reduzieren.

- H.263: Eine Weiterentwicklung von H.261. Die Einstellungen sind die gleichen wie beim modifizierten APPLE VC H.263-Codec.
- H.264: Der Codec ist auch unter der Bezeichnung MPEG-4 Part 10 oder AVC bekannt. Der Standard wurde durch die Video Coding Experts Group (VCEG) der ITU-T zusammen mit der Moving Picture Experts Group (MPEG) der ISO/IEC verfasst. Die Zielsetzung lag darin, einen Standard-Codec zu schaffen, der in allen Einsatzgebieten der digitalen Videocodierung verwendet werden kann, sei es Streaming, Web-Downloads, digitales Fernsehen oder zukünftige DVD-Standards. Der Codec kann daher für beliebige **Bildgrößen von Web bis High Definition** verwendet werden. Aus Motion heraus bietet der H.264-Codec keine weiteren Optionen außer der standardmäßigen Beschränkung der Datenrate und der Einstellung über den Qualitätsregler. Über QuickTime Pro und Compressor gibt es hier mehr Möglichkeiten, weshalb wir nicht empfehlen, H.264 für den QuickTime-Export aus Motion 2.0 zu verwenden.
- JPEG 2000: Der Codec arbeitet in höchster Einstellung verlustfrei, komprimiert aber ansonsten nach der diskreten Wavelet-Transformation (DWT). Es gibt im Gegensatz zum Export als Standbild keine weiteren Einstellungen für JPEG 2000. Das Format unterstützt im Gegensatz zu JPEG einen Alphakanal und ist damit bei höchster Qualitätseinstellung immer noch deutlich kleiner als ANIMATION.
- KEINE: Auch wenn keine Kompression verwendet wird, benötigt man dafür einen Codec. Der Codec arbeitet ohne jegliche Kompression im 8-Bit-RGB-Farbraum und kann einen Alphakanal bewahren.
- MOTION JPEG A: Die Motion-JPEG-Codecs wurden in der frühen Vergangenheit oft von Digitizer-Boards für die Videobearbeitung verwendet. Noch heute verwenden einige Avid-Systeme für komprimierte Bearbeitung die mittlerweile eigentlich veralteten Motion-JPEG-Verfahren. Der Vorteil der Codecs ist, dass sie bei hohen Qualitätseinstellungen eine passable Qualität liefern und mittlerweile von modernen Systemen ohne Ruckeln abgespielt werden können.

- Außer der Qualität können Sie nur FARBE oder GRAUSTUFEN für die BILDTIEFE wählen.
- In den OPTIONEN finden Sie unter ANZAHL DER FELDER die Möglichkeit, Vollbilder (EINS) oder Halbbilder (ZWEI) einzustellen. Bei Halbbildern können Sie dann unter FELDDOMINANZ noch auswählen, ob die Halbbilddominanz GERADE oder UNGERADE ist. Auch für Motion-JPEG finden sich wieder die Einstellungen für Streaming, siehe Foto – JPEG.

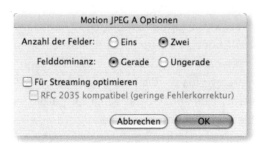

Abbildung 13.15 ▶
In den Motion-JPEG A-Optionen können Sie Einstellungen zur Halbbilddominanz und zur Streaming-Optimierung durchführen.

- MOTION JPEG B: Der Codec bietet die gleichen Einstellungen wie MOTION JPEG A, jedoch fehlen in den OPTIONEN die Einstellungen zum Streaming. MOTION-JPEG B erzeugt minimal kleinere Dateien als MOTION JPEG A.
- MPEG-4 Video: Der moderne Codec bietet leider nicht die gleichen Einstellungsmöglichkeiten wie der Export in das MPEG-4-Dateiformat (.mp4). So können Sie hier die Qualität nur über den Regler oder die Datenrate einstellen. MPEG-4 komprimiert sehr effektiv, benötigt aber moderne Prozessoren für die Dekodierung. Der neuere H.264-Codec ist interessanter, da Sie dort zumindest in QuickTime Pro und Compressor ein 2-Pass-Verfahren verwenden können und die Qualität bei niedrigerer Datenrate noch mal deutlich besser ist.
- PLANAR RGB: Der Codec komprimiert die Anteile der RGB-Werte einzeln und verlustfrei, was ihn nicht sehr effektiv macht. Er unterstützt einen Alphakanal, aber aufgrund der großen Datenmenge sind ANIMATION oder JPEG 2000 vorzuziehen. Der Qualitätsregler hat keine Wirkung.
- PNG: Das PNG-Bildformat als Videocodec. PNG unterstützt den 16-Bit-RGB-Farbraum inklusive Alphakanal und komprimiert dabei verlustfrei. Als QuickTime-Codec scheinen aber nur 8 Bit bewahrt zu bleiben. Es gibt keinen Qualitätsregler, da die Kompressionsmethode über das Popup-Menü FILTER bestimmt wird.

Diese Einstellungen sind auch im Einzelbildformat zugänglich, wo wir sie noch genau erläutern werden. Die Checkbox INTERLACED ermöglicht beim Standbildformat einen teilweisen Bildaufbau beim Herunterladen aus dem Web. Im Videocodec würde das keinen Sinn machen und bei unseren Versuchen gab es keinen sichtbaren Unterschied. Im Gegenteil wurde die Datei bei aktivierter Checkbox größer.

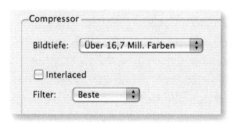

◄ **Abbildung 13.16**
Die Einstellungen zum PNG-Codec entsprechen denen eines Standbilds. Die Filtermethoden für die Kompression verändern nicht die Bildqualität.

▶ SORENSON VIDEO: Der populäre Sorenson-Codec in der Version 2 ist seit QuickTime 4 enthalten. Bis zum Erscheinen von MPEG-4 waren die Sorenson-Codecs führend in der Videoqualität bei niedrigen Bitraten und standen lange Zeit nur exklusiv in QuickTime zur Verfügung. Neben der integrierten Basic-Edition konnte man von Sorenson auch eine Pro-Edition erwerben und als Komponente installieren. In den OPTIONEN hat man bei der Pro-Edition Zugriff auf zahlreiche Einstellungen.

▶ SORENSON VIDEO 3: Der Nachfolger erschien als Basic-Version mit QuickTime 5 und ist bis heute ein beliebter Codec für Web-Downloads sowie Streaming. Auch hierfür gibt es eine Pro-Edition, deren Features über die OPTIONEN zugänglich sind.

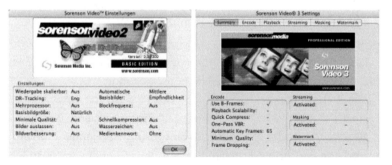

◄ **Abbildung 13.17**
In der Basic Edition von SORENSON VIDEO 2 sind die OPTIONEN festgelegt. Die Professional Edition von SORENSON VIDEO 3 (rechts) ermöglicht den Zugriff auf zahlreiche Einstellungen in den OPTIONEN.

▶ TGA: Das TGA-Bildformat als Videocodec. TGA unterstützt den 8-Bit-RGB-Farbraum inklusive Alphakanal und komprimiert dabei

mit dem RLE-Verfahren verlustfrei. Der Qualitätsregler ist wirkungslos.
- TIFF: Das TIFF-Bildformat als Videocodec. TIFF unterstützt als Einzelbildformat auch den 16-Bit-Farbraum, aber der Videocodec scheint ebenfalls nur 8-Bit inklusive Alphakanal zu bewahren. Der Qualitätsregler ist wirkungslos. Über die OPTIONEN kann man bestimmen, ob gar nicht komprimiert werden soll (OHNE) oder mit dem verlustfreien Verfahren PACKBITS. Die Checkbox für LITTLE ENDIAN aktiviert die Optimierung für x86-kompatible Prozessoren. Bei deaktivierter Checkbox wird Big Endian für 68k- und PPC-Prozessoren verwendet.
- VIDEO: Der letzte Codec in der Liste nennt sich schlicht und ergreifend so wie das, was er darstellt. Der Codec erschien bereits mit der ersten QuickTime-Version und wurde auch Road Pizza genannt. Obwohl qualitativ längst überholt, wird der Codec aus nostalgischen Gründen aufbewahrt, denn hierbei handelt es sich um den ersten QuickTime-Codec für das Abspielen von kleinen Videofilmen.

Folgende Codecs werden durch Apple-Videoprogramme wie iMovie HD, Final Cut Express HD und Final Cut Pro installiert:
- APPLE FCP UNKOMPRIMIERTES 10-BIT: Der Codec wird von Final Cut Pro installiert und ist für die Ein- und Ausgabe über Videohardware gedacht. Wie der Name verrät, ist der Codec unkomprimiert und arbeitet in 10-Bit-Farbtiefe. Es handelt sich aber nicht um einen RGB-Codec, sondern es wird der videokonforme 4:2:2-YUV-Farbraum verwendet. Der Codec kann keinen Alphakanal bewahren und erzeugt Datenraten von ca. 27 Megabyte pro Sekunde.
- APPLE FCP UNKOMPRIMIERTES 8-BIT: Die 8-Bit-Variante des zuvor beschriebenen Codecs wird auch von Final Cut Pro installiert. Die Datenrate beträgt ca. 20 Megabyte pro Sekunde.
- APPLE INTERMEDIATE CODEC: Der Codec wird von iMovie HD, Final Cut Express HD oder Final Cut Pro 5 installiert und wird als Zwischencodec für die HDV-Einspielung verwendet. Derzeit wird von den Apple-Programmen nur die HD-Auflösung in 1080i unterstützt, aber der Codec ist auch schon auf 720p vorbereitet. Der Modus ANDERE lässt auch weitere Einstellungen zur Halbbilddominanz zu. Ein Einsatzgebiet außerhalb von HDV sehen wir derzeit aber nicht.

Wenn Sie Animationen von Motion nach **iMovie HD oder Final Cut Express HD** für ein HDV-Projekt ausgeben möchten, ist dies der Codec Ihrer Wahl. Wie das HDV-Format arbeitet der Codec im YUV-Farbraum mit 4:2:0-Schema. Beachten Sie das Tutorial für das Erstellen einer HDV-Exportvorgabe auf Seite 675.

◄ **Abbildung 13.18**
Der Intermediate Codec von Apple ist als Zwischenformat für das MPEG-basierte HDV-Format gedacht.

- DVCPRO HD 1080I50: Der Codec für die native DVCPRO HD-Bearbeitung in einer Bildgröße von 1440 × 1080 Pixeln und einer PAL-Bildrate von 50 Halbbildern wird von Final Cut Pro seit Version 4.5 installiert. Der Codec verwendet einen 4:2:2-YUV-Farbraum. Die Bandbreite von bis zu 100 MBit wird je nach Format und Bildrate nicht voll ausgenutzt.
  Auch eignen sich die DVCPRO HD-Codecs nach unseren Erfahrungen für alle möglichen Bildgrößen und Bildraten. Da die Prozessor- und Festplattenbelastung auch für PowerBooks bei der großen HD-Bildgröße relativ moderat ist, ziehen wir die Codecs in vielen Fällen auch Pixlet vor, z. B. bei **Präsentationen**.
- DVCPRO HD 1080I60: Der Codec für die native DVCPRO HD-Bearbeitung in einer Bildgröße von 1280 × 1080 Pixeln mit einer NTSC-Bildrate von 59,94 Halbbildern.
- DVCPRO HD 720p60: Der Codec für die native DVCPRO HD-Bearbeitung in einer Bildgröße von 960 × 720 Pixeln mit einer NTSC-Bildrate von 59,94 Vollbildern. Der Codec wird aber auch für die Bildraten 29,97 und 23,98 verwendet. Eine PAL-Bildrate existierte beim Schreiben dieses Kapitels noch nicht.
- DVCPRO50 – NTSC: Der Codec für die native DVCPRO50-Bearbeitung mit einer NTSC-Bildrate von 59,94 Halbbildern. Wie die Bezeichnung vermuten lässt, beträgt die Datenrate 50 MBit, was etwa 8 Megabyte pro Sekunde entspricht. Der Codec verwendet den 4:2:2-YUV-Farbraum und gilt als Broadcast-Standard. Wie bei

den DV25-Formaten gibt es Einstellungen zu SCAN-MODUS und BILDFORMAT.

- DVCPRO50 – PAL: Der Codec für die native DVCPRO50-Bearbeitung mit einer PAL-Bildrate von 50 Halbbildern.
- HDV 1080I50: Der native HDV-Codec von Final Cut Pro 5 wandelt das MPEG-2-HDV-Signal nicht um, wie es der Intermediate Codec von Final Cut Express HD und iMovie HD tut. Dadurch ist die Datenrate etwas geringer und durch die native Bearbeitung bleibt die Ausgangsqualität eins zu eins bewahrt. Es stehen keine Optionen zur Verfügung. Der Codec ist nur für das 1080i-HD-Format mit einer PAL-Bildrate von 50 Halbbildern geeignet. Die native Bildgröße beträgt 1440 × 1080 Pixel.
- HDV 1080I60: Der native HDV-Codec für das 1080i-HD-Format mit einer NTSC-Bildrate von 59,94 Halbbildern und einer Bildgröße von ebenfalls 1440 × 1080 Pixeln.
- HDV 720P30: Der native HDV-Codec für das 720p-HD-Format findet noch keinen Einsatz, da Apple das Einspielen mit Final Cut Pro 5.0.2 noch nicht unterstützt. Eine kurzfristige Integration ist wahrscheinlich, nachdem von JVC eine entsprechende Kamera erschienen ist. Dieser Codec verwendet die NTSC-Bildrate von 29,97 Vollbildern und vor allem die PAL-Anwender hoffen noch auf eine Variante mit 25 und 50 Vollbildern. Die native Bildgröße beträgt 1280 × 720 Pixel.
- MPEG IMX 525/60 (30 MB/S): Das Format für die native Sony IMX- Bearbeitung verwendet MPEG-2-Codecs, die nur I-Frames einsetzen, sodass jedes Bild selbstständig ist. Der Codec wird für NTSC mit einer Datenrate von 30 MBit pro Sekunde benötigt.
525/60 steht für die Bildhöhe und Bildrate. Die Bildhöhe wird gemäß der analogen Zeilenanzahl angegeben, was nicht verwirren sollte, denn natürlich verwendet der Codec bei NTSC eine Höhe von 480 Pixeln und nicht 525 wie beim analogen Fernsehen. Die Bildrate wird mit 60 Halbbildern angegeben. Es gibt keine weiteren Einstellungsmöglichkeiten zum Codec. Für NTSC wird eine gerade Halbbilddominanz verwendet. Das Subsampling beträgt 4:2:2.
- MPEG IMX 525/60 (40 MB/S): Der gleiche Codec wie zuvor beschrieben mit einer Datenrate von 40 MBit pro Sekunde.
- MPEG IMX 525/60 (50 MB/S): Der gleiche Codec wie zuvor beschrieben mit einer Datenrate von 50 MBit pro Sekunde.

- MPEG IMX 625/50 (30 MB/S): Der Codec wird für PAL mit einer Datenrate von 30 MBit pro Sekunde benötigt. 625/50 steht auch hier wieder für die Bildhöhe und Bildrate. Die Bildhöhe wird ebenfalls gemäß der analogen Zeilenanzahl angegeben, also 625 statt 576. Die Bildrate wird mit 50 Halbbildern angegeben. Es gibt keine weiteren Einstellungsmöglichkeiten zum Codec. Für PAL wird eine ungerade Halbbilddominanz verwendet. Das Subsampling beträgt 4:2:2.
- MPEG IMX 625/50 (40 MB/S): Der gleiche Codec wie zuvor beschrieben mit einer Datenrate von 40 MBit pro Sekunde.
- MPEG IMX 625/50 (50 MB/S): Der gleiche Codec wie zuvor beschrieben mit einer Datenrate von 50 MBit pro Sekunde.

Nachdem Sie nun wissen, welcher Codec für welchen Einsatz am besten geeignet ist, kommen wir zu den weiteren QuickTime-Einstellungen.

Bewegung | In dieser Rubrik werden Einstellungen zur Bildfolge des QuickTime-Filmes vorgenommen. Beachten Sie bitte die leider sehr unterschiedlichen Einstellungsmöglichkeiten und Bezeichnungen zwischen Motion 2.0 und dem QuickTime Pro Player sowie Compressor.

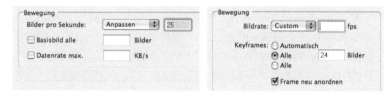

◀ **Abbildung 13.19**
Unterschiedliche Exporteinstellungen und Bezeichnungen machen eine einheitliche Bedienung und Beschreibung schwierig. Links Motion, rechts QuickTime Pro.

- BILDER PRO SEKUNDE: Wählen Sie in diesem Popup-Menü die gewünschte Bildrate aus. Sie können zahlreiche Vorgaben wählen oder den Modus ANPASSEN verwenden, um eine beliebige Bildrate zwischen 1 und 512 Bildern pro Sekunde in das Feld rechts neben dem Popup-Menü einzutragen. Diese Eingabe wird allerdings nicht übernommen, sofern Sie im Tab AUSGABE die Projekteinstellungen verwenden, in denen die Bildrate ja definiert ist.
- BASISBILD ALLE: Viele Codecs wie SORENSON VIDEO oder H.264 verwenden das **Interframe-Verfahren**, auch Temporal Compression genannt, um nur Änderungen zwischen so genannten I-Fra-

mes zu speichern. Die I-Frames sind auch bei der MPEG-2-Kompression für die Video-DVD von Bedeutung.

- Im QuickTime-Dialog werden solche **I-Frames** auch Basisbild oder Keyframe genannt. Die Basisbilder speichern an diesen Stellen die volle Bildinformation ab. Die restlichen Bilder werden aus den Basisbildern erzeugt.
- In dem Feld rechts neben dem Popup-Menü können Sie eintragen, in welchen Abständen die Basisbilder gesetzt werden sollen. Ausgehend von einer Bildrate mit 25 Bildern pro Sekunde, haben sich Abstände zwischen 50 (alle zwei Sekunden ein Basisbild) und 300 (alle sechs Sekunden ein Basisbild) Bildern bewährt. Je weiter die Basisbilder auseinander liegen, desto kleiner wird die Dateigröße. Bei schnellen Bewegungsänderungen, vielen Schnitten und sich plötzlich ändernden Bildinhalten ist es schwierig, hier hohe Werte einzugeben, ohne dass dies bei den Bildwechseln zu starken Kompressionsartefakten führt.
- In der Pro-Edition von SORENSON VIDEO kann man in den OPTIONEN zum Codec auch eine automatische Basisbildeinstellung verwenden. Dazu wird das Bildmaterial in einem Vorlauf analysiert, um zu ermitteln, an welchen Stellen die Basisbilder gesetzt werden sollen (2-Pass). In Final Cut Pro und Compressor können Sie die Basisbilder auch als so genannte Kompressionsmarkierungen setzen (siehe Seite 691). In Motion werden Projektmarkierungen von Compressor als Kapitelmarkierungen erkannt und zumindest bei der MPEG-2-Kompression werden an dieser Stelle dann auch I-Frames gesetzt.
- DATENRATE MAX.: Im Feld zur maximalen Datenrate lässt sich ein Wert in Kilobyte pro Sekunde eintragen. Unabhängig von der Einstellung mit dem Qualitätsregler wird daraufhin der eingetragene Wert bei der Videodatenrate nicht überschritten. Wurde der Qualitätsregler auf 100 % gestellt und die Datenrate auf 60 KB/s, dann ist davon auszugehen, dass die Datenrate konstant eingehalten wird. Man kann sich so die Größe der Videospur für eine Minute ganz einfach ausrechnen: 60 KB/s multipliziert mit 60 Sekunden ergibt 3600 KB/Minute, geteilt durch 1024 ergibt 3,5 Megabyte pro Minute.

Die Kino-Trailer auf der Apple QuickTime-Webseite bestehen überwiegend noch aus dem Sorenson 3-Codec und stellen eine Art Referenz für gutes Encoding dar. Die Filme mit hoher Bildgröße haben meist Datenraten von weit über 100 KB/s. Besuchen Sie die QuickTime-Webseite und laden Sie sich verschiedene Trailer in unterschiedlichen Bildgrößen herunter. Mit der QuickTime Pro-Lizenz können Sie die Filme auch auf Ihrer Festplatte speichern, um sie im QuickTime Pro Player anzuschauen. Blenden Sie sich anschließend im QuickTime Player das Informationen-Fenster zum Film ein (⌘+I), um die verschiedenen Angaben über Codec, Bildgröße und Datenrate zu vergleichen. Bedenken Sie dabei, dass diese Filme von sehr guten Quellen erstellt wurden (z. B. Kinokopie auf Digi-Beta) und dass die Encoding-Profis die einzelnen Szenen zwischen den rasanten Schnitten oft separat encodieren und später den Film aus Einzelteilen zusammenstellen.

◄ **Abbildung 13.20**
Der QuickTime-Trailer-Bereich auf der Apple-Webseite bietet gute Referenzen für hochwertiges Encoding bei niedrigen Datenraten. Speichern Sie sich die Filme mit QuickTime Pro auf die Festplatte, um sie mit dem QuickTime Player zu analysieren.

Compressor | Kommen wir zur Rubrik COMPRESSOR, in der sich Einstellungen zur unterstützten Farbtiefe und Qualität durchführen lassen.

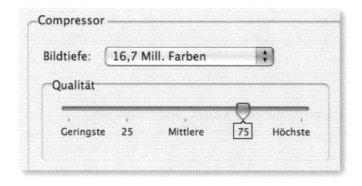

◄ **Abbildung 13.21**
Die Rubrik COMPRESSOR enthält die Einstellungen zur Farbtiefe und Qualität.

- BILDTIEFE: Das Popup-Menü bestimmt, mit wie vielen Farben die Ausgabe stattfinden soll. Es ist eigentlich wenig sinnvoll, hier weniger als 16,7 Millionen Farben zu wählen, es sei denn, man möchte z. B. einen Retro-Look erzeugen. Aber vielleicht sieht es ja richtig cool aus, wenn ein Partikeleffekt mit 4 Farben ausgegeben wird, was durch das Dithering übrigens länger dauert als mit voller Farbtiefe.

  Die vollen 8 Bit pro Kanal erhalten Sie bei 16,7 MILL. FARBEN. Der Eintrag ÜBER 16,7 MILL. FARBEN erzeugt zusätzlich zu den Rot-, Grün- und Blaukanälen einen Alphakanal, in dem die transparenten Bereiche Ihres Projekts gespeichert werden. Vertrauen Sie auf QuickTime mit der Einstellung OPTIMALE FARBTIEFE, dann wird immer die höchste Farbtiefe gesetzt. Bei Codecs, die dies unterstützen, würde dabei auch ein Alphakanal gesetzt werden, auch wenn Sie keine Transparenz übergeben möchten oder kein Alphakanal nötig wäre. In dem Fall muss am Zielsystem der überflüssige Alphakanal gegebenenfalls ignoriert werden. Nach unserer Beobachtung stellen Codecs nur die Farbtiefen zur Auswahl, die auch unterstützt werden.

- QUALITÄT: Die meisten Video-Codecs verfügen über einen Qualitätsregler zum Einstellen der Kompressionsrate. Einige Codecs mit festen Kompressionsraten blenden den Regler komplett aus, wieder andere halten den Regler auf einem festen Wert, z. B. 50 oder 100 Prozent. Es kann auch passieren, dass sich der Regler bewegen lässt, aber keine Wirkung erzielt. Es wäre sehr erfreulich, wenn hier einmal einheitlichere Bedienungskonzepte verfolgt würden und nicht nur die Entwickler wissen, welcher Codec was kann.

- OPTIONEN: Einige Codecs bieten spezifische Einstellungen in einem weiteren Fenster, das sich über diese Taste aufrufen lässt. Die Einstellungsmöglichkeiten in den Optionen sind sehr unterschiedlich und wurden in unseren Beschreibungen zu den einzelnen Codecs erläutert.

13.3.3 Erweiterte Audio-Codec-Einstellungen

Wie zu den Codec-Einstellungen bei Video gibt es in den EXPORTOPTIONEN auch eine Taste ERWEITERT in der Rubrik AUDIO. Wenn Sie dort klicken, öffnet sich das QuickTime-Fenster TONEINSTELLUNGEN.

◀ **Abbildung 13.22**
Die TONEINSTELLUNGEN bieten ähnliche Funktionen wie die KOMPRESSIONSEINSTELLUNGEN bei Video. Statt Bildrate gibt es hier die Samplingrate und statt Farbtiefe die Samplingtiefe.

Kompression | Genau wie es Videocodecs gibt, stehen in dem Popup-Menü diverse Audiocodecs zur Auswahl. Die Anzahl an verfügbaren Komponenten ist wesentlich geringer als bei Video und seltsamerweise stehen in Motion 2.0 mehr Komponenten zur Verfügung als im QuickTime 7 Pro Player.

▸ Der Eintrag OHNE entspricht der unkomprimierten Pulse Code Modulation, die in Kapitel »Rohmaterial« beschrieben wurde.
▸ Die Codecs für 24-, 32- und 64-Bit FLOATING POINT und INTEGER sind laut Apple-Dokumentation unkomprimiert. Sie bieten über die Taste OPTIONEN zwar Einstellungen für BIG ENDIAN und LITTLE ENDIAN, lassen sich unter Windows aber nur mit QuickTime abspielen.

Alle anderen Codecs wurden bereits ebenfalls im Kapitel »Rohmaterial« beschrieben. In Motion lässt sich hier die Samplingrate nur mit maximal 48 kHz einstellen, bei 8- oder 16-Bit-Samplingtiefe in Stereo oder Mono.

13.3.4 Exportoptionen für die Ausgabe

Ganz oben im Tab AUSGABE in den EXPORTOPTIONEN befindet sich eine Checkbox mit dem Hinweis AKTUELLE PROJEKT- UND CANVAS-EINSTELLUNGEN VERWENDEN. Diese Checkbox ist standardmäßig aktiviert, wodurch alle Einstellungen, die in Motion für das Projekt gesetzt wurden, für den Export übernommen werden. Beachten Sie, dass die Farbtiefe in Motion nur in den Projekteinstellungen geändert werden kann und erstaunlicherweise nicht an dieser Stelle.

Abbildung 13.23 ▶
Deaktivieren Sie die Checkbox, um Projekteinstellungen für den Export anzupassen.

Wenn Sie in Ihrem Projekt also im Menü DARSTELLUNG bereits das Halbbild-Rendering oder die Bewegungsunschärfe aktiviert haben, dann werden diese Einstellungen nun für den Dateiexport übernommen. Möchten Sie aber Änderungen durchführen, dann deaktivieren Sie die Checkbox, woraufhin die zuvor gesperrten Einstellungen darunter zugänglich werden.

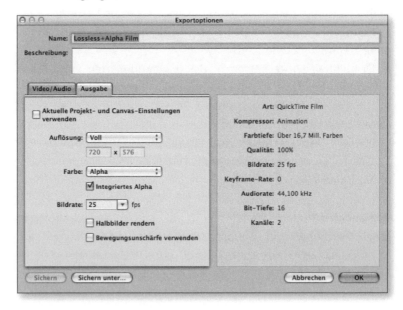

Abbildung 13.24 ▶
Im Tab AUSGABE der Exportoptionen lassen sich die aktuellen Projekteinstellungen, die für das Rendering verwendet werden, neu einstellen. Hier finden sich auch die Optionen für den Alphakanal.

▶ AUFLÖSUNG: Im Popup-Menü lässt sich die Bildgröße mit den Einträgen HALB, DRITTEL oder VIERTEL rechnerisch verringern. Außerdem lassen sich andere Vorgaben aus den Projekteinstellungen wählen, um z. B. aus einem HD-Projekt eine Downkonvertierung nach SD zu machen.

Bedenken Sie, dass bei Projekten mit rechteckigen Pixel-Seitenverhältnissen die Vorgaben VOLL, HALB, DRITTEL und VIERTEL die unproportionale Ausgabe für die Skalierung zu Grunde legen. Solche Filme erscheinen in den Proportionen verzerrt. Wählen Sie im Popup-Menü AUFLÖSUNG daher lieber den Eintrag EIGENE und tragen Sie eigene Werte in die beiden Felder ein. Für ein DV-PAL-Projekt, das z. B. in einer Keynote oder Powerpoint-Präsentation eingebunden werden soll, muss die Auflösung von 720 × 576 Pixel auf 768 × 576 Pixel geändert werden, damit die Proportionen korrekt sind. Wir haben im Kapitel »Videogrundlagen« auf Seite 96 viele Beispiele für Bildgrößen aufgeführt.

In solchen Fällen sollten Sie aber auch nicht mehr die DV-Codecs verwenden, da diese auf videokonforme Auflösungen optimiert sind. Für Präsentationen und Multimedia empfiehlt sich eher der Foto-JPEG- oder Pixlet-Codec. Schwächere Rechner können die beiden Motion-JPEG-Codecs besser verarbeiten.

- FARBE: Im Popup-Menü stehen die drei Einträge FARBE, ALPHA und FARBE + ALPHA zur Verfügung. Bei FARBE wird nur die Füllung in einen RGB- oder YUV-Codec geschrieben.
    - Der Eintrag ALPHA hat uns etwas überrascht. In After Effects wird bei einem reinen Alpha-Export nur die Schwarzweiß-Maske des Alphakanals in die Füllung des QuickTime-Films übertragen. Dieser Film lässt sich dann auch nur als Luma-Maske verwenden, was aber den Vorteil hat, dass man einen Codec wählen kann, der keinen Alphakanal unterstützt. Motion schreibt die Schwarzweiß-Maske ebenfalls in die Füllung, generiert zusätzlich aber auch einen Alphakanal, sofern der Codec dies unterstützt. Damit lässt sich der erzeugte Film als Luma- und als Alpha-Maske verwenden.
    - Die Variante FARBE + ALPHA erzeugt schließlich die Füllung mit einem zusätzlichen Alphakanal.
    - Die beiden Varianten mit den Alphakanälen stehen auch zur Verfügung, wenn der Codec gar keinen Alphakanal unterstützt. In diesem Fall wird der Alphakanal einfach ignoriert und Sie erhalten auch gar keinen Hinweis darauf. Sie müssen also vorher wissen, welche Codecs den Alphakanal unterstützen würden. In unseren Erläuterungen zu den Codecs können Sie dies nachschlagen.
- INTEGRIERTES ALPHA: Die Checkbox bezieht sich auf die Füllung im Straight- oder Premultiplied-Modus.
    - Ist die Checkbox aktiviert, zeichnet Motion eine saubere Füllung im Premultiplied-Modus. Dieser Film lässt sich mit und ohne Alphakanal verwenden, aber man erhält unter Umständen hässliche Ränder an den Übergängen zur Transparenz, wenn man die Füllung durch den Alphakanal ausstanzen lässt.

▶ Deaktivieren Sie die Checkbox, um eine Überfüllung der Randbereiche zu erzeugen und damit ein absolut sauberes Ergebnis beim Stanzen mit dem Alphakanal zu erzielen. Dieser Film ist nicht ohne die Stanze des Alphakanals verwendbar.

> **Straight-Modus**
>
> Verwenden Sie, wenn möglich, immer den Straight-Modus bei der Erstellung von Dateien mit Alphakanal. Aus Photoshop kann man mit der neuen TIFF-Variante, die Ebenen und Transparenzen bewahrt, überzeichnete Füllungen erstellen. Viele etablierte Systeme können aber keine Photoshop-Ebenen oder das neue TIFF-Format lesen. Daher ist es problematisch, saubere Transparenzen ohne Ränder zu übergeben.
> Wir verwendeten jahrelang immer After Effects dazu. Erst mit Motion gibt es für diese einfache Aufgabe endlich eine günstigere Alternative. Beide Programme können die transparenten Ebenen von Photoshop direkt importieren und daraus ein auf eine Hintergrundebene reduziertes Ausgabeformat mit korrekter Überfüllung und Alphakanal erstellen.

▶ BILDRATE: Die Bildrate haben Sie schon auf Seite 644 in der Beschreibung zu den Codec-Einstellungen kennen gelernt. Die Einstellungen dort haben nur Einfluss, wenn die Checkbox AKTUELLE PROJEKTEINSTELLUNGEN VERWENDEN deaktiviert ist. Sie können in dem Fall die Einträge sowohl bei den Kompressionseinstellungen des Codecs oder hier vornehmen. Die beiden Eingabefelder gleichen sich aufeinander ab.
Die eingestellte Bildrate sollte entweder den Einstellungen Ihres Projektes entsprechen oder genau der Hälfte oder einem anderen durch eine Ganzzahl geteilten Wert. Bei PAL mit 25 Bildern pro Sekunde entspricht dies also 12,5 oder auch 6,25 oder 5 Bildern pro Sekunde. Es ist nicht sinnvoll, die oft verwendeten 15 Bilder pro Sekunde zu verwenden, da sich dieser Wert auf NTSC mit 30 Bildern pro Sekunde bezieht. Bei einer PAL-Quelle würde dies für zusätzliche Ruckler sorgen.

▶ HALBBILDER RENDERN: Haben Sie vergessen, das Halbbild-Rendering im Projekt einzustellen, dann können Sie dies über diese Checkbox nachholen.

▶ BEWEGUNGSUNSCHÄRFE VERWENDEN: Haben Sie vergessen, die Bewegungsunschärfe im Projekt einzustellen, dann können Sie dies über diese Checkbox nachholen. Möchten Sie die Einstellungen für die Bewegungsunschärfe ändern oder überprüfen, müssen Sie den Export abbrechen und in die Projekteinstellungen zurückkehren.

Exportieren | Sind Sie zufrieden mit den Einstellungen, dann bestätigen Sie mit der Taste OK die Einstellungen in den EXPORTOPTIONEN. Kehren Sie wieder in das erste Fenster zurück und nun können Sie auf EXPORTIEREN klicken, um den Film als QuickTime-Datei rendern zu lassen. Ein Status-Fenster erscheint, in dem Sie anhand einer Vorschau und eines Statusbalkens den Verlauf des Render-Vorgangs verfolgen können.

▲ Abbildung 13.25
Das Status-Fenster informiert Sie fortlaufend über den Rendering-Vorgang.

Rendervorgang abbrechen | Motion gibt Ihnen auch einige Informationen über die verstrichene und noch verbleibende Zeit des Renderings. Bemerken Sie in dem kleinen Vorschau-Fenster einen Rendering-Fehler (was etwas unwahrscheinlich ist), dann können Sie den Vorgang mit der Taste STOPPEN abbrechen. Das Fenster schließt sich daraufhin und auf der Festplatte liegt ein unfertiger Film.

Automatisch schließt sich das Fenster, wenn Motion mit dem Rendering fertig ist, es sei denn, Sie haben die Checkbox FENSTER NACH BEENDEN SCHLIESSEN deaktiviert. In dem Fall bleibt das Fenster nach dem Rendering im Vordergrund und stellt Ihnen dar, wie viel Zeit für die Berechnung verstrichen ist. Die Taste STOPPEN hat sich in dem Fall in SCHLIESSEN geändert.

13.4 Exportieren – Bildsequenz

Ein QuickTime-Film ist unter Umständen nicht immer ideal für den Austausch mit anderen Systemen. Neben dem QuickTime-Film kann man in Motion daher auch eine Bildsequenz exportieren. Die ganzen Einstellungen, die Sie eben zum QuickTime-Film kennen gelernt haben, sind bis auf die Einstellungen im Tab VIDEO/AUDIO dieselben.

Rufen Sie also zunächst wieder den Exportbefehl über ⌘+E auf, um als ART die BILDSEQUENZ aufzurufen. Im Popup-Menü EXPORTVOREINSTELLUNGEN können Sie die Standardvorgaben wählen. Dort sind standardmäßig nur die PICT-BILDSEQUENZ und die TGA-BILDSEQUENZ vorhanden, aber es gibt in diesem Kapitel noch ein Tutorial für eine TIFF-BILDSEQUENZ. Klicken Sie nun auf die Taste OPTIONEN, um erneut das Fenster mit den EXPORTOPTIONEN zu öffnen.

> **Ungleiche Einträge**
>
> Uns ist aufgefallen, dass sich die Popup-Menüs zwischen beiden Fenstern nicht immer aktualisieren. Wenn Sie nicht im ersten Fenster direkt die Bildsequenz aktivieren, sondern erst im Fenster EXPORTOPTIONEN, dann ist seltsamerweise immer noch QUICKTIME-FILM als ART ausgewählt, wenn Sie in das erste Fenster zurückkehren. Dieser kleine Fehler war schon in Motion 1.0.x vorhanden, die Bildsequenz wird aber trotzdem berechnet, wenn Sie auf EXPORTIEREN klicken.

Einzelbildformat TGA | Wurde die Bildsequenz im ersten Fenster ausgewählt, aktualisiert Motion daraufhin auch gleich das Popup-Menü mit der EXPORTVOREINSTELLUNG und wählt dort die PICT-BILDSEQUENZ aus. Das ist schon mal nicht verkehrt, allerdings ist PICT das QuickTime-eigene Standbildformat. Ein Anwender, der kein QuickTime hat, wird damit also wenig anfangen können. Wählen Sie als Exporteinstellung daher lieber die TGA-BILDSEQUENZ.

Eine TGA-Sequenz können Sie ziemlich bedenkenlos jedem anvertrauen, der mit halbwegs professionellen Systemen arbeitet. TGA ist einer der ältesten Standards, der schon 1984 mit den ersten Targa-Karten für die Videobearbeitung eingeführt wurde und 1989 kam auch die Unterstützung für den Alphakanal hinzu. Mit 8-Bit-RGBA-Unterstützung eignet sich TGA also für die verlustfreie Ausgabe aus Motion genauso gut wie ein QuickTime-Film mit Animation-Codec. Auch TGA komprimiert die Bilder verlustfrei.

◄ **Abbildung 13.26**
Wählen Sie als Ausgabe-Art statt eines QuickTime-Films die BILDSEQUENZ, so sollten Sie als EXPORTVOREINSTELLUNG die TGA BILDSEQUENZ auswählen. Hiermit wird eine sehr große Kompatibilität mit anderen Systemen gewährleistet.

Im Prinzip war es das schon und Sie können auf EXPORTIEREN klicken. Mehr muss man tatsächlich nicht einstellen, es sei denn, man möchte etwas an seinen Projekteinstellungen ändern, wie z. B. den Alpha-Modus. Dazu gehen Sie genauso vor wie im Abschnitt zum QuickTime-Film beschrieben.

13.4.1 Exportoptionen für Video und Audio

Möchten Sie vielleicht doch mal einen Blick hinter die EXPORTOPTIONEN werfen, dann klicken Sie wieder auf die Taste OPTIONEN. Die Einstellungen im Tab VIDEO/AUDIO unterscheiden sich kaum von denen zu einem QuickTime-Film. Die Hauptunterschiede finden sich im Eintrag KOMPRESSOR. Die Rubrik AUDIO ist komplett deaktiviert, da Bildsequenzen kein Audio unterstützen.

Weitere Einzelbildformate | Klicken Sie in das Popup-Menü, um sich die Auswahl an unterstützten Formaten anzeigen zu lassen. Da eine Bildsequenz nichts anderes bedeutet als eine durchnummerierte Abfolge von Einzelbildern, lassen sich dafür auch die Einzelbildformate verwenden (siehe Abbildung 13.27).

- SGI: Wer richtig stolz auf die 16-Bit-Anwendungen einer Silicon Graphics Workstation ist, der verlangt vielleicht, dass man eine SGI-Sequenz anliefert. Auch wenn die Videoanwendungen auf SGI-Basis allesamt mit TIFF- oder TGA-Sequenzen umgehen können sollten, gibt es natürlich auch ein eigenes Format. SGI unterstützt 8- und 16-Bit-Farbtiefe, wobei sich aus Motion derzeit nur 8 Bit ausgeben lässt. Die SGI-Sequenz bietet keine Einstellungsmöglichkeiten in Motion. Das Format komprimiert verlustfrei und unterstützt einen Alphakanal.

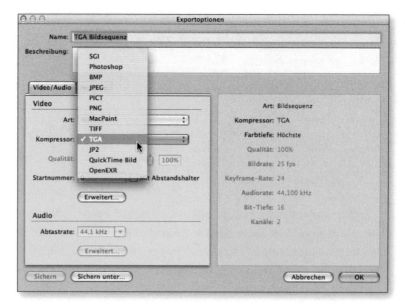

Abbildung 13.27 ▶
Für eine Bildsequenz stehen viele Bildformate zur Auswahl, von denen man allerdings nur wenige wirklich braucht. Audio steht nicht zur Verfügung.

▶ PHOTOSHOP: QuickTime kann bekanntermaßen auch Photoshop-Dateien interpretieren. Das ist insofern sehr hilfreich, da die einzelnen Ebenen mit Transparenzen übernommen werden können. Der Export im Photoshop-Format erweckt die Hoffnung, das ginge auch in die andere Richtung, sprich man schenkt sich einen separaten Alphakanal und überträgt die Transparenz direkt in einer Bildebene, am besten sogar mit allen Ebenen.

Schon After Effects kann das nur mit Standbildern, aber in Motion klappt das weder bei Bildsequenzen noch bei Einzelbildern. Es wird also auch hier eine Ebene für die Füllung erstellt und dazu ein eigener Alphakanal. Dazu müssen Sie auf die Taste ERWEITERT klicken, um die Farbtiefe für den Alphakanal zu überprüfen. Das Photoshop-Format sieht eine automatische Kompression vor, die man nicht ausschalten kann. So gesehen unterscheidet sich die Variante mit dem Photoshop-Format in keiner Weise von TGA. Wie TIFF komprimiert das modernere Photoshop-Format die Bilder etwas effektiver als TGA. In After Effects kann man im Photoshop-Format den 16-Bit-Farbraum bewahren, was ein Vorteil gegenüber TGA wäre. In Motion 2.0 klappt das derzeit noch nicht, auch wenn die Photoshop-Integrität in QuickTime 16-Bit-fähig ist. Wir würden derzeit TIFF und TGA noch vorziehen.

▲ **Abbildung 13.28**
In den Photoshop-Optionen lässt sich nur die Farbtiefe einstellen. Für die Übergabe des Alphakanals wählen Sie OPTIMALE FARBTIEFE oder ÜBER 16,7 MILL. FARBEN.

- BMP: Das Bitmap-Dateiformat von Windows arbeitet unkomprimiert und unterstützt bis zu 16,7 Millionen Farben, ohne Alphakanal. Da es ein Microsoft-Format ist, bietet es sich für jedes PC-Programm an, dass TIFF oder TGA nicht öffnen kann. Über die Optionen lässt sich auch nur die Farbtiefe einstellen.
- JPEG: Um Bildsequenzen mit einer einstellbaren Qualität möglichst stark zu komprimieren, bietet sich das JPEG-Format an. Die JPEG-Kompression lässt sich in den Optionen mit einem Qualitätsregler einstellen, wie man ihn für die JPEG-Ausgabe von Photoshop und vielen anderen Programmen kennt. Bei niedriger Qualität treten die JPEG-typischen Kompressionsartefakte in Form von Blöcken auf. Wird die Qualität über den Regler bestimmt, dann variieren die unterschiedlichen Einzelbilder der Bildsequenz in ihrer Dateigröße. Aktiviert man stattdessen die Checkbox bei ZIELGRÖSSE, dann werden die Einzelbilder anhand des eingetragenen Wertes in BYTE komprimiert. Ein unkomprimiertes RGB-Einzelbild benötigt in PAL-Bildgröße ca. 1,3 Megabyte Speicherplatz. Bildsequenzen im JPEG-Format unterstützen keinen Alphakanal.

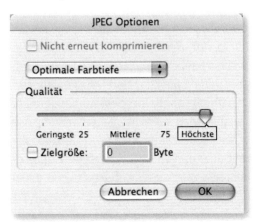

▲ **Abbildung 13.29**
Das JPEG-Format komprimiert immer. Die Qualität der Kompression lässt sich mit einem Regler einstellen oder man gibt für das Einzelbild eine feste Zielgröße ein.

▶ PICT: Was BMP für Windows ist, stellt PICT für QuickTime und den Mac dar. Ursprünglich handelte es sich um das native Format von QuickDraw, das im klassischen Mac OS so etwas wie einen frühen Vorläufer der Grafik-Engine Quartz von Mac OS X darstellte. Die Screenshots in einem klassischen Mac OS waren auch immer im PICT-Format. Wir fanden auch viele Dokumentationen, die von Vektorintegration berichteten. Daraufhin haben wir noch mal verschiedene Export-Funktionen ausprobiert, konnten aber leider nicht feststellen, dass Vektorobjekte auflösungsunabhängig bewahrt bleiben. Mittlerweile stellt PICT auch eher das Standbildpendant zu einem QuickTime-Film dar und so kann man tatsächlich sämtliche installierte QuickTime-Codecs in diesem Format anwenden.

Klicken Sie auf die Taste ERWEITERT, um die PICT-OPTIONEN aufzurufen. Dort befindet sich eine weitere Taste für zusätzliche OPTIONEN. In dem anschließenden Fenster lassen sich alle QuickTime-Codecs auswählen.

Abbildung 13.30 ▶
In den PICT-OPTIONEN kann man alle QuickTime-Codecs über die Taste OPTIONEN auswählen.

▶ PNG: Ein weiteres 16-Bit-Format stellt PNG dar. PNG (Portable Network Graphics) wurde als Nachfolger für das in die Jahre gekommene GIF-Format entwickelt und findet sich vor allem im Web sehr häufig. In Motion gibt es keine Möglichkeit für den Export als GIF-Sequenz, wahrscheinlich wegen der Lizenzgebühren. Das ist zwar etwas schade, denn schließlich sind GIF-Animationen noch immer relativ weit verbreitet, z. B. für Web-Banner oder auf Mobiltelefonen, aber es gibt einige Freeware-Programme, wie z. B. GifBuilder, die aus QuickTime-Filmen eine GIF-Animation erstellen können. PNG geht über den Einsatz im Web hinaus, da es den 16-Bit-Farbraum inklusive Alphakanal unterstützt und dabei noch verlustfrei komprimiert. Bei der Kompression unterstützt PNG spezielle Filtertypen, um die Kompression der Bilddaten zu verbessern. In vielen Bildern unterscheiden sich benachbarte Pixel nur wenig voneinander. Die Filteroptionen versuchen die

Komprimierung auf bestimmte Pixelmuster zu optimieren. Die Filtertypen erreichen Sie wieder über den Button ERWEITERT, woraufhin sich das Fenster mit den PNG-OPTIONEN öffnet.

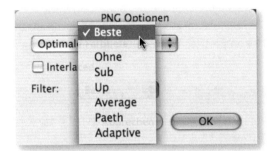

◄ **Abbildung 13.31**
Das PNG-Format komprimiert verlustfrei, bietet aber diverse Filter für die Kompression, die man in den PNG-OPTIONEN einstellen kann.

- BESTE – nicht dokumentiert. Wir vermuten, dass entweder keine Vorfilterung wie bei der Option OHNE stattfindet oder ADAPTIV angewendet wird. Der Eintrag ist standardmäßig aktiviert und wurde wahrscheinlich von Apple eingefügt, um den Anwender mit der Filterauswahl nicht zu verunsichern.
- OHNE – keine Vorfilterung. Es wird auf den originalen Pixeldaten gearbeitet. Diese Option wird für indizierte Farb- und Bitmap-Bilder empfohlen, was für Motion uninteressant ist.
- SUB – es werden die Differenzen zu dem jeweils links benachbarten Pixel verarbeitet. Optimiert wird die Komprimierung für Bilder mit gleichmäßigen horizontalen Mustern oder Füllungen.
- UP – es werden die Differenzen zu dem jeweils darüber liegenden Pixel verarbeitet. Optimiert die Komprimierung von Bildern mit gleichmäßigen vertikalen Mustern.
- AVERAGE – die Standardvorgabe. Es wird die Differenz zu dem Mittelwert aus dem darüber liegenden und dem links benachbarten Pixel gebildet.
- PAETH – es wird aus dem links benachbarten, dem darüber liegenden und dem schräg links oben benachbarten Pixel ein so genannter Paeth-Predictor-Wert berechnet, der den Pixel für die Differenzbildung bestimmt.
- ADAPTIVE – ermittelt aus den Vorgaben SUB, UP, AVERAGE oder PAETH den für das Bild am besten geeigneten Filteralgorithmus und wendet diesen an. Wählen Sie ADAPTIV, wenn Sie nicht sicher sind, welchen Filter Sie benutzten sollten.
- INTERLACED – die Checkbox ermöglicht, wenn aktiviert, einen teilweisen Aufbau des Bildes beim Laden aus dem Web.

- MACPAINT: MacPaint wurde 1988 von Apple entwickelt. Was damals eine Innovation war, ist heute nur noch schwarzweißes »Krickelkrakel«. Es muss sich wohl um einen nostalgischen Insiderwitz handeln, dass man dieses Format als Exportmöglichkeit in Motion vorfindet. Allerdings kann es vielleicht ein grafisch netter Effekt sein, wenn ein komplett schwarzweißes Bild ohne Dithering entsteht.

> **Dithering**
>
> Dithering, also Pünktchen, die Helligkeitsabstufungen darstellen sollen, entsteht beim Export, wenn in den Optionen die Farbtiefe zum Beispiel auf SCHWARZWEISS gestellt wurde.

Abbildung 13.32 ▶
Das Format MacPaint kann nur schwarzweiße Bilder ohne Dithering mit einer festen Auflösung von 576 × 720 erstellen. Das TIFF-Format rechts verwendet für die Farbtiefe SCHWARZWEISS ein Dithering.

Mac Paint verwendet eine feste Auflösung, die nicht verändert werden kann. Es mag ein komischer Zufall sein, aber unseren Recherchen und der Ausgabe in Motion zufolge beträgt die feste Auflösung von MacPaint-Bildern immer 576 × 720 Pixel. Nein, es ist nicht, was Sie denken. PAL hat 720 × 576 Pixel. Legen Sie Ihren Fernseher also auf die Seite.

- TIFF: Das TIFF-Format gleicht dem bereits besprochenem TGA-Format. Der erste offensichtliche Unterschied zwischen TGA und TIFF ist die verlustfreie PackBits-Kompression, die man für TIFF in den Optionen aktivieren kann. Dort können Sie wie schon beim TIFF-Video-Codec auch die Optimierung für LITTLE ENDIAN oder BIG ENDIAN einstellen. Bei TGA ist eine RLE-Kompression vorgesehen, die immer aktiviert ist. In Photoshop lassen sich TIFF-Bilder auch im 16-Bit-Farbraum abspeichern, während dies in After Effects mit einer TIFF-Sequenz nicht möglich ist. Motion könnte es theoretisch, wenn der Export nicht grundsätzlich auf 8 Bit begrenzt wäre. Daher würden wir auch an dieser Stelle noch nicht behaupten, dass TIFF einen wesentlichen Vorteil gegenüber TGA hat.

◄ **Abbildung 13.33**
Das TIFF-Format bietet wie TGA eine verlustfreie Komprimierung, die sich aber auch ausschalten lässt. Vom Handling her sind beide Formate ansonsten ziemlich gleich.

Big und Little Endian

Sie fragen sich sicherlich, was die Checkbox zu LITTLE ENDIAN in den TIFF-OPTIONEN bedeuten mag. Hier nutzen wir die frei zugängliche Definition von unserem Verlag, der unter www.galileocomputing.de einige Ergänzungen zu Büchern als HTML-Version bereitstellt:
Es gibt zwei verschiedene Reihenfolgen für die Darstellung von Werten, die mehrere Bytes breit sind: So genannte Big-Endian-Architekturen wie Motorola 68K oder PowerPC speichern das hochwertigste Byte vorn, während Little-Endian1-Systeme wie Intel oder die alten VAX-Maschinen das niederwertigste Byte nach vorn stellen. [...] Eine interessante Variante ergibt sich übrigens bei TIFF-Bildern: Hier können Sie selbst wählen, ob die Bilddaten im Big-Endian- oder im Little-Endian-Format gespeichert werden sollen; in Photoshop heißt die Auswahl »IBM PC« (Little Endian) oder »Macintosh« (Big Endian). Da das gewählte Format an einer festen Stelle im Dokument selbst vermerkt wird, kann jedes TIFF-fähige Programm mit beiden Varianten umgehen, sodass sich aus heutiger Sicht kein Unterschied ergibt.

▶ JP2: Als weiteres Format steht das moderne JPEG 2000-Format zur Verfügung, kurz JP2. Der Vorteil gegenüber JPEG ist die höhere Effizienz bei der Komprimierung. Laut Dokumentation soll bei gleicher Bildqualität eine um bis zu 50 % verringerte Datenmenge entstehen bzw. bei gleich starker Kompression treten die typischen Kompressionsblöcke nicht so stark in Erscheinung.
Auch JPEG 2000 bietet weitere Optionen über die Taste ERWEITERT. Die Einstellungen über den Qualitätsregler und die Zielgröße sind mit denen von JPEG identisch, jedoch gibt es eine zusätzliche Checkbox für die Funktion UMKEHRBAR (VERLUSTFREI). Ist diese Checkbox aktiviert, dann verwendet JPEG 2000 ein reversibles Kompressionsverfahren, das zwar größere Dateien erzeugt, aber eben verlustfrei ist.

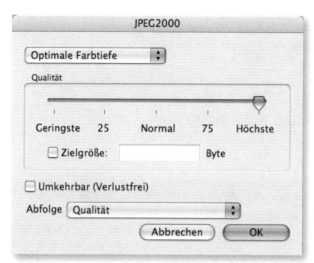

Abbildung 13.34 ▶
JPEG 2000 bietet ähnliche Einstellungen wie JPEG, erzeugt jedoch eine bessere Qualität, bietet verlustfreie Kompression und verschiedene Einstellungen für das Laden im Web.

Weiterhin findet sich ein Popup-Menü ABFOLGE, in dem man auswählen kann, wie das Bild beim Laden im Web aufgebaut werden soll:

- ▷ QUALITÄT: Das Bild wird erst grob und unscharf dargestellt und Details erscheinen nach und nach.
- ▷ AUFLÖSUNG, DANN QUALITÄT: Auch hier wird das Bild erst in schlechter Auflösung geladen, die sich nach und nach verbessert.
- ▷ AUFLÖSUNG, DANN POSITION: Das Bild wird erst in niedriger Auflösung, dann in Ausschnitten geladen. Es baut sich von oben nach unten auf.
- ▷ POSITION: Das Bild wird in Ausschnitten geladen.
- ▷ KOMPONENTE: Das Bild wird erst farblos geladen. Die Farbkomponenten erscheinen in weiteren Durchgängen.

▶ QUICKTIME-BILD: Als plattformspezifisches Macintosh-Format scheint PICT nicht auszureichen und so bekam auch die QuickTime-Technologie ein eigenes Format. Wir wissen zwar nicht, was es bringen soll, in einem Standbild z. B. eine DV-Kompression zuzuweisen, aber zur allgemeinen Verwirrung trägt es bestimmt bei. Das QuickTime-Bild tut genau das Gleiche wie das PICT-Bild, nur dass die Dateiendung .qtiff lautet.

▶ OPENEXR: Das OpenEXR-Format bietet die einzige Möglichkeit, aus Motion mit mehr als 8-Bit-Farbtiefe zu exportieren. Allerdings handelt es sich hier nicht um ein klassisches Bildformat, das man wie TIFF oder TGA verwenden könnte. Beachten Sie hierzu unsere Erläuterungen im Kapitel »Rohmaterial« auf den Seiten 329 und 328.

Wählt man OpenEXR für den Export, gibt es leider keine weiteren Einstellungen, die man vornehmen könnte. So kann man mangels einer Belichtungseinstellung beim Export nur Kanalwerte bis ca. »2,26« verlustfrei in OpenEXR abspeichern. Darüber »brennt« auch der »virtuelle Film« leider aus. Will man das Projekt »unterbelichtet« exportieren, dann muss man den Farbraum mit dem Filter PEGEL im gesamten Projekt korrigieren.

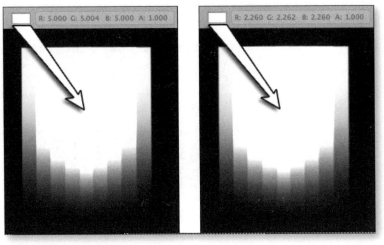

◀ **Abbildung 13.35**
Links: Fünf ineinander addierte Gradienten, denen Motion in der Mitte einen Fließkommawert von »5/5/5« bescheinigt. Rechts: Exportiert man das Projekt als OpenEXR und importiert die Datei wieder, dann beträgt der maximale Wert in jedem Farbkanal nur noch »2,26«.

OpenEXR-Material erzeugen | Um in Motion selbst OpenEXR-Material erzeugen zu können, muss man ein 16- oder 32-Bit-Projekt anlegen, also über einen Fließkomma-Farbraum verfügen. Obwohl man in den Farbreglern Werte nicht übersteuern kann, um z. B. ein helleres Weiß als Weiß darzustellen, so kann man doch mit der Füllmethode ADDITIVES FÜLLEN Farbwerte über »1,0« erzeugen. Diese wirken dann wie eine **Überbelichtung**. Zwei ineinander addierte weiße Flächen können in einem Fließkomma-Farbraum tatsächlich »weißer als weiß«, also quasi überbelichtet sein. Der Farbwert zeigt dann einen Wert von »2,0« an. Ein solches Weiß kann man als OpenEXR ausgeben und wieder importieren. Dabei wird deutlich, dass man den OpenEXR-Parameter BELICHTUNG in den Medieneinstellungen bis auf »–10« einstellen kann, ohne dass der Weißwert von »2,0« sichtbar dunkler wird, während ein Weiß von »1,0« nur noch mit 7%-Helligkeit auffällt.

Im Fließkomma-Farbraum kann man auch mit dem Filter PEGEL den vollen Helligkeitsumfang von erzeugten Objekten oder OpenEXR-Bildern flexibel anpassen. Die Kompositionen können dabei beliebig hell werden. Es ist also möglich, einen Farbwert von z. B. »11,6« in einem Kanal zu erzielen und durch einen entsprechenden Pegel auf »1,0« herunterzuregeln, ohne dazwischenliegende Nuancen und Schattierungen zu verlieren.

Bei OpenEXR-Bildern ist der maximale Helligkeitswert eines Kanals auf »2,26« beschränkt. Wendet man den Filter PEGEL also auf ein OpenEXR-Bild an, dann schränkt ein Out-Punkt-Wert von »0,44« des Filters den Farbraum bereits so stark ein, dass der Verlust auf einem 8-Bit-Monitor deutlich wird.

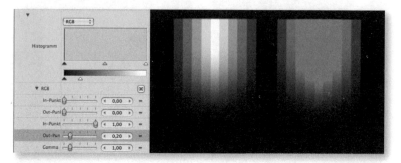

▲ **Abbildung 13.36**
Links die Original-Gradienten, rechts das OpenEXR-Bild. Wendet man auf die übersteuerten Signale den Filter PEGEL mit einem Out-Punkt von »0,2« an, dann wird das Weiß von »5,0« auf »1,0« korrigiert. Das OpenEXR-Bild verkraftet eine derart starke Tonwertkorrektur nicht ganz so gut.

Startnummer | Für alle Formate in der Bildsequenz gibt es noch Einstellungsmöglichkeiten für die Nummerierung der einzelnen Bilder. Eine Bildsequenz muss durchnummeriert sein, damit jedes Bild im Film mit klarer Zuweisung in der zeitlichen Abbildung erkannt wird. In dem Feld bei STARTNUMMER können Sie festlegen, ob die Nummerierung bei Null beginnt oder bei einer von Ihnen festgelegten Zahl. Normalerweise erfolgt die Nummerierung am Ende der Datei, nach dem Namen und ohne Leerzeichen.

Durch Aktivieren der Checkbox MIT ABSTANDSHALTER können Sie zwischen dem Namen und der Nummerierung ein Leerzeichen einfügen.

Erweitert | Die erweiterten Optionen haben wir zum jeweiligen Format erläutert.

13.5 Exportieren – Einzelbild

Statt eine Bildsequenz zu exportieren, können auch einzelne Bilder aus Motion ausgegeben werden. Dabei wird die aktuelle Cursor-Position als Standbild exportiert. Zu erläutern gibt es dazu recht wenig, außer, dass in Motion die Exporteinstellungen für JPEG, Photoshop, PICT, PNG und TIFF vorinstalliert sind.

Wählen Sie als Art also zunächst Aktuelles Frame aus dem Popup-Menü und bei der Exportvoreinstellung eine der Vorgaben. Die Einstellungen der Vorgaben sehen die höchst mögliche Qualität vor. Bei JPEG wurde die höchste Kompressionsstufe gewählt, bei PICT der QuickTime-Codec Keine, PNG verwendet eine fest eingestellte verlustfreie Kompression und bei TIFF ist die Kompression PackBits aktiviert.

Alle Einstellungen für das Einzelbild lassen sich genauso durchführen wie bei der Bildsequenz. Sowohl bei der Einzelbildausgabe wie auch der Bildsequenz würden wir in den meisten Fällen versuchen, TIFF zu verwenden. TIFF ist mit und ohne Kompression verlustfrei, die Kompression lässt sich aktivieren und deaktivieren, ein Alphakanal wird unterstützt und praktisch jedes Programm und System kommt mit dem Format zurecht. Für eine Bildsequenz gibt es dafür keine Vorgabe, sodass wir uns nun der Erstellung eigener Exporteinstellungen widmen.

13.6 Eigene Exporteinstellungen erstellen

Im Fenster zu den Exportoptionen befinden sich unten links zwei Tasten mit der Bezeichnung Sichern und Sichern unter. Die Taste Sichern unter ist immer aktiv, sodass Sie jederzeit Ihre Einstellungen abspeichern können.

Führen Sie Änderungen an einer Vorgabe durch und möchten diese abspeichern, klicken Sie auf die Taste Sichern unter. Man würde jetzt vielleicht erwarten, dass ein neues Fenster aufgeht, in dem man einen Namen für die Exporteinstellung vergeben könnte. Dem ist aber nicht so. Motion versucht stattdessen die Einstellung unter dem aktuell vergebenen Namen abzuspeichern. Da die Standard-Vorgaben geschützt sind, erscheint in diesem Fall zunächst eine Fehlermeldung.

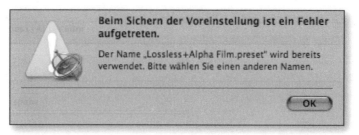

▲ Abbildung 13.37
Die Exporteinstellungen von Apple sind geschützt und lassen sich nicht ändern oder überschreiben. Wählen Sie stattdessen einen anderen Namen.

Sie müssen also zunächst im Feld NAME eine neue Bezeichnung vergeben. Passen Sie auf, dass Sie sich nicht verschreiben, denn die neue Vorgabe wird direkt abgespeichert und steht anschließend im Popup-Menü EXPORTVOREINSTELLUNG des ersten Fensters zur Verfügung – natürlich nur für das jeweilige Format (ART).

Wenn Sie eine eigene Exporteinstellung auswählen und wiederum verändern, dann ist auch die Taste SICHERN im Fenster EXPORTOPTIONEN aktiv. Sie können also mit dieser Taste Ihre eigenen Exporteinstellungen direkt überschreiben.

Diese Art der Erstellung von Exporteinstellungen ist eher die schnelle Methode, wenn man eine erfolgreich getestete Einstellung direkt abspeichern möchte. Viel komfortabler, mit einem richtigen Manager, geht es über die Einstellungen in Motion.

13.6.1 Exportvoreinstellungen verwalten

Wählen Sie im Menü MOTION den Eintrag EINSTELLUNGEN ($\mathcal{H}$+[,]) und klicken Sie in dem nun erscheinenden Fenster auf die Kategorie VOREINSTELLUNGEN. Wählen Sie nun im Popup-Menü ZEIGEN die EXPORTVOREINSTELLUNGEN aus.

Das Prinzip mit dem Plus- und Minus-Symbol und den beiden Tasten DUPLIZIEREN und BEARBEITEN ist das gleiche wie bei den Projekteinstellungen, die Sie am besten auf Seite 744 nachschlagen. Beachten Sie im Kapitel »Projektmanagement« auf Seite 740 auch noch den Speicherort der eigenen Vorgaben, um diese z. B. auf andere Systeme übertragen zu können.

◄ **Abbildung 13.38**
In der Rubrik VOR-
EINSTELLUNGEN findet
man die Projekt- und
die Exportvoreinstel-
lungen, die sich über
das Popup-Menü
ZEIGEN auswählen
lassen.

13.6.2 Exporteinstellung für TIFF-Bildsequenzen

Wir werden jetzt in den Voreinstellungen von Motion eine neue Exportvorgabe für eine TIFF-Bildsequenz anlegen. Öffnen Sie dazu das Fenster aus Abbildung 13.38.

Schritt für Schritt: TIFF-Bildsequenz ohne Alphakanal

1 *Exportvoreinstellung hinzufügen*
Klicken Sie auf das Plus-Symbol, um eine eigene Einstellung anzulegen. Es öffnet sich das bekannte Fenster zu den EXPORTOPTIONEN.

2 *Einstellungen vornehmen*
Tragen Sie in das Feld NAME die Bezeichnung TIFF-BILDSEQUENZ ein. Im Feld BESCHREIBUNG können Sie, müssen Sie aber nichts eintragen. Es empfiehlt sich jedoch, die Einstellungen zu beschreiben. In unserem Beispiel: »TIFF-Bildsequenz ohne Alphakanal, keine Kompression, Big Endian (PPC)«.
Wählen Sie nun bei ART den Eintrag BILDSEQUENZ.

Eigene Exporteinstellungen erstellen **669**

3 Codec auswählen

Unter KOMPRESSOR wählen Sie TIFF. Klicken Sie auf die Taste ERWEITERT, um das Fenster zu den TIFF-OPTIONEN zu öffnen.

Im obersten Popup-Menü ist standardmäßig OPTIMALE FARBTIEFE ausgewählt. In diesem Fall wird ein Alphakanal nur ausgegeben, wenn das Projekt über Transparenzen verfügt. Wurde z. B. eine feste Hintergrundfarbe definiert, dann wird kein Alphakanal exportiert. Beachten Sie beim Export mit Alphakanal den Straight-Modus.

Die Checkbox LITTLE ENDIAN wählen wir nicht an, da wir die PPC-Optimierung beibehalten wollen. Würden Sie eine Einstellung für Intel-Systeme, also auch zukünftige Macs, erzeugen wollen, dann aktivieren Sie diese Option. Aktualisieren Sie in diesem Fall die BESCHREIBUNG.

Als KOMPRESSION wählen wir KEINE, um wirklich sicherzugehen, dass jeder TIFF-Interpret die Datei öffnen kann. Alternativ kann man die Kompression PackBits wählen. Aktualisieren Sie auch in diesem Fall die BESCHREIBUNG.

Schließen Sie das Fenster zu den TIFF-Optionen, indem Sie die Eingaben mit der Taste OK bestätigen.

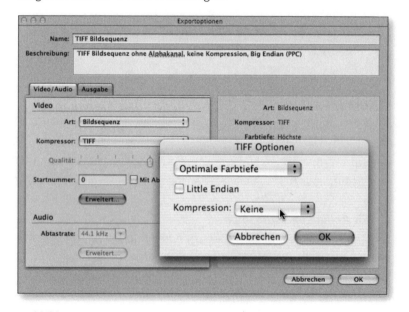

▲ **Abbildung 13.39**
Über ERWEITERT gelangen Sie an die Tiff-Optionen.

4 *Speichern*
Das war es schon. Bildsequenzen beinhalten kein Audio und die Projekteinstellungen zur AUSGABE würden wir nicht an dieser Stelle verändern, sondern nur beim Export gegebenenfalls manuell umstellen, z. B. für den Straight-Modus bei Alphakanälen.

Speichern Sie die neue Voreinstellung über die Taste OK. ∎

13.6.3 Exporteinstellung für Avid Meridien

Wir möchten nun eine Einstellung für ein Avid-System mit 2:1 Meridien-Kompression erstellen. Dazu müssen die entsprechenden Codecs von der Avid-Webseite http://www.avid.com/onlinesupport/ in der Rubrik ALL DOWNLOADS · CODECS herunter geladen werden. Wir möchten den 2:1-Codec mit Halbbild-Rendering (Interlaced-Mode) verwenden und dazu die höchst mögliche Audioausgabequalität, die derzeit bei Systemen wie Avid und Final Cut Pro sowie den Broadcast-Formaten üblich ist. Natürlich sind bei den Avid-Codecs noch zahlreiche andere Kompressionen möglich, aber für grafische Animationen ist eigentlich nur 2:1 oder sogar unkomprimiert sinnvoll.

Schritt für Schritt: Avid mit 2:1 Meridien-Kompression

1 *Codec herunterladen und installieren*
Wenn Sie den Codec herunter geladen haben, müssen Sie ihn zunächst entpacken, da er als sit-Datei vorliegt.

Die beiden entpackten Dateien müssen Sie dann in das Verzeichnis LIBRARY · QUICKTIME auf Ihrer Festplatte verschieben, damit Sie in Motion auf sie zugreifen können.

2 *Exportvoreinstellung hinzufügen*
Öffnen Sie das Fenster VOREINSTELLUNGEN über den Kurzbefehl ⌘+[,]. Erstellen Sie dort mit dem Plus-Symbol eine neue Vorgabe. Wieder öffnet sich das Fenster EXPORTOPTIONEN.

3 *Einstellungen vornehmen*
Im Feld NAME tragen Sie AVID 2:1 ein.

In die BESCHREIBUNG tragen Sie »Avid Meridien 2:1 Compressed, PAL Interlaced (Ungerade), 48 kHz, 16 Bit, Stereo« ein.

Falls nicht vorausgewählt, wählen Sie als ART den Eintrag QUICK-TIME-FILM.

4 Codec auswählen

Als KOMPRESSOR wählen Sie den Codec AVID MERIDIEN COMPRESSED aus der Liste. Klicken Sie wieder auf die Taste ERWEITERT, um das Fenster KOMPRIMIERUNG aufzurufen.

Wie Sie sehen können, unterstützt der Avid-Codec eine Farbtiefe von über 16,7 Millionen Farben und damit einen Alphakanal. Leider kann man hier nicht den Eintrag OPTIMALE FARBTIEFE wählen, sondern nur 16,7 MILL. FARBEN oder ÜBER 16,7 MILL. FARBEN. Es wird also immer ein Alphakanal angelegt, auch wenn Ihr Projekt nicht über Transparenzen verfügt.

Dieser Alphakanal ist dann zwar komplett weiß und hat damit keine Wirkung, aber die Datei wird etwas größer und in manchen Systemen muss der Alphakanal ignoriert werden. Da man in Motion eher Titel und andere Animationen mit Transparenz erstellt, widmen wir uns hier dem Beispiel mit Alphakanal. Sie müssten für beide Varianten leider auch zwei Exportvorgaben mit und ohne Alpha anlegen, wenn Sie die kombinierte Vorgabe stört.

5 Codecspezifische Einstellungen

Wechseln Sie mit einem Klick auf die Taste OPTIONEN in die codecspezifischen Einstellungen.

Hier wählen wir bei COLOR INPUT die RGB-LEVELS (0–255), da Motion im RGB-Farbraum arbeitet, und nicht in YUV.

Unter VIDEO FORMAT wählen wir PAL. Für NTSC-Projekte sollten Sie eine eigene Exportvorgabe anlegen.

Bei RESOLUTIONS wählen Sie den Eintrag 2:1 INTERLACED. Man kann hier auch stärkere Kompressionen wählen, aber bei dem Motion-JPEG-Verfahren von Avid sollte es für grafische Animationen schon 2:1 sein. Für 1:1, also unkomprimiert, muss man den Avid-Codec »Avid Meridien Uncompressed« auswählen. Interlaced bedeutet, dass man Halbbilder ausgeben möchte. In diesem Avid-Format muss in den Projekteinstellungen eine ungerade Halbbilddominanz ausgewählt sein. Wollen Sie lieber Vollbilder ausgeben, dann wählen Sie 2:1 PROGRESSIVE.

Schließen Sie anschließend die Fenster durch Bestätigung der Eingaben mit der Taste OK, sodass wieder das Fenster mit den EXPORTOPTIONEN zugänglich ist.

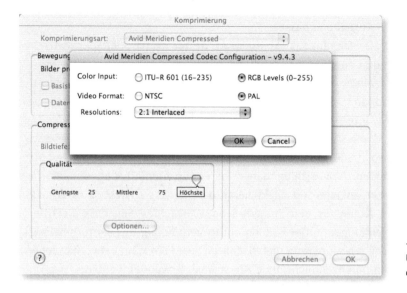

◂ **Abbildung 13.40**
Übernehmen Sie diese Angaben

6 Einstellungen für Audio

In der Rubrik AUDIO des Fensters EXPORTOPTIONEN wählen Sie die ABTASTRATE mit 48 kHz. Klicken Sie auch hier auf die Taste ERWEITERT, um die Werte für Audio zu kontrollieren.

▸ Im Popup-Menü KOMPRESSION wählen Sie den Eintrag OHNE.
▸ Die RATE sollte schon auf 48 KHZ stehen.
▸ Das DATENFORMAT muss 16 BIT betragen und bei KANÄLE sollte STEREO ausgewählt sein.

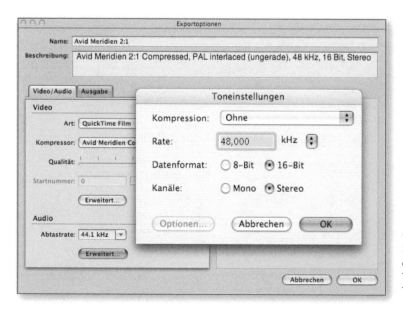

◂ **Abbildung 13.41**
Die Toneinstellungen erreichen Sie über die Taste ERWEITERT im Tab VIDEO/AUDIO.

Eigene Exporteinstellungen erstellen **673**

7 Ausgabe anpassen

Klicken Sie nun das Tab AUSGABE, da der Avid-Codec sehr restriktiv ist und bestimmte Einstellungen verlangt.

Wählen Sie bei AUFLÖSUNG den Eintrag PAL DV BROADCAST SD, also 720 × 576 Pixel. Dies ist die einzige Bildgröße, die der Codec bei PAL unterstützt.

Wenn Transparenzen vorhanden sind, dann sollen diese auch absolut sauber aus der Füllung durch den Alphakanal ausgestanzt werden. Wir wählen daher im Popup-Menü FARBE den Eintrag FARBE+ALPHA und deaktivieren darunter die Checkbox INTEGRIERTES ALPHA für den Straight-Modus. Beachten Sie, dass die Überzeichnungen in der Füllung nur in Verbindung mit dem Alphakanal zu einem sauberen Ergebnis führen. Der Film kann bei vorhandenen Transparenzen nicht ohne Alphakanal verwendet werden.

Die BILDRATE muss auf die für PAL üblichen 25 Bilder pro Sekunde gestellt werden.

Da wir aber nicht 25 Vollbilder, sondern 50 Halbbilder ausgeben möchten, aktivieren wir die Checkbox HALBBILDER RENDERN. In den Projekteinstellungen muss dafür eine ungerade Halbbilddominanz gewählt sein.

Möchten Sie lieber Vollbilder an den Avid übergeben, lassen Sie die Checkbox aus. Wählen Sie dann aber auch in den Codec-Einstellungen die Einstellung 2:1 PROGRESSIVE.

Ob Sie auch Bewegungsunschärfe verwenden möchten, ist eher eine geschmackliche denn eine technische Frage.

Bestätigen Sie die Angaben im Fenster EXPORTOPTIONEN mit OK und kehren Sie zu der Liste mit den EXPORTVOREINSTELLUNGEN zurück.

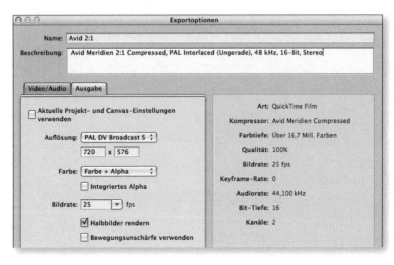

Abbildung 13.42 ▶ Deaktivieren Sie die oberste Checkbox bei AKTUELLE PROJEKT- UND CANVAS-EINSTELLUNGEN VERWENDEN.

13.6.4 Exporteinstellung für HDV

Kommen wir nun noch dazu, eine Exportvoreinstellung für HDV zu erstellen. Öffnen Sie dazu das Fenster aus Abbildung 13.38 über den Tastaturbefehl ⌘+[,].

Schritt für Schritt: HDV Exportvoreinstellung

1 Exportvoreinstellung hinzufügen
Klicken Sie auf das Plus-Symbol, um eine neue Vorgabe zu erzeugen, sodass sich wieder die EXPORTOPTIONEN öffnen.

Tragen Sie in das Feld NAME die Bezeichnung HDV 1080i50 ein. Das ist die Einstellung für die PAL-Bildrate mit 50 Halbbildern, was 25 Vollbildern entspricht.

Als Beschreibung wählen Sie z. B. »HDV 1440 × 1080, PAL, interlaced«. Bei der ART wählen Sie natürlich QUICKTIME-FILM.

2 Final Cut Pro 5-Codec auswählen
Für den KOMPRESSOR gibt es zwei Möglichkeiten. Entweder der native HDV-Codec, den Final Cut Pro-Anwender seit Version 5 verwenden können, oder der Intermediate Codec für iMovie HD und Final Cut Express HD.

Zunächst für Final Cut Pro 5: Wählen Sie den Codec HDV 1080i50. Das war es schon. In den erweiterten Codec-Optionen gibt es nichts weiter einzustellen. Sie können direkt zur Rubrik AUDIO in Schritt 4 übergehen

3 Final Cut Express HD- und iMovie HD-Codec auswählen
Für Final Cut Express HD und iMovie HD wählen Sie den APPLE INTERMEDIATE CODEC. Klicken Sie dann auf die Taste ERWEITERT, sodass sich das Fenster KOMPRIMIERUNG öffnet.

Mehr müssen Sie hier nicht einstellen. Lassen Sie sich nicht durch die Angaben im Popup-Menü BILDER PRO SEKUNDE verunsichern, wenn diese auf 30 für NTSC steht. Motion bezieht den Wert aus den Projekteinstellungen und ignoriert die Angaben hier. Arbeiten Sie bei HDV-Projekten daher immer in den passenden Projekteinstellungen.

Bestätigen Sie die Angabe durch einen Klick auf die Taste OK, damit sich das Fenster schließt.

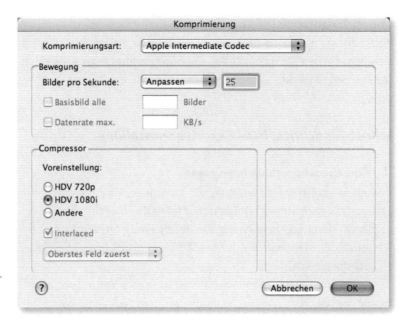

Abbildung 13.43
Wählen Sie in der Rubrik COMPRESSOR die Vorgabe HDV 1080i.

4 Audio einstellen

In der Rubrik AUDIO müssen Sie dieselben Angaben wählen wie im vorherigen Tutorial zum Avid-Export, also 48 kHz, 16 Bit, Stereo. Bestätigen Sie die Angaben im Fenster EXPORTOPTIONEN mit OK und kehren Sie zu der Liste mit den EXPORTVOREINSTELLUNGEN zurück. ■

14 Projektübergabe mit den Apple Pro Applications

Sie werden integriert – Widerstand ist zwecklos. Ihre genetischen und technischen Eigenschaften werden den unseren hinzugefügt – Apple hat in den letzten Jahren ganze Firmen mit deren Produkten, Entwicklern und Technologien aufgekauft. Mit QuickTime und XML gibt es eine nie da gewesene Integration.

Die besondere Stärke von Motion ist die Übergabe der Projektdatei an Final Cut Pro, DVD Studio Pro, LiveType, Compressor, QuickTime und Shake. Möglich macht dies die Motion-QuickTime-Komponente und die offene XML- Formatstruktur.

14.1 Entwicklung

Als Final Cut Pro 1.0 zunächst für das klassische Mac OS erschien, war noch nicht absehbar, wie stark sich Apple im Motion Picture-Bereich etablieren würde. Damals dachte man noch an ein nettes harmloses DV-Schnittprogramm, doch bald darauf ging Apple auf Einkaufstour und bereicherte sich an Technologien, Know-how und Entwicklern. Auch Final Cut Pro wurde einst von Macromedia übernommen. Es folgte der DVD Director von Astarte, die komplette Firma FilmLogic, von der die Cinema Tools stammen, die Firma Nothing Real mit deren Highend-Compositing-Software Shake und die deutsche Firma Emagic mit deren kompletter Produktpalette, darunter die Soundbearbeitungs-Software Logic. Dem DVD Studio Pro wurde das Programm A.Pack beigefügt, der Compressor wurde neu entwickelt, LiveType und Soundtrack ebenso und auch Motion ist von Grund auf neu entstanden.

Shake und Combustion | Das Know-how für Motion kam aber nicht in erster Linie vom Shake-Entwicklerteam, das mit dem eigenen Projekt zur Genüge beschäftigt sein dürfte, sondern von einer nicht geringen Anzahl ehemaliger Combustion-Entwickler, deren Entwicklungsabteilung in Kalifornien von Discreet geschlossen wurde. So sind die Partikel-Effekte denen von Combustion nicht unähnlich, wobei auch Discreet diese wiederum von Illusion übernommen hat (jetzt unter Wondertouch zu finden). Eine vergleichbare Integration wie zwischen Final Cut Pro und Motion hat man zwischen der edit* von Discreet (die Weiterentwicklung wurde eingestellt) und Combustion auch schon einmal gesehen.

Apple galt lange Zeit als teuer und elitär, doch hat sich seit der Einführung des iMac 1998 das Bild sehr verändert. Die Firma gilt als cool und die Preise liegen mittlerweile im Mainstream-PC-Bereich. In der Videoproduktion wurden die Preise durch Apple sogar massiv nach unten gedrückt und die Gründe dafür lassen sich in der Desktop Video-Entwicklung finden.

Desktop Video | Die Platzhirsche vor der eigentlichen Desktop Video-Entwicklung waren die Firmen Adobe mit den Produkten Premiere und After Effects sowie der sehr bekannte Pionier Avid. Während Avid ausschließlich den Profimarkt bediente, galt der Semiprofi- und Prosumer-Bereich dem Programm Premiere von Adobe. Der Klassiker schlechthin unter den Desktop-basierten Animations- und Compositing-Programmen ist natürlich After Effects und eigentlich zeigte After Effects als erstes Programm überhaupt, wie sich Videosoftware auf Desktop-Systemen mit leistungsstärkeren Prozessoren und Komponenten entwickeln würde.

Premiere nur noch für PC | Umso unverständlicher erscheint deshalb, wieso gerade Adobe diese Entwicklung für sein gut positioniertes Produkt Premiere damals nicht in dem Maße erkannt hat wie Apple. Anstatt aus Premiere ein professionelles Editing-Programm mit Integration für After Effects, Photoshop und Illustrator zu entwickeln, behielt man die Benutzeroberfläche bei und bekam die DV-Integration in der ersten Version 5 nicht ordentlich zu Stande. Viele Entwickler wechselten sogar zu Macromedia und damit später zu Apple, um Final Cut Pro zu entwickeln. So dauerte es nicht lange, bis Premiere auf der Mac-Plattform in der Bedeutungslosigkeit verschwand. Mit Version 6.5 erschien Premiere das letzte Mal für den

Mac und wurde danach nur noch für den PC-Markt weiterentwickelt.

After Effects | Bei Adobe stellt After Effects damit das letzte Videoprodukt für den Mac dar, denn auch das DVD-Authoring-Programm Encore wurde angesichts der Dominanz von DVD Studio Pro gar nicht erst auf den Mac portiert. After Effects ist ein hervorragendes Produkt und auch die Version 7 wurde von Adobe für den Mac angekündigt. Die Anwenderbasis auf der Mac-Plattform ist für After Effects ziemlich groß und Motion ist derzeit auch von der Funktionalität lediglich eine Ergänzung und kein Ersatz. Im Laufe der Entwicklung könnte sich aber das einzig verbliebene Mac-Entwicklerteam für Video bei Adobe als logistisch überflüssig erweisen. Auch Motion und Shake könnten sich einander weiter annähern. Neue Technologien in den Betriebssystemen Windows und Mac OS X werden sicher eine stärkere Anpassung der Applikationen erfordern, was sich eventuell für beide Plattformen nicht mehr lohnen würde.

Avid | Bei Avid hat man die Desktop Video-Entwicklung ebenfalls nicht ernst genug genommen. Man dachte, man könne das günstige DV-Format ignorieren, da es für den Consumer bestimmt war. Tatsächlich war es gut genug und der eigene Look schien seinen Reiz zu haben. Egal, ob Industrie- und Messefilm, News, Dokus, Musikvideos, Werbeclips oder sogar Kino: Überall kann man DV mittlerweile vorfinden. Einige Produktionen versuchen DV wie Film aussehen zu lassen, andere setzen den DV-Look auch ganz bewusst ein, wie bei dem Streifen »15 minutes« von John Herzfeld oder in dem deutschen Kinofilm »Nackt« von Doris Dörrie. Auch komplette Produktionen wurden ausschließlich auf DV gedreht, wie der Film »Bamboozled« von Spike Lee, »Full Frontal« von Steven Soderbergh oder auch die Dokumentation »Persona non grata« von Oliver Stone und der Playstation 2-Werbespot von David Lynch.

Viele Highend-Systeme waren und sind oft gar nicht mit FireWire ausgerüstet, sodass man dafür teure Wandler nehmen oder Überspielungen auf professionelle Bandsysteme machen muss. DV-Optionen, wie für den älteren Media Composer von Avid, kosteten schnell mehr als ein komplettes Final Cut Pro-System. So kam es auch oft dazu, dass hinsichtlich Signalarten und -qualitäten unversierte Anwender schon mal gerne ein schlechtes AV-Signal von DV einspielten – Hauptsache, es kam überhaupt irgendwie ein Bild an.

Avid kündigte zwischenzeitlich auch an, sich von der Mac-Plattform zurückzuziehen, was einen Sturm der Entrüstung nach sich zog, woraufhin man diese Entscheidung wieder revidierte.

Final Cut Studio | Final Cut Pro bestand bis zur Version 4 nur aus dem Programm selber und kostete um die 1300 Euro. In Version 4 bzw. 4.5 (HD) kamen die Programme LiveType, Soundtrack, Compressor und die Cinema Tools hinzu, bei einer gleichzeitigen Preissenkung auf ca. 1000 Euro. Die Cinema Tools waren bis dahin ein separates Programm, das ebenfalls ca. 1300 Euro gekostet hatte. Im gleichen Preissegment lag auch noch das DVD Studio Pro 1.5, das in Version 2 auf ca. 580 Euro um gut die Hälfte gesenkt wurde. Der DVD Director von Astarte, aus dem das DVD Studio Pro hervorgegangen war, lag einst bei rund 10 000 US-Dollar. Das Programm Shake von Nothing Real kostete ebenfalls einmal so viel und liegt derzeit nur noch bei ca. 3100 Euro. Logic von Emagic kostete zwar schon vor der Übernahme 1000 Euro, aber zahlreiche kostenpflichtige Plug-Ins wurden dafür mittlerweile dem Programm beigelegt.

Die Motion-Käufer, die dieses Buch zur Hand nehmen, kennen sicher den Preis von ca. 290 Euro. Man erhält Motion aber auch als Bestandteil des Final Cut Studio-Pakets, das bei 1250 Euro liegt und neben Motion 2 die Programme Final Cut Pro 5, LiveType, Soundtrack Pro, Compressor 2, die Cinema Tools und DVD Studio Pro 4 enthält. Neben dem günstigen Preis spricht die Integration der einzelnen Apple-Programme für das Komplettpaket – und genau dieses Zusammenspiel beleuchten wir in diesem Kapitel näher.

Abbildung 14.1 ▶
Final Cut Studio beinhaltet die Programme Final Cut Pro, Motion, DVD Studio Pro, Soundtrack Pro, LiveType, Cinema Tools, Compressor und QuickTime Pro.

14.2 Projektübergabe mit Final Cut Pro

Final Cut Pro und Motion ergänzen sich zunächst einmal schon von den jeweiligen Fähigkeiten her. Final Cut Pro ist ein so genanntes Editing-Programm, d. h., hier findet der klassische Videoschnitt statt. Die Timeline von Final Cut Pro verfügt über eine sehr große Anzahl von möglichen Layern, also Ebenen (auch Spuren genannt) – insgesamt bis zu 99 pro Sequenz.

14.2.1 Übergabe ohne Motion-Inhalt

Eine solche Sequenz (oder nur Teile daraus) kann über den Befehl SENDEN AN nach Motion übergeben werden. Für die Übergabe einer ganzen Timeline mit allen Schnitten und Inhalten markiert man einfach die Sequenz im Browser, wobei einige Einschränkungen beachtet werden müssen (siehe Seite 688). Nach Aufrufen des Senden-Befehls für Motion erscheint ein Dialogfenster.

◀ **Abbildung 14.2**
Wird die Sequenz aus dem Browser von Final Cut Pro an Motion übergeben, so steht die Option MOTION INHALT INTEGRIEREN nicht zur Verfügung. Nach dem Abspeichern kann man Motion automatisch starten und das Projekt öffnen lassen.

Die Option MOTION INHALT INTEGRIEREN ❶ sollte jetzt nicht aktivierbar sein. Zunächst muss die Sequenz für Motion als Datei abgespeichert werden. Dabei wird ein Motion-Projekt erstellt und das Programm kann auch direkt nach dem Export gestartet werden, wenn die Option MOTION STARTEN ❷ im Dialogfeld aktiviert wurde. Wenn man den Motion-Inhalt nicht integriert, dann ändert Final Cut Pro auch nichts an der exportierten Sequenz, sondern es wird ein unabhängiges Motion-Projekt erstellt.

In Motion erscheint jetzt genau die Sequenzstruktur, wie man sie aus Final Cut Pro übergeben hat. Die Verknüpfungen zu den Mediendateien und sogar Parametereinstellungen, wie z. B. Position und Skalierung, werden, genauso wie Transparenzen, korrekt übernommen.

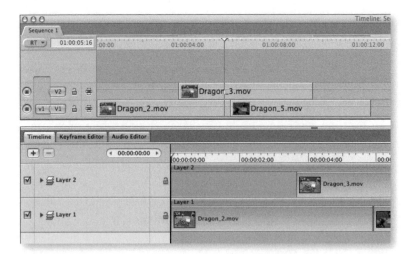

Abbildung 14.3 ▶
Oben Final Cut Pro, unten nach dem Import in Motion

Wenn jetzt Änderungen in Motion durchgeführt werden, hat dies nur Einfluss auf das Motion-Projekt, d. h., alle Bearbeitungsvorgänge werden auch nur dort abgespeichert. Es findet keine Änderung im Final Cut Pro-Projekt statt.

Motion-Projekt importieren | Dieses Motion-Projekt muss im Anschluss in Final Cut Pro wieder importiert werden. In Final Cut Pro erscheint das XML-basierte Motion-Projekt dann ganz normal als Clip ❸ im Browser. Der Clip hat die Dateiendung .motn und kann auch im Viewer betrachtet werden. Wie in Abbildung 14.4, rechts zu sehen ist, werden auch transparente Bereiche aus einem Motion-Projekt übernommen. Es ist also nicht nötig, wie in klassischen Workflows üblich, einen QuickTime-Film mit Alphakanal zu exportieren.

Abbildung 14.4 ▶
Ein Motion-Projekt erscheint im Browser von Final Cut Pro als Clip. Durch Doppelklick wird dieser auch im Viewer angezeigt und kann zur Weiterverarbeitung in die Timeline platziert werden. Dort lässt man das Motion-Projekt als QuickTime-Datei mit den Sequenzeinstellungen berechnen.

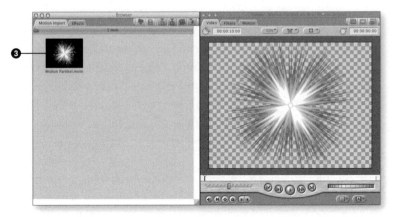

Final Cut Pro rendert den Clip in der Timeline mit den Formateinstellungen der Sequenz. Dabei wird Motion, auch wenn es gar nicht geöffnet ist, als Rendering-Schnittstelle im Hintergrund verwendet. Das geschieht nicht in der gleichen Geschwindigkeit wie in Motion selber, obwohl Final Cut Pro beim Rendering auch auf die Grafikkartenleistung zurückgreifen kann: Wir hörten beim Rendern, wie die Lüfter unserer ATI X800-Grafikkarte ansprangen (Final Cut Pro 5, Motion 2, Mac OS X 10.4).

Der Clip kann nun z. B. in einer Kopie der zuvor exportierten Sequenz eingefügt werden. Genauso kann man sich den Clip natürlich als neue Spur ganz nach oben in seine Sequenz legen. Damit ist gewährleistet, dass man sich nicht seine Ausgangssequenz in Final Cut Pro zerschießt, sprich die Inhalte durch Änderungen in Motion durcheinander bringt. Wie gesagt, das Motion-Projekt verhält sich in Final Cut Pro wie ein ganz normaler Clip und kann geschnitten, mit Effekten und Blenden versehen sowie frei positioniert werden.

Transparenzen im Motion-Projekt werden beim Einfügen in die Timeline von Final Cut Pro berücksichtigt. So kann man auch zuvor übergebene Spuren im Motion-Projekt ausschalten, z. B. wenn man nur einen Titel passgenau platzieren wollte und dann den Titel ohne Hintergrund wieder in Final Cut Pro einfügen möchte. Auch wenn man im Motion-Projekt die aus Final Cut Pro übergebenen Spuren entfernt, ändert das nichts an den Quelldateien und deren Lage in der Timeline von Final Cut Pro. Es handelt sich nur um Verknüpfungen.

Grundsätzlich ist es die sicherste und einfachste Variante, wenn man den Motion-Inhalt nicht integriert.

▼ **Abbildung 14.5**
Übergibt man eine ganze Sequenz oder nur Teile daraus von Final Cut Pro nach Motion, so muss man das erzeugte Motion-Projekt in Final Cut Pro manuell importieren. Anschließend kann man es bildgenau in der Timeline als neue Spur anlegen.

14.2.2 Übergabe mit Motion-Inhalt

Etwas komplexer, aber auch gleich viel reizvoller ist der Export mit integriertem Motion-Inhalt. Dazu bleibt man in der Sequenz selber, wählt diese also nicht im Browser an, sondern markiert die zu exportierenden Clips in der Timeline.

◄ **Abbildung 14.6**
Die beiden markierten Clips ❶ auf Spur 2 werden nach Motion übergeben. Diesmal wird der Motion-Inhalt integriert.

Wählt man jetzt die Exportfunktion, erscheint wieder das Dialogfeld aus Abbildung 14.2, nur mit der Möglichkeit, den Motion-Inhalt zu integrieren. Das Projekt muss wie gewohnt abgespeichert werden und Motion kann auch wieder direkt starten und das Projekt öffnen. Wie bei der Übergabe ohne integrierten Motion-Inhalt erscheinen die Clips korrekt in der Timeline von Motion.

▲ **Abbildung 14.7**
Motion verwendet eine etwas andere Ebenen-Verwaltung als Final Cut Pro: Die Clips sind in einer Ebene zusammengefasst ❷, aber jeder Clip liegt in einer eigenen Spur ❸.

Final Cut Pro legt jetzt eine neue Sequenz im Browser an, in die alle markierten Elemente verschoben werden und dort praktisch als Backup bereitliegen. In der Ausgangssequenz, aus der auch der

Export durchgeführt wurde, sind die markierten Elemente verschwunden. An deren Stelle liegt jetzt direkt und ohne manuelles Importieren das Motion-Projekt als Clip. Ein einfaches Abspeichern der Projektdatei in Motion aktualisiert automatisch auch den Inhalt der neuen Sequenz in Final Cut Pro.

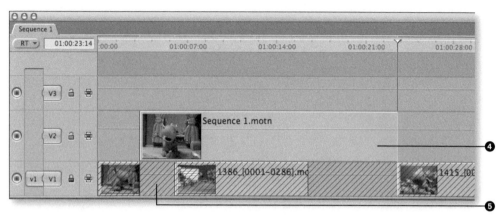

Wie in Abbildung 14.8 gut zu sehen ist, werden auch Lücken zwischen den markierten Clips dadurch geschlossen, indem das Motion-Projekt einfach auf eine neue Spur gelegt wird. Motion übergibt das Projekt als einen durchgehenden Clip an Final Cut Pro, wodurch andere Elemente zwar oft verdeckt, nicht aber überschrieben werden den ❺. Trotzdem muss der gesamte Teil gerendert werden. Da sich das Motion-Projekt in der Final Cut Pro-Timeline wieder so verhält wie jedes andere Element, können auch Schnitte durchgeführt werden, z. B. um die Lücke herauszulöschen.

▲ **Abbildung 14.8**
Das Motion-Projekt ❹ wird automatisch von Final Cut Pro importiert und in der Timeline anstelle der übergebenen Clips platziert.

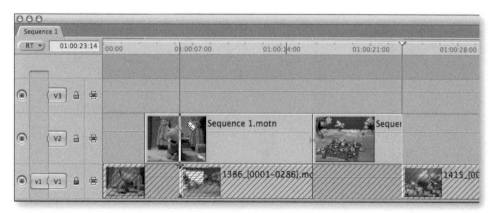

▲ **Abbildung 14.9**
Das Motion-Projekt verhält sich in der Timeline von Final Cut Pro genau wie ein Clip, sodass man es mit dem Rasierklingen-Werkzeug beschneiden kann.

Genauso wie bei der Übergabe ohne Motion-Inhalt können Filteroperationen und sämtliche Bearbeitungsschritte durchgeführt werden, die man in Final Cut Pro auch auf alle sonstigen Mediendateien anwenden kann. Innerhalb von Final Cut Pro findet nur eine Verknüpfung zur Originaldatei des Motion-Projekts statt, sodass dieses unangetastet bleibt.

▲ Abbildung 14.10
Wurde der nicht benötigte Teil des Motion-Projektes in der Timeline von Final Cut Pro entfernt, muss an der Stelle auch nicht mehr gerendert werden.

Automatische Backup-Sequenz | Final Cut Pro hat die an Motion übergebenen Inhalte in einer neuen Sequenz ❻ automatisch gesichert, sodass man jederzeit wieder auf dieses Backup zurückgreifen kann.

▲ Abbildung 14.11
Es wird automatisch ein Backup der übergebenen Inhalte erzeugt.

Mit Hilfe der Backup-Sequenz kann man jederzeit den Ausgangszustand wiederherstellen. Ziehen Sie dazu die Backup-Sequenz aus dem Browser mit gedrückter ⌘-Taste an genau die Stelle in die Ausgangs-Sequenz, von der die Clips übergeben wurden.

▲ **Abbildung 14.12**
Einfach per Drag & Drop kann der Ausgangszustand wieder hergestellt werden.

Im Editor öffnen | Möchte man das Projekt in Motion nachbearbeiten und damit auch für Final Cut Pro verändern, kann dafür einfach der Befehl IM EDITOR ÖFFNEN verwendet werden. Wird ein Motion-Projekt über diese Vorgehensweise bearbeitet und neu abgespeichert, findet eine dynamische Aktualisierung der Verknüpfung in Final Cut Pro statt. Dies hat keinen Einfluss auf gesetzte Filter oder andere Bearbeitungsschritte, diese werden einfach nur auf den aktualisierten Clip (also das importierte Motion-Projekt) angewendet.

Vorsicht! Führt man Änderungen am Motion-Projekt ohne den Befehl IM EDITOR ÖFFNEN aus, wird Final Cut Pro das Fenster OFFLINE-DATEIEN hervorbringen. Anstelle des Motion-Projektes wird in der Viewer- oder Canvas-Anzeige MEDIUM OFFLINE angezeigt. Verbindet man das Motion-Projekt neu, ist alles wieder in Ordnung. (Man kann das Projekt auch im Nachhinein neu verbinden, wenn man die erste Meldung ignoriert hat.) Diese Prozedur kennen Final Cut Pro-Anwender auch bei anderen Mediendateien, weshalb es sich immer empfiehlt, den Befehl IM EDITOR ÖFFNEN zu verwenden.

Einen Konflikt gibt es, wenn in den Systemeinstellungen als Editor für Videodateien z. B. After Effects definiert ist. In diesem Fall startet After Effects und kann nichts mit der Motion-Projektdatei anfangen. Haben Sie in Final Cut Pro also kein externes Bearbeitungsprogramm für Video-Dateien definiert, dann öffnet sich immer das im Finder-Informationsfenster definierte Programm.

Abbildung 14.13 ▶
Der Befehl IM EDITOR ÖFFNEN in Final Cut Pro startet das im Finder für die Datei zugewiesene Programm und öffnet es für die Bearbeitung. Der Eintrag wird ignoriert, wenn man in den Systemeinstellungen von Final Cut Pro ein externes Bearbeitungsprogramm ausgewählt hat.

> **Bildgröße des Motion-Projekts nachträglich ändern**
>
> Was in Version 1.0.1 noch nicht klappte, war die korrekte Aktualisierung, wenn man die Bildgröße des Motion-Projekts nachträglich geändert hat. Auch das Pixel-Seitenverhältnis von Medien in Sequenzen mit unterschiedlichen Seitenverhältnissen wurde nicht korrekt übernommen. In Version 2 sind diese kleinen Unannehmlichkeiten behoben worden.

14.2.3 Einschränkungen

Bei der Projektübergabe an Motion bestehen einige Einschränkungen, die beachtet werden müssen:

▶ Die Generatoren aus Final Cut Pro werden nicht übernommen, sodass man solche vorher als QuickTime-Film exportieren und reimportieren muss.

▶ So genannte Freeze Frames, also Standbilder, die aus Clips erzeugt wurden und in Final Cut Pro in der Timeline wie eine Standgrafik platziert sind, werden nicht korrekt übernommen. Statt dem korrekten Frame wird in Motion immer der erste Frame aus dem Clip angezeigt. Auch solche Freeze Frames müssten vorher als Standbild exportiert und in Final Cut Pro reimportiert werden.

▶ Geschwindigkeitsveränderungen von Clips in Final Cut Pro werden von Motion nicht übernommen. Auch solche müssten zuvor exportiert und reimportiert werden, woraufhin man den Einfluss auf die Einstellungen verliert.

- Filter werden aus Final Cut Pro nicht nach Motion übergeben, auch dann nicht, wenn die Filter in beiden Programmen vorhanden sind.
- Final Cut Pro kann Audiospuren an Motion übergeben, jedoch kann Final Cut Pro in einem Motion-Projekt keine Audiospuren erkennen und damit auch nicht importieren.

14.2.4 Rendering

Möchte man ein Motion-Projekt in einer Sequenz in Echtzeit betrachten, muss es mit dem Render-Befehl entsprechend der Sequenzeinstellungen in das **QuickTime-Format** umgeschrieben werden.

Ist der Render-Prozess abgeschlossen, wird die Render-Datei dann anstelle des eigentlichen Motion-Clips beim Abspielen angezeigt. Sollen noch weitere Effekte innerhalb von Final Cut Pro hinzugefügt werden, z. B. eine Farbkorrektur, dann bedeutet dies ein erneutes Rendering. Daher empfiehlt es sich, lieber einen QuickTime-Film aus Motion zu exportieren und anschließend in Final Cut Pro zu importieren, weil danach z. B. die Farbkorrektur in Echtzeit möglich wäre. Bei DV-Material sollte man hier aber wegen den digitalen Generationen behutsam vorgehen.

Farbräume | Motion und Final Cut Pro arbeiten mit verschiedenen Rendering-Einstellungen. Motion rendert im RGB-Farbraum mit 8-, 16- oder 32-Bit, während Final Cut Pro als höchste Qualität das so genannte Präzisions-YUV-Rendering mit 32-Bit-Floating Point verwendet.

Wir haben festgestellt, dass sich diese Methoden nicht abstimmen und ein Motion-Projekt unter anderem in Final Cut Pro immer in 8-Bit RGB übernommen wird. Wenn bei Ihnen Banding-Fehler auftreten (siehe Seite 90), dann müssen Sie das Motion-Projekt erst in 16- oder 32-Bit als QuickTime-Film berechnen lassen und diesen in Final Cut Pro importieren. Leichte Farbverschiebungen lassen sich beim Austausch zwischen RGB und YUV leider nicht vermeiden.

Halb- und Vollbilder | Des Weiteren muss beim Rendering und auch bei der Einbindung von Videomaterial der Unterschied zwischen »Progressiv« (Vollbilder) und »Interlaced« (Halbbilder) beachtet werden.

Halbbilder entfernen | Verfügt das Material über Halbbilder, müssen diese durch einen Deinterlace-Filter in Motion entfernt werden, wenn man Position bzw. Bildgröße verändern will. Möchte man hingegen z. B. eine Typoanimation mit Halbbildern rendern, dann müssen die Projekteinstellungen von Motion mit den Sequenzeinstellungen von Final Cut Pro übereinstimmen. In Motion muss dazu das Halbbild-Rendering aktiviert sein (siehe Seite 239), sonst wird das Projekt progressiv übernommen.

14.2.5 Alphakanal übergeben

In einem Motion-Projekt ist der Hintergrund grundsätzlich transparent, wenn man dafür keine Hintergrundfarbe mit 100 % Deckkraft eingestellt hat. Diese Transparenz wird dann als Alphakanal in Final Cut Pro direkt übernommen.

Alpha-Modus | Zu beachten sind die unterschiedlichen Alpha-Modi. Den Alpha-Modus stellt man in Final Cut Pro über die Objekteinstellungen ein. Dazu markiert man das Element (in unserem Fall ein Motion-Projekt) in der Timeline und wählt über einen Klick mit der rechten Maustaste im Kontextmenü den Eintrag OBJEKTEINSTELLUNGEN • FORMAT.

Straight oder Premultiplied | In der Zeile ALPHA kann man nun wieder über einen Klick mit der rechten Maustaste verschiedene Modi einstellen. Voreingestellt ist DIREKT, was auch richtig ist, vorausetzt, es handelt sich um eine direkte Füllung, bei der die Randbereiche im Vordergrund überzeichnet sind (Straight-Modus).

In den meisten Fällen handelt es sich aber um eine integrierte Füllung (Premultiplied-Modus), die Teile der Hintergrundfarbe mit ausstanzt. In diesem Fall empfiehlt sich in Final Cut Pro der Modus SCHWARZ, der den schwarzen Hintergrund herausfiltert. Derzeit kann Final Cut Pro nur Weiß oder Schwarz herausfiltern. Bis dahin wählen Sie in Motion am besten immer einen schwarzen Hintergrund (Standard) und verwenden in Final Cut Pro den entsprechenden Modus.

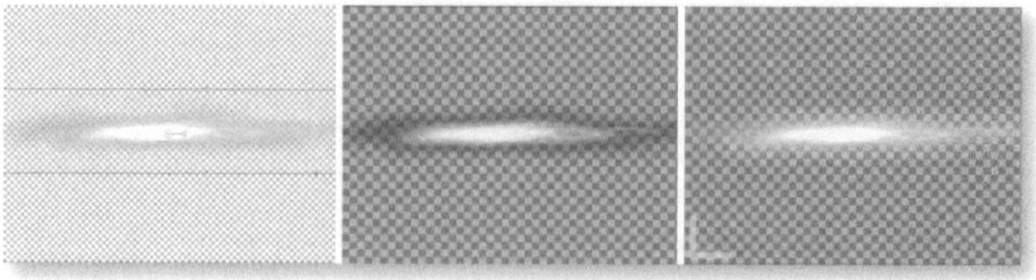

Abbildung 14.14 ▶
Links ein Partikeleffekt in Motion vor transparentem Hintergrund. In der mittleren Abbildung sieht man schwarze Ränder nach der Übergabe an Final Cut Pro. Durch das Ändern des Alpha-Modus lassen sich die schwarzen Ränder in Final Cut Pro herausfiltern (rechts).

14.2.6 Markierungen übergeben

In allen Pro Applications außer LiveType und den Cinema Tools stehen Markierungen zur Verfügung, die auch teilweise untereinander ausgetauscht werden können.

Markierungsarten | Sobald in Final Cut Pro ein Schnitt gesetzt wird, entstehen automatisch Schnittmarkierungen, die von Compressor direkt ausgelesen werden können. Für MPEG-Kodierungen sind diese wichtig, da an den entsprechenden Stellen I-Frames gesetzt werden.

In Final Cut Pro kann man zusätzlich normale Markierungen setzen oder diese auch für bestimmte Funktionen in anderen Programmen definieren. Die KAPITEL-MARKIERUNGEN und deren Bezeichnungen können für eine Übergabe an DVD Studio Pro verwendet werden. Die KOMPRESSIONS-MARKIERUNGEN werden an Compressor übergeben, sodass dieser an deren Positionen zusätzliche I-Frames setzt. Die TONWERT-MARKIERUNGEN können an Soundtrack Pro übergeben werden.

Markierungen aus Final Cut Pro | Motion übernimmt die Markierungen aus Final Cut Pro und auch NAME und KOMMENTAR, jedoch nicht die Art der Markierung. Motion kennt für die Art der Markierung nur die beiden Typen DVD-MENÜ-LOOP und DVD-ALPHA-ÜBERGANG oder eben eine normale Markierung (siehe Angaben zur Integration mit DVD Studio Pro).

▼ **Abbildung 14.15**
In Final Cut Pro hat man die Möglichkeit, Markierungen in der Sequenz oder auf Clips zu setzen. Markierungen können über eine Dialogbox bearbeitet werden. Neben dem Namen und Kommentar kann festgelegt werden, um welche Art von Markierung es sich handeln soll.

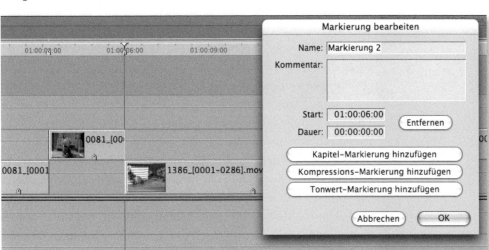

Markierungen aus Motion | Markierungen werden aus Final Cut Pro an Motion übergeben. Markierungen aus Motion werden hingegen nicht in Final Cut Pro übernommen.

Abbildung 14.16 ▶
Die Markierungen sind aus Final Cut Pro korrekt an Motion übergeben worden. Definitionen wie Kapitel- oder Kompressions-Markierung werden nicht übergeben, da Motion andere Markierungsarten verwendet. Name und Kommentar werden hingegen übernommen.

14.3 Projektübergabe mit DVD Studio Pro

DVD Studio Pro ist ein DVD-Authoring-Programm, sprich hier findet der Zusammenbau einer Video-DVD statt. Da die Video-DVD ein Distributions-Medium ist, möchte man dort mit seinen Inhalten hin, aber die fertigen Inhalte bekommt man nicht mehr in ein Bearbeitungsprogramm zurück. Manche Kunden glauben das zwar gerne, weil ja alles so schön digital ist, aber ist die DVD erst mal gebrannt, kann man von dieser Scheibe allein nicht mehr auf Projektdaten zurückgreifen, geschweige denn diese wiederherstellen.

Solange man aber noch die DVD Studio Pro-Projektdatei und alle dazugehörigen Ausgangsmedien hat, kann man natürlich Änderungen vornehmen und eine neue DVD brennen. Normalerweise würde man seine Videoinhalte bereits als MPEG-2 oder zumindest QuickTime-kompatible Formate an das DVD Studio Pro übergeben. DVD Studio Pro kann jedoch Motion-Projekte auch direkt lesen.

Da es sich bei der Projektdatei noch nicht um einen encodierten MPEG-2- bzw. QuickTime-Film handelt, wird zum Abspielen ebenfalls auf die Motion Rendering-Schnittstelle zurückgegriffen, was je nach Projektumfang und verwendetem System zu Bildauslassungen führen kann. DVD Studio Pro verhält sich dabei auch auf schnellen G5-Systemen etwas zäh, aber zur Beurteilung, z. B. von Positionen für Tasten, reicht es vollkommen aus.

Dynamische Übernahme | Wenn man in Motion parallel arbeitet, um beispielsweise ein Menü für DVD Studio Pro vorzubereiten, werden die Änderungen der Projektdatei dynamisch übernommen, sobald das Projekt in Motion neu abgespeichert wurde. Wie in Final Cut Pro gibt es aber auch den Befehl IM EDITOR ÖFFNEN, den man nach unserer Erfahrung aber nicht explizit benötigt.

Die direkte Vorschau geänderter Projekte macht das etwas zähe Verhalten in DVD Studio Pro verschmerzbar, denn den endgültigen Status kann man als letzten Arbeitsschritt immer noch an Compressor übergeben, um einen MPEG-2-Film zu erstellen. Dieser spielt dann flüssig in DVD Studio Pro ab, kann aber natürlich nicht mehr verändert werden. Optional kann man in DVD Studio Pro einstellen, dass der Codierungs-Prozess im Hintergrund stattfinden soll. Dann würde das importierte Motion-Projekt bei jeder Änderung automatisch neu encodiert werden.

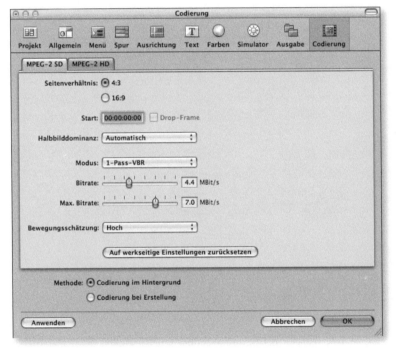

◀ **Abbildung 14.17**
Wenn man in DVD Studio Pro die CODIERUNG IM HINTERGRUND aktiviert hat, werden importierte Motion-Projekte direkt encodiert. Werden Änderungen am Motion-Projekt vorgenommen, werden diese dynamisch in DVD Studio Pro übernommen und das Encoding beginnt erneut.

14.3.1 Audio übergeben

Im Gegensatz zu Final Cut Pro wird beim Import eines Motion-Projektes auch Audio nach DVD Studio Pro übergeben. Leider hörten wir davon jedoch zunächst keinen Laut. Erst als wir die eben angesprochene Codierung im Hintergrund aktiviert haben, wurde Audio nach abgeschlossener Berechnung abgespielt.

14.3.2 Markierungen übergeben

▼ Abbildung 14.18
Motion kann viele Markierungen in verschiedenen Farben setzen. Markierungen können auf Filter, Clips, Elemente, Ebenen oder in der Timeline gesetzt werden.

In DVD Studio Pro können spezifische Kapitelmarkierungen eigentlich nur aus Final Cut Pro übernommen werden. In Motion stehen neben normalen Markierungen nur die beiden Markierungstypen DVD-MENÜ-LOOP und DVD-ALPHA-ÜBERGANG zur Verfügung. Sämtliche Timeline-Markierungen in Motion werden aber von DVD Studio Pro immer auch als Kapitelmarkierungen interpretiert. Markierungen auf Clips, Elementen und Ebenen werden ganz ignoriert.

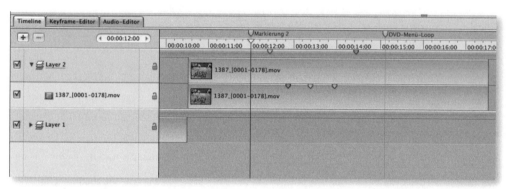

▲ Abbildung 14.19
Nur die Markierungen, die in Motion auf der Timeline gesetzt wurden, erscheinen auch in DVD Studio Pro, egal, ob sie als DVD-Menü-Loop oder DVD-Alpha-Übergang definiert wurden.

DVD-Menü-Loop | Wenn für so genannte Motion-Menüs bewegte Animationen oder Videos im Hintergrund eines Menüs ablaufen, dann kann man im DVD Studio Pro einen LOOP-PUNKT bestimmen, ab dem sich die Animation wiederholt. Wenn Sie eine Markierung in Motion als DVD-Menü-Loop vordefinieren, dann wird beim Import des Motion-Projekts in DVD Studio Pro die Markierung als Loop-Punkt für ein Menü übernommen.

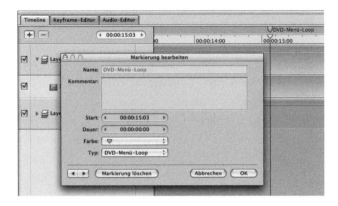

14.3.3 DVD-Alpha-Übergang

In DVD Studio Pro 3 sind Übergänge zwischen Menüs als neue Funktion hinzugekommen. Musste man früher einen Übergang zwischen zwei Menüs manuell in anderen Programmen erstellen und als Zwischenspur einfügen, so bietet sich jetzt die Möglichkeit, Übergänge direkt aus dem Vorlagenkatalog von DVD Studio Pro zu wählen. Diese Standardübergänge kennt man bereits aus dem Präsentationsprogramm Keynote von Apple und außer über die integrierten Parameter zum jeweiligen Übergang können keine Änderungen vorgenommen werden.

▲ **Abbildung 14.20**
Ein DVD-Menü-Loop aus Motion (links) wird in DVD Studio Pro am gleichen Timecode als Loop-Punkt übernommen (rechts).

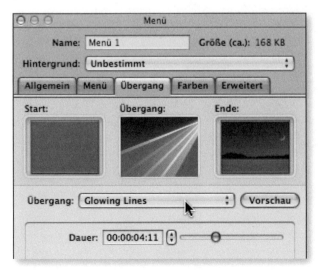

◀ **Abbildung 14.21**
Die Blenden in DVD Studio Pro kann man mit eigenen Alpha-Übergängen, die z. B. aus Motion heraus als QuickTime-Film erstellt werden, individueller gestalten. Die Glowing Lines finden Sie auf der Buch-DVD.

Übergänge mit Motion erstellen | Optional lässt sich auch ein Videoübergang verwenden, der selber erstellt werden kann und als ein oder mehrere QuickTime-Filme vorliegen muss. Diese Übergänge verwenden so genannte Traveling-Mattes. Über Weiß wird dabei bestimmt, wo das erste Element noch zu sehen ist, über Schwarz, wann das zweite Element erscheint.

Einfacher Übergang | Eine einfache Blende wäre eine animierte Luma-Maske, die von Weiß nach Schwarz wechselt. Die Zeit, in der dieser Wechsel stattfindet, ist dabei die Dauer der Blende. Aber auch komplizierte Übergänge dieser Art lassen sich erzeugen. Die Füllung besteht aus den in DVD Studio Pro verwendeten Elementen, z. B. zwei Menüs. Neben dem Alphakanal als Luma-Maske kann man noch eine weitere Füllung mit Alpha verwenden, sodass dieser Übergang aus drei sichtbaren Elementen besteht.

Motion bietet sich besonders zur Erstellung von Alpha-Übergängen an und so haben wir dazu eine kleine Anleitung erstellt.

Abbildung 14.22 ▶
Diesen Partikeleffekt aus Motion wollen wir als Trenner für die Überblendung mit in unseren Alpha-Übergang einbauen.

Schritt für Schritt: Einen Alpha-Übergang erstellen

1 Fill rendern

Das Motion-Projekt »Glowing Lines« finden Sie im Ordner zu diesem Kapitel auf der Buch-DVD. Das Projekt enthält zwei Ebenen, von denen Sie immer nur je eine benötigen.

FILL: Hier wurde der animierte Partikeleffekt als Trenner für den Alpha-Übergang erstellt.

Dieser muss nun aus Motion heraus als QuickTime-Film gerendert werden. Motion integriert hierbei die transparenten Bereiche in einem Alphakanal. Die Ebene MATTE muss dazu über die Checkbox ❶ ausgeschaltet werden.

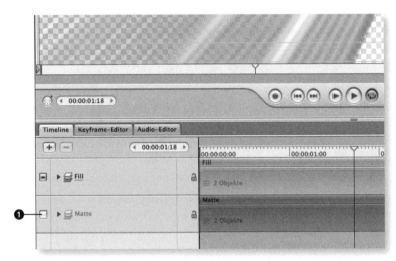

◀ **Abbildung 14.23**
Deaktivieren Sie die Ebene MATTE für diesen Schritt.

2 Exporteinstellungen für den Fill vornehmen

Exportieren Sie nun den Fill über ABLAGE • EXPORTIEREN.

Im folgenden Dialogfenster wählen Sie unter EXPORTVOREINSTELLUNG ❷ die Option LOSSLESS + ALPHA FILM. Als Name ❸ für den Film geben Sie »Glowing Lines« ein.

Die transparenten Bereiche des Fill werden integriert, da automatisch der Animation-Codec, der einen Alphakanal unterstützt, ausgewählt wurde.

Der verlustfreie Animation-Codec erzeugt recht hohe Datenmengen, weshalb viele Anwender gerne auf den Foto-JPEG-Codec zurückgreifen. Dieser unterstützt jedoch keinen Alphakanal, sodass man ihn als separaten, dritten Film rendern muss.

▲ Abbildung 14.24
Der Exportdialog von Motion

3 Alternative: Alphakanal separat rendern

Wiederholen Sie dazu den Exportvorgang, klicken Sie aber zuvor auf den Button OPTIONEN ❹, um in die EXPORTEINSTELLUNGEN zu gelangen.

Im Reiter AUSGABE deaktivieren Sie dort den Button AKTUELLE PROJEKT- UND CANVAS-EINSTELLUNGEN VERWENDEN ❺. Jetzt können Sie unter FARBE den Eintrag ALPHA wählen. Nun wird vom Alphakanal eine einzelne Schwarzweiß-Maske erstellt.

Bestätigen Sie Ihre Angaben mit OK und geben Sie als Name für diesen optionalen dritten Film »Glowing Lines-Matte« ein. Exportieren Sie dann den Film.

Abbildung 14.25 ▲
Wenn Sie den Foto-JPEG-Codec verwenden, muss der Alphakanal separat exportiert werden.

Der Alphakanal dient dazu, dass DVD Studio Pro erkennt, an welchen Stellen der Trenner deckend ist und an welchen er die Hintergründe durchscheinen lässt.

◄ **Abbildung 14.26**
Die Helligkeitsinformation des Alphakanals beschreibt die transparenten Anteile des Trenners. Weiß ist deckend, schwarz durchlässig.

4 Matte einschalten

Danach schalten Sie die Ebene FILL aus und die Ebene MATTE ein. Damit DVD Studio Pro weiß, an welchen Stellen hinter dem Trenner die beiden Hintergründe ausgetauscht werden sollen, haben wir eine Maske in Motion gebaut. Diese wird als QuickTime-Film ohne Alphakanal gerendert, denn hier wird die Schwarzweiß-Füllung als Maske verwendet.

5 Exporteinstellungen für die Matte vornehmen

Rendern Sie diese Ebene ohne integrierten Alphakanal. Dazu müssen Sie für den Export wieder die Exporteinstellung LOSSLESS + ALPHA FILM auswählen, danach aber auf den Button OPTIONEN klicken.

Im neuen Fenster mit den EXPORTOPTIONEN müssen Sie im Reiter VIDEO/AUDIO auf den Button ERWEITERT klicken und erneut geht ein Fenster auf.

In den Einstellungen zur KOMPRIMIERUNG wählen Sie unter BILDTIEFE einfach 16,7 MILL. FARBEN. Es ist wichtig, dass Sie hier nicht ÜBER 16,7 MILL. FARBEN ausgewählt haben, denn damit wird wieder ein Alphakanal erzeugt, den wir hier nicht brauchen.

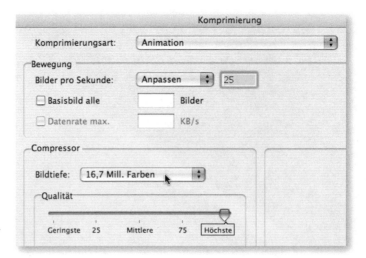

Abbildung 14.27 ▶
In den erweiterten Exportoptionen muss über die BILDTIEFE der Alphakanal ausgeschaltet werden.

Bestätigen Sie beide Fenster mit OK, um zum Dateiexport zurückzukehren.

6 Matte exportieren

Im Dateiexport geben Sie als Name für den Film »Glowing Lines-backgroundMatte« ein.

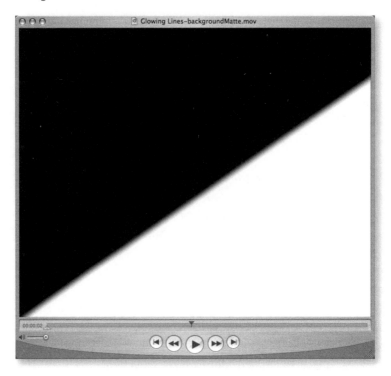

Abbildung 14.28 ▶
Die Helligkeitsinformation in diesem Film beschreibt, an welchen Stellen das Start- und Endbild sichtbar sein soll.

7 Ordner für die Blende erstellen

Wenn die beiden Renderings abgeschlossen sind, wechseln Sie zum Finder von Mac OS X. Gehen Sie zu folgendem Ordner: Library/ Application Support/DVD Studio Pro

Falls hier kein Ordner mit der Bezeichnung Transitions existiert, legen Sie einen neuen an. In diesem Ordner legen Sie einen weiteren Ordner an, der wie die Filme heißt, also Glowing Lines. Legen Sie die Filme in diesen Ordner. Starten Sie DVD Studio Pro, um den neuen Alpha-Übergang zu nutzen. Er erscheint in der Liste unter der Bezeichnung Glowing Lines. ■

Sie können auch einen einfachen Übergang gestalten und in Motion mit dem Markierungs-Typ DVD-Alpha-Übergang festlegen, an welcher Stelle die beiden Motive in DVD Studio Pro ausgetauscht werden sollen (Das Projekt »Video Noise« befindet sich ebenfalls auf der Buch-DVD). In unserem Beispiel ist dies ein Videorauschen, das ein- und ausgeblendet wird und an dessen Höhepunkt (100 % Deckkraft) die Markierung für den Bildwechsel gesetzt wurde. Die Einblendung des Videorauschens ist im Alphakanal definiert, sodass an diesen Stellen die Bildmotive durchscheinen.

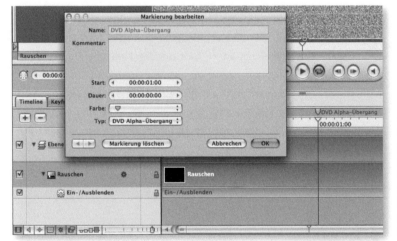

◄ **Abbildung 14.29**
Mit dem Markierungs-Typ DVD-Alpha-Übergang kann man DVD Studio Pro mitteilen, an welcher Stelle die Bildmotive ausgetauscht werden sollen.

14.4 Projektübergabe mit LiveType

LiveType erschien erstmals mit Final Cut Pro 4 und ist so etwas wie ein Vorläufer von Motion. Das Programm ist auf Schriftanimationen ausgelegt, um die Schwächen der bei Final Cut Pro integrierten Schriftgeneratoren zu kompensieren. Mit den vorgefertigten Schrifteffekten lassen sich Typoanimationen sehr einfach und schnell umsetzen, ähnlich der Verhalten in Motion. Auch fertige Bildsequenzen für Hintergründe sowie die LiveFonts waren bezeichnend für LiveType.

LiveFonts in Motion verwenden | Während die Hintergründe (Strukturen und Objekte) nicht in Motion zur Verfügung stehen, können die LiveFonts, die mit LiveType auf zwei DVDs mitgeliefert werden, in Motion verwendet werden. Final Cut Pro konnte auch schon immer die Projektdatei von LiveType direkt importieren und genau wie bei Motion gibt es dafür eine LiveType-QuickTime-Komponente.

> **LiveType 2.0.1**
>
> Nachdem Motion erschien, wäre zu erwarten gewesen, dass LiveType aufgeben wird, aber das Programm liegt nun auch in einer neuen Version 2.0.1 vor. Motion ist eindeutig der bessere Titelgenerator, aber LiveType wurde immerhin bei Final Cut Pro und Final Cut Express HD beigelegt – ein Zugeständnis an diejenigen, die sich Motion oder das Studio-Paket nicht zulegen wollen.

QuickTime als Austauschformat | LiveType kann keine Motion-Projekte importieren, sondern ist auf fertig gerenderte QuickTime-Filme angewiesen. Andersherum kann Motion die LiveType-Projektdatei mit der Dateiendung .ipr wie einen QuickTime-Film importieren. Auch Transparenzen werden über den Alphakanal erkannt. Zur optimalen Qualität ohne störende schwarze Ränder sollte man in Motion jedoch den ALPHA-TYP der importierten Projektdatei von DIREKT auf INTEGRIERTES SCHWARZ umstellen.

Abbildung 14.30 ▶
Das ewige Problem der falschen Alpha-Interpretation gibt es auch bei LiveType-Projekten, die in Motion importiert wurden. Um den schwarzen Rand herauszufiltern, muss man den ALPHA-TYP auf INTEGRIERTES SCHWARZ umstellen.

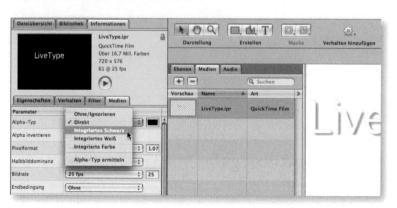

14.5 Projektübergabe mit Soundtrack Pro

Neu in Motion 2 hinzugekommen ist die Möglichkeit, Audiodateien an Soundtrack zu übergeben, um die Bearbeitung dort machen zu können. Dies ist auch sinnvoll, denn Motion verfügt nur über sehr einfache Audiobearbeitungsfunktionen, während Soundtrack dort seinen Schwerpunkt hat.

Schritt für Schritt: Audio an Soundtrack Pro senden

1 *Audiospur auswählen*
Wählen Sie die zu übergebende Spur im Audiofenster des Projektbereichs oder in der Timeline aus. Kontrollieren Sie in der Timeline oder im Audio-Editor den Bereich, der im Motion-Projekt eingebunden ist.

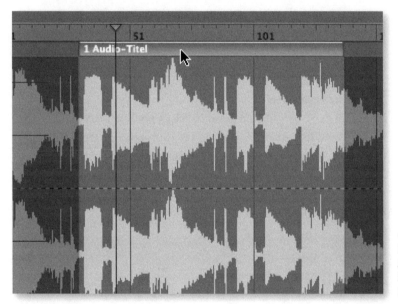

◄ **Abbildung 14.31**
Diese Audiospur aus Motion wird auch in Soundtrack in der vollen Länge geöffnet.

2 *Übergabe starten*
Anschließend können Sie im Menü BEARBEITEN den Eintrag AUDIO AN SOUNDTRACK PRO SENDEN auswählen. In einem neuen Fenster wählen Sie den Speicherort für die neue Soundtrack Pro-Audiodatei aus.

Soundtrack Pro öffnet sich anschließend automatisch. Die übergebene, neue Audiodatei wird in voller Länge in Soundtrack geöffnet. Der in der Timeline von Motion verwendete Bereich wird in Soundtrack Pro durch zwei Markierungen dargestellt.

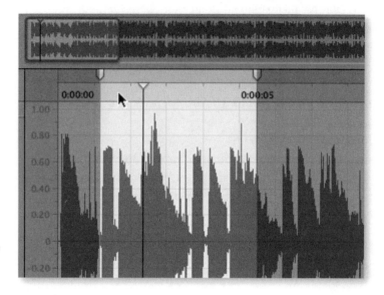

Abbildung 14.32 ▶
Der in der Timeline von Motion verwendete Bereich wird in Soundtrack Pro durch zwei Markierungen angegeben.

3 Importierte Datei

Schon bei der Übergabe an Soundtrack Pro wurde die neue Soundtrack Pro-Audiodatei von Motion im Hintergrund importiert und an die gleiche Stelle der Timeline gesetzt wie die Ursprungsdatei. Die Soundtrack Pro-Projektdatei (.stap) enthält neben den Projektinformationen die volle Audioinformation und ist somit praktisch auch eine Audiodatei.

▲ **Abbildung 14.33**
Die übergebene Audiospur aus der Timeline wurde durch die Soundtrack Pro-Projektdatei ersetzt. Um sich davon zu überzeugen, kann man über das Kontextmenü die Datei in der Medienablage anzeigen lassen (links). Dort liegt auch noch die zuvor übergebene, unveränderte Audiodatei, auf die man bei Bedarf wieder zurückgreifen kann (rechts).

Die Ursprungsdatei liegt noch in der Medienablage, sodass man zu dieser unbearbeiteten Version bei Bedarf zurückkehren kann.

Aus Motion heraus können nur einzelne Audiospuren, also höchstens in Stereo, an Soundtrack übergeben werden. Mehrere Audiospuren müssen einzeln, hintereinander übergeben werden. ■

14.6 Projektübergabe mit Compressor

Der Compressor ist ein Programm von Apple, mit dem sich zahlreiche und sehr umfangreiche Formatkonvertierungen durchführen lassen. Für die Eingabe akzeptiert Compressor nicht nur QuickTime-kompatible Formate, sondern lässt sich direkt aus Final Cut Pro, Motion und Soundtrack starten oder akzeptiert die LiveType- und Motion-Projektdateien.

Die Timeline-Markierungen von Motion werden dabei als violette Kapitelmarkierungen interpretiert. Die Kapitelmarkierungen werden im fertigen MPEG- oder QuickTime-Film bewahrt und können so von DVD Studio Pro übernommen werden.

◀ **Abbildung 14.34**
Compressor interpretiert die Timeline-Markierungen aus Motion als Kapitelmarkierungen zur weiteren Übergabe an DVD Studio Pro.

Apple QMaster | Wenn Sie zusätzlich zu Motion auch im Besitz von DVD Studio Pro 4 oder Final Cut Studio sind, dann haben Sie auch die Möglichkeit, den Apple QMaster zu nutzen. Mit dem Apple QMaster lässt sich aus mehreren Rechnern ein so genannter Cluster aufsetzen. Eigentlich für das aufwendige H.264 Encoding bei HD-DVDs gedacht, lassen sich auch Motion-Projekte über Compressor in ein Dateiformat encodieren. Neben dieser Format-Berechnung müssen natürlich auch sämtliche Effekte berechnet werden und statt nur einem Rechner können das auch mehrere in einem Netzwerk sein. Bei unseren Versuchen klappte dies leider mit Motion-Projekten nicht.

14.7 Projektübergabe mit dem QuickTime Player

Der QuickTime Player kann Motion-Projekte inklusive Audiospur öffnen und abspielen. Auch die Markierungen werden in einem Popup-Menü ❶ angezeigt. Über den QuickTime Export (nur Pro Version) hat man ebenfalls recht umfangreiche Ausgabemöglichkeiten, die sich aber von denen innerhalb Motion kaum unterscheiden und mit dem Compressor nicht konkurrieren können.

Abbildung 14.35 ▶
Der QuickTime Player kann Motion-Projekte öffnen und abspielen. Timeline-Markierungen werden in einem kleinen Popup-Menü ❶ neben der Steuerspur angezeigt. Auch Audio wird wiedergegeben.

14.8 Projektübergabe mit Shake

Das Highend-Compositing-Programm Shake unterscheidet sich hinsichtlich Bedienung und Benutzeroberfläche sehr von den übrigen Apple Pro Applications. Die einfache Sandwich-Bauweise in einer Ebenen-basierten Timeline findet man hier zwar auch vor, die eigentliche Stärke stellt jedoch die flexible Baumstruktur mit den so genannten »Nodes« dar. Das Programm lässt sich durch Scripts auch über Kommandozeile bedienen bzw. es lassen sich ganz eigene Effekte bauen. Es gleicht schon einer Wissenschaft, einem Shake-Artist bei seiner Arbeit zuzuschauen und es hat mit dem gewohnten Drag & Drop von Motion nicht viel gemein.

Highend-Compositing | So drängt sich die Frage auf, warum Apple ausgerechnet solch ein komplexes Programm für eine relativ überschaubare Zielgruppe im Portfolio hat, wo es doch das erklärte Ziel ist, einfach zu bedienende Systeme für viele Anwender zur Verfügung zu stellen. Nun, Letzteres ist ja Motion, während Shake wichtige Technologien, Know-how und Entwickler mit sich brachte. Der QMaster von Shake bescherte zudem eine wichtige Grundlage für den Aufbau eines Clusters für verteiltes Rendering auf mehreren

Rechnern. Für die Highend-Bearbeitung ist Shake zudem ein vergleichsweise einfach zu bedienendes Werkzeug, das vor allem aber auf günstigen Desktop-Systemen läuft und seit der Übernahme auch noch massiv im Preis reduziert wurde.

Motion-Projekte als Bausteine | Shake kann Motion-Projekte importieren und diese einem eigenen Projekt als Element hinzufügen. Besonders die Partikeleffekte werden sich hier als beliebte Ergänzung erweisen, vor allem weil das Motion-Projekt mit Alphakanal übernommen wird.

Alphakanal übergeben | Im Gegensatz zu Final Cut Pro interpretiert Shake den Alphakanal auf Anhieb richtig, sodass keine unschönen Ränder erscheinen und sich die Partikel mit transparentem Hintergrund in die restliche Komposition integrieren lassen.

Allerdings versteht Shake 3.5 das Motion-Format nicht ohne etwas Nachhilfe. Beim Import des Motion-Projektes über das Node File In scheint es zunächst so, als wäre die Datei inhaltslos. Daher muss man in den Parametern unter Source • imageName • baseFile aus dem Popup-Menü baseFileType anstatt Auto den Eintrag Quick-Time wählen. Nun erscheint die Animation aus Motion in voller Pracht und kann im Projekt eingebunden werden. In Shake 4.0 wird das Motion-Projekt ohne manuelle Nachhilfe sofort erkannt.

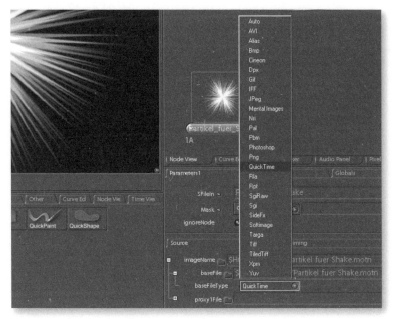

◄ **Abbildung 14.36**
Damit ein Motion-Projekt in Shake 3.5 richtig erkannt wird, muss man bei der Interpretation des Formates etwas nachhelfen. Statt Auto muss QuickTime ausgewählt sein.

Projektübergabe mit Compressor

15 Integration

Der Apfel fällt nicht weit vom Stamm: Viele grafische Programme sind gemeinsam mit dem Mac groß geworden – und mit Mac OS X sind weitere hinzugekommen. Die offene Unix-Plattform spricht eine große Schar von Entwicklern an und ihre Offenheit lässt den Einsatz in heterogenen Umgebungen zu.

15.1.1 Entwicklung von Desktop Publishing und Desktop Video

Wir neigen dazu, Geschichtliches zu vermitteln, denn Apple hat ein kleines Imageproblem bezüglich der tatsächlichen Leistungen, die für die gesamte Industrie erbracht wurden. Entweder wird Apple als bedeutungslos degradiert oder von den Jüngern etwas zu vehement ins positive Licht gerückt. Die Wahrheit liegt, wie so oft, irgendwo dazwischen. Wie auch immer das zu bewerten ist, Fortschritt und Innovation werden durch Personen geschaffen und, wie im Folgenden gut zu erkennen sein wird, wechseln Namen und Firmen im Silicon Valley sehr schnell die Seiten.

Xerox entwickelt Alto | Als Rank Xerox schon 1973 den Prototypen eines Systems namens Alto mit grafischer Benutzeroberfläche und Maus entwickelte, war dies auch indirekt die Frühgeburt der Macintosh- und Windows-Systemoberfläche. 1981 folgte der »Star« von Xerox, auch als »Information System 8010« bekannt. Apple, allen voran Mitbegründer Steve Jobs, erkannte das Potenzial dieser Technologie und so erschien 1984 der Macintosh und bot grafischen Applikationen ganz neue Ansätze.

Adobe wird gegründet | Wieder waren es Mitarbeiter von Xerox, die ein Protokoll namens Interpress entwickelten, mit dem sich Laserdrucker von Xerox ansprechen ließen. Einer der wichtigsten Xerox-Entwickler, John Warnock, gründete mit seinem Chef Chuck Geschke kurz darauf die Firma Adobe. Mit dem Wissen von Interpress entwickelten sie 1984 die PostScript-Sprache. Das Potenzial wurde jedoch erst 1985 ausgereizt, als Steve Jobs mit Apple rund 2,5 Millionen US-Dollar in Adobe investierte, um einen PostScript-Controller für den Apple LaserWriter entwickeln zu lassen. Die Firma Aldus wurde einbezogen, um eine Killer-Applikation für den Mac zu schreiben: PageMaker. Damit war Desktop-Publishing geboren und alle drei Firmen verdienten gutes Geld damit.

FreeHand und Illustrator | Adobe und Aldus hatten viele gemeinsame Aktivitäten und so erschien bereits 1987 auch der Illustrator von Adobe. Paradoxerweise besaß Aldus Lizenzrechte an dem 1988 vorgestellten FreeHand, das von der Firma Altsys entwickelt, aber wegen Adobe Illustrator bei Aldus klein gehalten wurde. Im gleichen Jahr erschienen QuarkXPress und eines der ersten Multimedia-Programme, der Director von Macromind. Thomas Knoll stellte bei Adobe eine frühe Version von Photoshop vor, das dann 1990 auf den Markt kam.

Vorteil Apple | 1989 erschien bereits der erste Avid Media Composer auf Apple-Hardware mit Nubus-Erweiterungskarten und SCSI-Festplattensystemen. Schon die ersten Apple IIfx-Systeme unterstützten ohne Konfigurationsaufwand mehrere Grafikkarten mit verschiedenen Auflösungen und waren damit Multi-Monitor-fähig. Erst Windows 98 bot über zehn Jahre später einen ähnlichen Komfort. Die standardmäßig eingebaute SCSI-Schnittstelle sowie das sich komplett selbst konfigurierende Betriebssystem mit Plug & Play-Komfort waren weitere Argumente für den kreativen Anwender, der sich – damals wie heute – nicht gerne mit technischen Prozeduren herumschlägt.

QuickTime 1.0 und Premiere | 1991 gelang Apple mit QuickTime 1.0 als Bestandteil von System 7 ein technologischer Durchbruch und Adobe brachte die erste Version von Premiere auf den Markt. Im gleichen Jahr schlossen sich die Firmen Macromind und Authorware zusammen und mit Paracomp wurde schließlich 1992 gemeinsam die Firma Macromedia gegründet. 1992 erschien auch die erste Version von After Effects, entwickelt von der Firma CoSA (Company of Science and Art), die 1993 von Aldus übernommen wurde, die wiederum ein Jahr später unter Adobe firmierte.

Entwicklung des PDF-Formats | 1993 erschien auch der Acrobat Reader und damit das PDF-Format. Wegen der Entwicklung von Illustrator durch Aldus und Adobe musste, aufgrund eines Beschlusses der Federal Trade Commission, FreeHand an den ursprünglichen Entwickler Altsys zurückgegeben werden. Altsys wiederum wurde 1994 von Macromedia gekauft. Adobe und Macromedia trafen sich von nun an auch öfter vor Gericht und die Anwälte belagerten sich fast so wie die von Microsoft und Apple.

FireWire wird standardisiert | 1995 wurde die FireWire-Technologie, an der Apple bereits seit Mitte der 80er-Jahre arbeitete, als Industriestandard (IEEE1394) verabschiedet. FireWire wurde zum weltweiten Standard für die Übertragung der Signale bei DV-Geräten und gilt neben QuickTime als eine der wichtigsten Basistechnologien von Apple.

Videobereich auf dem Vormarsch | 1997 wurde Flash von Macromedia vorgestellt und von Discreet erschienen die beiden Videobearbeitungsprogramme paint* und effect*, die dann im Jahr 2000 in combustion* aufgingen. Bei Adobe fokussierte man den umsatzstarken PDF-Markt stärker als den Videobereich und so wechselten enttäuschte Entwickler aus dem Adobe Premiere-Team zu Macromedia, um die Arbeit an Final Cut Pro zu beginnen. Das Projekt wechselte von Macromedia zu Apple und die erste Version wurde 1999 auf der NAB in Las Vegas vorgestellt. Wie es in den übrigen Jahren mit den Pro Applications bei Apple weiterging, können Sie im Kapitel »Projektübergabe mit den Apple Pro Applications« nachlesen.

Natürlich gibt es heute noch unzählige weitere Firmen, die Lösungen und Produkte anbieten, gerade auch im Videobereich. Für eine komplette Dokumentation wäre schon ein ganzes Buch nötig, aber unser kleiner Überblick soll für dieses Kapitel genügen, immerhin wollen wir einen relevanten Zusammenhang zu Motion herstellen.
Allein im Jahr 2005 gab es drei bedeutende Ereignisse, die noch erwähnenswert wären: Adobe kaufte den ewigen Konkurrenten Macromedia, Avid gab die Übernahme von Pinnacle bekannt und Apple kündigte den Wechsel auf Intel-Prozessoren an.

15.1.2 Überblick über den heutigen Markt

Apple beließ es nicht bei Final Cut Pro, sondern bereicherte sich an weiteren Firmen und Technologien, was unter anderem das Erscheinen von Motion zur Folge hatte. Wie auch immer man die Strategie von Apple bewerten mag, wichtige Software selber anzubieten, so zeigt die Geschichte, dass es die Killer-Applikationen sind, die das Hauptargument für oder gegen eine Plattform darstellen.

Mac und Windows | Während früher allein der technologische Vorsprung gegenüber Windows ausgereicht hat, um diese Killer-Applikationen exklusiv, wesentlich früher oder mit größerem Funktionsumfang auf den Mac zu holen, so versuchen heute doch die meisten Hersteller, Windows- und Mac-Anwender gleichermaßen zu bedienen. Besonders die Firmen Avid und Adobe richten das Augenmerk im Videobereich mittlerweile sogar verstärkt auf die Windows-Plattform, sodass Apple in den Angebotslücken für besonders gute Alternativen sorgen muss. Der Umfang an verfügbarer Software von Drittherstellern ist nichtsdestotrotz so groß wie nie und in diesem Kapitel werden wir in alphabetischer Reihenfolge einige vorstellen und stellen Überlegungen an, wie sie wohl mit Motion ergänzbar sind.

15.2 Adobe After Effects

Sie wissen es wahrscheinlich schon: After Effects ist der Klassiker der Bewegtbildanimation und mittlerweile sehr verbreitet. Oft wird behauptet, After Effects sei für grafische Animationen, was Photoshop für Einzelbilder darstellt. Das hört sich ja fast so an, als gäbe es gar keine Alternative, dabei halten Sie doch ein Buch zu Motion in der Hand. Versuchen wir also von dem pauschalen Schubladendenken wegzukommen und sehen lieber den Tatsachen ins Auge.

After Effects-Konkurrenten | Wir erwähnen es lieber doppelt und dreifach, dass Motion nicht als After Effects-Konkurrent oder -Alternative positioniert ist. Genauso sagen wir aber auch, dass es Funktionen und Denkansätze in Motion gibt, bei denen man sich fragt, wieso bisher noch keiner darauf gekommen ist. Die beiden Programme ergänzen sich eigentlich sehr gut, denn beide haben unterschiedliche Schwerpunkte und Ansätze.

After Effects ist die alte Schule der grafischen Animation. Es ist logisch aufgebaut, mit einer Ebenen-basierten Timeline, vielen versteckten Funktionen sowie zahlreichen Filtern. Doch die zwölf Jahre seit der Entstehung bedeuten eine lange Zeit und in der Videobearbeitung sind die Sprünge größer und schneller geworden. After Effects muss sich nicht hauptsächlich gegen Motion behaupten, sondern im Compositing-Bereich gegen direkte Konkurrenten wie Boris Red, Combustion, Commotion, Digital Fusion und Shake, spezialisierte Tools wie Boujou, gFX, Mokey, Monet sowie andere. Wenn Adobe den Bereich ernst nimmt, steht eine Neuentwicklung oder der Aufkauf eines Konkurrenten an. Schon jetzt wirken neue Funktionen angebaut statt integriert, ein Umstand, dem sich jede Software eines Tages stellen muss. Nichtsdestotrotz ist After Effects ausgereift und bietet ein komplexes und exaktes Projekthandling.

15.2.1 Projektaustausch mit After Effects

Wie verbindet man nun aber Motion und After Effects miteinander? Ein direkter Austausch ist standardmäßig nicht möglich, jedoch hat der Hersteller **Automatic Duck** eine Lösung für seinen Pro Import AE in Version 3.0 vorgestellt. Als wir diese Zeilen schrieben (Juni 2005), funktionierte allerdings nur der Austausch mit Motion 1.0 und After Effects, noch nicht aber mit Motion 2. Auf der Webseite des Herstellers www.automaticduck.com sollte jedoch in Kürze eine Aktualisierung erscheinen.

◄ **Abbildung 15.1**
Der Hersteller Automatic Duck bietet Module für den Projektaustausch zwischen verschiedenen Programmen und Systemen.

Motion-QuickTime-Komponente | Mit Version 2 von Motion ist immerhin die Möglichkeit hinzugekommen, ein Motion-Projekt in After Effects zu importieren. Dies funktioniert mit After Effects auf ähnliche Weise wie in Shake, denn man muss dem Programm mitteilen, dass es sich bei dem Motion-Projekt um eine QuickTime-Datei handelt.

Im Fenster DATEI IMPORTIEREN muss man After Effects zunächst dazu bringen, das Motion-Projekt überhaupt anwählen zu können. Dazu wählt man im Popup-Menü AKTIVIEREN ❶ den Eintrag ALLE DATEIEN. Anschließend kann man die Datei im Fenster schon einmal auswählen, doch das reicht noch nicht: Im Popup-Menü FORMAT ❷ muss man den Eintrag QUICKTIME-FILM wählen. Der Eintrag FOOTAGE muss im Popup-Menü IMPORTIEREN ALS ❸ angewählt bleiben. Mit ÖFFNEN ❹ bestätigen Sie den Importvorgang.

Abbildung 15.2 ▶
Im Importfenster von After Effects muss man einige Einstellungen vornehmen, um das Motion-Projekt zu importieren.

After Effects erkennt immer einen Alphakanal im Motion-Projekt, auch wenn man in dessen Projekteinstellungen einen deckenden Hintergrund eingestellt hat.

◀ **Abbildung 15.3**
Im Fenster FOOTAGE INTERPRETIEREN können Sie einstellen, wie After Effects den Alphakanal interpretieren soll.

In dem Fenster FOOTAGE INTERPRETIEREN hat man mehrere Möglichkeiten, mit dem Alphakanal umzugehen.

- IGNORIEREN: Wählen Sie diesen Eintrag, wenn Sie keinen Alphakanal an After Effects übergeben wollen.
- DIREKT – OHNE MASKE: Bei diesem Modus setzt After Effects voraus, dass ein sauberer Alphakanal mit überzeichneter Füllung (Straight) vorliegt. Bei einem importierten Motion-Projekt erscheinen an Stellen mit weichen Transparenzen dunkle Umrandungen.
- INTEGRIERT – MASKIERT MIT FARBE: Diesen Modus müssen Sie verwenden, um den Alphakanal aus einem Motion-Projekt in After Effects sauber zu übergeben. Nach unseren Versuchen ist die Maskierungsfarbe immer Schwarz, weshalb die Voreinstellung auch richtig ist. Optional könnte man mit dem Farbfeld oder der Pipette eine andere Farbe wählen. Um sicherzugehen, klicken Sie auf den Button ERMITTELN, um After Effects eine Analyse durchführen zu lassen. Das Programm wird Ihnen immer den dritten Modus vorschlagen.
- Motion spricht beim Alphakanal dieselbe Sprache wie After Effects, so dass Sie den Alphakanal nicht invertieren brauchen. Wenn Sie es doch für nötig oder sinnvoll halten, können Sie mit der Checkbox ALPHA UMKEHREN genau dies tun.

Hallbilder richtig interpretieren | Sie können das Fenster FOOTAGE INTERPRETIEREN auch noch im Nachhinein aufrufen, um Änderungen vorzunehmen. Das ist auch nötig, denn hier findet man in weiteren Einstellungsmöglichkeiten einen Eintrag, den After Effects zum Nachteil der Bildqualität ungünstig gesetzt hat.

Wählen Sie daher das Motion-Projekt im Projektfenster von After Effects aus und rufen Sie über ⌘+F oder unter ABLAGE • FOOTAGE interpretieren • Footage einstellen auf. Neben der Einstellung für den Alphakanal gibt es hier auch die Rubrik Halbbilder und Pulldown.

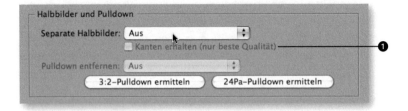

Abbildung 15.4 ▶
Wählen Sie im Popup-Menü Separate Halbbilder den Eintrag Aus.

After Effects definiert im ersten Eintrag Separate Halbbilder, wie es mit den Halbbildern des importierten Materials umgehen soll. Wenn hier der Eintrag Unteres Halbbild zuerst oder Oberes Halbbild zuerst gewählt wurde, dann findet ein Deinterlacing statt, sprich die Halbbilder werden entfernt.

Adaptives Deinterlacing | Die Option Kanten erhalten (nur beste Qualität) ❶ führt ein so genanntes adaptives Deinterlacing durch, also nur an Stellen, an denen auch Bewegung stattfindet. Leider sieht ein Deinterlacing auf progressivem Material sehr bescheiden aus und auch das adaptive Deinterlacing führt zumindest bei Bewegungen in transparenten Bereichen zu unschönen schwarzen Doppelzeichnungen. Wählen Sie daher im Popup-Menü Separate Halbbilder den Eintrag Aus. After Effects übernimmt die Projekteinstellungen von Motion, weshalb Sie in Motion die gewünschte Halbbilddominanz einstellen sollten (siehe Seite 361).

Dynamische Aktualisierung | Sie können in Motion Änderungen am Projekt vornehmen, während After Effects die gleiche Projektdatei geöffnet und sogar in der Komposition eingebunden hat. Entleeren Sie dazu nur den Bildspeicher in After Effects unter Bearbeiten • Entfernen • Bild-Caches.

After Effects-Farbraum | After Effects interpretiert die Motion-Projektdatei immer mit einem gerenderten 8-Bit-Farbraum, auch wenn Sie im Motion- und After Effects-Projekt 16-Bit-Farbtiefe angewählt haben. Wollten Sie aus Motion heraus den vollen 16-Bit-Umfang übergeben, dann müssten Sie eine TIFF-Sequenz exportieren und diese mit einem kostenlosen Plugin in After Effects importieren.

Aber noch wird kein höherer Umfang als 8 Bit aus Motion in Dateiformate ausgegeben, auch wenn diese es unterstützen würden.

Plugin für 16-Bit-Farbraum | Falls sich dies mit einem Update noch ändert, möchten wir auf Folgendes hinweisen: Bei Einzelbildsequenzen muss man auf die Formatwahl achten, wenn der Austausch im 16-Bit-Farbraum geschehen soll. Motion kann derzeit nur TIFF-Sequenzen in 16 Bit ausgeben, die After Effects wiederum nicht öffnen kann. Es gibt aber das kostenlose Plugin SuperTIFF für After Effects, mit dem dies doch gelingt (der Link zur Webseite befindet sich auf der Buch-DVD). Andersherum kann After Effects ohne das Plugin auch keine 16-Bit-TIFF-Sequenzen ausgeben, sondern nur Photoshop, was auch kein Problem ist, denn Motion kann diese in vollem Umfang importieren.

QuickTime-Film und Einzelbildsequenzen | Der klassische Weg über das Rendering als QuickTime-Film oder Einzelbildsequenz funktioniert natürlich auch, aber die dynamische Aktualisierung des Motion-Projektes in einer After Effects-Komposition ist dann natürlich nicht mehr möglich. Viel zu beachten gibt es dabei nicht, außer man möchte einen Alphakanal übergeben. In After Effects kann man, wie in Motion, verschiedene Methoden für die Füllung (Fill) auswählen. Aus dieser Füllung wird über den Alphakanal dann der Vordergrund ausgestanzt. Sowohl After Effects wie auch Motion sind selber schlau genug, den Alphakanal richtig zu interpretieren, egal, ob es sich um eine Straight- oder Premultiplied-Füllung handelt.

15.3 Adobe Illustrator

Eine Gemeinsamkeit zwischen Motion und After Effects ist die Möglichkeit, vektorbasierte Illustrator-Dateien zu importieren. Das erweist sich als äußerst praktisch, erspart man sich doch den Umweg über Photoshop, um dort eine Bitmap-Datei zu erzeugen.

PDF in QuickTime | Dadurch, dass auch QuickTime das PDF-Format (das in Illustrator gespeichert werden kann) interpretieren kann und mehrseitige Dokumente als Film abspielt, ist diese Funktionalität schon in anderen Programmen gegeben. Allerdings importiert

▼ **Abbildung 15.5**
Links: Eine Illustrator-Datei in Motion mit transparentem Hintergrund. Mitte: In FCP geht die Information verloren. Rechts: Durch die Übergabe von Motion nach FCP wird die Einschränkung umgangen.

beispielsweise Final Cut Pro solche PDF-Dokumente in der Originalgröße, ohne die Möglichkeit, eine verlustfreie Skalierung vornehmen zu können. Auch wird die Transparenz-Information nicht erkannt.

Transparenzen | Motion hingegen kann die Stärke von Vektordateien, nämlich die verlustfreie Skalierung, voll nutzen und übernimmt auch die Transparenz. Motion erweist sich diesbezüglich als gute Ergänzung, denn mit einer Projektübergabe umgeht man die Einschränkungen in Final Cut Pro.

Farbraum | Beim Anlegen eines neuen Illustrator-Dokuments kann man zum einen zwischen dem RGB- und CYMK-Farbmodus sowie Pixeln als Maßeinheit wählen. Das bietet sich für die Videobearbeitung besonders an, denn Pixel sind die gängige Maßeinheit sowie RGB der richtige Farbraum (zumindest liegt er näher an YUV als CMYK).

PDF-Kompatibilität | In Illustrator gilt es, einige Einschränkungen beim Abspeichern der Datei zu beachten: Die Kompatibilität findet über PDF statt, daher muss auch für das Abspeichern als ai-Datei diese PDF-Kompatibilität im Sichern-Dialog aktiviert werden. Ohne die geht gar nichts, nicht mal in After Effects, sodass man beim Import dieser ai-Datei eine Meldung innerhalb der Darstellungsfläche der Datei erhält.

▼ **Abbildung 15.6**
Wird beim Abspeichern nicht die PDF-Kompatibilität aktiviert, erscheint beim Import in Photoshop und After Effects eine Meldung.

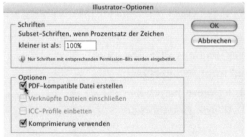

EPS-Format | Optional dazu kann man (wie in anderen Applikationen auch) direkt im PDF-Format abspeichern. Das weit verbreitete EPS-Format wird wiederum nicht unterstützt, sodass man dieses in Illustrator oder PDF konvertieren sollte. Genauso eignet sich Illustrator hervorragend zum Öffnen bestehender PDF-Dokumente, um einzelne Bestandteile herauszulösen.

Ampede LayerLink | Motion kann im Gegensatz zum Import von Photoshop-Dateien keine Ebenen der Illustrator-Dokumente übernehmen. LayerLink von Ampede ermöglicht es, die Ebenen-Struktur von Illustrator-Dateien direkt als Projekt zu übernehmen. Damit eignet es sich besonders gut, um z. B. Comicstrips, die in Illustrator erstellt wurden, in Motion über Ebenen zu animieren. Im üblichen Workflow müsste man dafür von jeder Ebene eine einzelne Datei erstellen. Leider erschien die neue Version für Motion 2 nicht mehr rechtzeitig, um sie in diesem Buch ausführlicher vorzustellen.

◄ **Abbildung 14.7**
Gerade für Comicstrips bietet das Plug-in LayerLink eine komfortable Möglichkeit, um die Illustrationen zu animieren.

15.4 Adobe Photoshop

QuickTime stellt auch den Schlüssel zum Photoshop-Dateiformat (PSD) dar. Dass After Effects schon seit Ewigkeiten die einzelnen Photoshop-Ebenen erkennen konnte, ist keine wirkliche Überraschung. Trotzdem haben wir uns immer gefragt, warum nicht auch andere Programme dazu in der Lage waren. Wir empfanden es geradezu als Unding, für so genannte Highend-Systeme auf umständliche Weise TIFF-Dateien mit festen Auflösungen und Alphakanälen erstellen zu müssen, während After Effects einfach so die transparenten Ebenen mit beliebigen Bildgrößen lesen konnte.

PSD 3.0 | Es war schon ein echtes Highlight, als Final Cut Pro bereits in Version 1.0 die QuickTime-Funktionalität nutzte und damit zumindest PSD-Dateien nach Version-3.0-Spezifikation interpretieren konnte.

Die Version-3.0-Spezifikation sieht zwar schon Ebenen mit Transparenz vor, allerdings sind seitdem einige Neuerungen in den Ebenenfunktionalitäten hinzugekommen. Nicht oder nur bedingt unterstützt werden Ebeneneffekte, Einstellungsebenen, Ebenenmasken, Formen und Ebenensets. Natürlich hat hier After Effects wieder die Nase vorn und kann auch die erweiterten Funktionen interpretieren. Allerdings kann es sich hierbei schon um einen recht komplexen Aufbau mit Unterkompositionen und Filtern handeln, was der Projektstruktur nicht immer dienlich ist.

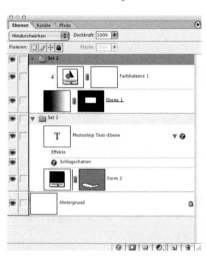

▲ **Abbildung 15.8**
Die verschiedenen Ebenenarten in Photoshop (links) – und wie sie in Motion interpretiert werden (Mitte). After Effects (rechts) erkennt die komplette Struktur, allerdings entstehen dadurch recht komplizierte Verschachtelungen.

PSD-Dateien in Motion | Der Übersichtlichkeit halber empfehlen wir sogar, die Ebenen gemäß der 3.0-Spezifikation zusammenzustellen und als neue Datei abzuspeichern. Diese lässt sich dann neben Motion auch in Final Cut Pro, LiveType, DVD Studio Pro und Shake nutzen.

Konzentrieren Sie sich beim Abspeichern von Photoshop-Kompositionen auf »normale« Ebenen. Diese dürfen transparente Bereiche enthalten, auch Formen werden erkannt und Schriften können editierbar bleiben, müssen also nicht gerastert werden. Sollten Sie Änderungen an den Dateien vornehmen, so aktualisiert Motion diese dynamisch. Das klappt sehr gut und im Gegensatz zu Final Cut Pro kommt Motion auch mit nachträglichen Änderungen von Bild- und Ebenengrößen wunderbar klar.

Motion 2 unterstützt folgende Photoshop-Ebenentypen:

- **Normale Ebenen** inklusive deren Transparenzinformation: Im Gegensatz zu Motion 1.0.x und Final Cut Pro kann die Größe von Ebenen in Photoshop nachträglich verändert werden, ohne dass es in Motion zu Fehlinterpretationen kommt.
- **Textebenen:** Der Text kann in Photoshop editierbar bleiben und dort geändert werden. Motion 2 aktualisiert die Änderungen dynamisch. Auch hier werden Größenänderungen korrekt übernommen.
- **Formen:** Ebenen, die in Photoshop als Vektorformen erstellt wurden, werden von Motion übernommen. Die Vektorform wird allerdings als Pixelbild interpretiert und kann in Motion nicht verlustfrei über 100 % skaliert werden.

Dynamische Aktualisierung | Während Größen-, Rotations- und Textänderungen in Photoshop sehr schön im Motion-Projekt aktualisiert werden, bleibt eine Neupositionierung in Photoshop ohne Wirkung, da ab dem Import in Motion nur die Positionsangaben von Motion gelten. Wenn Sie in Photoshop Ebenen löschen, hinzufügen oder die Reihenfolge ändern, kann die Anordnung in Motion durcheinander kommen, sodass die Datei oder einzelne Ebenen neu importiert werden müssen.

Füllmethoden aus Photoshop | Neben der Deckkraft werden auch die so genannten Füllmethoden der Photoshop-Ebenen übernommen. Hierbei gilt zu beachten, dass die Füllmethode UMGEKEHRT MULTIPLIZIEREN aus Photoshop in Motion ÜBERBLENDEN heißt und LICHTPUNKTE als PUNKTUELLES LICHT bezeichnet wird. Die Füllmethoden FARBTON, SÄTTIGUNG, FARBE und LUMINANZ sowie SPRENKELN aus Photoshop stehen in Motion nicht zur Verfügung und werden entsprechend als NORMAL interpretiert. Die verschiedenen Füllmethoden wurden auf Seite 385 ausführlich erläutert.

▼ **Abbildung 15.9**
Pixel bleibt Pixel. So soll es sein, wenn Dateiformate übergeben werden. Motion kann sehr viele Ebenenfunktionalitäten aus Photoshop übernehmen.

Neben Photoshop selbst gibt es noch andere Programme, die das Photoshop-Dateiformat ausgeben können. Dazu gehört neben der abgespeckten Photoshop Elements-Version sogar die Vorschau von Mac OS X.

Photoshop-TIFF | Wenn Photoshop-Ebenen nicht einzeln, sondern reduziert als eine Ebene in Motion importiert werden, dann sind auch die Auswirkungen der Ebeneneffekte, Einstellungsebenen und Ebenenmasken sichtbar. Als Alternative dazu bietet sich auch das in Photoshop 7 eingeführte **TIFF-Format mit Ebenen** an. Dort können die Ebenen für eine weitere Bearbeitung in Photoshop ebenfalls bewahrt bleiben und auch die Transparenz kann ohne manuelles Anlegen eines Alphakanals übergeben werden.

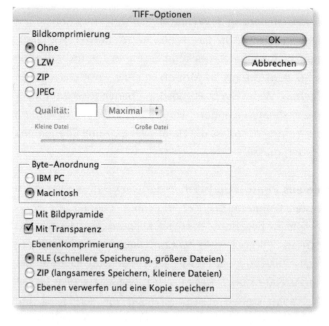

Abbildung 15.10 ▶
Im TIFF-Format bleibt die Datei in Photoshop vollständig erhalten, während andere Programme nur eine reduzierte Ebene davon erkennen.

Überprüfen Sie bei importierten TIFF-Dateien sowie auf eine Ebene reduzierten Photoshop-Dateien die Alphakanal-Interpretation in Motion. Meist steht sie auf DIREKT, was zu dunklen Rändern führt. Die Einstellung INTEGRIERTES WEISS stellt den Alphakanal sauber dar.

Sowohl Photoshop als auch TIFF können in 16-Bit-Farbtiefe in vollem Umfang nach Motion übergeben werden.

15.5 Avid

Avid ist nach wie vor ein sehr häufig anzutreffendes NLE (Non-Linear-Editing)-System. Früher gab es ausschließlich Mac-basierte Avid-Systeme, doch heute fährt der Hersteller lieber zweigleisig, sodass man auch (oder sogar verstärkt) Windows-Installationen vorfindet. Avid kündigte sogar zwischenzeitlich einen kompletten Rückzug von der Mac-Plattform an, doch verständlicherweise hagelte es Beschwerden. Avid zog die Entscheidung zurück und Apple ging, wohl wissend, dass man den Videomarkt fokussieren sollte, mit Final Cut Pro in die Offensive.

Der Zwist zwischen Avid und Apple muss aus beiden Perspektiven betrachtet werden. Einst bot die Mac-Plattform hervorragende Bedingungen für Avid, doch ist es riskant, sich angesichts der Windows-Dominanz ausschließlich auf Apple zu konzentrieren. Apple förderte dieses Risiko mit der Einführung des blauweißen G3-Modells, das einer Radikalkur unterzogen wurde, ohne Onboard-SCSI-Schnittstelle, ohne Onboard-Grafik und mit vier statt sechs PCI-Erweiterungsplätzen. So war es auch nicht verwunderlich, dass man noch gerne den 9600er Power Mac und die beigen G3-Modelle eingesetzt hat. Der Vorgänger G3 hatte zwar auch nur drei PCI-Steckplätze, aber zumindest noch eine Onboard-Grafikkarte und einen Onboard-SCSI-Controller.

Die Folge war ein PCI-Extender, über den die zahlreichen PCI-Karten in einem externen Gehäuse Platz finden und so auch später im G4 eingesetzt werden konnten. Gleiches galt für die ProTools-Hardware der Avid-Tochter Digidesign. Ähnlich wie Quark erging es Avid und vielen anderen Herstellern mit deren Hardware-Dongle, einem Kopierschutz, der bis dahin am ADB-Anschluss zwischen Tastatur und Mac angebracht war: Der ADB flog mit dem G4 raus, sodass man entweder USB-Adapter-Lösungen verwenden (was nicht immer klappte) oder für viel Geld einen USB-Dongle eintauschen musste (was ein bürokratisches Hickhack war).

Desktop Video für den Consumer-Bereich | Diese Übergangszeit war in der Tat hart und bei Avid wusste man sehr gut, dass auch auf Betriebssystemebene ein radikaler Wechsel anstehen würde, denn mit Mac OS 9 war das Ende der Fahnenstange erreicht, was die technischen Möglichkeiten anging. Ein Schritt hin zu Windows war angesichts der Geheimniskrämerei von Apple also nur logisch. Apple hingegen wollte sich nicht ausschließlich auf andere Hersteller verlassen. Wenn du etwas richtig machen willst, dann mach es selbst, muss wohl das Credo gelautet haben. Mit Final Cut Pro wurde Desktop Video massentauglich – und mit FireWire und QuickTime sind dafür genauso die Bedingungen geschaffen worden wie einst mit PostScript für das Desktop-Publishing.

OMFI und AAF | Wenn man nun den Austausch mit einem Avid-System durchführen möchte, bleibt nur der Weg über fertig gerenderte Austauschformate wie QuickTime oder Einzelbildsequenzen. Zunächst einmal sollte man wissen, um welches Avid-System es sich handelt, denn je nach Dienstjahr arbeiten die Systeme mit unterschiedlichen Codecs oder auch Formaten. Avids selbst entwickeltes Hausformat war bisher immer OMFI (Open Media Framework Interchange), doch ist dieses mittlerweile ziemlich in die Jahre gekommen, sodass man verstärkt AAF (Advanced Authoring Format) verwendet.

Bei OMFI, oft auch als OMF bezeichnet, handelt es sich um ein Medien- und Metadaten-Format, während AAF ein reines Metadaten-Format ist und nur zu den Medien-Daten verknüpft. Motion kann weder OMFI noch AAF ein- oder ausgeben. After Effects hingegen kann OMF und AAF öffnen und OMF ausgeben. Trotzdem kann ein Avid-Projekt nicht einfach in After Effects geöffnet werden. Zu viele Aspekte in den Funktionen und Interpretationen unterscheiden sich, sodass – wenn überhaupt – nur rudimentäre Schnitte übergeben werden können. Bei der Ausgabe werden von After Effects ebenfalls nur einige Codecs im OMF-Format (1:1, 2:1, DV in Standard Definition) unterstützt, sodass hier nur kompatible Avid-Systeme in Frage kommen.

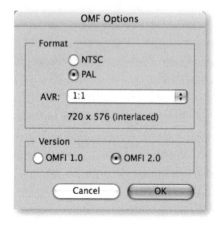

Abbildung 15.11 ▶
After Effects unterstützt das OMF-Format von Avid für die Ausgabe beim Rendering.

QuickTime mit Meridien-Codec | Wie für Motion verwenden die meisten After Effects-Anwender daher auch den bewährten Austausch über QuickTime-Filme oder Einzelbildsequenzen. Im Prinzip könnte man einen QuickTime-Film im bewährten Animation-Codec verwenden, jedoch braucht Avid unter Umständen für das anschließende Umrechnen in das eigene Format sehr lange. Empfehlenswerter ist es daher, den verwendeten Avid-Codec zu benutzen:

- Die moderneren Meridien-Codecs gibt es für Mac OS X kostenlos.
- Die AVR-Codecs gibt es nur noch für Mac OS 9 und nur noch ältere Versionen von Media Composer und Xpress unterstützen ausschließlich AVR. Meridien ist aber auf jeden Fall vorzuziehen.

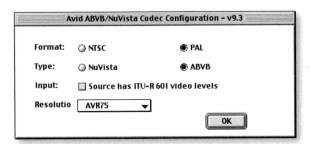

◀ **Abbildung 15.12**
Good old Mac OS 9: Die AVR-Codecs (ABVB/NuVista) können aus der Classic-Umgebung genutzt werden.

Standard Definition | Sowohl bei AVR als auch bei Meridien gilt es, einiges im Vorfeld zu beachten. Wenn man in Motion arbeitet und später für Avid ausgeben möchte, sollte man Projekteinstellungen in Standard Definition verwenden, da die beiden hier vorgestellten Codecs nur SD unterstützen.

Halbbilder beachten | Bei den Halbbildern wird es dann wieder kompliziert: Avid-Systeme verwenden bei D1 PAL das obere Halbbild zuerst (upper, even, ungerade). DV PAL benutzt das untere Halbbild zuerst (lower, odd, gerade). Sie müssen sich weiterhin entscheiden, ob die grafische Animation aus Motion im DV-Format oder dem Meridien-Codec ausgegeben werden soll. Für DV sollte der Avid-eigene DV-Codec dem von Apple vorgezogen werden.

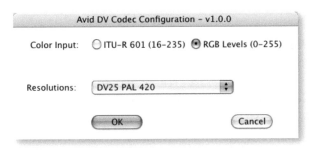

◀ **Abbildung 15.13**
Den Avid DV-Codec gibt es nur indirekt als freien Download, wenn man sich das kostenlose Avid Free DV installiert.

Meridien-Codec einstellen | Entscheiden Sie sich für einen Meridien-Codec, so wählen Sie diesen bei den Exporteinstellungen als KOMPRESSOR aus. Anschließend klicken Sie auf ERWEITERT, um das QuickTime-Dialogfenster zu öffnen. Von hier aus geht es weiter zu den OPTIONEN.

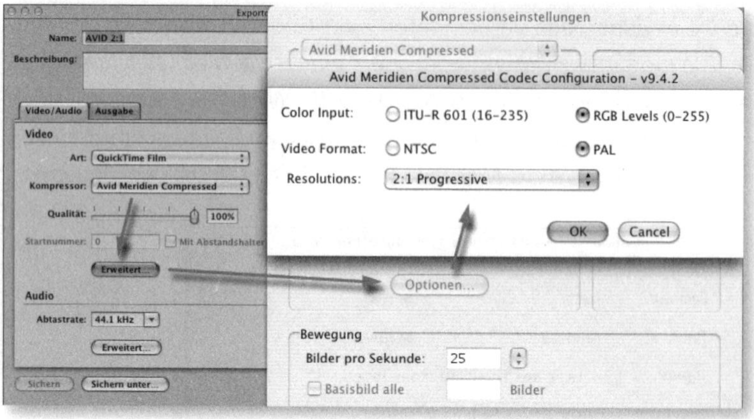

Abbildung 15.14 ▶
Die Meridien-Codecs gibt es auch für Mac OS X und sie lassen sich direkt aus Motion verwenden. Auch für das Lesen von QuickTime-Filmen, die aus einem Avid kommen, müssen die Codecs installiert sein.

Der COLOR INPUT beschreibt, in welchem Farbraum man arbeitet (YUV oder RGB). Da Motion intern in RGB arbeitet und rendert, muss man hier also RGB LEVELS (0–255) auswählen.

Das VIDEO-FORMAT sollte in den meisten Fällen auf PAL eingestellt werden, aber natürlich können Sie in Motion auch Animationen in NTSC anlegen. Ein PAL-Projekt in NTSC (oder umgekehrt) auszugeben, ist nicht empfehlenswert (siehe auch Normwandlung, Seite 116).

Unter der etwas eigenwilligen Bezeichnung RESOLUTIONS stellt man wiederum die Avid-eigene Kompression ein, die bei dem AVID MERIDIEN COMPRESSED CODEC mindestens 2:1 entspricht. Für die unkomprimierte Ausgabe (1:1) wählen Sie den AVID MERIDIEN UNCOMPRESSED CODEC. Die Anmerkung PROGRESSIVE oder INTERLACED bezieht sich auf die Ausgabe mit Halb- oder Vollbildern. Ist das Halbbild-Rendering in Motion aktiviert, dann wählen Sie INTERLACED, ansonsten PROGRESSIVE.

Vorteile von Einzelbildsequenzen | Es gibt gute Gründe, statt der Avid-Codecs eine Einzelbildsequenz als Übergabeformat zu wählen. Unkomprimierte Videodaten können sehr große Dateien erzeugen, die sich schwierig transportieren lassen, wenn auch das Problem aufgrund hoher Bandbreiten und großer Speichermedien nicht mehr allzu tragisch ist. Früher gab es oft Restriktionen, wenn man bei einzelnen QuickTime-Filmen die 2 GB-Grenze durchstoßen hatte.

Die Einzelbildsequenz umgeht solche Probleme, da es sich um viele kleine Dateien, eben Einzelbilder, handelt, die unkomprimiert kaum größer als ein Megabyte sind. Solche Sequenzen lassen sich einfacher über das Netzwerk kopieren sowie in Abschnitten auf mehrere Datenträger verteilen.

Der wesentliche Punkt allerdings ist, dass es ein ziemlich universelles Format ist, das von fast allen Systemen gelesen werden kann.

Der zweite Punkt ist, dass kein Software-Codec mehr seine Finger im Spiel hat und dass der Import bei einigen Avid-Systemen über das TGA-Format sehr schnell vonstatten geht (die Targa Videoboards von Truevision waren lange Zeit in Avid-Systemen verbaut). Die Erfahrung lehrt uns, dass es mit Einzelbildsequenzen grundsätzlich weniger Probleme gibt. Auch können bei Renderfehlern die betroffenen Einzelbilder einfacher ausgetauscht oder sogar mit einer Bildbearbeitungssoftware wie Photoshop nachbearbeitet werden. Das Erstellen von Einzelbildsequenzen erläutern wir auf Seite 656.

15.6 Discreet

Auch wenn Discreet jetzt den Namen Autodesk trägt, so wird der Name bei den Videoprodukten fortgeführt. Von Discreet stammen unter anderem Highend-Systeme wie inferno*, flame* oder smoke*, die auf SGI (Silicon Graphics, Inc.)-Hardware unter dem IRIX-Betriebssystem laufen. Da SGI mangels neuer technischer Innovationen nun auch verstärkt auf Intel-Hardware mit Linux setzt, muss sich auch Discreet entsprechend ausrichten. Als Desktop-Compositing-Software wird Combustion auch für Mac OS X angeboten.

Einzelbildsequenz als Übergabeformat | QuickTime findet man weder auf IRIX noch auf Linux vor, sodass QuickTime-Filme unbrauchbar sind. Das bevorzugte Dateiformat für die Übergabe ist hier die Einzelbildsequenz. Dieses Format kann von den Systemen direkt eingelesen werden und genauso erhält man Bildsequenzen als Exportformat. Für Einzelbildsequenzen gibt es auch das eigene SGI-Format, das den wesentlichen Vorteil hat, auch einen 16-Bit-Farbraum nutzen zu können. Motion kann nur SGI-Bildsequenzen mit 8-Bit-Farbtiefe importieren, was am QuickTime-Interpreter zu liegen scheint, denn auch in Final Cut Pro oder der Vorschau von Mac OS X kann das Bild nicht gelesen werden. Nur Shake und After Effects können eine SGI-Bildsequenz in 16 Bit öffnen. Bei einem 16-Bit-Motion-Projekt wird auch die Ausgabe als SGI-Bildsequenz auf 8 Bit reduziert, aber wie bereits erwähnt, begrenzt Motion bei der Ausgabe als Datei grundsätzlich noch auf 8 Bit.

QuickTime-Film | Verwendet man hingegen Combustion, das seltsamerweise unter dem Herstellernamen Autodesk geführt wird, dann kann man statt Einzelbildsequenzen auch QuickTime-Filme verwenden. Combustion konnten wir aus Zeitgründen leider nicht ausgiebiger testen.

15.7 Macromedia Director

Noch laufen die Macromedia-Produkte unter eigener Flagge, doch längerfristig wird wohl auch namentlich alles beim neuen Eigentümer Adobe untergebracht werden.

Macromedia Director war seit jeher das angesagte Werkzeug für die Erstellung interaktiver CD-ROM-Anwendungen und dient auch als Ergänzung zu Flash. Das Shockwave-Format lässt sich nicht in Motion einbinden, was auch keinen Sinn machen würde, da es sich im Prinzip schon um so etwas wie eigenständige Anwendungen handelt. Es läuft vielmehr andersherum: Vor allem bei interaktiven CD-ROMs werden auch Videoinhalte dazugepackt, die aus Programmen wie Final Cut Pro oder Motion stammen können. Daher dürfte Motion in Betracht kommen, um z. B. Text- oder Partikelanimationen als QuickTime-Filme für Director zu liefern.

> **Compressor**
> Da auch auf einer CD-ROM nur begrenzt Platz zur Verfügung steht, verwendet man stark komprimierte Videofilme, für deren Erstellung das Zusatzprogramm Compressor dem Motion-Paket beiliegt. Für Director empfehlen sich Multimedia-Bildgrößen mit bestimmten Kompressionsformaten, um eine möglichst große Zielgruppe mit hochwertiger Qualität zu versorgen.

15.8 Macromedia Flash

Ein weiteres Vektorformat, das von QuickTime gelesen werden kann, ist Macromedia Flash 5 (SWF-Format). Schon mit QuickTime 5 kam ein eigener Flash Interpreter hinzu, der das Abspielen von Flash-Dateien in QuickTime-basierten Anwendungen ermöglicht. Dementsprechend ist neben dem QuickTime Player auch Final Cut Pro dazu in der Lage. Es gilt dabei zu beachten, dass die Datei den Flash-Spezifikationen nach Version 5 entspricht und z. B. keine Action-Script-Funktionalitäten eingebaut sind.

Einbindung mit fester Bildgröße | Ist das Flash-Format in einem Internetbrowser ohne Qualitätsverluste frei skalierbar, so bekommt eine Flash-Datei in QuickTime eine feste (Original-) Größe zugewiesen, d. h., jedwede Vergrößerung führt unweigerlich zu einem herben Qualitätsverlust. Trotzdem ist die Einbindung ohne vorherige Konvertierung nach QuickTime ein echtes Highlight und zeigt, wie offen das System ist. Flash ist längst auch für Video ein Gestaltungsmittel geworden und gerade bei Flash besteht der Vorteil darin, dass man sich aufwändige Animationen von einem Grafiker erstellen und die kleinen Dateien per E-Mail schicken lassen kann. Die speicherintensive Umrechnung in das pixelorientierte QuickTime-Format geschieht erst bei der Ausgabe bzw. während des Renderings.

Kein Alphakanal | Leider kann Flash keine transparenten Bereiche im Ausgabeformat beinhalten, sodass immer eine Hintergrundfarbe zugewiesen ist. Diese Restriktion hat man ganz grundsätzlich bei Flash-Dateien. Da Flash keine Videoauflösungen wie DV oder D1 mit rechteckigen Pixeln unterstützt, sollten Sie die Auflösungen gemäß dem Verhältnis mit quadratischen Pixeln verwenden (siehe Seite 108). Auch sollten Sie in den Dokumenteinstellungen von Flash über ⌘+J (witzigerweise wie in Motion) die Bildrate entsprechend korrekt einstellen, bei PAL also 25 Bilder pro Sekunde.

Einbindung in Motion | Was Sie jetzt aber wissen wollen, ist, wie die Einbindung in Motion funktioniert. Es geht nicht, zumindest nicht direkt, über das Flash-Format. Motion akzeptiert zu unserer großen Verwunderung keine Flash-Dateien, auch nicht in Version 2. Bis eine Integration zu Stande kommt, muss man den Weg über Final Cut Pro gehen oder aus Flash einen QuickTime-Film exportieren. Das ist aber keine wirklich schlechte Nachricht, denn ein großer Nachteil der Flash-Filme besteht ja darin, dass sie keinen Alphakanal enthalten können. Wenn Sie also z. B. Zeichentrick in Flash animieren und diesen ausgeben wollen, wird er später nur als eine Ebene auf der Hintergrundfarbe stehen. Es gibt darüber viele Berichte in Foren und die Empfehlung lautet oftmals, die Hintergrundfarbe so zu setzen, dass sie sich leicht keyen lässt, also wie bei einer Blue- oder Greenbox. Das ist natürlich absolut umständlich und zerhaut die Kanten bei weichen Übergängen.

Tatsächlich bereitete es auch uns einiges an Kopfzerbrechen, bis wir eine **Ausgabe mit Alphakanal** hinbekommen haben. Im Exportdialog für das QuickTime-Video-Format erscheint zwar die Angabe für 32 Bit mit Alphakanal, aber selbst wenn man einen kompatiblen Codec (z. B. Animation) verwendet, wird kein Alphakanal gesetzt bzw. er erscheint vollflächig. Scheinbar ist das ein generelles Flash-Problem, denn es gibt sogar ein spezielles Zusatzprogramm namens Wild FX Pro, das genau dieses Problem für Mac und PC lösen soll.

Ausgabe mit Alphakanal | Es gibt drei Ausgabemöglichkeiten, die standardmäßig aus Flash heraus funktionieren, davon sind folgende zwei mit Motion kompatibel:

▼ **Abbildung 15.15**
Die Exporteinstellungen für PNG und PICT haben ähnliche Einstellungen und können einen Alphakanal beinhalten.

- Die erste Variante ist die EPS 3.0-Sequenz. Diese funktioniert aber nur in After Effects und dort auch nur, wenn man keine Textobjekte in Flash verwendet hat, da die Formatierung verloren geht.
- Motion-Anwender entscheiden sich stattdessen für die PICT- oder PNG-Sequenzen.

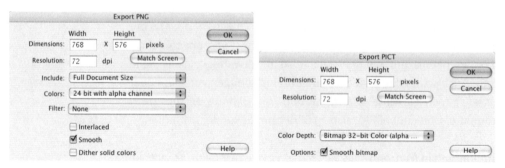

Hier bestätigen Sie noch mal die korrekte Auflösung und stellen bei der Farbtiefe die Variante mit dem Alphakanal ein. Wichtig ist es, die Checkbox für das Glätten (SMOOTH) zu aktivieren, sonst werden die Kanten der Vektorgrafiken nicht weich gezeichnet (Anti-Aliasing).

Das Ganze wird anschließend in einen neuen Ordner gespeichert und kann als Bildsequenz in Motion importiert werden.

Alphakanal in Motion | Motion erkennt derzeit den Alphakanal nicht auf Anhieb automatisch. Wir empfehlen, die Bildsequenz über die Medienablage zu importieren und dann direkt in das Informationsmenü zu wechseln. Jetzt kommt es darauf an, welche Hintergrundfarbe in Flash eingestellt wurde. Standardmäßig ist diese auf Weiß voreingestellt und so sollte man es auch übernehmen. Schalten Sie in Motion bei ALPHA-TYP auf INTEGRIERTES WEISS, sodass der Alphakanal auch die Hintergrundfarbe sauber herausfiltert (Premultiplied Mode). Nun haben Sie eine perfekt freigestellte Animation aus Flash in Motion integriert.

◄ **Abbildung 15.16**
In Motion wird der Alphakanal der Bildsequenz aus Flash nicht auf Anhieb erkannt. Verwenden Sie die Medienablage und das Informationen-Fenster, um den Alphakanal zu aktivieren.

15.9 Macromedia FreeHand

Leider wurde nach der Übernahme von Macromedia durch Adobe das Programm FreeHand eingestellt.

Das FreeHand-eigene Dokumentformat kann im Gegensatz zu Illustrator nicht direkt von Motion importiert werden. Wie jedes professionelle Grafikprogramm verfügt FreeHand aber natürlich über Exportmöglichkeiten in das PDF-Format. Die Besonderheit bei der von uns getesteten Version MX ist, dass dieses PDF die Dokumentgröße annimmt, auch wenn man nur die ausgewählten Objekte exportieren wollte.

Daher sollte man vor dem Export in das PDF-Format die Dokumenteinstellungen so verändern, dass die Seite ungefähr Objektgröße hat. Alternativ kann man sich auch ein EPS abspeichern und dieses mit der Vorschau konvertieren (siehe Abbildung 15.19). Wenn dazu SELECTED

OBJECTS ONLY (uns lag nur die englische Version vor) aktiviert ist, kann auch die Dokumentgröße für angewählte Objekte auf das EPS angepasst werden. Witzigerweise kann man Motion aus FreeHand direkt starten lassen oder in das bereits geöffnete Programm wechseln, wenn dies im Exportdialog in der untersten Checkbox angewählt wurde.

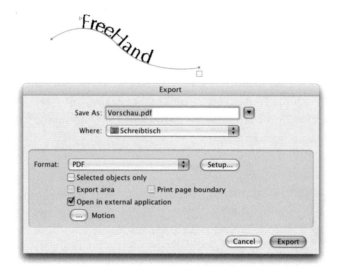

Abbildung 15.17 ▶
Da FreeHand-Dokumente nicht direkt von Motion gelesen werden können, müssen sie als PDF exportiert werden.

Die übernommene Dokumentgröße kann übrigens auch von Vorteil sein, wenn man einen Filter anwendet, dessen Wirkungsbereich sonst hart vom Begrenzungsrahmen beschnitten werden würde. Es ist also wie immer mit Illustrator und FreeHand – man muss einfach beide haben.

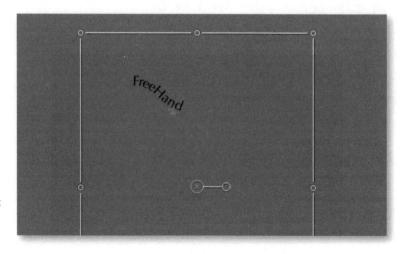

Abbildung 15.18 ▶
Beim PDF-Export aus FreeHand wird die Dokumentgröße übergeben. Man sollte daher vor dem Export das Dokument auf Objektgröße ändern.

15.10 Vorschau

Die Vorschau ist das von Apple in Mac OS X integrierte Betrachtungs- und Konvertierungsprogramm von Grafikdateien. Sollten Sie nicht zu den stolzen Besitzern einer Photoshop-, Illustrator- oder FreeHand-Lizenz gehören, dann bietet sich mit der Vorschau wenigstens die Möglichkeit, einige Standardformate anzuschauen und vor allem zu konvertieren. Die Vorschau liest neben dem Photoshop-Format auch PDF-Dokumente und EPS-Dateien. Photoshop-Dateien werden aber auf eine Ebene reduziert und ohne Transparenzen importiert.

Andersherum funktioniert das Ganze dagegen hervorragend, z. B. wenn man eine EPS-Datei oder ein PDF in das Photoshop-Format konvertiert. Dabei werden die transparenten Bereiche auch in die Photoshop-Datei übertragen. Genauso kann man EPS-Dateien, die man beispielsweise von einem Grafiker erhält, in das PDF-Format konvertieren. Dabei werden auch die Transparenzen übernommen, sodass man eine hervorragende Möglichkeit hat, die weit verbreiteten EPS-Grafiken für Motion als PDF abzuspeichern. Diese Funktionalität bietet nicht mal der kostenpflichtige GraficConverter von Lemkesoft.

▲ **Abbildung 15.19**
EPS-Dateien werden beim Öffnen von der Vorschau in das PDF-Format konvertiert (links) und können so auch abgespeichert werden (rechts). Dabei werden auch Transparenzen übernommen, sodass Motion die Dokumente ohne Einschränkung übernehmen kann.

15.11 Quantel

Auch der Name Quantel fällt in diesem Buch das eine oder andere Mal. Quantel ist letztendlich der Pionier der elektronischen und digitalen Videobearbeitungssysteme, z. B. mit dem ersten NLE-System aus dem Jahr 1985, dem »Harry«. Im Gegensatz zu Avid und Discreet, deren Systeme auf offener Hardware aufgesetzt waren, kam bei Quantel alles aus einer Hand, von der Hardware bis hin zum Betriebssystem und der Anwendung. Das ist bei Apple zwar auch so, jedoch verwendet man hier Standardkomponenten und offene Standards, sodass Entwickler für die Macintosh-Plattform auch Programme schreiben können. Bei Quantel war dies alles eine »Restricted Area«, auf die niemand oder nur sehr wenige Entwickler Zutritt hatten. Gab es einen totalen Systemabsturz, wählte sich ein Quantel-Mitarbeiter über das Modem ein und behob den Schaden, natürlich nur gegen Wartungsvertrag oder auf Rechnung.

Trotzdem sind diese alten Boliden noch recht beliebt, vor allem bei Fernsehanstalten. Der Austausch mit den jungen Desktop-Arbeitsplätzen gestaltet sich teilweise umständlich. Grafikdateien aus Photoshop oder Animationen aus After Effects lassen sich bei den älteren Systemen nicht einfach per FileSharing rüberschubsen und auch gängige Datenträger wie CD-ROM sind nur in der neuen Generation Q verwendbar.

Diaquest DDR | Zwar gab es bei den alten Systemen eine SCSI-Schnittstelle und auch ein MO-Laufwerk für das Backup, aber grundsätzlich durfte und konnte man nichts selber anschließen. Für viel Geld gab es z. B. von Àccom einen so genannten Frame Store oder Digital Disk Recorder (DDR), den man über Ethernet in sein Netzwerk einbinden konnte. Über spezielle, wieder sehr teure Import- und Export-Plugins für Photoshop und After Effects fand dann der Austausch statt (Diaquest DDR von www.diaquest.com).

Final Cut Pro-Videohardware | Sollten Sie wirklich noch über solch eine Umgebung verfügen, werden Sie After Effects auch weiterhin für den Austausch verwenden und die Motion-Projekte für After Effects rendern müssen. Eine viel praktischere Variante wäre aber eine Videohardware-Erweiterung für Final Cut Pro, mit der ein Austausch in höchstmöglicher Qualität über SDI in Echtzeit stattfinden kann.

Einzelbildsequenzen | Neuere Quantel-Systeme aus der Generation Q hingegen setzen auf PC-Hardware mit Windows 2000-Betriebssystem auf und verfügen damit über alle offenen Schnittstellen. Hier steht einem üblichen Dateiaustausch, am besten über Einzelbildsequenzen, nichts mehr im Wege.

15.12 Zusammenfassung

Desktop-Systeme haben den Vorteil, sehr offen zu sein. Mac OS X bietet aufgrund der vielen Standardschnittstellen wie QuickTime und PDF bereits sehr gute Bedingungen für einen (ziemlich) reibungslosen Austausch. Mit Einzelbildsequenzen ist man praktisch immer auf der sicheren Seite, auch für hier nicht genannte Systeme und Programme. Bei den Alpha-Modi sollten Sie schon einmal genauer hinschauen, denn oft muss man manuell nachjustieren.

Der Projektaustausch zwischen den Apple Pro Applications ist eine feine Sache und wird durch den XML-Standard auch noch weiter zunehmen. Da das Projektformat von Motion als QuickTime-Komponente installiert wird, wäre es theoretisch möglich, dies allen QuickTime-Anwendungen zugänglich zu machen. Inwieweit diese Aufgabe Apple zufällt, ist schwierig abzuschätzen. An den Beispielen mit Shake und After Effects sieht man, dass manche Programme manuell dazu gezwungen werden müssen, das Motion-Projekt für einen QuickTime-Film zu halten. Mit XML, OMF und AAF wäre es darüber hinaus möglich, Projekte auch für andere Programme zu übersetzen. Da es eine anspruchsvolle Aufgabe ist, entsprechende Interpreter zu entwickeln, wäre es Herstellern wie Apple oder Adobe nicht zuzumuten, dies auch noch zu übernehmen. Der Hersteller Automatic Duck schließt diese Lücke, sodass regelmäßige Besuche auf dessen Webseite lohnend sein können. Für Grafikprogramme bleibt immer der Weg über die Standardformate PDF und Illustrator (Vektor) sowie TIFF und Photoshop (Bitmap).

16 Projektmanagement

In Motion lassen sich eigene Vorlagen umfangreich verwalten, sodass ein effizienter Workflow möglich ist. Bei komplexen Projekten in Teams und Netzwerken muss man über den eigenen Desktop hinaus denken.

16.1 Verzeichnisse

Der Aufbau eines Projektes kann sich kompliziert gestalten: In Motion selbst kann man schon viel Inhalt generieren, ohne auf bestehendes Material zurückgreifen zu müssen. In dem Fall muss man sich nur ein bequemes Plätzchen suchen, wo man die Projektdatei abspeichert und viele kreative Anwender wählen den Schreibtisch dafür. Je nachdem, wie viele Dateien man aber importieren muss, kann es sich lohnen, nicht alles auf dem Schreibtisch abzuspeichern, sondern etwas strukturierter vorzugehen. Vor allem wenn es um das Zusammenspiel mit Programmen wie Final Cut Pro, Compressor und DVD Studio Pro geht, kann sich eine gute Projektstrukturierung bezahlt machen.

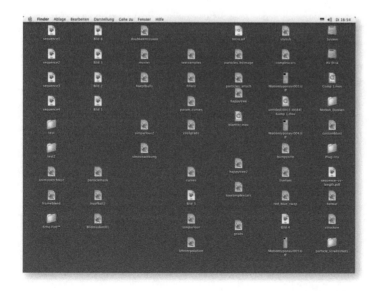

◄ Abbildung 16.1
Das berühmte kreative Chaos auf dem Schreibtisch findet sich auch bei Buchautoren wieder. Bei komplexen Projekten, an denen eventuell auch mehrere Leute arbeiten, sollte man jedoch etwas strukturierter vorgehen.

16.1.1 Privat-Verzeichnis

Mac OS X legt als echtes Mehrbenutzersystem ein so genanntes Privat-Verzeichnis an. Der Benutzer, der bei der Installation von Mac OS X von Ihnen angelegt wird, ist der Administrator des Systems, d. h., er darf unter anderem Software installieren und Dateien löschen. Das Privat-Verzeichnis trägt dieselbe Bezeichnung wie der »Kurzname«, der bei der Mac OS X-Installation vergeben wurde. Wenn Sie nachträglich weitere Benutzer anlegen, erscheinen diese als gewöhnliche Ordner im Verzeichnis BENUTZER auf Ihrer Festplatte. Der Ordner des aktiven Benutzers wird mit einem Haus-Symbol dargestellt.

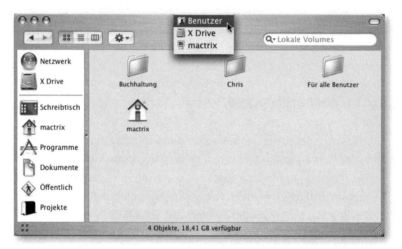

▲ **Abbildung 16.2**
Die angelegten Benutzer liegen alle im gleichnamigen Verzeichnis direkt auf Ihrer Festplatte. Der Ordner des aktiven Benutzers verfügt über ein Haus-Symbol. Dies ist das Privat-Verzeichnis.

Voreinstellungen | Im Privat-Verzeichnis liegt auch die Voreinstellungsdatei von Motion. Dort gibt es den Ordner LIBRARY, in dem sich wiederum der Ordner PREFERENCES befindet. Die Voreinstellungsdatei heißt COM.APPLE.MOTION.PLIST. Wird die Datei gelöscht oder beschädigt, dann wird sie mit den Standardeinstellungen bei einem erneuten Starten von Motion wieder neu angelegt. Die Voreinstellungen, die Sie in Motion vornehmen können, wurden Ihnen im Kapitel »Motion-Setup« ab Seite 164 erläutert.

◄ **Abbildung 16.3**
Die Voreinstellungen in Motion werden in einer einzigen Datei im Privat-Verzeichnis abgespeichert. Jeder Benutzer hat also seine eigenen Voreinstellungen für Motion.

Application Support | Es werden noch weitere Einstellungen im Privat-Verzeichnis abgespeichert. Diesmal müssen Sie im Ordner LIBRARY den Unterordner APPLICATION SUPPORT öffnen.

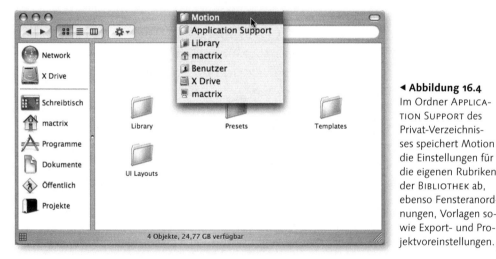

◄ **Abbildung 16.4**
Im Ordner APPLICATION SUPPORT des Privat-Verzeichnisses speichert Motion die Einstellungen für die eigenen Rubriken der BIBLIOTHEK ab, ebenso Fensteranordnungen, Vorlagen sowie Export- und Projektvoreinstellungen.

In diesem Ordner befindet sich wiederum der Ordner MOTION mit folgenden Unterordnern.

- LIBRARY: Hier werden eigene Einstellungen zu Filtern, Partikeln, Formen, Generatoren, Replikatoren, Textstilen, Verhalten und Verläufen gespeichert. Auch die Favoriten werden hier verwaltet.
- PRESETS: Hier liegen die Projekt- und Exportvoreinstellungen von Motion. Wir werden in diesem Kapitel die Projektvoreinstellungen noch ausführlich auf den kommenden Seiten erläutern. Die

Exportvoreinstellungen wurden im Kapitel »Projekte ausgeben« ab Seite 632 beschrieben.

- Templates: In diesem Ordner befinden sich eigene Vorlagen. Die mitgelieferten Vorlagen (falls diese installiert wurden) liegen hingegen an anderer Stelle (siehe Abbildung 16.6). Das Abspeichern eigener Projekte im Vorlagen-Browser werden wir in diesem Kapitel ebenfalls noch beschreiben.
- UI Layouts: In diesem Ordner werden eigene Fensteranordnungen abgespeichert.

16.1.2 System-Library

Den Ordner Library gibt es nicht nur im Privat-Verzeichnis des Benutzers, sondern auch noch mal für das gesamte System und damit für alle Benutzer. Auch in dieser Library gibt es den Ordner Application Support. Um die Fensteranordnungen sowie die Projekt- und Exportvoreinstellungen allen Benutzern zugänglich zu machen, müssen die Ordner UI Layouts und Presets aus dem Privat-Verzeichnis in den Ordner Library/Application Support/Motion kopiert werden. Der Ordner Motion existiert in der systemweiten Library noch nicht im Ordner Application Support, sodass Sie diesen erst manuell anlegen müssen.

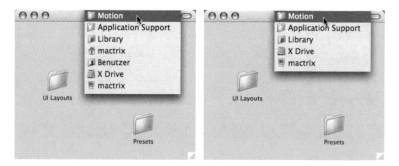

Abbildung 16.5 ▶
Durch einfaches Kopieren können Sie Fensteranordnungen sowie Projekt- und Exportvoreinstellungen allen Benutzern zugänglich machen.

Die Vorlagen des Ordners Templates wurden bei unseren Versuchen nicht vom Vorlagen-Browser erkannt, wenn dieser umkopiert wurde. Im Handbuch steht, man solle die Vorlagen in das Privat-Verzeichnis des jeweiligen anderen Benutzers kopieren, was uns etwas umständlich erscheint.

Neben den beiden Speicherorten in der Library des Privat-Verzeichnisses und des Systems gibt es noch ein weiteres wichtiges Verzeichnis für Motion: Für alle Benutzer.

16.1.3 Für alle Benutzer

Die Inhalte der Privat-Verzeichnisse anderer Benutzer sind für den aktiven Benutzer nicht einsehbar, auch wenn er der Administrator ist. Im Ordner BENUTZER gibt es aber den weiteren Unterordner FÜR ALLE BENUTZER. Es kann Dateien enthalten, die allen Benutzern zugänglich sind. Dieses Verzeichnis wird auch für den Motion-Content sowie sämtliche installierte Filter, Verhalten und Partikelsysteme verwendet.

▲ **Abbildung 16.6**
Im Verzeichnis FÜR ALLE BENUTZER können Daten abgelegt werden, auf die alle Benutzer zurückgreifen können. Auch Motion legt dort wichtige Bestandteile ab.

Sie können in dem Verzeichnis keine eigenen Ordner anlegen, da dies Administrator-Rechte erfordert. Versuchen Sie Ordner in das Verzeichnis zu kopieren, dann werden Sie aufgefordert, den Namen des Administrators und das Passwort einzugeben. Sie können so z. B. Medien in den Ordner INHALT kopieren, um diese allen Benutzern zugänglich zu machen. Genauso funktioniert das auch mit eigenen Einstellungen, die in der Bibliothek gespeichert wurden, wie z. B. individuelle Textstile. Wenn Sie Einstellungen vom Privat-Verzeichnis kopieren wollen, halten Sie, wie in Abbildung 16.7 zu sehen, die [Alt]-Taste gedrückt, damit das grüne Plus-Symbol unter dem Mauszeiger erscheint.

Anschließend werden Sie aufgefordert, den Namen des Administrators und das Passwort einzugeben.

Abbildung 16.7 ▶
Sie können selbst erstellte Einstellungen aus dem Privat-Verzeichnis in den gleichen Ordner im Ordner FÜR ALLE BENUTZER kopieren. Das gilt allerdings nur für Einstellungen in der Bibliothek. Vorlagen sowie Projekt- und Exportvoreinstellungen können nicht übertragen werden.

Abbildung 16.8 ▶
Für Änderungen des Ordners MOTION im Verzeichnis FÜR ALLE BENUTZER müssen Sie sich als Administrator identifizieren.

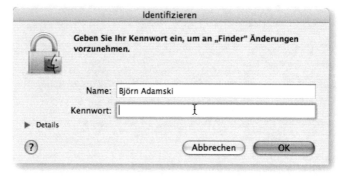

Bedenken Sie aber, dass diese Einstellungen nur auf Finder-Ebene manuell dorthin kopiert werden können. Innerhalb von Motion werden die Einstellungen nur im Privat-Verzeichnis abgespeichert.

Die installierten Standardvorlagen und Beispielprojekte liegen in den Ordnern MEDIEN FÜR DIE EINFÜHRUNG und VORLAGEN. Sie können diese Ordner bei Nicht-Gebrauchen einfach wieder löschen.

16.2 Projektvoreinstellungen

Kommen wir zur Erläuterung der Projektvoreinstellungen. Sie können diese aufrufen, indem Sie im Menü MOTION den Eintrag EINSTELLUNGEN aufrufen (⌘+,). Bei der sechsten Kategorie VOREINSTELLUNGEN, in der englischen Version als PRESETS bezeichnet, handelt es sich um **Vorgaben für Projekt- und Exporteinstellungen**.

Die hier aufgeführten Vorgaben werden von Motion mitgeliefert und basieren auf Standardwerten für verschiedene Formate. Solche Vorgaben findet man mittlerweile bei vielen Programmen, sodass die Einstellungen innerhalb der Vorgaben bei geübten Anwendern schon bekannt sein sollten. Wir werden natürlich auf die einzelnen Einstellungen eingehen und alles genau erläutern.

Um den Ausführungen in diesem Kapitel folgen zu können, wählen Sie im Popup-Menü ZEIGEN den Eintrag PROJEKTVOREINSTELLUNGEN.

16.2.1 Projektvoreinstellungen anpassen

Die umfangreichen Standardvorgaben von Motion sind rechts neben der Bezeichnung mit einem Vorhängeschloss ❶ markiert. Dies bedeutet, dass die Einstellungen geschützt sind und nicht verändert werden können. Trotz intensiver Suche konnten wir den Speicherort der geschützten Standardvorgaben nicht ausfindig machen. Scheinbar sind diese in der Applikation selber eingebettet und können weder verändert noch entfernt werden. Das ist genau wie bei Final Cut Pro etwas schade, denn Apple macht bei einzelnen Einstellungen nicht immer alles richtig. Außerdem sollte es dem Anwender überlassen werden, ob er Bestandteile aus der Liste löschen möchte oder nicht.

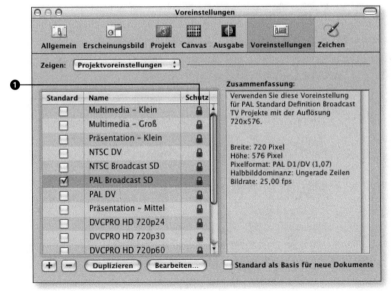

◄ Abbildung 16.9
Bei den Voreinstellungen handelt es sich um die Projekt- und Exportvorgaben. Für die gängigen Formate hat Apple bereits Vorgaben beigelegt, aber es können auch eigene erstellt werden.

In der unteren Symbolreihe finden Sie ein Plus- und Minus-Symbol, mit denen eigene Einstellungen hinzugefügt oder gelöscht werden können. Daneben befinden sich die Tasten DUPLIZIEREN ❷ und BEARBEITEN ❸:

- DUPLIZIEREN: Da alle Vorgaben geschützt sind, müssen Sie eine Einstellung markieren und über diese Taste duplizieren, um dann in der Kopie die Änderungen durchzuführen. Die duplizierte Vorgabe erscheint sofort in der Liste, öffnet sich aber nicht automatisch. Sie müssen das ungeschützte Duplikat anwählen und auf die Taste BEARBEITEN klicken.
- BEARBEITEN: Verwenden Sie diese Taste, um eine bestehende Vorgabe zu ändern. Ein Doppelklick auf die zu ändernde Vorgabe aktiviert ebenfalls die Bearbeiten-Funktion. Die geschützten Vorgaben lassen sich natürlich nicht ändern, weshalb Sie eine Warnmeldung erhalten.

Bestätigen Sie diese Meldung mit der OK-Taste, dann öffnet sich diesmal direkt die Kopie der Vorgabe, in der man alle Einstellungen durchführen kann. Wenn Sie anschließend im neuen Fenster EDITOR FÜR PROJEKTVOREINSTELLUNGEN direkt wieder ABBRECHEN klicken, dann wird die Vorgabe nicht gespeichert und aus der Liste gelöscht.

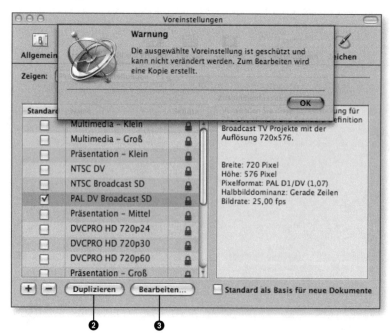

Abbildung 16.10 ▶
Wenn Sie OK klicken, wird automatisch eine Kopie der geschützten Vorlage erstellt.

Editor für Projektvoreinstellungen | Das Fenster, in dem die Einstellungen vorgenommen werden können, nennt sich EDITOR FÜR PROJEKTVOREINSTELLUNGEN.

◀ **Abbildung 16.11**
Im EDITOR FÜR PROJEKTVOREINSTELLUNGEN können Sie Kopien von Standardvorgaben bearbeiten.

- NAME: In diesen Feld muss eine Bezeichnung für die neue Einstellung vergeben werden.
- BESCHREIBUNG: Hier ist viel Platz für eine umfangreiche Beschreibung der Einstellungen, die anschließend zusammen mit den Parametern in der Liste als ZUSAMMENFASSUNG erscheint (siehe Abbildung 16.9).
- BREITE: Geben Sie hier die Pixelwerte für die Bildbreite ein (maximal 2048 bzw. 4096 Pixel).
- HÖHE: Geben Sie hier die Pixelwerte für die Bildbreite ein (maximal 2048 bzw. 4096 Pixel).
- PIXELFORMAT: Der Wert beschreibt das Pixel-Seitenverhältnis. Hier stellen Sie ein, ob es sich um quadratische oder nicht-quadratische Pixel handelt. Eine Besonderheit von Motion ist, dass man nicht nur zahlreiche Standardvorgaben für einzelne Formate wählen kann, sondern sich auch eigene Werte nummerisch eintragen lassen.
- HALBBILDDOMINANZ: Hier wird festgelegt, welche Zeile zuerst geschrieben werden soll, falls Sie Halbbilder bei der Ausgabe oder Vorschau rendern lassen. Welche Halbbilddominanz für welches Format geeignet ist, werden wir in diesem Kapitel noch erläutern. Eine extra Vorgabe für progressive Projekte müssen Sie nicht anlegen, da Halbbilder bei der Ausgabe weggelassen werden können. Sie können aber natürlich auch den Eintrag OHNE wählen.

▶ BILDRATE: Der letzte Eintrag bestimmt, wie viele Bilder pro Sekunde (FPS) abgespielt werden sollen. Dazu lassen sich sowohl aus dem kleinen Popup-Menü Standardvorgaben auswählen als auch eigene Werte nummerisch eintragen. Die maximale Bildrate, die sich einstellen lässt, beträgt 150 FPS. Die Bildrate lässt sich leider nicht mehr bei angelegten Projekten im Nachhinein ändern, was uns etwas wundert.

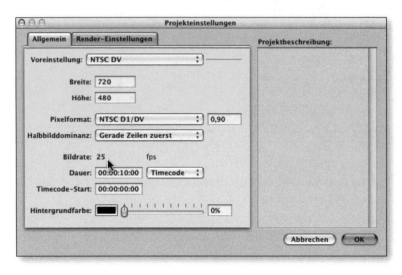

Abbildung 16.12 ▶
Die Bildrate eines bereits erstellten Projekts kann nicht mehr geändert werden. Dies ist ein Fehler, denn in diesem Beispiel wäre eine NTSC-Vorgabe mit 25 Bildern pro Sekunde falsch.

Speichern der Projektvoreinstellungen | Bestätigen Sie die Eingaben mit der OK-Taste, dann wird die Einstellung unter neuem Namen gespeichert und steht in der Auswahl für neue Projekte zur Verfügung. Die individuell vorgenommenen Projekteinstellungen liegen als einzelne Dateien im Privat-Verzeichnis vor. Die Projektvoreinstellungen liegen im Ordner PROJECT des Verzeichnisses PRESETS.

▲ **Abbildung 16.13**
Eigene Projektvoreinstellungen werden als einzelne Dateien abgespeichert und können auch auf andere Systeme kopiert werden.

Standardvorgabe definieren | Sie können eine der Vorgaben als Standard festlegen. Aktivieren Sie dazu in der Spalte STANDARD die Checkbox ❶ vor der gewünschten Projektvoreinstellung.

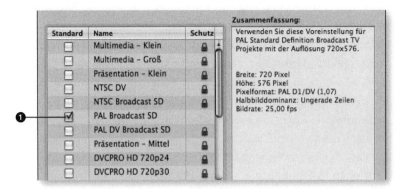

◀ **Abbildung 16.14**
Um eine Vorgabe als STANDARD zu definieren, aktivieren Sie einfach die Checkbox links neben der Bezeichnung.

Wenn Sie ein neues Projekt anlegen, dann erscheint immer das Fenster PROJEKTVOREINSTELLUNG WÄHLEN. Hier ist im Popup-Menü VOREINSTELLUNG die von Ihnen definierte Standardvorgabe ❷ vorausgewählt und wird mit einem kleinen schwarzen Punkt gekennzeichnet.

◀ **Abbildung 16.15**
Sie können auch in diesem Fenster die Standardvorgabe festlegen, indem Sie die Vorgabe im Popup-Menü VOREINSTELLUNG auswählen und auf die Taste ALS STANDARD FESTLEGEN ❸ klicken.

Wir raten in diesem Zusammenhang dringend davon ab, die Checkbox bei NEUE DOKUMENTE MITHILFE DER STANDARDVOREINSTELLUNG ERSTELLEN zu aktivieren. In diesem Fall wird, wie bereits auf Seite 164 beschrieben, die Standardeinstellung direkt auf neue Projekte angewendet. Die Projekteinstellungen lassen sich später zwar ändern, aber die Bildrate ist als einziger Parameter nicht mehr veränderbar, was nur als Bug bewertet werden kann (Stand: Version 1.0.x und 2.0).

16.2.2 Interlaced

Welches Halbbild wird zuerst gesendet? Die NTSC-Anwender haben es bei dieser Frage etwas einfacher, denn dort verwenden alle Standard Definition-Formate das gerade Halbbild zuerst. Bei PAL gibt es hier leider unterschiedliche Halbbilddominanzen.

In Version 1.0.x von Motion wurde die Angelegenheit noch etwas besser gelöst, denn es gab zwei Einstellungen für Standard Definition-PAL. Eine Einstellung für DV-Formate, die eine gerade Halbbilddominanz verwenden und eine Einstellung für Broadcast-Formate, die eine ungerade Halbbilddominanz verwenden. Jetzt ist die Grenze zwischen dem, was DV und was Broadcast ist, sehr fließend. Zum einen gibt es genügend Beispiele, dass DV-Aufnahmen auch im Fernsehen laufen und zum anderen gibt es ja auch hochwertige DV-Formate wie DVCPRO 50, die Broadcast-Standard sind, z. B. beim ZDF. Man muss also vielleicht genauer zwischen den Formaten unterscheiden.

Wenn Sie Motion 2 über Motion 1.0.x installiert haben, dann sind sogar beide Vorgaben für PAL SD und PAL DV noch in Motion 2 vorhanden. Bei einer frischen Motion 2-Installation fehlen sie hingegen.

Abbildung 16.16 ▶
PAL DV BROADCAST SD ❶ heißt die kombinierte Vorgabe für PAL in Motion 2.0, was leider so nicht ganz richtig ist. In Version 1.0.x gab es hier noch zwei Vorgaben für ungerade und gerade Halbbilder. Die Vorgabe PAL Broadcast SD ❷ ist von uns erstellt worden.

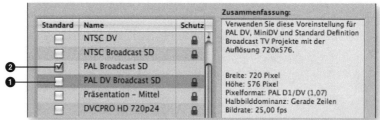

Gerades Halbbild zuerst | Das obere Halbbild wird bei PAL immer dann verwendet, wenn man ein transparentes, digitales Videosignal über SDI überträgt. SDI ist ein genormter Anschluss, der im professionellen Bereich für die höchstmögliche Übertragungsqualität eingesetzt wird. Analoge PAL-Signale verwenden ebenfalls das obere Halbbild zuerst. Diese Halbbilddominanz wird übernommen, wenn man die Signale mit Final Cut Pro und entsprechender Hardware verlustfrei einspielt. Auch andere Broadcast-Systeme bewahren die Halbbilddominanz und lange Zeit galt die Regel, dass PAL immer das obere Halbbild zuerst verwendet.

Ungerades Halbbild zuerst | Das ist seit DV und der Video-DVD anders. Die Formate DV, DVCPRO25, DVCPRO50 und MPEG-2 für die Video-DVD verwenden das untere Halbbild zuerst. Genauso können Hardware-Erweiterungen für Final Cut Pro auch Signale, die über SDI oder analog übertragen werden, im DV-Codec abspeichern. Hier werden also die bisherigen Regeln über Bord geworfen.

Halbbildfehler vermeiden | Wie müssen die Einstellungen also in Motion gesetzt werden, damit es keine Halbbildfehler bei der Ausgabe gibt?

Folgende Formate verwenden das gerade Halbbild zuerst:
- MPEG-2 für Video-DVD PAL/NTSC
- DV PAL/NTSC
- DVCPRO25 PAL/NTSC
- DVCPRO50 PAL/NTSC
- Sony IMX (422@ML) NTSC
- Analoge und SDI-Übertragung bei NTSC

Folgende Formate verwenden das ungerade Halbbild zuerst:
- Analoge und SDI-Übertragung bei PAL
- Sony IMX (422@ML) PAL
- High Definition in 1080i50 (PAL) und 1080i60 (NTSC)

16.2.3 Progressiv

Wie bereits im Kapitel »Videogrundlagen« erläutert wurde, sind Halbbilder eine Folge der Röhrentechnologie bei Fernsehgeräten. Klassischer Film, der im fotografischen Prozess entsteht, kennt hingegen nur volle Bilder. Bei der Videotechnik ist seit einigen Jahren diese progressive Aufzeichnung sehr beliebt geworden. Aber auch schon bei der Filmabtastung, z. B. auf DigiBeta, blieb die progressive Information erhalten, obwohl Formate wie DigiBeta mit Halbbildern arbeiten. In diesem Fall werden die Vollbilder zwar in den Halbbildern gespeichert, aber eben ohne zeitlichen Versatz. Schließlich ist es genau dieser zeitliche Versatz, der die Halbbilder bei Betrachtung auf dem Computermonitor auszeichnet.

Progressive segmented Frame | Wurden Vollbilder in einem Format mit Halbbildern gespeichert, dann spricht man auch von Progressive segmented Frame (PsF). Systeme und Formate, die durchgehend progressiv arbeiten, bezeichnen sich auch so, aber der Unterschied zu PsF ist nur im Speichervorgang begründet. Qualitativ und optisch ist beides gleich.

Halbbilder rendern | Im Projekt von Motion sind Halbbilder standardmäßig ausgestellt, sodass Sie immer eine progressive Anzeige erhalten (mit Ausnahme von importierten Medien, die über Halbbilder verfügen). Sie können zusätzlich zu den Projektvoreinstellungen auch später die Ausgabe mit oder ohne Halbbilder noch bestimmen. Möchten Sie die Halbbilder auch im Projekt ein- oder ausschalten, dann wählen Sie im Menü DARSTELLUNG den Eintrag HALBBILDER RENDERN.

16.2.4 Eigene Projektvoreinstellung für PAL (upper)

Motion 2 verwendet eine kombinierte Einstellung für PAL mit gerader Halbbilddominanz, was so nicht ganz richtig ist. In der ZUSAMMENFASSUNG steht dazu Folgendes geschrieben: VERWENDEN SIE DIESE VOREINSTELLUNG FÜR PAL DV, MINIDV UND STANDARD DEFINITION BROADCAST TV PROJEKTE MIT DER AUFLÖSUNG 720 × 576.

Dies ist zwar richtig, wenn man nur mit DV-Formaten arbeitet (auch für Broadcast), aber jenseits von DV verwendet man das ungerade Halbbild zuerst und diese Einstellung fehlt in Motion 2.0.

Schritt für Schritt: Eigene Vorgabe für PAL (upper) erstellen

1 *Vorgabe duplizieren*

Duplizieren Sie die Vorgabe PAL DV BROADCAST SD von Motion, indem Sie diese anwählen und auf die Taste DUPLIZIEREN klicken.

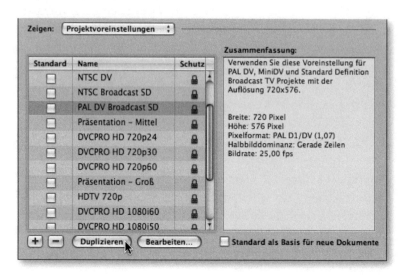

Abbildung 16.17 ▶
Vorgabe duplizieren

2 Kopie bearbeiten

Die duplizierte Vorgabe liegt nun unter der Vorgabe PAL DV Broadcast SD. Wählen Sie die Kopie an und klicken Sie auf die Taste Bearbeiten.

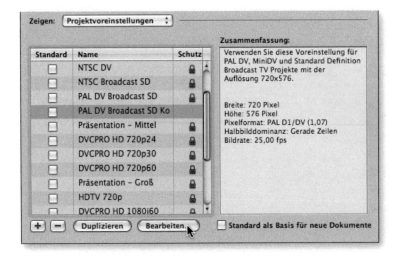

◄ **Abbildung 16.18**
Die Kopie kann nun bearbeitet werden.

3 Name und Beschreibung anpassen

Im Fenster Editor für Projektvoreinstellungen ändern Sie im Feld Name die Bezeichnung PAL DV Broadcast SD in PAL Broadcast SD. Ändern Sie im Feld Beschreibung die Zusammenfassung wie folgt: »Verwenden Sie diese Voreinstellung für PAL Standard Definition Broadcast-TV-Projekte mit der Auflösung 720 × 576.«

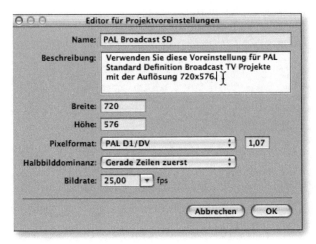

◄ **Abbildung 16.19**
Im Editor für Projektvoreinstellungen können die Vorgaben angepasst werden.

Projektvoreinstellungen **751**

4 *Halbbilddominanz korrigieren*

Bisher ging es ja nur um die korrekte Beschreibung. Nun müssen wir noch den richtigen technischen Wert einstellen. Im Popup-Menü für die HALBBILDDOMINANZ müssen Sie jetzt den Eintrag GERADE ZEILEN ZUERST auf UNGERADE ZEILEN ZUERST ändern.

Schließen Sie den Vorgang ab, indem Sie auf die OK-Taste klicken. Die Projektvoreinstellung liegt auch auf der Buch-DVD. ■

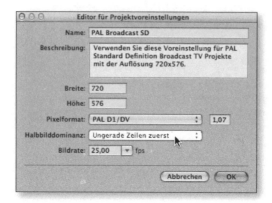

Abbildung 16.20 ▶
PAL SD mit ungeraden Zeilen zuerst

16.2.5 Standardvorgaben von Motion

Gerade bei den Videoeinstellungen fahren wir wieder schwere Geschütze auf. Um die Erläuterungen vollständig zu verstehen, sollte man das Kapitel »Videogrundlagen« gelesen haben. Motion bietet eine sehr umfangreiche Vorgabensammlung, die kaum eine videotechnische Besonderheit auslässt.

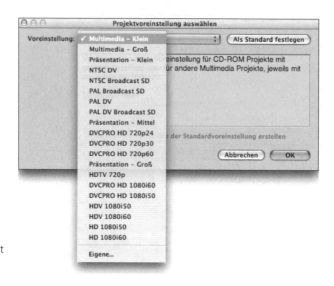

Abbildung 16.21 ▶
Beim Anlegen neuer Projekte bietet Motion zahlreiche Standardvorgaben. Die Vorgaben PAL BROADCAST SD und PAL DV stehen nur zur Verfügung, wenn Sie Motion 2 über Motion 1.0.x installiert haben.

- Multimedia – Klein: Die Vorgabe ist mit 160 × 120 Pixeln wirklich sehr klein und ist für den Einsatz im Web oder auf CD-ROM gedacht. Zum Arbeiten ist die Bildgröße allerdings sehr klein. Wir würden eher eine höhere Auflösung wählen und später für die Ausgabe skaliert rendern.
Im Multimediabereich kennt man nur quadratische Pixel und keine Halbbilddominanz, weshalb hier ein quadratisches Pixel-Seitenverhältnis und keine Halbbilder gewählt wurden. Die Bildrate mit 30 FPS ist gut gewählt, da man etwas mehr Bewegungsauflösung als bei einer PAL-Bildrate mit 25 FPS hat. Auch laufen die Apple LCD-Displays mit 60 Hz, sodass 30 FPS ideal wiedergegeben werden.
- Multimedia – Gross: Groß ist vielleicht etwas übertrieben, denn 320 × 240 ist schon noch sehr klein. Hier gelten ansonsten die gleichen Einstellungen wie für die zuvor beschriebene Vorgabe.
- Präsentation – Klein: Die Vorgabe besitzt die gleichen Werte wie die beiden vorherigen Vorgaben, nur die Bildgröße ist mit 640 × 480 Pixeln im so genannten Full Screen-Modus angelegt.
Für hochauflösende Displays kann das heutzutage natürlich nicht mehr gelten, sodass man auch mal höhere Auflösungen benötigen könnte, wie sie in den anderen Vorgaben für Präsentationen festgelegt sind. Als Codec für die spätere Ausgabe aller drei bisher vorgestellten Vorgaben bietet sich Pixlet an (siehe Seite 637).
- NTSC DV: Die Vorgabe ist für NTSC-Projekte gedacht, die auf DV oder einer Video-DVD ausgegeben werden sollen. Wie wir schon im Kapitel »Videogrundlagen« erläutert haben, verwenden DV und MPEG-2 bei NTSC eine Bildgröße von 720 × 480 Pixel sowie nicht-quadratische Pixel. Die Bildrate beträgt 29,97 FPS.
Beachten Sie die Angaben zum Anlegen von Grafiken mit quadratischen Pixeln auf Seite 108. Im PDF-Handbuch von Motion 2.0 sind dazu auf Seite 1055 Angaben aufgeführt, die wir überhaupt nicht nachvollziehen können. Dort werden für die Arbeit in einem Grafikprogramm 720 × 540 Pixel für ein DV NTSC 4:3-Projekt angegebenen. Diese Angaben funktionieren aber nur mit einem NTSC D1-Projekt, bei DV müssen Sie nach unseren Versuchen eine Größe von 720 × 534 wählen.
- NTSC Broadcast SD: Die Vorgabe ist für NTSC-Projekte gedacht, die im sogenannten D1-Format ausgegeben werden sollen, z. B. auf DigiBeta. Das Format hat in der Höhe 6 Pixel mehr als NTSC DV, also 720 × 486 Pixel, verwendet aber das gleiche Pixel-Seiten-

verhältnis. Die Angaben zur Arbeit mit quadratischen Pixeln im PDF-Handbuch stimmen unserer Meinung nach auch hier nicht. Die dort angegebenen 720 × 547 Pixel kennen wir überhaupt nicht und fanden auch bei der Suche im Internet nichts, was auf videokonforme Angaben schließen ließe.

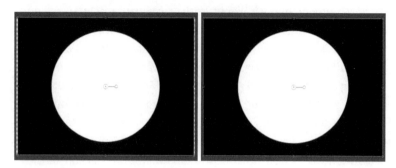

Abbildung 16.22 ▶
Links: Bei der Angabe aus dem Handbuch bleiben links und rechts Bereiche frei. Rechts: Unsere Angabe sitzt auf den Pixel genau.

- PAL DV BROADCAST SD: Bei PAL gibt es zwar nicht die Unterschiede zwischen D1 und DV in der Bildgröße wie bei NTSC, aber trotzdem reicht eine einzige, kombinierte Vorgabe für DV und D1 nicht aus. Erstellen Sie daher am besten eine eigene Vorgabe, die das untere Halbbild zuerst verwendet. Das Pixel-Seitenverhältnis ist bei DV und D1 ebenfalls gleich. Grafiken mit quadratischen Pixeln sollten in 768 × 576 Pixeln angelegt werden. Dies ist auch im PDF-Handbuch korrekt angegeben.
- PRÄSENTATION – MITTEL: Wieder eine Vorgabe für Präsentationen, diesmal mit einer Bildgröße von 800 × 600 Pixeln. Auch für diese Präsentation gelten ansonsten die gleichen Einstellungen wie bei den ersten drei Standardvorgaben.
- DVCPRO HD 720P24: Die Vorgabe ist für natives DVCPRO HD in einer Bildgröße von 960 × 720 Pixeln und einer Bildrate von 23,98 FPS vorgesehen. Natives DVCPRO HD bedeutet also, dass dieses in Final Cut Pro mit dem Panasonic AJ-HD1200A über FireWire eingespielt wurde. Die Ausgabe erfolgt bei entzerrter Ausgabe im 16:9-Format in 1280 × 720 Pixeln, also der kleinen HD-Bildgröße. Die Vorgabe ist vor allem für Final Cut Pro-Anwender gedacht, die eine Timeline im gleichen Format aus Final Cut Pro an Motion übergeben wollen. Bei einem gewöhnlichen QuickTime-Import kann man auch in der vollen HD-Bildgröße von 1280 × 720 Pixeln arbeiten, da die QuickTime-Filme in dieser Größe interpretiert werden. Möchte man später aber wieder auf DVCPRO HD über

FireWire zurückspielen, sollte man ebenfalls diese Vorgabe verwenden, da man das Material sonst zu oft hoch- und wieder runterskaliert. Beeindruckend ist, dass über eine potente Grafikkarte wie die ATI X800 solche DVCPRO HD-Filme durch Motion in Echtzeit abgespielt werden können. Das Format ist progressiv, sodass man keinen Ärger mit Halbbildern hat.

- ▶ DVCPRO HD 720P30: Die Vorgabe ist nur eine weitere NTSC-Variante des DVCPRO HD-Formates mit 29,97 Bildern pro Sekunde. Alle anderen Werte sind die gleichen wie in der zuvor beschriebenen Vorgabe.
- ▶ DVCPRO HD 720P60: Auch diese Vorgabe ist eine NTSC-Variante, diesmal mit den vollen 59,94 FPS, die von der Varicam-HD-Kamera aufgenommen werden können. Wie Sie sehen, handelt es sich auch hier um ein progressives Format, sodass tatsächlich rund 60 Vollbilder pro Sekunde vorliegen, was eine fantastische Bewegungsauflösung mit sich bringt.
- ▶ PRÄSENTATION – GROSS: Die letzte Standardvorgabe für Präsentationen bietet eine Bildgröße von 1024 × 768 Pixeln. Ansonsten sind die Einstellungen die gleichen wie für die anderen Präsentationsvorgaben. Für diese hohe Auflösung mit 30 FPS liegt man aber schon auf HD-Niveau, sodass man einen schnellen Rechner benötigt, auch für die reine QuickTime-Wiedergabe. Neben dem Pixlet-Codec könnte man auch die DVCPRO HD-Codecs für das Rendering verwenden, da sich diese als äußerst flexibel erwiesen haben und auch jenseits der HD-Formate einsetzbar sind. Sollte Ihr Rechner trotzdem ins Schwitzen geraten, könnte man statt der 30 Bilder pro Sekunde auch genau die halbe Bildrate, also 15 FPS, für die Ausgabe verwenden.
- ▶ HDTV 720P: Diese Vorgabe ist für die pure 16:9 HD-Bildgröße in 1280 × 720 Pixeln geeignet. Hier werden also quadratische Pixel ohne Skalierung verwendet. Als Bildrate ist hier 29,97 FPS eingestellt, aber Sie können diese Vorgabe problemlos duplizieren und eine PAL-Bildrate von 25 FPS einstellen.
Dieses HD-Format wird auch in 25p von Dritthersteller-Hardware, wie z. B. der Decklink HD von Blackmagic-Design, unterstützt. Sie können in der Vorgabe auch schon 50 Vollbilder pro Sekunde einstellen, aber leider ist Final Cut Pro 5.0.2 immer noch nicht in der Lage, HD-Formate mit 50p zu unterstützen. Hier ist Motion mit frei definierbaren Bildraten von 1–150 FPS vorbildhaft.

- DVCPRO HD 1080i60: Wieder ein DVCPRO HD-Format, diesmal in der großen HD-Bildgröße von 1920 × 1080 Pixeln. Bei DVCPRO HD wird aber hier auch wieder massiv die native Bildgröße reduziert, um mit der Bandbreite von 100 MBit über FireWire auszukommen. Hier sind es 1280 × 1080 Pixel bei einem recht starken Pixel-Seitenverhältnis von 1,50. Es handelt sich hier auch nicht mehr um ein progressives Format, sondern es werden wieder Halbbilder verwendet (interlaced oder PsF). Daher muss man die 60 Halbbilder auf die Bildrate von 30 bzw. 29,97 FPS verteilen.
- DVCPRO HD 1080i50: Immerhin eine PAL-Bildrate wird bei DVCPRO HD über FireWire berücksichtigt. Im Gegensatz zur NTSC-Bildrate beträgt die native Bildgröße hier allerdings 1440 × 1080 Pixel, also etwas mehr als bei 1080i60. Leider zeichnen alle derzeit verfügbaren Panasonic-Kameras intern in der 720p-Auflösung auf, sodass für die PAL-Ausgabe mit 50 Halbbildern pro Sekunde (25 PsF) auf 1080i hochinterpoliert werden muss. Wir raten daher eher zu einer Videokarte von Blackmagic-Design, die 720p25 unkomprimiert einspielen kann. Wenn Sie die Investitionskosten scheuen, denken Sie einmal darüber nach, in der NTSC-Bildrate zu drehen und ganz am Schluss für das Master die überflüssigen Bilder wieder entfernen (29,97 auf 25 FPS Pullup).

> **DVCPRO HD für PAL**
>
> Wenn Sie sich etwas wundern, warum bei 720p nur NTSC-Bildraten zur Verfügung stehen, dann liegt das daran, dass derzeit über FireWire kein DVCPRO HD-Format in 720p mit 25 oder 50 Bildern pro Sekunde übertragen werden kann. PAL-Anwender müssen entweder die 1080i50-Variante wählen oder 720p in NTSC-Bildraten bearbeiten und für die Distribution nach PAL konvertieren.

- HDV 1080i50: Bei 1080i sind PAL-Bildraten auch bei HDV kein Problem. HDV, das stark komprimierte MPEG-2-HD-Format für kleines Geld, kann in Final Cut Pro ab Version 5 nativ über FireWire eingespielt werden. Der MPEG-2-Transportstream wird nur in einen QuickTime-Container kopiert, sodass Final Cut Pro und Motion eine bildgenaue Nachbearbeitung durchführen können. Anwender von Final Cut Express HD und iMovie HD verwenden dafür einen Intermediate-Codec, aber dieser verhält sich in Motion und auch sonst nicht anders als die native Variante.

Genau wie DVCPRO HD in 1080i50 verwendet die HDV-Vorgabe die native Bildgröße von 1440 × 1080 Pixeln. Die HDV-Filme selbst werden aber von QuickTime ebenfalls mit 1920 × 1280 Pixeln interpretiert.

▶ HDV 1080i60: Die NTSC-Variante unterscheidet sich außer der Bildrate von 29,97 FPS nicht von der zuvor beschriebenen PAL-Vorgabe. Die native Bildgröße beträgt ebenfalls 1440 × 1080 Pixel.

HDV in 720p

Falls Sie sich wundern, wieso es keine HDV-Vorgaben für 720p gibt, so liegt dies daran, dass Apple dieses Format in Final Cut Pro noch nicht integriert hat. JVC ist bisher der einzige Hersteller, der für dieses Format eine HDV-Kamera herausgebracht hat. Trotzdem ist es schier unglaublich, dass zwei Weltkonzerne nicht über den Tellerrand schauen und sich über Integrationen verabreden. Vor allem 720p50 ist ein Format, das die Europäer brennend interessiert. Im September 2004 ist Apple auf der Broadcast-Messe IBC in Amsterdam verstärkt auf die Wünsche der Europäer eingegangen. Vielleicht gibt es dieses Jahr auch wieder Neuigkeiten, aber so lange konnten wir mit dem Buch nicht mehr warten.

▶ HD 1080i50: Von der Bildgröße her ist das volle 1080-HD-Format die Königsliga. Die 1920 × 1080 Pixel kratzen gar an der maximalen Auflösung von Motion, die bei 2048 Pixeln liegt. Die Bildrate bleibt im Interlaced- oder PsF-Verfahren aber noch hinter den Möglichkeiten von 720p zurück. Mit zunehmend hohen Bandbreiten wäre eine Aufwertung auf 1080p50 denkbar, aber derzeit ist das noch nicht realisierbar. Bei den 1080i-Formaten gilt für die Halbbilddominanz das ungerade Halbbild zuerst.

▶ HD 1080i60: Abschließend bildet die NTSC-Variante die letzte Standardvorgabe.

Sie können diese Projektvoreinstellungen natürlich nach Belieben anpassen und unter neuem Namen abspeichern. So vermissen Sie vielleicht noch die anamorphotischen 16:9-Vorgaben für Standard Definition.

16.2.6 Eigene Projektvoreinstellung für anamorphotisches 16:9

In den standardmäßig mitgelieferten Projektvoreinstellungen von Motion fehlen durchgängig die Vorgaben für anamorphotisches 16:9 bei Standard Definition. Es stellt jedoch keine große Schwierigkeit dar, die Einstellung selber vorzunehmen.

Schritt für Schritt: Eine Vorgabe für anamorphotisches 16:9 erstellen

Wie schon im Kapitel »Videogrundlagen« erläutert wurde, verfügt anamorphotisches 16:9 über dieselbe Pixelanzahl wie normales 4:3. Das Bild wird über das entsprechende Pixel-Seitenverhältnis so verzerrt, dass es von 1024 × 576 Pixeln auf 720 × 576 Pixel abgebildet werden kann. Sie müssen daher für die Projektvorgabe nur das Pixel-Seitenverhältnis umstellen.

1 *Voreinstellungen aufrufen*
Rufen Sie in Motion über ⌘+, die VOREINSTELLUNGEN auf und wechseln Sie in der sechsten Kategorie über ZEIGEN in die Projektvoreinstellungen.

2 *Vorgabe auswählen*
Erstellen Sie eine Kopie der Vorgabe PAL DV BROADCAST SD, indem Sie diese doppelklicken. Daraufhin öffnet sich eine Warnmeldung, die Sie darauf hinweist, dass Sie versuchen, eine geschützte Einstellung zu bearbeiten.

Bestätigen Sie die Meldung mit der OK-Taste, um im Fenster EDITOR FÜR PROJEKTVOREINSTELLUNGEN die Einstellungen durchzuführen (siehe Abbildung 16.23).

3 *Neuen Namen vergeben*
Im Fenster EDITOR FÜR PROJEKTVOREINSTELLUNGEN ändern Sie im Feld NAME die Bezeichnung PAL DV BROADCAST SD in PAL DV WIDESCREEN. Versuchen Sie hier nicht die Bezeichnung 16:9 einzutragen. Motion akzeptiert keine Eingaben mit Doppelpunkt, da diese als Datei abgespeichert werden und Doppelpunkte in Dateinamen nicht zulässig sind (siehe Abbildung 16.24).

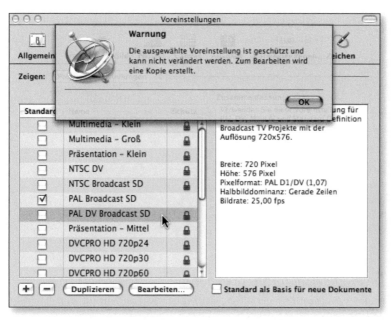

◀ Abbildung 16.23
Diese Warnmeldung muss mit OK bestätigt werden, um eine Kopie der Vorgabe zu erstellen.

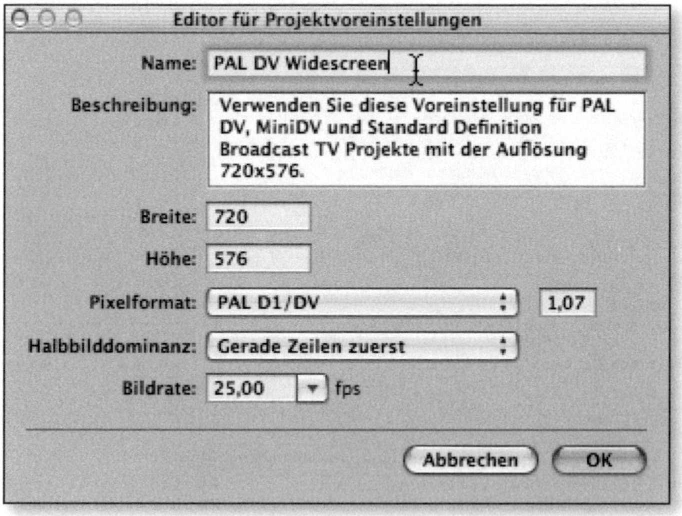

◀ Abbildung 16.24
Name vergeben

4 Beschreibung für die neue Vorgabe

Ändern Sie im Feld BESCHREIBUNG die Zusammenfassung wie folgt: »Verwenden Sie diese Voreinstellung für PAL DV- und MiniDV-Projekte mit der Auflösung 720 × 576 für anamorphotisches 16:9«.

Projektvoreinstellungen **759**

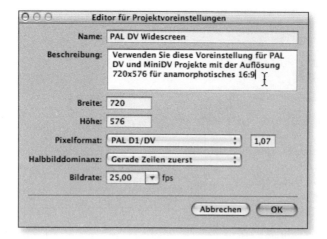

Abbildung 16.25 ▶
Beschreibung der neuen Vorgabe

5 Pixel-Seitenverhältnis einstellen

Im Popup-Menü für das PIXELFORMAT müssen Sie jetzt den Eintrag PAL D1/DV noch auf PAL D1/DV ANAMORPHOTISCH ändern.

Schließen Sie den Vorgang ab, indem Sie auf die OK-Taste klicken. Die Projektvoreinstellung liegt ebenfalls auf der Buch-DVD.

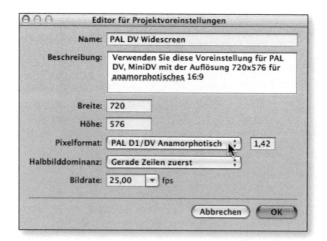

Abbildung 16.26 ▶
Über das PIXELFORMAT wird das Pixel-Seitenverhältnis angepasst.

16.3 Projekteinstellungen

Die Projektvoreinstellungen definieren, mit welchen Einstellungen ein Projekt angelegt werden soll. Es ist im Nachhinein möglich, im Fenster PROJEKTEINSTELLUNGEN fast alle Werte nachträglich zu ändern sowie weitere Einstellungen vorzunehmen, die nur dort zur Verfügung stehen.

Das Fenster PROJEKTEINSTELLUNGEN rufen Sie über zwei Möglichkeiten auf:

▶ Beim Anlegen eines neuen Projektes verwenden Sie keine der Vorgaben, sondern wählen im Popup-Menü VOREINSTELLUNGEN ganz unten den Eintrag EIGENE, woraufhin sich direkt das Fenster zu den Projekteinstellungen öffnet.

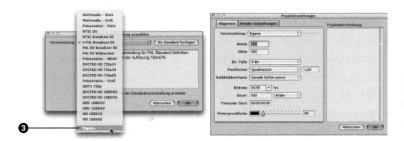

◀ **Abbildung 16.27**
Über den Eintrag EIGENE ❶ gelangt man in das Fenster zu den Projekteinstellungen.

▶ Sie können das Fenster auch im Nachhinein aufrufen, wenn das Projekt bereits erstellt wurde. Dazu wählen Sie im Menü BEARBEITEN den Eintrag PROJEKTEINSTELLUNGEN (⌘+J). Bei dieser Variante lässt sich die Bildrate allerdings nicht mehr umstellen.

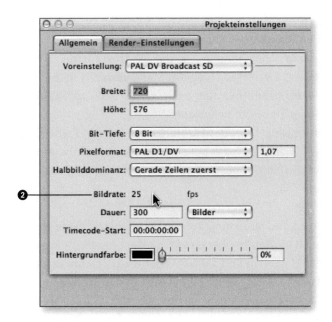

◀ **Abbildung 16.28**
Leider kann die BILDRATE ❷ nicht mehr geändert werden, wenn Sie bereits ein Projekt angelegt haben und das Fenster erneut aufrufen.

Projekteinstellungen **761**

Allgemeine Projekteinstellungen | Das Fenster ist in zwei Tab-Bereiche aufgeteilt. Der linke und standardmäßig ausgewählte Bereich ALLGEMEIN stellt noch einmal alle Parameter der Projektvoreinstellungen bereit und verfügt über weitere Einstellungen.

- VOREINSTELLUNG: In dem Popup-Menü können nochmals alle Vorgaben der Projektvoreinstellungen geöffnet werden. Nur die Bildrate kann nicht mehr nachträglich verändert werden.
- BREITE: Geben Sie hier die Pixelwerte für die Bildbreite ein (max. 2048 bzw. 4096 Pixel).
- HÖHE: Geben Sie hier die Pixelwerte für die Bildhöhe ein (max. 2048 bzw. 4096 Pixel).
- BIT-TIEFE: Dieser Eintrag steht in den Projektvoreinstellungen nicht zur Verfügung. Sie können hier die Farbtiefe des internen RGB-Renderings von Motion definieren. Zur Auswahl stehen 8 BIT, 16 BIT und 32 BIT.
- PIXELFORMAT: Die Einstellung für das Pixel-Seitenverhältnis.
- HALBBILDDOMINANZ: Hier legen Sie die Halbbilddominanz fest.
- BILDRATE: Der Wert lässt sich nur am Anfang frei definieren, wenn Sie beim Anlegen eines neuen Projektes den Eintrag EIGENE wählen.
- DAUER: Hier kann die Dauer des Projektes bestimmt werden. Wählen Sie im Popup-Menü rechts neben dem Eingabefeld den Modus BILDER oder TIMECODE. Die Werte basieren auf den Voreinstellungen von Motion, die Sie in der Kategorie PROJEKT in den ersten beiden Rubriken vorgenommen haben
- TIMECODE-START: Hier können Sie die Startzeit für den Timecode einstellen. Ein Projekt beginnt standardmäßig immer bei 00:00:00:00, man könnte es aber z. B. auch bei 10:00:00:00 anfangen lassen oder an einem beliebigen Wert.
- HINTERGRUNDFARBE: Über das Farbfeld rufen Sie den Farbwähler von Mac OS X auf, um eine beliebige Hintergrundfarbe auszuwählen. Mit dem Regler bestimmen Sie, wie transparent der Hintergrund sein soll.

Standardmäßig ist die Transparenz auf 0 % bei schwarzer Farbe eingestellt. Sie können in Motion über das Menü DARSTELLUNG • KANÄLE zwischen FARBE (⇧+C) und TRANSPARENT (⇧+T) umschalten. Bei der Standardeinstellung wechselt die Ansicht des Bildhintergrundes zwischen Schwarz und dem Schachbrettmuster. Wählen Sie z. B. Rot als Hintergrundfarbe und setzen den Regler für die Transparenz auf 50%, dann wechselt die Ansicht zwischen dem gewählten Rot (Modus: FARBE) oder einer Deckkraft von 50% des gewählten Rots vor dem Schachbrettmuster (Modus: TRANSPARENT).

Beachten Sie, dass, wenn Sie diese Einstellung in ein Dateiformat mit Alphakanal übergeben, bei normaler Füllung (premultiplied) die rote Farbe mit 50% Schwarz gemischt wird. Beim Importieren dieser Datei in andere Programme wie Final Cut Pro, After Effects oder Motion selber erscheint dann das gemischte Schwarzrot mit einer Transparenz von 50% (Abbildung 16.29, links). Sie müssen die Interpretation in allen drei Programmen daher von Direkt (Straight) auf die Farbe Schwarz umstellen, wodurch die schwarzen Anteile herausgefiltert werden (Abbildung 16.29, Mitte). Wählen Sie für die Ausgabe in ein Dateiformat stattdessen die von uns favorisierte Überzeichnung der Füllung (Straight), dann wird nur Schwarz verwendet, das Rot verschwindet ganz (Abbildung 16.29, rechts). Dies scheint noch ein Fehler im Programm zu sein, denn richtig wäre im Straight-Modus ein 100%-Rot, dass über 50% Schwarz im Alphakanal gestanzt wird, also so wie in der mittleren Abbildung.

▲ **Abbildung 16.29**
Links: Die Datei wurde im Premulitplied-Modus erzeugt, wird aber im Straight-Modus (Direkt) interpretiert. Dabei wird die Füllung nicht gefiltert, sodass Rot mit Schwarz gemischt wurde. Mitte: Die Datei wurde im Premultiplied-Modus mit Schwarz interpretiert, wodurch die schwarzen Anteile herausgefiltert werden. Rechts: Die Datei wurde im Straight-Modus erzeugt, wodurch das Rot verloren ging. Die Datei liegt noch einmal farbig auf der Buch-DVD.

16.4 Vorlagen

Abschließend erläutern wir noch die Möglichkeit, eigene Projekte als Vorlagen abzuspeichern und zu verwalten. Falls Sie die Standardvorlagen von Motion installiert haben, sind diese über den VORLAGEN-BROWSER verfügbar. Dieser wird über das Menü ABLAGE mit dem Eintrag VORLAGE ÖFFNEN oder ⌘+⇧+O aufgerufen oder ist sogar als Startaktion in den Einstellungen aktiviert. Wie bereits in diesem Kapitel erwähnt, können auch eigene Projekte als Vorlage abgespeichert werden. Dazu benötigen Sie den Vorlagen-Browser jedoch zunächst nicht.

Projekt als Vorlage speichern | Sie können für jedes geöffnete Projekt den Befehl ALS VORLAGE SICHERN im Menü ABLAGE auswählen. Daraufhin öffnet sich ein neues Fenster, in dem Sie den Namen der Vorlage und die Kategorisierung bestimmen. Im Fenster selber heißt es dazu: GEBEN SIE EINEN NAMEN UND EINEN SPEICHERORT FÜR DIE VORLAGEN AN. Den Namen tragen Sie in das oberste Eingabefeld ein. Auch hier gilt die Betriebssystem-Einschränkung, dass kein Doppelpunkt für die Bezeichnung verwendet werden kann. Mit Speicherort ist die Kategorisierung für die SAMMLUNG und das FORMAT gemeint.

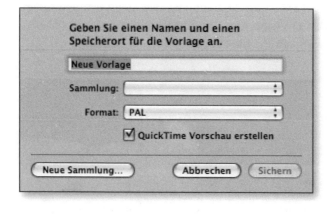

Abbildung 16.30 ▶
Über den Befehl ALS VORLAGE SICHERN im Menü ABLAGE öffnet sich dieses Fenster. Hier bestimmen Sie den Namen und die Kategorisierung der Vorlage.

Sammlungen | Wurden die Standardvorlagen von Motion installiert, so gibt es schon die Sammlungen EINFACHES WEISS, FEUER, GEWEBE, GLASPLATTEN, JAHRESZEITEN, KURVEN, LICHT, PINSELSTRICHE, REISE, SATIN, SCHIEBER, SKIZZE und WASSER. Ein eigenes Projekt kann diesen Sammlungen jedoch nicht hinzugefügt werden, da diese an anderer Stelle gespeichert sind als die selbst erstellten Vorlagen. Sie müssen also zunächst eine eigene Sammlung erstellen, indem Sie auf die Taste NEUE SAMMLUNG … unten links klicken. Daraufhin öffnet sich ein weiteres Fenster mit der Bezeichnung NEUE SAMMLUNG.

Hier gibt es wieder ein Textfeld, in das Sie den Namen der Sammlung eingeben und anschließend mit der Taste ERSTELLEN den Vorgang abschließen. Es kann sein, dass Sie die Sammlung im Popup-

Menü erneut auswählen müssen, damit die Taste SICHERN aktiviert wird.

◄ Abbildung 16.31
Vergeben Sie einen Namen für die neue Sammlung.

Format der Vorlage | In dem Popup-Menü kann die Kategorie für das Projekt-Format gewählt werden. Zur Auswahl stehen:

- PAL: Unter der Format-Kategorie sollten Projekte mit PAL-Einstellungen abgespeichert werden. Unter PAL versteht man eine Bildgröße von 720 × 576 Pixeln mit einer Bildrate von 25 FPS. Auch Bildgrößen mit 768 × 576 oder 1024 × 576 Pixeln wären denkbar.
- NTSC: Unter der Format-Kategorie sollten Projekte mit NTSC-Einstellungen abgespeichert werden. Unter NTSC versteht man eine Bildgröße von 720 × 480 oder 720 × 486 Pixeln. Die Bildrate sollte 29,97 FPS betragen. Auch hier sind Bildgrößen für quadratische Pixel-Seitenverhältnisse denkbar, doch sind diese bei NTSC etwas umfangreicher als bei PAL. Bei den Bildraten könnte man auch 23,98 FPS für Film wählen, da hier ein 3:2 Pulldown für NTSC möglich wäre.
- HD: Bei den HD-Formaten unterscheiden sich grundsätzlich nur noch die Bildraten zwischen PAL und NTSC, daher kann man die HD-Formate durchaus in einer Kategorie zusammenfassen. Trotzdem sind die Variationen bei HD auch innerhalb der beiden Spezifikationen 720p und 1080i sehr umfangreich.
- ANDERE: Alles, was sich nicht den drei anderen Kategorien zuordnen lässt, sollte also hier abgespeichert werden. So z. B. Präsentationen oder Vorlagen für Film.

Es können keine eigenen Kategorien erstellt werden. Sie sollten also das passende Format, das auf Ihr Projekt zutrifft, auswählen. Sollten Sie aus Versehen ein PAL-Projekt in der Kategorie NTSC abspeichern, so wird das Projekt aber nicht etwa konvertiert, sondern einfach nur in der falschen Kategorie abgespeichert. Dies lässt sich im Nachhinein nicht ändern, sodass man die Projekte separat löschen und neu speichern muss. Einige der Standardvorlagen von Motion verfügen sogar über falsche Einstellungen, wie z. B. 24,98 Bilder pro Sekunde bei PAL.

QuickTime-Vorschau erstellen | Aktivieren Sie diese Checkbox, um von Ihrem Projekt eine kleine QuickTime-Vorschau mit Foto-JPEG-Kompression zu erstellen, die im VORLAGEN-BROWSER angezeigt wird.

Vorlagen-Browser | Um die Vorlagen aufzurufen, also wie normale Projekte zu öffnen, muss man den Vorlagen-Browser aufrufen.

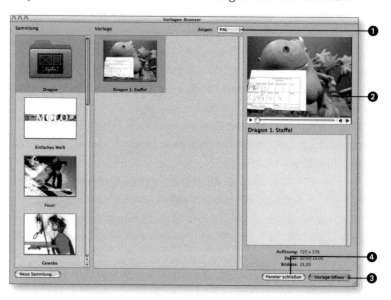

Abbildung 16.32 ▶
Der VORLAGEN-BROWSER von Motion besteht aus drei Spalten: Links sind die Sammlungen aufgeführt, in der Mitte die Vorlagen, sortiert nach Format, und rechts sehen Sie die QuickTime-Vorschau und Angaben zur Vorlage.

Hier werden in der linken Spalte die Sammlungen aufgeführt. Die Standardvorlagen von Motion verfügen hier schon über Bild-Piktogramme, während eigene Sammlungen ein lilafarbenes Ordner-Symbol haben. Uns ist es nicht gelungen, das Ordner-Symbol durch ein Bild-Piktogramm auszutauschen. Über die Taste NEUE SAMMLUNG können eigene Sammlungen auch im Vorlagen-Browser erstellt werden. Mit der [Entf]- oder [←]-Taste können Sammlungen inklusive deren Inhalt auch gelöscht werden. Vor dem endgültigen Löschen erscheint allerdings noch eine Warnmeldung, ähnlich der aus Abbildung 16.33.

Hat man auch innerhalb der Sammlungen mehrere Projekte in verschiedenen Format-Kategorien abgelegt, so kann man über das Popup-

Menü ZEIGEN ❶ in der Spalte VORLAGE auch nur bestimmte Formate anzeigen lassen. Standardmäßig ist aber der Eintrag ALLE ausgewählt. Das Piktogramm für die einzelnen Sammlungen wurde automatisch aus dem ersten Bild des Projektes erzeugt. Hier können, wieder mit der ⌨Entf⌨- oder ⌨←⌨-Taste, die einzelnen Vorlagen gelöscht werden, was ebenfalls zunächst eine Warnmeldung hervorruft.

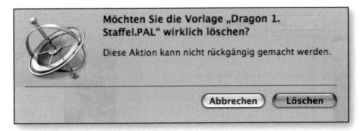

◄ Abbildung 16.33
Bevor Sammlungen oder einzelne Vorlagen aus dem Vorlagen-Browser gelöscht werden, erscheint eine Warnmeldung. Dort kann der Löschvorgang bestätigt oder abgebrochen werden.

In der dritten Spalte erscheint schließlich oben rechts die QuickTime-Vorschau ❷, sofern diese erstellt wurde. Unter der QuickTime-Vorschau befindet sich ein Textfeld, das allerdings leer ist und in das auch nichts eingetragen werden kann. Hier wäre die Eingabe von Beschreibungen praktisch, doch diese Funktion scheint noch nicht aktiviert zu sein.

Unter dem Textfeld befinden sich noch die Angaben zu AUFLÖSUNG, DAUER und BILDRATE der Vorlage. Die ausgewählte Vorlage öffnet sich, wenn die Taste VORLAGE ÖFFNEN ❸ geklickt wird. Daraufhin schließt sich auch der Vorlagen-Browser. Haben Sie den Vorlagen-Browser nur geöffnet, um z. B. neue Sammlungen zu erstellen und wollen ihn direkt wieder schließen, ohne eine Vorlage zu öffnen, dann klicken Sie die Taste FENSTER SCHLIESSEN ❹ oder drücken ⌘+W.

16.5 Abspann

Mit diesem Kapitel schließen wir das Buch zu Motion 2 ab. Wir hoffen, Sie haben viel gelernt und können in Zukunft nicht nur mit Motion effektiver arbeiten, sondern haben auch zum allgemeinen Verständnis von bewegten Bildern ein bisschen mehr erfahren.

Wir wünschen Ihnen weiterhin viel Spaß bei der Videobearbeitung am Mac und möchten uns an dieser Stelle bei allen bedanken, die uns bei der Erstellung dieses Buches unterstützt haben.

Björn Adamski & Christoph Scherer

17   Die DVD zum Buch

Der Inhalt der Buch-DVD ist in vier Hauptordner mit den Namen Bildmaterial, Kapitel Content, Tutorial Content und Tutorial Projekte unterteilt. Damit Sie einen Überblick über die einzelnen Verzeichnisse bekommen, stellen wir die Inhalte im Folgenden kurz vor.

- Ordner »Bildmaterial«
  In diesem Ordner finden Sie Links zu den Personen und Firmen, deren Bildmaterial wir verwenden durften sowie einen Trailer der TV-Serie »Dragon und der kleine blaue Drache« und einen Trailer des Surffilms »Moving«.
- Ordner »Kapitel Content«
  In diesem Ordner haben wir noch einmal alles gesammelt, was aus den Kapiteln des Buchs wichtig ist.
  Sie finden Links zu Herstellern von Hard- und Software, zu Stock Footage-Agenturen, außerdem viele Beispielbilder und Motion-Projekte, die Ihnen beim Verstehen unserer Erläuterungen helfen werden und die auch zum Ausprobieren gedacht sind. Des Weiteren fertige Projekteinstellungen und natürlich weiteres Filmmaterial.
  Stöbern Sie am besten ein wenig in den Ordnern herum!
- Ordner »Tutorial Content«
  In diesem Ordner finden Sie das benötigte Material für den Schnelleinstieg im ersten Kapitel. Das sind acht QuickTime-Filme für die animierten Menüs, vier Photoshop-Dateien für das Design und eine AIF-Datei für den richtigen Sound.
- Ordner »Tutorial Projekte«
  Im Ordner Tutorial Projekte finden Sie alle Beispielprojekte aus unseren Schritt-für-Schritt-Anleitungen. Sie können sie als Referenz verwenden oder auf deren Basis weiter experimentieren.

10-Bit-Codec 84
1080i 115
10 Bit 88
12 Bit 90
16-Bit-Rendering 91, 625
16 Bit 90
2 zu 1 DigiBeta Codec 82
22 zu 11 zu 11 77
2k 97, 105
3 zu 2-Pull-Down 119
32-Bit-Rendering 91, 625
32 Bit 90
3D-Schnittstelle 147
3 zu 1 zu 0 76
4 zu 2 zu 0 74
4k 105
4 zu 1 zu 1 75
4 zu 2 zu 2 69
4 zu 4 zu 4 68, 69
720p 115
8 Bit 86
    Ausgabe 91
8-Bit-Codec 84

A

AAC-Format 345
AAF 724
AAT 531
Abdunkeln 387
Abspielgeschwindigkeit 119
Abstufungen 86
Action Safe 110, 111
AD-Wandler 67
ADC 65, 134
additive Mischung 68
After Effects
    Alphakanal importieren 715
    Farbraum 65, 716
    Footage interpretieren 715
    für Avid ausgeben 724
    Motion importieren 714
    separate Halbbilder 716
AIFF-Format 340, 343
AJA Io 63, 88, 137
Aktivitäts-Anzeige 127
Aktualisierungen 159
Alhakanal
    Alpha-Typ 353
Alle vier Ecken 306, 384
Alpha-Übergang erstellen 697
Alphakanal 69, 72, 92, 395
    aus Flash 731

Codecs 93
    direkt 95
    exportieren 93, 650
    halbtransparente Bereiche 95
    importieren 94
    integriert 94
    invertieren 96
    Schwarz-Weiß 96
    schwarze Ränder 690
    speichern 93
Alpha hinzufügen 392
Alpha Schablone 391
Alpha Silhouette 392
Ampede LayerLink 719
anamorphotisches 16 zu 9 758
Anforderungen 123
    Mac OS X 149
    QuickTime 145
Animation 45, 431
    Arten 45
    deaktivieren 430
    Geschichte 37
    Interpolation 434
    Texte 562
Animation-Codec 74, 82, 85, 93, 634
Animationskanal 264
Animationsmenü 433
Animationspfad 237
Ankerpunkt 380, 381
    anpassen 304
Anschlüsse 59
Anti-Aliasing 94, 412, 630
Anzeige
    Symbolleiste 175
Anziehungskraft 579
Anziehungspunkt 579
Apple ID 160
    Datenschutz 160
Apple Lossless 346
Apple Pro Applications 677
Apple QMaster 155, 705
Apple Vorschau 733
Application Support 739
AU-Format 344
Audio 296
    an Soundtrack Pro senden 703
    ausgeben 634
    Balance 275, 301
    exportieren 633
    importieren 343

    konvertieren 340
    mehrere Kanäle 320
    Mute 299
    Pegel 275
    QuickTime-Export 347
    Samplingrate 342, 634
    Solo 299
    trimmen 274
Audio-Codec-Einstellungen 650
Audio-Editor 272
    einblenden 210
Audio-Scrubbing 274
Audiocodecs 651
Audioformate 343
Audiohardware
    konfigurieren 342
Audiospuren 297
    auswählen 321, 273
    Übergabe 689
Aufhellen 388
Auflösung
    Beamer 87
    digitales Video 86
Aufnahme
    progressive 38
Aufnahme-Einstellungen 440
Aufzeichnungsformate 83
Aurora Videosystems 139
Ausgabe 621
    auf Film 91
    Bewegungsunschärfe 626
    Farbtiefe 624
    Halbbilder 625
Ausschluss 391
Austastlücke 112
Autodesk 727
Automatic Duck 713
Autosave 185
AVC 85
AVI
    importieren 339
Avid 85, 723
    Einzelbildsequenz übergeben 726
    Farbraum 65
    Halbbilder 725
Avid-Codec 85
Avid-Projekt importieren 724
AVR-Codecs 725

B

B-Spline-Kurven 51, 395

B-Spline-Werkzeug 310
Bandbreite 57
Banding 90
Bearbeitung
  Native 56
Behaviors 48
Benutzeroberfläche 207
Bereichs-Parameter 497
Bereich löschen 253
Beschleunigung 433
beschneiden 368
  anpassen 306
BetaSP 88
Bewegungspfade 431
Bewegungsrichtung 479, 580
Bewegungsunschärfe 120, 239, 626, 627
  exportieren 626
  Final Cut Pro 629
  importierte Clips 628
Bézier-Kurven 50, 396
  quadratische 395
Bezier-Werkzeug 309
Bézierpunkte 307
Bibliothek 219
  Inhalt 227
  Menü Favoriten 228
  Ordner erstellen 221
  Ordner löschen 222
  Vorschaufenster 220
Bildauslassungen 692
Bildbereichsrahmen 111
Bilddiagonale 104
Bildeinheiten 376
Bilder
  konvertieren 326
Bildformate 314
Bildfrequenz 364
Bildgröße 96
  Film 104
  Multimedia 99
  NTSC 101
  Präsentationen 99
  Standard Definition 100
  Web 97
Bildinhalte
  freistellen 51
Bildmaske 394, 409
  erstellen 414
  Quellkanal 413
Bildrate 112, 364, 365

Bandbreite 115
  konvertieren 118
  Web 115
Bildsequenz 46
  als Partikel 507
  Dateiformate 47
  exportieren 656
  Formate 657
  importieren 292, 322
  Nummerierung 323, 666
  Startnummer 666
Bitmap-Format 327
Blackmagic Design 139
Blende 696
  Blau/Grün-Blende 420
Blöcke 82
Blue Screen 49, 80
BNC-Steckerverbindungen 62
Breakout-Boxen 138
Broadcast-Standard 70
Browser
  Darstellung 216

C

Canvas 233
  Anzeigegröße 235
  Auflösung 235
  Darstellung 186
  Halbbilder rendern 239
  Hintergrundfarbe 179
  Kanäle 235
  Seitenverhältnis 238
  Standardwerte herstellen 188
CCD-Chip 56
Chrominanz 59
Cinch 62, 66
CinemaScope 105
Cinepak-Codec 638
CinéWave 140
Clip-Inhalt verschieben 256
Clip schneiden 252
Codecs 80, 637
  löschen 635
Composite 66
Compositing 39
Compressor 115, 705
Container 318
Core Image 148, 149
Core Video 148
Cursor-Position
  aktuelle 245

D

D1 102
Darstellung
  Halbbilder 239
  Timeline 174
  transparente Bereiche 174
  Überlagerungen 236
Dashboard 228
Dateibrowser 215
Dateien
  importieren 291
Dateiendung ausblenden 314
Dateiübersicht 208, 213
  Vorschaufenster 214
Datenreduktion 61
DCT 81
Decoding 80
Deinterlacing 362, 716
Desktop Publishing 709
Desktop Video 678, 709
Differenz 391
DigiBeta
  Auflösung 86
  10 Bit 87
  YUV 63
Digital Cinema Desktop Preview 194
Digital Intermediate 56
Digital Voodoo 140
Discreet 727
Diskrete Cosinus Transformation 81
Distributionsformate 83
Dithering 662
Down-Converting 118
Drei-Tasten-Maus 143
Drop-Frame-Modus 115
Drop-Palette 250
Dual-Link-Signal 134
DV 64, 74, 84, 102
DV-Format 82, 83
  Farbraumkompression 74
  YUV 63
DVCPRO 84, 108
  Pixel-Seitenverhältnis 108
DVCPRO25
  Farbsampling 75
DVCPRO50 84
DVCPRO HD 84
  1080i50 756
  1080i60 756

720p24 754
720p30 755
720p60 755
DVD-Alpha-Übergang 695
DVD-Menü-Loop 694
DVD Studio Pro
   Audio übergeben 693
   Blenden 695
   Codierung im Hintergrund 693
   im Editor öffnen 693
   Kapitel-Markierungen 691
   Markierungen übergeben 694
   Übergäng 695
DVI 58, 65
DV PAL 74

E

Ebenen 279, 379
   aus Photoshop 721
   beschneiden 384
   hinzufügen 286
   importieren 719, 721
   löschen 248
   Objekte hinzufügen 287
   Piktogramm 284
Ebenenansicht 210
   Darstellung 282
   gruppierte Objekte 290
   Suche 290
   Text 536
   Vorschau 284
Ebenenfüllmethoden 721
Ebenensets 279
Echtzeit 126
   Aufnahme 440
   Grafik 44
   Wiedergabe 176
Eckpunkte verschieben 384
Editor für Videodateien 687
Effekte 39
einfache Bewegungen 459
Eingabegeräte 142
Einzelbilder
   Formate 326
   große einfügen 182
   konvertieren 326
   öffnen 326
Einzelbildkompression 81
Einzelbildsequenzen 74
   öffnen 291

Elemente 373
Emission bei Punkten 488
Emitter 486
   mehrere Partikeltypen 495
   transformieren 513
Emitter-Form 486, 487
   Bild 493, 513
   eigene 493
   Explosion 490
   Geometrie 492
   Kreis 490
   Linie 488
   Maske 513
   Punkt 487
   Rechteck 489
   Spirale 491
   Welle 492
Encoding 80, 622
Endbedingung 367
Endgeräte
   Anschlüsse 57
EPS-Format 719
Erweiterungen 156
Export 621
   als Datei 621
   Bildsequenz 656
   Codecs 637
   Einzelbild 667
   In- und Out-Punkte 633
   ohne Kompression 641
   QuickTime 655
   QuickTime-Film 632
Exporteinstellung
   erstellen 667
   HDV 675
   TIFF-Bildsequenzen 669
Exportieren
   nur Audio 633
   nur Video 633
Exportoptionen
   Ausgabe 651
Extrapolationsarten 434, 436

F

Farb-Stanzsignal 421
Farbdifferenzsignale 59
Farbkalibrierung 142
Farbkanäle 49, 50, 69
Farbräume
   Konvertierungen 65
Farbraumkompression 68
Farbtiefe

8 Bit 86
exportieren 624
Farbverschiebungen 65
FBAS 60, 62, 66
   Anschluss 66
   Signal 66
Fenster
   Anordnungen 212
   anpassen 212
   Vorgaben 212
Fensteranordnungen
   löschen 213
   speichern 212
   umbenennen 213
Fernsehen
   analoges 60
   digitales 57
Festplatte
   Speicherplatz 133
Film 37, 104
   Bildgrößen 104
   Bildrate 112
   Seitenverhältnisse 105
Filmbereich einblenden 192
Filmlook 627
Filmtransfer 119
Filter 156, 374, 419
   Übergabe 689
Final Cut Express HD 84
Final Cut Pro
   Aktualisierung 687
   Alpha-Modus 690
   Alphakanal 690
   Audiospuren 320
   Ausgangszustand 687
   Backup-Sequenz 686
   Farbraum 65
   Filteroperationen 686
   Freeze Frames 688
   Im Editor öffnen 687
   Markierungen 691
   Medium offline 687
   Projekt neu verbinden 687
   Rendering 689
   Schnittmarkierungen 691
   Sequenz übergeben 681
   Übergabe mit Motion-Inhalt 684
   Übergabe ohne Motion-Inhalt 681
Final Cut Pro-Codecs 644
Final Cut Studio 680

Finder-Fenster
    öffnen 217
FireWire 58, 64, 711
Flash 44, 729
    Alphakanal ausgeben 730
    importieren 322, 729
Fließkommazahlen 91
Form 393, 394
    Art ändern 398
    Eigenschaften 397
    geschlossen 398
Formate 536
    Alphakanal 351
    Halbbilddominanz 361
    kompatibel 313
    Pixel-Seitenverhältnis 354
Foto-JPEG 81, 82, 84, 85, 639
Frameblending 46, 118
FreeHand importieren 731
Freeze Frames
    Übergabe 688
Füllmethode 383
    Ebenen 385
    Masken 398
Füllung 399
für alle Benutzer 741

G

Generatoren 377
    Übergabe 688
Geschwindigkeit 433
Gitterabstand 188
Gitter einblenden 189
GOP 81, 83
Grafiken
    für 4:3 108
    für anamorphotisches 16:9 108
Grafiken erstellen 108
Grafikformate
    mit Alphakanal 93
Grafikkarte 127
    Chipsatz-Modell 128
    Modelle 129
    nachrüsten 128
    unterstützte 128
Grafiktablett 143
    Piktogramme 200
    Trigger 198
Graustufeninformationen 69
Graustufenkanäle 413
Green Screen 80

Großbuchstaben 545
Grund-Simulationsarten 474
gruppieren 243

H

H.264 85, 641
Halbbild-Rendering 690, 750
Halbbilddominanz 624
Halbbilder 112, 748
    aufheben 362
    exportieren 625
    Formate 749
    NTSC 113
    oberes 113
    rendern 750
    unteres 113
    vertauschte 113, 362
Halbbildfehler 749
Handschrifterkennung 196
Hardware-Erweiterungen 136
Hardwarebeschleuniger 147
Hartes Licht 389
Harte Mischung 390
Hauptsteuerung 495
HD
    1080i50 757
    1080i60 757
    Bildgrößen 103
    Pixel-Seitenverhältnis 108
HD-Material schneiden 84
HDMI 58
HDRI-Bilder 330
HDTV 720p 755
HDV 83, 84
    1080i50 756
    1080i60 757
    720p 757
Hebel 237
Highend-Systeme 44
Highspeed-Aufnahmen 366
High Definition 73, 103
    10 Bit 89
    Bildgrößen 103
    Codecs 85
    DVCPRO 108
    Halbbilder 114
Hilfsgitter einblenden 188
Hilfslinien entfernen 189

I

I-Frames 648
IEEE1394 64

iLink 64
Illustrator
    Dateien importieren 717
    Farbraum 718
    PDF-Kompatibilität 718
    Transparenzen 718
Image Units 149, 223, 376
iMovie HD 84
Import
    Alphakanal 351, 715
    Avid 724
    Ebenen aus Illustrator 719
    Flash 729
    Formate 313
    große Einzelbilder 182
    Photoshop-Dateien 719
IMX 84
im Finder zeigen 217
im QuickTime Player öffnen 217
im Viewer öffnen 217
In-Punkt 255
Informationen-Fenster 230
    sperren 233
Installation 152
Installation
    angepasste 153
Integrierte Mischung 392
Interframe 81
Interlaced 112, 115
Intermediate Codec 84
Interpolationsarten 433, 434
interpolieren 46, 118
Intraframe 81
Inverse Alpha 96
In Keyframes konvertieren 458
iPhoto 227

J

JPEG-Format 327
JPEG2000-Format 327
JPEG 2000-Codec 641

K

Kachelfüllung 594, 598
Kanal
    weichzeichnen 426
    zuweisen 424
kein Überschuss 422
Kerning 541, 543
Keyframe-Animation 46, 430, 446
Keyframe-Aufnahme

aktivieren 244
Keyframe-Editor 264, 433
   Darstellungsoptionen 270
   einblenden 210
   Text 555
   Zoom 271
Keyframes
   an aktueller Zeitposition 439
   ändern 265
   anzeigen 264
   hinzufügen 276, 431
   in Bézierpunkt konvertieren 277
   Kurvenreihen 268
   löschen 431
   nach dem letzten 436
   setzen 430
   verschieben 433
   vervielfältigen 439
   vor dem ersten 436
   Wert ändern 265
Keying 49
Keying-Filter 374, 394, 419
Komponenten 81
Komponentensignal 61
Kompression 56
   Farbraum 69
   keine 641
   Verfahren 81
Kompressionsmarkierungen 691
Kompressionsartefakte 82
Kompressionsraten
   konstante 83
   variable 83
Kompressionsstärke 634
Komprimierung
   reversibel 82
Komprimierungsarten 81, 637
Kona 2 138
Kona LS 138
Kontextmenü
   Canvas 240
   Medienablage 295
Kontrastwahrnehmung 61
Kontrollmonitor 135
Kontur 399
konvertieren 116
   mit Vorschau 733
Koordinatensystem 264
Kreis-Werkzeug 309
Kreismaske-Werkzeug 312
Kurvendarstellung 265

Kurvenreihen
   verwalten 269

L

Laufweite
   animieren 543
Lebensdauer 485, 500
Letterbox 107
Lineal einblenden 189
Linear abwedeln 389
Linear nachbelichten 387
Linien 237
Linienmuster erzeugen 526
Little Endian 663
LiveFonts 153, 225, 534, 574, 702
   Animation umkehren 577
   animieren 577, 578
   Einschränkungen 575
   Zeitverhalten 538, 576
LiveType 154, 534, 701
Long-Play-Modus 76
Loops 570
Luma-Stanzsignal 422
Luma Schablone 391
Luma Silhouette 392
Luminanz 59
LZW 81
LZW-Kompression 82

M

Macromedia Director 728
Macromedia Flash 729
Mac OS X
   Version 149
   warten 150
Magische Maske 426
Markierungen
   DVD-Alpha-Übergang 695
   DVD-Menü-Loop 694
   übergeben 691
Masken 48, 393
   Eigenschaften 397
   Punkte hinzufügen 397
Masken-Animation 444
Maskenquelle
   Bilder 410
   Ebene 411
   festlegen 426
   reduzieren 426
   spiegeln 412
   wiederholen 412
Maskenwerkzeuge 311

Master-Audiospur 232
Masterspur 300
Matchmoving 53
Material
   hinzufügen 248, 250
Mattes 48
Maus-Scrubbing 266
Medien 291
   erneut zuweisen 370
   importieren 213
Medienablage 210, 291, 292, 295
Mediendatei ersetzen 369
Mehrfachbelichtung 39
Menüs
   animierte 694
Meridien-Codec 725, 726
Methode für Glätten 630
Microcosm Codec 85
MIDI 144, 468
   Kanal-ID 468
MIDI-Gerät
   Dynamikbereich 469
MIDI-Verhalten 468
Mindestanforderungen 123
   Festplatte 132
   Grafikkarte 127
   Monitor 133
   Prozessor 126
   RAM 124
Mini-DV-Format 74
Mini-Timeline 246
Mit Compressor exportieren 621
Monitor 133
   anschließen 135
Mono importieren 297
Motion
   aktualisieren 159
   Einsatzmöglichkeiten 53
   Farbraum 65
   installieren 152
   maximale Auflösung 96
   registrieren 160
Motion-Interface 207
Motion-Menüs 694
Motion-Projekt
   Echtzeit 689
   in Final Cut importieren 682
Motion-Setup 163
Motion 1-Projekt öffnen 486
Motion Blur 120
Motion Content 152
Motion Graphics 41

MP3-Format 344
MPEG 81
MPEG-2 83, 85
MPEG-4 83, 85, 345, 346
 importieren 338
MPEG-Formate 83, 85
Multikanalaudio 320
Multimedia
 groß 753
 klein 753
multiplizieren 386
Musik 226
Muster
 diagonal 595
 generieren 589
 regelmäßige 589
Musterverfolgung 52

N

neues Projekt erstellen 164
nicht-quadratisch 106
NLE-System 723
Non-Square 106
Normwandlung 116
NTSC 38, 101, 102
 Bildrate 115
 Farbsampling 75
 Timecode 116
NTSC Broadcast SD 753
NTSC DV 753
NTSC konvertieren 116

O

Objekt
 abbremsen 479
 auswählen 304
 drehen 304, 380
 Eigenschaften 231
 gruppieren 232, 243, 379
 Kontextmenü 240
 Mittelpunkt 382
 neigen 305
 Position 380
 Rotation 380
 skalieren 380
 trimmen 255
 transformieren 304, 380
 verschieben 380
 verzerren 381
Objekteigenschaften 380
Objektlänge festlegen 181
Objekttypen 373

OMF-Format 724
OMFI 724
OpenEXR
 Format 330
 importieren 336
 Material erzeugen 665
OpenGL 147
OpenType 530
optischer Printer 40
Oszillieren 47, 464
Out-Punkt 255

P

Paintbox 43
PAL 38, 101, 102
PAL-Auflösung 98
PAL DV Broadcast SD 754
PAL konvertieren 116
Parameter
 entfernen 432, 567
 hinzufügen 566
Parameterverhalten 461
 Arten 463
 zuweisen 462
Partikel 376
 additives Füllen 502
 am Emitter befestigen 507
 Anordnung 489
 Anzahl 485
 Anzahl zu Beginn 500
 Bewegungsrichtung 487
 Darstellungsarten 509
 Deckkraft animieren 503
 Ebenenhierarchie 512
 Eigenschaften 513
 erstellen 486
 Explosion 490
 Farben animieren 504
 Farbmodus 503
 Geschwindigkeit 501
 In-Punkte 518
 Lebensdauer 500
 Out-Punkte 518
 Reihenfolge 494
 Skalieren 506
 Spirale 491
 Timeline 518
 verschachteln 495
 Winkel ausrichten 502
 Wirbeln 502
 zeigen als 509
 Zeitverhalten 518

Zufällige Streuung 510
Partikelemission
 zweistufig 518
Partikelemitter 376
 Form 487
Partikelquelle 507, 508
 animieren 518
 zuweisen 510
Partikelsysteme 376, 485
Partikelverhalten 515, 516
Partikelzelle 497
 Entstehungsrate 499
 Filter 514
 Objekteigenschaften 514
 Zeitverhalten 499
PCI-Karten 138
PDF
 als Bildsequnz importieren 335
 importieren 333
 Seiten animieren 335
 Transparenz invertieren 335
Pegel 424
 Histogramm 425
Pfade 445
Photoshop
 Transparenzen 720
Photoshop-Dateien 328
 importieren 330, 719
PICT-Format 327
Piktogramme 200
Pinnacle 140
Pixel-Seitenverhältnis 106, 354
 Photoshop 359
 Standard Definition 106
Pixel-Tracker 52
Pixelformat 355
Pixlet 100
Plugins
 Dritthersteller 157
 installieren 156, 172
PNG-Format 329
PostScript 529
Präsentation
 groß 755
 klein 753
 mittel 754
Premiere 678
Premultiplied 94
Primatte RT 423
Programmeinstellungen 163
 Action Safe 191

Allgemein 164
Audiowiedergabe 184
Ausgabe 193
Ausrichtung 188
Automatisch sichern 185
Begrüßungsfenster 165
Benutzeroberfläche 168
Bereichsrahmen 191
Cache-Pfad 171
Canvas 186
Drop-Palette 168
dynamische Hilfslinien 190
Einrasten von Objekten 193
Einzelbilder 181
Erscheinungsbild 173
Externe Videoanzeige 194
Filmbereich 191
Grafiktablett 196
Lineal 190
LiveFonts 171
Neues Projekt erstellen 164
Piktogramm-Vorschau 174
Plugins 172
Projekt 177
Schwebepalette 174
Scrubbing 184
Speicher & Cache 171
Statusanzeige 175
Timeline 174, 179
Tipps anzeigen 169
Title Safe 191
Voreinstellungen 195
Wiedergabe-Steuerung 183
Zeichen 196
Zeitdarstellung 179
Progressiv 115
Projekt
   als Vorlage speichern 764
   ausgeben 621
   Hintergrundfarbe 179
   Projektdauer 178
   maximale Länge 179
   wiederherstellen 186
Projektaustausch After Effects 713
Projektbereich 210, 211, 278
Projektdatei
   Änderungen 693
Projekteinstellungen 760
Projektfenster 208
Projektlänge 245
   ändern 246

Projektmanagement 737
Projektmarkierungen 258
   anzeigen 260
   bearbeiten 259
Projektstrukturierung 737
Projektübergabe 677
   Alphakanal 690
   an Compressor 621
   DVD Studio Pro 692
   Final Cut Pro 681, 754
   Halbbilder entfernen 689
   LiveType 701
   Markierungen 691
   QuickTime Player 706
   Shake 706
   Soundtrack Pro 703
   Speicherzuweisung 125
Projektvoreinstellungen 164, 742
   anpassen 743
   editieren 745
   eigene 758
   interlaced 748
   progressiv 749
   speichern 746
Projektvorlagen 763
Projekt anlegen
   Vorgaben 752
Projekt und Canvas vertauschen 211
proportionale Skalierung 381
Prozedurale Animation 47
Prozessor 126
PsF-Verfahren 115, 749
Pull-Up 46
Punktuelles Licht 390

Q

quadratische Pixel
   Grafiken 108
Quantel 43, 733
quantisieren 88
Quartz 148
Quellmaske 410
   zuweisen 409
QuickDraw3D 147
QuickTime 81, 145, 314
   Audio 317
   Bewegung 647
   Bildfolge 647
   Bildgröße 97
   Codecs 316
   Compressor 649

   exportieren 632
   Exportoptionen 633
   Filmeigenschaften 319
   importieren 314
   Komponenten 145
   Meridien-Codec 725
   öffnen 316
   PDF 717
   Spuren 318
   Version 146
QuickTime-Bild 328
QuickTime-Film 314
   als Partikel 507
   Audiospuren 296
QuickTime-Komponente 677
QuickTime Audio 347
QuickTime Player 706
QuickTime Pro 319
QuickTime VR 47, 318

R

radial weichzeichnen 374
RAM 124
RAM-Vorschau 126, 127
Rand-Kollision 482, 580
Randmodus 412
Rauschen 377
Rauschstärke 467
Rechte-Reparatur 151
Rechteck-Werkzeug 309
Rechteckmaske-Werkzeug 311
Referenzmonitor 111, 135
   Farbkalibrierung 142
Render-Reihenfolge 494
Rendering 91
   Farbräume 689
   Interlaced 689
   Progressiv 689
Rendering-Einstellungen 689
Replikator 589
   Anordnung 593
   aus mehreren Objekten 590
   Einstellungen 591
   erzeugen 589
   Farbmodus 606
   Farbverlauf 606
   Form 591
   Reihenfolge 591
   Stapelreihenfolge 595
   Ursprung 595
   Zellenanzahl 598
   Zellsteuerung 604

Replikator-Form
  Bild 603
  eigene 603
  Explosion 601
  Filme 604
  Geometrie 603
  Kreis 598, 600
  Linie 592
  Rechteck 593, 597, 598
  Spirale 602
  Vektor 603
  Welle 602
Replikator-Verhalten 608
  Sequenzsteuerung 609
Replikator-Zelle
  Anzahl 598
  Einstellungen 604
  Reihenfolge 591
RGB 59, 64
  Codecs 84
  Farbraum 65, 68
RGB-Übertragung 65
RGBA 69
Rotoscoping 51
rückwärts abspielen 368

S

S-Video-Anschluss 66, 67
Sammlungen 538, 764
  löschen 766
Sample-Rate 628
Scart-Stecker 66
Schattenwurf 305, 383
Scherung 381
  anpassen 305
schneiden 252
Schreibmaschineneffekt 560
Schrift 224, 378
  Farbe 548
  Laufweite 541
  ohne Füllung 552
  Verlauf 549
Schriftart 378, 537
Schriftenverwaltung 532
Schriftgröße 540
  animieren 540
Schriftlinie 543
Schriftsammlung 532
Schriftschnitte
  simulieren 533
Schwebepalette 228
  Deckkraft einstellen 174

einblenden 229
Schwerkraft zuweisen 483
Scrubbing 266
sd2-Format 347
SDI 58, 63
SECAM 38
Sehverhalten 61
Sequenz
  für Motion 681
Sequenz-Replikator 589, 608
  Loop-Funktion 611
  Parameter 609
Sequenzanimation 564
Sequenzsteuerung
  Replikator 609
Sequenztext 564
Sequenzverhalten
  Replikator 608
SGI-Format 328, 727
Shake 706
  Alphakanal 707
  Motion-Projekte importieren 707
  Nodes 706
Shake QMaster 156
SheerVideo 85
Sicherungskopie
  automatisch erstellen 185
  löschen 185
Signale 59
  digitale 57
Signalübertragung 59
Simulationen 470
  Beschleunigung 475
  Bewegungsrichtung 475
Simulationsarten 474
Simulationsverhalten 470, 579
  Einschränkungen 479
  primäre 476
  sekundäre 478
  Text 579
Skalierungsqualität 630
Software-Aktualisierung 161
Sorenson-Codec 643
Soundtrack Pro 703
Sound Designer II 347
Speicherverwaltung 125
Speicher zuweisen 171
Sprache wechseln 158
Standards
  Organisationen 100
Standardvorgaben 752

Standard Definition 100
  Auflösung 58
  Bildgröße 102
  Pixel-Seitenverhältnis 106
Standbild
  exportieren 667
Standbildformate 656
Stanzsignal 94
Statusanzeige
  Farben als HSV 177
  Farben anzeigen als 176
Stereo importieren 297
Stetig skalieren 516
Steuerpunkte anpassen 307
Stil 546
  Voreinstellungen 547
Stock Footage 47
Stop Motion 323
Strahlendes Licht 390
Straight-Modus 95
Streaming 65
Subsampling 61, 69
subtrahieren 386
Suitcase 532
SuperTIFF 717
Symbolleiste 300
  ausblenden 301
  zurücksetzen 302
System Profiler 128

T

Teilen 252
Telecine-Verfahren 119
Templates 740
Text 378, 529
  Animation zuordnen 572
  animieren 562
  Anordnung 555
  auf Pfad 445, 557
  Ausrichtung 555, 558, 559
  Blocksatz 559
  Eigenschaften 536
  Familie 540
  Format 536
  Formatierung 559
  Glühen 553
  Größe 540
  gruppiert animieren 571
  im Canvas skalieren 540
  Kexframe-Editor 555
  Kontur 551
  Laufweite 541

Layout-Methode 556
Marke 571, 572
Parameter animieren 567
Pfadoptionen 561
Rand-Kollision 580
Schattenwurf 554
Schreibmaschine 560
skalieren 544
Stil 540, 546
Traversal 568
verfolgen 563
Zeichenabstand 541
zeichenweise austauschen 581
Zeilenabstand 560
zeilenweise animieren 571
Zufallsgenerator 570
Text-Werkzeug 311
Textanimation 480, 563
   LiveFont 576
   Richtung 571
   Sequenzsteuerung 567
   Sequenztext 564
   Verhalten 563
   Wirkungsbereich der Marke 572
   Wirkungsdauer 568
Textfelder 480, 535
Textobjekte 535
   erstellen 535
Textsequenzen 480
Textstile 225
TGA 93
TGA-Format 328
TIFF 93
TIFF-Codec 644
TIFF-Format 329, 722
Timecode-Anzeige 179
Timeline 247
   Bereich löschen 253
   Darstellungsoptionen 260
   Ebenen hinfügen 248
   einblenden 209
   Elemente verschieben 256
   Markierungen 258
   Markierungen bearbeiten 258
   schneiden 252
   übergeben 681
   Zählweise festlegen 179
   Zeitmarker 183
   Zoom 263

Timestretch 46, 364
Titelbereichsrahmen 111
Title Safe 110, 111
Tonwert-Markierungen 691
Transcoding 80
transparente Bereiche 682
Transparenzen 50
   übergeben 683
Transportformat 64
Transportsteuerung 244
Travelling Mattes 48
Traversal 568
Trickblende 418
   erzeugen 417
Trimmen 256
TrueType 530
Typoanimationen 702

U
Überbelichtung 665
Überblenden 388
Übergabe
   Anti-Aliasing 631
   an Compressor 621
   Final Cut Express HD 645
   Geschwindigkeitsveränderungen 688
   iMovie HD 645
Überlagern 236, 389
Übertragungsqualität 57
Under-Scan-Modus 111
Unix 149
Up-Converting 118
Updates 159
Upsampling 70

V
Vektordateien importieren 718
Vektorformen 395
Vektorgrafik 50
Vektormasken 48, 51, 394, 395
Verhalten 48, 220, 456
   aktive 472
   animieren 481
   einfache Bewegung 457
   Objekt beeinflussen 471
   passive 471
   Text 567
   Wirkungsdauer 458
   zuweisen 456
Verknüpfte Objekte 369
Verlauf 400

speichern 403
Zeichen 549
Verlaufsfarben 402
Verlaufsrichtung 401
Verschlusswinkel 626, 627
Verzeichnisse 737
VGA-Schnittstelle 65
Video
   analoges 57
   importieren 338, 339
Video-Codec-Einstellungen 635
Video-DVD 692
   YUV 63
Video-Standards 38
Videofilter 374
Videoformate 314
   digitale 63
   mit Alphakanal 93
Videohardware 135, 141
Videokontrollmonitor
   anschließen 135
Videomessgerät 141
Videoquelle
   Qualität 59
Videosignal beurteilen 135
Videoskop 141
Viewer 216
Vollbilder 114
Vollbildmodus 229
Voreinstellungen 163
Voreinstellungsdatei 738
Vorgaben
   als Standard definieren 747
Vorlagen 763
Vorlagenbrowser 166, 766

W
Wacom 143
WAV-Format 344
Waveform-Anzeige 272
Web-Filme
   Bildgrößen 97
Weiches Licht 389
Werfen zuweisen 481
Werkzeuge
   Popup-Hilfe einblenden 169
Werkzeugleiste 303
Werkzeug zum Auswählen/Transformieren 304
Wiedergabebereich 257
   exportieren 633
Wiedergabegeschwindigkeit 184

Wild FX Pro 730
Windows Media
    importieren 340

X
XML- Formatstruktur 677

Y
Y/C 62, 66, 67
YCbCr 70
YPbPr 70
YUV 59
    analoge Übertragung 62
    Codecs 84
    digitale Übertragung 63
    Kompression 61

RGB-Konvertierung 64
transparentes Signal 61
YUV-Anschluss
    analog 62
    digital 63
YUV-Codecs 84
YUV-Format 61
YUV-Signal
    Kompression 69

Z
Zeichen
    einzeln rotieren 544
Zeichen-Wasserfall 488
Zeichentrick 42, 44
Zeilensprungverfahren 112

Zeitabschnitt einsetzen 254
Zeitanzeige 245
Zeitbereich 210
Zeitlupe 364, 366
Zeitverhalten 368, 384
Zellsteuerung 495, 604
    Winkel 605
Ziegelwand erzeugen 611
Zoom-Werkzeug 308
Zoomfaktor 204
Zufallsmodus 466
Zufallsverhalten 466
Zufallswerte generieren 467
Zwischenbilder 627, 629

Das erfolgreiche, erweiterte Standardwerk

Final Cut Pro in der Praxis

Mit Compressor, Soundtrack und LiveType

Mit umfassenden aktuellen Kapiteln im Web

ca. 500 S., komplett in Farbe, mit DVD
ca. 59,90 Euro, ISBN 3-89842-725-0, Dezember 2005

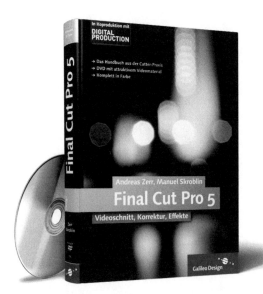

Final Cut Pro 5

www.galileodesign.de

Andreas Zerr, Manuel Skroblin

Final Cut Pro 5

Das Praxishandbuch für den Videoschnitt

Das erfolgreiche Standardwerk in der fünften, erweiterten Auflage! Die Apple-Experten Andreas Zerr und Manuel Skroblin schildern den Einsatz von Final Cut Pro 5 und mit jeder Menge Erfahrungen aus der Cutter-Praxis. Importieren Sie Ihr Rohmaterial, führen Sie Grob- und Feinschnitt durch und setzen Sie Übergänge, Filter und Effekte ein. So leicht sind Sie noch nie zum Profi geworden!

>> www.galileodesign.de/1121

mit einem Kapitel
zu GarageBand

das komplette iLife
in einem Buch

493 S., 2005, mit QuickFinder & Shortcuts, 28,00 Euro
ISBN 3-89842-674-2

iLife '05

www.galileodesign.de

mit Infoklappen

»Empfehlung!
Verständlich, und sehr
übersichtlich gestaltet.«
mac life, 09/2005

Michael Hillenbrand

iLife '05: iMovie HD, iDVD 5, iPhoto 5, GarageBand 2 und iTunes

Alle Features, die besten Plug-ins

Dieses Praxishandbuch verhilft Ihnen zum gekonnten Einsatz von iLife '05. Schritt für Schritt zeigt es, wie Sie Ihre Fotos organisieren, Videofilme schneiden, Musik verwalten, eine gute DVD brennen und mit GarageBand Ihr eigenes Aufnahmestudio betreiben. Dabei erklärt der Autor alle Features und Werkzeuge und bietet viele undokumentierte Tipps und Tricks, Tastenkürzel und Hinweise zu sinnvollen Plug-ins.

>> www.galileodesign.de/991

Über 100 Seiten zu Dashboard, Spotlight und Automator

Mit Einführungen in Terminal und AppleScript

Umfassendes Troubleshooting zu häufigen Problemen!

Mit Website zum Buch

622 S., 2005, 34,90 Euro
ISBN 3-89842-621-1

Das Praxisbuch
Mac OS X 10.4 Tiger
www.galileodesign.de

Kai Surendorf

Das Praxisbuch Mac OS X 10.4 Tiger

Die Version 10.4 im professionellen Einsatz

Sie setzen voll auf Mac und möchten jetzt auch die neue Tiger-Version richtig beherrschen? Mit diesem Buch lernen Sie alle Neuheiten in Mac OS X 10.4 umfassend kennen und loten auch gleich die Tiefen richtig aus. Die Kapitel zu System, Programmen, Dashboard, Spotlight, Automator, UNIX-Terminal, Administration, Netzwerk und Drucken sind gespickt mit Tipps, Praxis- und Problemlösungen, die nicht im Handbuch stehen. Ein Buch für Gestalter und andere produktive Anwender, die aus Mac OS X Tiger alles herausholen wollen.

>> www.galileodesign.de/959

Bibliografische Information Der Deutschen Bibliothek
Die Deutsche Bibliothek verzeichnet diese Publikation in der Deutschen Nationalbibliografie; detaillierte bibliografische Daten sind im Internet über http://dnb.de abrufbar.

ISBN 3-89842-592-4

© Galileo Press GmbH, Bonn 2006
1. Auflage 2006

Wir danken der Firma scopas medien AG für die Bereitstellung von Bildmaterial aus der TV Serie »Dragon der kleine dicke Drache«.
© 2004 scopas medien AG, Cité Amérique, Image Plus. All rights reserved.
www.scopas.de
Uli Westerhausen/WESTDESIGN für Bildmaterial aus dem Surffilm »Moving«.
www.westdesign.de und www.surfmovie.de
Manuel Gerullis/Buntic-Media für das Bildmaterial vom »Meeting of Styles«.
www.meetingofstyles.com

Der Name Galileo Press geht auf den italienischen Mathematiker und Philosophen Galileo Galilei (1564–1642) zurück. Er gilt als Gründungsfigur der neuzeitlichen Wissenschaft und wurde berühmt als Verfechter des modernen, heliozentrischen Weltbilds. Legendär ist sein Ausspruch Eppur se muove (Und sie bewegt sich doch). Das Emblem von Galileo Press ist der Jupiter, umkreist von den vier Galileischen Monden. Galilei entdeckte die nach ihm benannten Monde 1610.

Lektorat Katharina Geißler
Korrektorat Mirko Partschefeld, Grünwald
Herstellung Vera Brauner
Typografie und Layout Vera Brauner
Einbandgestaltung Hannes Fuß, www.exclam.de
Satz Typographie & Computer, Krefeld
Gesetzt aus der Linotype Syntax mit Adobe InDesign CS
Druck Koninklijke Wöhrmann, CP Zutphen, Niederlande

Das vorliegende Werk ist in all seinen Teilen urheberrechtlich geschützt. Alle Rechte vorbehalten, insbesondere das Recht der Übersetzung, des Vortrags, der Reproduktion, der Vervielfältigung auf fotomechanischem oder anderen Wegen und der Speicherung in elektronischen Medien.
Ungeachtet der Sorgfalt, die auf die Erstellung von Text, Abbildungen und Programmen verwendet wurde, können weder Verlag noch Autor, Herausgeber oder Übersetzer für mögliche Fehler und deren Folgen eine juristische Verantwortung oder irgendeine Haftung übernehmen.
Die in diesem Werk wiedergegebenen Gebrauchsnamen, Handelsnamen, Warenbezeichnungen usw. können auch ohne besondere Kennzeichnung Marken sein und als solche den gesetzlichen Bestimmungen unterliegen.

Hat Ihnen dieses Buch gefallen?
Hat das Buch einen hohen Nutzwert?

Wir informieren Sie gern über alle Neuerscheinungen von Galileo Design. Abonnieren Sie doch einfach unseren monatlichen Newsletter:

www.galileodesign.de

Die Marke für Kreative.